EBS 중학

뉴런

| 역사 ② |

개념책

| 기획 및 개발 |

박영민 이은희

| 집필 및 검토 |

박상필(화곡고) 송치중(불암고) 안선미(신구중) 이수정(위례한빛고) 이은영(성서중) 이종대(잠실고)

| 감수 |

강석화(경인교대) 오영찬(이화여대) 이익주(서울시립대) 최병택(공주교대) 황병주(국사편찬위원회)

| 검토 |

권승만 김경미 김상훈 류재현 서세원 오정현 이지은 정홍태 한준희

교재 정답지, 정오표 서비스 및 내용 문의

+ 수학 전문가 100여 명의 노하우로 만든
  수학 특화 시리즈

+ 연산 ε ▸ 개념 α ▸ 유형 β ▸ 고난도 Σ 의
  단계별 영역 구성

+ 난이도별, 유형별 선택으로
  사용자 맞춤형 학습

기본부터 심화까지 **단계별 수학**

연산 ε(6책) | 개념 α(6책) | 유형 β(6책) | 고난도 Σ(6책)

EBS 중학

뉴런

| 역사 ② |

개념책

Structure 이 책의 구성과 특징

개념책

학습 내용 정리

중단원의 핵심 개념을 체계적으로 정리하였습니다. 시험에 자주 나오는 자료를 다룬 '집중 탐구' 코너와 교과서의 배경 지식을 풍부하게 하는 '더 알아보기' 코너를 통해 핵심 개념을 완벽하게 공부해 보세요.

개념 다지기

중단원의 핵심 개념을 간단한 문제를 통해 확인할 수 있도록 구성하였습니다. 핵심 개념을 단단하게 짚어 학습하는 코너로 활용하세요.

중단원 실력 쌓기

다양한 유형을 풀어 보면서 학습한 내용을 확인하는 코너입니다. 특히 중학교에서 보다 확대된 서술형·논술형 평가를 대비하기 위한 코너가 준비되어 있습니다. 다양한 유형의 문제로 실력을 탄탄하게 쌓아 보세요.

대단원 마무리

대단원의 핵심 문제를 엄선하여 구성한 코너입니다. 대단원의 다양한 유형의 문제를 통해 단원 학습을 마무리해 보세요.

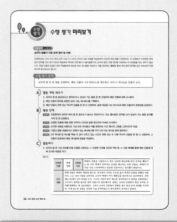

수행 평가 미리보기

중학교에서 보다 확대된 수행 평가를 대비할 수 있는 코너입니다. 선생님께서 직접 출제하신 문제를 통해 수행 평가를 준비해 보세요.

• EBS 홈페이지(mid.ebs.co.kr)에 들어오셔서 회원으로 등록하세요.
• 본 방송 교재의 프로그램 내용을 인터넷 동영상(VOD)으로 다시 보실 수 있습니다.
• 교재 및 강의 내용에 대한 문의는 EBS 홈페이지(mid.ebs.co.kr)의 Q&A 서비스를 활용하시기 바랍니다.

실전책

대단원 개념 채우기

단원별 핵심 내용을 표로 일목요연하게 정리한 코너입니다. 빈칸의 핵심 개념을 채우면서 주요 개념을 완벽하게 익혀 보세요.

대단원 종합 문제

단원 통합형 문제를 확실하게 대비할 수 있도록 다양한 문제를 구성하였습니다. 다양한 실전 문제를 통해 학교 시험에 완벽히 대비해 보세요.

대단원 서술형·논술형 문제

중학교에서 보다 확대된 서술형·논술형 평가를 대비하기 위한 코너입니다. 문제를 풀어 보며 서술형·논술형 평가에 대한 자신감을 쌓아 보세요.

정답과 해설

미니북

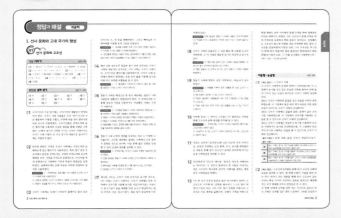

정답과 해설

모든 문항마다 상세한 해설을 곁들여 부족한 학습 내용을 보완할 수 있도록 하였습니다. 문제 풀이 후 해설은 꼭 읽고 넘어가야 공부의 완성이라는 점을 잊지 마세요!

핵심 족보

핵심 내용을 따로 정리해 한눈에 볼 수 있도록 미니북으로 제공하였습니다.

Contents 이 책의 차례

개념책

• 교재 및 강의 내용에 대한 문의는 EBS 중학 홈페이지(mid.ebs.co.kr)의 Q&A 서비스를 활용하시기 바랍니다.

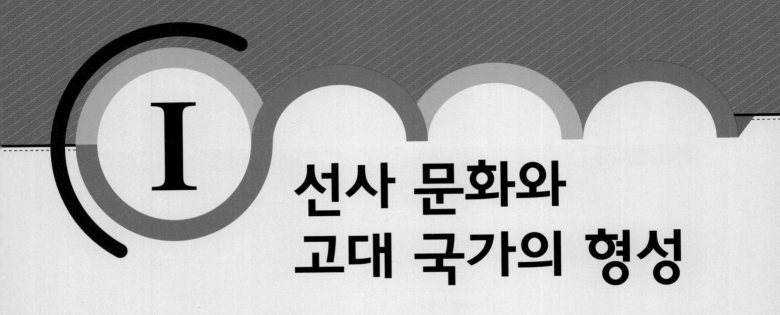

I

선사 문화와 고대 국가의 형성

01 선사 문화와 고조선

➊ 우리나라의 선사 문화

(1) 만주와 한반도의 구석기 문화

→ 구석기 시대 후기로 갈수록 슴베찌르개처럼 좀 더 작고 정교한 도구가 등장하였다.

시기	약 70만 년 전부터 시작
도구	뗀석기 사용(예 주먹도끼, 긁개, 찍개, 슴베찌르개 등)
생활	• 사냥, 채집, 물고기잡이 등으로 식량을 얻음 → 무리 지어 이동 생활 • 동굴·바위 그늘·막집에서 생활, 평등한 공동체 사회 형성 • 불 이용 → 추위를 이기고 음식 조리 • 장례 문화를 가짐, 조각상을 제작하여 풍요·다산 기원
유적	평남 상원 검은모루 동굴, 경기 연천 전곡리, 충남 공주 석장리 등

(2) 만주와 한반도의 신석기 문화

시기		약 1만 년 전부터 시작
도구	간석기	농경, 사냥 등 다양한 용도로 사용(예 돌괭이, 갈돌과 갈판, 돌화살촉, 돌창 등)
	토기	음식 조리, 저장에 사용(예 빗살무늬 토기)
	기타	가락바퀴·뼈바늘 등으로 옷이나 그물 제작, 조개껍데기 가면·치레걸이 등 예술품 제작
생활		• 농경과 목축 시작, 정착 생활 → 움집 거주, 마을 형성, 평등한 공동체 생활 • 애니미즘(자연물에 영혼이 있다고 믿음), 토테미즘(특정 동식물을 부족의 수호신으로 섬김) 등이 나타남
유적		서울 암사동, 부산 동삼동, 강원 양양 오산리 등

Q&A 신석기 시대에는 농사가 시작되었으므로, 더 이상 사냥을 하지 않았나요?

신석기 시대에는 농사를 지으며 식량을 생산하기 시작하였지만, 신석기 시대의 농사는 아직 초보적인 단계였기 때문에 수확량이 충분하지 않았다. 따라서 사냥이나 채집, 물고기잡이 등이 여전히 큰 비중을 차지하였다.

➋ 우리나라의 청동기 문화

(1) 청동기 문화의 보급

→ 재료가 귀하고 만들기가 어려우며, 무른 편이었으므로 일상생활 도구로 사용하기에 적합하지 않았다.

시기		기원전 2000년경부터 기원전 1500년경 보급
도구	청동기	무기, 제사용 도구로 쓰임(예 비파형 동검, 거친무늬 거울 등)
	간석기	농경 등 일상생활 도구로 쓰임(예 반달 돌칼 등)
	토기	민무늬 토기

(2) 농경의 발전과 사회 변화

① 농경의 발전: 농경 기술 발달, 농업 생산력 증가, 벼농사 보급

② 사회의 변화

• 농경 발전 → 잉여 생산물 발생 → 특정인들이 이를 독점, 관리 → 빈부 격차와 계급 발생
• 군장(족장)이 중심이 된 지배 계급이 청동기 독점, 정복 전쟁 활발 → 국가 형성

③ 청동기 시대 사람들의 생활 모습

• 군장이 부족을 이끌면서 제사장 역할까지 담당 → 사망 후 거대한 규모의 고인돌 제작
• 방어에 유리한 언덕에 마을을 이루어 거주, 마을 규모 확대

뗀석기	돌을 깨뜨려 떼어 내서 만듦
간석기	돌을 갈고 다듬어 만듦

+ 주먹도끼

대표적인 뗀석기로, 손에 쥐고 쓸 수 있는 만능 도구이다. 사냥, 채집 등 다양한 용도로 사용되었다. 경기 연천 전곡리에서 서양의 것과 비슷한 형태의 주먹도끼가 발견되면서, 서양을 주먹도끼 문화권으로, 아시아를 찍개 문화권으로 구분하던 기존의 학설이 틀렸다는 것이 확인되었다.

+ 빗살무늬 토기

한반도 전역에서 발굴되는 신석기 시대의 대표적인 토기로, 표면에 빗살무늬가 새겨진 것이 특징이다. 빗살무늬 토기는 대체로 밑바닥이 뾰족한데, 강가나 바닷가처럼 무른 흙바닥에 토기를 꽂아 놓고 썼던 것으로 보인다.

+ 고인돌

청동기 시대를 대표하는 무덤이다. 거대한 규모로 만들어졌으며, 많게는 수백에서 수천 명까지도 고인돌 제작에 동원되었을 것으로 추측된다. 이를 통해 많은 사람을 동원할 수 있었던 당시 지배자의 권위를 알 수 있다.

❸ 고조선의 건국과 변화

(1) 고조선의 건국

① 건국: 청동기 문화를 기반으로 우리 역사상 최초의 국가인 고조선 건국(기원전 2333)
→『동국통감』에 기록되어 있다.

② 고조선의 문화 범위: 만주와 한반도 서북부 지역 → 탁자식 고인돌, 비파형 동검 등의 출토 범위를 통해 추측할 수 있음

> **📖 더 알아보기 ▶ 단군 이야기를 통해 알 수 있는 건국 당시 고조선의 모습**
>
> 환인의 아들 환웅이 널리 인간을 이롭게 하고자 태백산 신단수 아래로 내려왔다. 그는 바람, 비, 구름을 다스리는 신하와 함께 곡식, 생명, 질병, 형벌, 선악 등과 인간의 360여 가지 일을 맡아 인간 세상을 다스렸다. 이때 곰과 호랑이가 사람이 되길 원하므로, 환웅은 쑥과 마늘을 주어 100일간 굴에서 견디게 하였다. 21일간 이를 지킨 곰은 여자로 변하여 환웅과 혼인해 아들을 낳았으니 그가 단군왕검이다. 단군왕검은 아사달에 수도를 정하고 조선이라는 나라를 세웠다.
>
>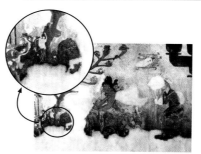
>
> ▲ 고구려 각저총 벽화 속의 곰과 호랑이
> 고조선의 건국 이야기가 고구려에 전해졌다고 추측되기도 한다.
>
> 바람, 비, 구름은 농경에서 매우 중요한 요소이므로, 이를 다스리는 신하를 데려왔다는 내용을 통해 당시 고조선이 농경 사회였음을 알 수 있다. 또한 환웅과 웅녀의 결혼을 통해 하늘에서 내려왔다고 주장하는 환웅 부족과 곰을 숭배하는 토착 세력이 결합해서 고조선을 세웠다는 것을 추측할 수 있다.

(2) 철기의 보급과 고조선의 발전

① 철기의 보급: 기원전 5~4세기경

② 위만의 등장: 중국의 한 건국 이후에 위만이 고조선으로 이주 → 준왕을 몰아내고 고조선의 왕이 됨(기원전 194) → 철기 문화 본격적 확산

③ 고조선의 발전
- 철제 무기를 기반으로 영토 확장, 세력 확대
- 중국 한과 한반도 남부 사이에서 중계 무역으로 경제적 이익을 얻음
- 8조법이라는 엄격한 법률을 통해 사회 질서를 유지하려 함

> **💡 집중 탐구 8조법을 통해 알아보는 고조선의 사회상**
>
> - 사람을 죽인 자는 즉시 죽인다.
> - 남에게 상처를 입힌 자는 곡식으로 갚는다.
> - 도둑질한 자는 노비로 삼는다. 용서를 받으려면 50만 전을 내야 한다. -『한서』-
>
> 8조법을 통해 고조선 사회가 노동력과 사유 재산을 중요하게 여겼으며, 노비가 존재하는 계급 사회였음을 알 수 있다.

(3) 고조선의 멸망
→ 고조선의 중계 무역으로 한과 마찰을 빚었던 것도 원인 중 하나였다.

① 멸망 과정: 고조선의 세력 확대 → 불안을 느낀 한 무제의 고조선 침공 → 1년간 맞섰으나 결국 왕검성이 함락되며 멸망(기원전 108)

② 한의 지배: 일부 지역에 군현을 세워 지배 → 고조선 유민의 저항으로 약화, 소멸

③ 많은 수의 고조선 유민이 한반도 남쪽으로 이주

✛ 고조선의 문화 범위

탁자식 고인돌, 비파형 동검 등이 만주와 한반도 서북부 지역에서 집중적으로 발굴되고 있어, 이 지역이 고조선의 문화 범위와 관련이 있음을 추측할 수 있다.

✛ 단군왕검의 의미

단군은 제사장, 왕검은 정치적 우두머리를 의미하는데, 이를 통해 단군왕검이 제정일치 사회의 지배자임을 알 수 있다.

✛ 고조선과 중국의 교류

▲ 명도전
명도전은 중국 전국 시대의 화폐로, 요동과 한반도 북부 지역에서 많이 출토되어 고조선과 중국이 활발히 교류하였음을 보여 준다.

개념 다지기

01 빈칸에 알맞은 말을 쓰시오.

(1) 구석기 시대 사람들은 주먹도끼, 긁개 등과 같이 돌을 깨뜨리거나 떼어서 만든 (   )을/를 사용하였다.

(2) 한반도의 (   ) 시대 유적은 전국에 분포되어 있는데, 평남 상원 검은모루 동굴, 경기 연천 전곡리 등이 대표적이다.

(3) 신석기 시대 사람들은 음식을 보관하고 조리하기 위해 (   )을/를 만들어 사용하였다.

(4) 신석기 시대 사람들은 (   )을/를 이용해 실을 뽑고 뼈바늘을 이용해 옷을 만들었다.

(5) 고조선은 엄격한 법률인 (   )을/를 시행하여 사회 질서를 유지하고자 하였다.

02 다음 설명이 맞으면 ○표, 틀리면 ×표를 하시오.

(1) 구석기 시대 초기에는 슴베찌르개 같이 작고 용도가 뚜렷한 도구를 쓰다가 후기로 갈수록 하나의 도구를 다양한 용도로 사용하였다. .... (   )

(2) 구석기인은 무리 지어 다니며 서로 협동해 식량을 구했으며, 먹을 것을 찾아 이동 생활을 하였다. .... (   )

(3) 경기 연천 전곡리에서 발견된 주먹도끼는 서양에서만 주먹도끼가 사용되었다고 주장하던 기존의 학설을 뒤엎는 계기가 되었다. .... (   )

(4) 구석기인은 조개껍데기 가면, 치레걸이, 흙으로 빚은 얼굴 모양 등 다양한 예술품을 남겼다. .... (   )

(5) 만주와 한반도 지역의 신석기인은 농경을 통해 식량을 생산하였으며, 사냥이나 물고기잡이는 더 이상 하지 않았다. .... (   )

03 다음 설명에 해당하는 시기를 〈보기〉에서 고르시오.

┤ 보기 ├
ㄱ. 구석기 시대   ㄴ. 신석기 시대   ㄷ. 청동기 시대

(1) 움집을 짓고 강가나 바닷가에 마을을 이루어 정착하기 시작하였다. .... (   )

(2) 추위와 비바람을 피해 동굴이나 바위 그늘, 막집에서 살았다. .... (   )

(3) 방어에 유리한 언덕에 마을을 이루었으며, 지상 가옥화된 움집을 짓고 살았다. .... (   )

04 다음 글의 밑줄 친 부분을 옳게 고쳐 쓰시오.

(1) 신석기 시대에는 돌을 갈아 정교하게 만든 <u>뗀석기</u>를 사냥과 농사 등 다양한 용도로 사용하였다. ..... (   )

(2) 신석기 시대에는 태양이나 물, 바위 같은 자연물에 영혼이 있다고 믿는 <u>토테미즘</u>이 생겨났다. ..... (   )

(3) '단군왕검'이라는 칭호를 통해 당시 고조선이 <u>제정 분리</u> 사회였음을 알 수 있다. .... (   )

(4) 기원전 2세기 위만이 집권한 이후, 고조선은 <u>청동기 문화</u>를 바탕으로 더욱 세력을 넓혀 나갔다. ..... (   )

05 다음 유물과 이것이 주로 사용되었던 시기를 연결하시오.

(1) 찍개   •   • ㉠ 구석기 시대
(2) 반달 돌칼   •   • ㉡ 신석기 시대
(3) 빗살무늬 토기 •   • ㉢ 청동기 시대

06 다음 설명이 맞으면 ○표, 틀리면 ×표를 하시오.

(1) 청동기 시대에는 무기나 제사용 도구뿐만 아니라 농경 등 일상생활에서도 청동기를 사용하였다. ... (   )

(2) 청동기 시대 한반도 남부 지역에서는 벼농사가 보급되었다. .... (   )

(3) 청동기 시대 농경의 발전으로 생산력이 늘어나자 빈부 격차가 발생하고 계급이 생겨났다. .... (   )

07 청동기 시대에 주로 제작되었던 유물 또는 유적을 〈보기〉에서 있는 대로 고르시오.

┤ 보기 ├
ㄱ. 슴베찌르개   ㄴ. 민무늬 토기   ㄷ. 비파형 동검
ㄹ. 탁자식 고인돌   ㅁ. 빗살무늬 토기

08 청동기 시대에 만들어진 대표적인 무덤 유적으로 크기가 매우 커 많은 노동력을 동원할 수 있었던 당시 지배자의 권위를 가늠할 수 있게 해 주는 유적은?

01 다음은 구석기인의 가상 일기이다. ㉠~㉤ 중 구석기 시대에 해당하지 <u>않는</u> 내용이 포함된 것은?

㉠ 오늘은 주먹도끼를 들고 사냥에 나갔다. ㉡ 다 같이 협동해서 무리 지어 사냥했지만 사냥감이 잘 보이지 않았다. ㉢ 아무래도 이제 이 주변은 더 먹을 것이 없는 듯하니, 이동해야 할 때가 온 것 같다. ㉣ 요새 비가 안 와 농사가 잘되지 않을 것 같아 다들 걱정이 많은데, 사냥까지 안되니 큰일이다. ㉤ 내일은 주변에 채집할 만한 거리가 있는지 찾아봐야겠다.

① ㉠ ② ㉡ ③ ㉢ ④ ㉣ ⑤ ㉤

02 만주와 한반도 지역에서 발견된 구석기 시대 유물로 옳은 것을 〈보기〉에서 고른 것은?

┤ 보기 ├

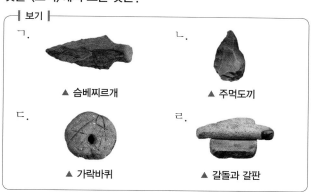

ㄱ. ▲ 슴베찌르개
ㄴ. ▲ 주먹도끼
ㄷ. ▲ 가락바퀴
ㄹ. ▲ 갈돌과 갈판

① ㄱ, ㄴ ② ㄱ, ㄷ ③ ㄴ, ㄷ ④ ㄴ, ㄹ ⑤ ㄷ, ㄹ

03 질문에 대한 답변으로 적절한 것을 〈보기〉에서 고른 것은?

 만주와 한반도 지역 신석기 시대 질문!
★★★★ | 질문 86건 질문 마감률 98.8% |

안녕하세요. 열심히 역사를 공부하고 있는 중학생입니다. 만주와 한반도 지역 신석기 시대 사람들의 생활 모습이 알고 싶어요!

┤ 보기 ├

ㄱ. 농경이 시작되어 조, 피 등을 재배하였습니다.
ㄴ. 뼈바늘과 가락바퀴를 이용해 옷과 그물을 만들었어요.
ㄷ. 동검을 이용해 주변 부족을 정복하며 부족 간 세력 다툼을 하기 시작하였어요.
ㄹ. 생산물을 힘있는 사람이 독점하고 관리하면서 이들 사이에 빈부 격차가 생겨났습니다.

① ㄱ, ㄴ ② ㄱ, ㄷ ③ ㄴ, ㄷ ④ ㄴ, ㄹ ⑤ ㄷ, ㄹ

04 〈중요〉 (가) 시대 사람들의 생활상에 대한 설명으로 옳은 것을 〈보기〉에서 고른 것은?

• (가) 시대 유적

(가) 시대의 대표적인 유적지로는 평남 상원 검은모루 동굴, 경기 연천 전곡리 등이 있습니다.

┤ 보기 ├

ㄱ. 뗀석기를 사용하였다.
ㄴ. 움집에서 거주하였다.
ㄷ. 불을 이용해 음식을 익혀 먹었다.
ㄹ. 돼지나 염소 등을 가축으로 키웠다.

① ㄱ, ㄴ ② ㄱ, ㄷ ③ ㄴ, ㄷ
④ ㄴ, ㄹ ⑤ ㄷ, ㄹ

05 청동기 시대를 배경으로 한 연극 대본을 쓰려고 한다. 대본에 포함될 장면으로 적절하지 <u>않은</u> 것은?

① 마을 사람들이 고인돌 제작에 쓸 큰 돌을 끌어 옮기는 장면
② 사람들이 주먹도끼를 이용해 사냥한 짐승의 가죽을 벗겨내는 장면
③ 군장이 청동 방울을 흔들며 풍년을 기원하는 제사를 지내는 장면
④ 부녀자들이 민무늬 토기에 수확한 벼를 담으며 이야기를 나누는 장면
⑤ 비파형 동검을 손에 든 군장이 사람들을 이끌며 이웃 부족을 정복하는 장면

중요

06 밑줄 친 내용을 뒷받침할 수 있는 유물 또는 유적으로 가장 적절한 것은?

> 청동기 시대 공동체를 이끄는 사람인 군장은 많은 노동력을 동원할 수 있는 권위를 지니고 있던 것으로 보인다.

① ② ③ ④ ⑤

[07~08] 지도를 보고 물음에 답하시오.

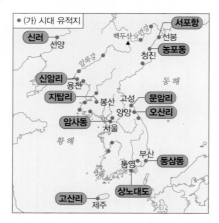

07 (가) 시대에 대한 학생들의 대화에서 옳은 내용을 말한 학생을 모두 고른 것은?

> 지윤: 이 시대에는 간석기를 사용해 농사를 짓기도 했어.
> 유나: 맞아. 이 시대에 썼던 대표적인 간석기로 반달 돌칼을 들 수 있어.
> 승준: 농사를 짓긴 했지만 여전히 사냥이나 물고기잡이, 채집도 이루어졌어.
> 민호: 이들은 이동 생활을 하며 막집을 짓거나 동굴에서 주로 거주하였어.

① 지윤, 유나 ② 지윤, 승준
③ 승준, 민호 ④ 지윤, 유나, 승준
⑤ 지윤, 승준, 민호

중요

08 (가) 시대에 볼 수 있던 유물을 두 개 고르면?

① ②

③ ④

⑤

09 (가)~(다)에 들어갈 내용으로 옳은 것은?

구분	구석기 시대	신석기 시대	청동기 시대
시기	약 70만 년 전부터	약 1만 년 전부터	기원전 2000년경부터
사용한 도구	뗀석기	간석기, 토기	청동기, 간석기, 토기
생활 모습	(가)	(나)	(다)

① (가) - 마을을 이루어 정착 생활을 하였다.
② (가) - 자연물에 영혼이 있다고 믿는 애니미즘이 생겨났다.
③ (나) - 계급이 생겨났으며 불평등한 사회 구조가 형성되었다.
④ (나) - 무리 지어 이동 생활을 하며 채집, 사냥 등으로 식량을 얻었다.
⑤ (다) - 일부 지역에서는 잡곡뿐만 아니라 벼농사도 이루어졌다.

10 고조선의 문화 범위와 관련 있는 유물 또는 유적으로 옳은 것을 〈보기〉에서 고른 것은?

ㅣ보기ㅣ
ㄱ. ㄴ.
ㄷ. ㄹ.

① ㄱ, ㄴ ② ㄱ, ㄷ ③ ㄴ, ㄷ ④ ㄴ, ㄹ ⑤ ㄷ, ㄹ

11 밑줄 친 ㉠~㉤ 중 고조선이 농경 사회를 배경으로 성립하였음을 추측할 수 있는 내용으로 가장 적절한 것은?

> 환인의 아들 환웅이 ㉠ 널리 인간을 이롭게 하고자 태백산 신단수 아래로 내려왔다. ㉡ 그는 풍백(바람을 다스리는 신), 우사(비를 다스리는 신), 운사(구름을 다스리는 신)를 거느리고, 인간 세상을 다스리고 교화하였다. 이때 ㉢ 곰과 호랑이가 사람이 되길 원하므로, 환웅은 100일간 굴에서 견디게 하였다. 21일간 이를 지킨 ㉣ 곰은 여자로 변하여 환웅과 혼인해 아들을 낳았으니 그가 단군왕검이다. ㉤ 단군왕검은 아사달에 수도를 정하고 조선이라는 나라를 세웠다.
> ─『삼국유사』─

① ㉠　　② ㉡　　③ ㉢　　④ ㉣　　⑤ ㉤

 중요

12 다음 자료의 ㉠~㉤ 중 옳지 않은 내용이 포함된 것은?

> ◎ 우리 역사상 최초의 국가, 고조선
>
> ㉠ 건국: 『동국통감』에 따르면, 기원전 2333년 단군왕검이 건국함
> ㉡ '단군왕검'이란 칭호에 숨은 뜻: 제사장과 정치적 지배자가 따로 존재하는 제정 분리 사회
> ㉢ 왕 아래 상, 대부, 장군 같은 관직을 둠
> ㉣ 중국의 연과 대립할 정도로 강한 나라로 성장함
> ㉤ 위만이 집권한 이후 철기 문화가 더욱 확산됨

① ㉠　　② ㉡　　③ ㉢　　④ ㉣　　⑤ ㉤

13 다음은 고조선에 관한 역사 신문의 기사 제목이다. (가)~(라)를 일어난 순서대로 옳게 나열한 것은?

> (가) 위만, 준왕을 몰아내고 스스로 왕위에 오르다!
> (나) 지배층의 내부 분열이 결국 왕검성 함락을 불러오다
> (다) 고조선의 세력 확대는 이제 그만! 한 무제의 고조선 침공
> (라) 쏠쏠한 고조선의 중계 무역, 한과 한반도 남부 사이에서 한몫 단단히 챙겨!

① (가) ─ (라) ─ (다) ─ (나)　　② (나) ─ (다) ─ (라) ─ (가)
③ (다) ─ (라) ─ (가) ─ (나)　　④ (라) ─ (가) ─ (나) ─ (다)
⑤ (라) ─ (나) ─ (다) ─ (가)

 서술형·논술형

서술형
01 다음 상상화를 보고 물음에 답하시오.

(1) 위의 그림은 구석기와 신석기 시대 중 어느 시대의 상상화인지 쓰시오. ·············· (　　　　　)

(2) (1)과 같이 생각하는 이유를 그림 안에서 두 가지 이상의 근거를 찾아 서술하시오.

논술형
02 제시된 고조선의 8조법 중 일부 내용을 읽고, 이를 통해 알 수 있는 고조선의 사회상에 대해 450자 내외로 논술하시오.

> • 사람을 죽인 자는 즉시 죽인다.
> • 남에게 상처를 입힌 자는 곡식으로 갚는다.
> • 도둑질한 자는 노비로 삼는다. 용서를 받으려면 50만 전을 내야 한다.
> ─『한서』, 지리지─

02 여러 나라의 성장

✚ 세형 동검

세형 동검은 한반도 전체 영역에 걸쳐 나타나고 있으므로 한국식 동검이라고도 한다. 비파형 동검보다는 가늘지만 별도의 손잡이를 만들어 끼우도록 한 점이 닮았다.

✚ 독무덤

항아리나 독 두 개를 연결하여 그 안에 시신을 넣어 묻는 형태의 무덤이다. 크기가 다양해 어린아이부터 성인까지 모두 묻었던 것으로 추정된다.

✚ 부여의 법

• 사람을 죽인 자는 사형에 처하고, 그 가족은 노비로 삼는다.
• 도둑질하면 도둑질한 물건의 12배를 배상한다.
　　　　　－『삼국지』 위서 동이전－

부여의 법은 매우 엄격하였는데, 이는 철기 문화를 바탕으로 더욱 복잡해진 사회 구조를 유지하기 위함이었다. 사람을 죽인 자는 사형에 처한다는 것으로 보아, 당시 부여 사회는 노동력을 매우 중시하였음을 알 수 있으며, 노비의 존재를 통해 계급 사회였음을 알 수 있다. 또 도둑질한 물건의 12배를 배상하는 '1책 12법'은 고구려 사회에서도 행해졌던 법으로, 이를 통해 부여와 고구려가 같은 계통의 나라임을 짐작할 수 있다.

❶ 철기 문화의 발전

(1) 철기의 보급

시기		기원전 5~4세기경 고조선이 발전하는 과정에서 보급 → 만주와 한반도 북부에서 남쪽까지 차츰 전파
사용	특징	철은 구하기 쉽고 단단하여 다양한 용도로 사용됨
	철제 농기구	개간 활발, 농업 생산력 향상 → 인구 증가
	철제 무기	전투력 상승 → 정복 전쟁 활발 → 기존 국가 확장, 새로운 국가 형성(부여, 고구려, 옥저, 동예, 삼한 등)

(2) 철기 시대의 생활

① 무덤: 널무덤, 독무덤 → 구덩이를 파고 나무널 안에 시신을 안치하여 매장하였다.
② 중국과의 교류 활발: 명도전 출토

Q&A 철기가 널리 보급되면서 청동기는 더 이상 사용되지 않았나요?

철은 청동보다 구하기 쉽고 단단하기에 일상생활에서 다양한 용도로 쓰였지만, 제사용 도구나 장신구로는 여전히 청동기가 사용되었다. 오히려 기존의 청동기 문화가 더욱 독자적인 형태로 발전하였는데, 세형 동검, 잔무늬 거울 등이 대표적이다.

❷ 여러 나라의 등장

(1) 부여

위치	만주 쑹화강 주변 평야 지역 → 농업·목축업 발달, 한 등 중국과 활발한 교류 → 빠른 정치적 성장 가능
정치	• 5개의 집단이 연맹 • 왕이 중앙을 다스리고, 대가(마가, 우가, 구가, 저가)들이 각자 영역 지배 → 왕권 약함 ┄┄→ '사출도'라고 하였다.
제천 행사	영고(12월)
풍속	1책 12법, 순장

📋 더 알아보기 ▶ 제천 행사의 의미와 역할

해마다 10월이면 하늘에 제사를 지내는데 밤낮으로 술 마시며 노래를 부르고 춤을 추니 이를 무천이라고 한다.
　　　　－『삼국지』 위서 동이전－

◀ 국동대혈
(지린성 지안현)
고구려 왕이 신하들을 거느리고 이곳에서 하늘에 제사를 지냈다고 전해진다.

제천 행사란 하늘에 제사 지내는 행사를 말한다. 이는 농경 사회의 전통 중 하나로 하늘의 도움을 구해 풍년을 기원하고 수확에 감사하는 의미였다. 주로 국가적 규모로 행해졌으며, 구성원 모두가 모여 춤추고 노래하며 즐기는 축제처럼 이루어졌다. 이를 통해 사회 구성원 간 단결을 도모하였다.

(2) 고구려

건국	부여에서 이주한 주몽 집단＋압록강 유역의 토착 세력
위치	졸본 지역: 산간 지역으로 농경에 불리 → 주변국을 정벌해 평야 지역 진출 도모
정치	• 5개의 집단이 연맹 • 왕과 대가가 국가를 운영, 제가 회의를 통해 국가의 중요한 일 결정
제천 행사	동맹(10월)
풍속	서옥제

'여러 가들이 모인 회의'라는 의미로, 왕권이 강해지면서
귀족 회의로 성격이 변화하였다.

(3) 옥저, 동예

위치	함경도와 강원도 북부 동해안에 위치
정치	• 왕이 없음, 읍군·삼로라 불리는 군장이 각 지역을 다스림 • 한반도 동북부에 치우쳐 선진 문물 수용이 어려워 정치적 발전이 느림 → 고구려에 예속되어 공물을 바치다가 이후 병합됨
경제	토지 비옥, 해산물 풍부: 단궁·과하마·반어피가 특산물(동예)
제천 행사	무천(10월, 동예)
풍속	• 옥저: 민며느리제, 가족 공동 무덤 • 동예: 족외혼, 책화

☀ 집중 탐구　사료로 보는 여러 나라의 혼인 풍속

〈고구려의 서옥제〉
혼인에 대해 정해지면 여자의 집 뒤편에 작은 별채를 짓는데, 그 집을 '서옥'이라 부른다. 신랑이 가져온 돈과 폐백은 서옥 곁에 쌓아 둔다. 아들을 낳아서 장성하면 남편은 아내를 데리고 자기 집으로 돌아간다.

〈옥저의 민며느리제〉
여자의 나이가 10살이 되기 전에 혼인을 약속하고, 신랑 집에서 그 여자를 길러 아내로 삼는다. 여자가 성인이 되면 다시 친정으로 돌아가고, 신랑 집에서 돈을 지불한 후 데려온다.
－『삼국지』, 위서 동이전 －

고구려나 옥저 모두 혼인을 약속한 후 신랑이나 신부 중 한 사람이 상대방의 집에서 일정 기간 머무르는 풍속이 있었다. 두 나라 모두 최종적으로는 신부가 신랑의 집에서 살게 되었는데, 이렇게 되면 신부 측에서는 그만큼의 노동력이 상실되기 때문에 신랑 측에서 일정한 대가를 지불한 것이었다. 고구려의 경우 신부 집에 노동력과 돈을 제공하였고, 옥저의 경우 신부를 어린 시절부터 대신 길러 주었으며 이후 돈을 지불하고 데려오는 것이 이에 해당한다. 이는 고구려와 옥저가 노동력을 중시하는 농경 사회였기 때문이었다.

(4) 삼한

제사와 정치가 분리되어 있었음을 알 수 있다.

위치	한반도 남부의 비옥한 평야 지대 → 벼농사 발달
정치	• 여러 소국이 모여 마한, 변한, 진한의 연맹체 형성 → 마한의 목지국이 삼한 전체를 대표하여 이끎 • 군장(신지, 읍차)이 소국 통치＋천군(제사장)이 소도에서 제사 주관
경제	변한에서 철이 다량 생산 → 화폐로 사용, 주변 국가에 수출
제천 행사	5월제(씨 뿌린 이후 풍년 기원), 10월제(추수 감사)
풍속	소도: 천군이 다스리는 신성한 지역, 군장의 힘이 미치지 못함

✚ 단궁, 과하마, 반어피
모두 동예의 특산물로, 단궁은 박달나무로 만든 작은 활이며, 과하마는 몸집이 작아 과일나무 아래로 지나갈 수 있는 말을 말한다. 반어피는 반어(바다표범)의 가죽을 뜻한다.

✚ 가족 공동 무덤
옥저의 장례 풍속이다. 시신을 임시로 매장했다가, 이후 뼈만 따로 추려서 가족 공동 무덤인 커다란 나무 곽에 넣었다. 온 집안 식구를 모두 하나의 곽 속에 넣어 두었으며, 사후 세계의 식량으로 삼으라는 뜻에서 입구에 쌀을 매달아 두기도 하였다.

✚ 책화
다른 부족의 경계를 침범하면 노비나 소, 말로 배상하던 동예의 풍속이다.

✚ 소도와 솟대

소도는 제사장인 천군이 별도로 주관하던 지역으로, 군장의 권력이 미치지 못하여 죄인이 숨어 들어가도 함부로 잡아가지 못하였다. 솟대는 삼한의 소도에 세우던 것에서 유래하였는데, 긴 장대 위에 새가 올라가 있는 형태이다. 새를 하늘과 땅을 연결해 주는 존재로 생각하던 고대인의 믿음과 관련이 있다.

개념 다지기

01 빈칸에 알맞은 말을 쓰시오.

(1) 기원전 5~4세기경 고조선이 발전하는 과정에서 ( )이/가 차츰 보급되었는데, 청동기보다 재료를 구하기 쉽고 단단하여 다양한 용도로 쓰였다.

(2) 철기 시대의 대표적 청동기는 ( ) 동검으로, 비파형 동검을 계승하였다.

(3) 철기 시대에는 항아리 두 개를 옆으로 이어 만든 무덤인 ( )이/가 만들어졌다.

(4) 옥저는 어린 여자아이를 데려다가 키워서 며느리로 삼는 ( )(이)라는 혼인 풍속이 있었다.

(5) 삼한의 제사장인 천군은 ( )(이)라는 지역을 다스렸는데, 이 지역에는 군장의 권력이 미치지 못했다.

02 다음 설명이 맞으면 ○표, 틀리면 ×표를 하시오.

(1) 철제 농기구를 사용하면서 농업 생산력이 향상되고 인구도 늘어났다. ……………………………… ( )

(2) 철은 구하기 어렵고 다루기가 까다로워 주로 제사용 도구로 사용되었으며, 일상적 용도로는 쓰이지 않았다. ……………………………… ( )

(3) 철기가 활발히 보급되자 청동기는 사용되지 않았다. ……………………………… ( )

(4) 한반도의 철기 시대 유적에서 명도전과 같은 중국 화폐가 출토되어 당시 중국과의 교류가 활발했음을 알 수 있다. ……………………………… ( )

03 철기 문화를 바탕으로 세워진 여러 나라와 해당 나라의 제천 행사를 연결하시오.

(1) 부여 •   • ㉠ 동맹
(2) 동예 •   • ㉡ 영고
(3) 고구려 •   • ㉢ 무천

04 10월에 제천 행사를 열었던 나라를 〈보기〉에서 모두 고르시오.

┤ 보기 ├
ㄱ. 부여   ㄴ. 고구려   ㄷ. 동예   ㄹ. 삼한

05 다음 설명이 맞으면 ○표, 틀리면 ×표를 하시오.

(1) 부여는 고구려에서 이주한 세력이 세운 나라이다. ……………………………… ( )

(2) 부여의 왕은 중앙을 직접 다스렸으며, 주변 지역은 마가, 우가, 저가, 구가가 각자 다스렸다. ……… ( )

(3) 옥저, 동예는 한반도 동북부에 치우쳐 있어 선진 문물을 받아들이기 어려워 정치적 발전이 늦었으며, 이후 고구려에 병합되었다. ……………………………… ( )

(4) 동예에서는 씨를 뿌린 후인 5월에 풍년을 기원하는 제천 행사를 열었다. ……………………………… ( )

06 다음 글의 밑줄 친 부분을 옳게 고쳐 쓰시오.

(1) 옥저와 동예에는 왕이 없었으며, 신지와 읍차라고 불리는 군장이 다스렸다. ……………………………… ( )

(2) 옥저에서는 다른 부족의 경계를 침범하면 노비나 소, 말로 배상하는 책화라는 풍습이 있었다. …… ( )

07 다음 설명에 해당하는 나라를 〈보기〉에서 고르시오.

┤ 보기 ├
ㄱ. 부여   ㄴ. 고구려   ㄷ. 옥저
ㄹ. 동예   ㅁ. 삼한

(1) 산간 지대인 졸본 지역에서 성장하였으며, 주변 국가를 정복해 세력을 키워 나가기 시작하였다. ……………………………… ( )

(2) 쑹화강 주변의 평야와 초원 지대에 자리 잡았으며, 농업과 목축업이 발달하였다. ……………………… ( )

(3) 함경도 동해안 지역에 위치하였으며, 토지가 비옥하고 해산물이 풍부하였다. ……………………………… ( )

(4) 한반도 남부 지역의 비옥한 평야에 위치한 나라로, 여러 소국의 연맹체였다. ……………………………… ( )

(5) 강원도 동해안에 위치하였으며, 단궁, 과하마 등이 유명하였다. ……………………………… ( )

08 고구려의 혼인 풍속으로 결혼을 약속한 후 신랑이 신부의 집에서 살다가 아이를 낳아 자라면 아내와 자식을 데리고 자기 집으로 돌아갔던 풍속은?

중요
01 교사의 질문에 대한 학생의 답변으로 적절하지 <u>않은</u> 것은?

> 철기 문화가 보급된 이후 만주와 한반도 지역 사람들의 생활 모습은 어떻게 바뀌었을까요?

① 철제 무기를 사용하며 전투력이 상승해 정복 활동이 활발히 이루어졌습니다.
② 철기를 잘 다루는 집단은 철기를 이용해 세력을 확장하여 국가를 형성하였습니다.
③ 청동보다 구하기 쉽고 단단했기 때문에 철이 일상생활에서 다양하게 사용되었습니다.
④ 철제 농기구를 사용하면서 땅을 깊고 넓게 갈아 농사를 지을 수 있어 농업 생산력이 향상되었습니다.
⑤ 철기 문화가 널리 보급되면서 기존의 제사용 도구로 사용되던 청동기들은 모두 철기로 대체되었습니다.

02 철기 시대 유적지에서 주로 발견되는 유물 또는 유적을 〈보기〉에서 고른 것은?

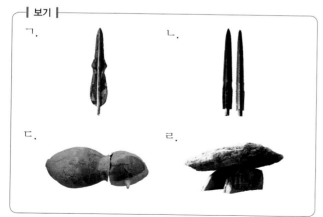

┤ 보기 ├
ㄱ.
ㄴ.
ㄷ.
ㄹ.

① ㄱ, ㄴ   ② ㄱ, ㄷ   ③ ㄴ, ㄷ
④ ㄴ, ㄹ   ⑤ ㄷ, ㄹ

[03~05] 지도를 보고 물음에 답하시오.

03 다음 설명에 해당하는 나라로 옳은 것은?

> • (가)~(마) 중 가장 먼저 등장하였다.
> • 넓은 평야에 위치해 농업과 목축업이 발달하였으며, 정치적으로도 빠르게 성장하였다.
> • 영고라는 제천 행사를 열었다.
> • 3세기 후반 선비족의 침입으로 세력이 약해졌다.

① (가)   ② (나)   ③ (다)   ④ (라)   ⑤ (마)

04 밑줄 친 '이 나라'에 해당하는 것은?

> <u>이 나라</u>의 풍속은 산천(山川)을 중요시하여 산과 내마다 각기 구분이 있어 함부로 들어가지 않는다. …… 낙랑의 단궁이 이 나라에서 나온다. 바다에서는 반어피가 나고, 땅은 기름지고 무늬 있는 표범이 많다. 또 과하마가 나는데 …….
> ─『삼국지』 위서 동이전─

① (가)   ② (나)   ③ (다)   ④ (라)   ⑤ (마)

중요
05 (가)~(마)에 대한 설명이 옳게 연결된 것은?

① (가) – 왕이 없고 군장이 다스렸다.
② (나) – 책화라는 풍습이 있었다.
③ (다) – 5개의 집단이 서로 연맹하였다.
④ (라) – 같은 씨족끼리 결혼하지 않는 족외혼의 풍습이 있었다.
⑤ (마) – 군장이 제사장의 역할도 함께 담당한 제정일치 사회였다.

[06~07] 다음을 읽고 물음에 답하시오.

> (가) 여자의 나이가 열 살이 되기 전에 혼인을 약속하고, 신랑 집에서 그 여자를 길러 아내로 삼는다. 여자가 성인이 되면 다시 친정으로 돌아가고, 신랑 집에서 돈을 낸 후 데려온다.
> –『삼국지』, 위서 동이전–
> (나) 혼인이 정해지면, 여자의 집 뒤편에 작은 별채를 짓는데, 그 집을 '서옥'이라 부른다. …… 아들을 낳아서 장성하면 남편은 아내를 데리고 자기 집으로 돌아간다.
> –『삼국지』, 위서 동이전–

06 (가), (나) 풍습이 있던 나라를 옳게 연결한 것은?

	(가)	(나)		(가)	(나)
①	옥저	고구려	②	동예	고구려
③	삼한	부여	④	부여	삼한
⑤	고구려	옥저			

중요
07 (가), (나)에 해당하는 나라에 대한 설명으로 옳은 것은?

① (가) – 왕권이 약해서 흉년이 들면 왕에게 책임을 묻기도 하였다.
② (가) – 정복 전쟁을 벌여 주변 국가를 정복해 평야 지대로 나아가려 하였다.
③ (가) – 가족이 죽으면 뼈를 추려 가족 공동 무덤에 매장하는 풍속이 있었다.
④ (나) – 토지가 비옥하고 해산물이 풍부하였다.
⑤ (나) – 군장의 힘이 닿지 못하는 소도라는 지역이 있었다.

중요
08 여러 나라의 제천 행사에 대한 학생들의 대화에서 옳지 <u>않은</u> 내용을 말한 학생은?

> 유현: 제천 행사는 '하늘에 제사를 지내는 행사'라는 뜻으로 농사의 풍요 등을 기원하였어.
> 준수: 부여, 동예, 삼한 등 여러 나라는 노래와 춤을 추며 축제처럼 제천 행사를 열었어.
> 서연: 대체로 제천 행사는 10월에 이루어졌는데, 이는 추수랑 관련이 있어.
> 재경: 다만 부여는 12월에 제천 행사를 열었어. 이때 죄수들을 풀어 주기도 했다고 해.
> 가윤: 특이하게 옥저의 경우 5월과 10월, 즉 1년에 두 번 제천 행사를 성대하게 개최했어.

① 유현 ② 준수 ③ 서연 ④ 재경 ⑤ 가윤

[09~10] 다음을 읽고 물음에 답하시오.

> 이 나라는 5개의 집단이 연맹한 나라였다. 중앙은 왕이 직접 다스리고, 주변 지역은 마가, 우가, 저가, 구가와 같은 여러 가(加)가 각자 다스렸다.

09 밑줄 친 '이 나라'로 옳은 것은?

① 부여   ② 고구려
③ 옥저   ④ 동예
⑤ 삼한

10 밑줄 친 '이 나라'에 대한 설명으로 옳은 것은?

① 같은 씨족끼리는 결혼하지 않는 풍습이 있었다.
② 철이 많이 생산되어 주변 국가에 수출하기도 하였다.
③ 도둑질한 자는 물건의 12배를 배상하도록 하는 법이 있었다.
④ 부족 간의 경계를 엄격하게 지켜서 이를 어기면 배상해야 했다.
⑤ 주몽 세력이 압록강 중류 일대의 토착 세력과 결합하여 세웠다.

11 (가)에 들어갈 나라로 옳은 것은?

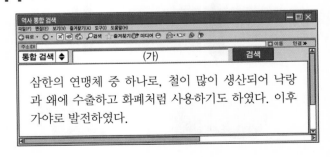

> 삼한의 연맹체 중 하나로, 철이 많이 생산되어 낙랑과 왜에 수출하고 화폐처럼 사용하기도 하였다. 이후 가야로 발전하였다.

① 마한   ② 변한
③ 진한   ④ 옥저
⑤ 동예

12 여러 나라와 그 나라의 제천 행사를 옳게 연결한 것은?

① 부여 – 10월제
② 고구려 – 동맹
③ 옥저 – 5월제
④ 동예 – 영고
⑤ 삼한 – 무천

13 밑줄 친 '이곳'에 해당하는 나라에 대한 설명으로 옳은 것을 〈보기〉에서 고른 것은?

> 이곳에는 각각 별도의 지역이 있으니 그것을 '소도'라 한다. 소도에 큰 나무를 세우고 방울과 북을 매달아 놓고 귀신을 섬긴다. 다른 지역에서 소도로 도망 온 사람은 누구든 돌려보내지 아니하므로 도적질하는 것을 좋아하게 되었다.

┤ 보기 ├
ㄱ. 민며느리제라는 혼인 풍속이 있었다.
ㄴ. 목지국의 지배자가 나라 전체를 대표하여 이끌었다.
ㄷ. 8조법이라는 엄격한 법을 시행하여 사회 질서를 유지하고자 하였다.
ㄹ. 각각의 소국은 신지, 읍차가 지배하였으며 제사장인 천군은 종교를 주관하였다.

① ㄱ, ㄴ   ② ㄱ, ㄷ   ③ ㄴ, ㄷ
④ ㄴ, ㄹ   ⑤ ㄷ, ㄹ

14 (가)에 들어갈 나라로 옳은 것은?

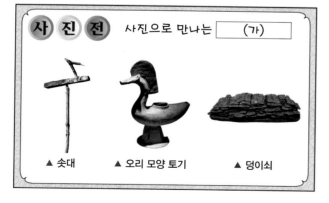

사 진 전   사진으로 만나는 ◻(가)
▲ 솟대   ▲ 오리 모양 토기   ▲ 덩이쇠

① 부여   ② 고구려   ③ 옥저
④ 동예   ⑤ 삼한

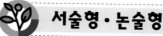
서술형·논술형

서술형

01 (가), (나)에 해당하는 나라를 각각 쓰고, 이들 나라에서 공통적으로 이러한 행사를 열었던 이유를 서술하시오.

> (가) 해마다 10월이면 하늘에 제사를 지내는데 밤낮으로 술 마시며 노래를 부르고 춤을 추니 이를 무천이라고 한다.
> (나) 10월에 하늘에 제사를 지내는 나라의 큰 행사를 동맹이라고 부른다. …… 나라에서 크게 모여 신을 맞이하여 나라 동쪽 위에 모시고 가서 제사를 지낸다.

논술형

02 고구려와 옥저의 결혼 풍속이 갖는 공통점과 이와 같은 공통점이 나타난 이유를 아래 조건에 맞게 450자 내외로 논술하시오.

┤ 조건 ├
당시 고구려와 옥저가 농경 사회였음에 초점을 두어 논술할 것

03 삼국의 성립과 발전

+ 관리의 등급(관등 체제) 정비

기존의 부족장 등 지배층을 왕 아래에 두기 위해 관리의 등급을 정하여 서열을 정비하였다. 고구려에는 소노부·절노부·순노부·관노부·계루부 등 5부를 중심으로 대대로, 태대형 등의 관등을 두었다. 백제는 16등급의 관등을 두었으며, 신라는 17등급의 관등을 두었다.

+ 신라의 왕호 변천

거서간	우두머리, 귀인
↓ 차차웅	제사장
↓ 이사금	연장자
↓ 마립간	군장 중 최고 군장
↓ 왕	중국식 왕호

+ 호우명 그릇

1946년 경북 경주의 고분에서 출토되었다. 그릇의 밑받침에는 '을묘년국강상광개토지호태왕호우십(乙卯年國岡上廣開土地好太王壺杅十)'이라는 명문이 새겨져 있다. 이 유물을 통해 당시 신라와 고구려의 관계가 긴밀하였음을 알 수 있다.

+ 중앙 집권 국가의 특징

• 왕위 부자 상속: 한 성씨가 왕위를 독점하며, 아버지가 아들에게 왕위를 계승하였다.
• 관등제 정비: 지역 세력을 중앙 귀족으로 흡수하고 왕 아래의 관료로 서열화하였다.
• 율령 반포: 왕 중심의 통치 제도와 법령을 정비하여 율령으로 반포하였다.
• 지방관 파견: 지방 제도를 정비하고 지방관을 파견하여 중앙의 명령이 효율적으로 전달되게 하였다.
• 정복 전쟁 전개: 왕이 주도적으로 정복 전쟁에 나서 영토를 넓히고 국력을 키웠다.
• 불교 수용: 불교를 통해 사람들의 사상을 통합하였다.

❶ 삼국과 가야의 성장

(1) 고구려의 성장: 국내성으로 천도 이후 주변 지역을 정복하면서 성장

중앙 집권화	관등제 정비, 계루부 고씨의 왕위 세습 확립, 수도와 지방 제도 정비(5부), 지방에 관리 파견	
영토 확장	• 태조왕(1~2세기): 옥저 정복, 요동 지방으로 진출 도모 • 미천왕(4세기 초반): 서안평 점령, 낙랑군 공격 → 중국 세력 축출	
위기	전연의 침공, 백제의 공격으로 고국원왕 전사	
위기 극복과 체제 정비	소수림왕 (4세기 후반)	• 불교 수용: 중국의 전진에서 수용 → 나라의 사상 통합 • 태학 설립: 국가에 충성하는 인재 양성 • 율령 반포: 통치 조직 정비

↳ 각 집단이나 지역별로 무속이나 영혼 숭배 등 다양한 토속 신앙을 믿고 있었기 때문에 보편적인 사상인 불교를 받아들여 사상 통합을 꾀하였다.

(2) 백제의 성립과 성장

성립	• 마한의 소국에서 출발 → 고구려에서 이주한 세력(온조)과 한강 유역의 토착 세력 연합 • 도읍: 한강 유역(농경 발달, 교통의 중심지로 선진 문물 수용에 유리)	
성장과 체제 정비	고이왕 (3세기 중반)	• 체제 정비: 관리 등급 마련, 관복의 색으로 서열 구분 • 영토 확장: 주변의 마한 소국 복속(→ 한반도 중부 지역 확보)

(3) 신라의 성립과 성장

성립	• 진한의 소국(사로국)에서 출발(박혁거세의 유이민 집단과 경주 토착 세력 연합) • 한반도 동남부에 위치하여 외래 문물 수용에 어려움 • 왕권 미약: 박·석·김씨가 돌아가며 왕위 차지, 중요한 일은 회의에서 처리	
성장과 체제 정비	내물왕 (4세기 후반)	• 체제 정비: 김씨의 왕위 세습 확립, 왕호로 마립간(대군장) 사용 • 영토 확장: 진한 지역 대부분 병합 • 고구려의 도움으로 왜군 격퇴 → 고구려의 정치적 간섭, 고구려를 통해 중국 문물 수용

(4) 가야의 성립과 금관가야의 발전

① 가야의 성립: 변한 지역의 소국들이 연합 → 금관가야를 중심으로 전기 가야 연맹 형성
② 금관가야(김해 지역)
   • 전기 가야 연맹 주도: 풍부한 철 자원 보유, 해상 교통으로 낙랑·왜 등과 교류
   • 쇠퇴: 4세기 말 고구려가 신라에 침입한 왜를 물리치는 과정에서 큰 타격을 받음

🔆 집중 탐구 무덤으로 알아보는 백제 건국 세력

▲ 서울 석촌동 돌무지무덤(서울 송파)

▲ 환도산성 아래의 돌무지무덤(지린성 지안)

서울 석촌동 고분군의 무덤들은 백제 건국 초기에 만들어진 것으로, 돌을 쌓아서 계단처럼 만든 돌무지무덤이다. 이는 고구려 초기에 만들어진 중국 지린성 지안 환도산성 아래의 돌무지무덤과 형태가 비슷하다. 이를 통해 백제의 건국 세력이 고구려의 세력과 같은 계통임을 추측할 수 있다.

❷ 삼국의 경쟁과 발전

(1) 백제의 전성기

→ 백제 근초고왕은 고구려를 공격하여 고국원왕을 전사시키고(371)
황해도 일부 지역까지 영토를 넓혔다.

근초고왕	• 마한 전체 통합, 고구려를 공격해 황해도 일부 지역 진출 • 가야 지역으로 진출해 영향력 행사, 동진(중국)·왜와 외교 관계 유지
침류왕	동진으로부터 불교 수용 → 사상 통합 도모

(2) 고구려의 전성기

광개토 대왕	• 백제 공격, 군대를 보내 신라에 침입한 왜군 격퇴, 금관가야 공격(400) • 후연 격퇴 후 요동 지역 차지, 동부여 병합, 거란에 영향력 행사 • '영락' 연호 사용(중국과 대등하다는 자신감 표현)
장수왕	• 평양 천도(427), 남진 정책 추진 → 백제와 신라가 나제 동맹 결성(433) → 백제 수도 한성 함락(475) → 한강 유역 전역 확보 ←신라 눌지왕과 백제 비유왕이 결성하였다. • 중국 남북조 및 유연 등과 대등한 외교 → 독자적 세력권 형성

📋 **더 알아보기** ▶ **고구려인의 천하관**

왕의 은택은 하늘에 미쳤고 위엄은 사해에 떨쳤다. 나쁜 무리를 쓸어
없애니 백성이 편안히 살게 되었다. 나라는 부강해지고 백성은 풍족
해졌으며 오곡이 풍성하게 익었다.
                                    - 광개토 대왕릉비문 -

◀ 광개토
대왕릉비

고구려의 전성기인 5세기경에 만들어진 비석에는 고구려인의 천하관이 나타나 있다. 고구려인들은
자신들의 왕을 하늘의 자손이라 생각했으며, 고구려를 천하에서 가장 성스러운 나라로 여겼다.

---

(3) 백제의 위기와 중흥

위기	한성 함락 이후 웅진 천도(475)
무령왕	22담로에 왕족 파견(지방 통제 강화), 중국 남조와 교류
성왕	• 사비 천도(538), 중앙 및 지방 통치 제도 정비 • 한강 유역 일시 수복: 신라와 연합해 한강 하류 유역을 되찾음(551) → 동맹을 깬 신라의 기습으로 한강 유역 다시 상실(553) → 백제의 신라 공격 → 관산성 전투 (554)에서 성왕 전사, 백제 패배

(4) 신라의 영역 확장

지증왕	국호 확정(신라), 왕호 확정(마립간 → 왕), 우경 장려, 우산국(울릉도) 복속
법흥왕	율령 반포, 관등제 정비(17관등), 불교 공인, 금관가야 병합(532)
진흥왕	• 불교 장려, 인재 양성(화랑도를 국가 조직으로 개편) • 정복 전쟁: 한강 유역 전역 차지(553), 대가야 정복(562), 함경도 남부 진출

Q&A 삼국이 한강 유역을 중심으로 경쟁한 까닭은 무엇인가요?

한강 유역은 지리적·경제적 중심지로, 한반도 중심에 위치하고 평야 지대로 일찍이 농경이 발달하였
다. 또한 한강과 황해로 연결되는 지리적 이점 때문에 교통이 좋아 외래 문물을 받아들이기 쉬웠다.

(5) 대가야의 발전과 가야 연맹의 멸망

① 대가야(고령 지역): 금관가야 쇠퇴 후 후기 가야 연맹의 주도권 장악
② 가야 연맹의 멸망
    ←비옥한 토지와 질 좋은 철을 바탕으로 성장하여
    중국의 남조, 왜 등과 교류하여 발전하였다.
    • 원인: 각 소국이 독자적인 권력 유지, 6세기 이후 백제와 신라의 압박으로 세력 약화
    • 멸망: 금관가야가 신라에 병합(532) → 대가야가 신라의 침입으로 멸망(562)

✚ 칠지도

백제가 제작하여 왜에 보내 준 것으
로, 백제와 왜의 친선 관계를 보여 주
는 유물이다. 칠지도를 만든 백제의
왕은 근초고왕인 것으로 추정된다.

✚ 충주 고구려비

장수왕의 남진 정책의 결과 고구려가
한강 유역 전역을 지배하게 되었음을
보여 주는 비석이다.

✚ 담로

백제에서 지방 제도가 확립되기 전 지
방 중심지에 설치한 행정 구역이다.
지방에 대한 통제력을 강화하기 위해
국왕의 자제나 왕족을 보내 다스리게
하였다.

✚ 진흥왕 순수비

'순수'는 왕이 나라 안을 두루 살피며
돌아다니는 일을 뜻한다. 진흥왕은 넓
힌 영토를 순수하며 이를 기념하여 순
수비를 세웠는데, 북한산비, 창녕비,
황초령비, 마운령비가 있다.

개념 다지기

01 빈칸에 알맞은 말을 쓰시오.

(1) 졸본에서 건국된 고구려는 압록강 근처의 (　　　)(으)로 수도를 옮긴 뒤 나라의 기틀을 마련하고 영토를 확장하였다.

(2) 소수림왕은 (　　　)을/를 설립하여 인재를 양성하였다.

(3) 백제는 농경이 발달하고 교통이 편리한 (　　　) 유역에서 건국되었다.

(4) 신라는 (　　　)의 소국 중 하나인 사로국에서 시작하였다.

(5) 4세기 후반 신라의 (　　　)왕은 김씨의 왕위 세습을 확립하였다.

(6) 낙동강 하류의 김해 지역에서는 (　　　)이/가 성장하여 전기 가야 연맹을 이끌었다.

02 다음 설명이 맞으면 ○표, 틀리면 ×표를 하시오.

(1) 백제 고이왕은 관등제와 관복을 정비하였다. ┄┄┄┄┄┄┄┄┄┄┄┄┄┄┄┄┄┄┄┄┄┄┄ (　　　)

(2) 신라는 부여, 고구려 계통의 유이민 세력이 남하하여 세운 나라이다. ┄┄┄┄┄┄┄┄┄┄┄┄ (　　　)

(3) 소수림왕은 전진으로부터 불교를 받아들였으며, 율령을 반포하여 중앙 집권 국가의 기틀을 마련하였다. ┄┄┄┄┄┄┄┄┄┄┄┄┄┄┄┄┄┄┄┄┄┄┄ (　　　)

(4) 내물왕은 왕의 칭호를 '이사금'으로 바꾸었다. ┄┄┄┄┄┄┄┄┄┄┄┄┄┄┄┄┄┄┄┄┄┄┄ (　　　)

03 고구려의 왕과 해당하는 업적을 연결하시오.

(1) 태조왕 •　　　　　　　• ㉠ 율령 반포
(2) 미천왕 •　　　　　　　• ㉡ 옥저 정복
(3) 소수림왕 •　　　　　　• ㉢ 낙랑군 축출

04 ㉠, ㉡에 들어갈 내용을 〈보기〉에서 고르시오.

┤ 보기 ├
ㄱ. 고구려　　　　ㄴ. 백제
ㄷ. 신라　　　　　ㄹ. 가야

사진은 호우명 그릇으로, (　㉠　)의 영역에서 발견되었으나 (　㉡　)의 왕인 광개토 대왕을 의미하는 글자가 새겨져 있어, (　㉠　)와/과 (　㉡　)의 교류 관계를 보여 준다.

05 밑줄 친 부분을 옳게 고쳐 쓰시오.

(1) 금관가야는 고구려 장수왕이 신라에 침입한 왜군을 격퇴하는 과정에서 함께 공격을 받아 세력이 약화되었다. ┄┄┄┄┄┄┄┄┄┄┄┄┄┄┄┄┄┄ (　　　)

(2) 백제는 근초고왕 때 불교를 수용하여 국가의 사상적 통합을 꾀하였다. ┄┄┄┄┄┄┄┄┄┄┄ (　　　)

(3) 신라 법흥왕은 대가야를 정복하여 낙동강 하류까지 영토를 확장하였다. ┄┄┄┄┄┄┄┄┄ (　　　)

06 (가)~(다)를 시기순으로 나열하시오.

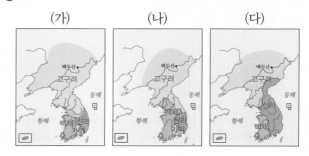

07 다음 설명이 맞으면 ○표, 틀리면 ×표를 하시오.

(1) 백제는 근초고왕 때 중국의 동진 및 왜와 활발히 교류하였다. ┄┄┄┄┄┄┄┄┄┄┄┄┄┄ (　　　)

(2) 광개토 대왕은 '영락'이라는 연호를 사용하였으며, 남진 정책을 추진하여 수도를 평양으로 옮겼다. ┄┄┄┄┄┄┄┄┄┄┄┄┄┄┄┄┄┄┄┄┄┄ (　　　)

(3) 무령왕은 대외 진출에 유리한 사비로 수도를 옮겨 백제의 중흥을 도모하였다. ┄┄┄┄┄┄┄ (　　　)

(4) 지증왕은 국호를 '신라'로 확정하고 '왕'이라는 칭호를 사용하였다. ┄┄┄┄┄┄┄┄┄┄┄┄ (　　　)

(5) 진흥왕은 이차돈의 순교를 계기로 불교를 공인하였다. ┄┄┄┄┄┄┄┄┄┄┄┄┄┄┄┄┄┄ (　　　)

08 ㉠, ㉡에 들어갈 왕을 쓰시오.

• 백제 성왕은 신라 (　㉠　)와/과 손잡고 고구려로부터 한강 유역을 되찾는 데 성공하였으나, 신라의 배신으로 다시 빼앗겼으며 결국 관산성에서 전사하였다.

• 신라의 (　㉡　)은/는 순장을 금지하고 우경을 보급하였으며 우산국(울릉도)을 복속시켰다.

01 고구려의 건국과 발전에 관해 옳게 이야기한 학생을 〈보기〉에서 고른 것은?

┤ 보기 ├

성민: 고구려는 주몽이 졸본에서 세웠다고 알려져 있어.
유나: 이후 수도를 국내성으로 옮겨 활발한 정복 활동을 하며 성장하였지.
혜진: 태조왕 때는 낙랑군을 점령하여 중국 군현 세력을 완전히 몰아내기도 했어.
다훈: 이를 바탕으로 왕권이 강해지면서 행정적 성격의 5부가 부족적 성격으로 개편되었어.

① 성민, 유나   ② 성민, 혜진
③ 성민, 다훈   ④ 유나, 혜진
⑤ 유나, 다훈

중요

02 지도와 같이 영토를 확장했던 백제의 왕에 대한 설명으로 옳은 것을 〈보기〉에서 고른 것은?

┤ 보기 ├

ㄱ. 좌평을 비롯한 관등제를 정비하였다.
ㄴ. 중국의 동진으로부터 불교를 수용하였다.
ㄷ. 고구려를 공격하여 고국원왕을 전사시켰다.
ㄹ. 중국의 동진, 왜와 교류하여 고구려, 신라를 견제하였다.

① ㄱ, ㄴ   ② ㄱ, ㄷ   ③ ㄴ, ㄷ
④ ㄴ, ㄹ   ⑤ ㄷ, ㄹ

[03~04] 다음 가상 인터뷰를 읽고 물음에 답하시오.

기자: 오늘은 전연과 백제의 침략으로 위기에 빠졌던 고구려를 구해 내신 이분을 특별히 모셨습니다. 안녕하세요?
(가): 네, 안녕하세요?
기자: 국왕께서는 위기에 빠졌던 고구려의 체제를 재정비하여 국왕 중심 집권 체제를 확립하고, 고구려가 안정적으로 발전할 수 있는 토대를 마련하셨다고 평가받는데요. 태학을 설립하여 인재를 양성하신 것 외에 또 어떤 정책을 펼치셨는지 직접 소개해 주세요.
(가): 여러 가지가 있겠지만, _____(나)

03 (가)에 들어갈 왕으로 옳은 것은?

① 태조왕   ② 미천왕   ③ 고국원왕
④ 소수림왕   ⑤ 광개토 대왕

중요

04 (나)에 들어갈 내용으로 옳은 것을 〈보기〉에서 고른 것은?

┤ 보기 ├

ㄱ. 불교를 받아들여 사상적인 통일을 도모했습니다.
ㄴ. 계루부 고씨의 왕위 독점 세습을 확립하였습니다.
ㄷ. 율령을 반포하여 모든 백성이 같은 법률의 지배를 받게 하였습니다.
ㄹ. 독자적 연호를 최초로 사용하여 강대국이라는 자신감을 드러내었습니다.

① ㄱ, ㄴ   ② ㄱ, ㄷ   ③ ㄴ, ㄷ
④ ㄴ, ㄹ   ⑤ ㄷ, ㄹ

05 다음 왕들의 공통점은?

• 소수림왕   • 침류왕   • 법흥왕

① 태학을 설립하였다.
② 가야를 공격하여 병합하는 데 성공하였다.
③ 왕위의 부자 상속을 확립하여 왕권을 강화하였다.
④ 중국 남북조와의 교류를 통해 선진 문물을 수용하였다.
⑤ 불교를 공인하여 중앙 집권 체제를 사상적으로 뒷받침하였다.

06 다음은 재민이가 역사 발표를 위해 제작하려는 프레젠테이션 계획안이다. (가)에 첨부할 수 있는 내용으로 적절한 것은?

슬라이드 1	슬라이드 2
주제: 고구려 ( )왕 20940 정재민	( )왕은 누구인가?

슬라이드 3	슬라이드 4
( )왕이 했던 일 (1) 수도를 국내성에서 평양으로 옮김 (2) ___(가)___	( )왕 집권 당시 고구려의 대외 관계 (1) 북조, 남조, 유연 등과 외교 관계 수립 (2) 중국이나 유목 세력과 구별되는 독자적 세력권 확립

① 신라를 도와 왜군을 격퇴함
② 영락이라는 연호를 사용함
③ 태학을 설립하여 인재를 양성함
④ 옥저를 정복하고 요동으로 진출하려 함
⑤ 남진 정책을 추진하여 한강 유역을 장악함

07 중요 ㉠~㉢에 해당하는 나라를 옳게 연결한 것은?

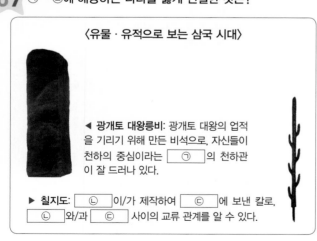

〈유물·유적으로 보는 삼국 시대〉

◀ 광개토 대왕릉비: 광개토 대왕의 업적을 기리기 위해 만든 비석으로, 자신들이 천하의 중심이라는 ㉠ 의 천하관이 잘 드러나 있다.

▶ 칠지도: ㉡ 이/가 제작하여 ㉢ 에 보낸 칼로, ㉡ 와/과 ㉢ 사이의 교류 관계를 알 수 있다.

	㉠	㉡	㉢
①	신라	고구려	백제
②	백제	고구려	왜
③	고구려	신라	왜
④	고구려	백제	왜
⑤	고구려	백제	신라

08 밑줄 친 '왕'에 대한 설명으로 옳은 것은?

> 554년, 왕은 신라를 습격하고자 하여 친히 보병과 기병 50명을 거느리고 밤에 관산성(충북 옥천)에 이르렀다. 신라의 복병이 일어나자 더불어 싸웠으나 적군에게 해를 입어 죽었다.
> ─『삼국사기』─

① 마한 지역 전체를 복속하였다.
② 고구려의 공격으로 수도 한성을 빼앗겼다.
③ 수도를 사비로 옮기고 국호를 한때 남부여로 고쳤다.
④ 장수왕의 남진에 대항하고자 신라와 동맹을 체결하였다.
⑤ 지방의 22담로에 왕족을 파견하여 지방 통제를 강화하였다.

[09~10] 다음은 신라의 왕호 변천에 관한 표이다. 이를 보고 물음에 답하시오.

칭호	거서간	차차웅	이사금	마립간	왕
변화 시점	박혁거세	남해	유리	(가)	(나)

09 (가)에 들어갈 왕에 대한 설명으로 옳은 것을 〈보기〉에서 고른 것은?

┤ 보기 ├
ㄱ. 김씨의 왕위 세습을 확립하였다.
ㄴ. 나제 동맹을 맺어 고구려에 대항하였다.
ㄷ. 낙동강 동쪽 진한 지역 대부분을 차지하였다.
ㄹ. 금관가야를 병합하여 낙동강 하류까지 영역을 넓혔다.

① ㄱ, ㄴ   ② ㄱ, ㄷ   ③ ㄴ, ㄷ
④ ㄴ, ㄹ   ⑤ ㄷ, ㄹ

10 중요 (나)에 들어갈 왕이 집권했던 시기 신라에서 일어난 사건을 역사 신문으로 재구성하려 할 때 제목으로 적절한 것은?

① 드디어 대가야 정복! 승승장구하는 신라
② 한강 유역을 차지해 삼국의 주도권을 잡다!
③ 이차돈의 희생이 헛되지 않다 – 신라의 불교 공인
④ 농업의 또 다른 도약, 농사에 소를 이용하게 하다!
⑤ 왕의 율령 반포, 왕권을 강화하려는 큰 그림인가?

11 다음 스무고개의 정답으로 옳은 것은?

> 첫째 고개: 나는 신라의 왕이에요.
>
> 둘째 고개: 불교를 장려하고, 화랑도를 국가 조직으로 개편했어요.
>
> 셋째 고개: 황룡사를 건립해 국가의 안녕을 기원하였어요.
>
> 넷째 고개: 영토 확장을 기념하여 단양 적성비와 4개의 순수비를 세웠어요.

① 지증왕
② 법흥왕
③ 진흥왕
④ 내물왕
⑤ 눌지왕

12 다음 유물과 관련 있는 나라에 대한 설명으로 옳지 않은 것은?

① 낙동강 하류 변한 지역에서 성립하였다.
② 박, 석, 김 3성이 돌아가며 왕위에 올랐다.
③ 풍부한 철과 우수한 제철 기술을 갖고 있었다.
④ 중국 군현과 왜를 잇는 해상 교역으로 성장하였다.
⑤ 여러 소국이 연맹 관계를 맺어 결성한 연맹체였다.

13 ㉠~㉣에 들어갈 내용을 옳게 연결한 것은?

> 가장 먼저 가야 연맹을 이끈 것은 ㉠ 였다. 그러나 4세기 초부터 ㉠ 의 세력은 점차 약해지다가, 광개토 대왕이 보낸 고구려군의 공격으로 큰 타격을 입게 되었다. 결국 가야 연맹의 주도권은 ㉡ 로 넘어갔다. 가야 연맹은 국력을 키우기 위해 노력했지만, 백제와 신라의 압박이 계속되며 세력이 약해졌다. 결국 ㉠ 는 ㉢ 때, ㉡ 는 ㉣ 때 신라에 병합되었다.

	㉠	㉡	㉢	㉣
①	대가야	아라가야	법흥왕	지증왕
②	대가야	금관가야	지증왕	법흥왕
③	아라가야	대가야	지증왕	진흥왕
④	금관가야	대가야	법흥왕	진흥왕
⑤	금관가야	대가야	진흥왕	법흥왕

서술형·논술형

서술형
01 다음을 읽고 물음에 답하시오.

> 백제는 ㉠ 유역에 나라를 세운 이후, 삼국 중 가장 빠르게 성장하였으나, 고구려 장수왕의 남진 정책으로 이 지역을 빼앗기고 말았다. 백제는 신라와 연합하여 ㉠ 유역을 되찾고자 노력하였으며, 결국 성왕 때 수복에 성공하였으나 신라의 배신으로 이곳을 다시 빼앗겼다. 이처럼 삼국은 ㉠ 유역을 두고 서로 치열하게 경쟁하였다.

(1) ㉠에 들어갈 강을 쓰시오. ………… (   )

(2) ㉠ 유역이 삼국의 치열한 경쟁지였던 까닭을 ㉠ 유역의 이점을 중심으로 서술하시오.

_____

_____

_____

_____

_____

논술형
02 (가), (나)를 통해 확인할 수 있는 고구려인의 천하관에 대해 서술하고, 이와 같은 천하관이 나타난 까닭을 당시 고구려의 상황에 초점을 두어 350자 내외로 논술하시오.

> (가) 하백의 손자이며 해와 달의 아들인 추모성왕(주몽)이 북부여에서 태어나셨으니, 천하 사방은 이 나라이 고을이 가장 성스러움을 알지니 …….
> ─ 모두루 무덤 묘지문 ─
>
> (나) 충주 고구려비에는 신라를 '동이(동쪽의 오랑캐)'로 표현하였으며, 신라의 국왕에게 종주국으로서 의복을 하사하였다는 내용이 담겨 있다.

_____

_____

_____

_____

04 삼국의 문화와 대외 교류

＋ 신라의 신분제-골품제

신라는 왕족을 대상으로 한 골제(성골, 진골)와 그 아래 지배층을 대상으로 한 두품제(6~1두품)로 신분을 나누었다. 골품제는 매우 엄격하여 신분에 따라 옷차림, 탈것, 그릇, 집 등에 차이를 두도록 규정하였다.

＋ 사신도

사신도는 도교의 방위신을 그린 것으로, 죽은 자의 사후 세계를 지켜 준다는 믿음에서 무덤에 그려 넣었다. 동쪽은 청룡, 서쪽은 백호, 남쪽은 주작, 북쪽은 현무를 그렸다.

＋ 무령왕릉

우리나라에서 보기 드문 벽돌무덤으로, 지석이 발견되어 무덤의 주인이 무령왕임을 알 수 있다. 벽돌무덤 양식과 그 내부에서 발견된 석수(무덤을 지키는 동물 석상) 등을 통해 당시 백제가 중국 남조와 활발히 교류하였음을 알 수 있다.

＋ 익산 미륵사지 석탑

복원 전　　복원 후

백제의 가장 오래된 석탑으로, 목탑의 양식을 간직하고 있다. 2019년에 복원이 완료되었다.

＋ 경주 분황사 모전 석탑

현존하는 신라의 석탑 중 가장 오래된 것으로, 현재는 3층까지만 남아 있다. 돌을 벽돌 모양으로 다듬어 쌓았다.

❶ 의식주 생활과 고분 문화

(1) 신분에 따른 의식주 생활

구분	귀족	평민
의복	남녀 모두 저고리와 바지를 기본으로 함	
	비단옷, 보석이나 깃털 등으로 장식	거친 베나 동물의 가죽으로 만든 옷
음식	당시에는 귀한 곡물인 쌀 섭취	보리, 조 등의 잡곡과 도토리 가루 섭취
주거	화려하게 장식된 기와집에 거주	움집이나 초가집에 거주

└● 온돌이 발견되기도 하였다.

(2) 고대의 고분 문화

① **특징**: 현세의 생활이 죽은 뒤에도 이어진다는 생각에 껴묻거리(부장품)를 함께 묻음

② **고분 벽화**: 초기(생활 풍속, 무덤 주인 초상 등) → 후기(도교의 영향을 받은 사신도 증가)

└● 당시는 엄격한 신분제 사회였기 때문에 신분의 높낮이에 따라 고분 벽화 속 사람들의 크기를 달리하여 실제와 다르게 표현하였다.

③ **고분 양식의 변화**

고구려	돌무지무덤 → 굴식 돌방무덤
백제	계단식 돌무지무덤(한성 시기) → 굴식 돌방무덤, 벽돌무덤(중국 남조의 영향)
신라	돌무지덧널무덤(도굴이 어려워 많은 유물 출토) → 굴식 돌방무덤
가야	구덩식 돌덧널무덤 → 굴식 돌방무덤

🔍 집중 탐구 | 고분 구조도로 알아보는 고분 양식의 특징 |

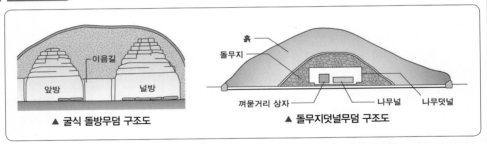

▲ 굴식 돌방무덤 구조도　　　　▲ 돌무지덧널무덤 구조도

굴식 돌방무덤은 내부에 돌로 된 방이 있고, 방에는 벽이 있어 벽화를 그릴 수 있는 구조이다. 돌무지덧널무덤은 나무덧널 위에 많은 양의 돌을 쌓고 흙으로 덮는 과정을 거쳐 만들어졌으며, 입구가 없기 때문에 도굴이 어려웠다. 따라서 여러 고분에서 금관을 비롯한 많은 유물이 출토되었다.

❷ 불교문화와 사상

(1) 불교문화

① **삼국의 불교 수용**: 집단과 지역에 따라 달랐던 다양한 토속 신앙을 대체할 보편적 사상 필요 → 불교를 수용해 사상을 통일하고 왕실의 권위를 뒷받침

② **불교 예술의 발달**

└● 삼국은 초기에는 목탑을 많이 만들다가 점차 석탑을 만들었다.

사찰	황룡사(신라), 미륵사(백제)
탑	익산 미륵사지 석탑·부여 정림사지 5층 석탑(백제), 황룡사 9층 목탑·경주 분황사 모전 석탑(신라)
불상	• 금동 연가 7년명 여래 입상(고구려), 서산 용현리 마애 여래 삼존상(백제), 경주 배동 석조 여래 삼존 입상(신라) └● 중국 북조 불상의 영향을 받았다. • 미륵 신앙의 유행으로 미륵보살 반가 사유상 제작

(2) 도교의 수용

① 도교: 불로장생을 추구하는 신선 사상과 산천 숭배 등이 결합

② 수용: 중국으로부터 전래 → 귀족 사회를 중심으로 유행

③ 영향: 사신도, 산수무늬 벽돌, 백제 금동 대향로 등
         └→ 신선 사상을 바탕으로 산과 나무, 구름 등을 아름답게 묘사하였다.

(3) 학문과 과학 기술의 발달

① 학문

구분	고구려	백제	신라
유학	• 수도: 태학 설립 • 지방: 경당 설립	오경박사를 두어 유교 경전 교육	유교 경전 공부 (임신서기석)
역사	『신집』	『서기』	『국사』

② 과학 기술

천문학	천체 현상이 왕의 권위와 연결된다고 여김, 농업을 위한 천체 관측이 중요해짐 → 고구려의 천문도, 신라의 첨성대
수학	토지를 측량하고 탑을 만드는 데 수학 지식 활용
금속 공예 기술	백제의 칠지도와 백제 금동 대향로, 신라의 금관과 장신구 등 제작

❸ 삼국과 가야의 대외 교류

(1) 중국 · 서역과의 교류

① 중국: 유교와 불교, 한자, 과학 기술 등 수용 → 삼국의 문화 발전에 영향

고구려	북방의 유목 민족이나 중국의 남북조와 교류
백제	중국의 동진과 남조, 일본과 교류
신라	초기에 고구려를 통해 중국과 서역 문물 수용

② 서역: 초원길과 비단길(사막길)을 따라 교류

더 알아보기 ▶ 서역과의 교류

▲ 우즈베키스탄 사마르칸트 아프라시아브 궁전 벽화
깃털을 꽂고 칼을 찬 고구려 사신으로 추정되는 인물이 그려져 있다.

▲ 각저총 「씨름도」
씨름을 하는 왼쪽 사람은 눈과 코가 큰 서역인의 모습을 하고 있다.

◀ 금제 장식 보검
그리스, 로마, 이집트, 서아시아 등에서 유행한 보검 양식이다.

서역은 중국의 서쪽 지역으로 지금의 중앙아시아를 가리킨다.

---

(2) 일본과의 교류 ┌→ 일본은 한반도로부터 전해진 선진 문물을 바탕으로 아스카 문화를 이룩하였다.

백제	한문 및 『논어』·『천자문』 전파(아직기, 왕인), 불교 전파(노리사치계)
고구려	종이 · 먹 · 벼루 제조 기술 전파(담징), 쇼토쿠 태자의 스승이 됨(혜자)
신라	배 만드는 기술과 제방 쌓는 기술 전파
가야	가야 토기가 왜의 스에키에 큰 영향을 끼침

└→ 일본 다카마쓰 고분 벽화에 묘사된 여성들의 의상과 벽화의 화풍 등이 고구려
    수산리 고분 벽화와 유사하여 고구려의 영향을 받았음을 알 수 있다.

✚ 백제 금동 대향로

백제의 뛰어난 금속 공예 기술을 확인할 수 있는 유물이다. 봉황, 산천과 동물, 용 등은 도교 사상을 반영하며, 연꽃은 불교를 상징한다.

✚ 임신서기석

신라의 두 청년이 『시경』, 『상서』, 『예기』 등의 유교 경전을 철저히 공부하고 나라에 충성하겠다고 맹세한 내용이 새겨져 있다.

✚ 백제 무덤에서 발견된 금박 구슬

무령왕릉에서 발견된 금박 유리구슬이다. 이러한 금박 구슬은 기원전 3세기경부터 알렉산드리아에서 기원하여 시리아와 중앙아시아 지역 등에 널리 퍼져 있었다.

✚ 신라 무덤에서 나온 서역 유리 제품

경북 경주 황남대총에서 페르시아 계통의 유리 제품들이 출토되었다. 이 유물들은 서역에서 제작되어 신라에 전래된 것으로 보인다.

✚ 삼국의 금동 미륵보살 반가 사유상(좌)과 일본의 목조 미륵보살 반가 사유상(우)

재질만 다르고 그 모양이 거의 같은데, 한국의 것이 더 먼저 만들어진 것으로 보아 삼국이 일본에 영향을 준 것임을 알 수 있다.

01 빈칸에 알맞은 말을 쓰시오.

(1) 신라에는 (   )(이)라는 신분제가 있어 그에 따라 가옥의 규모나 옷 색깔, 수레의 종류 등 일상생활이 규제되었다.

(2) 고구려는 초기에 돌을 쌓아서 올린 (   )무덤을 많이 만들었다.

(3) 삼국 모두 후기로 가면서 돌로 널길과 널방을 짜고 그 위에 흙을 덮어 봉분을 만든 (   )을/를 만들었다.

(4) 백제에서는 중국 남조의 영향을 받은 무덤 양식인 (   )이/가 만들어지기도 하였다.

02 다음 설명이 맞으면 ○표, 틀리면 ×표를 하시오.

(1) 삼국 시대 왕과 귀족은 화려하게 장식된 기와를 얹은 집에서 살았으나 평민들은 초가집에 살았다.
.... (   )

(2) 삼국 시대에는 벼농사가 보편화되어 귀족 등 지배층뿐만 아니라 평민들도 쌀을 주식으로 먹을 수 있었다.
.... (   )

(3) 삼국은 공통적으로 계단식 돌무지무덤을 조성하였다.
.... (   )

(4) 경주 분황사 모전 석탑은 신라의 석탑으로, 돌을 벽돌 모양으로 다듬어 쌓았다. .... (   )

03 다음 설명에 해당하는 것을 〈보기〉에서 고르시오.

┤ 보기 ├
ㄱ. 돌무지무덤   ㄴ. 굴식 돌방무덤
ㄷ. 돌무지덧널무덤

(1) 내부에서 벽화가 발견되기도 하였다. .... (   )

(2) 계단식으로도 조성되었으며, 고구려와 백제 초기에 공통적으로 만들어졌다. .... (   )

(3) 도굴이 매우 어려워 고분 안에서 많은 유물이 출토되었다. .... (   )

04 삼국의 불상과 이를 남긴 국가를 연결하시오.

(1) 금동 연가 7년명 여래 입상 •   • ㉠ 백제
(2) 서산 용현리 마애 여래 삼존상 •   • ㉡ 신라
(3) 경주 배동 석조 여래 삼존 입상 •   • ㉢ 고구려

05 다음 글의 밑줄 친 부분을 바르게 고쳐 쓰시오.

(1) 삼국은 중앙 집권 체제를 강화하기 위해 체계화된 종교인 도교를 받아들여 사상적 통합을 꾀하였다.
.... (   )

(2) 백제에서는 수도에 태학을 두어 유교 경전을 가르쳤고, 지방에 경당을 두어 학문과 무예를 가르쳤다.
.... (   )

06 다음 설명이 맞으면 ○표, 틀리면 ×표를 하시오.

(1) 삼국 시대 불교는 왕실의 보호를 받으며 국가적인 종교로 발전하였으며, 미륵사나 황룡사처럼 국가가 주도하여 사찰을 짓기도 하였다. .... (   )

(2) 익산 미륵사지 석탑은 목탑의 양식이 남아 있는 석탑이다. .... (   )

(3) 신라에서는 오경박사를 두어 유교 경전을 가르쳤다.
.... (   )

(4) 백제 금동 대향로나 산수무늬 벽돌을 통해 당시 도교가 귀족 사회를 중심으로 전파되었음을 알 수 있다.
.... (   )

07 ㉠~㉢에 알맞은 말을 쓰시오.

• (㉠)은/는 신라의 두 청년이 국가에 대해 충성하고 유교 경전을 철저히 공부하고자 맹세한 내용이 담겨 있으며, 이를 통해 신라에서 유학 교육이 이루어졌음을 알 수 있다.

• (㉡)은/는 7세기 신라 선덕 여왕 때 건립된 것으로, 천문 현상을 관측했던 시설로 추정된다.

• 삼국 및 가야로부터 일본에 전해진 선진 문물은 일본의 (㉢) 문화 발달에 기여하였다.

08 다음 설명에 해당하는 것을 〈보기〉에서 고르시오.

┤ 보기 ├
ㄱ. 중국   ㄴ. 서역   ㄷ. 일본

(1) 삼국은 한문과 불교, 배 만드는 기술, 제방 쌓는 기술 등을 이 나라에 가르쳐 주었다. .... (   )

(2) 경주 돌무지덧널무덤에서 발견된 유리그릇, 보검 등을 통해 신라와 이 지역 간에 교류가 있었음을 알 수 있다. .... (   )

(3) 이곳에서 불교와 유교가 전해져 삼국의 문화 발전에 많은 영향을 주었다. .... (   )

01 삼국의 의식주 생활에 대한 학생들의 대화에서 옳지 <u>않은</u> 내용을 말한 학생은?

① 나연 – 삼국 시대 사람들은 남녀 모두 저고리와 바지를 기본으로 입었어.

② 준수 – 신분에 따라 옷감에 차이가 있어서 지배층은 비단으로 만든 옷을 입었고 평민들은 삼베옷을 입었어.

③ 현우 – 각종 채소를 소금이나 장에 절여서 장아찌처럼 만들어 먹기도 했어.

④ 유진 – 대다수의 평민들은 잡곡을 주로 먹었고, 쌀은 귀한 곡물이라 지배층만 먹을 수 있었어.

⑤ 서율 – 삼국 시대에는 기와를 얹은 집이 보편적이어서 귀족뿐 아니라 평민도 기와집에서 살았어.

[02~03] 다음 고분 양식의 구조도를 보고 물음에 답하시오.

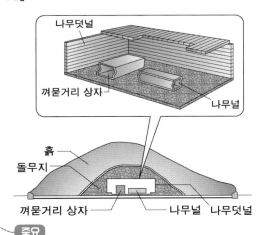

중요

02 위 고분 양식의 이름과 이 고분 양식을 주로 제작한 나라를 옳게 연결한 것은?

① 벽돌무덤 – 백제

② 굴식 돌방무덤 – 신라

③ 굴식 돌방무덤 – 고구려

④ 돌무지덧널무덤 – 백제

⑤ 돌무지덧널무덤 – 신라

03 자료의 고분 양식에 대한 설명으로 옳은 것은?

① 내부에 벽화를 그릴 수 있었다.

② 고분 내부에 돌로 된 방이 있었다.

③ 무덤의 입구가 외부로 드러나 있었다.

④ 중국 남조의 영향을 받아 만들어졌다.

⑤ 도굴이 어려워 내부에서 많은 유물이 출토되었다.

04 무령왕릉에 대한 설명으로 옳지 <u>않은</u> 것은?

① 중국 남조의 영향을 받았다.

② 백제의 대표적인 벽돌무덤이다.

③ 무덤을 지키는 동물인 석수가 출토되었다.

④ 지석이 출토되어 무덤의 주인을 알 수 있다.

⑤ 당시 사람들의 생활 모습을 반영한 벽화가 발견되었다.

05 ㉠~㉤ 중 옳지 <u>않은</u> 것은?

㉠ 삼국 시대 사람들은 현세에서의 생활이 죽은 뒤에도 이어진다고 생각하였다. ㉡ 그래서 죽은 이후에도 사용할 수 있도록 껴묻거리를 넣어 거대한 무덤을 만들었다. ㉢ 또 고분 내에 벽화를 그리기도 하였는데, 이를 통해 당시 사람들의 생활 모습이나 풍속을 추정할 수 있다. ㉣ 고분 벽화는 초창기에는 도교의 영향으로 사신도가 많이 그려졌으나, 후기로 갈수록 생활 풍속을 묘사한 경우가 많았다. ㉤ 벽화 속 인물의 크기를 신분에 따라 다르게 표현한 것도 특징적이다.

① ㉠   ② ㉡   ③ ㉢

④ ㉣   ⑤ ㉤

[06~07] 다음 문화유산을 보고 물음에 답하시오.

ㄱ.

▲ 정림사지 5층 석탑

ㄴ.

▲ 분황사 모전 석탑

ㄷ.

▲ 금동 대향로

ㄹ.

▲ 미륵사지 석탑

ㅁ.

▲ 첨성대

중요
06 ㄱ~ㅁ 중 백제의 문화유산을 모두 고른 것은?

① ㄱ, ㄴ ② ㄱ, ㄷ ③ ㄴ, ㄹ
④ ㄱ, ㄷ, ㄹ ⑤ ㄷ, ㄹ, ㅁ

07 ㄱ~ㅁ 중 다음 설명에 해당하는 것은?

• 돌을 벽돌 모양으로 만들어 쌓아 올렸다.
• 현존하는 신라의 석탑 중 가장 오래되었다.

① ㄱ ② ㄴ ③ ㄷ ④ ㄹ ⑤ ㅁ

08 다음 퀴즈의 정답으로 옳은 것은?

중국 북조의 영향을 받아 제작되었으며, 뒷면에 새겨진 글자를 통해 고구려의 불상임을 알 수 있는 이것은 무엇일까요?

① 무령왕릉 석수
② 금동 연가 7년명 여래 입상
③ 금동 미륵보살 반가 사유상
④ 서산 용현리 마애 여래 삼존상
⑤ 경주 배동 석조 여래 삼존 입상

09 다음 유물에 공통적으로 영향을 준 종교에 대한 설명으로 옳은 것을 〈보기〉에서 고른 것은?

| 보기 |
ㄱ. 귀족 사회에서 유행하였으며 사신도 같은 고분 벽화에 영향을 주었다.
ㄴ. 백성의 사상적 통합을 꾀해 중앙 집권을 강화하고자 중국에서 수용하였다.
ㄷ. 산천 숭배 신앙이나 불로장생을 추구하는 신선 사상 등이 결합한 종교였다.
ㄹ. 왕실의 권위를 강화하기 위해 수용하였으며, 국가적 차원에서 사원이나 탑을 만들기도 하였다.

① ㄱ, ㄴ ② ㄱ, ㄷ ③ ㄴ, ㄷ
④ ㄴ, ㄹ ⑤ ㄷ, ㄹ

중요
10 교사의 질문에 대한 학생의 답변으로 적절하지 않은 것은?

삼국 및 가야가 일본과 교류한 내용에 대해 이야기해 볼까요?

① 백제의 노리사치계가 일본에 불교를 전하였습니다.
② 가야의 토기는 왜의 스에키에 큰 영향을 주었습니다.
③ 고구려의 혜자는 쇼토쿠 태자의 스승이 되기도 했습니다.
④ 신라는 종이, 먹, 벼루 만드는 기술을 일본에 전하였습니다.
⑤ 백제의 왕인, 아직기는 한문과 논어, 천자문을 일본에 전해 주었습니다.

정답과 해설 | 8쪽

11 다음은 삼국 시대 유학 발전에 대한 필기 내용이다. ㉠~㉢ 중 옳지 <u>않은</u> 내용이 포함된 것은?

◎ 삼국 시대 유학의 발전

㉠ 중국에서 한자와 유학이 전래됨
㉡ 유학 교육 기관을 세워 인재 양성, 유교를 국가 통치 수단으로 이용
㉢ 고구려: 중앙에 태학을 두어 유교 경전을 가르침
㉣ 백제: 오경박사를 두어 유교 경전을 가르침
㉤ 신라: 지방에 경당을 두어 학문과 무예를 가르침

① ㉠ ② ㉡ ③ ㉢ ④ ㉣ ⑤ ㉤

중요

12 삼국의 대외 교류에 대한 설명으로 옳지 <u>않은</u> 것은?

① 백제는 한문과 불교 등을 일본에 전해 주었다.
② 삼국은 초원길과 사막길을 통해 서역과 교류하였다.
③ 삼국은 중국으로부터 유교, 불교, 한자 등을 수용하였다.
④ 삼국은 일본의 문화를 받아들여 이를 중국에 다시 전파하였다.
⑤ 신라는 서역으로부터 유리그릇과 금제 장식 보검 등을 수입하였다.

13 삼국과 서역 간의 교류에 대해 발표할 때 첨부할 수 있는 자료로 적절한 것을 〈보기〉에서 고른 것은?

┤ 보기 ├
ㄱ. ▲ 수산리 고분 벽화
ㄴ. ▲ 각저총 「씨름도」
ㄷ. ▲ 아프라시아브 궁전 벽화
ㄹ. ▲ 금동 미륵보살 반가 사유상

① ㄱ, ㄴ ② ㄱ, ㄷ ③ ㄴ, ㄷ
④ ㄴ, ㄹ ⑤ ㄷ, ㄹ

🌱 **서술형 · 논술형**

서술형

01 (가)는 고구려 초기의 무덤, (나)는 백제 초기의 무덤이다. 두 무덤의 공통적인 특징을 쓰고, 이러한 특징이 나타나는 이유를 서술하시오.

(가)　　　　　　(나)

논술형

02 다음 자료들을 통해 공통적으로 유추할 수 있는 역사적 사실을 자료 안에서 구체적인 근거를 찾아 <u>500자 내외</u>로 논술하시오.

▲ 아프라시아브 궁전 벽화　　▲ 무령왕릉에서 발견된 금박 구슬　　▲ 금제 장식 보검

01 만주와 한반도 지역의 구석기 시대 상상화를 그릴 때, 상상화에 포함될 내용으로 적절하지 <u>않은</u> 것은?

① 뗀석기를 들고 무리 지어 사냥하는 모습
② 막집 앞 화덕에 불을 피우고 고기를 굽는 모습
③ 울타리를 치고 그 안에 가축을 기르고 있는 모습
④ 나무 열매를 따거나 풀을 캐 식량을 모으는 모습
⑤ 고래나 물고기를 새기며 풍요를 기원하는 사람의 모습

02 다음과 같은 도구를 사용하기 시작했던 시기에 대한 설명으로 옳은 것을 〈보기〉에서 고른 것은?

┤ 보기 ├
ㄱ. 농경과 목축이 시작되었다.
ㄴ. 빈부 격차가 생겨나고 계급이 발생하였다.
ㄷ. 움집을 짓고 마을을 이루어 정착하여 살았다.
ㄹ. 정치적 지배자인 군장이 제사를 주관하였다.

① ㄱ, ㄴ   ② ㄱ, ㄷ   ③ ㄴ, ㄷ
④ ㄴ, ㄹ   ⑤ ㄷ, ㄹ

> 서술형

03 밑줄 친 부분에 담긴 역사적 사실을 아래의 〈조건〉에 맞추어 서술하시오.

> 환인의 아들 환웅이 널리 인간을 이롭게 하고자 태백산 신단수 아래로 내려왔다. 그는 풍백(바람을 다스리는 신), 우사(비를 다스리는 신), 운사(구름을 다스리는 신)를 거느리고, 인간 세상을 다스리고 교화하였다. 이때 곰과 호랑이가 사람이 되길 원하므로, 환웅은 쑥, 마늘을 주어 100일간 굴에서 견디게 하였다. 21일간 <u>이를 지킨 곰은 여자로 변하여 환웅과 혼인해 아들을 낳았으니 그가 단군왕검이다.</u> 단군왕검은 아사달에 수도를 정하고 조선이라는 나라를 세웠다.

┤ 조건 ├
• 곰과 환웅을 부족으로 해석할 것
• 단군왕검이라는 칭호에 담긴 역사적 의미를 해석할 것

04 다음 유물과 유적을 통해 문화 범위를 추정할 수 있는 국가에 대한 설명으로 옳은 것을 〈보기〉에서 고른 것은?

▲ 비파형 동검   ▲ 탁자식 고인돌

┤ 보기 ├
ㄱ. 우리 역사상 최초의 국가이다.
ㄴ. 1책 12법 등 엄격한 법률을 시행하였다.
ㄷ. 위만의 집권 이후 철기 문화가 더욱 확산되었다.
ㄹ. 선비족의 침입으로 약해졌다가 고구려에 흡수되었다.

① ㄱ, ㄴ   ② ㄱ, ㄷ   ③ ㄴ, ㄷ
④ ㄴ, ㄹ   ⑤ ㄷ, ㄹ

05 다음 자료에 나타난 나라에 대한 설명으로 옳은 것은?

> 10월에 하늘에 제사를 지내는 나라의 큰 행사를 동맹이라고 부른다. 공적 모임에서 그들의 옷은 모두 비단으로 수놓았고 금은으로 장식하였다. …… 나라 동쪽에 큰 굴이 있는데 이를 수혈(국동대혈)이라 한다. 10월에는 나라에서 크게 모여 신을 맞이하여 나라 동쪽 위에 모시고 가서 제사를 지낸다.
>   -『삼국지』 위서 동이전-

① 서옥제라는 풍속이 있었다.
② 5월과 10월에 제천 행사를 개최하였다.
③ 철이 많이 생산되어 이를 낙랑과 왜에 수출하였다.
④ 토지가 비옥하고 해산물이 풍부한 곳에 건국되었다.
⑤ 중앙은 왕이 다스리고 주변 지역은 마가, 우가, 저가, 구가가 각각 다스렸다.

06 다음 중 옥저에 대한 설명으로 옳은 것은?

① 천군이 소도에서 제사를 주관하였다.
② 다른 부족의 경계를 침범하면 노비나 소, 말로 배상하였다.
③ 어린 여자아이를 데려다가 키워서 며느리로 삼는 혼인 풍속이 있었다.
④ 5개 부족이 연맹하였으며, 국가의 중요한 일은 제가 회의를 통해 결정하였다.
⑤ 매년 12월에 영고라는 제천 행사를 열어 하늘에 제사 지내고 죄수를 풀어 주기도 하였다.

07 ㉠, ㉡에 들어갈 국가를 옳게 연결한 것은?

> 주몽이 졸본에 와서 비류와 온조 두 아들을 낳았다. 비류와 온조는 유리(주몽이 부여에서 낳은 아들)가 왕이 되자, ㉠ 를 떠나게 되었다. …… 온조는 한강 남쪽의 위례성에 도읍을 정하였다. 그 뒤 백성이 많아지고 나라가 커지자 나라 이름을 ㉡ 라 하였다. 그 조상이 ㉠ 와 마찬가지로 부여에서 나왔다고 하여 성을 부여씨라고 하였다.

	㉠	㉡
①	고구려	백제
②	고구려	신라
③	백제	신라
④	백제	고구려
⑤	신라	백제

[08~09] 다음은 역사 신문 기사의 제목이다. 이를 보고 물음에 답하시오.

> (가) 신라, 나제 동맹을 깨고 한강 유역을 기습 공격하다!
> (나) 백제, 고국원왕을 공격하고 한반도의 주도권을 잡다!
> (다) 고구려, 군대를 보내 신라에 침입한 왜군을 물리치고 금관가야까지 진격하다!

08 (가)~(다) 사건을 일어난 순서대로 옳게 나열한 것은?

① (가) – (나) – (다)
② (나) – (가) – (다)
③ (나) – (다) – (가)
④ (다) – (가) – (나)
⑤ (다) – (나) – (가)

09 (가)~(다) 사건을 주도한 왕을 옳게 연결한 것은?

	(가)	(나)	(다)
①	지증왕	고이왕	광개토 대왕
②	법흥왕	근초고왕	장수왕
③	법흥왕	침류왕	광개토 대왕
④	진흥왕	고이왕	장수왕
⑤	진흥왕	근초고왕	광개토 대왕

10 [서술형] 다음을 읽고 물음에 답하시오.

> 고구려의 ㉠ 은 전진으로부터 불교를 수용하였으며, 백제의 ㉡ 은 동진에서 불교를 받아들였다. 신라의 ㉢ 은 이차돈의 순교를 계기로 불교를 공인하였다. 삼국은 황룡사나 미륵사 같이 거대한 사찰을 국가 주도로 건설하기도 하였다. 이처럼 삼국이 국가적 차원에서 불교를 수용하고 장려한 이유는 ㉣

(1) ㉠~㉢에 들어갈 왕을 쓰시오.

(2) ㉣에 들어갈 내용을 서술하시오.

11 질문에 대한 답변으로 옳은 것을 〈보기〉에서 고른 것은?

> **Q** 굴식 돌방무덤이 무엇인가요?
> ★★★★ㅣ질문 125건 질문 마감률 94.2%
>
> 삼국의 문화에 대해 공부하고 있는데, '굴식 돌방무덤'에 대해 알려 주시면 감사하겠습니다.
>
> 의견 쓰기 나도 궁금해요

> **보기**
> ㄱ. 내부에 벽화를 그려 넣을 수 있었습니다.
> ㄴ. 삼국이 공통적으로 만든 고분 양식이었습니다.
> ㄷ. 도굴이 어려웠으므로 많은 유물이 출토되었습니다.
> ㄹ. 백제의 건국 세력이 고구려 계통임을 알 수 있습니다.

① ㄱ, ㄴ ② ㄱ, ㄷ ③ ㄴ, ㄷ ④ ㄴ, ㄹ ⑤ ㄷ, ㄹ

12 ㉠, ㉡에 들어갈 내용을 옳게 연결한 것은?

> **[수행 평가] Ⅰ-3. (2) 불교문화와 사상(백제편)**
> (1) 백제의 가장 오래된 석탑으로, 목탑의 양식이 남아 있다. 오랜 세월을 지나며 크게 파손되었으나, 2019년 복원이 완료된 석탑은? ………………… (㉠)
> (2) 부여 능산리 절터에서 발견된 백제의 공예품으로, 작품 윗부분에 묘사된 신선 세계를 통해 도교의 영향을 받았음을 알 수 있는 유물은? ………………… (㉡)

	㉠	㉡
①	미륵사지 석탑	백제 금동 대향로
②	정림사지 석탑	백제 금동 대향로
③	분황사 모전 석탑	금동 미륵보살 반가 사유상
④	미륵사지 석탑	금동 연가 7년명 여래 입상
⑤	정림사지 석탑	금동 연가 7년명 여래 입상

수행 평가 미리보기

선생님의 출제 의도

삼국의 왕들이 이룬 업적 정리 및 이해

I단원에서는 고대 국가, 특히 삼국 시대 각 나라의 건국과 성장 과정을 학습하면서 삼국의 여러 왕을 다루었어요. 이 과정에서 자칫하면 여러 왕의 업적을 단순 암기식으로 학습하여 역사에 대한 흥미가 떨어질뿐더러, 삼국의 발전 과정 전반을 이해하는 데 어려움을 겪는 경우가 많습니다. 특정 인물의 입장이 되어 학생들에게 친숙한 SNS 게시물을 작성하고 이를 공유하는 활동을 통해 여러 왕의 업적을 쉽고 친숙하게 이해하도록 유도하고자 합니다.

수행 평가 문제

삼국의 왕 중 한 명을 선정하여, 해당 인물의 가상 SNS(소셜 네트워크 서비스) 게시글을 만들어 보자.

A) 활동 계획 세우기

1 삼국의 왕 중 중요하다고 생각하거나, 관심이 가는 왕을 한 명 선정하여 해당 인물에 대해 조사한다.

2 해당 인물의 업적을 표현한 글과 그림, 해시태그를 기획한다.

3 해당 인물과 관련 있는 역사적 인물을 한 명 더 선정하여, 글에 댓글을 다는 방식으로 해당 인물과의 관련성을 표현한다.

B) 활동 단계

1단계 모둠원끼리 삼국의 여러 왕 중 중요도가 높다고 판단되거나, 또는 흥미로운 업적을 남겨 관심이 가는 왕을 토의를 거쳐 한 명 선정한다.

2단계 선정된 인물에 대해 관련 서적이나 인터넷 등을 참고하여 자세히 조사한다.

3단계 조사한 내용을 바탕으로 가상 SNS 게시글과 이를 표현하는 사진 형식의 그림을 그린다(2개 작성).

4단계 그림과 글을 포괄하거나 관련이 있는 해시태그를 각각 4개 이상 게시글 밑에 첨부한다.

5단계 2개 게시글 중 하나를 택해 이 글이 다루고 있는 사건과 관련 있는 또 다른 역사적 인물을 한 명 더 선정하여, 그 인물의 입장에서 해당 게시글에 댓글을 작성한다.

C) 활동하기

1 삼국의 왕 중 가상 SNS를 만들 인물을 선정하고, ⑴ 선정한 이유를 간단히 적은 후, ⑵ 각종 매체를 통해 해당 인물에 대해 조사한 내용을 적기

[예시]

선정한 인물	백제 성왕	선정한 이유	백제의 중흥을 이끌었으나 결국 신라에 배신당해 한강 유역을 빼앗기는 등 이후 백제의 안타까운 운명을 예고하는 듯한 인물로, 백제의 역사상 가장 드라마틱하고 중요한 인물이라고 생각했기 때문이다.
조사 내용			백제 성왕은 백제의 제26대 왕으로, 웅진에서 사비로 수도를 옮겨 백제의 중흥을 꾀했던 인물이다. 그는 나라 이름을 남부여로 고치며 백제가 부여 계통임을 대외적으로 강조하였다. 중앙에는 22개의 실무 관청을 두고, 수도와 지방의 통치 제도를 정비하였으며 왕권을 강화하였다. 고구려가 왕위를 둘러싼 권력 다툼으로 혼란해지자 성왕은 신라와 동맹하여 한강 유역을 공격해 탈환하는 데 성공하였다. 그러나 신라의 진흥왕이 동맹을 깨고 한강 유역 전체를 차지하자, 크게 분노한 성왕은 신라를 기습 공격하였으나 관산성에서 전사하고 말았다.

2 조사한 내용을 토대로 (1) 해당 인물의 행적을 표현하는 사진(사진 형태의 그림)을 포함한 가상 SNS 게시글을 2개 만들고, (2) 이 게시글을 포괄하거나 연관될 수 있는 내용의 해시태그를 4개 이상 달기

[예시]

게시글 1	게시글 2
great_seongking(성왕)  좋아요 14,342개 great_seongking 백제가 큰 나라로 발전하기에 웅진성은 너무 좁아요. 고민 끝에 넓은 평야에 위치한 사비성으로 수도를 옮겼습니다! 교통도 편리하고 외부로 진출하기에 이보다 더 좋은 곳이 없을 것 같아요. 사비라는 새 날개를 달았으니, 이제 백제가 훨훨 날 일만 남았네요! #백제 #성왕 #천도 #웅진성 #사비성 #평야 #대외 진출의 꿈	great_seongking(성왕)  좋아요 23,511개 great_seongking 신라의 진흥왕이 약속을 저버리고 한강 유역 전체를 점령하고 말았어요. 오랜 역사를 자랑했던 나제 동맹이 이렇게 무너지고 마네요. 배신한 신라를 가만두지 않을 겁니다. 조만간 직접 군사를 이끌고 신라를 공격하러 가겠어요! #백제 #성왕 #한강 유역 #신라 배신 #신라 진흥왕 #배신자 #신라 기습 공격

3 게시글 1, 2 중 하나를 택하여, (1) 이 글과 관련 있는 다른 역사적 인물을 한 명 더 선정한 후 (2) 그 인물의 입장에서 게시글에 댓글 달아 보기

[예시]

> **게시글 2에 대한 댓글 모두 보기**
>
> Jin.heung.KING(진흥왕) 나제 동맹을 저버린 것은 죄송하게 되었어요. 그렇지만 한강 유역이 워낙 중요한 곳이다 보니 ……. 저희 신라도 이제 중국과 직접 연결될 수 있는 통로가 마련되어야 하지 않겠습니까? 살고자 한 선택이니 이해해 주셨으면 좋겠어요.

✏️ **채점 기준**

평가 영역	채점 기준	배점
자료 수집 능력	특정 인물에 대한 자료를 충실히 수집하였는가?	20
표현 능력	수집한 자료를 게시글과 사진(그림)에 적절히 반영하였는가?	20
	해시태그나 해당 인물의 아이디 및 프로필 사진 등 세부적인 요소까지 타당하게 구현하였는가?	20
	관련 있는 다른 역사적 인물의 댓글을 역사적 사실에 어긋나지 않게 표현하였는가?	20
협동 능력	모둠 구성원 간 의견을 교환하는 과정이 합리적이었는가?	20

II

남북국 시대의 전개

01 신라의 삼국 통일과 발해의 건국

✚ 고구려와 수·당 전쟁

고구려는 수와 당의 침략을 막아 냄으로써 한반도를 지키는 방파제 역할을 하였다.

✚ 천리장성

고구려는 당의 침략이 있을 것을 예상하고 631년부터 장성을 쌓았다. 동북쪽으로는 부여성(지금의 농안)에서 서남쪽으로는 발해만의 비사성(지금의 다롄)에 이르기까지 1,000리에 걸친 장성으로, 16년이라는 기간이 소요되어 647년에 완성되었다.

✚ 대막리지

고구려에서 행정권과 군사권을 장악한 최고 관직이다.

✚ 백강 전투

660년에 백제가 나당 연합군에 의해 멸망하자 왜는 백제 부흥 운동 세력의 요청에 따라 백제를 지원하기 위해 대규모 군대를 파견하였다. 663년에는 백제 부흥군과 왜의 지원군이 백강(금강) 하구에서 나당 연합군을 여러 차례 공격하였으나 크게 패하였다.

✚ 고구려와 백제의 부흥 운동

백제와 고구려는 멸망 후 곳곳에서 부흥 운동을 전개하였다.

❶ 중국의 침략을 물리친 고구려

(1) **삼국의 외교**: 백제는 고구려와 수의 대립을 지켜보면서 양쪽과 모두 친선 관계 유지, 신라는 고구려 견제를 위해 수에 고구려 정벌 요청

(2) **고구려와 수의 전쟁** — 고구려는 수의 침략에 대비하고 말갈과 거란의 이탈을 막기 위해 요서 지역을 선제공격하였다.

문제의 침입	고구려가 요서 지역 선제공격 → 수 문제의 고구려 침공 → 홍수 등으로 피해를 입고 퇴각
양제의 침입	수 양제가 대군을 이끌고 침입 → 요동성 함락 실패 → 별동대를 편성하여 평양성 공격 → 을지문덕이 별동대를 고구려 영토 깊숙이 유인, 퇴각하려는 수의 군대를 살수(청천강)에서 크게 격파(살수 대첩, 612)
수의 멸망	잦은 해외 정벌과 토목 공사로 민심 동요 → 각지에서 반란이 일어나 멸망

(3) **고구려와 당의 전쟁** — 천리장성의 축조 책임자였다.

연개소문의 집권	당 태종의 고구려 압박 → 고구려는 천리장성을 쌓아 당의 침략에 대비, 연개소문이 정변을 일으켜 권력을 장악하고 대막리지에 오름
당의 침입	연개소문의 정변을 구실로 당 태종 침입, 요동성과 백암성 등을 차례로 함락 → 고구려가 안시성 전투(645)에서 당의 공격을 막아 냄
의의·영향	• 의의: 고구려는 수, 당의 침입을 물리쳐 독자적인 세력 유지 • 영향: 오랜 전쟁으로 고구려의 국토가 황폐해지고 국력이 약화됨

📖 더 알아보기 ▶ 고구려가 수·당과의 전쟁에서 승리한 원동력

▲ 백암성 성벽

• 자연 지형을 이용한 튼튼한 구조
• 방어에 효율적인 시설: 이중 성벽인 '옹성', 성벽의 일부를 돌출시켜 적을 공격하기에 편리한 '치' 등
• 성과 성을 연결하는 집단 방어 체제

▲ 철제 무기와 갑옷으로 무장한 고구려 군사

• 철제 무기와 갑옷: 풍부한 철광석과 우수한 제철 기술 바탕
• 개마 무사: 철제 무기와 갑옷으로 무장한 기병의 활약

❷ 삼국 통일 전쟁

신라는 진흥왕 때 고구려로부터 이 지역을 빼앗았다.

신라와 당의 동맹	백제의 신라 공격 → 신라의 김춘추가 고구려로 가서 군사적 도움 요청 → 고구려가 신라에 뺏긴 죽령 이북의 땅을 돌려줄 것을 요구하여 결렬 → 김춘추는 당에 건너가 신라와 당의 군사 동맹 요청 → 당 태종의 수용, 나당 동맹 체결
백제의 멸망	나당 연합군의 백제 공격 → 김유신이 이끄는 신라군이 황산벌에서 계백이 이끄는 백제의 결사대에 승리(황산벌 전투) → 백제 멸망(660)
고구려의 멸망	나당 연합군의 고구려 공격 → 연개소문 사후 아들들 사이에서 권력 다툼 발생 → 평양성 함락으로 고구려 멸망(668)
백제와 고구려 부흥 운동	• 백제: 흑치상지(임존성), 복신과 도침(주류성), 백강 전투 • 고구려: 고연무(오골성), 검모잠(한성), 안승(금마저)

❸ 남북국 시대의 성립

(1) 나당 전쟁과 신라의 삼국 통일

배경	당의 한반도 전체 지배 야욕: 안동도호부(고구려), 웅진도독부(백제), 계림도독부(신라) 설치
전개	토번이 비단길을 장악하고 당 압박 → 신라가 고구려 부흥군과 합세하여 당의 부대 선제공격 → 당의 신라 침략 → 신라가 매소성 전투와 기벌포 전투에서 당군 격파 → 삼국 통일 완성(676) — 신라는 안승을 고구려왕으로 책봉하고 고구려 부흥 운동을 후원하였다.
의의· 한계	• 의의: 민족의 통합, 삼국의 문화 융합 → 민족 문화 발전의 기틀 마련 • 한계: 통일 과정에서 외세(당)의 도움, 대동강 이남만 차지하여 옛 고구려 영토 상실

(2) 발해의 건국

① 건국 과정

— 당의 지배를 받고 있던 돌궐 세력이 몽골 초원에서 재기하여 독립한 것이 계기가 되었다.

당의 고구려 지역 지배	고구려 멸망 후 당은 지배층을 비롯한 고구려 유민을 당의 여러 지역으로 이주시킴 → 고구려 유민은 당의 지배에 맞서 저항 지속
당의 통제력 약화	요서 지방에 고구려 유민, 말갈인, 거란인 등 다양한 민족 거주 → 당의 통치에 불만을 품은 거란인이 반란을 일으킴
발해의 건국 (698)	당의 통제력 약화를 틈타 옛 고구려 장수 출신 대조영이 고구려 유민과 말갈인 일부를 이끌고 요서 지역(영주)에서 요동 지역 이동 → 당군의 추격을 천문령에서 물리침 → 지린성 근처 동모산에 도읍을 정하고 발해 건국 → 남북국 시대 전개

Q&A 남북국 시대란 무엇인가요?

부여씨가 망하고 고씨가 망하자 김씨는 남쪽을 차지했고, 대씨는 그 북쪽을 차지하고 이름을 발해라고 하였는데, 이것이 남북국이다. 그러니 마땅히 남북국사가 있어야 하는데도 고려가 이를 쓰지 않았으니 잘못이다.
－『발해고』－

신라와 발해가 남과 북으로 공존하던 시기를 흔히 통일 신라와 발해로 나누어서 부르기도 하지만, 남북국 시대라고도 부른다. 남북국이라는 말은 조선 후기 실학자인 유득공이 쓴 『발해고』에 처음 등장한다. 그는 발해를 한국사의 일부로 받아들여야 한다는 의미로 남북국이라는 용어를 사용하였다.

② 발해의 고구려 계승

주민 구성	고구려 유민과 말갈인으로 구성: 지배층에는 고구려 유민이 많았고, 말갈인도 일부 포함, 피지배층은 고구려 유민과 다수의 말갈인으로 구성, 발해인 중에는 대씨뿐만 아니라 고구려 왕족 출신인 고씨가 많았음
고구려 계승	• 발해의 왕이 일본에 보낸 외교 문서에 스스로 '고려' 또는 '고려 국왕'이라 표현 • 일본도 발해를 '고려'라고 부름

💡 집중 탐구 고구려를 계승한 발해

• (발해는) 고려(고구려) 옛 땅을 수복하고, 부여의 풍속을 지니고 있다.
－발해가 일본에 보낸 국서－

• 고려 국왕 대흠무(문왕)가 천황의 승하 소식을 듣고 문안한다. －『속일본기』－

• 대조영은 본래 고려(고구려)의 별종이다. …… (고구려, 말갈) 무리를 이끌고 …… 동모산에 성을 쌓고 살았다. －『구당서』－

• 일본 천황은 삼가 고려(고구려) 국왕에게 문안한다. －『속일본기』－

발해는 고구려 유민이 중심이 되어 세운 나라이므로, 고구려 계승 의식이 강하였다. 발해의 왕은 일본에 보낸 외교 문서에 '고려(고구려)' 또는 '고려(고구려) 국왕'이라고 표현하며 고구려 계승 의식을 분명히 나타냈다. 일본도 발해를 '고려(고구려)'라고 부르기도 하였다.

✚ 도독부

당이 정벌한 국가에 설치한 통치 기구이다.

✚ 토번

7세기 무렵 오늘날의 티베트 지역을 통일한 나라이다. 처음에는 당과 친선 관계를 유지하였으나, 7세기 후반 이후에는 비단길의 교역 주도권을 두고 당과 전쟁을 벌였다.

✚ 나당 전쟁

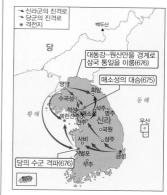

신라는 당을 몰아내기 위한 전쟁에 나서 고구려 부흥 운동을 지원하는 한편, 백제 유민과 힘을 합쳐 당에 맞서 싸웠다.

✚ 말갈

6~7세기경 한반도 북부와 만주 동북부 지역에 거주했던 종족이다.

01 빈칸에 알맞은 말을 쓰시오.

(1) 살수에서 수나라 우중문의 별동대를 (　　　　)이/가 이끄는 고구려군이 크게 격파하였다.

(2) 고구려는 요동 지역에 (　　　　)을/를 쌓아 당의 침략에 대비하였다.

(3) 당 태종은 요동성과 백암성 등을 차례로 공격하여 함락한 뒤 (　　　　)을/를 포위하여 공격하였으나 실패하였다.

(4) 신라의 (　　　　)은/는 당에 건너가 고구려 침략에 거듭 실패한 당을 설득하여 동맹을 성사시켰다.

(5) 김유신이 이끄는 신라군이 (　　　　)에서 계백의 군대를 격파하였다.

(6) 백제 멸망 후 백제 부흥 운동 세력의 요청에 의해 왜가 대규모 군대를 파견하여 (　　　　)에서 나당 연합군과 전투를 벌였으나 패하였다.

(7) (　　　　)은/는 고구려 유민과 말갈인을 이끌고 동모산에서 발해를 건국하였다.

(8) 발해 주민은 (　　　　) 유민과 말갈인으로 구성되었다. 한편, 발해인 중에는 대씨뿐만 아니라 고구려 왕족 출신인 (　　　　)씨가 많았다.

02 다음 설명이 맞으면 ○표, 틀리면 ×표를 하시오.

(1) 고구려는 신라의 40여 성을 함락하고, 낙동강 서쪽의 대야성까지 진출하여 신라의 수도를 위협하였다. ‥‥‥‥‥‥‥‥‥‥‥‥‥‥‥‥‥‥‥‥ (　　　)

(2) 발해는 고구려 유민이 중심이 되어 세운 나라로 고구려 계승 의식이 강하였다. ‥‥‥‥‥‥‥‥ (　　　)

(3) 당은 옛 고구려 지역에 웅진도독부, 옛 백제 지역에 안동도호부를 설치하였다. ‥‥‥‥‥‥‥‥ (　　　)

03 신라가 당과 전쟁을 하였을 때 크게 승리한 <u>두 곳</u>은?

04 다음 각 사례를 고구려, 백제, 신라로 구분하시오.

(1) 연개소문 사후 그의 아들들 사이에서 권력 다툼이 일어났다. ‥‥‥‥‥‥‥‥‥‥‥‥‥‥‥ (　　　)

(2) 의자왕이 독단적으로 국정을 운영하여 왕권이 약화되었다. ‥‥‥‥‥‥‥‥‥‥‥‥‥‥‥ (　　　)

(3) 백제 유민에게 관직을 주어 민족 통합을 꾀하였다. ‥‥‥‥‥‥‥‥‥‥‥‥‥‥‥‥‥‥‥ (　　　)

05 다음 사건과 해당하는 전투를 연결하시오.

(1) 고구려와 수의 전쟁 •　　　　　• ㉠ 살수 대첩

(2) 고구려와 당의 전쟁 •　　　　　• ㉡ 안시성 전투

(3) 나당 전쟁 •　　　　　• ㉢ 기벌포 전투

06 다음 설명이 맞으면 ○표, 틀리면 ×표를 하시오.

(1) 천리장성의 축조 책임자였던 연개소문이 정변을 일으켜 권력을 장악하였다. ‥‥‥‥‥‥‥‥ (　　　)

(2) 나당 연합군이 평양성을 공격하였고, 평양성이 함락되어 백제가 멸망하였다. ‥‥‥‥‥‥‥‥ (　　　)

(3) 발해는 일본에 보낸 외교 문서에 자신들이 고구려를 계승한 국가임을 분명히 하였다. ‥‥‥‥ (　　　)

07 백제 부흥 운동을 주도한 인물을 <보기>에서 있는 대로 고르시오.

┤보기├
ㄱ. 계백　　　ㄴ. 복신　　　ㄷ. 도침
ㄹ. 안승　　　ㅁ. 김유신　　ㅂ. 흑치상지

08 다음 글의 밑줄 친 부분을 옳게 고쳐 쓰시오.

(1) 대조영은 추격해 오는 당군을 물리치고 만주 동부 지역의 <u>천문령</u>에서 발해를 건국하였다. ‥‥‥ (　　　)

(2) 백제 의자왕의 공격을 받고 위기에 처한 신라는 처음에 <u>당</u>에 건너가서 도움을 요청하였으나 거절당하였다. ‥‥‥‥‥‥‥‥‥‥‥‥‥‥‥ (　　　)

(3) 신라는 삼국 통일 과정에서 고구려 영토였던 요동과 만주 지역을 잃고 <u>압록강</u> 이남 지역만 차지하였다. ‥‥‥‥‥‥‥‥‥‥‥‥‥‥‥‥‥ (　　　)

09 고구려 부흥 운동을 주도한 인물을 <보기>에서 있는 대로 고르시오.

┤보기├
ㄱ. 안승　　　ㄴ. 고연무　　ㄷ. 의자왕
ㄹ. 검모잠　　ㅁ. 김춘추　　ㅂ. 연개소문

01 다음 시를 지은 인물에 대한 설명으로 옳은 것은?

> 신비로운 계책은 하늘의 이치를 헤아리고
> 기묘한 꾀는 땅의 이치를 꿰뚫는구나.
> 싸움에 이긴 공이 이미 높으니
> 만족함을 알고 그만두기를 바라노라.   －『삼국사기』－

① 발해를 건국하였다.
② 안시성 전투에서 승리하였다.
③ 살수에서 수의 군대를 무찔렀다.
④ 나당 동맹 체결에 큰 역할을 하였다.
⑤ 황산벌에서 김유신의 군대와 싸웠다.

중요
02 다음 전쟁에 대한 설명으로 옳은 것은?

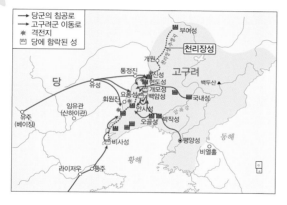

① 나당 연합군의 침략으로 일어났다.
② 고연무가 고구려 부흥을 내걸고 싸웠다.
③ 안시성 전투에서 고구려가 승리하였다.
④ 연개소문이 권력을 잡는 배경이 되었다.
⑤ 흑치상지가 임존성을 거점으로 활동하였다.

03 (가), (나) 시기 사이의 사실로 옳은 것은?

> (가) 문제를 이은 양제는 113만 명이 넘는 군사를 이끌고 다시 고구려를 침략하였다.
> (나) 안시성의 성주와 백성들은 결사적으로 저항하여 당의 공격을 물리쳤다.

① 신라와 당이 동맹을 체결하였다.
② 신라가 금관가야를 병합하였다.
③ 고구려가 천리장성 축조에 나섰다.
④ 고구려가 수도를 평양으로 옮겼다.
⑤ 신라가 매소성에서 당의 군대를 물리쳤다.

04 다음 자료를 토대로 수행할 수 있는 탐구 활동으로 가장 적절한 것은?

> 나당 연합군은 먼저 지배층의 분열로 정치가 혼란해진 백제를 공격하였다. 소정방이 이끄는 당군은 금강 하구에 상륙하였고, 김유신이 지휘하는 신라군은 백제군을 물리치고 당군과 연합하였다. 결국 나당 연합군은 사비성을 함락하였고, 웅진성에서 항전하던 의자왕의 항복을 받았다.

① 관산성 전투의 전개 과정을 살펴본다.
② 황산벌 전투에서 계백의 활약을 알아본다.
③ 평양성 전투에서 활약했던 인물을 알아본다.
④ 진흥왕이 세운 순수비의 내용을 조사해 본다.
⑤ 살수 대첩에서 고구려가 승리할 수 있었던 이유를 찾아본다.

05 (가) 인물에 대한 설명으로 옳은 것은?

① 삼국을 통일하였다.
② 발해를 건국하였다.
③ 나당 동맹을 체결하였다.
④ 살수에서 수의 군대를 물리쳤다.
⑤ 화랑도를 국가 조직으로 개편하였다.

06 밑줄 친 '글'이 새겨진 배경으로 적절한 것은?

이 탑은 부여에 있는 정림사지 5층 석탑으로, 1층 탑신에 당의 장군인 소정방이 새긴 글이 있다.

① 백제가 멸망하였다.
② 발해가 건국되었다.
③ 고구려가 멸망하였다.
④ 신라가 삼국을 통일하였다.
⑤ 진흥왕이 순수비를 건립하였다.

07 백제 부흥 운동에 대한 설명으로 옳은 것을 〈보기〉에서 고른 것은?

┤ 보기 ├
ㄱ. 검모잠이 안승을 왕으로 받들었다.
ㄴ. 고연무가 요동에서 당군과 싸웠다.
ㄷ. 복신과 도침이 주류성에서 활약하였다.
ㄹ. 흑치상지가 임존성에서 군사를 일으켰다.

① ㄱ, ㄴ   ② ㄱ, ㄷ   ③ ㄴ, ㄷ
④ ㄴ, ㄹ   ⑤ ㄷ, ㄹ

중요
08 (가)에 들어갈 내용으로 옳은 것은?

〈삼국 통일 전쟁의 전개 과정〉

1. 신라와 당이 동맹을 체결하였다.
2. 나당 연합군이 백제를 공격하였다.
3.   (가)
4. 평양성이 함락되었다.

① 매소성 전투가 일어났다.
② 백제가 웅진에서 사비로 천도하였다.
③ 고구려가 살수에서 수의 군대를 격파하였다.
④ 고구려가 안시성에서 당의 군대를 막아 냈다.
⑤ 고구려에서 연개소문 사후 권력 다툼이 일어났다.

09 지도의 제목으로 적절한 것은?

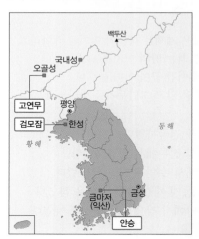

① 백강 전투의 발발
② 백제의 부흥 운동
③ 고구려의 부흥 운동
④ 의자왕의 신라 공격
⑤ 나당 전쟁의 전개 과정

10 다음 전투에 대한 학생의 발표 내용으로 가장 적절한 것은?

백강 어귀에서 왜국 군사를 만나 네 번 싸워서 모두 이기고, 그들의 배 4백 척을 불사르니, 연기와 불꽃이 하늘로 오르고 바닷물도 붉은빛을 띠었다. 이때 (부여)풍은 탈출하여 도주하였으므로 거처를 알지 못했다.
-『삼국사기』-

① 백제 부흥 운동과 관련이 있어요.
② 당의 고구려 공격으로 일어났어요.
③ 고구려가 수의 대군을 물리쳤어요.
④ 검모잠이 안승을 왕으로 받들었어요.
⑤ 당이 한반도 전체를 지배하려 하자 일어났어요.

11 ㉠, ㉡에 들어갈 말로 옳은 것은?

> 백제와 고구려가 멸망한 뒤 당은 백제와 고구려의 옛 땅을 다스리고자 하였다. 이에 신라는 당과의 전쟁에 나섰다. 그 결과 신라는 ㉠ 에서 당의 육군을 크게 물리쳤고, ㉡ 에서 당의 수군을 크게 격파하여 당의 세력을 몰아냈다.

	㉠	㉡		㉠	㉡
①	살수	기벌포	②	살수	안시성
③	매소성	기벌포	④	매소성	안시성
⑤	매소성	황산벌			

중요

12 (가) 인물에 대한 설명으로 옳은 것은?

> (가) 은/는 본래 고구려의 한 갈래이다. 고구려가 멸망하자 (가) 은/는 그 무리를 이끌고 영주로 옮겨 와 살았다. …… (가) 은/는 마침내 그 무리를 이끌고 계루의 옛 땅으로 들어가 동모산을 거점으로 성을 쌓고 거주하였다.
> ─「구당서」─

① 발해를 건국하였다.
② 삼국을 통일하였다.
③ 나당 동맹을 성사시켰다.
④ 황산벌에서 김유신의 군대와 싸웠다.
⑤ 정변을 일으켜 정권을 장악하고 대막리지에 올랐다.

13 (가), (나) 시기 사이의 사실로 옳은 것은?

> (가) 나당 연합군의 공격으로 고구려가 멸망하였다.
> (나) 고구려 유민과 말갈인을 중심으로 발해가 세워졌다.

① 살수 대첩이 일어났다.
② 연개소문이 정변을 일으켰다.
③ 고구려가 평양으로 천도하였다.
④ 관산성에서 성왕이 전사하였다.
⑤ 대조영이 천문령에서 당의 군대를 물리쳤다.

서술형·논술형

서술형

01 (가)에 해당하는 나라를 쓰고, (가)가 고구려를 계승한 근거를 두 가지 서술하시오.

> 부여씨가 망하고 고씨가 망하자 김씨는 남쪽을 차지했고, 대씨는 그 북쪽을 차지하고 이름을 (가) (이)라고 하였는데, 이것이 남북국이다. 그러니 마땅히 남북국사가 있어야 하는데도 고려가 이를 쓰지 않았으니 잘못된 것이다.

논술형

02 다음 자료를 보고 삼국 통일의 의의 및 한계에 대해 200자 이내로 논술하시오.

신라는 나당 전쟁에서 승리하여 한반도 전체를 지배하려는 당의 야욕을 막았습니다. 옛 고구려 지역의 영토를 차지하지 못한 것은 아쉽지만, 삼국의 백성이 하나라는 생각을 갖게 되었다는 점은 긍정적입니다.

당은 백제와 고구려에 이어 신라만 멸망시키면 한반도를 모두 차지할 수 있었습니다. 그러나 매소성 전투와 기벌포 전투에서 당군이 패할 정도로 신라의 군대가 강할 줄은 미처 몰랐습니다.

02 남북국의 발전과 변화

+ **진골의 왕위 계승**

신라에서는 성골이 왕위를 계승하였다. 그러나 진덕 여왕을 끝으로 더 이상 성골이 왕위에 오르지 못하고 무열왕 이후부터는 진골이 왕위를 계승하였다.

+ **김흠돌**

신문왕의 장인으로 김유신을 도와 고구려 정벌에 큰 공을 세운 대표적인 인물이다.

+ **녹읍**

해당 지역 농민에게 조세를 걷고 노동력도 징발할 수 있었다.

+ **9주 5소경**

통일 신라는 전국을 9주로 나누고, 주요 지방에는 5소경을 설치하였다.

+ **발해의 연호**

왕	무왕	문왕	성왕	선왕
연호	인안	대흥 보력	중흥	건흥

발해의 왕들은 독자적인 연호를 사용하였다. 연호는 원래 중국의 황제들이 즉위 후에 자신의 재위 기간을 나타내기 위해 붙이던 칭호이다. 이처럼 발해의 왕들은 연호를 사용하고 황제라 칭하여 황제국을 지향하였다.

❶ 통일 신라의 발전

(1) 왕권 강화

무열왕	• 진골 출신으로 처음 왕위에 오름 • 이후 무열왕의 직계 자손들이 왕위를 계승 • 집사부 장관인 시중(중시)의 권한 강화 → 집사부는 행정을 총괄하고 왕명을 수행하는 기구였다.
문무왕	• 고구려 멸망, 나당 전쟁 승리 → 삼국 통일 완성 • 친당 진골 귀족 축출 → 왕의 위엄 과시 • 옛 백제인, 고구려인에게 관직 수여 → 삼국의 백성 통합, 왕권 강화
신문왕	• 김흠돌의 난 진압 → 진골 귀족 숙청 • 국학 설치 → 유학 보급, 왕권을 뒷받침할 인재 양성 • 통치 제도 정비 → 강력한 왕권 확립 • 관료전 지급, 녹읍 폐지 → 귀족들의 경제적 기반 약화 ➡ 진골 귀족 세력 약화, 6두품 세력이 왕의 정치적 조언자로 활동하며 성장

> 📋 **더 알아보기 ▶ 문무왕의 뜻이 담긴 경주 감은사지**
>
>
>
> ▶ 경주 감은사지
>
>
>
> ◀ 경주 감은사지 3층 석탑(동탑)에서 발견된 사리 장엄구
>
> 문무왕은 삼국을 통일한 뒤 부처의 힘을 빌려 왜의 침입을 막고자 동해 근처에 절을 짓기 시작했다. 그런데 완성되기 전에 문무왕이 죽자, 아들 신문왕이 절을 완성하였다. 신문왕은 절 이름을 문무왕의 은혜에 감사한다는 뜻으로 감은사라 하였다.

(2) 통치 제도 정비

중앙 정치 조직	집사부와 장관인 시중의 권한 강화: 국정 총괄, 왕명 수행 → 귀족 회의 기구인 화백 회의의 기능과 귀족 세력을 대표하는 상대등의 권한 축소
지방 행정 조직	• 전국을 9주로 편성: 주 아래 군·현을 설치하고 지방관 파견, 지방의 말단 행정 구역은 촌주가 다스림 → 옛 고구려와 백제, 신라 땅에 각각 3주씩 배치하여 민족 통합을 추구하였다. • 5소경 설치: 수도 금성이 동남쪽에 치우쳐 있는 단점 보완, 지방 세력 성장 억제 ➡ 넓어진 영토와 늘어난 인구를 효율적으로 다스리고 민족의 단합 추구
군사 제도	• 중앙군: 9서당(신라인뿐만 아니라 고구려인, 백제인, 말갈인까지 포함) • 지방군: 10정(1주에 1정씩 배치, 국경 지방인 한주에만 2정 배치)

❷ 발해의 발전

(1) 발해의 성장과 멸망

무왕	• 독자적인 연호 사용, 만주 북부 지역까지 영토 확장 • 당이 흑수 말갈과 신라를 이용해 발해 견제 → 돌궐·일본과 친선 관계를 맺어 당과 신라 견제, 장문휴를 앞세워 당의 산둥 지방 공격
문왕	• 수도를 중경에서 상경으로 천도, 중앙과 지방 통치 제도 정비 • 당과 친선 관계를 맺음, 신라와 교통로 개설
선왕	옛 고구려 영토의 대부분 차지 → 이후 중국으로부터 '해동성국'이라 불림
멸망	지배층의 권력 다툼으로 국력 약화 → 거란의 침략으로 멸망(926) → 일부는 고려로 망명

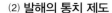

(2) 발해의 통치 제도

중앙 정치 조직	3성 6부제: 당의 제도를 수용하여 독자적으로 운영(최고 권력 기관인 정당성 중심, 6부의 명칭도 유교식으로 운영)	
지방 행정 조직	5경 15부 62주로 조직	• 5경: 넓은 영토를 다스리기 위해 정치적·군사적 중요 지역에 둠 • 15부: 지방 행정의 중심지, 아래에 주·현을 둠
군사 제도	• 중앙군으로 10위 설치: 왕궁과 수도 방어 • 지방의 주요 요충지에는 별도의 군대를 두어 지방관이 지휘	

Q&A

발해의 중앙 정치 조직은 어떠했나요?

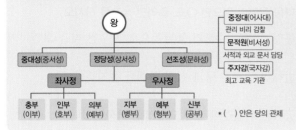

당에서는 정책을 세우고 심의하는 중서성과 문하성이 정치의 중심이었으나, 발해에서는 정당성이 중심이 되었다. 정당성 아래 6부를 이원적으로 나누어 운영하였으며, 6부의 명칭도 유교 덕목으로 바꾸어 사용하였다.

❸ 후삼국의 성립

(1) 신라 말의 사회 동요

왕위 쟁탈전 전개	• 소수의 진골 귀족에게 권력 집중 → 왕권 약화, 귀족들의 분열 • 혜공왕의 피살 → 무열왕계 왕위 단절, 150여 년 동안 20명의 왕이 교체됨 • 지방에서의 반란: 김헌창의 난, 장보고의 난 등
농민 봉기	• 정치적 혼란, 녹읍 부활로 귀족의 대토지 소유 증가, 왕실과 귀족의 사치로 국가 재정 악화 → 세금 독촉, 흉년 및 자연재해의 증가 → 노비나 도적이 됨 • 대표적 농민 봉기: 원종과 애노의 난, 적고적의 난 등

→ 장보고는 청해진을 배경으로 군사력을 키워 왕위 계승 분쟁에 개입하였다.

└ 붉은색 바지를 입고 난을 일으켰다.

집중 탐구 신라 말 농민 봉기

진성 여왕 3년, 여러 주와 군에서 공물과 조세를 바치지 않으니, 창고가 비고 나라의 씀씀이가 궁핍해졌다. 왕이 관리를 보내 독촉하자, 이로 인해 곳곳에서 도적이 벌 떼같이 일어났다. 그러자 원종과 애노 등이 사벌주를 근거로 하여 반란을 일으켰다. ─『삼국사기』─

신라 말 왕위 다툼으로 정치가 혼란하고, 녹읍이 부활한 이후 귀족의 대토지 소유가 증가하였다. 게다가 흉년과 자연재해까지 겹치면서 농민의 삶은 더욱 힘들어졌다. 9세기 말 진성 여왕이 각 지방에 관리를 보내 조세 납부를 독촉하자, 이에 분노한 농민들은 곳곳에서 봉기를 일으켰다.

(2) 새로운 사상의 유행과 호족의 등장

→ 교종의 전통적 권위에 도전하여 지방 호족의 환영을 받았다.

새로운 사상의 유행	• 선종: 경전의 이론보다 마음속의 깨달음 추구 • 풍수지리설: 자연이 인간의 삶에 영향을 끼침 → 경주 중심의 지리 인식 극복
호족의 등장	• 중앙의 통제력 약화, 농민 봉기 → 지방 세력의 성장 • 독자적으로 군사 보유, 스스로 성주나 장군이라 칭함 → 대부분은 촌주 출신, 중앙에서 내려간 귀족, 군진 세력, 해상 세력 등

(3) 후삼국의 성립

후백제	견훤이 완산주(전주)를 도읍으로 건국(900)
후고구려	궁예가 송악(개성)을 도읍으로 건국(901) → 철원 천도, 마진 → 태봉으로 국호 변경
신라	경상도 일대로 영토 축소

→ 궁예는 송악(개성)에서 후고구려를 세운 이후 나라 이름을 마진으로 고쳤고, 철원으로 천도한 후 다시 태봉으로 국호를 변경하였다.

✚ 발해의 지방 제도

◎ 발해의 5경

군사·행정적 요충지에 5경을 설치하였고, 지방의 중심 도시에는 15부를 두고 62주를 나누어 관리하도록 했다.

✚ 신라 말 왕위 계보

| 36. 혜공왕 (765~780) |
| 37. 선덕왕 (780~785) |
| 38. 원성왕 (785~798) |
| 39. 소성왕 (798~800) |
| 40. 애장왕 (800~809) |
| 41. 헌덕왕 (809~826) |
| 42. 흥덕왕 (826~836) |
| 43. 희강왕 (836~838) |
| 44. 민애왕 (838~839) |
| 45. 신무왕 (839) |
| 46. 문성왕 (839~857) |
| 47. 헌안왕 (857~861) |
| 48. 경문왕 (861~875) |
| 49. 헌강왕 (875~886) |
| 50. 정강왕 (886~887) |
| 51. 진성 여왕 (887~897) |

혜공왕 이후 신라는 극심한 왕위 쟁탈전으로 약 150년 동안 20명의 왕이 교체될 정도로 혼란해졌다.

✚ 김헌창의 난

아버지 김주원이 왕위에 오르지 못한 것을 구실로 822년 웅주(공주)에서 반란을 일으켰다가 진압당했다.

✚ 후삼국의 영역

신라 말 지방에서 성장한 견훤과 궁예가 각각 후백제와 후고구려를 세움으로써 후삼국 시대가 전개되었다.

개념 다지기

01 빈칸에 알맞은 말을 쓰시오.

(1) 무열왕은 (   ) 출신으로는 처음 왕위에 올랐고, 이후 무열왕 직계 자손들이 왕위를 이어 나갔다.

(2) 경주에 있는 (   )은/는 신라의 문무왕이 삼국을 통일한 후 부처의 힘을 빌려 왜의 침입을 막고자 짓기 시작하여 아들인 (   ) 때 완성되었다.

(3) 신문왕은 (   )의 난을 진압하고 진골 귀족 세력을 숙청하였다.

(4) 발해의 무왕은 (   )을/를 보내 당의 산둥 지방을 공격하였다.

(5) 발해는 전성기 때 중국으로부터 (   )(이)라 불리기도 하였다.

(6) 신라 말 중앙 정부의 통제력이 약화되면서, 지방에서는 (   ) 세력이 성장하였다.

(7) 신라 말 유행한 (   )은/는 자연이 인간의 삶에 영향을 끼친다는 이론으로, 지방의 중요성을 깨닫게 하는 계기가 되었다.

(8) (   )은/는 백제의 부흥을 내세우며, 완산주에 도읍을 정하고 후백제를 건국하였다.

02 다음 설명이 맞으면 ○표, 틀리면 ×표를 하시오.

(1) 신문왕은 녹읍을 혁파하여 귀족들의 경제적 기반을 약화시켰다. ············· (   )

(2) 발해는 지방 행정 구역을 5경 15부 62주로 정비하였다. ············· (   )

(3) 신라 말에 유행한 선종은 경전과 교리 연구를 중시하였다. ············· (   )

03 통일 후 신라의 중앙 정치를 이끌고, 왕명을 수행했던 기구는?

04 다음 각 사례를 통일 신라와 발해로 구분하시오.

(1) 전국을 9주로 나누고 그 아래에 군과 현을 두었다.
············· (   )

(2) 당의 영향을 받아 3성 6부제의 중앙 통치 기구를 마련하였다. ············· (   )

05 다음 인물과 관련 있는 역사적 사실을 연결하시오.

(1) 무열왕 •   • ㉠ 국학 설치
(2) 문무왕 •   • ㉡ 삼국 통일
(3) 신문왕 •   • ㉢ 진골 출신 최초의 왕

06 다음 설명이 맞으면 ○표, 틀리면 ×표를 하시오.

(1) 통일 신라는 수도가 동남쪽으로 치우친 것을 보완하기 위해 5소경을 두었다. ············· (   )

(2) 발해의 무왕은 당과 친선 관계를 유지하였다.
············· (   )

(3) 궁예는 완산주에서 후고구려를 건국하였다.
············· (   )

07 신라 말 농민 봉기에 해당하는 것을 〈보기〉에서 있는 대로 고르시오.

┌ 보기 ┐
ㄱ. 살수 대첩   ㄴ. 안시성 전투
ㄷ. 김흠돌의 난   ㄹ. 적고적의 난
ㅁ. 장보고의 난   ㅂ. 원종과 애노의 난
└──────────────┘

08 다음 글의 밑줄 친 부분을 옳게 고쳐 쓰시오.

(1) 통일 신라는 중앙군으로 <u>10정</u>을 두어, 고구려인·백제인·말갈인까지 포용하였다. ············· (   )

(2) 발해는 9세기 말부터 국력이 약해져 가는 가운데 결국 <u>당</u>의 공격을 받아 멸망하였다. ············· (   )

(3) 골품제가 엄격하게 적용되던 신라 사회에서 관직 승진에 제한이 있었던 <u>진골</u>은 당에 유학하거나 학문 활동으로 이름을 떨치기도 하였다. ············· (   )

09 신라 말 지방에서 세력을 키웠던 인물들을 〈보기〉에서 있는 대로 고르시오.

┌ 보기 ┐
ㄱ. 견훤   ㄴ. 궁예   ㄷ. 장보고
ㄹ. 김춘추   ㅁ. 대조영   ㅂ. 김흠돌
└──────────────┘

중단원 실력 쌓기

중요

01 밑줄 친 '왕'에 대한 설명으로 옳은 것은?

이번에 왕이 녹읍을 폐지하였다면서?

이제 우리의 부담이 크게 줄어들겠군.

① 삼국을 통일하였다.　② 국학을 설치하였다.
③ 불교를 공인하였다.　④ 대가야를 멸망시켰다.
⑤ 나당 동맹을 체결하였다.

02 (가) 국가에 대한 설명으로 옳은 것은?

〈 (가) 의 지방 행정 조직〉

① 천리장성을 쌓았다.
② 해동성국이라 불렸다.
③ 평양으로 천도하였다.
④ 중앙군으로 9서당을 두었다.
⑤ 국호를 남부여라 하기도 하였다.

03 (가), (나) 시기 사이의 사실로 옳은 것은?

(가) 김춘추가 김유신의 도움을 받아 진골 출신으로 처음 왕위에 올랐다.
(나) 신문왕은 김흠돌의 난을 진압하면서 진골 귀족들을 대거 숙청하였다.

① 발해가 멸망하였다.
② 김헌창이 난을 일으켰다.
③ 신라가 삼국을 통일하였다.
④ 견훤이 후백제를 건국하였다.
⑤ 원종과 애노의 난이 일어났다.

04 밑줄 친 '나라'에 대한 설명으로 옳은 것은?

현종 개원 7년에 조영이 죽으니, 그 나라에서 시호를 고왕이라 하였다. 아들 무예가 왕위에 올라 영토를 크게 개척하니, 동북의 모든 오랑캐들이 겁을 먹고 그를 섬겼으며, 또 사사로이 연호를 인안으로 고쳤다.

① 사비로 천도하였다.
② 전국을 9주로 나누었다.
③ 살수 대첩에서 승리하였다.
④ 진골 출신이 왕위에 올랐다.
⑤ 중국으로부터 해동성국이라 불렸다.

중요

05 (가)에 들어갈 사실로 옳은 것은?

대조영의 뒤를 이은 ○○은/는 영토를 사방으로 확장하였다. 그러자 당은 신라와 말갈을 이용하여 발해를 견제하였다. 이에 ○○은/는 (가)

① 완도에 청해진을 건설하였다.
② 국경 지방에 천리장성을 쌓았다.
③ 천문령에서 당의 군대를 물리쳤다.
④ 교통의 요지인 상경으로 수도를 옮겼다.
⑤ 장문휴로 하여금 당을 공격하게 하였다.

06 다음 자료에 나타난 시기의 사실로 옳은 것은?

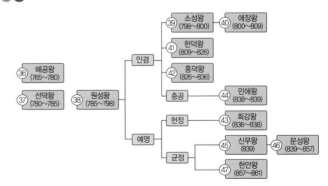

① 삼국이 통일되었다.
② 녹읍이 폐지되었다.
③ 나당 동맹이 체결되었다.
④ 왕위 쟁탈전이 벌어졌다.
⑤ 백제 부흥 운동이 일어났다.

07 밑줄 친 '반란'에 대한 설명으로 옳은 것을 〈보기〉에서 고른 것은?

> 어린 나이에 즉위한 혜공왕이 진골 귀족들의 반란으로 피살되면서 극심한 왕위 쟁탈전이 전개되었다. 중앙 정부의 지방 통제력이 약해지자 지방에서 크고 작은 <u>반란</u>이 일어났다.

| 보기 |
ㄱ. 김헌창이 난을 일으켰다.
ㄴ. 장보고가 왕위 다툼에 관여하였다.
ㄷ. 검모잠이 안승을 왕으로 받들었다.
ㄹ. 연개소문이 정변을 통해 권력을 장악하였다.

① ㄱ, ㄴ   ② ㄱ, ㄷ   ③ ㄴ, ㄷ
④ ㄴ, ㄹ   ⑤ ㄷ, ㄹ

08 중요
지도와 같은 상황이 나타났던 시기의 사실로 옳은 것은?

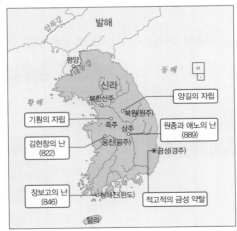

① 백강 전투가 발발하였다.
② 기벌포 전투가 일어났다.
③ 지방에서 호족이 성장하였다.
④ 안시성에서 당의 군대를 막아 냈다.
⑤ 김춘추가 진골 출신으로 처음 왕위에 올랐다.

09 (가) 세력에 대한 설명으로 옳은 것은?

> 신라 말 중앙의 통제력이 약화된 틈을 타 지방에서는 (가) 이/가 성장하였다. 이들은 독자적으로 군사를 보유하였으며, 대부분이 촌주 출신이었다. 이외에 중앙에서 내려온 귀족, 해상 세력 등도 있었다.

① 교종을 지원하였다.
② 주로 당에 유학하였다.
③ 무열왕 이후 왕위를 계승하였다.
④ 스스로 성주 혹은 장군이라 칭하였다.
⑤ 농사를 지으며 각종 부역에 동원되었다.

10 (가) 불교 종파에 대한 설명으로 옳은 것을 〈보기〉에서 고른 것은?

 사진은 화순 쌍봉사에 있는 철감선사의 사리를 모셔 놓은 승탑이다. 신라에서 (가) 이/가 유행하면서, 이와 같은 승탑이 많이 제작되었다.

| 보기 |
ㄱ. 경전 연구를 강조하였다.
ㄴ. 호족의 정치적 지원을 받았다.
ㄷ. 산천 숭배나 불로장생을 추구하였다.
ㄹ. 마음속에 내재된 깨달음을 중시하였다.

① ㄱ, ㄴ   ② ㄱ, ㄷ   ③ ㄴ, ㄷ
④ ㄴ, ㄹ   ⑤ ㄷ, ㄹ

중요

11 다음 인물들의 공통점으로 옳은 것은?

> • **최치원**: 당의 빈공과에 급제하여 당의 관리가 되었다. 이후 신라로 돌아와 진성 여왕에게 개혁안을 건의했으나 받아들여지지 않자 해인사에 은둔하였다.
> • **최승우**: 당에 유학하여 빈공과에 합격하고 벼슬을 하였다. 이후 금성으로 돌아가지 않고 견훤의 참모가 되었다.
> • **최언위**: 당에 유학한 뒤 신라로 돌아왔지만 우대를 받지 못하였다. 신라가 망하자 고려로 가서 태자의 스승이 되었다.

① 선종을 지원하였다.
② 중앙 관직을 독점하였다.
③ 골품제로 인해 차별을 받았다.
④ 스스로 성주 혹은 장군이라 칭하였다.
⑤ 지방에서 독자적인 군사력을 보유하였다.

12 밑줄 친 '그'에 대한 설명으로 옳은 것은?

> 경복(景福) 원년 임자년에 북원의 도적 양길에게 의탁하였다. 양길이 그를 잘 대우하여 일을 맡겼다. …… 스스로 생각하기를 무리가 많아졌으므로 나라를 세워 임금을 칭할 수 있다고 하고, 처음으로 서울과 지방의 관직을 설치하였다.
> ─『삼국사기』─

① 삼국을 통일하였다.
② 관료전을 지급하였다.
③ 후고구려를 건국하였다.
④ 살수에서 수의 군대를 물리쳤다.
⑤ 황산벌에서 김유신의 군대와 싸웠다.

13 (가) 국가에 대한 설명으로 옳은 것은?

① 견훤이 건국하였다.
② 사비로 천도하였다.
③ 해동성국이라 불렸다.
④ 중앙군으로 9서당을 두었다.
⑤ 나라 이름을 태봉으로 바꾸었다.

서술형 · 논술형

서술형

01 다음과 같은 중앙 정치 조직을 완성했던 국가를 쓰고, 이 중앙 정치 조직의 특징을 당의 조직과 비교하여 서술하시오.

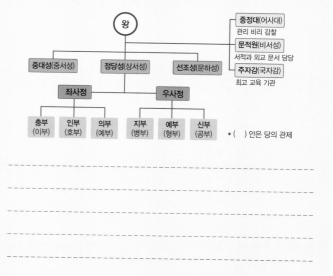

논술형

02 다음 자료를 보고 신라 말 농민 봉기가 발생했던 이유를 아래 〈조건〉에 맞게 300자 이내로 논술하시오.

> 진성 여왕 3년, 여러 주와 군에서 공물과 조세를 바치지 않으니, 창고가 비고 나라의 씀씀이가 궁핍해졌다. 왕이 관리를 보내어 독촉하자, 이로 인해 곳곳에서 도적이 벌떼같이 일어났다. 그러자 원종과 애노 등이 사벌주를 근거로 하여 반란을 일으켰다.

┤ 조건 ├
중앙과 지방의 상황을 중심으로 논술할 것

03 남북국의 문화와 대외 관계

1 남북국의 문화

(1) 통일 신라의 문화

① 불교의 대중화

> 모든 논쟁을 화합으로 바꾸려는 불교 교리이다.

원효	• 불교 이론을 폭넓게 이해하고 이를 정리하여 일심 사상 제시 • 화쟁 사상을 주장하여 불교계의 사상적 대립을 해결하려 노력 • 누구나 '나무아미타불'만 외우면 극락에 갈 수 있다는 아미타 신앙 전파
의상	• 당에 유학하여 화엄 사상을 공부한 후 신라에서 화엄종 개창 • 부석사 등 많은 사찰 건립 • 관음보살이 중생의 고난을 듣고 구제해 준다는 관음 신앙 전파
혜초	직접 인도 방문 → 『왕오천축국전』을 남김

> '오천축국'은 '다섯 개의 천축국'이라는 뜻으로 인도를 가리킨다.

💡 집중 탐구 불교 대중화에 앞장선 원효

원효는 계를 어겨 설총을 낳은 후에는 세속의 옷으로 바꿔 입고 자신을 스스로 소성 거사라고 하였다. 우연히 광대들이 춤출 때 사용하는 큰 박을 얻었는데, 그 모양이 괴상하였다. 그 모양에 따라 도구를 만들어 무애라 이름 짓고 노래(무애가)를 지어 세상에 퍼뜨렸다. 일찍이 이 무애를 가지고 노래하고 춤추며 백성을 교화하고 읊조리며 다녀, 가난한 사람들과 산골에 사는 무지몽매한 자들까지도 부처의 이름을 알게 되었고 모두 '나무아미타불'을 부르게 되었으니 원효의 교화는 위대하다 할 것이다.
― 『삼국유사』 ―

아미타불은 서방 정토(극락세계)에 있는 부처로, 아미타 신앙은 내세에 서방 정토에 왕생하기를 바라는 신앙이다. 원효는 누구나 '나무아미타불(아미타불에게 가고 싶습니다.)'을 외우면 내세에는 서방 정토에 태어날 수 있다고 하였다.

② 불교문화의 발달

사찰·석탑	• 경주 불국사: 신라가 부처의 나라라는 관념을 표현 • 불국사 3층 석탑(석가탑, 균형과 조화 강조)과 불국사 다보탑(화려하게 장식) • 석굴암: 인공으로 만든 석굴 사원, 본존불(완벽한 비례감에서 오는 안정감과 균형미)
종	성덕 대왕 신종(에밀레종): 화려한 비천상 무늬
승탑·탑비	신라 말 선종이 유행하면서 승려의 사리를 담은 승탑(화순 쌍봉사 철감선사탑 등)과 일대기를 적은 탑비 유행

③ 유학의 발달

> 한자의 음과 훈을 빌려 우리말을 기록하던 표기법이다.

유학자	• 강수: 외교 문서 작성에 능통 • 설총: 이두를 이용해 유교 경전을 우리말로 풀이 • 김대문: 『화랑세기』, 『고승전』 등 신라를 빛낸 이들의 전기 저술
유학 교육	국학 설치 → 독서삼품과 실시(국학 학생들의 유교 경전 이해 수준 평가)

(2) 발해의 문화

① 유학과 불교의 발달

유학	• 중앙 정치 기구 중 6부의 명칭을 유교 덕목으로 사용 • 주자감 설치: 유교 경전에 대한 교육 강화 • 정혜 공주 무덤과 정효 공주 무덤의 묘지석: 유교 경전의 내용 언급
불교	• 발해 수도의 절터 유적에서 불상, 석등, 기와 등 많은 유물 출토 • 문왕: '금륜', '성법'이라는 불교식 왕명 사용 → 각지에 사찰 건립 • 석등(높이가 6m에 이름)과 불상(이불병좌상 등)

여백 주석

✚ 일심 사상
모든 것은 한마음에서 비롯된다는 원효의 사상이다.

✚ 아미타불
불교에서 서방 정토(西方淨土) 극락세계에 머물면서 불법을 설교한다는 부처이다.

✚ 관음보살
관세음보살이라고도 한다. 불교에서 구원을 요청하는 중생의 소원에 맞는 모습으로 나타나 대자비를 베푼다는 보살이다.

✚ 경주 불국사 3층 석탑

이중 기단 위에 3층으로 쌓은 통일 신라의 전형적인 석탑으로, 불국사 경내에 있다. 석탑 내부에서 발견된 무구 정광대다라니경은 세계에서 가장 오래된 목판 인쇄물로 알려져 있다.

✚ 독서삼품과
통일 신라의 원성왕 때 시행되었으며, 국학에서 공부하는 학생들을 대상으로 유교 경전에 대한 이해 수준을 평가하여 상품·중품·하품 등으로 나누어 관리 등용에 참고하였다.

✚ 이불병좌상

두 부처가 나란히 앉아 있는 모습의 불상으로 고구려의 영향을 받았다.

② 융합적인 문화의 발달

고구려 문화	• 정혜 공주 무덤: 고구려의 굴식 돌방무덤 양식(모줄임천장 구조) • 집터 유적: 고구려와 비슷한 온돌, 막새기와의 무늬가 고구려의 것과 유사
당 문화	• 상경성: 당의 장안성을 본떠 건설(주작대로를 중심으로 질서 정연하고 웅장한 모습) • 정효 공주 무덤(당의 영향을 받은 벽돌무덤, 당 양식의 벽화 발견), 영광탑(벽돌 탑)
말갈 문화	발해 변방 지역에서 말갈 전통 양식에 따른 흙무덤 발견, 말갈식 토기나 단지 등

Q&A

발해의 문화는 어떠했나요?

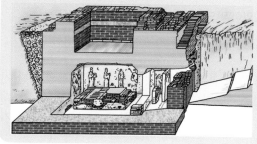

정효 공주는 발해 문왕의 넷째 딸이다. 무덤의 구조는 벽돌로 벽을 쌓는 당의 양식과 돌로 공간을 줄여 나가면서 천장을 쌓는 고구려 양식이 결합되어 있다.

◀ 정효 공주 무덤의 구조도

❷ 남북국의 대외 관계

(1) 통일 신라의 대외 관계

당	• 8세기 들어 친선 관계 회복, 교류 활발 → 당에 사신 자주 파견, 유학생과 승려를 보냄, 김운경·최치원 등이 당의 빈공과에 합격 ┌→ 빈공과는 당에서 외국인 학생들을 대상으로 실시한 과거이다. • 신라방, 신라소, 신라관, 신라원 형성 • 장보고: 완도에 청해진 건설 → 동아시아 국제 무역 주도
일본	• 신라에 사신단 파견, 선진 문물 수용 → 나중에는 사무역이 주를 이룸 • 일본에 생활용품과 수공업 제품 수출, 당과 일본 사이에서 중계 무역으로 이익
무역항	울산항: 아라비아 상인의 왕래, 중앙아시아와 서아시아 지역의 물품이 들어옴

(2) 발해의 대외 관계

당	• 문왕 때 관계가 회복되면서 교류: 유학생과 승려 파견, 발해관 설치 ┌→ 당의 산둥반도에 설치된 발해 사신들의 숙소이다. • 담비 가죽, 말, 약재 등 수출, 비단과 공예품 수입
신라	신라도를 통해 교류: 동경 용원부에서 신라 국경까지 가는 길에 말을 갈아탈 수 있는 역 설치
일본	당과 신라를 견제하기 위해 건국 초부터 정치적 목적의 사신 왕래 → 점차 교류가 확대되면서 많은 상인과 물품이 오감

더 알아보기 ▶ 통일 신라와 발해의 대외 교류

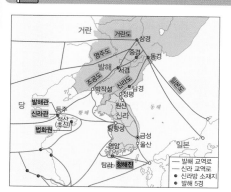

통일 신라는 당 및 일본과 활발하게 교류하였다. 대외 교역이 활발해지면서 당항성과 울산항이 국제 무역항으로 번성하였다. 발해에는 주변 국가에 이르는 5개의 교통망(5도)이 있었다. 조공도는 주로 당을 왕래하는 사신과 유학생이 이용하였고, 영주도는 요서를 거쳐 장안으로 들어가는 길이었다. 거란도는 거란, 돌궐은 물론 중앙아시아 등으로 연결되었다. 신라도는 동해안을 따라 신라로 통하는 길이었고, 일본도는 동해를 건너 일본으로 가는 길이었다.

✚ 발해의 기와(좌)와 고구려 기와(우)

기와지붕에 쓰이는 막새도 연꽃무늬를 새긴 고구려의 것과 유사하다.

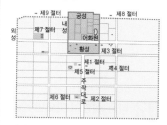

✚ 발해의 상경성

발해 상경성은 계획도시였던 당의 장안성을 모방하여 바둑판 구조로 설계되었다.

✚ 신라방, 신라소, 신라관, 신라원

신라인이 모여 사는 마을이 신라방. 이들을 관리하는 관청이 신라소, 신라인의 숙박 시설이 신라관. 신라인이 지은 절이 신라원이다.

01 빈칸에 알맞은 말을 쓰시오.

(1) 원효는 누구든 '나무아미타불'을 열심히 외우면 극락에 갈 수 있다는 (　　　) 신앙을 전파하였다.

(2) (　　　)은/는 당에서 불교를 공부하고 돌아와 신라 화엄종을 개창하였다.

(3) 경주 (　　　)은/는 인공으로 만든 석굴 사원으로, 완벽한 수학적 비례로 유명하다.

(4) 발해는 (　　　)을/를 설치하여 유교 경전에 관한 교육을 강화하였다.

(5) 발해의 수도 (　　　)은/는 당의 장안성을 모방하여 건설되었다.

(6) 장보고는 완도에 (　　　)을/를 설치하여 동아시아의 해상 무역을 주도하였다.

(7) 발해와 당의 교류가 활발해지자 당에 발해 사신의 숙소인 (　　　)이/가 설치되었다.

(8) 신라인들이 당에 왕래하는 일이 빈번해지자, 산둥반도와 창장강 하류에 신라인이 모여 사는 마을인 (　　　)와/과 이들을 관리하는 관청인 (　　　)이/가 만들어졌다.

02 다음 설명이 맞으면 ○표, 틀리면 ×표를 하시오.

(1) 경주 불국사 다보탑 내부에서 현존하는 가장 오래된 목판 인쇄물인 무구정광대다라니경이 출토되었다.
　　　　　　　　　　　　　　　　　　　(　　)

(2) 신라 말 선종이 유행하면서 승탑과 탑비가 많이 만들어졌다. ………………………………… (　　)

(3) 발해와 신라는 신라도를 통해 교류하였다. ‥ (　　)

03 혜초가 인도를 비롯한 서역 지역을 순례하고 남긴 저술은?

04 다음 각 사례를 통일 신라와 발해로 구분하시오.

(1) 부처가 사는 이상 세계를 표현한 불국사를 건립하였다.
　　　　　　　　　　　　　　　　　　　(　　)

(2) 고구려 고분 양식을 계승한 정혜 공주 무덤을 만들었다.
　　　　　　　　　　　　　　　　　　　(　　)

05 다음 인물과 해당하는 업적을 연결하시오.

(1) 강수　　•　　　　　　　• ㉠ 이두 정리

(2) 설총　　•　　　　　　　• ㉡ 외교 문서 작성

(3) 김대문•　　　　　　　• ㉢ 『화랑세기』 저술

06 다음 설명이 맞으면 ○표, 틀리면 ×표를 하시오.

(1) 통일 신라는 국립 교육 기관인 국학을 설립하였다.
　　　　　　　　　　　　　　　　　　　(　　)

(2) 신라와 당의 교류가 활발해지면서 신라인들의 집단 거주지인 신라소가 형성되었다. ………… (　　)

(3) 발해는 5개의 주요 도로망을 통해 신라, 당, 일본, 거란 등과 활발하게 교류하였다. …………… (　　)

07 통일 신라의 문화유산에 해당하는 것을 〈보기〉에서 있는 대로 고르시오.

┤ 보기 ├
ㄱ. 불국사　　　　　　ㄴ. 석굴암
ㄷ. 영광탑　　　　　　ㄹ. 정효 공주 무덤
ㅁ. 성덕 대왕 신종　　ㅂ. 무구정광대다라니경

08 다음 글의 밑줄 친 부분을 옳게 고쳐 쓰시오.

(1) 원효는 부석사를 세웠으며, 관음보살이 중생의 고난을 듣고 구제해 준다는 관음 신앙을 널리 전파하였다.
　　　　　　　　　　　　　　　　　　　(　　)

(2) 통일 신라에서는 국제 무역이 활발해지면서 상경이 국제 무역항으로 번성하였다. ………………… (　　)

(3) 발해는 신라와 대립하기도 하였으나, 영주도를 통해 사신과 물자가 오가면서 교류가 활발해졌다.
　　　　　　　　　　　　　　　　　　　(　　)

09 발해의 문화유산 중 고구려의 영향을 받은 것을 〈보기〉에서 있는 대로 고르시오.

┤ 보기 ├
ㄱ. 영광탑　　　ㄴ. 다보탑　　　ㄷ. 석굴암
ㄹ. 막새기와　　ㅁ. 이불병좌상　ㅂ. 정혜 공주 무덤

중단원 실력 쌓기

01 밑줄 친 '그'에 대한 설명으로 옳은 것은?

그는 당에 유학한 후 '하나가 전체요, 전체가 하나다.'라는 화엄 사상을 주장하였다. 이는 모든 존재가 상호 의존적인 관계에 있으면서 조화를 이루고 있다는 내용으로, 통일 직후 신라 사회를 통합하는 데 기여하였다.

① 국학을 설치하였다.
② 부석사를 건립하였다.
③ 화랑세기를 저술하였다.
④ 왕오천축국전을 남겼다.
⑤ 당의 빈공과에 합격하였다.

02 (가) 사찰에 대한 설명으로 옳은 것은?

8세기 중반 김대성의 발원으로 창건된 (가) 의 청운교와 백운교는 절의 대웅전으로 들어가는 자하문과 연결된 돌계단 다리이다. 부처의 세상으로 가기 위해 물과 구름을 건너야 한다는 불경 내용에 따라 이름이 붙여졌다.

① 의상이 건립하였다.
② 선종의 유행과 관련이 있다.
③ 내부에 다보탑이 세워져 있다.
④ 당의 수도를 모방하여 만들어졌다.
⑤ 인공적으로 조성된 석굴 사원이다.

03 다음 제도에 대한 설명으로 옳은 것은?

모든 학생들이 독서함에 있어서 『춘추좌씨전』, 『예기』, 『문선』을 읽어 그 뜻에 능통하고 아울러 『논어』, 『효경』에 밝은 자는 상품이 되고, 『곡례』, 『논어』, 『효경』을 읽은 자는 중품이 되었으며, 『곡례』, 『효경』만을 읽은 자는 하품이 되었다.

① 원효가 주관하였다.
② 빈공과에서 시행되었다.
③ 도교 진흥을 위한 제도였다.
④ 발해의 주자감과 관련이 있다.
⑤ 국학 학생을 대상으로 실시되었다.

04 (가) 탑에 대한 설명으로 옳은 것은?

이 경전은 (가) 에서 발견된 불경으로 현존하는 목판 인쇄물 중 가장 오래된 것으로 알려져 있다.

① 발해에서 만든 벽돌 탑이다.
② 이중 기단에 3층으로 되어 있다.
③ 신라 말 선종의 유행과 관련이 깊다.
④ 목탑 양식으로 지어진 백제의 탑이다.
⑤ 신문왕이 아버지를 위하여 완성하였다.

05 다음 자료의 문화유산에 대한 설명으로 옳은 것은?

돔 형태의 천장은 360여 개의 돌을 짜 맞추고 20톤 무게의 덮개돌로 마무리하였는데, 오차 없이 매우 정교하다. 중앙의 본존불상을 비롯한 여러 조각은 불교 조각의 최고 경지를 보여 준다.

① 9층 목탑이 있었다.
② 인공 석굴 사원이다.
③ 도교의 영향을 받았다.
④ 발해의 상경에 건립되었다.
⑤ 불국사 3층 석탑이 위치해 있다.

06 밑줄 친 '이 나라'에 대한 설명으로 옳은 것은?

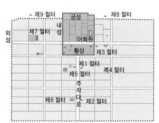

이 나라의 수도 상경성은 당의 장안성을 모방하여 건설한 계획도시로서 외성과 내성, 주작대로를 갖추었다.

◀ 상경성 구조도

① 주자감을 설치하였다.
② 불국사를 건립하였다.
③ 석굴암을 조성하였다.
④ 성덕 대왕 신종을 제작하였다.
⑤ 정림사지 5층 석탑을 만들었다.

중요

07 다음 자료와 관련된 탐구 활동으로 적절한 것을 〈보기〉에서 고른 것은?

발해는 건국 초부터 고구려 계승 의식을 내세웠으며, 이러한 사실은 여러 사료와 유물·유적에서 확인할 수 있다.

┤ 보기 ├
ㄱ. 불국사 3층 석탑의 구조를 찾아본다.
ㄴ. 이불병좌상의 표현 양식을 살펴본다.
ㄷ. 석굴암 본존불의 비례를 조사해 본다.
ㄹ. 정혜 공주 무덤의 천장 구조를 알아본다.

① ㄱ, ㄴ   ② ㄱ, ㄷ   ③ ㄴ, ㄷ
④ ㄴ, ㄹ   ⑤ ㄷ, ㄹ

08 (가)에 들어갈 내용으로 옳은 것은?

신라와 당은 나당 전쟁으로 갈등을 겪었지만, 8세기 들어 친선 관계를 회복하고 활발하게 교류하였다. 신라인들이 당에 왕래하는 일이 빈번해지자, [(가)]

① 상경성이 건설되었다.
② 신라도가 조성되었다.
③ 웅진도독부가 설치되었다.
④ 신라인 마을인 신라방이 생겨났다.
⑤ 사신들이 머무르는 발해관이 세워졌다.

09 (가) 국가의 문화유산으로 옳은 것은?

[(가)]에서는 불교가 크게 융성하여 수도의 절터 유적에서 불상, 석등, 기와 등 많은 유물이 출토되었다. 또한 [(가)]의 문왕은 '금륜', '성법'이라는 불교식 왕명을 사용하기도 하였다.

①   ②

③    ④

⑤

10 (가)에 들어갈 내용으로 옳은 것은?

그는 당으로 건너가 군인으로 활약하였는데, 당시에는 해적의 횡포가 극심하여 신라인들이 해적에게 잡혀 노비로 팔려가는 경우도 있었다. 이에 크게 분노한 그는 신라로 돌아와 [(가)]

◀ 중국 산둥 법화원에 있는 그의 동상

① 신라소를 세웠다.
② 국학을 설치하였다.
③ 화엄 사상을 정립하였다.
④ 독서삼품과를 실시하였다.
⑤ 완도에 청해진을 설치하였다.

11 (가) 국가에 대한 설명으로 옳은 것은?

① 당에 신라관을 세웠다.
② 5개의 교통로를 두었다.
③ 무령왕릉을 축조하였다.
④ 완도에 청해진을 건설하였다.
⑤ 일본의 아스카 문화에 영향을 주었다.

12 (가) 국가의 대외 교류에 대한 설명으로 옳은 것은?

> (가) 은/는 처음에는 일본과의 사이가 좋지 않았으나, 이후 관계가 회복되면서 자국의 생활용품과 수공업 제품을 일본에 수출하는 한편, 당·동남아시아·서아시아 등지에서 들어온 물품을 일본에 중계 무역하기도 하였다. 일본에서는 주로 금이나 직물 원료를 수입하였다.

① 당에 발해관을 설치하였다.
② 중국 남조와 주로 교류하였다.
③ 일본의 스에키에 영향을 주었다.
④ 거란도를 통해 거란과 교류하였다.
⑤ 울산항이 국제 무역항으로 번성하였다.

13 다음 자료에 대한 탐구 활동으로 적절한 것은?

> 발해는 건국 초기에 신라와 대립하였으나, 점차 경제 교류가 확대되면서 많은 상인과 여러 물품이 오갔다.

① 장보고의 활약상을 알아본다.
② 발해관의 설치 목적을 살펴본다.
③ 신라방이 있었던 곳을 찾아본다.
④ 괘릉에 있는 무인상의 특징을 정리해 본다.
⑤ 신라도를 통한 교류의 사례를 조사해 본다.

서술형·논술형

서술형

01 다음 두 유물에 나타난 공통적인 특징을 쓰고, 통일 신라의 유물에서 이와 같은 특징이 나타나게 된 배경을 서술하시오.

▲ 원성왕릉 무인상
머리에 쓴 터번과 곱슬머리 등이 서역인의 모습을 하고 있다.

▲ 사자 공작무늬 돌
사산 왕조 페르시아에서 유행한 무늬가 새겨져 있다.

논술형

02 다음 자료를 참고하여 발해 문화의 특징을 구체적으로 예를 들어 200자 이내로 논술하시오.

▲ 정효 공주 무덤 구조도

01 지도의 전쟁과 관련된 내용으로 옳은 것은?

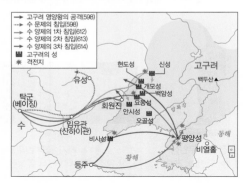

① 복신과 도침이 전투에서 활약하였다.
② 황산벌에서 계백의 결사대가 패배하였다.
③ 매소성과 기벌포에서 큰 전투가 벌어졌다.
④ 을지문덕이 살수에서 수의 군대를 무찔렀다.
⑤ 고구려군이 안시성에서 적의 침략을 막아 냈다.

02 (가) 인물에 대한 설명으로 옳은 것은?

> 백제와 대립하던 신라는 의자왕의 공격을 받아 군사 요충지인 대야성을 비롯한 40여 개의 성을 빼앗겼다. 위기에 처한 신라는 (가) 을/를 고구려에 보내 도움을 요청하였으나 거절당하였다. 이에 (가) 은/는 당으로 가서 동맹을 제안하였고, 나당 동맹이 체결되었다.

① 녹읍을 폐지하였다.　② 우산국을 복속하였다.
③ 이차돈을 처형하였다.　④ 대가야를 멸망시켰다.
⑤ 진골 출신으로 왕위에 올랐다.

03 다음 자료의 상황에 대한 탐구 활동으로 가장 적절한 것은?

> 당나라 고종이 조서를 내려 좌무위대장군 소정방을 신구도행군대총관으로 임명하여, 군사 13만 명을 거느리고 백제로 와서 공격하게 하였다. …… 왕이 김유신 등과 함께 군사를 거느리고 서울을 출발하였다.

① 을지문덕의 전술을 조사해 본다.
② 검모잠과 안승의 활약을 살펴본다.
③ 황산벌 전투의 전개 과정을 알아본다.
④ 매소성과 기벌포의 위치를 표시해 본다.
⑤ 백제가 사비로 수도를 천도한 목적을 찾아본다.

04 지도를 보고 신라가 5소경을 설치한 목적을 두 가지 서술하시오.

05 밑줄 친 '나라'에 대한 설명으로 옳은 것은?

> 걸걸중상은 이미 죽고 그의 아들 대조영이 패잔병을 이끌고 도망쳐 달아났는데, 당군은 끝까지 추적하여 천문령을 넘었다. …… 조영은 곧 걸사비우의 무리를 합병하여 멀리 떨어져 있는 것이라 믿고, 나라를 세워 스스로 진국왕이라 불렀다.

① 해동성국이라 불렸다.
② 화랑도를 조직하였다.
③ 웅진으로 천도하였다.
④ 전국을 9주로 나누었다.
⑤ 국경에 천리장성을 쌓았다.

06 (가) 왕에 대한 설명으로 옳은 것은?

▲ 대왕암

> 왼쪽 사진은 (가) 이/가 죽은 후 장사 지냈다고 전하는 곳이다. (가) 은/는 죽어서도 나라를 지키는 용이 되겠다며 바다에 장사 지낼 것을 유언하였다.

① 삼국을 통일하였다.
② 국학을 설치하였다.
③ 금관가야를 정복하였다.
④ 관산성 전투에서 승리하였다.
⑤ 김씨의 왕위 세습을 확립하였다.

07 (가)에 들어갈 사실로 옳은 것은?

〈○○의 발전〉

1. 건국: 대조영이 동모산에서 건국
2. 무왕: [(가)]
3. 문왕: 당과 친선 관계 유지, 신라와 교통로 개설

① 김흠돌의 난을 진압하였다.
② 안시성 전투에서 승리하였다.
③ 전국에 순수비를 건립하였다.
④ 당의 산둥 지방을 공격하였다.
⑤ 진골 출신으로 왕위에 올랐다.

08 (가), (나) 시기 사이에 있었던 사실로 옳은 것은?

(가) 여름 4월에 상대등 김양상이 이찬 경신과 함께 군사를 일으켜 김지정 등을 죽였으나, 왕(혜공왕)과 왕비는 반란군에게 살해되었다.
(나) 겨울 10월에 궁예가 북원에서 하슬라로 들어오니 무리가 6백 명에 달했고, 스스로 장군을 칭하였다.

① 백제가 멸망하였다.
② 나당 전쟁이 발발하였다.
③ 수의 군대가 침입해 왔다.
④ 연개소문이 정변을 일으켰다.
⑤ 원종과 애노의 난이 일어났다.

09 (가), (나) 인물에 대한 설명으로 옳은 것은?

(가)	(나)

나무아미타불만 열심히 외면 극락에서 편안하게 살 수 있을 것이오.	관세음보살을 부르며 도움을 청하면 관세음보살이 나타나 구원해 줄 것이오.

① (가) – 부석사를 건립하였다.
② (가) – 화엄종을 개창하였다.
③ (나) – 일심 사상을 내세웠다.
④ (나) – 왕오천축국전을 남겼다.
⑤ (가), (나) – 불교의 대중화에 기여하였다.

서술형

10 (가)에 해당하는 불교 종파를 쓰고, 이것의 유행으로 나타난 불교문화의 특징을 서술하시오.

신라 말에 새로운 불교 종파인 [(가)]이/가 유행하였다. 경전 연구와 교리를 중시한 교종과 달리 [(가)]은/는 경전에 의지하지 않고 누구나 일상생활 속에서 내면의 진리를 발견할 수 있다고 가르쳤다.

11 다음 문화유산을 남긴 국가에 대한 설명으로 옳은 것은?

▲ 이불병좌상   ▲ 영광탑

① 주자감을 설치하였다.
② 불국사를 건립하였다.
③ 무령왕릉을 제작하였다.
④ 독서삼품과를 실시하였다.
⑤ 정림사지 5층 석탑을 만들었다.

12 (가) 국가에 대한 설명으로 옳은 것은?

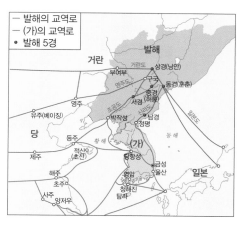

① 중앙군으로 10위를 두었다.
② 5개의 주요 교역로가 있었다.
③ 일본의 스에키에 영향을 주었다.
④ 울산항이 국제 무역항으로 번성하였다.
⑤ 중앙 정치 조직을 3성 6부로 구성하였다.

수행 평가 미리보기

선생님의 **출제 의도**

신라 말 사회상 이해하기

Ⅱ단원에서는 신라의 삼국 통일과 발해의 건국, 남북국의 발전과 변화, 남북국의 문화와 대외 관계에 대해서 학습했어요. 통일 신라 말기는 고려를 건국한 새로운 세력이 등장하는 매우 중요한 시기입니다. 극심한 왕위 쟁탈전의 전개, 농민 봉기의 발생, 6두품의 동향, 호족의 등장 등 새로운 시대로 나아가기 위한 진통을 겪던 시기였습니다. 이 시기를 살아가는 한 인물로 감정 이입함으로써, 자료 분석을 통해 당시의 상황을 이해하고 국왕에게 상소문을 제시하는 과정에서 역사적 판단력과 문제 해결 능력을 키울 수 있습니다.

수행 평가 문제

> 통일 신라 말, 농민·6두품·호족의 입장이 되어 국왕에게 올리는 상소문을 작성해 보자.

A) 활동 계획 세우기

1 자신의 생각을 논리적으로 제시한다.

2 사료를 참고하여 당시 상황을 개선하기 위한 정책을 제시한다.

B) 활동 단계

1단계 각 신분별로 당시 상황을 잘 나타내는 사료를 찾아본다.

2단계 사료를 통해 당시의 시대적 문제점을 파악하고 이를 해결하는 방안을 탐색한다.

3단계 여러 신분 중 하나를 선택해서, 문제점을 해결하기 위한 스토리보드를 제작한다.

4단계 스토리보드에 따라 상소문을 작성한다.

5단계 모둠별로 작성한 상소문을 친구에게 소개한다.

C) 활동하기

1 사료를 찾아보고, (1) 사료에 나타난 문제점을 파악하고 (2) 이를 해결하는 방안 탐색하기

[사료 1]

> 진성 여왕 3년(889) 나라 안의 모든 주군에서 공물과 부세를 바치지 않아, 창고가 텅텅 비어 나라 재정이 궁핍하였다. 왕이 사신을 보내 독촉하니 곳곳에서 도적이 벌 떼처럼 일어났다. 이때 원종·애노 등이 사벌주를 근거지로 반란을 일으켰다. 왕이 나마 영기에게 명해 사로잡게 했는데 영기는 적들의 망루를 바라보고 두려워하여 나아가지 못했다.

신분	농민	봉기 원인	귀족들의 수탈, 세금 독촉
해결책	세금 감면, 농민 구휼책 실시		

[사료 2]

> 최치원이 스스로 서쪽(중국)에 유학하여 얻은 바가 많았다고 생각하여서 돌아와서는 자기의 뜻을 실행하려고 하였으나 말세여서 의심과 시기가 많아 용납되지 않으니 (지방 관직으로) 나가 태산군 태수가 되었다. …… 고국에 돌아온 후까지 모두 혼란한 세상을 만나 운수가 꽉 막히고, 움직이면 매번 비난을 받으니 스스로 불우함을 한탄하여 다시 관직에 나갈 뜻이 없었다.

신분	6두품	관직에 나가지 못한 원인	골품제의 한계
해결책	개혁안 수용, 진골 귀족의 특권 축소, 인재 등용		

2 상소문 작성을 위한 마인드맵을 제작하고 직접 상소문 쓰기

[예시]

임금님, 올해도 가뭄이 들어 농사를 망쳤습니다. 그런데 오히려 나라에서는 세금을 독촉하니, 지방관들이 저희를 닦달하여 못살겠습니다. 이웃 고을의 원종과 애노도 어쩔 수 없이 들고 일어난 것입니다. 부디 세금을 줄여 주시고, 긴급 재난 지원금을 내려 주셔서 저희를 구제해 주소서.

임금님, 저는 뜻한 바가 있어 중국에 유학을 가 빈공과에 합격하였습니다. 하지만 신라로 돌아와 보니 여전히 진골 귀족이 모든 권력을 쥐고 있습니다. 지방 곳곳에서는 굶주린 농민들이 봉기하고 있고, 개혁안을 올려도 들으려 하지 않습니다. 부디 우리와 같은 6두품들도 관직에 나가 뜻을 펼칠 수 있게 하시옵소서.

✏️ **채점 기준**

평가 영역	채점 기준	배점
논리성 / 협동성	글의 전개 과정이 논리적인가?	10
	모둠 간의 협력이 잘 진행되었는가?	10
타당성	당시 상황을 잘 반영하고 있는가?	20
	신분에 맞는 해결책인가?	20
문제 해결력	문제점에 대한 해결책이 적절한가?	20
	자신의 의견을 당시 정세를 배경으로 구체적인 근거를 들어 작성하였는가?	20

Ⅲ 고려의 성립과 변천

01 고려의 건국과 정치 변화

✚ 고려의 후삼국 통일 과정

918년 ○ 고려 건국

919년 ○ 송악 천도

926년 ○ 발해 멸망

935년 ○ 신라 항복

936년 ○ 후삼국 통일

✚ 태조의 발해 유민 수용

발해국 세자 대광현이 무리 수만 명을 이끌고 와서 귀화하자, '왕계' 라는 성과 이름을 주어 종실의 족 보에 넣었다. …… 그를 따르는 측 근 인물에게는 관직을, 군사들에 게는 토지와 집을 주었는데 차등 이 있었다.　　　　－「고려사」－

태조는 발해의 왕자에게 왕씨 성을 하사 하는 등 민족 통합을 위해 노력하였다.

✚ 사심관

지방의 유력한 세력에게 부여한 특수 관직으로, 사심관에 임명된 이는 출신 지의 제반 사항을 통제하여 고려 정부 의 지방 세력 견제에 중요한 역할을 하였다.

✚ 기인 제도

지방 호족의 자제를 수도에 머물게 하 여 해당 지역의 정보를 얻으며 지방 호족 세력을 통제한 제도이다.

✚ 태조 왕건 청동상

1992년 개성의 현릉 부근에서 발견된 청동상으로, 머리에는 황제가 쓰는 통 천관이 표현되어 있어 고려 국왕이 황 제로 여겨졌음을 알 수 있다.

❶ 후삼국 통일과 체제 정비

(1) 고려의 건국과 후삼국 통일

① 10세기 초의 동아시아 상황

→ 당이 멸망한 후 중국은 10세기 후반 송이 통일하기 전까지 5대 10국의 분열기를 맞았다.

• 중국: 당 멸망 후 5대 10국의 혼란 상황

• 한반도: 후고구려(고려), 후백제, 신라의 후삼국 시대

② 고려의 후삼국 통일 과정

• 고려의 건국 → 처음에는 수도를 철원으로 하였으나, 왕건 자신의 근거지인 송악(개성)으로 수도를 옮겼다.

－ 왕건: 궁예의 신하로 공을 세워 높은 지위에 오름

－ 건국: 궁예의 실정 → 왕건이 왕위에 올라 국호를 '고려'라 정함

　　왕건은 고창을 점령한 뒤, '동쪽의 평안한 곳'이라는 의미로 '안동' 이라는 지명을 내렸다.

• 후삼국 통일 과정: 고려가 신라와 우호적인 관계 속에 후백제와 대립 → 고창(경북 안 동)에서 후백제군 격파 → 후백제에서 왕위 계승 분쟁 → 후백제의 견훤이 고려에 항복 → 신라 경순왕이 고려에 항복(935) → 고려가 후백제군 격파·후삼국 통일(936)

③ 고려의 후삼국 통일 원동력: 왕건이 지방 곳곳에서 독자적인 힘을 가진 호족 세력을 하나로 모음

→ 통일 후 호족은 6두품과 함께 고려의 정치 세력으로 중앙과 지방에서 활약하였다.

(2) 태조의 정책

① 북진 정책

• 고구려를 계승한다는 의미에서 국호를 '고려'라 정함

• 고구려의 수도인 평양을 서경으로 삼고, 북진 정책을 펼쳐 영토 확장

→ 청천강~영흥만까지 영토를 확장하였다.

② 민족 통합 정책

• 옛 신라인과 후백제인을 포용하는 정책 실시

• 발해 유민을 적극적으로 받아들임

③ 호족 포섭 및 견제 정책

• 건국과 통일에 공을 세운 호족에게 관직과 토지 수여

• 지방의 호족과 혼인 관계를 맺고, 호족들에게 성씨를 하사

• 사심관 임명, 기인 제도 시행 → 지방의 호족을 효과적으로 통제

④ 민심 안정책

• 불교를 숭상하고 연등회·팔관회 등의 국가 행사를 통해 민생 안정에 힘씀

• 백성의 세금 감면, 빈민 구제 등 민생 안정을 위한 정책 실시

→ 빈민 구제 기관으로 흑창을 설치하였다.

🔍 집중 탐구　태조의 생각을 들여다볼 수 있는 역사 자료, 「훈요 10조」

제1조　불교의 힘으로 나라를 세웠으므로, 사찰을 세우고 주지를 파견하여 불도를 닦도록 할 것

제2조　도선의 풍수 사상에 따라 사찰을 세울 것

제4조　중국의 풍습을 따르되 같게 할 필요는 없고, 거란의 제도는 본받지 말 것

제5조　서경은 우리나라 지맥의 근본이 되니 세 달마다 방문하여 백 일 이상 머물도록 할 것

제6조　연등회와 팔관회를 성대히 할 것

제9조　관리들의 녹봉을 함부로 가감하지 말고, 농민들의 부담을 가볍게 할 것　　　　－「고려사」－

태조는 앞으로 왕이 될 자신의 자손들에게 국가 운영에 필요한 내용을 담아 유언처럼 「훈요 10조」 를 남겼다. 「훈요 10조」에는 불교를 숭상하고 서경을 중시하며, 거란을 경계하고 백성을 잘 보살피 라는 태조의 마음이 담겨 있다.

(3) 광종과 성종의 체제 정비

→ 정책에 반대하는 호족과 공신을 숙청하여 왕권을 강화하였다.

광종	• 노비안검법 실시: 호족의 경제적·군사적 기반을 약화시킬 목적으로 추진 • 과거제 실시: 쌍기의 건의, 정치 세력 교체 ┐ • 관리의 공복 제정: 국왕을 중심으로 한 상하 질서 확립
성종	최승로의 「시무 28조」 수용 → 유교를 통치 이념으로 삼음, 지방 주요 거점에 12목을 설치하고 지방관 파견, 중앙과 지방에 학교 설립(유학 교육 실시)

→ 호족들이 불법적으로 노비로 삼은 양인을 원래 신분으로 되돌리는 제도로, 실시 후 호족들에게 경제적인 타격을 주었다.

→ 유학 교육의 실시는 과거제와 밀접한 관련이 있다.

집중 탐구 유교를 통치 이념으로, 최승로의 「시무 28조」

제7조 태조께서 나라를 통일한 뒤 군현에 수령을 두고자 하였으나, 건국 초 일이 바빠 미처 이 일을 시행할 겨를이 없었습니다. 청컨대 **외관**(지방관)을 두소서.
제13조 우리나라에서는 봄에는 **연등회**를, 겨울에는 **팔관회**를 개최하여 …… 노역이 심하오니, 원컨대 이를 줄여 주어 백성이 편안하게 하소서.
제20조 불교를 믿는 것은 자신을 닦는 근본이고, 유교를 행하는 것은 나라를 다스리는 근원이니 …… 나라를 다스리는 것은 오늘의 급한 일입니다.
－「고려사」－

성종은 즉위 후 신하들에게 국가 운영에 필요한 정책을 올리게 하였다. 그중 최승로의 「시무 28조」의 상당 부분을 받아들여 유교를 통치 이념으로 삼아 국가를 운영하였다. 또 주요 거점인 12목에 관리를 파견하였고, 중앙과 지방에 학교를 세워 유학 교육을 장려하기도 하였다.

❷ 통치 체제의 정비

(1) 중앙 정치 조직 → 성종 때 3성 6부제를 수용하여 정비하였다.

① 특징: 당의 3성 6부제＋송의 제도(중추원과 삼사)＋고려의 전통(도병마사와 식목도감) → 고려의 실정에 맞게 운영
   • 중서문하성: 문하시중을 중심으로 국정 총괄   • 중추원: 군사 기밀과 왕명 출납 담당
   • 도병마사와 식목도감: 고위 관료들이 국방 문제와 법 제정 등 중요 정책 결정
   • 상서성: 중추원으로부터 받은 왕명을 6부에서 나누어 집행
   • 어사대(관리 감찰), 삼사(국가 재정의 출납과 회계 업무)
② 대간: 정치의 잘잘못을 논하거나 관리의 비리를 감찰하고 사회 풍속을 감시하는 관리
   → 어사대의 관원 및 중서문하성의 낭사로 구성되었다.

(2) 지방 행정 조직

① 5도: 일반 행정 구역으로 도 아래 군현 설치, 안찰사 파견
② 양계: 북쪽 국경의 방어를 위한 군사 행정 구역, 병마사 파견
③ 경기: 개경을 둘러싸고 있는 지역으로 개경에 필요한 자원 공급
④ 3경: 수도인 개경 및 서경(평양), 동경(경주) → 숙종 이후로는 동경 대신 남경(서울)
⑤ 특수 행정 구역: 향·부곡(주로 농업에 종사), 소(국가에 필요한 특정 물품 생산)
   → 광산물, 수산물, 수공업 제품 등을 생산하였다.

→ 양계는 '두 양(兩)', '경계 계(界)'로 구성된 용어로 국경 지역에 설치된 2개의 군사 행정 구역을 말한다.

(3) 군사 제도: 중앙군(2군 – 궁궐·왕실 호위, 6위 – 개경·국경 방어), 지방군(주현군·주진군)

→ 5도에는 주현군, 양계 지역에는 주진군이 주둔하였다.

(4) 향리: 지방 호족 중 지방에 남아 지방 행정의 실무 담당, 과거를 통해 중앙 관료로 진출 가능

(5) 관리 등용 제도 → 음서로도 관리가 될 수는 있었지만, 과거에 합격하는 것을 더 명예롭게 여겼고, 실질적으로 과거가 더 중요한 역할을 하였다.

① 과거: 문과, 잡과, 승과로 구성

문과	문장을 짓는 능력(제술과)과 유교 경전에 대한 이해(명경과)를 기준으로 관리 선발
잡과	법률과 의학 등 각 분야에 필요한 인재 선발
승과	승려를 대상으로 한 시험으로 합격하면 품계 부여

② 음서: 왕족이나 공신, 고위 관료의 자손 등에게 시험 없이 관직에 오를 수 있는 자격을 주는 제도

＋ 과거제

시험을 통해 인재를 선발하여 관리로 삼은 제도로 수·당의 제도를 본떠 광종 때부터 시행하였다.

＋ 고려의 중앙 정치 기구

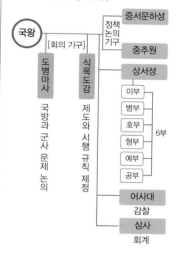

＋ 5도 양계

고려의 지방 행정은 5도, 양계, 경기로 나누어졌으며, 중요한 지역을 3경이라 하여 특히 중시하였다.

＋ 고려의 관리 등용 제도

고려 시대에는 과거와 음서, 천거 등 다양한 방식으로 관리를 선발하였으며, 과거가 실질적으로 중요한 역할을 하였다.

+ 왕실과 이자겸 가문의 혼인도

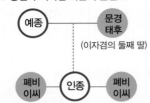

(이자겸의 둘째 딸)

폐비 이씨 ─ 인종 ─ 폐비 이씨

(이자겸의 셋째 딸)　(이자겸의 넷째 딸)

경원 이씨는 왕실과 거듭된 혼인을 통해 문벌 세력으로 성장하여 권력을 독점하였다.

+ 무신 정변

왕이 보현원으로 행차하던 길에 신하들과 술을 마시던 중. …… 무신들을 위로하기 위해 오병수박희를 열었다. 한뢰는 무신들이 왕의 총애를 얻을까 두려워하며 시기심을 품었다. 대장군 이소응이 수박희에서 패하자, 한뢰가 갑자기 앞으로 나서며 이소응의 뺨을 때리니 계단 아래로 떨어졌다. 왕과 여러 신하가 손뼉을 치면서 크게 웃었다.
　　　　　　　　 － 『고려사』 －

무신 정변은 고려 초부터 이어져 온 무신과 하급 군인에 대한 차별과 의종 때 내부의 권력 다툼이 합쳐져 일어난 사건이다.

+ 무신 정권의 권력 기반

중방	이의방	• 1170
	정중부	
	경대승	
	이의민	
교정도감	최충헌	• 1196
교정도감 · 정방	최 우	
	최 항	
	최 의	
	김 준	
	임 연	
	임유무	• 1270

무신 정권 초반에는 잦은 권력자의 교체가 있었고, 최충헌 이후 4대 60여 년간 최씨 무신 정권이 이어졌다.

❸ 문벌 사회의 동요와 무신 정권의 수립

(1) 이자겸의 난과 묘청의 서경 천도 운동

① 문벌의 형성과 권력 독점
- 문벌의 형성: 중앙 지배층이 과거와 음서, 혼인 등을 통해 형성
- 대표적 문벌: 경원 이씨 가문이 왕실과 거듭된 혼인을 통해 권력 장악

② 이자겸의 난
- 인종의 외할아버지이자 장인인 이자겸이 왕권 위협 → 이자겸의 난 발생
- 인종은 이자겸 세력 내부의 분열을 이용해 이자겸의 난 진압
  → 이자겸의 난으로 개경의 궁궐이 불타 없어지자, 서경 세력인 정지상 등은 서경에 궁궐을 짓고 서경으로 천도할 것을 주장하였다.

③ 묘청의 서경 천도 운동
- 배경: 이자겸의 난 이후 서경 세력의 서경 천도 추진
  - 정지상 등이 풍수지리설을 내세워 서경 천도 주장
  - 묘청 등이 금(여진족)을 정벌하고 황제를 칭할 것을 주장
- 전개: 김부식 등 개경 세력이 서경 천도에 반대 → 묘청 등이 서경에서 반란을 일으킴 (묘청의 난, 1135) → 김부식이 이끄는 관군이 묘청의 난 진압
  → 묘청의 난을 진압한 후 김부식은 왕명을 받아 『삼국사기』를 편찬하였다.

(2) 무신 정변

① 배경
- 문신 중심의 정치 운영 → 문신이 군사 지휘권까지 장악
- 고려 초부터 이어져 온 무신과 하급 군인들에 대한 차별 대우

② 전개
- 의종이 측근 문신 세력과 친위 부대 무신을 양성하여 왕권 강화 → 두 세력 간의 권력 다툼 → 정중부가 무신을 규합하여 정변을 일으킴
- 정중부 등 무신 세력은 수많은 문신을 살해한 뒤 권력 장악 → 의종 폐위
  → 후일 무신들은 이의민을 보내 의종을 시해하였다. 천민 출신의 이의민은 최고 권력자의 자리까지 올랐다.

③ 결과
- 무신이 중방을 중심으로 권력 장악
- 무신 간의 다툼이 이어지며 최고 권력자가 계속 바뀜
  → 이의방 → 정중부 → 경대승 → 이의민 → 최충헌

(3) 최씨 무신 정권의 수립

① 최충헌
- 최고 권력자 이의민을 제거하고 권력 장악
- 교정도감을 설치하여 반대 세력 감시, 국가의 중요 정책 결정

② 최우
- 정방을 설치하여 인사 행정 장악
- 몽골의 침략에 맞서 강화도로 천도

③ 최씨 무신 정권: 4대 60여 년 동안 권력 유지
- 도방과 삼별초: 최씨 무신 정권의 군사적 기반
- 불법적으로 많은 농장 소유, 왕실·문벌 세력과 거듭된 혼인으로 권력 유지
- 농민과 천민의 봉기 철저히 진압

(4) 농민과 천민의 봉기

① 배경: 무신 정변 이후 지배층의 수탈 심화
② 농민의 봉기: 망이·망소이의 난(공주 명학소), 김사미·효심의 난(경상도 일대)
③ 천민의 봉기: 전주 관노비의 난, 만적의 난
  → "무신 정변 이래로 천한 무리에서 높은 관직에 오르는 경우가 많았으니, 장군과 재상이 어찌 처음부터 종자가 따로 있으랴? 때가 오면 누구나 할 수 있을 것이다."라고 주장하며 개경에서 봉기를 모의하였다.

개념 다지기

01 빈칸에 알맞은 말을 쓰시오.

(1) 태조 왕건은 (   )을/를 건국한 뒤, 왕위 계승을 둘러싸고 내분이 일어났던 (   )을/를 격파하고 후삼국을 통일하였다.

(2) 태조 왕건은 고구려의 수도였던 평양을 (   )(으)로 삼고 북진 정책을 펼쳐 영토를 넓혀 나갔다.

(3) 광종은 쌍기의 건의를 수용하여 유교적 지식과 학문 능력에 따라 관리를 선발하는 (   )을/를 실시하였다.

(4) 고려의 최고 기구인 (   )은/는 문하시중을 중심으로 국정을 총괄하였다.

(5) (   )은/는 왕족이나 공신, 고위 관료의 자손 등에게 시험 없이 관직에 오를 수 있는 자격을 주는 제도였다.

(6) (   )은/는 금을 정벌하고 황제를 칭하여 연호를 사용할 것을 주장하며 난을 일으켰다.

(7) 최충헌은 (   )을/를 설치하여 반대 세력을 감시하고, 국가의 중요 정책을 결정하였다.

02 다음 설명이 맞으면 ○표, 틀리면 ×표를 하시오.

(1) 태조 왕건은 사심관 제도를 실시하여 호족들의 자제를 수도에 머물도록 하였다. ················ (   )

(2) 고려에서 중추원은 군사 기밀과 왕명의 출납을 담당하였다. ································· (   )

(3) 사노비였던 만적은 개경의 노비들을 모아 봉기를 계획하였으나 사전에 발각되어 실패하였다. ······· (   )

03 정중부, 이의방 등이 차별받던 무신들을 이끌고 수많은 문신을 살해하고 의종을 폐위한 사건은?

04 다음 정책을 시행한 왕을 쓰시오.

(1) 노비안검법을 실시하여 호족들의 경제적 기반을 약화시켰다. ································· (   )

(2) 「시무 28조」를 받아들여 유교를 국가의 통치 이념으로 삼았다. ······························· (   )

(3) 지방의 주요 거점에 12목을 설치하고, 관리를 파견하여 중앙 집권 체제를 강화하였다. ················ (   )

05 무신 집권기 하층민의 봉기와 관련 지역을 연결하시오.

(1) 만적 •   • ㉠ 개경
(2) 김사미·효심 •   • ㉡ 경상도 일대
(3) 망이·망소이 •   • ㉢ 공주 명학소

06 다음 설명이 맞으면 ○표, 틀리면 ×표를 하시오.

(1) 고려의 지방 행정 제도는 5도, 양계, 경기로 나뉘어 운영되었다. ······························· (   )

(2) 고려의 중앙군은 주현군과 주진군으로 구성되었다. ································· (   )

(3) 대간은 정치의 잘잘못을 논하고 관리의 비리를 감찰하는 역할을 수행하였다. ·················· (   )

07 최씨 무신 정권을 유지하던 권력 기반에 해당하는 것을 〈보기〉에서 있는 대로 고르시오.

┌ 보기 ┐
ㄱ. 정방   ㄴ. 도방   ㄷ. 별무반
ㄹ. 삼별초   ㅁ. 국자감   ㅂ. 교정도감
└───────────────────────────┘

08 밑줄 친 부분을 옳게 고쳐 쓰시오.

(1) 고려의 특수 행정 구역 중 광산물·수산물·수공업 제품 등 국가가 필요한 물품을 생산하던 곳은 <u>부곡</u>이다. ································· (   )

(2) 광종은 최승로의 「시무 28조」를 받아들여 통치 체제를 정비하였다. ······························· (   )

(3) 전주에서는 지방관의 가혹한 노동력 동원에 반발하여 죽동 등 <u>농민</u>들이 봉기하였다. ·················· (   )

09 ㉠, ㉡에 들어갈 말을 쓰시오.

무신 정변 이후 무신들은 무신들의 회의 기구인 (㉠)을/를 중심으로 권력을 장악하였다. 이후 무신들 사이에 여러 차례 권력 다툼이 벌어지며 최고 권력자가 자주 바뀌었다. 또, (㉡)처럼 천민 출신의 최고 권력자가 출현하기도 하였다.

중요

01 (가)~(다)를 일어난 순서대로 옳게 나열한 것은?

> (가) 신라의 경순왕은 스스로 나라를 고려에 넘겨주었다.
> (나) 고려군이 후백제군을 격파하고 후삼국을 통일하였다.
> (다) 왕건이 고려를 건국하고 자신의 근거지인 송악으로 도읍을 옮겼다.

① (가) - (나) - (다)
② (가) - (다) - (나)
③ (나) - (가) - (다)
④ (나) - (다) - (가)
⑤ (다) - (가) - (나)

02 밑줄 친 '나'에 대한 설명으로 옳은 것을 〈보기〉에서 고른 것은?

> 나는 송악 출신의 호족으로 한때 궁예의 신하였다. 후일 왕위에 오른 뒤 나는 건국 초부터 북진 정책을 실시하였다. 또한 신라와 후백제의 유민은 물론 발해의 유민까지 받아들이는 등 적극적인 민족 통합 정책을 펼쳤다.

| 보기 |
> ㄱ. 윤관을 시켜 동북 9성을 개척하였다.
> ㄴ. 기인 제도를 실시하여 지방 호족을 견제하였다.
> ㄷ. 지방의 여러 유력 호족들과 혼인 관계를 맺었다.
> ㄹ. 공복을 새롭게 정하여 관복 색깔에 따른 상하 질서를 확립하였다.

① ㄱ, ㄴ   ② ㄱ, ㄷ   ③ ㄴ, ㄷ
④ ㄴ, ㄹ   ⑤ ㄷ, ㄹ

03 (가)에 들어갈 검색어로 옳은 것은?

| 통합 검색 ⬦ | (가) | 검색 |

> 검색 결과: 고려 시대의 관리 선발 방식으로, 고려의 제4대 국왕인 광종 때 중국 후주에서 귀화한 쌍기의 건의로 실시되었다. 문과, 잡과, 승과 등으로 구성되었으며 개인의 능력에 따라 관리를 등용하는 제도였다.

① 천거   ② 과거   ③ 음서
④ 무과   ⑤ 국자감

중요

04 밑줄 친 '폐하'가 실시한 정책으로 옳은 것은?

> 폐하, 부처의 가르침을 행하는 것은 자기 자신을 닦는 근본이요, 유교의 가르침을 행하는 것은 나라를 다스리는 근원이니, 자신을 닦는 것은 다음 생을 위한 것이고, 나라를 다스리는 것은 곧 오늘날에 힘쓸 일입니다.

① 노비안검법을 실시하였다.
② 자손들에게 훈요 10조를 남겼다.
③ 지방의 주요 거점에 12목을 설치하였다.
④ 서경에 궁궐을 짓고 천도를 계획하였다.
⑤ 지방의 유력 호족과 거듭하여 혼인 관계를 맺었다.

05 밑줄 친 ㉠에 대한 설명으로 옳은 것은?

> 고려는 당의 3성 6부 체제를 받아들여 고려의 실정에 맞게 운영하였다. 또 송의 제도인 ㉠중추원과 삼사를 추가로 도입하여 중앙 통치 체제를 완성하였다.

① 최고 관서로 국정을 총괄하였다.
② 6부로 나누어 왕명을 집행하였다.
③ 무신 집권기 최고의 권력 기구였다.
④ 군사 기밀과 왕명의 출납을 담당하였다.
⑤ 국가 재정의 출납과 회계 업무를 맡아 처리하였다.

06 다음에서 설명하는 용어로 옳은 것은?

- 국왕의 잘못된 정치 행위를 비판·견제하였다.
- 관리의 비리를 감찰하며 사회 풍속을 감시하였다.
- 중서문하성의 일부 관리와 어사대의 관원으로 구성되었다.

① 승선　　　　② 대간　　　　③ 무신
④ 향리　　　　⑤ 관노

07 🚀 중요
⊙~②에 대한 설명으로 옳은 것을 〈보기〉에서 고른 것은?

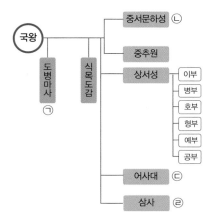

┤ 보기 ├
㉠ 최고 교육 기관
㉡ 최고 관서로 국정 총괄
㉢ 국방 문제 등 중요한 정책 논의
㉣ 국가 재정의 출납과 회계 업무 담당

① ㉠, ㉡　　　② ㉠, ㉢　　　③ ㉡, ㉢
④ ㉡, ㉣　　　⑤ ㉢, ㉣

08 고려의 지방 행정 제도에 대한 설명으로 옳은 것은?

① 22담로에 왕족을 파견하였다.
② 전국을 9주로 나누어 통치하였다.
③ 모든 군현에 지방관을 파견하였다.
④ 지방의 주요 거점에 5소경을 설치하였다.
⑤ 향·부곡·소 등의 특수 행정 구역을 운영하였다.

09 다음에서 공통으로 설명하는 지역으로 옳은 것은?

- 고려의 3경에 속하는 도시이다.
- 정지상 등이 수도로 삼자고 주장하였다.
- 고구려의 수도였던 곳으로 「훈요 10조」에도 언급되었다.

① 개경　　　　② 동경
③ 서경　　　　④ 경기
⑤ 남경

[10~11] 다음 글을 읽고 물음에 답하시오.

우리는 호족 출신으로 지방에 남아 지방 행정의 실무를 담당하였습니다. 우리는 직책을 자손에게 물려줄 수 있었으며, 과거를 통해 중앙 관료로 진출할 수도 있었습니다. 우리들 중 일부는 중앙의 문벌로 자리 잡기도 하였는데, 최충과 ⊙ 김부식이 대표적 인물입니다.

10 🚀 중요
밑줄 친 '우리'에 대한 설명으로 옳은 것은?

① 역과 진 등에 주로 거주하였다.
② 매매·증여·상속의 대상이었다.
③ 일반 양인에 비해 많은 차별을 받았다.
④ 조세나 공물의 징수 등의 지방 행정을 담당하였다.
⑤ 광산물·수공업 제품 등 국가가 필요한 물품을 생산하였다.

11 ⊙에 대한 설명으로 옳은 것을 〈보기〉에서 고른 것은?

┤ 보기 ├
ㄱ. 삼국사기를 편찬하였다.
ㄴ. 묘청의 난을 진압하였다.
ㄷ. 공주 명학소에서 봉기하였다.
ㄹ. 난을 일으켜 왕권을 위협하였다.

① ㄱ, ㄴ　　　② ㄱ, ㄷ　　　③ ㄴ, ㄷ
④ ㄴ, ㄹ　　　⑤ ㄷ, ㄹ

12 ㉠에 대한 설명으로 옳은 것은?

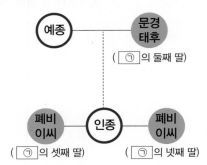

```
       예종 ───────── 문경
                        태후
                     ( ㉠ 의 둘째 딸)


 폐비          인종          폐비
 이씨                        이씨
( ㉠ 의 셋째 딸)        ( ㉠ 의 넷째 딸)
```

① ㉠에 들어갈 인물의 이름은 김부식이다.
② 풍수 사상에 따라 서경 천도를 주장하였다.
③ 금을 정벌하고 황제를 칭하자고 주장하였다.
④ 왕실과 거듭된 혼인을 통해 권력을 차지하였다.
⑤ 호족을 견제하기 위해 노비안검법을 실시하였다.

13 다음 상황 이후에 전개된 사실로 옳은 것을 〈보기〉에서 고른 것은?

> 왕이 보현원으로 행차하던 길에 …… 무신들을 위로하기 위해 오병수박희를 열었다. 한뢰는 무신들이 왕의 총애를 얻을까 두려워하며 시기심을 품었다. 대장군 이소응이 수박희에서 패하자, 한뢰가 갑자기 앞으로 나서며 이소응의 뺨을 때리니 계단 아래로 떨어졌다. 왕과 여러 신하들이 손뼉을 치면서 크게 웃었다.
>
> ―「고려사」―

┤ 보기 ├
ㄱ. 불안정한 정국 속에서 광종이 왕위에 올랐다.
ㄴ. 수많은 문신들이 살해되고 의종이 폐위되었다.
ㄷ. 정중부 등이 정변을 일으켜 권력을 장악하였다.
ㄹ. 지방의 거점에 12목이 설치되고 지방관이 파견되었다.

① ㄱ, ㄴ   ② ㄱ, ㄷ   ③ ㄴ, ㄷ
④ ㄴ, ㄹ   ⑤ ㄷ, ㄹ

14 중요 ㉠에 해당하는 대표적인 인물로 옳은 것은?

> **1. 무신 정변 이후 사회·경제적 변화**
>
> • 통치 체제의 붕괴
> • ㉠ 하층민 출신의 최고 권력자 등장
> • 농장 확대에 따른 토지 제도의 붕괴

① 윤관   ② 이의민
③ 김부식   ④ 김사미
⑤ 정중부

15 (가)에 들어갈 조직에 대한 설명으로 옳은 것은?

> (가) 은/는 처음에 도둑을 잡기 위한 야별초에서 시작되었다. 이후 좌별초와 우별초로 나뉘었으며 몽골에 포로로 잡혀갔다가 돌아온 병사들로 조직된 신의군을 합하여 (가) (으)로 개편되었다.

① 무신 정변 때 활약하였다.
② 윤관이 여진 정벌을 위해 조직하였다.
③ 최씨 무신 정권의 군사적 기반이었다.
④ 양계에 위치하여 국경을 수비하였다.
⑤ 묘청의 난을 진압하는 데 참여하였다.

16 (가)에 들어갈 정치 기구로 옳은 것은?

> 최충헌으로부터 권력을 물려받은 최우는 자신의 집에 (가) 을/를 설치하였다. 이로써 최우는 국왕의 고유 권한인 인사 행정을 장악할 수 있었다.

① 도방   ② 정방   ③ 중방
④ 어사대   ⑤ 교정도감

정답과 해설 | 18쪽

[17~18] 다음 자료를 읽고 물음에 답하시오.

> 우리 고향(명학소)을 현(충순현)으로 올려 주었고 수령까지 보내 위로하는 척하더니, 곧 군사를 보내 우리 고을을 치고 어머니와 아내를 잡아 가두니 이것은 무슨 까닭인가? 차라리 싸우다가 죽을지언정 끝까지 굴복하지 않을 것이다. 반드시 개경까지 쳐들어가고야 말겠다.
>
> −『고려사』−

17 위 자료에서 나타내고 있는 역사적 사건은?

① 묘청의 난
② 이자겸의 난
③ 적고적의 난
④ 전주 관노비의 난
⑤ 망이·망소이의 난

> **중요**

18 위 자료에서 밑줄 친 '소'에 대한 설명으로 옳은 것을 〈보기〉에서 고른 것은?

> ┤ 보기 ├
> ㄱ. 천민들만 거주하는 구역이었다.
> ㄴ. 북쪽 국경을 방어하기 위한 행정 구역이었다.
> ㄷ. 국가에서 필요로 하는 특정 물품을 생산하였다.
> ㄹ. 이곳의 주민들은 일반 군현에 사는 주민에 비해 차별을 받았다.

① ㄱ, ㄴ
② ㄱ, ㄷ
③ ㄴ, ㄷ
④ ㄴ, ㄹ
⑤ ㄷ, ㄹ

19 고려 시대 관리 등용에 대한 설명으로 옳은 것을 〈보기〉에서 고른 것은?

> ┤ 보기 ├
> ㄱ. 태조 때부터 과거제가 실시되었다.
> ㄴ. 과거는 문과, 무과, 잡과로 나뉘었다.
> ㄷ. 문과는 제술과와 명경과로 구성되었다.
> ㄹ. 과거, 음서, 천거 등으로 관리를 선발하였다.

① ㄱ, ㄴ
② ㄱ, ㄷ
③ ㄴ, ㄷ
④ ㄴ, ㄹ
⑤ ㄷ, ㄹ

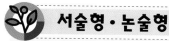

서술형·논술형

> **서술형**

01 (가)에 들어갈 인물을 쓰고, 그가 계획한 봉기에 대한 역사적 의의를 서술하시오.

> ┌─ (가) 의 외침 ─┐
> "무신 정변 이래로 천한 무리에서 높은 관직에 오르는 경우가 많았으니, 장군과 재상이 어찌 처음부터 종자가 따로 있으랴? 때가 오면 누구나 할 수 있을 것이다."

(1) (가): _____

(2) 역사적 의의: _____
_____
_____

> **논술형**

02 다음 자료를 보고 자신이 성종이라면 어떤 정책을 펼 것인지 두 가지를 쓰고, 그 이유도 함께 150자 내외로 논술하시오.

> 「시무 28조」
> 제7조 태조께서 나라를 통일한 뒤 군현에 수령을 두고자 하였으나, 건국 초 일이 바빠 미처 이 일을 시행할 겨를이 없었습니다.
> 제13조 우리나라에서는 봄에는 연등회를, 겨울에는 팔관회를 개최하여 …… 백성들의 노역이 심합니다.
> 제20조 부처의 가르침을 행하는 것은 자기 자신을 닦는 근본이요, 유교의 가르침을 행하는 것은 나라를 다스리는 근원이니, 자신을 닦는 것은 다음 생을 위한 것이고, 나라를 다스리는 것은 곧 오늘날에 힘쓸 일입니다.
>
> −『고려사』−

내가 성종이라면 _____
_____
_____

02 고려의 대외 관계

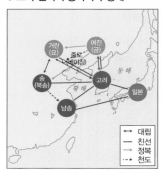

✚ 고려 전기의 동아시아 정세

10~12세기 초에는 송, 거란(요), 고려가 동아시아 세계의 강력한 통일 왕조로 등장하였다.

✚ 외왕내제

밖으로는 왕이라 칭하고, 국내에서는 황제를 칭하는 것을 말한다.

✚ 서희의 외교 담판

> 우리가 바로 고구려의 후계자이다. 그러므로 나라 이름을 고려라고 부르고 평양을 수도로 정하였다. …… 만일 여진을 몰아내고 우리의 옛 땅을 회복하여 거기에 성을 쌓고 길을 통하게 된다면 어찌 거란과 국교를 통하지 않겠는가?
> ─「고려사」─

서희는 동아시아 정세를 파악하고 거란의 장수 소손녕과 외교 담판을 지어, 거란의 침입을 막아 내고 강동 6주를 확보할 수 있었다.

❶ 다원적 국제 질서의 성립

(1) 동아시아의 국제 정세

→ 하나의 강국 중심의 국제 질서가 아니라 동아시아 곳곳이 서로 자신이 중심이라고 표방하는 국제 질서를 말한다.

① 10세기 무렵의 동아시아 정세: 다원적 국제 질서 형성
- 만리장성 이북에서 거란족이 거란 제국(요) 건설
  - 발해를 멸망시키며 동아시아의 강대국으로 성장
  - 중국의 혼란기를 틈타 만리장성 이남의 일부 영토 차지
- 중국: 조광윤이 송 건국(960) → 중국 통일, 북쪽의 거란과 대립
- 서하, 대월 등 중국 주변국: 황제국을 칭함

② 고려

→ 최강국이 없는 다원적 국제 질서 속에서 고려는 형식적으로는 송과 거란(요)에는 왕이라고 자신을 낮췄다.

- 다원적 국제 질서 속에서 외왕내제의 형식을 취함
- 대외적으로 송과 거란에 대해 왕이라고 낮춤, 대내적으로 황제국 체제 지향

(2) 고려와 거란의 충돌

① 배경
- 거란: 송과 큰 전투를 앞두고 고려와 송의 연합을 막고자 함
- 송: 고려와 군사적 협력을 통해 거란을 견제하고자 함

② 거란의 1차 침입
- 서희의 외교 담판(993)
- 고려가 송과 외교 관계를 끊는다는 조건으로 고려와 거란 간에 외교 관계 수립
- 거란은 고려에 여진족의 거주지였던 강동 6주 땅 양보
- 고려가 여진족을 몰아내고 강동 6주 확보

③ 거란의 2차 침입 → 거란은 겉으로는 고려의 잘못된 왕위 교체를 바로잡으려 한다는 구실로 쳐들어왔다.
- 배경: 고려가 송과 외교 관계 유지
- 결과: 고려가 거란과 외교 관계 회복 약속 → 거란군 철수

④ 거란의 3차 침입과 귀주 대첩
- 배경: 고려가 거란과 약속을 지키지 않음
- 결과: 강감찬이 이끄는 고려군이 거란군 격퇴(귀주 대첩, 1019)

📑 더 알아보기 ▶ 거란(요)의 침입을 모두 막아 낸 고려

10세기 거란은 동아시아에서 가장 강력한 제국이었다. 거란은 중국이 혼란한 틈을 타 만리장성 이남으로 영토를 확장하였고, 송과 큰 전쟁을 앞두고 송과 고려의 연합을 막기 위해 고려로 쳐들어왔다. 고려는 서희, 강감찬 등의 활약으로 세 차례에 걸친 거란의 침략을 모두 막아 냈다. 최강국 거란을 물리친 고려는 강국으로 도약하였고, 거란에 조공하던 여진 부족들의 조공을 받는 등 지위를 크게 상승시켰다. 고려와 거란 간 세 차례 전쟁이 끝나고 난 뒤, 고려·송·거란 사이에 다원적 국제 질서가 유지될 수 있었다. 이후 고려는 국경 지대에 천리장성을 쌓아 북방 민족의 침입에 대비하였다.

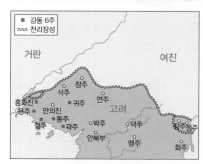

▲ 강동 6주와 천리장성

(3) 고려의 여진 정벌과 금에 대한 사대

① **고려 초 여진과의 관계**

- 건국 초: 많은 여진 부족이 고려를 부모의 나라로 섬김
- 12세기 초: 여진의 세력이 커지며 고려와 충돌

② **여진 정벌과 동북 9성 축조**

- 별무반: 윤관의 건의로 편성, 국경 너머의 여진족 토벌 → 점령한 지역
에 동북 9성을 쌓고 영토로 삼음 ┈┈ 별무반은 말을 가진 이를 신기군, 아닌 자를 신보군, 승려를
　　　　　　　　　　　　　　　　선발하여 항마군으로 삼아 편성하였다.
- 동북 9성의 반환: 여진족의 끊임없는 반환 요구와 침입으로 1년여 만에
반환(1109)

③ **여진의 성장과 금의 건국**

- 여진: 추장 아구다가 여러 여진 부족을 통합하여 금 건국 → 금은 거란
(요)을 공격하여 멸망시킨 뒤 고려에 군신 관계 강요
- 고려: 이자겸 등이 금의 요구 수용
　　　　　　┈┈┈→ 이자겸은 정권의 안정을 위해 금의 요구를 수용하였고,
　　　　　　　　　 태조 이래 이어져 온 북진 정책은 사실상 중단되었다.

(4) 고려의 대외 교류

① 벽란도: 국제 무역항으로 번성

② 송과 교류: 비공식적인 교류, 선진 문화 수용

③ 거란, 여진 및 일본과 교류: 필요할 때마다 교류

④ 서역의 이슬람 상인과 교류: 고려가 '코리아'라는 이름으로 세계에 알려짐

❷ 몽골의 침입과 고려의 항쟁

(1) 몽골의 침략과 강화도 천도

① **몽골 제국의 형성**

- 13세기 칭기즈 칸이 몽골고원의 몽골족 통일
- 막강한 군사력으로 정복 활동 전개 → 동서양에 이르는 대제국 건설

② **고려와 몽골의 만남**　┈┈→ 당시 거란은 금의 지배 아래 있었으며, 몽골군이 금을 공격한 틈을 타 동
　　　　　　　　　　　　　쪽으로 이동하였다. 거란군은 몽골군의 추격을 피해 고려 국경을 넘었다.

- 거란군이 몽골군에 쫓겨 고려의 국경 침입 → 거란군을 물리치기 위해 고려군 출동
- 고려와 몽골이 연합하여 거란군 토벌 → 고려와 몽골의 외교 관계 수립

③ **몽골의 침입**

- 몽골 사신 피살 → 몽골이 이를 구실로 고려 침입 ┈→ 당시는 최충헌의 아들인 최우가 최고 권력자였다.
- 고려의 무신 정권은 강화도로 도읍을 옮기고 항전(1232)

(2) 몽골군에 맞선 고려의 저항

① **몽골군에 맞선 저항**

- 귀주성: 박서의 관군이 몽골군의 침략을 막아 냄
- 충주성: 하층민들을 중심으로 몽골군을 물리침(1231)
- 김윤후: 처인 부곡에서 살리타를 사살하고 성을 지켜 냄(1232), 충주성에서 군민과
천민을 이끌고 몽골군 격퇴(1253)

② **강화도의 무신 정권**

- 대몽 항쟁의 명분을 내세우기 위해 팔만대장경 제작
- 사치를 일삼고 과도한 세금을 거두어 민심을 잃음 ┈→ 현재 경남 합천 해인사 장경판전에 보관 중이며,
　　　　　　　　　　　　　　　　　　　　　　　　유네스코 세계 유산으로 등재되어 있다.

③ **개경 환도와 삼별초의 항쟁**

- 무신 정권의 내분 속에 몽골과 강화 → 개경으로 환도(1270)
- 삼별초: 몽골군에 맞서 저항 → 고려와 몽골의 연합군에 의해 제주도에서 진압됨

④ **문화재 소실**: 초조대장경 판목 및 황룡사 9층 목탑 등이 불에 탐

✛ 고려의 대외 교류

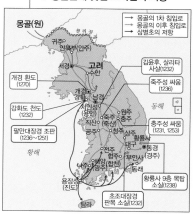

✛ 칭기즈 칸

'칭기즈'는 '위대한'이라는 뜻이고, '칸'
은 유목 민족의 지도자에게 붙이는 칭
호로 '칭기즈 칸'은 위대한 지도자라는
뜻이다. 칭기즈 칸의 본명은 테무친
이다.

✛ 몽골군에 맞선 고려인의 저항

개념 다지기

01 빈칸에 알맞은 말을 쓰시오.

(1) 10세기 초 (   )은/는 발해를 멸망시키고, 연운 16주를 차지하는 등 동아시아 최강국으로 자리하였다.

(2) 서희는 거란 장수 소손녕과 외교 담판을 벌여 압록강 유역의 여진을 몰아내고 (   )을/를 확보하였다.

(3) 윤관은 (   )을/를 이끌고 국경 너머의 여진족 근거지를 점령하였다.

(4) 고려 예성강 하구의 (   )에서는 송의 상인과 여진의 여러 부족, 일본의 상인들이 만나는 등 국제 무역이 성행하였다.

(5) 13세기 (   )은/는 몽골족을 통일하고 막강한 군사력을 바탕으로 동서양에 이르는 대제국을 건설하였다.

(6) 최씨 무신 정권의 최우는 몽골의 침입에 대항하여 (   )(으)로 도읍을 옮기고 항전의 의지를 밝혔다.

(7) 귀주성에서는 (   )이/가 관군을 이끌고 몽골군의 공격을 막아 냈다.

02 다음 설명이 맞으면 ○표, 틀리면 ×표를 하시오.

(1) 10세기 중반 중국에서는 송이 대륙을 통일하고 거란에 맞섰다. ································· (   )

(2) 고려 국왕은 대외적으로는 자신을 왕으로 낮추었지만, 대내적으로는 황제국 체제를 지향하였다. ··· (   )

(3) 거란의 1차 침입에 맞서 고려는 강감찬을 중심으로 거란군을 물리쳤다. ························· (   )

(4) 고려는 송으로부터 비단, 서적, 자기 등을 들여왔고, 금·은, 인삼 등을 수출하였다. ················· (   )

(5) 고려 정부는 몽골의 침입에 맞서 끝까지 개경을 사수하며 항전을 거듭하였다. ················· (   )

03 거란의 세 번째 침입 때 강감찬이 이끄는 고려군이 거란군을 물리치며 큰 승리를 거둔 사건의 이름은?

04 몽골의 침입에 대한 고려의 저항을 나타낸 표에서 ㉠, ㉡에 알맞은 인물을 쓰시오.

(㉠)	충주성에서 군민과 천민을 이끌고 몽골군을 물리쳤다.
(㉡)	최충헌의 아들로 몽골군이 침략하자 강화도로 수도를 옮겼다.

05 고려 주변의 유목 민족과 이들의 침입에 대한 고려의 대응을 연결하시오.

(1) 거란 •　　　　　　• ㉠ 강화도 천도

(2) 여진 •　　　　　　• ㉡ 동북 9성 축조

(3) 몽골 •　　　　　　• ㉢ 서희의 외교 담판

06 몽골군에 맞서 고려를 지키고자 노력했던 이들을 〈보기〉에서 있는 대로 고르시오.

보기
ㄱ. 서희　　　ㄴ. 윤관　　　ㄷ. 박서 ㄹ. 김윤후　　ㅁ. 삼별초　　ㅂ. 별무반

07 다음 글의 밑줄 친 부분을 옳게 고쳐 쓰시오.

(1) 몽골의 침입을 모두 막아 낸 뒤 고려 정부는 북방 민족의 침입을 대비하기 위해 천리장성을 쌓았다.
································· (   )

(2) 강감찬은 국경 너머의 여진족을 토벌하고 동북 9성을 축조하였다. ························· (   )

(3) 몽골과 강화 이후에도 삼별초는 몽골에 맞서 끝까지 저항하다가 벽란도에서 진압되었다. ········· (   )

08 ㉠, ㉡에 들어갈 말을 쓰시오.

몽골의 침입에 맞서 고려인들은 삶의 터전을 지키기 위해 끝까지 싸워 나갔다. (㉠)에서는 지배층이 도망가자 천민들이 힘을 합해 몽골군을 물리쳤다. 한편 (㉡)은/는 처인 부곡민을 이끌고 몽골군 대장 살리타를 사살하였다.

중단원 실력 쌓기

01 지도의 (가) 국가에 대한 설명으로 옳은 것은?

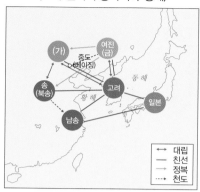

〈고려 전기의 동아시아 정세〉

① 발해를 멸망시켰다.
② 중국 대륙을 통일하였다.
③ 고려를 부모의 나라로 섬겼다.
④ 아구다에 의해 하나로 통합되었다.
⑤ 칭기즈 칸이 부족을 통일하고 대제국을 건설하였다.

중요
02 (가)에 들어갈 인물로 옳은 것은?

소손녕: 고구려의 옛 땅은 우리의 영토이다. 너희는 우리와 가까운데 송을 섬기고 있으니 정벌하러 온 것이다.

(가): 그렇지 않다. 우리가 바로 고구려의 후계자이다. 여진이 차단하여 국교가 통하지 못하고 있다. 만일 여진을 몰아내고 우리의 옛 땅을 회복하여 길이 통하게 된다면 어찌 너희와 국교를 통하지 않겠는가?

① 서희   ② 쌍기   ③ 박서
④ 강감찬   ⑤ 최충헌

03 (가)에 들어갈 검색어로 옳은 것은?

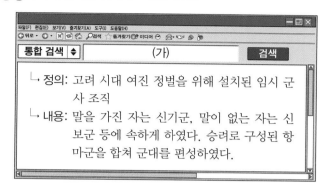

통합 검색 ▼ | (가) | 검색

└ 정의: 고려 시대 여진 정벌을 위해 설치된 임시 군사 조직
└ 내용: 말을 가진 자는 신기군, 말이 없는 자는 신보군 등에 속하게 하였다. 승려로 구성된 항마군을 합쳐 군대를 편성하였다.

① 2군   ② 6위   ③ 9서당
④ 별무반   ⑤ 삼별초

04 (가)에 들어갈 왕에 대한 설명으로 옳은 것은?

┌─────────────────────────┐
│   (가)   의 업적 │
│ • 즉위 2년, 처음으로 12목을 설치하였다. │
│ • 즉위 12년, 거란이 침략하자 …… 친히 방어하고자 서경으로 행차하였다. │
└─────────────────────────┘

① 노비안검법을 실시하였다.
② 이자겸을 제거하고 왕권을 강화하였다.
③ 서경에 궁궐을 짓고 천도를 계획하였다.
④ 지방의 유력 호족과 거듭하여 혼인 관계를 맺었다.
⑤ 당의 3성 6부 체제를 받아들여 체제를 정비하였다.

중요
05 (가), (나) 시기 사이에 있었던 사실로 옳은 것은?

┌─────────────────────────┐
│ (가) 1011년 5월, 동북 여진의 추장 조을두가 무리 70인을 인솔하고 와서 토산물을 바쳐 각각 의복과 은그릇을 하사하였다. │
│ (나) 이자겸 등이 말하였다. "금이 …… 병력도 강성하여 나날이 강대해지고 있습니다. 또 우리와 서로 국경이 맞닿아 있어 섬기지 않을 수 없는 상황입니다." │
└─────────────────────────┘

① 고려가 후삼국을 통일하였다.
② 동북 9성을 여진에 반환하였다.
③ 묘청이 서경 천도 운동을 벌였다.
④ 태조가 경주에 사심관을 임명하였다.
⑤ 김부식이 삼국사기의 편찬을 주도하였다.

06 (가)~(다)를 일어난 순서대로 옳게 나열한 것은?

(가) 윤관이 고려군을 이끌고 국경 너머의 여진족 근거지를 토벌한 뒤, 동북 9성을 쌓았다.
(나) 고려군이 귀주에서 거란군을 크게 무찔렀다.
(다) 고려군은 국경을 넘어 침입해 온 거란군을 몽골군과 함께 물리쳤다.

① (가)-(나)-(다)　　② (가)-(다)-(나)
③ (나)-(가)-(다)　　④ (나)-(다)-(가)
⑤ (다)-(나)-(가)

07 고려의 대외 교류에 대한 설명으로 옳은 것을 〈보기〉에서 고른 것은?

┤ 보기 ├
ㄱ. 송의 문물을 적극 받아들였다.
ㄴ. 거란과 문화 교류는 하지 않았다.
ㄷ. 벽란도를 중심으로 국제 무역이 활발하였다.
ㄹ. 일본 및 여진 모두와 외교 및 교역을 하지 않았다.

① ㄱ, ㄴ　　② ㄱ, ㄷ　　③ ㄴ, ㄷ
④ ㄴ, ㄹ　　⑤ ㄷ, ㄹ

08 (가)에 들어갈 지역으로 옳은 것은?

〈고려의 국제 항구, ◯(가)◯〉

• 송의 상인, 일본, 동남아시아, 서역의 이슬람 상인까지 드나들던 항구
• 예성강 하구에 위치하여 고려의 국제 무역항으로 번성함

① 울산항　　② 당항성　　③ 청해진
④ 벽란도　　⑤ 제주도

09 다음에서 공통으로 설명하는 민족으로 옳은 것은?

• 만리장성 이북에 국가를 건설하였다.
• 세 차례에 걸쳐 고려를 침략하였다.
• 고려에 대장경을 전해 주었다.

① 서하　　② 여진족　　③ 거란족
④ 몽골족　　⑤ 말갈족

10 (가)에 대한 설명으로 옳은 것은?

1231년에 충주 부사 우종주와 판관 유홍익은 ◯(가)◯ 군이 쳐들어오자 모두 성을 버리고 달아났다. 오직 천민들만이 힘을 합해 ◯(가)◯ 군을 물리쳤다.

① 금을 세우고 거란을 멸망시켰다.
② 아구다를 중심으로 하나로 통합되었다.
③ 고려를 부모의 나라로 섬기며 살아갔다.
④ 발해를 멸망시키고 유목 세계의 주인이 되었다.
⑤ 막강한 군사력으로 동서양에 이르는 대제국을 건설하였다.

11 대몽 항쟁 시기 고려의 임시 수도에 대한 설명으로 옳은 것을 〈보기〉에서 고른 것은?

┤ 보기 ├
ㄱ. 임시 수도의 이름은 진도이다.
ㄴ. 삼별초가 최종 진압된 장소이다.
ㄷ. 최우가 집권했을 때 천도한 곳이다.
ㄹ. 물살이 빠르고 암초가 많아 방어에 유리하였다.

① ㄱ, ㄴ　　② ㄱ, ㄷ　　③ ㄴ, ㄷ
④ ㄴ, ㄹ　　⑤ ㄷ, ㄹ

정답과 해설 | 20쪽

12 밑줄 친 '나'에 해당하는 인물로 옳은 것은?

> 나는 고종 때 사람으로 일찍이 승려가 되어 …… 몽골군이 침략하자 처인성으로 피난하였습니다. 몽골 장수 살리타가 성을 공격하자 성의 주민들과 함께 싸우던 중 살리타를 사살하는 공을 세웠습니다. 이에 폐하께서는 상장군의 자리를 주셨지만 사양하였습니다.

① 묘청   ② 일연   ③ 김부식
④ 이의민   ⑤ 김윤후

13 다음 문화재에 대한 설명으로 옳은 것을 〈보기〉에서 고른 것은?

▲ 소장처: 경남 합천 해인사

> **보기**
> ㄱ. 대표적인 유교 관련 문화재이다.
> ㄴ. 초조대장경이라는 이름으로 불린다.
> ㄷ. 대몽 항쟁의 명분을 내세우기 위해 제작되었다.
> ㄹ. 최씨 무신 정권이 강화도를 수도로 하던 시기에 조성하였다.

① ㄱ, ㄴ   ② ㄱ, ㄷ   ③ ㄴ, ㄷ
④ ㄴ, ㄹ   ⑤ ㄷ, ㄹ

중요

14 고려의 대몽 항쟁에 대한 설명으로 옳은 것을 〈보기〉에서 고른 것은?

> **보기**
> ㄱ. 귀주성에서 강감찬이 활약하였다.
> ㄴ. 김윤후는 충주성에서 몽골군을 물리쳤다.
> ㄷ. 별무반을 중심으로 동북 9성을 개척하였다.
> ㄹ. 최씨 무신 정권이 무너지면서 몽골과 강화를 맺었다.

① ㄱ, ㄴ   ② ㄱ, ㄷ   ③ ㄴ, ㄷ
④ ㄴ, ㄹ   ⑤ ㄷ, ㄹ

서술형·논술형

서술형

01 (가), (나)를 읽고 고려인이 전개한 대몽 항쟁의 특징을 서술하시오.

> (가) 충주 부사 우종주와 판관 유홍익은 몽골군이 쳐들어오자 모두 성을 버리고 달아났다. 오직 천민들만이 힘을 합해 몽골군을 물리쳤다. ―『고려사』―
>
> (나) 김윤후가 말하기를 "누구든지 힘을 다 바쳐 싸우면 높고 낮음을 가리지 않고 모두 벼슬을 주겠다. 내 말을 의심하지 말라."라고 하며 관노비의 장부를 불태우고 노획한 소와 말을 나누어 주었다. 이에 모든 사람이 힘을 합쳐 몽골군을 물리쳤다. ―『고려사』―

논술형

02 (가), (나) 사이에 들어갈 고려인의 항쟁을 지배층과 피지배층으로 나누어 각각 사례를 들어 200자 내외로 논술하시오.

> (가) 몽골 사신이 고려 국왕에게 문서 한 통을 바쳤는데 문서에 이르기를 "…… 우리 사신 저고여가 사라져서 찾으러 갔으나 너희들은 활과 화살로 찾으러 온 사람을 쏘아서 돌아가게 했다. 그로 미루어 너희가 저고여를 살해한 것이 확실하다. …… 너희의 백성 가운데 투항한 사람은 옛날처럼 살 것이고, 투항하지 않는 사람들은 죽일 것이다."라고 하였다. ―『고려사』―
>
> (나) 원종 11년, 도읍을 다시 개경으로 옮기면서 방을 붙여 기한을 정해 모두 돌아오라고 재촉하였지만, 삼별초는 딴 생각이 있어 따르지 않았다. ―『고려사』―

03 몽골의 간섭과 고려의 개혁

+ 원의 고려 영토 침략

고려 정부의 개경 환도 전후로 원은 고려의 영토에 쌍성총관부, 동녕부, 탐라총관부를 설치하여 고려의 영토를 빼앗아 갔다.

+ 고려 사회에서 유행한 몽골어

• 왕의 음식을 일컫는 '수라'
• 직업을 나타내는 몽골어 어미 '〜치'
  → 장사치, 벼슬아치

+ 충렬왕의 변발 지시

(충렬)왕이 서북면으로 행차하여 원에서 온 공주를 맞이하였다. …… 왕이 신하들에게 변발을 하지 않았다고 책망하였다.
                          −「고려사」−

원 간섭기에 고려인들은 원의 풍속인 변발을 해야 했으며, 이러한 상황은 공민왕의 반원 개혁 때까지 이어졌다.

+ 몽골어 실력으로 성공한 조인규

조인규는 몽골어와 한어를 통달하여, …… 왕이 "그의 공로를 별도로 기록하여 땅과 노비를 하사하고, 자손에게는 등급을 뛰어넘어 관직에 임용하도록 하라."라고 하셨다.
                          −「고려사」−

원 간섭기에 몽골과의 관계를 통해 성장한 세력 등이 권문세족을 형성하여 새로운 지배층이 되었다.

❶ 원의 간섭과 권문세족의 횡포

(1) 원의 내정 간섭

① 고려와 몽골의 강화
  • 고려 정부의 <u>개경 환도</u> ┌→ 개경 환도에 반대했던 삼별초는 진도를 거쳐 제주도까지 옮겨가며 항쟁을 펼쳤다.
  • 고려 본연의 제도와 풍속 인정

② 원의 내정 간섭과 영토 침략
  • 고려에 관리를 파견하여 내정 간섭
  • 화주에 쌍성총관부, 서경에 동녕부, 제주도에 탐라총관부를 설치하여 직접 지배

③ 원 간섭기 고려의 위상
  • 고려의 국왕이 원의 공주와 혼인
  • 고려의 왕세자는 왕이 되기 전까지 원에서 교육을 받으며 생활 → 고려 국왕이 바뀔 때 왕세자가 고려로 귀국하여 국왕이 됨
  • 왕실 용어의 격하: 폐하 → 전하, 태자 → 세자, 조·종 → 충○왕, 짐 → 고

④ 정동행성의 설치: 원의 일본 원정을 위해 설치, 두 차례 일본 원정 실패 이후에도 유지되어 고려의 내정 간섭

⑤ 고려와 원의 교류
  • 고려는 원의 요구에 따라 금, 은, 인삼, 자기, 매 등의 특산물과 공녀를 바침
  • 몽골풍과 고려양: 두 나라의 활발한 교류를 보여 줌

몽골풍	몽골식 변발과 복장 등이 고려 사회에 유행(철릭, 소줏고리 등)
고려양	고려의 풍습이 원 황실에서 유행

(2) 권문세족의 등장

① 배경
  • 몽골에서 귀국한 왕세자가 고려 국왕으로 즉위
  • 왕은 원에서부터 함께 지냈던 측근 세력에 의지하여 국정 운영

② 권문세족의 성장
  • 권문세족: 원 간섭기의 지배 세력
  • 권문세족의 형성
    − 원에서 왕세자 시절부터 함께하던 국왕의 측근 세력
    − <u>원과 밀접한 관계를 통해 새롭게 지배층이 된 사람들</u> ┌→ 몽골의 고려 침략에 도움을 주었거나 원과 혼인 관계를 맺은 사람 등
    − 원에서 과거에 합격하거나 몽골어에 능통한 이들이 새롭게 성장
    − 이전 시기부터 권력이나 세력을 유지했던 권력층

③ 권문세족의 횡포
  • 관직 독점 및 관직 매매
  • 대규모 농장 운영: 불법적 행위를 통해 백성의 토지를 빼앗아 대규모 농장 운영(→ 토지를 빼앗긴 농민의 상당수는 노비로 전락), 국가에 내야 할 세금도 내지 않음
  • 일부 불교 사원은 권문세족과 연계하여 불법 자행 → 많은 토지와 노비를 소유하며 부패

④ <u>충선왕의 개혁</u> ┌→ 충목왕도 비슷한 개혁을 실시하였으나 실패하였다.
  • 목적: 몰락해 가는 농민을 보호하고 국가의 재정을 확보하고자 함
  • 결과: 원의 간섭과 권문세족의 반발 속에 실패 ┌→ 이제현 등은 만권당에서 원의 유학자들과 교류하며 성리학에 대한 이해를 높였다.
  • 만권당 설치: 원의 수도 대도에 <u>고려와 원의 학자가 교류</u>할 수 있는 서재 마련

❷ 공민왕의 개혁 정치

(1) 공민왕의 반원 개혁 정치

① 배경: 14세기 중반 중국 각지에서 한족의 반란이 이어지며 원이 혼란에 빠짐

② 공민왕의 개혁

- 몽골식 변발과 의복 금지
- 정방 폐지: 국왕 중심의 인사권 장악
- 기철 숙청: 친원 세력에 대한 공격
- 정동행성의 권한 대폭 축소
- 원 간섭기 이후 격하된 관제 복구
- 쌍성총관부를 공격하여 철령 이북의 땅 회복 ┐ 쌍성총관부 공격 당시 이성계의 아버지인 이자춘이 공민왕을 도와 철령 이북의 땅을 수복하는 데 큰 도움을 주었다.

③ 전민변정도감을 통한 개혁

- 공민왕이 신돈을 통해 운영: 권문세족이 불법으로 취득한 토지를 원래 주인에게 돌려주고, 불법적으로 노비가 된 이들을 양인으로 해방시킴
- 공민왕의 개혁에 신진 사대부 적극 동참
- 결과: 권문세족의 반발로 개혁 실패 → 신돈 제거, 공민왕 시해 ┐ 공민왕 때 신돈의 개혁에 참여했던 수많은 신진 사대부는 귀양길에 오르며 권문세족의 힘을 넘지 못했다.

> **집중 탐구** 전민변정도감과 공민왕의 개혁
>
> 신돈이 전민변정도감 두기를 청하고 전국에 방을 붙여 알리기를, "…… 백성이 농사를 지어 온 땅을 권세가들에게 거의 다 빼앗겼다. 돌려주라고 판결한 것도 그대로 가지며 양민을 노비로 삼고 있다. …… 이제 도감을 두어 고치려고 하니, 잘못을 알고 스스로 고치는 자는 죄를 묻지 않겠다."라고 하였다. ―「고려사」―
>
> 공민왕은 신돈을 등용하여 **전민변정도감**을 설치하였다. 이를 통해 **권문세족이 불법으로 취득한 토지를 원래 주인에게 돌려주고, 불법적으로 노비가 된 사람들을 양인으로 해방**하는 조치를 취하였다. 그러나 공민왕의 개혁은 권문세족의 반발에 부딪치며 결국 실패하였다.

(2) 신진 사대부의 성장

① 성장: 공민왕 때 성균관 재정비 및 과거제 개혁 → 이 시기 과거에 합격하여 관직 진출

② 특징

- 성리학을 개혁의 사상적 기반으로 삼음
- 원 간섭기에 권력을 독점한 권문세족 비판

(3) 홍건적과 왜구의 침입

① 홍건적의 침입 → 수도인 개경까지 함락당하였으며 공민왕은 경상도 복주(안동)까지 피란길에 오르기도 하였다.

- 홍건적: 14세기 후반 한족 농민 반란군으로 두 차례 고려에 침입 └ 머리에 붉은 두건을 써서 홍건적이라 불렸다.
- 이방실, 최영 등이 격퇴

② 왜구의 침입

- 왜구: 쓰시마섬과 북규슈 일대를 근거지로 한 해적 집단을 일컬음
- 왜구의 침입: 고려의 해안 일대를 자주 약탈
- 왜구 토벌: 최영·이성계 등, 최무선(진포에서 화포로 왜선 격퇴), 박위(쓰시마섬 토벌) └ 박위의 쓰시마섬 토벌은 공민왕 때가 아니라 창왕 때인 1389년의 일이다.

③ 신흥 무인 세력의 성장 → 훗날 이들 중 일부는 조선 건국의 주체 세력이 되었다.

- 홍건적과 왜구의 침입을 물리치는 과정에서 성장
- 신진 사대부와 함께 고려의 현실을 개혁하는 데 노력

+ 공민왕의 개혁

> 신하 중 하나가 "변발과 호복은 선왕의 제도가 아니므로 원컨대 전하께서는 본받지 마소서."라고 하였다. 공민왕이 기뻐하며 곧 변발을 풀고 옷과 이불을 하사하였다. ―「고려사」―

+ 공민왕 때의 영토 수복

공민왕은 쌍성총관부를 공격하여 원에 빼앗겼던 철령 이북의 땅을 수복하였다.

+ 성균관

고려 공민왕 때 기존의 국자감을 성균관으로 재정비하여 유학 교육만 실시하게 하였다. 한편 국자감에서 실시되어 오던 기술 교육은 해당 관청에서 맡게 되었다.

+ 홍건적과 왜구의 침입

개념 다지기

01 빈칸에 알맞은 말을 쓰시오.

(1) 고려와 몽골 사이에 강화가 맺어지고, 고려 정부는 강화도에서 (   )(으)로 환도하였다.

(2) 원은 고려의 화주에 (   ), 서경에 동녕부를 설치하여 지배하였다.

(3) 고려의 국왕은 원의 공주와 혼인하였으며, 왕세자는 왕이 되기 전까지 (   )에서 생활해야 했다.

(4) 원은 일본 정벌을 위해 고려에 (   )을/를 설치하였다. 이후 두 차례의 일본 원정이 실패한 이후에도 이를 유지하여 고려의 내정을 간섭하였다.

(5) 고려와 원의 교류가 활발해지면서 고려에서는 변발, 몽골식 복장 등 (   )이/가 나타났다.

(6) (   )은/는 반원 개혁 정치를 실시하여 몽골식 변발과 복장을 금지하였다.

(7) 홍건적과 왜구를 격퇴하는 과정에서 큰 공을 세운 이성계 등이 백성의 신망을 얻으며 (   )(으)로 성장하였다.

02 다음 설명이 맞으면 ○표, 틀리면 ×표를 하시오.

(1) 원 간섭기 동안 원은 고려의 제도와 풍속을 인정하지 않았다. ·· (   )

(2) 원 간섭기에 고려의 국왕은 왕세자 시절부터 원에서 함께한 측근 세력에 의지하여 국정을 운영하였다.
·· (   )

(3) 권문세족은 성리학을 사상적 기반으로 삼아 원 간섭기 내내 권력을 유지하였다. ························ (   )

(4) 충선왕은 쌍성총관부를 공격하여 원에 빼앗겼던 영토를 회복하였다. ·································· (   )

(5) 공민왕은 친원 세력인 기철을 숙청하며 반원 개혁을 시도하였다. ··································· (   )

(6) 고려는 두 차례의 홍건적의 침입으로 혼란에 빠졌으나 이방실, 최영 등이 격퇴하였다. ·················· (   )

03 공민왕이 신돈을 등용하여 설치한 기구로 불법으로 빼앗은 토지를 원래 주인에게 돌려주고, 억울하게 노비가 된 자를 양인으로 해방하는 역할을 담당했던 기구는?

04 왜구의 침입에 대한 고려의 저항을 나타낸 표에서 ㉠, ㉡에 알맞은 인물을 쓰시오.

| (㉠) | 진포에서 화포로 왜선을 격퇴하였다. |
| (㉡) | 황산에서 큰 공을 세웠다. |

05 서로 관련 있는 것끼리 연결하시오.

(1) 권문세족 •   • ㉠ 원 간섭기 지배층

(2) 신진 사대부 •   • ㉡ 공민왕의 개혁에 동참

06 고려 말 왜구를 격퇴하는 데 공을 세웠던 이들을 〈보기〉에서 있는 대로 고르시오.

┤ 보기 ├
ㄱ. 윤관   ㄴ. 박위   ㄷ. 박서
ㄹ. 최영   ㅁ. 이성계   ㅂ. 최무선

07 다음 글의 밑줄 친 부분을 옳게 고쳐 쓰시오.

(1) 고려와 몽골 사이의 교류가 활발해지면서 원 황실에서도 고려의 풍습인 <u>몽골풍</u>이 나타났다. ········ (   )

(2) <u>신흥 무인 세력</u>은 원 간섭기 국왕의 측근 세력이거나, 원과 밀접한 관계를 통해 새롭게 지배층의 자리에 올랐던 이들이 많았다. ·································· (   )

(3) 공민왕은 <u>묘청</u>을 등용하여 불법으로 토지를 빼앗긴 이들에게 토지를 돌려주고, 불법적으로 노비가 된 이들을 양인으로 해방시켰다. ··························· (   )

08 ㉠, ㉡에 들어갈 말을 쓰시오.

공민왕은 국자감을 (㉠)(으)로 고쳐 재정비하고 과거제를 개혁하였다. 이 과정에서 (㉡)이/가 과거를 통해 관직에 진출하였다. 성리학을 개혁의 사상적 기반으로 삼았던 이들은 권문세족의 횡포를 비판하였다.

01 (가), (나) 시기 사이에 나타난 사실로 옳은 것은?

> (가) 충렬왕이 서북면으로 행차하여 원에서 온 공주를 맞이하였다. …… 왕이 신하들에게 변발을 하지 않았다고 책망하였다.
>
> (나) 신하 중 하나가 "변발과 호복은 선왕의 제도가 아니므로 원컨대 전하께서는 본받지 마소서."라고 하였다. 공민왕이 기뻐하며 곧 변발을 풀고 옷과 이불을 하사하였다.

① 정중부 등이 무신 정변을 일으켰다.
② 이자겸이 난을 일으켜 궁궐을 불태웠다.
③ 충선왕이 개혁을 실시하였으나 실패하였다.
④ 박위가 왜구의 근거지인 쓰시마섬을 토벌하였다.
⑤ 충주성에서 관민이 힘을 합쳐 몽골군을 물리쳤다.

02 밑줄 친 ㉠ 시기에 대한 설명으로 옳은 것을 〈보기〉에서 고른 것은?

> 〈㉠ 원 간섭기 왕실 용어의 격하〉
>
> • 폐하 → 전하
> • 태자 → 세자
> • 조·종 → 충○왕
> • 짐 → 고

| 보기 |
> ㄱ. 교정도감을 중심으로 국정이 운영되었다.
> ㄴ. 원이 정동행성을 통해 내정 간섭을 하였다.
> ㄷ. 변발과 몽골식 복장 등 몽골풍이 유행하였다.
> ㄹ. 정방이 폐지되고 국왕이 인사권을 장악하였다.

① ㄱ, ㄴ   ② ㄱ, ㄷ   ③ ㄴ, ㄷ
④ ㄴ, ㄹ   ⑤ ㄷ, ㄹ

03 ㉠, ㉡에 들어갈 용어로 옳은 것끼리 묶인 것은?

> 고려와 몽골이 강화를 맺은 뒤, 고려 왕실은 개경으로 환도하였다. 원은 고려의 제도와 풍속은 인정하였지만 고려에 관리를 파견하여 내정을 간섭하였다. 또 화주에 ㉠ 을/를, 서경에 ㉡ 을/를 설치하였다.

	㉠	㉡
①	쌍성총관부	동녕부
②	탐라총관부	동녕부
③	동녕부	쌍성총관부
④	동녕부	탐라총관부
⑤	쌍성총관부	안동도호부

04 (가)에 들어갈 검색어로 옳은 것은?

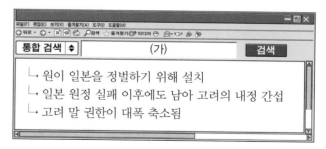

> └ 원이 일본을 정벌하기 위해 설치
> └ 일본 원정 실패 이후에도 남아 고려의 내정 간섭
> └ 고려 말 권한이 대폭 축소됨

① 중방   ② 정방   ③ 고려양
④ 정동행성   ⑤ 다루가치

05 (가)에 들어갈 정치 세력으로 옳은 것은?

> (가)
>
> • 원과 밀접한 관계를 통해 새롭게 지배층으로 합류
> • 몽골어에 능통하거나 원에서 과거에 합격한 이들
> • 원에서부터 고려 국왕이나 왕자를 수행하던 측근 세력

① 호족   ② 권문세족   ③ 진골 귀족
④ 문벌 세력   ⑤ 신진 사대부

중단원 실력 쌓기

06 (가)에 들어갈 내용으로 옳은 것을 〈보기〉에서 고른 것은?

〈○○왕의 개혁〉

• 정방 폐지
• 몽골식 변발과 복장 금지
•   (가)

┤ 보기 ├
ㄱ. 친원 세력인 기철 일당을 숙청
ㄴ. 쌍기를 등용하여 과거제를 실시
ㄷ. 쌍성총관부를 공격하여 영토를 수복
ㄹ. 이자겸의 난을 진압하고 왕권을 강화

① ㄱ, ㄴ   ② ㄱ, ㄷ   ③ ㄴ, ㄷ
④ ㄴ, ㄹ   ⑤ ㄷ, ㄹ

07 밑줄 친 인물이 속한 정치 세력에 대한 설명으로 옳은 것을 〈보기〉에서 고른 것은?

충렬왕이 몽골에 있을 때 윤수는 사냥개를 가지고 왕의 총애를 얻었다. 충렬왕이 즉위하자 윤수는 응방을 관리하며 권세를 믿고 마음대로 악한 일을 행했으므로, 사람들이 그를 짐승처럼 여겼다.

┤ 보기 ├
ㄱ. 조선의 건국에 적극 참여하였다.
ㄴ. 성리학을 개혁의 사상적 기반으로 삼았다.
ㄷ. 권력을 독점하여 마음대로 관직을 차지하였다.
ㄹ. 국왕의 측근 세력으로 친원적인 성격을 지녔다.

① ㄱ, ㄴ   ② ㄱ, ㄷ   ③ ㄴ, ㄷ
④ ㄴ, ㄹ   ⑤ ㄷ, ㄹ

중요
08 고려 후기에 밑줄 친 '이들'의 횡포를 비판하며 나타난 정치 세력으로 옳은 것은?

이들은 종들을 풀어서 좋은 토지를 가진 사람들을 모두 수정목으로 때려 닥치는 대로 땅을 빼앗았다. 주인이 땅 문서가 있어도 항의하지 못하였으므로 사람들은 이것을 '수정목 공문'이라 불렀다.

① 호족   ② 권문세족   ③ 진골 귀족
④ 문벌 세력   ⑤ 신진 사대부

중요
09 (가) 기구에 대한 설명으로 옳은 것은?

신돈이 (가) 두기를 청하고 전국에 방을 붙여 알리기를, "…… 백성이 농사를 지어 온 땅을 권세가들에게 거의 다 빼앗겼다. 돌려주라고 판결한 것도 그대로 가지며 양민을 노비로 삼고 있다."라고 하였다.

① 무신들의 회의 기구였다.
② 최씨 무신 정권의 군사적 기반이었다.
③ 문하시중을 중심으로 국정을 총괄하였다.
④ 공민왕의 개혁에 중요한 역할을 담당하였다.
⑤ 교정별감의 지휘 아래 중요한 문제를 결정하였다.

10 밑줄 친 '이들'을 부르는 명칭으로 옳은 것은?

14세기 후반 한족 농민 반란군으로 고려에 두 차례 침입하였다. 이들은 한때 개경까지 함락하였고, 공민왕은 경상도 복주(지금의 안동)까지 피란하였다.

① 왜구   ② 적고적   ③ 황건적
④ 홍건적   ⑤ 말갈족

11 (가)~(다)를 일어난 순서대로 옳게 나열한 것은?

> (가) 이방실, 최영 등이 홍건적의 침입을 물리치고 개경을 수복하였다.
> (나) 최무선이 진포에서 화포로 왜선을 불태워 격퇴하였다.
> (다) 고려 정부는 박위를 보내 왜구의 근거지인 쓰시마섬을 토벌하였다.

① (가) - (나) - (다) ② (가) - (다) - (나)
③ (나) - (가) - (다) ④ (나) - (다) - (가)
⑤ (다) - (나) - (가)

12 밑줄 친 '나'가 속한 정치 세력을 가리키는 용어로 옳은 것은?

> 나는 홍건적과 왜구를 물리치는 데 큰 공을 세웠습니다. 나는 훗날 정도전 등과 새 나라 건설을 주도하기도 하였답니다.

① 호족 ② 문벌 세력
③ 권문세족 ④ 신진 사대부
⑤ 신흥 무인 세력

13 신진 사대부에 대한 설명으로 옳은 것은?

① 무신 정변의 주도 세력이었다.
② 후삼국 시대 지방의 유력자였다.
③ 성리학을 개혁의 사상적 기반으로 삼았다.
④ 원과 밀접한 관계를 통해 권력을 독점하였다.
⑤ 홍건적과 왜구의 침입을 격퇴하면서 성장하였다.

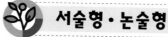

서술형 · 논술형

서술형

01 다음 자료의 상황을 개혁하기 위해 공민왕이 취한 정책과 그 내용을 쓰시오.

> 몇 해 사이에 힘 있는 무리가 마음대로 토지를 빼앗아 좋은 밭과 토지를 모두 가져가고, 산천을 경계로 하였습니다. 또한 마음대로 빼앗아 가고 거두어 그 폐해가 매우 심해 백성들이 마음 놓고 살 수 없고, 나라의 근본이 날로 위태로워졌습니다. …… 창고는 비고, 나라의 재정은 부족하고 끊어졌으며, 녹봉은 날로 감소하니 선비를 장려할 길이 없습니다.
> -『고려사』-

논술형

02 (가)에 들어갈 정치 세력을 비판하는 글을 주어진 조건에 맞게 200자 이내로 논술하시오.

> (가) 은/는 원 간섭기에 새롭게 지배층이 된 사람들이에요.

> (가) 들이 관직에 오를 이름을 서로 다투며 지우고 고쳐 이름을 구분할 수 없는 지경에 이르렀다. 당시 사람들은 이를 아이들의 글쓰기 연습책인 흑책 같다고 하여 '흑책정사'라고 불렀다.
> -『고려사』-

| 조건 |
공민왕 때 신진 사대부의 입장에서 서술

04 고려의 생활과 문화

✦ 양인의 생활
양인 중 관료, 향리 등은 지배층을 형성하여 전지와 시지, 녹봉을 받으며 윤택한 생활을 하였다. 그러나 대부분의 농민은 농사를 지으며 국가에 세금·노동력·특산물 등을 바쳐야 했다.

❶ 고려인의 생활

(1) 신분에 따른 생활

① 신분제 사회: 양인과 천인으로 나뉜 신분제 사회
② 양인과 천인
• 양인: 관료, 향리 등 지배층과 대부분 농민인 백정으로 나뉨
• 천인: 대부분 노비, 매매·증여·상속의 대상이 됨

✦ 고려 시대의 재산 균분 상속

어머니가 재산을 나누어 주면서 아들인 그에게는 따로 노비 40명을 더 주려 하자, 그는 사양하며 "1남 5녀 사이에 어찌 저만 더 받아서 우리 6남매가 골고루 화목하게 살도록 하려는 어머니의 뜻에 누를 끼칠 수가 있겠습니까?"라고 하였다.
ㅡ『고려사』ㅡ

고려 시대에는 성별이나 나이에 상관없이 자녀 모두 같은 몫의 재산을 상속받았다.

(2) 혼인과 가족 제도
→ 고려의 여성은 가족생활에서는 남성에 비해 큰 차별을 받지 않았으나, 관직에 오르지 못하는 등 사회 활동에는 제한이 있었다.

혼인	• 일부일처제의 혼인 제도로 처가살이가 일반적임 • 남녀 모두 이혼과 재혼에 제약이 없었음
가족 제도	• 부모 봉양, 제사의 의무에 있어 친가와 외가를 구분하지 않음 • 재산 상속도 성별이나 나이에 상관없이 누구나 같은 몫을 상속

❷ 다양한 문화의 발달

(1) 불교 사상의 발달

① 고려 건국 초부터 국가의 보호와 지원 속에 교세 확대(연등회, 팔관회 개최 등)
② 의천: 천태종을 개창하여 교종을 중심으로 선종을 통합하고자 함
③ 지눌: 정혜결사를 조직하여 불교 본연의 수행 강조
→ 의천은 문종의 아들이자 숙종의 동생으로 왕족 출신이었다.

✦ 교장
한때 속장경이라 잘못 알려져 왔던 것으로 『교장』이 정확한 명칭이다. 『교장』은 의천이 예부터 전해 오던 저술과 송, 거란, 일본 등에서 수집한 대장경에 대한 연구 논문인 장소의 목록을 만들어 간행한 연구서이다.

(2) 인쇄술의 발전

목판 인쇄	초조대장경, 팔만대장경, 『교장』 간행
금속 활자	• 『상정고금예문』: 최초의 금속 활자 인쇄본, 현재 전하지 않음 • 『직지심체요절』: 현존하는 세계에서 가장 오래된 금속 활자본(1377)

→ 본래 이름은 『백운화상초록불조직지심체요절』이다.

(3) 유학의 발달과 성리학 수용

① 유학의 발달: 성종 때 유교를 정치 이념으로 삼으면서 유학 교육 확대
② 성리학 수용
• 안향에 의해 소개, 원의 만권당을 통해 성리학에 대한 이해 폭 확대
• 과거 시험 과목에 성리학 반영 → 신진 사대부의 관직 진출, 권문세족과 불교 폐단 비판

✦ 신진 사대부의 불교 비판

성균관의 박초가 상소문을 올리기를 "부처란 자는 어떤 사람입니까? 본래 오랑캐 사람으로 중국과 말이 다르고 의복도 같지 않습니다. …… 군신 간의 의리를 없어지게 했으며, 남녀가 한집에 사는 것을 도가 아니라고 하고, 남자가 밭 갈고 여자가 베 짜는 것을 의롭지 못하다고 합니다."라고 하였다.
ㅡ『고려사』ㅡ

고려 말 성리학을 사상적 기반으로 성장한 신진 사대부는 권문세족과 불교의 폐단을 비판하며 개혁을 주장하였다.

(4) 역사서의 편찬

① 『삼국사기』: 김부식이 왕명을 받아 유교 사관에 입각하여 편찬
② 『동명왕편』: 이규보가 고구려의 역사와 민족적 전통을 알리기 위해 저술
③ 『삼국유사』: 단군 이야기와 고조선의 역사를 포함하여 우리 역사를 서술
④ 기타: 『제왕운기』, 『해동고승전』, 『사략』 등
→ 각훈이 왕명에 따라 삼국 시대 이래 여러 승려의 전기를 기록한 책이다.
→ 이승휴가 단군 이야기와 고조선의 역사를 비롯하여
→ 이제현이 지은 것으로, 정통 의식과 대의명분을 강조하는 성리학적 사관이 적용되었다.

(5) 불교문화와 공예
고려 충렬왕 때까지의 역사를 저술한 책이다.

✦ 나전 칠기 공예
가구나 공예품의 표면에 조개껍데기 등을 가공하여 무늬를 만드는 기술이다. 옻칠 등 칠공예 기술과 결합하여 발전하였다.

사원 건축과 석탑	• 사원 건축: 안동 봉정사 극락전, 영주 부석사 무량수전, 예산 수덕사 대웅전 • 석탑: 다각 다층 석탑(평창 월정사 8각 9층 석탑, 개성 경천사지 10층 석탑 등)
불상·불화	• 불상: 대형 철불이나 석불, 통일 신라의 양식을 잇는 불상 등 • 불화: 왕실이나 문벌 세력의 후원, 금·은 가루를 이용하여 화려하게 제작
공예	• 청자: 순청자 → 12세기 중엽부터 상감 청자 주로 제작 • 나전 칠기: 일상생활 도구로 사용

→ 영주 부석사 소조 여래 좌상 등이 있다.
→ 표면에 은으로 무늬를 장식하는 은입사 기술도 발달하였다.
→ 논산 관촉사 석조 미륵보살 입상 등이 있다.

개념 다지기

01 빈칸에 알맞은 말을 쓰시오.

(1) 고려는 (   )와/과 천인으로 나뉜 신분제 사회였다.

(2) 천인의 대다수를 차지하는 (   )은/는 재산으로 간주되어 매매·증여·상속의 대상이 되었다.

(3) 고려 시대 혼인의 형태는 일반적으로 (   )이었(였)다.

(4) 고려 시대에는 부모 봉양, 제사의 의무에 있어 친가와 외가를 구분하지 않았으며, (   )도 성별이나 나이에 상관없이 누구나 같은 몫을 받았다.

(5) 왕족 출신의 (   )은/는 천태종을 개창하여 교종을 중심으로 선종을 통합하고자 하였다.

(6) 현존하는 세계에서 가장 오래된 금속 활자본은 청주 흥덕사에서 인쇄한 (   )(이)다.

(7) 남송의 주희가 집대성한 (   )은/는 안향에 의해 고려에 소개되었으며 신진 사대부의 사상적 기반이 되었다.

02 다음 설명이 맞으면 ○표, 틀리면 ×표를 하시오.

(1) 고려 시대 여성은 남성과 달리 이혼과 재혼이 엄격히 금지되어 있었다. ·················· (   )

(2) 고려 후기 지눌은 정혜결사(후일 수선사)를 조직하여 불교 본연의 수행을 강조하였다. ·············· (   )

(3) 이승휴는 단군 이야기와 고조선 역사를 수록한 『제왕운기』를 저술하였다. ················· (   )

03 의천이 초조대장경을 보완하고자 송·거란·일본 등에서 불경의 해석서들을 모아 목판으로 인쇄한 것은?

04 고려 시대 승려에 대한 설명에서 ㉠, ㉡, ㉢에 알맞은 인물을 쓰시오.

(㉠)	천태종을 개창하였다.
(㉡)	『삼국유사』를 저술하였다.
(㉢)	전민변정도감을 운영하였다.

05 역사서와 편찬자(저자)를 연결하시오.

(1) 『사략』 •   • ㉠ 이규보

(2) 『삼국사기』 •   • ㉡ 이제현

(3) 『동명왕편』 •   • ㉢ 김부식

06 다음 설명이 맞으면 ○표, 틀리면 ×표를 하시오.

(1) 고려 시대 불화는 주로 왕실과 지배층의 후원을 받아 그려졌는데, 금·은 등을 사용하여 호화롭고 정교한 묘사가 특징이다. ·············· (   )

(2) 해인사에 보관된 초조대장경판은 고려 목판 인쇄술의 높은 수준을 보여 준다. ················ (   )

(3) 고려 초기에는 순청자가, 12세기부터는 상감 청자가 주로 만들어졌다. ················ (   )

07 성리학과 관련 있는 인물을 〈보기〉에서 있는 대로 고르시오.

┤ 보기 ├
ㄱ. 안향	ㄴ. 이색	ㄷ. 의천
ㄹ. 김부식	ㅁ. 이제현	ㅂ. 충선왕

08 다음 글의 밑줄 친 부분을 옳게 고쳐 쓰시오.

(1) 대몽 항쟁 시기에 저술된 『삼국사기』는 불교 신앙과 민족의 전통에 대한 이야기를 수록하고 있다.
·················· (   )

(2) 성리학은 정몽주에 의해 처음으로 고려에 소개되었다.
·················· (   )

(3) 『상정고금예문』은 현존하는 가장 오래된 금속 활자본이다. ·················· (   )

09 ㉠에 들어갈 알맞은 말을 쓰시오.

충선왕은 원의 수도인 대도에 위치한 자신의 집에 (㉠)(이)라는 서재를 설치하여 고려와 원의 학자들 사이의 교류의 장을 마련하였다.

01 (가)에 대한 설명으로 옳은 것을 〈보기〉에서 고른 것은?

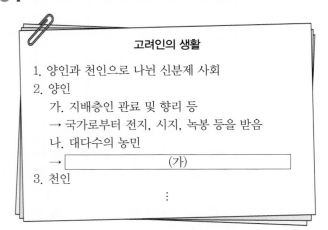

고려인의 생활

1. 양인과 천인으로 나뉜 신분제 사회
2. 양인
   가. 지배층인 관료 및 향리 등
   → 국가로부터 전지, 시지, 녹봉 등을 받음
   나. 대다수의 농민
   → [(가)]
3. 천인

⋮

┤보기├
ㄱ. 녹읍을 지급받았다.
ㄴ. 대부분 일반 군현에 거주하였다.
ㄷ. 매매·증여·상속의 대상이 되었다.
ㄹ. 국가에 세금, 특산물, 노동력을 바쳤다.

① ㄱ, ㄴ   ② ㄱ, ㄷ   ③ ㄴ, ㄷ
④ ㄴ, ㄹ   ⑤ ㄷ, ㄹ

02 〈중요〉 다음 자료를 통해 알 수 있는 내용으로 옳은 것을 〈보기〉에서 고른 것은?

어머니가 재산을 나누어 주면서 아들인 그에게는 따로 노비 40명을 더 주려 하자, 그는 사양하며 "1남 5녀 사이에 어찌 저만 더 받아서 우리 6남매가 골고루 화목하게 살도록 하려는 어머니의 뜻에 누를 끼칠 수가 있겠습니까?"라고 하니, 어머니가 의롭게 여겨 그의 말을 따랐다.
-『고려사』-

┤보기├
ㄱ. 혼인 형태는 일부일처제였다.
ㄴ. 남편의 부모 봉양에만 중심을 두었다.
ㄷ. 재산 상속에서 남녀 간에 차별이 없었다.
ㄹ. 재산을 나이에 상관없이 균분 상속하였다.

① ㄱ, ㄴ   ② ㄱ, ㄷ   ③ ㄴ, ㄷ
④ ㄴ, ㄹ   ⑤ ㄷ, ㄹ

03 밑줄 친 '나'에 해당하는 인물로 옳은 것은?

나는 문종의 아들이자 숙종의 동생으로 왕족입니다. 송에 유학을 다녀왔고, 돌아와 천태종을 개창하여 교종을 중심으로 선종을 통합하고자 하였습니다.

① 원효   ② 의천   ③ 신돈
④ 묘청   ⑤ 지눌

04 (가)에 들어갈 검색어로 옳은 것은?

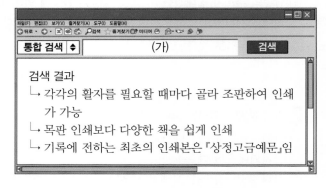

통합 검색 ▼ [(가)] 검색

검색 결과
└ 각각의 활자를 필요할 때마다 골라 조판하여 인쇄가 가능
└ 목판 인쇄보다 다양한 책을 쉽게 인쇄
└ 기록에 전하는 최초의 인쇄본은 『상정고금예문』임

① 목판 활자   ② 금속 활자
③ 상감 기법   ④ 나전 기법
⑤ 은입사 기술

05 (가)에 들어갈 역사서로 옳은 것을 〈보기〉에서 고른 것은?

[(가)]은/는 단군 이야기와 고조선의 역사를 수록하여 민족의 전통을 역사적 기록으로 남겼다.

┤보기├
ㄱ. 『사략』   ㄴ. 『삼국유사』
ㄷ. 『제왕운기』   ㄹ. 『삼국사기』

① ㄱ, ㄴ   ② ㄱ, ㄷ   ③ ㄴ, ㄷ
④ ㄴ, ㄹ   ⑤ ㄷ, ㄹ

정답과 해설 | 23쪽

06 (가)~(다)를 일어난 순서대로 옳게 나열한 것은?

> (가) 의천은 초조대장경을 보완하고자 송·거란·일본에서 불경의 해석서를 모아 목록을 만들어 『교장』을 간행하였다.
> (나) 묘청은 풍수지리설을 받아들여 서경을 수도로 삼자고 주장하였다.
> (다) 지눌은 정혜결사(후일 수선사)를 조직하여 불교 본연의 수행을 강조하였다.

① (가) - (나) - (다) ② (가) - (다) - (나)
③ (나) - (가) - (다) ④ (나) - (다) - (가)
⑤ (다) - (나) - (가)

07 중요

(가)에 들어갈 건축물로 옳은 것을 〈보기〉에서 고른 것은?

> **고려의 불교문화**
>
> 1. 사원 건축
>   → 대표적인 건축물로는 [(가)] 등이 있음
> 2. 석탑
>   → 통일 신라 양식을 이어받은 3층 석탑
>   → 독특한 모양의 다각 다층 석탑
> 3. 불상과 불화

┤ 보기 ├
ㄱ. 개성 첨성대
ㄴ. 경주 불국사
ㄷ. 안동 봉정사 극락전
ㄹ. 영주 부석사 무량수전

① ㄱ, ㄴ   ② ㄱ, ㄷ   ③ ㄴ, ㄷ
④ ㄴ, ㄹ   ⑤ ㄷ, ㄹ

08 성리학에 대한 설명으로 옳은 것은?

① 신진 사대부의 사상적 기반이었다.
② 성종 때 통치 이념으로 수용되었다.
③ 크게 교종과 선종으로 나눌 수 있다.
④ 일연의 삼국유사에 잘 나타나 있다.
⑤ 도읍을 정하거나 사찰 등을 짓는 데 활용되었다.

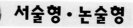

서술형·논술형

서술형

01 다음 자료를 참고하여 고려 시대 가족 제도의 특징을 두 가지 서술하시오.

> 지금은 장가갈 때 남자가 처가로 가게 되어 자기의 필요한 것을 처가에 의지하니 장인·장모의 은혜가 자기 부모와 같다 하겠습니다. 아, 장인이시여! 특히 저를 빠짐없이 두루 돌보아 주셨는데, 이제 버리고 가시니 저는 앞으로 누구에게 의지하리까?
> - 이규보, 『동국이상국집』-

논술형

02 다음 자료에서 신진 사대부가 비판하고 있는 종교를 쓰고, 비판의 근거가 된 사상이 고려 말 사회에 어떤 영향을 끼쳤을지 추론하여 200자 내외로 논술하시오.

> 성균관의 박초가 상소문을 올리기를 "부처란 자는 어떤 사람입니까? 본래 오랑캐 사람으로 중국과 말이 다르고 의복도 같지 않습니다. …… 군신 간의 의리를 없어지게 했으며, 남녀가 한집에 사는 것을 도가 아니라고 하고, 남자가 밭 갈고 여자가 베 짜는 것을 의롭지 못하다고 합니다."라고 하였다.
> -『고려사』-

01 (가)~(다)를 일어난 순서대로 옳게 나열한 것은?

> (가) 미륵불을 자처한 궁예가 점점 민심을 잃어갔다.
> (나) 왕건은 국호를 고려라 정하고, 도읍을 송악으로 옮겼다.
> (다) 왕위 계승으로 혼란에 빠진 후백제의 견훤이 고려에 항복하였다.

① (가) – (나) – (다)　　② (가) – (다) – (나)
③ (나) – (가) – (다)　　④ (나) – (다) – (가)
⑤ (다) – (나) – (가)

02 밑줄 친 ㉠에 대한 설명으로 옳은 것을 〈보기〉에서 고른 것은?

> **〈태조 왕건의 정책〉**
> 1. ㉠ 북진 정책
> 2. 민족 통합 정책
> 3. 호족 포섭을 위한 노력
> 4. 후대 왕들에게 「훈요 10조」를 남김

> **┤보기├**
> ㄱ. 평양을 서경으로 삼아 중시하였다.
> ㄴ. 지방의 주요 거점에 관리를 파견하였다.
> ㄷ. 청천강~영흥만까지 영토를 확장하였다.
> ㄹ. 지방의 유력 호족과 혼인 관계를 맺었다.

① ㄱ, ㄴ　　② ㄱ, ㄷ　　③ ㄴ, ㄷ
④ ㄴ, ㄹ　　⑤ ㄷ, ㄹ

03 (가)에 들어갈 내용으로 옳은 것은?

> **(가)**
> • 시기: 고려 광종 때 시행
> • 내용: 호족들이 불법으로 거느리고 있던 노비를 원래의 신분으로 되돌려줌
> • 결과: 호족들의 경제적 기반을 약화시키고 왕권 강화

① 과거제　　② 음서제
③ 기인 제도　　④ 사심관 제도
⑤ 노비안검법

04 다음 시무책을 받아들여 성종이 실시한 정책을 두 가지 서술하시오.

> 제7조　태조께서 나라를 통일한 뒤 군현에 수령을 두고자 하였으나, …… 외관(지방관)을 두소서.
> 제20조　부처의 가르침을 행하는 것은 자기 자신을 닦는 근본이요, 유교의 가르침을 행하는 것은 나라를 다스리는 근원이니, 자신을 닦는 것은 다음 생을 위한 것이고, 나라를 다스리는 것은 곧 오늘날에 힘쓸 일입니다.

05 다음 도표에 대한 설명으로 옳은 것을 〈보기〉에서 고른 것은?

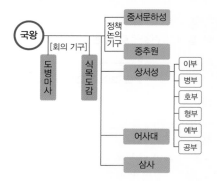

> **┤보기├**
> ㄱ. 중추원의 대간은 관리의 비리 감찰을 수행하였다.
> ㄴ. 삼사는 언론 기관으로 국왕의 독주를 견제하였다.
> ㄷ. 당의 3성 6부제를 받아들여 실정에 맞게 운영하였다.
> ㄹ. 도병마사와 식목도감에서는 국가의 중요한 정책을 합의하여 처리하였다.

① ㄱ, ㄴ　② ㄱ, ㄷ　③ ㄴ, ㄷ　④ ㄴ, ㄹ　⑤ ㄷ, ㄹ

06 (가)에 들어갈 인물로 옳은 것은?

> 인종은 이자겸의 난을 진압하였지만, 궁궐이 불타 없어지는 등 피해가 컸다. 이때 정지상 등 서경 세력은 풍수지리설을 내세워서 서경 천도를 주장하였다. 이들은 　(가)　 등과 함께 금을 정벌하고 황제를 칭하며 연호를 사용할 것을 주장하였다.

① 쌍기　　② 신돈　　③ 묘청
④ 척준경　　⑤ 최승로

07 (가) 인물에 대한 설명으로 옳은 것은?

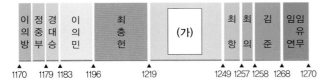

이의방	정중부	경대승	이의민	최충헌	(가)	최항	최의	김준	임유무·임연

1170　1179　1183　1196　　1219　　　1249　1257　1258　1268　1270

① 최씨 무신 정권의 막을 열었다.
② 중방 중심으로 권력을 장악하였다.
③ 천민 출신으로 최고 권력자에 올랐다.
④ 교정도감을 처음 설치하여 반대 세력을 감시하였다.
⑤ 자신의 집에 정방을 설치하여 인사권을 장악하였다.

08 밑줄 친 ㉠에 해당하는 내용으로 옳은 것을 〈보기〉에서 고른 것은?

> 무신 정권이 들어선 이후 권력자들은 자신의 토지를 넓혀 나갔다. 지배층의 계속된 수탈에 백성의 고통은 더욱 커져 갔고, ㉠ 조세의 대부분을 부담하던 농민들은 난을 일으켜 중앙 정부에 저항하였다.

〈보기〉
ㄱ. 전주 관노비들이 난을 일으켰다.
ㄴ. 경상도에서 김사미와 효심이 난을 일으켰다.
ㄷ. 개경에서 만적이 노비들을 모아 난을 계획하였다.
ㄹ. 공주 명학소에서 망이·망소이 형제가 난을 일으켰다.

① ㄱ, ㄴ　　② ㄱ, ㄷ　　③ ㄴ, ㄷ
④ ㄴ, ㄹ　　⑤ ㄷ, ㄹ

09 (가), (나) 시기 사이에 벌어진 사건으로 옳은 것을 〈보기〉에서 고른 것은?

> (가) 서희가 거란의 소손녕과 담판을 벌인 결과 고려는 강동 6주의 땅을 확보할 수 있었다.
> (나) 고려는 금의 군신 관계 요구에 응하였다.

〈보기〉
ㄱ. 몽골의 침입으로 강화도로 수도를 옮겼다.
ㄴ. 이방실, 최영 등이 홍건적의 침입을 격퇴하였다.
ㄷ. 윤관이 별무반을 이끌고 동북 9성을 개척하였다.
ㄹ. 강감찬이 귀주에서 거란의 군대를 크게 물리쳤다.

① ㄱ, ㄴ　　② ㄱ, ㄷ　　③ ㄴ, ㄷ
④ ㄴ, ㄹ　　⑤ ㄷ, ㄹ

서술형

10 다음 자료의 (가)에 들어갈 기구의 이름을 쓰고, 밑줄 친 ㉠을 실시한 목적을 서술하시오.

> 고려 시대 최고 교육 기관인 (가) 에는 유학 학부와 잡학 학부가 있었다. 유학 학부에서는 『효경』과 『논어』를 공통으로 배우고, 최고 9년까지 재학하며 자신이 필요한 과목을 선택하여 학습하였다. 잡학 학부는 율학·서학·산학 등 각 분야에 필요한 인재의 양성을 목표로 운영되었다. (가) 의 학생은 3년간 재학하면 ㉠ 과거 응시 자격이 주어졌고, 재학 중에도 과거에 응시할 수 있었다.

11 신진 사대부에 대한 설명으로 옳은 것을 〈보기〉에서 고른 것은?

〈보기〉
ㄱ. 공민왕 때 개혁에 적극 참여하였다.
ㄴ. 무신 정변을 통해 권력을 획득하였다.
ㄷ. 성리학을 개혁의 사상적 기반으로 삼았다.
ㄹ. 원과 밀접한 관계를 통해 권력을 독점하였다.

① ㄱ, ㄴ　　② ㄱ, ㄷ　　③ ㄴ, ㄷ
④ ㄴ, ㄹ　　⑤ ㄷ, ㄹ

12 고려의 문화에 대한 설명으로 옳은 것을 〈보기〉에서 고른 것은?

〈보기〉
ㄱ. 대몽 항쟁의 명분을 내세우기 위해 팔만대장경을 제작하였다.
ㄴ. 『삼국사기』에는 단군 이야기와 고조선의 역사가 수록되어 있다.
ㄷ. 의천은 천태종을 개창하여 교종을 중심으로 선종을 통합하고자 하였다.
ㄹ. 현존하는 세계에서 가장 오래된 금속 활자본은 『상정고금예문』이다.

① ㄱ, ㄴ　　② ㄱ, ㄷ　　③ ㄴ, ㄷ
④ ㄴ, ㄹ　　⑤ ㄷ, ㄹ

수행 평가 미리보기

선생님의 출제 의도

무신 집권기 하층민의 봉기 관련 5분 인터뷰 제작

Ⅲ단원에서는 고려의 성립과 변천에 대해 학습하였어요. 12세기를 전후해 문벌 세력이 권력을 이용하여 자신의 토지를 넓혀 나가던 상황 속에서 무신 정변이 벌어졌고, 무신 권력자들은 더 많은 토지를 차지하면서 백성들의 고통이 커져 갔습니다. 이러한 상황에서 조세의 대부분을 부담하던 농민층이 무너지기 시작하였어요. 또 무신 정변 이후 하층민들 중에서 출세하여 높은 지위에 오르는 이들이 생기자, 신분을 극복하고자 하는 노력도 나타났지요. 이러한 역사적 맥락 속에서 하층민들의 눈으로 고려 사회를 들여다 볼 수 있는 계기를 제공하고자 합니다.

수행 평가 문제

> 12세기 이후 하층민들의 삶을 살펴보고, 조사한 자료를 바탕으로 5분 인터뷰 영상을 만들어 보자.

A) 활동 계획 세우기

1 12세기 국내외 상황을 조사하여, 자료로 정리한다.

2 자료의 상황 속에서 하층민들의 실질적인 생활과 생각이 담긴 5분 인터뷰 영상을 만든다.

B) 활동 단계

1단계 12세기를 전후한 국내외 상황을 정리하여 자료로 만든다.

2단계 자료 속에 나타난 하층민의 봉기 사례를 조사한다.

3단계 봉기를 주도한 인물 중 한 명을 골라 인터뷰 촬영을 위한 스토리보드를 제작한다.

4단계 스토리보드에 따라 직접 인터뷰 영상을 촬영한다.

5단계 모둠별로 촬영한 5분 인터뷰 영상을 친구에게 소개한다.

C) 활동하기

1 교과서와 누리집 등을 통해 12세기 시대적 상황을 조사하여 자료로 만든다.

[예시]

국외의 상황	• 금이 송을 무너뜨리고, 중국 북부 전체를 장악하였다. • 송은 멸망한 뒤, 남쪽으로 내려가 남송을 세워 100년 이상 존속하였다. ⋮
국내의 상황	• 무신 정변으로 무신 권력자들이 권력을 독점하였다. • 독점한 권력을 바탕으로 백성들로부터 토지를 빼앗아 대규모 농장을 운영하였다. • 수많은 하층민들이 난을 일으켜 저항하였다. ⋮

2 자료 중에 나타난 인물에 대해 조사한다.

[예시]

조사한 인물: 만적

국사편찬위원회 고려 시대 사료 (http://db.history.go.kr/KOREA/)	만적에 대한 검색을 통해 얻은 자료를 정리하여 만적이 국가 공식 역사서에 어떻게 기록되어 있는지 확인한다.
한국민족문화대백과사전 (https://encykorea.aks.ac.kr/)	만적에 대한 검색을 통해 나온 자료를 정리하여 사료의 내용과 같은 내용과 다른 내용을 정리한다.
포털 사이트 (네이버, 다음, 구글, 위키백과 등)	만적에 대한 추가 정보를 정리하여 덧붙인다.

3 정리된 자료를 바탕으로 만적에 대해 어떤 인터뷰를 진행할 것인지 질문지를 작성한다.

[예시]

질문 1. 당신은 어떤 사람인지 소개를 부탁드려도 될까요?

질문 2. 봉기를 계획한 이유를 말해 주실 수 있을까요?

질문 3. 봉기가 성공한다면 무엇부터 개혁하려 하시나요?

⋮

✏ 채점 기준

평가 영역	채점 기준	배점
자료 정리	시대적 상황에 맞게 자료를 잘 정리했는가?	10
	하층민의 봉기 사례를 2가지 이상 정리했는가?	20
	정리한 자료에 대한 출처가 명확한가?	10
인터뷰 질문 구성	인터뷰 질문의 내용이 사건의 내용을 파악하기에 적절한가?	10
	인터뷰 질문의 내용이 간결하고 명확한가?	5
	인터뷰 질문의 분량이 5분 인터뷰 영상 제작에 필요한 양인가?	5
5분 인터뷰 영상 제작	영상 제작과 편집에 모두가 참여하였는가?	10
	각자 맡은 역할에 맞게 적극적으로 참여하였는가?	20
	5분이라는 분량 제한에 적합한 영상을 제작하였는가?	10

수행 평가 꿀 Tip **모둠 활동을 할 때 어려워하는 친구가 있다면?**

수행 평가는 과제 수행 과정을 평가하는 것입니다. 결과물도 중요하지만 그 결과물을 만드는 과정에서 쌓은 협동심과 배려 또한 중요한 성과이기 때문입니다. 어려워하는 친구들에게는 함께 논의하여 역할을 부여하고, 참여할 수 있게 도와주어야 합니다. 더불어 자신의 역할을 기록해 놓으면 좋을 것 같습니다. 선생님이나 모둠원에게 평가를 받을 때 자신의 역할을 입증할 수 있는 근거가 되기 때문입니다.

IV

조선의
성립과 발전

01 통치 체제와 대외 관계

왼쪽 여백 설명

+ 이성계의 위화도 회군

이성계는 4불가론을 내세워 요동 정벌을 반대하고 위화도에서 회군하였다.

+ 과전법
전·현직 관리의 등급에 따라 경기 지역 토지의 수조권을 나누어 준 것으로, 이후 조선의 기본 토지 제도가 되었다.

+ 민본 사상
『서경』에서 유래한 말로 백성을 나라의 근본으로 삼는 정치사상을 일컫는다.

+ 사직단과 종묘
사직단은 토지신과 곡식신에게 제사를 지내던 곳이며, 종묘는 역대 왕과 왕비의 신주를 모셔 놓고 유교 전통에 따라 왕실의 제사를 지내던 곳이다.

+ 호패

조선 시대에 16세 이상의 남자가 가지고 다니던 신분증으로 이름, 출생 연도 등의 인적 사항이 기록되어 있다.

+ 경연
왕과 신하가 함께 모여 경전과 역사서를 읽고 공부하는 제도로, 이 자리에서 국가 정책도 함께 논의하였다.

① 조선의 성립과 국가 기틀의 마련

(1) 위화도 회군과 조선 건국 → 고조선을 계승한다는 뜻에서 나라 이름을 '조선'으로 정하였다.

위화도 회군 (1388)	• 배경: 원을 몰아낸 명이 고려에 철령 이북 지역 요구 • 전개: 우왕과 최영이 요동 정벌 추진 → 이성계가 위화도에서 회군 • 결과: 이성계가 우왕과 최영을 몰아내고 정치·군사적 실권 장악
과전법 실시 (1391)	• 배경: 고려 말 문란한 토지 제도 개혁 • 전개: 관리의 등급에 따라 경기 지역 토지의 수조권을 나누어 줌 → 지급된 토지에서 조세를 거둘 수 있는 권리이다. • 결과: 국가 재정 확보, 신진 관리의 경제적 기반 마련
조선의 건국 (1392)	• 신진 사대부의 분화: 새 왕조 개창 과정에서 이를 찬성하는 정도전 등의 세력과 반대하는 정몽주 등의 세력 간에 의견 차이 발생 → 정몽주 등의 반대파 제거 • 조선 건국: 이성계를 지지하던 신진 사대부와 이성계가 힘을 합쳐 건국

(2) 유교 통치 이념과 한양 천도

① 국가 통치 이념: 성리학적 유교 질서에 따른 민본 사상 강조, 왕도 정치 추구 → 왕이 인과 덕을 바탕으로 백성을 다스려야 함을 내세웠다.

② 한양 천도(1394): 수도를 개경에서 풍수지리설에 따라 명당으로 꼽힌 한양으로 옮김
  • 한양의 지리적 이점: 나라의 중앙에 위치, 한강이 흘러 교통 편리, 주변이 산으로 둘러싸여 외적 방어에 유리
  • 유교 이념을 바탕으로 한 도성 건설: 경복궁을 중심으로 종묘와 사직단 건설, 유교 덕목을 강조한 건축물 명칭 사용과 유교 사상에 따른 건축물 배치 → 유교 국가로서의 기틀 마련

Q&A 한양 속에 숨어 있는 유교 이념은 어떤 것이 있나요?

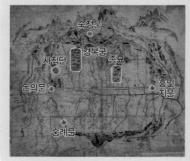

◀「도성도」

조선은 유교 이념을 바탕으로 한양의 건축물을 배치하고 건축물의 이름을 지었다. 유교 경전에서 강조하는 좌묘우사(左廟右社)의 배치 양식에 따라 경복궁을 중심으로 종묘와 사직단을 세웠다. 또, 한양을 둘러싼 성문의 명칭을 유교 덕목에서 강조한 '인의예지'를 적용하여 흥인지문, 돈의문, 숭례문으로 지었다.

(3) 국가 기틀의 마련

태종	• 왕자의 난을 통해 정도전 등 개국 공신 제거 후 왕위에 오름 • 왕권 강화: 사병 혁파, 6조 직계제 실시 • 호패법 실시: 인구 파악 및 세금 징수와 군역 부과의 기초 자료 마련
세종	• 유교적 이상 정치 추구: 집현전 설치, 경연 실시 • 4군 6진 지역 개척, 조세 제도 정비, 훈민정음 반포, 과학 기술 발전
세조	• 왕권 강화: 집현전과 경연 폐지, 의정부 권한 약화 • 직전법 시행: 과전법을 개혁하여 현직 관리에게만 수조권 지급 • 『경국대전』 편찬 시작
성종	• 홍문관 설치, 경연 다시 실시, 의정부 권한 강화 • 『경국대전』 완성: 6전 체제로 구성 → 중앙과 지방 통치 제도의 기본 규정 마련, 중앙 집권 체제 완성, 유교적 법치 국가로 나아감

📖 더 알아보기 ▶ 『경국대전』

- 땅이나 가옥을 사고판 후, 100일 이내에 관아에 신고해서 증서를 받아야 한다. ─「호전」─
- 부모가 불치의 병이 있거나 70세 이상이면 아들 1명의 군역을 면제한다. ─「병전」─
- 남자는 15세, 여자는 14세에 혼인할 수 있다. 13세가 되면 혼인을 정할 수 있다. ─「예전」─
- 여름에 왕실 가족, 퇴직 관료, 활인서의 환자, 의금부의 죄수에게 얼음을 내준다. ─「예전」─

→ 이전, 호전, 예전, 병전, 형전, 공전

6전 체제로 구성된 『경국대전』은 유교적 기본 질서를 바탕으로 각 법전에 관련 행정 법규를 수록한 조선의 기본 법전이다. 부모가 아프거나 나이가 들면 부모를 모실 아들 1명의 군역을 면제해 주거나 더운 여름철 의금부 죄수에게도 얼음을 내줄 것을 법규로 정한 것 등을 통해 『경국대전』에 효, 민본 사상 등의 유교 이념이 반영되었음을 알 수 있다. 『경국대전』의 완성으로 조선은 유교적 법치 국가의 토대를 마련하였다.

❷ 유교 이념에 따른 통치 체제의 정비

(1) **중앙 정치 조직**: 『경국대전』에 따라 운영, 주로 과거제를 통해 관리 선발
① **의정부**: 영의정, 좌의정, 우의정 등이 합의하여 국정 총괄
② **6조**: 나라의 행정 실무를 나누어 맡아 집행 → 이조, 호조, 예조, 병조, 형조, 공조
③ **왕권 뒷받침 기구**: 승정원, 의금부
  - 승정원: 국왕의 비서 기관으로 왕명 출납 담당
  - 의금부: 나라의 큰 죄인을 다스림
④ **3사**: 권력 독점과 부정을 막고 왕권과 신권의 조화와 균형을 꾀함
  - 사헌부: 관리의 비행 감찰, 풍속 교정
  - 사간원: 왕이 바른 정치를 하도록 올바른 말로 일깨움
  - 홍문관: 왕의 정책 자문과 경연 담당
⑤ **한성부**: 수도 한양의 행정과 치안 담당
⑥ **춘추관**: 역사서 편찬과 보관 담당
⑦ **성균관**: 최고 국립 교육 기관으로 유교 교육 담당

💡 집중 탐구 │ 3사의 기구와 역할 │

사헌부는 정치를 토론하고 모든 관리를 감찰하며 풍속을 바로잡고 억울한 사정을 풀어 주며 옳지 아니한 행위나 거짓된 행동을 단속하는 등의 일을 담당한다. …… 사간원은 임금의 결함을 간언하고 관리들의 잘못을 규탄하는 일을 담당한다. …… 홍문관은 왕궁 서고에 보관된 도서를 관리하고 임금의 물음에 응답한다. ─『경국대전』─

조선은 언론 기관인 3사를 두어 권력의 독점과 관리의 부정을 막고 왕권과 신권의 조화를 추구하였다.

(2) **지방 행정 조직**
① **지방 행정 구역**: 전국을 8도로 나눔, 도 아래에 부·목·군·현 설치
② **중앙 집권 강화**: 고려 시대의 특수 행정 구역인 향·부곡·소를 일반 군현으로 승격
③ **수령**: 대부분의 군현에 파견, 지방의 행정권·사법권·군사권을 가지고 군현 통치
④ **향리**: 6방으로 나뉘어 수령 보좌, 지방 행정 실무 담당
  → 이방, 호방, 예방, 병방, 형방, 공방
  → 향리는 대대로 향촌에 거주하였고, 고려 시대에 비해 권한이 크게 줄어들어 지위가 낮아졌다.
⑤ **관찰사**: 수령을 관리·감독하기 위해 각 도에 파견
⑥ **유향소**: 지방의 유력 양반들이 조직한 향촌 자치 기구, 수령 보좌, 향리 감찰, 유교 질서로 백성 교화

✚ 『경국대전』의 체제

구분	관련 규정
이전	문반 관리 인사 등
호전	토지, 호적, 조세 등
예전	교육, 외교, 제례, 혼인 등
병전	무반 관리 인사 등
형전	형벌, 재판, 노비, 상속 등
공전	도로, 교통, 도량형 등

✚ 조선의 중앙 정치 조직

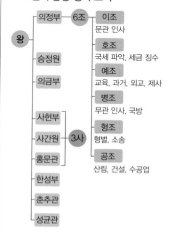

✚ 조선 전기 지방 행정 구역

조선은 전국을 8도로 나누고 대부분 군현에 수령을 파견하였다.

✚ 수령의 일곱 가지 주요 업무

1. 농업과 양잠을 발전시킨다.
2. 가호와 인구를 늘린다.
3. 학교를 일으킨다.
4. 군사 관련 업무를 잘 다스린다.
5. 세금과 부역을 균등하게 부과한다.
6. 소송을 간명하고 공정하게 한다.
7. 향리의 교활하고 간사한 행동을 그치게 한다. ─『경국대전』─

01

＋ 봉수
보통 낮에는 연기로, 밤에는 불을 피워 각 지역의 상황을 중앙에 전달하였다. 평상시에는 1개를 피웠고 적의 침입 정도에 따라 2개~5개를 피워 상황을 전달하였다.

＋ 조선의 과거제

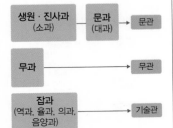

문과(33인)와 무과(28인)는 초시, 복시, 전시 단계를 거쳐 선발하였다.

＋ 성균관
조선 시대 최고 교육 기관으로 원칙적으로 생원과 진사과에 합격해야 입학이 가능하였다. 성균관에서는 유교 성현에 대한 제사를 지내고, 유학 교육을 통해 관리를 양성하는 것을 목적으로 하였다.

＋ 조공과 책봉
조공과 책봉 형식의 외교는 명의 국제적 권위를 인정하는 동아시아의 형식적 외교 관계이다. 조선은 명에 예물을 바치는 조공을 통해 경제적·문화적 이익을 추구하였고, 명으로부터 국왕의 지위를 국제적으로 인정받는 책봉을 통해 정치적 안정을 추구하였다.

＋ 4군 6진

세종 때 여진을 정벌하고 현재의 국경선을 확정하였다.

(3) 군사·교통·통신 제도
① 군사 제도
- 군역 대상: 16세 이상 60세 미만의 모든 양인 남성 → 관리나 학생, 향리 등은 군역에서 면제되었다.
- 군사 조직 ┌ 중앙: 5위(궁궐과 한양 방어)
　　　　　　└ 지방: 각 도에 병영과 수영 설치, 병마절도사와 수군절도사를 파견하여 지휘
② 교통·통신 제도

봉수제	국경 지대 위급 상황을 중앙에 전달
역참제	전국 각지에 역참 설치, 통신과 물자 수송을 원활하게 함
조운제	세금으로 거둔 곡식을 물길을 통해 운송

(4) 관리 등용 제도
① 과거제
- 조선은 주로 과거를 통해 문무 양반 관리를 선발 → 양반 관료 체제 뒷받침
- 양인 이상이면 누구나 응시 가능 → 현실적으로 일반 백성의 문과 응시 어려움
- 3년마다 정기적 시행, 수시로 시행하는 특별 시험도 있었음

문과	문관 선발, 주로 양반 자제들이 응시
무과	무관 선발, 양반의 자제뿐만 아니라 향리나 상민의 자제도 응시
잡과	기술관 선발, 주로 중인이 응시, 역과(외국어), 율과(법률)·의과(의학)·음양과(천문)

② 기타 관리 선발: 음서(2품 이상 고위 관료 자제, 고위 관직으로의 승진에 한계), 천거(추천제)
③ 교육 제도: 유교적 교양과 능력을 갖춘 관리 양성을 위한 유교 교육 중시
　└ 조선이 고려보다 개인의 능력을 중시하였음을 알 수 있다.
- 유교 교육

초등	각 지역의 서당
중등	4부 학당(한양), 향교(지방)
고등	성균관(한양에 위치한 최고 교육 기관)

- 기술 교육: 각 해당 관청이 담당

❸ 조선 전기의 대외 관계

(1) 명과의 관계: 사대 외교(조공과 책봉 형식으로 이루어짐)
　└ 큰 나라를 섬기다는 뜻이다.
① 건국 초기: 태조와 정도전 등의 요동 정벌 추진으로 대립
② 태종 이후: 요동 정벌 중단 → 친선 관계 유지
③ 실리 외교: 명과 사대 관계를 맺고 주기적으로 사절단 파견 → 정치적으로 왕권 안정과 조공 무역에 따른 문화적·경제적 이익 추구
(2) 여진·일본과의 관계: 교린 정책(강경책과 회유책 병행)
　└ 이웃 나라와 화평하게 지낸다는 뜻이다.
① 여진
- 강경책: 세종 때 압록강과 두만강 유역의 4군(최윤덕)과 6진(김종서) 지역 개척
- 회유책 ┌ 여진족에게 토지와 관직 하사 → 귀순 장려
　　　　　└ 국경 지대에 무역소를 설치하여 교역 허락
　└ 남부 지방의 백성을 4군 6진 지역으로 이주시켜 국경 지역의 안정을 도모하였다.
② 일본
- 강경책: 세종 때 이종무를 시켜 왜구의 근거지인 쓰시마섬 토벌
- 회유책: 3포(부산포, 염포, 제포)를 개항하여 제한적 무역 허용
(3) 기타: 류큐(오키나와), 시암(타이), 자와(인도네시아) 등 동남아시아 여러 나라와 교역
　└ 토산품을 가지고 와 조선의 옷감, 문방구 등으로 바꿔 갔다.

개념 다지기

01 빈칸에 알맞은 말을 쓰시오.

(1) 요동 정벌을 반대하던 이성계는 (   )에서 군대를 돌려 우왕과 최영을 몰아내고 국정을 장악하였다.

(2) 이성계와 신진 사대부는 경기 지역의 토지를 대상으로 전·현직 관리의 등급에 따라 수조권을 나누어 주는 (   )을/를 실시하였다.

(3) 태조 이성계는 오랜 역사와 문화를 지닌 고조선을 계승한다는 의미에서 나라 이름을 (   )(이)라고 지었다.

02 다음 설명이 맞으면 ○표, 틀리면 ×표를 하시오.

(1) 조선은 유교를 국가의 통치 이념으로 삼고 민본 사상을 내세웠다. .... (   )

(2) 조선은 수도를 경주에서 한양으로 옮기고 국가의 기틀을 다졌다. .... (   )

(3) 조선은 불교 이념에 따라 한양의 주요 건축물의 이름을 정하였고, 종묘와 사직을 세웠다. .... (   )

03 국왕과 해당하는 업적을 연결하시오.

(1) 태종 •　　　　　　　• ㉠ 호패법을 실시하였다.

(2) 세종 •　　　　　　　• ㉡ 직전법을 실시하였다.

(3) 세조 •　　　　　　　• ㉢ 집현전을 설치하였다.

(4) 성종 •　　　　　　　• ㉣ 『경국대전』을 완성하였다.

04 『경국대전』의 6전 중 다음에 해당하는 법전을 〈보기〉에서 고르시오.

┌─ 보기 ┐
ㄱ. 이전　　　ㄴ. 호전　　　ㄷ. 예전
ㄹ. 병전　　　ㅁ. 형전　　　ㅂ. 공전
└─────────┘

(1) 문반 관리의 인사에 관한 규정을 담고 있다.
.... (   )

(2) 형벌, 노비, 상속 등의 규정을 담고 있다. .... (   )

(3) 교육과 과거제, 혼인과 제사, 외교 등에 관한 규정을 담고 있다. .... (   )

05 다음 글의 밑줄 친 부분을 옳게 고쳐 쓰시오.

(1) 태종은 <u>과전법</u>을 실시하여 인구를 파악하고 세금 징수와 군역 부과의 기초 자료를 마련하였다. .... (   )

(2) 성종은 <u>집현전</u>을 설치하고 다시 경연을 열어 왕권과 신권의 조화를 추구하였다. .... (   )

06 다음에 해당하는 중앙 통치 기구를 〈보기〉에서 고르시오.

┌─ 보기 ┐
ㄱ. 승정원　　　ㄴ. 의금부　　　ㄷ. 사간원
ㄹ. 홍문관　　　ㅁ. 춘추관
└─────────┘

(1) 역사서의 편찬과 보관을 담당하였다. .... (   )

(2) 왕의 정책 자문과 경연을 담당하였다. .... (   )

(3) 왕의 비서 기관으로 왕명을 출납하였다. ..... (   )

(4) 반역 등 큰 죄를 다스리는 특별 사법 기관으로 왕권을 뒷받침하였다. .... (   )

(5) 왕이 올바른 정치를 하도록 올바른 말로 일깨우는 역할을 담당하였다. .... (   )

07 다음 설명이 맞으면 ○표, 틀리면 ×표를 하시오.

(1) 조선은 특수 행정 구역인 향·부곡·소를 두어 수령을 파견해 다스렸다. .... (   )

(2) 조선은 원칙적으로 16세 이상 60세 미만의 모든 양인 남성에게 군역을 부과하였다. .... (   )

(3) 양반들의 향촌 자치 기구인 유향소는 수령을 보좌하고 향리를 감찰하였다. .... (   )

(4) 국경 지대의 위급한 상황을 중앙에 빠르게 전달하기 위하여 조운제를 실시하였다. .... (   )

08 다음 글의 밑줄 친 부분을 옳게 고쳐 쓰시오.

(1) 조선의 관리는 주로 <u>음서</u>를 통해 선발되었다.
.... (   )

(2) <u>서당</u>은 조선의 최고 교육 기관이었다. .... (   )

(3) 조선의 과거제는 문관을 뽑는 문과, 무관을 뽑는 무과, 기술관을 뽑는 <u>승과</u>로 나뉘어져 시행되었다.
.... (   )

09 조선 전기의 대외 관계에 대한 설명과 관련된 나라를 〈보기〉에서 고르시오.

┌─ 보기 ┐
ㄱ. 명　　　　　ㄴ. 여진　　　　　ㄷ. 일본
└─────────┘

(1) 3포를 개항하여 제한적 무역을 허용하였다.
.... (   )

(2) 조공과 책봉 형식의 사대 외교를 실시하였다.
.... (   )

(3) 세종 때 압록강과 두만강 유역의 4군 6진 지역을 개척하였다. .... (   )

01 (가)에 들어갈 내용으로 가장 적절한 것은?

이 지도와 관련된 사건의 결과 이성계가 ⬜(가)⬜ 이후 이성계는 신진 사대부와 함께 토지 제도를 개혁하였어요.

① 요동을 정벌하였어요.
② 과전법을 개혁하였어요.
③ 군사적 실권을 장악하였어요.
④ 정몽주 등 반대 세력을 제거하였어요.
⑤ 신진 관리의 경제적 기반을 마련하였어요.

02 (가)~(라)의 내용을 시기순으로 옳게 나열한 것은?

〈주제: 조선의 건국 과정〉

과전법을 시행하였어. (가)
이성계가 조선을 건국하였어. (나)
수도를 한양으로 옮겼어. (다)
이성계 주도로 위화도 회군이 일어났어. (라)

① (가) – (나) – (다) – (라)
② (가) – (라) – (나) – (다)
③ (나) – (다) – (라) – (가)
④ (다) – (나) – (가) – (라)
⑤ (라) – (가) – (나) – (다)

03 (가)에 들어갈 왕의 업적으로 옳은 것은?

조선은 국경 부근에 무역소를 설치하여 여진과 제한적 교역을 허락하였다. 그러나 여진이 국경을 침범하자 ⬜(가)⬜ 은/는 최윤덕과 김종서를 보내 4군 6진 지역을 개척하였다.

① 집현전을 설치하였다.
② 호패법을 실시하였다.
③ 홍문관을 설치하였다.
④ 6조 직계제를 실시하였다.
⑤ 경국대전을 편찬하기 시작하였다.

04 (가)에 들어갈 인물로 옳은 것은?

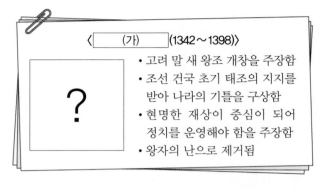

〈 ⬜(가)⬜ (1342~1398)〉

?

• 고려 말 새 왕조 개창을 주장함
• 조선 건국 초기 태조의 지지를 받아 나라의 기틀을 구상함
• 현명한 재상이 중심이 되어 정치를 운영해야 함을 주장함
• 왕자의 난으로 제거됨

① 최영　　② 정몽주　　③ 이성계
④ 정도전　　⑤ 이방원

05 다음 내용을 담고 있는 조선 전기의 법전에 대한 설명으로 옳은 것을 〈보기〉에서 고른 것은?

• 땅이나 가옥을 사고판 후 100일 이내에 관아에 신고해서 증서를 받아야 한다.
• 부모가 불치의 병이 있거나 70세 이상이면 아들 1명의 군역을 면제한다.
• 남자는 15세, 여자는 14세에 혼인할 수 있다. 13세가 되면 혼인을 정할 수 있다.

┤ 보기 ├
ㄱ. 성종 때 완성되었다.
ㄴ. 6전 체제로 구성되어 있다.
ㄷ. 세종 때 편찬이 시작되었다.
ㄹ. 불교 사상을 바탕으로 만들어졌다.

① ㄱ, ㄴ　　② ㄱ, ㄷ　　③ ㄴ, ㄷ
④ ㄴ, ㄹ　　⑤ ㄷ, ㄹ

06 (가)에 들어갈 제도로 옳은 것은?

세조는 국가 재정을 안정시키기 위하여 현직 관리에게만 수조권을 주는 ⬜(가)⬜ 을/를 실시하였다.

① 전시과　　② 과전법　　③ 직전법
④ 호패법　　⑤ 관료전

07 (가) 기구에 대한 설명으로 옳은 것은?

〈조선의 중앙 정치 조직〉

① 역사서의 편찬과 보관을 담당하였다.
② 나라의 행정 실무를 맡아 집행하였다.
③ 3정승이 합의하여 국정을 총괄하였다.
④ 국왕의 비서 기관으로 왕명을 출납하였다.
⑤ 최고 국립 교육 기관으로 유교 교육을 담당하였다.

08 (가) 관직에 대한 설명으로 옳은 것은?

〈　(가)　의 일곱 가지 주요 업무〉

1. 농업과 양잠을 발전시킨다.
4. 군사 관련 업무를 잘 다스린다.
5. 세금과 부역을 균등하게 부과한다.
7. 향리의 교활하고 간사한 행동을 그치게 한다.

① 병영에 파견되어 군대를 지휘하였다.
② 수령을 보좌하고 향리를 감찰하였다.
③ 각 도에 파견되어 수령을 지휘·감독하였다.
④ 6방으로 나뉘어 지방 행정 실무를 처리하였다.
⑤ 행정권, 사법권, 군사권을 가지고 군현을 통치하였다.

09 (가)~(마)에 대한 설명으로 옳지 <u>않은</u> 것은?

• 조선의 군사 제도
　(가) 군역 대상: 16세 이상 60세 미만 모든 양인 남성
• 조선의 교통·통신 제도
　(나) 봉수제: 국경 지대의 위급 상황을 중앙에 전달
　(다) 역참제: 세금으로 거둔 곡식을 물길을 통해 운송
• 조선의 관리 등용 및 교육 제도
　(라) 과거제: 문과, 무과, 잡과가 실시됨
　(마) 성균관: 한양에 설치한 최고 유교 교육 기관

① (가)　② (나)　③ (다)　④ (라)　⑤ (마)

10 (가)에 들어갈 댓글의 내용으로 옳은 것을 〈보기〉에서 고른 것은?

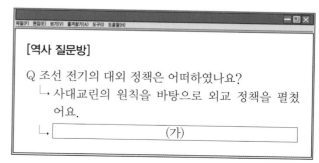

[역사 질문방]

Q 조선 전기의 대외 정책은 어떠하였나요?
　↳ 사대교린의 원칙을 바탕으로 외교 정책을 펼쳤어요.
　↳ 　(가)

┤ 보기 ├
ㄱ. 건국 초기부터 명과 친선 관계를 유지하였어요.
ㄴ. 명과 사대 관계를 맺어 주기적으로 사절단을 파견하였어요.
ㄷ. 일본과 사대 관계를 맺어 조공과 책봉 형식의 외교 정책을 추진하였어요.
ㄹ. 조선에 협조적인 여진족에게 토지와 관직을 하사하고 귀순을 장려하였어요.

① ㄱ, ㄴ　② ㄱ, ㄷ　③ ㄴ, ㄷ
④ ㄴ, ㄹ　⑤ ㄷ, ㄹ

11 (가), (나) 국가(민족)에 대한 조선의 대외 정책으로 옳은 것을 〈보기〉에서 고른 것은?

• 경성·경원 지방에서 　(가)　이/가 출입하는 것을 금하지 아니하면 떼 지어 몰려들 우려가 있고 일절 끊고 금하면 …… 변경에 불상사가 생길까 합니다.
－『태종실록』－

• 좌의정 박은이 "이제 　(나)　이/가 중국에 들어가 도적질하고 본도로 돌아오는 시기이므로, 이종무 등에게 다시 쓰시마섬에 나아가 적을 맞아서 치게 하여 적을 전멸할 기회를 잃지 마옵소서."라고 청하였다.
－『세종실록』－

┤ 보기 ├
ㄱ. (가) － 4군 6진 지역을 개척하였다.
ㄴ. (가) － 부산포, 염포, 제포를 개항하였다.
ㄷ. (나) － 교린 정책을 펼쳤다.
ㄹ. (나) － 사민 정책을 시행하였다.

① ㄱ, ㄴ　② ㄱ, ㄷ　③ ㄴ, ㄷ
④ ㄴ, ㄹ　⑤ ㄷ, ㄹ

서술형
01 (가) 지역의 지리적 이점을 <u>세 가지</u> 서술하시오.

> 태조 이성계는 백성에게 단군의 자손임을 강조하고 오랜 역사와 문화를 지녔던 고조선을 계승한다는 의미에서 나라의 이름을 조선이라고 정하였다. 이후 수도를 개경에서 [(가)](으)로 옮겨 새로운 국가의 기틀을 다졌다.

서술형
02 (가)에 들어갈 이념을 쓰고, 밑줄 친 ㉠의 구체적 내용을 <u>두 가지</u> 서술하시오.

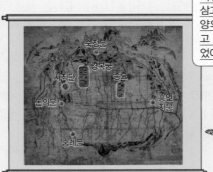

> 조선은 나라의 ㉠통치 이념을 [(가)](으)로 삼고, 이를 바탕으로 한양의 건축물을 배치하고 건축물의 이름을 지었어요.

논술형
03 다음 자료의 내용을 반영하여 조선이 이와 같은 정치 기구를 설치한 목적을 논술하시오.

> 사헌부는 정치를 토론하고 모든 관리를 감찰하며 풍속을 바로잡고 억울한 사정을 풀어 주며 옳지 아니한 행위나 거짓된 행동을 단속하는 등의 일을 담당한다. …… 사간원은 임금의 결함을 간언하고 관리들의 잘못을 규탄하는 일을 담당한다. …… 홍문관은 왕궁 서고에 보관된 도서를 관리하고 임금의 물음에 응답한다.
> −『경국대전』−

서술형
04 지도를 보고 물음에 답하시오.

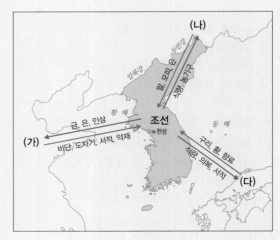

(1) (가)~(다)에 들어갈 국가(민족)의 이름을 쓰시오.

----

(2) 조선이 (가)와 사대 외교를 실시한 이유를 경제·문화적, 정치적 측면에서 서술하시오.

02 사림 세력과 정치 변화

❶ 사림 세력의 등장

(1) 훈구 세력

① 형성: 세조 즉위를 도운 공신들이 하나의 정치 세력을 이룸

② 정치·경제적 권력 독점 ┌ 정치: 중앙 고위 관직을 독점하여 정치적 실권 장악
└ 경제: 국가로부터 많은 토지와 노비를 받고 막대한 재산 소유

③ <u>외척 가문으로 성장</u>: 일부는 왕실과 혼인 관계를 맺으면서 세력 기반 강화
┗→ 예종과 성종의 장인이었던 한명회가 대표적이다.

(2) 사림 세력

① 기원: 정몽주 등 조선 건국에 협력하지 않고 향촌에서 성리학을 연구하던 유학자들

② 지향점: 향촌 자치와 도덕과 의리를 중시하는 왕도 정치 추구, 어진 국왕과 현명한 신하
가 함께 백성을 바르게 이끌어야 함을 주장

③ 중앙 정계 진출: 성종이 훈구 세력 견제를 위해 김종직 등 영남 출신 사림 세력 대거 등용
→ 주로 언론 기관인 3사에 배치 ┌→ 여러 사람이 뜻을 같이한다는 의미로
일종의 여론을 뜻한다.

④ <u>공론</u> 정치 주도: 국왕이 정치를 바르게 이끌어 나갈 수 있도록 활발하게 의견 제시 → 성
리학적 이념을 바탕으로 훈구 세력의 권력 독점과 비리 비판

> ### 📋 더 알아보기 ▶ 왕권과 신권의 조화
>
> 당 태종은 간언(임금에게 잘못된 일을 고치도록 말하는 것)을 듣는 것이 점점 처음만 같지 못하
> 다 하는데, …… 지금부터 할 말이 있거든 기꺼이 말하라. 내가 이를 기특히 여겨 받아들이도
> 록 하겠다. 그대가 원통하고 슬퍼하여 굽히지 않는 것을 내가 대단히 기뻐한다. ─『성종실록』─
>
> 사림 세력은 왕도 정치를 정치의 이상으로 보았다. 사림 세력은 어진 왕이 높은 도덕성을 바탕으로
> 현명한 신하와 함께 백성을 올바르게 통치하는 것을 강조하였다. 성종은 3사의 언론 활동을 강화하
> 여 훈구 세력을 견제하고 정치적 세력 균형을 이루어 왕권을 안정시켰다. 이로써 성종 대에 왕권과
> 신권이 조화를 이루며 정치가 운영되었다.

❷ 훈구 세력과 사림 세력의 대립

(1) 사화: 훈구와 사림의 대립 과정에서 사림 세력이 정치적 피해를 크게 입은 사건

(2) 연산군 시기

무오사화	• 발단: 김종직의 「조의제문」 • 결과: 훈구의 사림 탄압으로 사림 세력 몰락
갑자사화	• 발단: 연산군의 어머니인 폐비 윤씨 사건 • 결과: 사림은 물론 훈구 세력도 피해 → 연산군의 폭정 심화

(3) 중종 시기

① 중종반정: 연산군의 폭정 → 훈구 세력이 연산군을 몰아내고 <u>중종을 왕으로 세움</u>
훈구 세력이 다시 권력을 잡았다. ←┘

② 조광조의 개혁 정치: 현량과 실시, 소격서 폐지, 위훈 삭제

③ 기묘사화

• 원인: 조광조 세력의 급진적 개혁 정치에 대한 중종과 훈구 세력의 반발

• 결과: 조광조를 비롯한 많은 사림 세력이 제거됨

✚ 성종의 훈구 세력 견제

▲ 세조 – 성종 계보도

세조 시기부터 훈구 세력의 핵심이었던 한명회 등이 권력을 독점하자, 성종은 왕권을 강화하기 위해 사림을 등용하여 훈구 세력을 견제하였다.

✚ 사림의 계보도

정몽주
│
길재
│
김숙자
│
김종직
│
┌─────────┼─────────┐
정여창   김굉필   김일손
│
┌────┬────┼────┐   │
이언적 서경덕 조광조   김안국
│   │
┌──┬──┐   ┌──┬──┐
조식 이황   이이 성혼
영남학파   기호학파

✚ 3사

권력의 독점과 부정을 막고 왕권과 신권의 조화와 균형을 꾀하기 위해 설치한 기구이다.

사헌부	관리의 비행 감찰과 풍속 교정
사간원	왕이 올바른 정치를 하도록 올바른 말로 일깨움
홍문관	왕의 정책 자문 및 경연 담당

✚ 조의제문

자신의 신하였던 항우에게 죽임을 당한 초나라 의제를 애도하며 김종직이 쓴 글이다. 훈구 세력은 김종직이 단종을 쫓아내고 세조가 왕위를 차지한 것을 빗대어 비판한 글이라고 주장하여 사림 세력을 공격하였다.

02

＋ 사림 세력의 등장과 사화의 발생

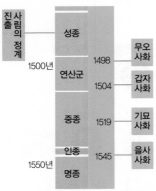

사림의 정계진출	성종	
1500년	연산군	1498 무오사화
		1504 갑자사화
	중종	1519 기묘사화
	인종	1545 을사사화
1550년	명종	

사림과 훈구 세력의 대립 속에서 사화가 발생하였다.

＋ 현량과

중종 때 조광조의 건의로 시행된 관리 등용 제도로, 학문과 덕행이 뛰어난 인재를 천거하여 궁궐에서 간단한 시험을 통과하면 관리로 선발하였다.

＋ 사액 서원

왕이 서원의 이름이 적힌 현판을 하사해 권위를 인정한 서원으로, 이때 국가로부터 토지, 노비, 서적 등이 함께 하사되었고 면세의 혜택도 받았다.

＋ 소수 서원 현판

백운동 서원은 이황의 건의로 명종이 직접 쓴 '소수 서원' 현판을 받아 최초의 사액 서원이 되었다.

Q&A 조광조는 유교적 이상 정치를 추구하기 위해 어떤 개혁을 추진하였나요?

> 부당하게 공신이 된 자들의 거짓 공훈을 찾아 공신 자격을 박탈하고 노비와 토지를 몰수하여 올바름을 세워야 합니다.

> 도교 행사를 주관하는 소격서를 폐지하여 성리학 이념을 바로 세워야 합니다.

> 현량과를 실시하여 학문과 덕행이 뛰어난 새로운 인재를 추천하여 등용하여야 합니다.

조광조는 성리학적 유교 사상에 기반을 둔 왕도 정치를 실현하기 위해 급진적 개혁 정치를 추진하였다. 그는 학문이 뛰어난 인재를 과거 시험 없이 추천을 통해 선발하는 현량과 실시와 도교 행사를 주관하던 소격서 폐지를 주장하였다. 중종반정 때 부적절하게 공신이 된 자들의 거짓 공훈을 삭제할 것을 주장하면서 훈구 세력의 거센 반발을 받았고, 이후 기묘사화로 제거되었다.

(4) **명종 시기**: 을사사화(외척 세력 간 정치적 대립으로 발생 → 사림 세력이 큰 피해를 입음)
  └▸ 외척인 윤원형과 윤임 사이의 대립으로 발생하였다.

❸ 사림 세력의 성장

(1) **배경**: 사림 세력은 서원과 향약을 기반으로 학문적 입지와 향촌에서의 영향력을 키움

(2) **서원의 설립**
  ① **목적**: 덕망 있는 유학자를 기리며 제사 지냄 + 지방 양반 자제 교육
  ② **기원**: 주세붕이 안향을 기리기 위해 세운 백운동 서원
  ③ **최초의 사액 서원**: 소수 서원 ─▸ 고려 말 원으로부터 최초로 성리학을 도입한 학자이다.
  ④ **역할**
    • 향촌에 성리학 보급, 지방 문화 성장에 기여
    • 향촌의 정치 여론(공론) 형성 → 사림 세력의 정치적 결속을 다짐
    • 깊이 있는 성리학 연구와 학파 형성 → 붕당 형성의 한 요인이 됨

집중 탐구 서원의 구조(병산 서원의 예시)

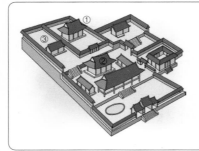

① 존덕사: 유성룡의 위패를 모시고 제사를 지내는 사당
② 입교당: 학생을 가르치는 강당
③ 장판각: 책을 인쇄할 때 쓰는 목판을 보관하는 장소

서원은 가장 윗부분에 덕망 높은 유학자의 학문을 기리기 위해 사당을 만들어 제사를 지냈다. 사당 아래로 학생을 가르치는 강당을 만들었으며, 양쪽으로 학생들의 기숙사 시설, 책을 인쇄하는 장소 등을 지어 지방 양반 자제에게 유교 교육을 실시하였다. 사림 세력은 서원을 기반으로 공론을 형성하여 중앙 정치에 영향력을 행사하였다. 또한, 각 서원에서 성리학을 깊이 있게 연구하면서 학파를 형성하였고 이후 붕당 형성에 기초를 제공하였다.

(3) 향약의 보급

① 향약: 옛 공동체 조직의 상부상조 전통과 성리학적 유교 윤리 결합
② 도입: 중종 때 조광조가 『여씨 향약』을 번역하여 보급
③ 보급: 이이와 이황이 우리 실정에 맞게 고쳐 향촌에 널리 보급
④ 영향: 사림 세력의 지방민 통제력 강화 → 사림 세력의 향촌 지배력 강화

집중 탐구 사림 세력의 향약 보급 목적

〈이황의 예안 향약 처벌 조항〉
• 극벌에 처할 죄: 부모에게 불손한 자, 형제가 서로 싸우는 자, 마을 어른을 욕보이는 자
• 중벌에 처할 죄: 이웃과 화합하지 않는 자, 염치없이 선비의 품위를 더럽힌 자, 마을의 규약을 어긴 자
• 하벌에 처할 죄: 회의에 늦은 자, 좌중에서 떠들썩하게 다투는 자, 자리를 마음대로 바꾸는 자
－『퇴계선생문집』, 42권－

위 조항에서 부모에 대한 효, 형제 간 우애, 어른에 대한 공경 등 유교적 윤리를 위반한 사람을 극벌의 대상으로 삼고 있다. 사림 세력은 성리학적 유교 윤리를 보급하여 지방민을 교화하고 통제하기 위해 각 고을의 실정에 맞게 향약을 보급하였다. 이로써 사림 세력은 향촌에서 주도권을 강화해 나갔다.

❹ 붕당의 형성

(1) 사림 세력의 집권: 여러 차례 사화에도 불구하고 서원과 향약을 기반으로 성장 → 선조 때 중앙 정계로 진출 → 정치 주도권 장악

(2) 붕당의 형성: 이조 전랑의 임명 문제를 둘러싼 대립 → 동인과 서인으로 나뉨

동인	서인
• 이황, 조식 등의 제자들을 중심 • 주로 영남 지방 사림이 많음	• 이이와 성혼의 제자들을 중심 • 주로 경기, 충청 지역 사림이 많음

(3) 붕당 정치: 동인과 서인은 상대 붕당의 입장 존중, 학문적 차이를 인정하고 건전한 비판과 상호 견제를 바탕으로 정치를 이끌어 감

(4) 붕당 정치의 전개

선조	동인이 우세, 동인이 북인(조식 계열)과 남인(이황 계열)으로 분열
광해군	북인 주도 → 인조반정으로 북인 몰락
인조	서인 주도, 남인이 정치 참여

더 알아보기 ▶ 붕당의 형성

김효원이 …… 이조 전랑의 물망에 올랐으나, 심의겸이 반대하였다. 그 뒤에 (심의겸의 동생) 심충겸이 …… 이조 전랑으로 천거되었으나, 외척이라 하여 김효원이 반대하였다. 이에 양편 친지들이 각기 다른 주장을 내세우며 서로 배척하여 동인, 서인이라는 말이 여기에서 비롯되었다. 효원의 집은 동쪽 건천동에 있고, 의겸의 집은 서쪽 정릉동에 있었기 때문이다.
－이긍익, 『연려실기술』－

이조 전랑의 자리를 두고 심의겸과 김효원 간의 갈등이 일어나 사림이 동인과 서인으로 분열되었다. 김효원의 집은 한양의 동쪽에 있어 김효원을 따르는 세력을 동인이라 불렀고, 심의겸의 집은 한양의 서쪽에 있어 심의겸을 따르는 세력을 서인이라 불렀다고 한다.

✦ 향약
사림 세력이 향촌 공동체의 풍속을 지키고 성리학의 윤리를 지방민에게 보급하기 위해 만든 향촌 자치 규약이다.

✦ 여씨 향약
중국 북송 시대에 여씨 가문에서 만든 향약으로 4대 덕목을 제시하였다.

덕업상권	좋은 일은 서로 권함
과실상규	잘못된 일은 서로 규제함
예속상교	예의 바른 풍속으로 교제함
환난상휼	어려운 일은 서로 도움

✦ 붕당
특정한 학문적·정치적 입장을 함께 하는 양반들이 모여 만든 정치 집단을 말한다.

✦ 이조 전랑
이조의 벼슬인 정랑과 좌랑을 함께 일컫는 말로, 이조 전랑은 3사의 관리를 심사하고 추천하며 자신의 후임자를 추천할 수 있는 권한을 가졌다.

✦ 이황과 이이
조선 성리학의 대가로 꼽히는 이황과 이이는 국왕이 올바른 정치를 할 수 있도록 선조에게 『성학십도』(이황)와 『성학집요』(이이)를 지어 올렸다.

✦ 붕당의 형성과 분화

01 훈구 세력에 관한 설명은 '훈', 사림 세력에 관한 설명은 '사'를 쓰시오.

(1) 성종 때 주로 언론 기관인 3사에 대거 등용되었다. ···································· (   )

(2) 고위 관직에 진출하였고 대농장과 많은 노비를 소유하였다. ···················· (   )

(3) 세조 즉위 과정에서 많은 공신이 형성되어 하나의 정치 세력을 이루었다. ·················· (   )

(4) 왕실과 혼인 관계를 맺어 세력 기반을 강화한 한명회 등이 대표적 인물이다. ·············· (   )

(5) 정몽주, 길재 등 조선 건국에 협력하지 않고 향촌에서 성리학을 연구하던 유학자들을 계승하였다.
··· (   )

02 다음 설명이 맞으면 ○표, 틀리면 ×표를 하시오.

(1) 세조는 훈구 세력을 견제하기 위하여 김종직 등 사림 세력을 등용하였다. ···················· (   )

(2) 사림 세력은 성리학적 이념을 바탕으로 훈구 세력의 권력 독점과 비리를 비판하였다. ············ (   )

(3) 사림 세력은 왕도 정치를 강조하고 어진 왕과 현명한 신하가 함께 정치를 이끌어 가야 함을 주장하였다.
··· (   )

03 사화의 명칭과 발생 원인을 옳게 연결하시오.

(1) 무오사화 •　　　• ㉠ 김종직이 쓴 「조의제문」

(2) 갑자사화 •　　　• ㉡ 조광조의 급진적 개혁 정치

(3) 기묘사화 •　　　• ㉢ 외척 세력 간의 정치적 대립

(4) 을사사화 •　　　• ㉣ 연산군의 어머니인 폐비 윤씨 사건

04 다음 내용에 해당하는 인물을 〈보기〉에서 고르시오.

┤ 보기 ├
ㄱ. 이이　　　ㄴ. 이황　　　ㄷ. 김종직
ㄹ. 주세붕　　ㅁ. 조광조

(1) 백운동 서원을 건립하였다. ·················· (   )

(2) 현량과 실시를 주장하였다. ·················· (   )

(3) 중종 때 위훈 삭제를 주장하였다. ·············· (   )

(4) 예안 향약을 지어 향촌에 보급하였다. ·········· (   )

(5) 성종 때 등용되었고 「조의제문」을 지었다. ··· (   )

(6) 왕이 바른 정치를 펼칠 수 있도록 『성학집요』를 지어 올렸다. ···································· (   )

05 다음 설명에서 옳은 것에 ○표 하시오.

(1) 성종은 왕권을 강화하기 위해 (사림, 훈구) 세력을 대거 등용하였다.

(2) 중종 때 (이황, 조광조)이/가 『여씨 향약』을 번역하여 우리나라에 처음 도입하였다.

(3) (서원, 성균관)은 덕망 있는 유학자를 기리고 지방 양반 자제를 교육하기 위해 세워졌다.

(4) 이조 전랑의 임명 문제를 둘러싸고 동인과 서인으로 나뉘어 (사화, 붕당)이/가 형성되었다.

(5) (영의정, 이조 전랑)은 3사의 관리를 심사하고 추천하며 자신의 후임자를 추천할 수 있는 권한을 가졌다.

(6) (향약, 서원)은 사림 세력이 향촌 공동체의 풍속을 지키고 성리학 윤리를 지방민에게 보급하기 위해 만든 향촌 자치 규약이다.

06 향약의 4대 덕목을 옳게 연결하시오.

(1) 덕업상권 •　　　• ㉠ 좋은 일은 서로 권한다.

(2) 과실상규 •　　　• ㉡ 어려운 일은 서로 돕는다.

(3) 예속상교 •　　　• ㉢ 잘못된 일은 서로 규제한다.

(4) 환난상휼 •　　　• ㉣ 예의 바른 풍속으로 교제한다.

07 다음 설명에 해당하는 붕당을 〈보기〉에서 고르시오.

┤ 보기 ├
ㄱ. 동인　　　　　ㄴ. 서인
ㄷ. 북인　　　　　ㄹ. 남인

(1) 광해군 시기에 정치를 주도하였다. ············ (   )

(2) 이이와 성혼의 제자들을 중심으로 이루어졌다.
··· (   )

(3) 동인에서 분열되었으며 이황의 학문을 따랐다.
··· (   )

(4) 주로 영남 지역 사림들로 이후 북인과 남인으로 분열되었다. ···································· (   )

08 빈칸에 들어갈 단어를 쓰시오.

(1) □□ □□은/는 왕이 서원의 이름이 적힌 현판을 하사하여 권위를 인정한 서원이다.

(2) 사림은 여러 차례 사화에도 불구하고 □□와/과 □□을/를 기반으로 향촌에서 세력을 키워 나갔다.

(3) □□은/는 특정한 학문적·정치적 입장을 함께하는 양반들이 모여 만든 정치 집단을 일컫는다.

01 (가), (나) 세력에 대한 설명으로 옳은 것을 〈보기〉에서 고른 것은?

> 세조가 왕위에 오르는 것을 도운 공신들이 하나의 정치 세력을 이루면서 (가) 세력을 형성하였다. 이후 성종은 (가) 세력을 견제하고 왕권을 강화하기 위하여 (나) 세력을 대거 등용하였다.

┤ 보기 ├

ㄱ. (가) – 대농장과 많은 노비를 소유하였다.
ㄴ. (가) – 주로 언론 기관인 3사에 배치되었다.
ㄷ. (나) – 도덕과 의리를 중시한 왕도 정치를 추구하였다.
ㄹ. (나) – 왕실과 혼인 관계를 맺어 성장한 한명회가 대표적 인물이다.

① ㄱ, ㄴ ② ㄱ, ㄷ ③ ㄴ, ㄷ
④ ㄴ, ㄹ ⑤ ㄷ, ㄹ

중요

02 (가)에 들어갈 역사적 사실로 적절한 것은?

> 연산군은 어머니인 폐비 윤씨 사건을 구실로 사화를 일으켜 사림 세력을 제거하였다.

> (가)

> 중종은 훈구 세력의 횡포를 견제하기 위하여 조광조를 비롯한 사림 세력을 등용하였다.

① 조광조가 급진적 개혁 정치를 실시하였다.
② 기묘사화로 많은 사림 세력이 제거되었다.
③ 중종반정에 공을 세운 세력이 정국을 주도하였다.
④ 김종직이 쓴 조의제문을 빌미로 사화가 발생하였다.
⑤ 외척 간의 정치적 대립으로 을사사화가 발생하였다.

03 다음에서 설명하는 사건으로 옳은 것은?

> 조광조의 급진적인 개혁 정치에 대하여 중종과 훈구 세력이 반발하여 일어났다.

① 무오사화 ② 기묘사화 ③ 을사사화
④ 갑자사화 ⑤ 중종반정

04 (가)에 들어갈 제목으로 가장 적절한 것은?

① 훈구의 성장 ② 서원의 확산
③ 사림의 계보 ④ 사화의 발생
⑤ 향약의 보급

05 (가), (나)에 들어갈 내용으로 옳은 것을 〈보기〉에서 고른 것은?

사림 세력은 네 차례 사화에도 불구하고 어떻게 선조 때 국정을 장악하게 되었을까?

사림 세력은 계속된 사화로 중앙에서 큰 피해를 입었지만 (가) 와/과 (나) 을/를 통해 향촌에서 꾸준히 세력을 확대했기 때문이야.

┤ 보기 ├

ㄱ. 향약 ㄴ. 서원
ㄷ. 대농장 ㄹ. 성균관

① ㄱ, ㄴ ② ㄱ, ㄷ ③ ㄴ, ㄷ
④ ㄴ, ㄹ ⑤ ㄷ, ㄹ

중요

06 (가)에 들어갈 학생의 답변으로 가장 적절한 것은?

붕당이 나뉘어진 원인은 무엇일까요?

(가) 때문이에요.

학문적 성향 차이 때문입니다.

① 이조 전랑의 임명 문제
② 부당한 공훈 삭제 문제
③ 훈구와 사림 세력의 대립
④ 현량과 실시에 대한 대립
⑤ 조선 건국에 참여하였는지의 문제

07 (가)에 대한 설명으로 가장 적절한 것은?

〈 (가) 의 4대 덕목〉

• 덕업상권: 좋은 일은 서로 권함
• 과실상규: 잘못된 일은 서로 규제함
• 예속상교: 예의 바른 풍속으로 교제함
• 환난상휼: 어려운 일은 서로 도움

① 지방의 양반 자제를 교육하였다.
② 덕망 높은 유학자에 대한 제사를 지냈다.
③ 공론을 모아 중앙 정치에 영향을 끼쳤다.
④ 특정 학자의 학통을 계승한 학파를 형성하였다.
⑤ 이황과 이이가 우리 실정에 맞게 만들어 보급하였다.

08 (가)에 들어갈 인물로 옳은 것은?

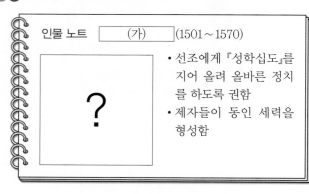

인물 노트 (가) (1501~1570)

?

• 선조에게 『성학십도』를 지어 올려 올바른 정치를 하도록 권함
• 제자들이 동인 세력을 형성함

① 이이   ② 이황   ③ 김종직   ④ 주세붕   ⑤ 조광조

09 (가)에 들어갈 내용으로 옳은 것을 〈보기〉에서 고른 것은?

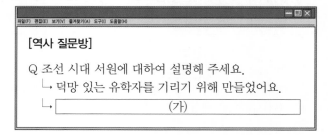

파일(F) 편집(E) 보기(V) 즐겨찾기(A) 도구(I) 도움말(H)

[역사 질문방]

Q 조선 시대 서원에 대하여 설명해 주세요.
└ 덕망 있는 유학자를 기리기 위해 만들었어요.
└ (가)

┤보기├
ㄱ. 사림이 주도하여 만든 향촌 자치 규약이에요.
ㄴ. 지방 양반 자제들을 교육하기 위해 만들어졌어요.
ㄷ. 깊이 있는 성리학 연구와 학파의 형성에 영향을 주었어요.
ㄹ. 상부상조의 전통과 성리학적 유교 윤리가 결합되어 만들어졌어요.

① ㄱ, ㄴ   ② ㄱ, ㄷ   ③ ㄴ, ㄷ
④ ㄴ, ㄹ   ⑤ ㄷ, ㄹ

중요

10 (가)~(다) 붕당에 대한 설명으로 옳은 것을 〈보기〉에서 고른 것은?

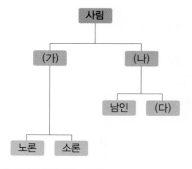

사림
├─ (가)
│   ├─ 노론
│   └─ 소론
└─ (나)
    ├─ 남인
    └─ (다)

┤보기├
ㄱ. (가) – 인조반정으로 몰락하였다.
ㄴ. (나) – 주로 영남 지방 사림이었다.
ㄷ. (다) – 광해군 때 정치를 주도하였다.
ㄹ. (가), (나) – 사화가 원인이 되어 분화되었다.

① ㄱ, ㄴ   ② ㄱ, ㄷ   ③ ㄴ, ㄷ
④ ㄴ, ㄹ   ⑤ ㄷ, ㄹ

서술형
01 (가) 인물을 쓰고 그가 추진한 개혁 정치를 세 가지 서술하시오.

파일(F) 편집(E) 보기(V) 즐겨찾기(A) 도구(T) 도움말(H)

[인물 검색 ▼] (가) [검색]

↳ **검색 결과**
• 출생~사망: 1482(성종 13) ~ 1519(중종 14)
• 중종이 훈구 세력을 견제하기 위하여 등용함
• 유교적 이상 정치를 위해 개혁을 추진하였으나 기묘사화로 제거됨

논술형

02 다음 자료의 내용을 반영하여 사림 세력이 향촌에 향약을 보급하고자 한 이유를 250자 내외로 논술하시오.

〈예안 향약〉

올바른 것을 어기고 예의를 해침으로써 우리 고을 풍속을 무너뜨리는 자는 바로 하늘의 뜻을 거역하는 백성이다. 벌을 주지 않으려 해도 주지 않을 수 있겠는가?

• 극벌에 처할 죄: 부모에게 불손한 자, 형제가 서로 싸우는 자, 마을 어른을 욕보이는 자
• 중벌에 처할 죄: 이웃과 화합하지 않는 자, 염치없이 선비의 품위를 더럽힌 자
• 하벌에 처할 죄: 회의에 늦은 자, 좌중에서 떠들썩하게 다투는 자, 자리를 마음대로 바꾸는 자

－『퇴계선생문집』－

서술형

03 ㉠에 들어갈 건축물을 쓰고, 사림 세력이 이를 설립한 목적을 두 가지 서술하시오.

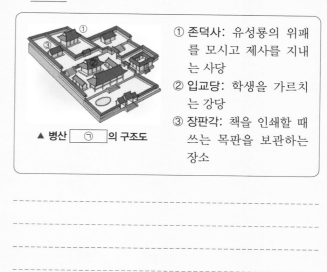

① 존덕사: 유성룡의 위패를 모시고 제사를 지내는 사당
② 입교당: 학생을 가르치는 강당
③ 장판각: 책을 인쇄할 때 쓰는 목판을 보관하는 장소

▲ 병산 ㉠ 의 구조도

서술형

04 다음 글을 읽고 물음에 답하시오.

김효원이 …… (가) 의 물망에 올랐으나 …… 심의겸이 반대하였다. 그 뒤에 (심의겸의 동생) 심충겸이 …… (가) (으)로 천거되었으나, 외척이라 하여 김효원이 반대하였다. 이에 양편 친지들이 각기 다른 주장을 내세우며 서로 배척하여 동인, 서인이라는 말이 여기서 비롯되었다. 효원의 집은 동쪽 건천동에 있고, 의겸의 집은 서쪽 정릉동에 있었기 때문이다. －『연려실기술』－

(1) (가)에 들어갈 관직명을 쓰시오.

(2) (가)의 관직이 가지는 권한을 두 가지 서술하시오.

문화의 발달과 사회 변화

＋ 삼강오륜

삼강은 임금과 신하, 부모와 자식, 부부 사이에 지켜야 할 도리이며, 오륜은 임금과 신하, 부모와 자식, 부부 사이, 연장자와 연소자, 친구 사이에 지켜야 할 인륜이다.

＋ 신분제 강화

조선의 신분은 법제상 양인과 천인으로 구분되었으나, 점차 양인이 양반과 상민으로 엄격하게 구분되어 4신분제로 정착하였다.

양반	• 과거를 통해 문무 관직 진출 • 국역 면제 등 특권을 누림
중인	기술관, 서리, 지방 향리 등
상민	• 대부분 농민 • 조세·공납·군역 및 요역 의무
천민	대부분 노비

＋ 가례

중국 남송의 주희가 가정에서 지켜야 할 유교 윤리를 종합하여 만들었다 전해지는 책으로, 『주자가례』라고도 한다.

＋ 가묘

양반들이 조상의 위패를 모셔 두고 제사를 지내던 집 안의 사당이다.

＋ 조선왕조실록

조선 태조~철종까지 25대 왕 472년간의 역사를 연, 월, 일에 따라 기록한 역사서이다. 국왕이라 하여도 함부로 실록의 내용을 보거나 수정할 수 없어 객관적 기록이 가능하였고, 그 가치를 인정받아 1997년에 유네스코 세계 기록 유산으로 등재되었다.

❶ 유교 윤리의 보급과 사회 변화

(1) 국가의 유교 윤리 보급을 위한 노력

① 배경: 백성들에게 삼강오륜 등의 유교 윤리 보급 → 유교적 사회 질서를 확립하려 함
　→ 조선의 국가 통치 이념인 성리학에서 강조하는 기본 윤리였다.

② 의례서와 유교 윤리서의 간행

『국조오례의』 편찬	왕실의 제례, 혼례, 군대 의식, 사신 접대 의식, 상례 등 국가와 왕실에서 치러지는 의식을 유교 예법에 따라 규정
『삼강행실도』 간행	우리나라와 중국의 효자, 충신, 열녀 등의 이야기를 그림과 함께 수록

③ 종묘 제례 실시: 국가 차원에서 '효'를 실천하려는 의식, 종묘 제례악 연주
　→ 왕실의 제사 의례이다.

> 📖 **더 알아보기 ▶ 『삼강행실도』의 보급**
>
>
>
> 이야기를 그림으로 그려 설명
> 한글로 설명
> 한문으로 설명
>
> 백성들이 임금과 신하, 어버이와 자식, 부부 사이의 큰 인륜을 모르고, 인색하다.…… 내가(세종) 특별히 뛰어난 것을 뽑아서 그림과 글을 만들어 중앙과 지방에 나누어 주니, 남녀 모두 쉽게 보고 느끼기를 바란다. 그렇게 하면 백성을 교화하여 풍속을 이루게 될 것이다.
> －『세종실록』－
>
> 세종은 성리학적 통치 이념을 백성들에게 쉽게 보급하기 위하여 삼강오륜의 도리를 지킨 모범 사례를 모아 『삼강행실도』를 편찬하였다. 이후 성종 때에는 백성들이 쉽게 이해할 수 있도록 훈민정음으로 번역한 내용을 추가하여 수록하였다.

(2) 양반의 유교 윤리 확산을 위한 노력: 유교 윤리의 확산으로 사림의 향촌 지배력 강화

① 명분론 강조: 사회 질서인 신분제 강화 → 사람의 지위마다 맞는 역할이 정해져 있다는 논리이다.

② 일상생활 속 유교 윤리의 보급

『소학』 보급	아동과 유학을 처음 배우는 사람을 대상으로 한 유학 교육 입문서
『가례』 보급	가정에서 지켜야 할 관례, 혼례, 상례, 제례에 대한 유교 예법 기록
가묘(사당) 설립	집 안에 가묘(사당)를 설치하여 제사를 지냄
향약 보급	마을 단위로 유교 윤리와 예법을 강조
족보 편찬	같은 성씨끼리 내부 단결, 양반의 신분적 우월함을 강조

(3) 국가 주도의 서적 편찬: 국가 기틀을 다지고 새로운 제도와 문물을 정비하기 위함

법전	『경국대전』		
역사서	『고려사』, 『고려사절요』, 『동국통감』, 『조선왕조실록』		
지리서	『동국여지승람』(각 지역의 역사, 산천, 토지, 교통, 인물, 풍속을 정리)		
음악서	『악학궤범』(조선 전기 음악적 성과 정리)	문학서	『동문선』

　→ 고조선~고려 말까지의 역사를 정리하였다.

(4) 양반 중심 문화 발전

문학	김시습의 『금오신화』, 정철의 「관동별곡」
회화	문인화·산수화 유행(강희안의 「고사관수도」, 안견의 「몽유도원도」), 사군자 유행
공예·건축	분청사기·백자 유행, 서원 건축 활발, 정원과 정자 건축

　→ 16세기 이후 선비 정신을 닮은 깨끗하고 고상한 백자가 유행하였다.
　→ 양반은 자연과 조화를 이룬 정자와 정원을 지었다.

❷ 훈민정음 창제와 과학 기술 발달

(1) 훈민정음 창제

① 배경: 이전까지 우리말을 표현하기 위해 사용되던 <u>이두</u>, 한자 등이 어려워 백성들이 일상생활에 불편함을 겪음
> 통일 신라 시대에 한자의 뜻과 음을 빌려 만든 우리말 표기법이었지만 우리말을 제대로 표현하는 데 한계가 있었다.

② 훈민정음 반포(1446): 세종이 28자의 소리글자로 된 훈민정음 반포
- 누구나 쉽게 배워 백성이 스스로 뜻을 표현할 수 있게 하기 위함
- 국가의 통치 이념을 글로 쉽게 전달하고 이해시키기 위함

③ 훈민정음의 우수성: 우리말을 그대로 읽고 쓰기 편리, 글자의 원리가 과학적·독창적임

④ 활용
- 왕실의 권위를 높임: 『용비어천가』를 지어 조선 건국의 정당성 강조
- 실용 지식 보급과 백성 교화: 농서, 유교 윤리서 등을 훈민정음으로 간행·편찬
- 하급 관리를 뽑을 때 훈민정음으로 시험을 보기도 함

⑤ 의의: 국문학 발전의 계기, 민족 문화 발전의 바탕

(2) 과학 기술의 발달

> 조선 시대 사람들은 천문 현상에 하늘의 뜻이 담겨 있다고 여겨 천문학이 국왕의 권위와 연결되어 있다고 보았다.

① 천문학 발달: 국왕의 권위 유지와 농사에 필요한 정보를 주는 학문으로 중시

태조	「천상열차분야지도」(고구려의 천문도 바탕) 제작
세종	• 천체 관측 기구: 간의, 혼천의 • 시간 측정 기구: 앙부일구(해시계), 자격루(물시계), 일성정시의 • 『칠정산』: 한양을 기준으로 만든 역법서

> 낮에는 해, 밤에는 별을 보고 시간을 측정하던 기구이다.

② 지리학 발달: 중앙 집권 체제 강화와 국방력 강화를 위해 편찬

지도	「팔도도」(전국 지도), 「혼일강리역대국도지도」(세계 지도)
지리서	『동국여지승람』

③ 실용적 과학 기술의 발달
> 조선은 민본 사상을 중시하여 백성들의 삶을 안정시키고 부강한 나라를 만들기 위해 실용적 과학 기술을 중시하였다.

농업	측우기(전국의 강우량 파악), 『농사직설』(우리나라 농법 수록)
의학	『향약집성방』(우리나라 약재와 이를 이용한 치료법 소개), 『의방유취』(의학 집대성)
금속 활자	계미자(태종), 갑인자(세종)
무기	신기전, 화차(여진, 왜구의 침입 시 활용)

💡 집중 탐구 │ 우리나라 실정에 맞게 편찬된 도서

〈역법서〉	〈농법서〉	〈의학서〉
	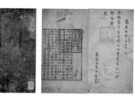	
▲ 『칠정산』	▲ 『농사직설』	▲ 『향약집성방』
세종 때 기존의 역법이 중국과의 위도와 경도 차이로 오차가 발생하자, 한양을 기준으로 천문을 계산하여 『칠정산』을 편찬하였다.	세종 때 우리나라 각 지방의 농민들에게 그 지역에 맞는 농사법을 물어보게 하고 이를 간추려 『농사직설』을 편찬하였다.	세종 때 우리 땅에서 자라는 약재의 우수성을 강조하고 이를 활용한 질병 치료법을 모아 『향약집성방』을 편찬하였다.

✚ 훈민정음

훈민정음은 '백성을 가르치는 바른 소리'라는 뜻이다. 발음 기관의 모양을 본뜬 자음과 하늘(•), 땅(_), 사람(l)을 본뜬 모음으로 이루어졌으며, 창제 당시 28글자였다.

✚ 훈민정음 창제 반대

최만리 등 당시 양반들은 중국(명)을 성리학적으로 우수한 문화를 가진 나라로 생각하고 조선이 중국의 문화를 계승한 우수한 나라임을 강조하여 훈민정음 창제에 반대 의견을 내기도 하였다.

✚ 용비어천가

세종 때 편찬되었으며, 조선 왕실 선조들의 행적을 찬양하고 왕조 창업의 위대함을 담고 있는 서사시이다.

✚ 천상열차분야지도

하늘의 모습을 12개 구역으로 나누어 별자리의 위치와 모양을 표현한 천문도이다.

✚ 혼일강리역대국도지도

태종 때 제작된 동양에서 현존하는 가장 오래된 세계 지도로 유럽과 아프리카 대륙까지 포함하고 있으며, 중국과 조선이 상대적으로 크게 표현되어 있다.

✚ 측우기

세계 최초의 강우량 측정 기구로, 전국 각지에 설치하여 비의 양을 분석하였다. 각 지역의 풍흉을 가늠할 수 있어 농사에 도움을 주었다.

개념 다지기

01 다음 글의 밑줄 친 부분을 옳게 고쳐 쓰시오.

(1) 조선은 성리학적 불교 이념을 국가 통치 이념으로 삼고 삼강오륜 등을 백성에게 보급하였다. …… (　　　)

(2) 조선은 우리나라와 중국의 효자, 충신, 열녀 등의 이야기를 그림과 함께 수록한 『국조오례의』를 편찬하였다. …… (　　　)

(3) 양반들은 『소학』의 보급을 통해 가정에서 지켜야 할 관례, 혼례, 상례, 제례에 대한 유교 예법을 전파하고자 하였다. …… (　　　)

02 〈보기〉에서 양반들의 유교 윤리 보급을 위한 노력에 해당하는 것을 있는 대로 고르시오.

┤ 보기 ├
ㄱ. 『가례』 보급　　　　ㄴ. 『소학』 보급
ㄷ. 『농사직설』 간행　　ㄹ. 『용비어천가』 편찬

03 다음을 관련된 내용끼리 연결하시오.

(1) 법전　　•　　　　•　ㄱ 『동문선』
(2) 역사서　•　　　　•　ㄴ 『경국대전』
(3) 지리서　•　　　　•　ㄷ 『악학궤범』
(4) 음악서　•　　　　•　ㄹ 『조선왕조실록』
(5) 문학서　•　　　　•　ㅁ 『동국여지승람』

04 다음 내용에 해당하는 서적을 〈보기〉에서 고르시오.

┤ 보기 ├
ㄱ. 『소학』　　　　ㄴ. 『악학궤범』
ㄷ. 『동국통감』　　ㄹ. 『국조오례의』
ㅁ. 『조선왕조실록』　ㅂ. 『동국여지승람』

(1) 조선 전기의 음악적 성과를 정리하였다. …… (　　　)

(2) 고조선부터 고려 말까지의 역사를 정리하였다. …… (　　　)

(3) 각 지역의 역사, 산천, 토지, 교통, 인물, 풍속 등을 정리하였다. …… (　　　)

(4) 아동과 유학을 처음 배우는 사람을 대상으로 한 유학 교육 입문서이다. …… (　　　)

(5) 조선 태조부터 철종까지 25대 472년간의 역사를 시간 순서대로 기록하였다. …… (　　　)

(6) 왕실의 제례, 혼례, 군대 의식, 사신 접대 의식, 상례 등 국가와 왕실에서 치러지는 의식을 유교 예법에 따라 규정하였다. …… (　　　)

05 다음 설명이 맞으면 ○표, 틀리면 ×표를 하시오.

(1) 훈민정음은 하급 관리 선발에 이용되기도 하였다. …… (　　　)

(2) 훈민정음으로 지어진 『용비어천가』는 조선 건국의 정당성을 강조하였다. …… (　　　)

(3) 성종은 글자의 원리가 과학적이고 독창적인 훈민정음을 창제하였다. …… (　　　)

(4) 조선은 농서, 유교 윤리서 등을 훈민정음으로 간행하여 실용 지식을 보급하고 백성을 교화하였다. …… (　　　)

06 빈칸에 들어갈 단어를 쓰시오.

(1) □□□□□□□은/는 고구려의 천문도를 바탕으로 제작되었다.

(2) □□□□은/는 솥과 같은 모양을 한 해시계이다.

(3) □□□□□□□□□은/는 동양에서 현존하는 가장 오래된 세계 지도이다.

(4) □□□은/는 전국의 강우량을 파악하여 풍흉을 가늠할 수 있어 농사에 도움을 주었다.

(5) 성리학이 발달하면서 내면의 수양을 중시하는 분위기가 반영되어, 자기에서는 소박한 느낌의 □□이/가 발달하였다.

07 다음 중 시간을 측정하는 기구를 〈보기〉에서 모두 고르시오.

┤ 보기 ├
ㄱ. 갑인자　　　　ㄴ. 자격루
ㄷ. 신기전　　　　ㄹ. 『팔도도』
ㅁ. 앙부일구　　　ㅂ. 일성정시의

08 다음에서 설명하는 책을 〈보기〉에서 고르시오.

┤ 보기 ├
ㄱ. 『칠정산』　　ㄴ. 『농사직설』　　ㄷ. 『향약집성방』

(1) 우리 땅에서 자라는 약재의 우수성을 강조하고 이를 활용한 질병 치료법을 모아 편찬하였다. …… (　　　)

(2) 우리나라 각 지방의 농민들에게 그 지역에 맞는 농사법을 물어보고 이를 간추려 편찬하였다. …… (　　　)

(3) 기존의 중국 역법이 위도와 경도 차이로 오차가 생기자, 한양을 기준으로 천문을 계산하여 편찬하였다. …… (　　　)

중단원 실력 쌓기

01 (가)에 들어갈 내용으로 적절한 것을 〈보기〉에서 고른 것은?

중요

조선 정부가 국가 차원에서 유교 윤리를 보급하기 위해 노력한 사례를 발표해 볼까요?

(가)

유교 의식에 따라 종묘 제례를 실시하여 국가 차원에서 효를 실천하려 하였어요.

┤ 보기 ├

ㄱ. 족보를 편찬하여 같은 성씨끼리 내부 단결을 강화하였어요.

ㄴ. 집 안에 가묘를 설치해 조상의 위패를 모셔 놓고 제사를 지냈어요.

ㄷ. 국가와 왕실의 의례를 유교 예법에 따라 정리한 『국조오례의』를 편찬하였어요.

ㄹ. 유교 윤리를 실천한 인물들을 글과 그림으로 설명한 『삼강행실도』를 간행하였어요.

① ㄱ, ㄴ   ② ㄱ, ㄷ   ③ ㄴ, ㄷ
④ ㄴ, ㄹ   ⑤ ㄷ, ㄹ

02 (가)에 들어갈 답변으로 적절하지 않은 것은?

조선에서 『주자가례』라고도 불리는 이 책이 보급되면서 여러 사회적 변화가 나타났지요?

家禮

네. 『가례』의 보급으로 점차 _____ (가)

① 상례에서 불교식 화장 풍습이 유행하였어요.

② 조상에게 제사를 지내는 것이 효의 기본이 되었어요.

③ 신부가 신랑의 집으로 가서 생활하는 경우가 늘었어요.

④ 성인이 되는 의식인 관례를 통해 남자가 상투를 틀었어요.

⑤ 부모님이 돌아가시면 3년상을 치르는 것을 당연히 여기게 되었어요.

03 (가)에 들어갈 내용으로 옳은 것을 〈보기〉에서 고른 것은?

파일(F) 편집(E) 보기(V) 즐겨찾기(A) 도구(I) 도움말(H)

[역사 질문방]

Q 『조선왕조실록』에 대하여 설명해 주세요.

↳ 1997년에 유네스코 세계 기록 유산으로 등재되었어요.

↳ _____ (가)

┤ 보기 ├

ㄱ. 고조선부터 고려 말까지의 역사를 정리한 역사서예요.

ㄴ. 국왕이라고 하여도 함부로 내용을 보거나 수정할 수 없었어요.

ㄷ. 조선 태조부터 철종까지 25대 472년간의 역사를 시기순으로 기록한 책이에요.

ㄹ. 조선 왕실 선조들의 행적을 찬양하고 왕조 창업의 위대함을 노래한 서사시예요.

① ㄱ, ㄴ   ② ㄱ, ㄷ   ③ ㄴ, ㄷ
④ ㄴ, ㄹ   ⑤ ㄷ, ㄹ

04 (가)를 창제한 목적으로 옳은 것을 〈보기〉에서 고른 것은?

중요

지혜로운 사람은 아침이 끝나기 전에 (가) 을/를 이해하고, 어리석은 사람은 열흘이면 알 수 있다. 이로써 글을 해석하면 그 뜻을 알 수가 있으며, 바람 소리와 학의 울음소리이든지, 닭 울음소리나 개 짖는 소리까지도 모두 표현해 쓸 수 있게 되었다.

－『세종실록』－

┤ 보기 ├

ㄱ. 권력의 독점 및 관리의 부정과 비리를 막기 위해

ㄴ. 국가의 통치 이념을 글로 쉽게 전달하고 이해시키기 위해

ㄷ. 정확한 비의 양을 측정하여 농사에 필요한 정보를 주기 위해

ㄹ. 누구나 쉽게 배워 백성이 스스로 뜻을 표현할 수 있게 하기 위해

① ㄱ, ㄴ   ② ㄱ, ㄷ   ③ ㄴ, ㄷ
④ ㄴ, ㄹ   ⑤ ㄷ, ㄹ

05 다음 설명과 관계있는 문화유산으로 옳은 것을 〈보기〉에서 고른 것은?

> 조선은 유교 이념에 따라 백성이 근본이 되는 정치를 추구하였다. 이에 백성들이 농사짓는 데 어려움이 없도록 하는 것을 최우선으로 여겼다.

| 보기 |

ㄱ. 측우기　　　　　　　　ㄴ. 신기전
ㄷ. 『농사직설』　　　　　　ㄹ. 『의방유취』

① ㄱ, ㄴ　　② ㄱ, ㄷ　　③ ㄴ, ㄷ
④ ㄴ, ㄹ　　⑤ ㄷ, ㄹ

중요

06 (가)~(마)에서 유물과 설명이 옳게 연결된 것은?

역사 탐구 보고서

• 주제: 조선 전기 과학 기술의 발달
• 관련 문화유산 소개

	유물명	유물 설명
(가)	간의	솥과 같은 모양을 한 해시계이다.
(나)	자격루	천체의 운행과 위치를 측정하여 천문 시계 구실을 하였다.
(다)	갑인자	세종 때 주조된 금속 활자로 아름다운 글씨체로 알려졌다.
(라)	앙부일구	자동으로 시간을 알려 주는 기능을 가진 물시계로 조선의 표준 시계로 사용되었다.
(마)	혼천의	낮에는 해시계, 밤에는 별시계의 기능을 갖춰 낮과 밤에 모두 시간을 측정할 수 있었다.

① (가)　② (나)　③ (다)　④ (라)　⑤ (마)

07 다음에서 설명하는 작품으로 옳은 것은?

> 세종의 셋째 아들인 안평 대군이 꾼 꿈의 이야기를 듣고 안견이 그린 그림으로 현실 세계, 무릉도원 입구, 무릉도원의 3단계로 구성되어 있다.

① 묵죽도　　　　　　② 몽유도원도
③ 고사관수도　　　　④ 천상열차분야지도
⑤ 혼일강리역대국도지도

08 (가), (나)에서 설명하는 문화유산을 옳게 연결한 것은?

> (가) 태조 때 고구려의 천문도를 수정하여 만들었다. 하늘의 모습을 12개 구역으로 나누어 별자리의 위치와 모양을 표현한 천문도이다.
> (나) 태종 때 제작된 동양에서 현존하는 가장 오래된 세계 지도로 유럽과 아프리카까지 포함하고 있으며, 중국과 조선이 상대적으로 크게 강조되어 있다.

	(가)	(나)
①	팔도도	천상열차분야지도
②	혼일강리역대국도지도	동국여지승람
③	동국여지승람	팔도도
④	천상열차분야지도	혼일강리역대국도지도
⑤	혼일강리역대국도지도	천상열차분야지도

09 다음 특별 기획전에서 볼 수 있는 작품으로 옳은 것을 〈보기〉에서 고른 것은?

초대합니다

조선 전기 양반 문화 특별 기획전

> 이번 특별 기획전에서는 조선 전기 양반 문화의 진수를 보여 줄 다양한 작품을 모아 전시합니다.
> • 기간: ○○○○년 ○○월 ○○일~○○일
> • 장소: ○○ 박물관 특별 전시실

| 보기 |

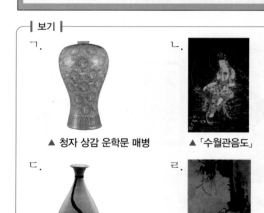

ㄱ. ▲ 청자 상감 운학문 매병
ㄴ. ▲ 「수월관음도」
ㄷ. ▲ 백자 끈무늬 병
ㄹ. ▲ 「고사관수도」

① ㄱ, ㄴ　② ㄱ, ㄷ　③ ㄴ, ㄷ　④ ㄴ, ㄹ　⑤ ㄷ, ㄹ

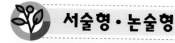

01 (가) 책의 명칭을 쓰고, 조선이 이를 편찬하여 보급한 목적을 서술하시오.

이달의 책 ┃ (가)

「누백포호」: 최루백은 열다섯 살 때 아버지가 사냥하다가 호랑이에게 죽임을 당하자 …… 곧 도끼를 메고 호랑이의 자취를 따라갔다. …… 드디어 호랑이를 죽이고 아버지를 호법산 서쪽에 장사 지냈다.

세종 때 우리나라와 중국의 서적에서 모범이 될 만한 충신, 효자, 열녀 등의 이야기를 글과 그림으로 구성하여 간행하였으며, 성종 때 훈민정음으로 번역한 내용을 추가하였다.

02 다음은 조선 세종 때 편찬된 책의 내용이다. 읽고 물음에 답하시오.

(가) 농사는 천하의 근본이다. (각 지역의) 풍토가 같지 아니하므로 곡식을 심고 가꾸는 법도 각각 지역마다 적합한 방법이 있으니, 옛 농서들을 그대로 사용할 수 없다.

(나) 우리 땅에서 나는 약재들이 백성의 생명을 기르고 병을 치료하는 데 모자람이 없는데, 가까운 우리나라에서 나는 약은 소홀히 하고 먼 곳에서 오는 약만 찾는다.

⑴ (가), (나) 내용이 기록된 서적의 명칭을 각각 쓰시오.

⑵ (가)와 (나) 서적 편찬이 가지는 공통된 의의를 서술하시오.

03 훈민정음 창제에 대한 (가)와 (나)의 입장 중 하나를 선택하고, 내가 조선 시대에 살았다면 어떤 입장을 지지하였을지 근거를 들어 200자 내외로 논술하시오.

(가) 나랏말이 중국과 달라 한자와 서로 통하지 아니하므로, 어리석은 백성이 말하고 싶은 것이 있어도 마침내 제 뜻을 잘 표현하지 못하는 사람이 많다. 내 이를 딱하게 여겨 새로 28자를 만들었으니, 사람들로 하여금 쉽게 날마다 익혀 쓰는 데 편하게 할 뿐이다. 　　　　　　　　　　　　　 －『세종실록』－

(나) 예부터 중국은 지역마다 풍토는 비록 다르오나 지방의 말에 따라 따로 문자를 만든 것은 없사옵고, 오직 몽골·서하·여진·일본과 서번(티베트)만이 각기 그 글자가 있으나, 이는 모두 오랑캐의 일입니다. …… 따로 언문을 만드는 것은 중국을 버리고 스스로 오랑캐와 같아지려는 것입니다. 　　　　　　　　　　　　　 －『세종실록』－

04 왜란 · 호란의 발발과 영향

+ 임진왜란에 대한 각국의 명칭

한국	임진왜란(임진년에 일본이 일으킨 전쟁) ← 당시 일본 천황의 연호
일본	분로쿠 · 게이초의 역 → 전쟁
중국	항왜원조(일본에 맞서 조선을 도와준 전쟁)

+ 임진왜란의 전개

```
관군
의병 대장
일본군의 주요 침입로
조 · 명 연합군의 진격로
격전지
```

+ 훈련도감

조선은 일본과의 휴전 회담 중 조총을 다루는 포수, 창칼을 다루는 살수, 활을 쏘는 사수로 구성된 훈련도감을 설치하여 중앙군을 정비하였다.

+ 거북선

기본적인 판옥선에 거북 모양의 철갑을 덮은 형태의 군선으로 주로 맨 앞에서 적진을 공격하는 돌격선으로 사용되었다.

+ 일본 문화의 발전

도공 이삼평은 임진왜란 때 포로로 끌려가 17세기 일본 아리타 자기 발전에 크게 공헌하였고, 성리학자 강항은 정유재란 때 포로로 일본에 끌려가 일본 성리학 발전에 크게 기여하였다.

+ 통신사

일본은 조선의 통신사 파견을 통해 조선과 중국의 선진 문화를 받아들였다. 또한 일본은 이를 통해 막부의 권위를 확인하고 국제적으로 막부의 정통성을 공인받고자 하였다.

❶ 임진왜란

(1) **임진왜란의 발발(1592)**

① 전쟁 전의 상황

조선	장기간 평화 지속, 붕당 간 정세 인식 차와 국론 분열, 군역 문란으로 군사력 · 국방력 약화
일본	도요토미 히데요시가 전국 시대 통일 → 다이묘의 불만을 밖으로 돌리고자 함
명	환관의 횡포 심화, 몽골과 왜구의 침입으로 사회 불안 심화

② 전개: 조총(서양식 신무기)으로 무장한 일본군의 침략 → 일본군의 부산진과 동래성 함락 → 충주 방어선 붕괴 → 한양 점령 → 선조는 의주로 피란, 명에 지원군 요청
    └→ 신립이 지키고 있었다.   └→ 선조는 만일의 사태에 대비하여 광해군을 세자로 책봉하였다.

(2) **수군과 의병 · 승병의 활약** └→ 이순신이 이끄는 수군이 옥포, 사천, 당포, 한산도 등지에서 승리를 거두었다.

① **수군의 활약**: 서남해 제해권 장악, 전라도 곡창 지대 수호, 일본군 보급로 차단

② **의병과 승병의 활약**: 익숙한 향토 지리를 활용하여 적은 병력으로 일본군에게 타격

③ **전세의 역전**: 조 · 명 연합군의 활약(평양성 탈환), 진주 대첩(김시민), 행주 대첩(권율)

(3) **휴전과 정유재란(1597)** └→ 명이 지원군을 조선에 파병하면서 임진왜란은 동아시아 국제전의 모습을 띠었다.

① **전개**: 일본의 휴전 요청 → 조선은 무기 정비, 훈련도감 설치 → 휴전 회담 결렬

② **정유재란**: 일본군 재침입 → 명량 해전(이순신) 승리 → 도요토미 히데요시 사망, 일본군 철수 → 노량 해전(이순신) 승리 → 전쟁 종결(1598)

📋 **더 알아보기** ▶ 조선 수군의 승리 요인

〈우수한 군선과 화약 무기〉   〈뛰어난 전술〉

▲ 거북선   ▲ 판옥선   ▲ 천자총통   ▲ 학익진

임진왜란 당시 조선은 판옥선과 거북선이라는 우수한 군선을 만들었다. 판옥선은 일본 군선에 비하여 배 바닥 면이 넓어 방향 전환이 자유로웠고 판재가 두꺼워 선체가 강하였다. 또한, 천자총통 같은 우수한 화약 무기를 만들어 함선에 장착함으로써 강력한 화력을 과시하였다. 여기에 학익진이라는 뛰어난 전술을 사용하여 일본군을 상대로 크게 승리하였다.

---

(4) **전쟁의 영향과 동아시아 정세 변화**   └→ 에도 막부는 도쿠가와 이에야스가 에도(도쿄)에 수립한 무사 정권이다.

조선	• 국토 황폐화(백성의 생활과 국가 재정 악화), 인구 감소, 신분 질서 동요 • 문화유산 소실 · 약탈: 불국사 · 경복궁 · 사고 등 소실, 문화유산 일본 유출
일본	• 정권 교체: 도쿠가와 이에야스의 에도 막부 수립 • 문화 발전: 조선에서 문화재 약탈, 학자 · 기술자 납치 → 성리학 · 도자기 · 인쇄 문화 발전
중국	• 명: 조선에 지원군 파견 후 재정 악화와 국력 소모로 세력 약화 • 여진: 누르하치가 여진족을 통합하고 후금을 건국하여 성장

(5) **일본과의 관계 회복**: 에도 막부의 국교 회복 요청 → 승려 유정의 협상 노력 → 포로 송환, 국교 재개 → 기유약조 → 통신사 파견(일본의 요청으로 대규모 사절단 파견)
                         └→ 조선은 동래부에 왜관을 설치해 일본과 제한된 무역을 허용하였다.

❷ 광해군의 정책과 인조반정

(1) 광해군의 정책 → 광해군은 북인 정권과 함께 전후 복구를 위해 노력하였다.

전후 복구	국가 재정 확보(토지 개간 장려, 토지 대장과 호적 정비), 국방력 강화(성곽과 무기 수리, 군사 훈련 실시), 민생 안정(허준의 『동의보감』 보급)
중립 외교	후금 성장, 명 쇠퇴 → 명의 지원병 요청 → 광해군이 강홍립 파견, 상황에 따른 대처 지시

Q&A ▲ 광해군은 왜 중립 외교를 추진하였나요?

> 강홍립이 통역관을 시켜 여진인에게 말하기를 "우리는 본래 너희와 원수진 일이 없는데, 무엇 때문에 서로 싸우겠느냐. 지금 여기 온 것은 부득이한 일이었음을 너희는 모르느냐?"하니 드디어 적과 화해하는 말이 오갔다.
> ―이긍익, 『연려실기술』―

광해군은 후금이 성장하고 명이 쇠퇴하는 국제 정세 속에서 후금과 불필요한 충돌을 피하는 실리적 외교를 추진하였다. 이를 통해 후금과의 충돌을 피하고 전후 복구 사업에 집중하고자 하였다.

(2) 인조반정(1623): 광해군이 영창 대군 살해·인목 대비 폐위, 서인 세력이 중립 외교 비판 → 광해군의 비도덕적 행동을 구실로 광해군을 폐위하고 인조를 왕으로 추대

❸ 정묘호란과 병자호란

(1) 정묘호란: 이괄의 난 이후 일부 무리가 후금으로 가 인조반정의 부당함 주장 → 후금이 광해군을 위해 보복한다는 명분으로 조선 침략 → 의병과 관군의 항전 → 후금의 화의 제의 → 후금과 형제 관계 체결 → 명과 전쟁을 치르고 있던 후금은 명과의 전쟁에 집중하기 위해서, 조선은 정권 교체와 오랜 전쟁으로 국력이 크게 약화된 상황이었으므로 화의를 맺었다.

(2) 병자호란(1636)

→ 주화파의 주장으로 외교적으로 국제 문제를 해결하자는 논리이다.

배경	후금의 태종이 국호를 청으로 바꾸고 조선에 군신 관계 강요
전개	주화론과 주전론(척화론)의 대립 → 주전론 우세 → 청 태종 침략(병자호란) → 청군의 한양 점령 → 인조의 남한산성 피신 → 주화론 득세 → 청에 항복
결과	• 삼전도의 굴욕: 청과 군신 관계 체결, 명 공격 시 지원군 파병 약속 • 소현 세자, 봉림 대군 및 많은 신하와 백성이 청에 인질로 끌려감

💡 집중 탐구　청의 침략에 어떻게 대응할까? ─ 주전론과 주화론의 대립

> (가) 화의로 백성과 나라를 망치기가 …… 오늘날과 같이 심한 적이 없었습니다. 중국은 우리나라에 있어서 곧 부모요, 오랑캐는 우리나라에 있어서 곧 부모의 원수입니다. …… 차라리 나라가 없어질지라도 의리를 저버릴 수 없습니다. ─『인조실록』─
> (나) 화친을 맺어 국가를 보존하는 것보다 차라리 의를 지켜 망하는 것이 옳다고 하였으나 …… 오랑캐들의 노여움을 도발하여 마침내 백성이 도탄에 빠지고 종묘와 사직에 제사를 지내지 못하게 된다면 그 허물이 이보다 클 수 있겠습니까? ─ 최명길, 『지천집』─

(가)는 윤집이 주장한 주전론이고, (나)는 최명길이 주장한 주화론이다. 청이 군신 관계를 강요하자 조선에서는 명과의 의리를 강조한 주전론과 현실을 인정한 주화론이 대립하였다.

❹ 북벌 운동과 북학 운동

(1) 북벌 운동: 병자호란 후 청에 대한 반감 증가 → 효종·송시열 등이 추진, 군대 양성, 성곽 수리, 군사력 강화 → 효종 사망 후 북벌 운동 사실상 중단 → 북벌을 준비하는 과정에서 백성들의 부담이 커지고 청의 지배력이 더욱 강화되어 청을 공격하는 것은 불가능하였다.

(2) 북학 운동의 대두: 청의 발달된 문물 수용 주장

✦ 동의보감

허준이 우리나라와 중국의 의학 서적을 집대성하여 편찬한 의학서로 주변에서 쉽게 구할 수 있는 약재를 활용한 치료법 등을 소개하여 의학의 대중화에 이바지하였다. 2009년에 유네스코 세계 기록 유산으로 지정되었다.

✦ 영창 대군 살해

광해군은 선조의 서자로 임진왜란의 혼란 속에서 세자로 책봉되어 정통성에 대한 논란이 있었다. 서인 세력이 선조의 적자인 영창 대군을 왕으로 추대하려는 움직임을 보이자, 광해군과 북인 세력은 왕권 안정을 빌미로 영창 대군을 살해하고 인목 대비를 폐위하였다.

✦ 이괄의 난

인조반정에 참여하여 공을 세웠던 이괄이 자신이 2등 공신에 그친 것에 불만을 품고 일으킨 반란이다.

✦ 정묘호란과 병자호란의 전개

✦ 북벌 운동

병자호란으로 청에 당한 수치를 씻고 복수하기 위해 일어난 운동이다.

✦ 효종

인조의 둘째 아들인 봉림 대군으로 병자호란 당시 함께 청에 인질로 잡혀갔다 돌아온 소현 세자가 갑자기 사망하자 인조의 뒤를 이어 즉위하였다.

개념 다지기

01 다음 설명에 해당하는 나라를 〈보기〉에서 고르시오.

| 보기 |
| ㄱ. 명　　　　　ㄴ. 조선　　　　　ㄷ. 일본 |

(1) 도요토미 히데요시가 100년 넘게 이어진 전국 시대의 혼란을 수습하였다. ············· (　　)

(2) 환관들의 횡포가 심해지고 왜구와 몽골의 침입으로 사회 불안이 심화되었다. ············· (　　)

(3) 붕당 간 정세 인식 차이로 국론이 분열되고 군역 제도의 문란으로 국방력이 약화되었다. ············· (　　)

02 다음 설명이 맞으면 ○표, 틀리면 ×표를 하시오.

(1) 일본은 서양식 무기인 조총으로 무장하고 조선을 침략하였다. ············· (　　)

(2) 일본군이 북상하자 선조는 의주로 피란하고 후금에 지원군을 요청하였다. ············· (　　)

(3) 신립 장군은 북상하던 일본군을 충주에서 무찔러 일본군의 진격을 저지시켰다. ············· (　　)

(4) 일본은 다이묘의 불만을 밖으로 돌리고자 대륙 침략을 구실로 조선을 침략하였다. ············· (　　)

03 다음 인물과 관련 있는 전투를 옳게 연결하시오.

(1) 권율　　•　　　　　　　　• ㉠ 진주 대첩
(2) 이순신 •　　　　　　　　• ㉡ 행주 대첩
(3) 김시민 •　　　　　　　　• ㉢ 명량 해전

04 다음에서 설명하는 군사 조직을 쓰시오.

조선은 일본군의 조총에 대항하기 위해 조총을 다루는 포수, 창과 칼을 다루는 살수, 활을 쏘는 사수로 구성된 중앙군을 조직하였다.

05 빈칸에 알맞은 말을 쓰시오.

(1) 임진왜란 이후 일본은 도쿠가와 이에야스가 권력을 잡아 (　　　) 막부를 세웠다.

(2) (　　　)에서는 임진왜란으로 국토가 황폐해지고 인구가 크게 감소하였으며 많은 문화재가 소실되었다.

(3) 조선에 지원군을 보냈던 (　　　)은/는 임진왜란의 영향으로 국력이 약화되었고, 이를 틈타 만주에서는 여진족이 빠르게 성장하였다.

06 다음 글의 밑줄 친 부분을 옳게 고쳐 쓰시오.

(1) 광해군은 서인 정권과 함께 전후 복구를 위해 토지 대장을 정리하고 호적을 정비하였다. ············· (　　)

(2) 서인 세력은 광해군의 중립 외교를 비판하고 광해군의 비도덕적 행동을 구실로 중종반정을 일으켰다.
············· (　　)

(3) 후금은 광해군을 위해 보복한다는 명분을 내걸고 병자호란을 일으켰다. ············· (　　)

(4) 후금의 태종은 국호를 청으로 바꾸고 스스로 황제라 칭하였으며, 조선에 형제 관계를 요구하였다.
············· (　　)

07 다음 설명과 관련된 내용을 〈보기〉에서 고르시오.

| 보기 |
| ㄱ. 임진왜란　　　　　ㄴ. 정유재란 |
| ㄷ. 정묘호란　　　　　ㄹ. 병자호란 |

(1) 조·명 연합군이 평양성을 탈환하였다. ········ (　　)

(2) 인조는 항전 45일 만에 삼전도에서 청과 굴욕적인 화의를 맺었다. ············· (　　)

(3) 후금이 형제의 관계를 맺을 것을 제의하여 조선은 이를 받아들였다. ············· (　　)

(4) 이순신이 이끄는 수군이 옥포, 사천, 당포, 한산도 등지에서 승리하였다. ············· (　　)

(5) 전세가 불리해지자 일본은 휴전을 요청하였으나 회담이 결렬되자 다시 침략하였다. ············· (　　)

(6) 전쟁의 결과 소현 세자, 봉림 대군 및 조선의 많은 신하와 백성들이 청에 인질로 끌려갔다. ········ (　　)

08 다음 내용 중 알맞은 것을 골라 ○표 하시오.

(1) 후금은 명과의 전쟁 준비 과정에서 명과 조선의 관계를 단절하기 위하여 (정묘호란, 병자호란)을 일으켰다.

(2) 청이 군신 관계를 요구하자 조선에서는 주화론과 주전론이 대립하였고, 점차 (주화론, 주전론)이 우세해지는 중에 청 태종이 조선을 침략하였다.

(3) 청이 남한산성을 포위하자 조선에서는 주화와 주전을 두고 논란이 벌어졌으나 (주화론, 주전론)이 힘을 얻어 청과 굴욕적 화의를 맺었다.

(4) 병자호란 이후 효종과 송시열 등은 (북학, 북벌) 운동을 벌여 군대를 양성하고 성곽을 수리하는 등 군사력 강화에 힘썼다.

01 임진왜란 직전 동아시아의 국제 정세에 대한 설명으로 옳은 것은?

① 후금이 국호를 청으로 바꾸었다.
② 조선에서 북벌 운동이 추진되었다.
③ 도쿠가와 이에야스가 에도 막부를 열었다.
④ 명의 국력이 약화되고 후금이 성장하였다.
⑤ 도요토미 히데요시가 전국 시대를 통일하였다.

02 다음 사건이 일어난 시기를 연표에서 옳게 고른 것은?

> 명이 일본의 대륙 진출을 막기 위해 조선에 지원군을 보냈다. 조선과 명의 연합군은 일본군에게 반격을 가해 평양성을 탈환하였다.

	(가)		(나)		(다)		(라)		(마)	
임진왜란 발발		정유재란 발발		광해군 즉위		인조반정		정묘호란 발발		병자호란 발발

① (가)   ② (나)   ③ (다)   ④ (라)   ⑤ (마)

03 중요 (가)에 들어갈 내용으로 옳은 것을 <보기>에서 고른 것은?

> • 주제: 이순신이 이끄는 조선 수군의 승리
> • 내용: 옥포, 사천, 당포, 한산도 등지에서 승리
> • 의의: [(가)]

┤ 보기 ├
ㄱ. 전라도 곡창 지대를 지켰다.
ㄴ. 일본군의 보급로를 차단하였다.
ㄷ. 일본의 도자기 문화를 발전시켰다.
ㄹ. 일본과의 국교가 정식으로 재개되었다.

① ㄱ, ㄴ   ② ㄱ, ㄷ   ③ ㄴ, ㄷ
④ ㄴ, ㄹ   ⑤ ㄷ, ㄹ

04 (가)에 들어갈 내용으로 옳은 것을 <보기>에서 고른 것은?

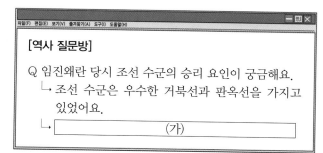

> **[역사 질문방]**
>
> Q 임진왜란 당시 조선 수군의 승리 요인이 궁금해요.
> └ 조선 수군은 우수한 거북선과 판옥선을 가지고 있었어요.
>   └ [(가)]

┤ 보기 ├
ㄱ. 초기에 서양식 무기인 조총으로 무장하였어요.
ㄴ. 배 바닥 면이 뾰족하여 기동력이 우수하였어요.
ㄷ. 천자총통과 같은 우수한 화약 무기를 사용했어요.
ㄹ. 학익진 전술과 같은 우수한 전술을 가지고 있었어요.

① ㄱ, ㄴ   ② ㄱ, ㄷ   ③ ㄴ, ㄷ
④ ㄴ, ㄹ   ⑤ ㄷ, ㄹ

05 밑줄 친 ㉠에 따라 발발한 전쟁이 일본에 끼친 영향으로 옳은 것을 <보기>에서 고른 것은?

> ㉠ 섬 오랑캐가 쳐들어왔다. …… 충의란 마땅히 나라를 위해 죽는 것이니, 무기를 들고 군량을 모으며, 말에 올라타 앞장서 전쟁터로 달리자. 기꺼이 쟁기를 던지고 논밭에서 일어나 능력이 되는 데까지 오직 충의로 돌아가라.
> − 고경명, 『제봉집』−

┤ 보기 ├
ㄱ. 국토가 황폐해지고 인구가 감소하였다.
ㄴ. 도자기 문화와 인쇄 문화가 발전하였다.
ㄷ. 도쿠가와 이에야스가 에도 막부를 세웠다.
ㄹ. 도요토미 히데요시가 전국 시대를 통일하였다.

① ㄱ, ㄴ   ② ㄱ, ㄷ   ③ ㄴ, ㄷ
④ ㄴ, ㄹ   ⑤ ㄷ, ㄹ

06 (가)에 들어갈 인물로 옳은 것은?

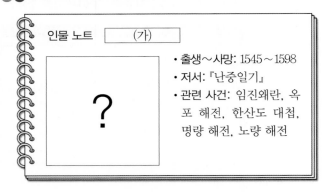

인물 노트 (가)

?

• 출생~사망: 1545~1598
• 저서: 『난중일기』
• 관련 사건: 임진왜란, 옥
  포 해전, 한산도 대첩,
  명량 해전, 노량 해전

① 유정   ② 휴정   ③ 권율
④ 김시민   ⑤ 이순신

07 (가)에 들어갈 답변으로 적절하지 <u>않은</u> 것은?

광해군의 전후 복구 정
책에 대해 이야기해 볼
까요?

(가)

국가 재정을
확충하기 위해
노력하였어요.

① 성곽과 무기를 수리하였어요.
② 토지 대장과 호적을 정비하였어요.
③ 황폐화된 토지의 개간을 장려하였어요.
④ 청에 당한 수치를 씻고 복수하고자 하였어요.
⑤ 허준으로 하여금 동의보감을 완성하게 하였어요.

⭐ 중요
08 (가)에 들어갈 사건으로 옳은 것은?

> 광해군이 이복동생인 영창 대군을 살해하고 인목 대비를 폐위하였다.

⬇

> (가)

⬇

> 후금은 광해군의 원수를 갚는다는 구실로 조선을 침략하였다.

① 임진왜란   ② 인조반정   ③ 병자호란
④ 정유재란   ⑤ 중종반정

09 다음 수행 평가 보고서 주제 선정하기에 달린 댓글로 적절하지 <u>않은</u> 것은?

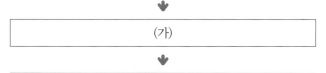

파일(F) 편집(E) 보기(V) 즐겨찾기(A) 도구(I) 도움말(H)

수행 평가 보고서 주제 선정하기

왜란과 호란이 일어났던 시기에도 동아시아 3국에서는 인적·물적 교류가 이루어지고 있었습니다. '전쟁 속에서도 이루어진 동아시아의 교류'라는 주제에 대하여 모둠별로 탐구할 보고서의 제목을 댓글로 달아 주세요.

└ (가) 모둠 – 성리학을 전래한 안향
└ (나) 모둠 – 조선에 전래된 홍이포
└ (다) 모둠 – 소현 세자와 아담 샬의 인연
└ (라) 모둠 – 일본 성리학에 영향을 끼친 강항
└ (마) 모둠 – 일본 도자기 발전에 공헌한 이삼평

① (가) 모둠   ② (나) 모둠   ③ (다) 모둠
④ (라) 모둠   ⑤ (마) 모둠

⭐ 중요
10 다음 자료에 나타난 계획과 관련된 설명으로 옳은 것을 〈보기〉에서 고른 것은?

> 저 오랑캐는 반드시 망하게 될 형편에 처해 있소. ……
> 정예화된 포병 10만을 길러 …… 결사적으로 싸우는 용
> 감한 병사로 만든 다음, 기회를 봐서 저들이 예기치 못
> 하였을 때 곧장 …… 쳐들어갈 계획이오.
>
> –『송서습유』–

┤ 보기 ├
ㄱ. 병자호란 이후 청에 대한 반감으로 일어났다.
ㄴ. 효종과 송시열 등이 중심이 되어 추진하였다.
ㄷ. 청의 발달된 문화를 받아들이자는 움직임이다.
ㄹ. 명과 후금 사이에서 실리적 외교를 추진하였다.

① ㄱ, ㄴ   ② ㄱ, ㄷ   ③ ㄴ, ㄷ
④ ㄴ, ㄹ   ⑤ ㄷ, ㄹ

서술형
01 지도에 나타난 전쟁의 결과 조선, 일본, 중국 대륙에서 일어난 정세 변화를 각각 서술하시오.

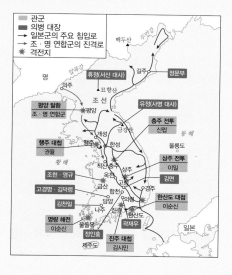

서술형
02 다음 글을 읽고 물음에 답하시오.

> (임금이) 도원수 강홍립에게 타일러 명령을 내리기를, "애초 요동으로 건너간 군사 1만 명은 정예병이니 …… 명 장수의 말을 그대로 따르지만 말고 오직 패하지 않을 방도를 마련하는 데 힘을 쓰라."라고 하였다.
> -『광해군일기』-

(1) 윗글을 통해 알 수 있는 광해군의 외교 정책을 쓰시오.
----

(2) 광해군이 (1)의 외교 정책을 실시한 이유를 당시 중국 대륙의 정세와 연결하여 서술하시오.

논술형
03 청과의 관계에 대한 (가)와 (나)의 입장 중 하나를 선택하고, 내가 당시 조선의 신하였다면 어떤 입장을 지지하였을지 근거를 들어 200자 내외로 논술하시오.

> (가) 화의로 백성과 나라를 망치기가 …… 오늘날과 같이 심한 적이 없었습니다. 중국은 우리나라에 있어서 곧 부모요, 오랑캐는 우리나라에 있어서 곧 부모의 원수입니다. 신하된 자로서 부모의 원수와 형제가 되어 부모를 저버리겠습니까. 하물며 임진왜란의 일은 터럭만 한 것도 황제의 힘이어서 우리나라가 살아 숨 쉬는 한 은혜를 잊기 어렵습니다. …… 차라리 나라가 없어질지라도 의리를 저버릴 수 없습니다.
> -『인조실록』-
>
> (나) 화친을 맺어 국가를 보존하는 것보다 차라리 의를 지켜 망하는 것이 옳다고 하였으나, 이것은 신하가 절개를 지키는 데 쓰는 말입니다. …… 자기의 힘을 헤아리지 않고 경망하게 큰소리를 쳐서 오랑캐들의 노여움을 도발하여, 마침내 백성이 도탄에 빠지고 종묘와 사직에 제사를 지내지 못하게 된다면 그 허물이 이보다 클 수 있겠습니까?
> - 최명길, 『지천집』-

01 (가)에 들어갈 사실로 옳은 것을 〈보기〉에서 고른 것은?

| 원을 몰아내고 중국을 차지한 명이 고려에 철령 이북 지역을 요구하였다. | → | (가) | → | 정도전 등 왕조 교체를 찬성하는 세력은 이성계를 왕으로 추대하고 새왕조를 세웠다. |

┤ 보기 ├
ㄱ. 홍문관이 설치되었다.
ㄴ. 과전법이 실시되었다.
ㄷ. 수도가 한양으로 옮겨졌다.
ㄹ. 위화도 회군이 단행되었다.

① ㄱ, ㄴ   ② ㄱ, ㄷ   ③ ㄴ, ㄷ
④ ㄴ, ㄹ   ⑤ ㄷ, ㄹ

──────

서술형

02 ㉠에 들어갈 왕의 업적을 **세 가지** 서술하시오.

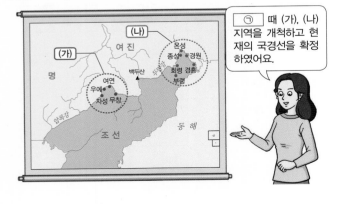

㉠ 때 (가), (나) 지역을 개척하고 현재의 국경선을 확정하였어요.

──────

03 조선 태종의 업적으로 옳은 것을 〈보기〉에서 고른 것은?

┤ 보기 ├
ㄱ. 집현전 설치   ㄴ. 호패법 실시
ㄷ. 경국대전 완성   ㄹ. 6조 직계제 실시

① ㄱ, ㄴ   ② ㄱ, ㄷ   ③ ㄴ, ㄷ
④ ㄴ, ㄹ   ⑤ ㄷ, ㄹ

04 조선 시대 유향소의 기능에 대한 설명으로 옳은 것을 〈보기〉에서 고른 것은?

┤ 보기 ├
ㄱ. 수령을 보좌하고 향리를 감찰하였다.
ㄴ. 유교 질서를 바탕으로 백성을 교화하였다.
ㄷ. 6방으로 나뉘어 지방 행정 실무를 담당하였다.
ㄹ. 행정권, 사법권, 군사권을 가지고 군현을 통치하였다.

① ㄱ, ㄴ   ② ㄱ, ㄷ   ③ ㄴ, ㄷ
④ ㄴ, ㄹ   ⑤ ㄷ, ㄹ

──────

05 다음 사건이 일어난 시기를 연표에서 옳게 고른 것은?

유자광이 김종직의 「조의제문」을 풀이하며 다음과 같이 아뢰었다. "이 사람이 감히 이와 같이 바르지 못한 말을 하였으니, 법으로 죄를 다스리옵소서. 이 문집 및 판본을 모두 불태워 버리고 간행한 사람까지 모두 죄로 다스리기를 청하옵니다."

(가)	(나)	(다)	(라)	(마)
조선 건국	세조 즉위	성종 즉위	연산군 즉위	중종 반정	임진 왜란

① (가)   ② (나)   ③ (다)   ④ (라)   ⑤ (마)

──────

06 (가)에 들어갈 인물의 주장으로 옳은 것은?

경연에서 (가) 이/가 중종에게 아뢰기를 "국가에서 사람을 등용할 때 과거 시험에 합격한 사람을 중요하게 여깁니다. 그러나 매우 현명한 사람이 있다면 어찌 꼭 과거 시험에만 국한하여 등용할 수 있겠습니까? …… 덕행이 있는 사람을 천거하여 인재를 찾으십시오."라고 하였다.

① 현량과를 실시하자.
② 쓰시마섬을 토벌하자.
③ 중립 외교를 추진하자.
④ 백운동 서원을 설립하자.
⑤ 명을 정벌하는 길을 빌려달라.

07 밑줄 친 '이 책'에 대한 설명으로 옳은 것은?

세종은 지금까지 사용하던 중국의 역법이 여러 오차가 발생하자 이 책을 편찬하였습니다.

① 한양을 기준으로 천문을 계산하여 편찬하였다.
② 조선 건국의 정당성을 강조하기 위해 만들었다.
③ 우리나라에서 나는 약재와 치료법을 소개하였다.
④ 각 지방의 농민에게 농사짓는 방법을 물어 편찬하였다.
⑤ 백성들이 유교 윤리를 쉽게 이해하도록 하기 위해 보급하였다.

08 다음 일기에 나타난 전쟁에 대한 설명으로 옳은 것을 〈보기〉에서 고른 것은?

1637년 1월 14일(피란 32일째)
김신국이 양식을 마련하였는데 하루 양식으로 군병은 세 홉씩 줄이고 백관은 다섯 홉씩 줄여도 오히려 다음 달까지 닿지 못하니, 오랫동안 도적에게 둘러싸인 바라. 어떻게 될지 모르겠도다.　　　－『산성일기』－

| 보기 |
ㄱ. 인조는 삼전도에서 청과 굴욕적인 화의를 맺었다.
ㄴ. 청 태종은 조선에 군신 관계를 맺을 것을 강요하였다.
ㄷ. 이순신의 활약으로 전라도 곡창 지대를 지킬 수 있었다.
ㄹ. 광해군을 위해 보복한다는 구실로 후금이 조선을 침략하였다.

① ㄱ, ㄴ　　② ㄱ, ㄷ　　③ ㄴ, ㄷ
④ ㄴ, ㄹ　　⑤ ㄷ, ㄹ

09 (가)에 들어갈 문화유산으로 옳은 것은?

문화유산 카드

(가)
• 크기: 깊이 약 31cm, 지름 약 15cm
• 측정 방법: 비가 그쳤을 때 기구 안에 고인 빗물의 양을 자로 정확히 측정함
• 설치 장소: 중앙 천문 관청과 전국의 각 고을에 설치

①　②

③　④

⑤

서술형
10 (가)에 들어갈 전쟁의 명칭을 쓰고, (나)에 들어갈 내용을 두 가지 서술하시오.

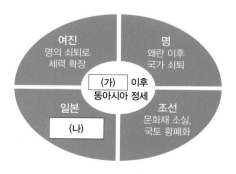

수행 평가 미리보기

선생님의 **출제 의도**

유교적 통치 이념을 바탕으로 성립된 조선

IV단원에서는 조선이 유교적 통치 이념을 바탕으로 수립되었고, 이를 바탕으로 조선의 통치 체제와 대외 관계가 정비되었음을 학습하였어요. 조선 정부는 유교 통치 이념을 백성들에게 쉽게 알리기 위해 다양한 의례서와 윤리서를 간행하였고, 사림 양반들도 향촌에서 유교적 윤리 이념을 지방민에게 확산시켜 향촌 지배력을 강화해 나갔어요. 조선 전기 과학 기술의 발전에서도 성리학적 유교 사상인 민본 사상이 강조되었어요. 이렇듯 조선 사회에서 유교를 따로 떼어 놓고 생각할 수 없어요. 따라서 수행 평가에서는 유교 이념이 반영된 유물과 유적을 조사하고 이를 통해 조선의 건국 의미를 종합적으로 파악하는 문제가 출제될 수 있습니다.

수행 평가 문제

> 모둠별로 '유교 이념을 반영한 조선의 문화유산 지도'를 만들어 학급에 전시하고 이야기를 나눠 보자.

A) 활동 계획 세우기

1 다른 모둠과 문화유산 지도의 지역이 겹치지 않도록 토의를 통해 계획을 세운다.

2 모둠원별로 선정된 지역의 유교 문화유산의 내용을 토의하고, 각자 나누어 조사할 계획을 세운다.

B) 활동 단계

1단계 모둠원들과 함께 문화유산 지도의 지역을 선정한다.

2단계 모둠원 각자가 선정된 지역의 '유교 이념을 반영한 문화유산' 내용을 조사한다.

3단계 수집된 자료를 바탕으로 유교 문화유산 지도를 제작한다.

4단계 모둠별로 제작한 지도를 교실 공간에 전시하고 학급 친구들에게 소개한다.

5단계 다른 모둠의 소개를 듣고 자신의 느낀 점을 이야기하고 서로의 의견을 공유한다.

C) 활동하기

1 모둠별로 유교 문화유산 지도의 담당 지역 선정하기

[생각해 보기]

> 모둠원과 함께 이야기하여 크게 여러 도시를 묶어서 정할 수도 있고, 경복궁처럼 작은 공간을 지도로 만들어도 됩니다. 또는 자신이 살고 있는 고장의 유교 문화유산을 찾아 지도로 만들어 보는 것도 의미 있는 일이 될 것입니다. 지도는 옛 지도, 관광 안내용 지도, 실제 위성 지도 등을 다양하게 활용합니다.

[예시]

성리학 선현의 발자취를 찾아서	유교 이념을 품은 도시, 한양	유교 이념으로 지어진 경복궁	우리 고장의 유교 문화유산–안동
파주시 서울시 용인시		경회루 근정전	

2 박물관 누리집, 문화재청 누리집, 책 등을 이용하여 유교 이념이 반영된 조선의 문화유산에 대한 자료 찾기

[안내]

> 문화재청 www.cha.go.kr/, 경복궁 http://www.royalpalace.go.kr/
> 국립중앙박물관 http://www.museum.go.kr/, 성균관 http://www.skk.or.kr/
> 문화재청 국가문화유산포털 http://www.heritage.go.kr/

3 각 모둠원이 수집한 자료를 모아 4절지에 붙여 유교 문화유산 지도 제작하기

[예시]

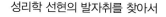

성리학 선현의 발자취를 찾아서

〈성리학의 대가 이이가 숨쉬는 곳-파주 이이 유적〉 조선의 유학자인 이이의 묘가 있는 곳이다. 이이는 조선 성리학의 토대를 마련하였다.

〈서울 문묘와 성균관〉 조선 시대 공자를 비롯한 유학자에 대한 제사와 유학 교육을 담당하던 곳이다. 문묘란 유교를 집대성한 공자나 여러 성현들의 위패를 모시고 제사를 지내는 사당을 말한다. 성균관은 조선 시대에 유학 교육을 하는 최고 교육 기관이었다.

〈서울에 있는 유일한 향교-양천 향교〉 양천 향교는 현재 공자와 여러 성리학자의 위패를 모셔 놓고 제사를 지내고 있다. 향교는 공자와 여러 유학자에게 제사를 지내고 지방민을 교화하기 위해 세운 교육 기관이다.

〈정몽주의 충절을 기린 충렬 서원〉 광해군 때 '충렬 서원'으로 사액되어 사액 서원이 되었다. 정몽주의 학문과 덕행, 절개를 추모하기 위하여 사당에 정몽주의 위패와 영정을 봉안하고 있다. 사액 서원은 임금이 서원의 이름을 지어서 새긴 현판과 함께 서적, 노비, 토지 등을 내려 준 서원이다.

4 모둠별로 제작한 유교 문화유산 지도를 교실 공간에 전시하여 느낀 점을 이야기하고 공유하기

✏️ 채점 기준

평가 영역	채점 기준	배점
스스로 평가	나는 내가 선택한 유교 문화유산에 대하여 적극적으로 자료를 수집하였는가?	10
	나는 유교 문화유산 지도 만들기에 적극적으로 참여하였는가?	10
동료 평가	모둠 활동의 결과물이 주제에 맞게 구성되었는가?	10
	모든 모둠원이 유교 문화유산 지도 제작 활동에 적극 참여하였는가?	10
교사 평가	주제에 맞게 지역을 선택하였는가?	10
	지역과 유교 문화유산이 적절하게 배치되었는가?	10
	각 유교 문화유산에 대한 설명, 사진, 그림 자료 등에 역사적 오류는 없는가?	20
	지도 제작에서 민주적 토의 과정을 거치고 협동심을 발휘하였는가?	10
	지도 제작에 사용한 자료의 출처를 분명히 제시하고 있는가?	10

V

조선 사회의
변동

01 조선 후기의 정치 변동

+ 훈련도감

조총을 다루는 포수를 중심으로 살수(창검을 사용하는 군사), 사수(활을 쏘는 군사)로 이루어졌고, 급료를 받는 직업 군인이었다.

❶ 통치 체제의 정비

(1) **비변사의 기능 확대**: 고위 관리들이 모여 국가의 중요 정책 의논 → 의정부와 6조 기능 약화

(2) **군사 제도의 개편**

중앙군	5군영: 왜란 중 훈련도감 창설, 어영청·총융청·수어청(인조), 금위영(숙종)
지방군	속오군: 양반부터 노비까지 모두 편성

+ 대동법 실시 현황

양반 지주층의 반대로 인해 전국적으로 실시되기까지 약 100년이 걸렸다.

> **Q&A** 비변사는 어떤 기구인가요?
>
> 요즈음 비변사에서 큰일이건 작은 일이건 모두 취급합니다. 의정부는 한갓 이름뿐이고 6조는 할 일을 모두 빼앗기고 말았습니다. 이름은 변방 방비를 위해서라고 하면서 과거에 대한 판정이나 비빈 간택까지도 모두 여기서 합니다. －『효종실록』－
>
> 비변사는 원래 변경 방비를 위하여 중종 때 설치된 임시 기구이다. 을묘왜변을 겪으면서 상설 기구가 되었고, 임진왜란이 일어나면서 국정 전반을 주도하게 되었다. 잇따라 닥친 호란으로 인하여 그 권한이 막강해지면서 의정부를 대신한 국정 최고 기구로 자리 잡았다.

(3) **조세 제도의 개편** → 대동법은 농민이 납부하는 공물을 양반이나 아전, 상인 등이 대신 납부하고, 그 대가로 훨씬 많은 액수를 거두는 방납의 폐단을 개혁하기 위해 실시되었다.

전세	영정법	풍흉에 관계없이 토지 1결당 쌀 4～6두로 고정
공납	대동법	집집마다 토산물로 부과 → 토지를 기준으로 쌀, 옷감, 동전 등으로 징수
군역	균역법	군포 납부를 2필에서 1필로 줄여 줌

+ 균역법으로 인한 세입 부족 보충안

결작(1결당 쌀 2두), 잡세(어장세, 염세, 선박세) 등으로 줄어든 군포 수입을 보충하였다.

❷ 붕당 정치의 전개와 변질

→ 서인이 광해군을 폐위시키고 인조를 왕으로 추대한 사건이다(1623).

(1) **붕당 정치의 전개**: 인조반정 이후 서인이 주도하고 남인이 참여, 상호 비판과 견제 속에 공론을 형성하며 정치 운영 → 언론 기관인 3사나 서원을 통해 여론을 모아 공론을 형성하였다.

(2) **예송**: 현종 때 대비의 상복 입는 기간을 둘러싼 대립 발생 → 서인과 남인 대립 격화

(3) **환국**: 집권 붕당의 급격한 교체 → 서인이 노론과 소론으로 분화 → 붕당의 대립 격화 → 숙종 때 탕평책이 제기되었지만 실현되지 못함

+ 붕당의 갈래

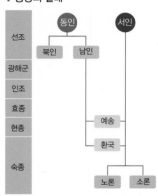

서인은 남인의 처벌 문제를 둘러싸고 노론과 소론으로 나뉘었다.

> 📋 **더 알아보기** ▶ 예송
>
> 효종께서는 둘째 아들이시니 사대부와 같은 예를 적용하여 대비께서 1년간 상복을 입어야 합니다.
>
>  효종께서는 왕위에 오르셨으니 일반 사대부의 예법을 따를 수는 없습니다. 대비께서 3년간 상복을 입어야 합니다.
>
> ◀ 1차 예송 당시 서인과 남인의 대립
>
> 서인   남인
>
> 예송은 현종 때 효종과 효종비가 죽은 뒤 효종의 계모인 자의 대비의 상복 입는 기간을 둘러싸고 일어난 논쟁이다. 1차 예송에서 서인의 주장이 채택되었으나, 2차 예송에서 남인의 주장이 받아들여져 정국이 역전되고 남인이 우세를 차지하였다. 예송에는 당시 '예(禮)' 그 자체가 모든 사회 질서의 규범이었던 상황과 신권 강화를 내세운 서인과 왕권 강화를 주장한 남인의 정치적 이해가 담겨 있다.

❸ 영조와 정조의 탕평 정치

(1) 영조의 탕평 정치

① 탕평책: 온건한 인물 고루 등용, 탕평파 육성 → 붕당 간 대립 완화, 왕권 강화

② 개혁 정치

└→ 품계는 높은 편이 아니었지만, 3품 이하 문관의 천거와 3사 관리의
선발권, 후임 전랑의 추천권 등 여러 특권을 가지고 있었다.

정치 개혁	이조 전랑의 권한 약화, 서원 정리
민생 안정	균역법 실시, 가혹한 형벌 완화, 신문고 부활, 청계천 정비
편찬 사업	『속대전』, 『동국문헌비고』 등

└→ 『경국대전』 편찬 이후 만들어진 법령 중에서
시행할 만한 것을 추려서 만든 법전이다.

집중 탐구 영조의 탕평책 실시

> 붕당의 폐해가 요즈음보다 심한 적이 없었다. 처음에는 학문의 문제에서 분쟁이 일어나더니, 이제는 한쪽이 다른 쪽을 역적으로 몰아붙이고 있다. …… 인재를 등용할 때 같은 붕당의 인사들만 등용하고자 하며, 조정의 대신들이 상대 당을 공격하면서 반역인가 아닌가로 문제를 집중하니 모두가 동의할 수 있는 정책이 나오지 못하고, 정책의 옳고 그름을 판단하기 어렵다. …… 관리의 임용을 담당하는 관리들은 탕평의 정신을 받들어 직무를 수행하도록 하라. -『영조실록』-

17세기 후반 환국을 거치며 붕당 간의 대립 양상이 크게 달라졌다. 공론에 따른 붕당 간의 견제와 균형의 원리가 무너지고 상대 세력에 대한 보복과 숙청이 이어졌다. 결국 상대 당의 존재를 인정하지 않고 노론 중심으로 정국이 운영되어 정치적 혼란이 커졌다.

(2) 정조의 탕평 정치

① 탕평책: 외척 세력 제거, 노론 이외 남인과 소론도 등용

② 개혁 정치

└→ 정조는 문과 응시가 금지되었던 서얼 출신인 유득공, 박제가
등을 규장각 검서관으로 등용하였다.

정치 개혁	규장각 설치, 장용영 창설, 수원 화성 축조
민생 안정	서얼 등용, 노비에 대한 차별 완화, 자유로운 상업 활동 보장
편찬 사업	『대전통편』, 『탁지지』 등

└→ 육의전을 제외하고 시전 상인이 행사하던
난전을 금하는 권리를 폐지하였다.

더 알아보기 ▶ 수원 화성

정조가 아버지 사도 세자의 무덤을 수원의 화산으로 옮기면서 계획하기 시작하여 2년 반 만에 완성하였다. 화성은 정약용의 치밀한 설계를 바탕으로 우리나라의 전통적 성곽 양식과 중국의 성곽 양식을 절충하여 만들어졌다. 정조는 화성을 개혁 정치의 중심으로 만들기 위해 장용영을 설치하고, 수리 시설을 개선하였으며, 상공인들을 유치하여 상업, 농업, 군사 도시로 키워 나갔다. 1997년 유네스코 세계 유산으로 등재되었다.

❹ 세도 정치의 전개

(1) 세도 정치: 왕실과 혼인 관계를 맺은 소수 가문이 권력을 장악하는 정치 형태

① 배경: 탕평책의 한계(국왕 주도로 붕당 간의 대립을 일시적으로 억누름)

② 전개: 순조의 장인 김조순이 권력 장악 → 순조, 헌종, 철종 3대 60여 년간 특정 가문이 권력 독점

└→ 주로 안동 김씨, 풍양 조씨였다.

(2) 세도 정치의 폐단

① 정치 기강의 문란: 세도 가문의 정치권력 독점, 과거제 운영의 문란, 관직 매매 성행 등

② 정부의 대응: 암행어사 파견

└→ 수령의 비리와 백성의 어려움을 탐문하기 위해 국왕의 특명을 받고 지방에 비밀리에 파견된 관리이다.

＋ 탕평

『서경』에 나오는 말로 '어느 편에도 치우치지 않는다.'라는 뜻이다.

＋ 탕평비

영조가 탕평의 의지를 과시하기 위해 성균관 입구에 세운 비석이다.

＋ 규장각

본래 왕실 도서관이었으나, 정조 때 학문 및 정책 연구 기관으로 육성되었다. 정조는 37세 이하의 유능한 관리를 규장각에서 재교육하는 초계문신제를 시행하였다.

＋ 장용영

정조가 설치한 국왕의 친위 부대로, 도성을 중심으로 한 내영과 수원 화성을 중심으로 한 외영으로 이루어졌다.

＋ 김조순

정조가 죽기 전 어린 세자의 장인으로 발탁되었다. 정조 사후 딸을 순조 비로 들이는 데 성공하여 외척 세도 가로서 국정을 이끌었다.

개념 다지기

01 빈칸에 알맞은 말을 쓰시오.

> 오늘에 와서 큰일이건 작은 일이건 모두 (　　　)에서 처리합니다. 의정부는 한갓 이름뿐이고, 6조는 그 할 일을 모두 빼앗기고 말았습니다. 이름은 '변방의 방비를 담당하는 것'이라고 하면서 과거에 대한 판정이나 왕비와 세자빈을 간택하는 등의 일까지도 모두 여기에서 합니다.
> – 『효종실록』 –

02 조선 후기 수취 제도의 명칭과 해당하는 설명을 연결하시오.

(1) 균역법 •　　　　　• ㉠ 군포 납부를 2필에서 1필로 줄임

(2) 대동법 •　　　　　• ㉡ 토지 1결당 쌀 4~6두로 고정함

(3) 영정법 •　　　　　• ㉢ 공납을 토지 결수를 기준으로 쌀, 옷감, 동전 등으로 거둠

03 ㉠~㉢에 알맞은 말을 쓰시오.

> 선조 때 사림이 서인과 동인으로 갈라지면서 붕당 정치가 시작되었다. 동인에서 갈라진 (　㉠　)은/는 광해군 때 정권을 장악하였지만, (　㉡　)이/가 주도한 인조반정으로 몰락하였다. 이후 서인과 남인이 서로 비판하고 견제하며 정치를 펴 나갔으며, 각 붕당은 향촌에 설립된 (　㉢　)와/과 3사를 통해 공론을 형성하였다.

04 다음을 일어난 순서대로 나열하시오.

> ㄱ. 예송　　　　　ㄴ. 환국
> ㄷ. 인조반정　　　ㄹ. 탕평비 건립

05 다음 도표의 빈칸을 채우시오.

효종, 현종	→	(㉠)	→	순조, 헌종, 철종
붕당 정치		탕평 정치		(㉡)

06 다음 설명이 맞으면 ○표, 틀리면 ×표를 하시오.

(1) 조선 후기 의정부와 6조의 기능이 강화되었다. ……………………………………… (　　　)

(2) 훈련도감 창설 이후 한양과 그 외곽을 방어하는 중앙 군영이 마련되면서 5위 체제가 갖추어졌다. ……………………………………… (　　　)

(3) 방납의 폐단을 개혁한 대동법은 광해군 때 처음 실시되었다. ……………………………………… (　　　)

(4) 정조는 규장각 검서관에 서얼 출신을 등용하였다. ……………………………………… (　　　)

07 다음 설명에 해당하는 용어를 쓰시오.

(1) 숙종 때 집권 붕당이 급격히 교체된 정치 현상 ……………………………………… (　　　)

(2) 조선 후기 양반부터 노비까지 포함된 지방군 ……………………………………… (　　　)

(3) 붕당의 대립을 조정하기 위해 숙종 때부터 제기된 방안 ……………………………………… (　　　)

(4) 정조 때 젊고 유능한 관리를 뽑아 규장각에서 연구와 교육에 전념하게 한 제도 ……………… (　　　)

08 다음 정책들이 시행된 시기를 영조와 정조로 나누어 구분하시오.

> ㄱ. 서원 정리　　　　　ㄴ. 균역법 마련
> ㄷ. 장용영 창설　　　　ㄹ. 청계천 정비
> ㅁ. 규장각 설치　　　　ㅂ. 신문고 부활
> ㅅ. 『속대전』 편찬　　　ㅇ. 『대전통편』 편찬
> ㅈ. 수원 화성 축조　　　ㅊ. 시전 상인 특권 축소

(1) 영조: ＿＿＿＿＿＿＿＿＿＿＿＿＿＿＿

(2) 정조: ＿＿＿＿＿＿＿＿＿＿＿＿＿＿＿

09 다음 글에서 틀린 부분을 찾아 옳게 고쳐 쓰시오.

> 순조의 장인 김조순을 중심으로 안동 김씨 세력이 권력을 장악하면서 붕당 정치가 시작되었다. 붕당 정치는 순조, 헌종, 철종 때까지 이어졌는데, 이 시기에는 과거제의 문란이 극심해졌으며 관직을 사고파는 일도 공공연히 일어났다. 이에 대한 대책으로 정부는 수신사를 파견하였으나 큰 효과를 거두지 못하였다.

중단원 실력 쌓기

01 (가) 부대에 대한 설명으로 옳은 것은?

> (가) 은/는 포수, 사수, 살수의 삼수병으로 편제되었고, 대부분 급료를 지급받는 상비군으로서 직업 군인의 성격을 띠었다.

① 임진왜란 중에 창설되었다.
② 윤관의 건의로 만들어졌다.
③ 양반 자제 중심으로 편성되었다.
④ 국경 지역인 양계에 배치되었다.
⑤ 평상시에는 생업에 종사하고, 농한기에 군사 훈련을 받았다.

[02~03] 다음 글을 읽고 물음에 답하시오.

> 양역을 절반으로 줄이라고 명하셨다. 왕께서 "사람 수대로 거두는 것은 한 집안에서 거둘 때 주인과 노비의 명분이 문란해지고, 토지 결수를 기준으로 거두는 것은 이미 정해진 세율이 있어 더 부과하기가 어렵다. …… 호포나 결포는 모두 문제되는 바가 있다. 이제는 ㉠1필로 줄이는 것으로 온전히 돌아갈 것이니 경들은 그 대책을 강구하라."라고 말씀하셨다.

★ ^{중요}
02 밑줄 친 '왕'이 추진한 정책으로 옳은 것은?

① 백운동 서원을 사액하였다.
② 친명배금 정책을 추진하였다.
③ 환국을 여러 차례 실시하였다.
④ 시전 상인의 특권을 폐지하였다.
⑤ 이조 전랑의 인사 권한을 약화시켰다.

★ ^{중요}
03 ㉠에 해당하는 조세 제도로 옳은 것은?

① 공법
② 환곡
③ 균역법
④ 대동법
⑤ 영정법

04 지도와 같이 실시된 조세 제도에 대한 설명으로 옳은 것을 〈보기〉에서 고른 것은?

┤ 보기 ├
ㄱ. 집집마다 특산물을 거두었다.
ㄴ. 지주에게 결작을 부과하였다.
ㄷ. 공인이 등장하는 배경이 되었다.
ㄹ. 방납의 폐단을 개혁하고자 실시하였다.

① ㄱ, ㄴ　② ㄱ, ㄷ　③ ㄴ, ㄷ　④ ㄴ, ㄹ　⑤ ㄷ, ㄹ

05 (가)에 대한 설명으로 옳은 것은?

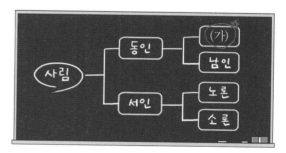

① 인조를 왕으로 추대하였다.
② 광해군 때 정국을 주도하였다.
③ 세조가 왕위에 오르는 것을 도왔다.
④ 조의제문을 문제 삼아 무오사화를 일으켰다.
⑤ 이이와 성혼의 제자를 중심으로 형성되었다.

06 다음 상황을 가리키는 용어로 옳은 것은?

> 효종과 효종비가 죽은 후, 인조의 계비이자 효종의 어머니(계모)인 자의 대비가 얼마 동안 상복을 입어야 하는가를 둘러싸고 논쟁이 벌어졌다.

① 예송
② 환국
③ 사화
④ 탕평
⑤ 세도 정치

07 (가), (나) 시기 사이에 일어난 일로 옳은 것은? 중요

> (가) 효종이 죽은 후, 자의 대비가 상복을 입어야 하는 기간을 두고 서인과 남인 사이에 논쟁이 일어났으나, 결국 서인의 뜻에 따라 1년 동안 상복을 입게 되었다.
>
> (나) 영조가 탕평의 의지를 널리 알리는 뜻을 새긴 탕평비를 성균관 입구에 세웠다.

① 서인이 노론과 소론으로 나뉘었다.
② 조광조의 건의로 소격서가 폐지되었다.
③ 인조반정이 일어나 광해군이 폐위되었다.
④ 국왕의 친위 부대인 장용영이 창설되었다.
⑤ 왕자의 난이 일어나 정도전 등이 피살되었다.

08 다음 사건을 일어난 순서대로 옳게 나열한 것은?

> ㉠ 경신환국 ㉡ 인조반정
> ㉢ 균역법 제정 ㉣ 장용영 창설

① ㉠-㉡-㉢-㉣
② ㉠-㉡-㉣-㉢
③ ㉡-㉠-㉢-㉣
④ ㉡-㉠-㉣-㉢
⑤ ㉢-㉠-㉣-㉡

09 (가) 기구에 대한 설명으로 옳은 것은?

> (가) 은/는 정조 즉위 초에 설치되었다. 역대 국왕의 글과 책을 보관하는 왕실 도서관이었으나, 그 기능이 점차 강화되어 학문을 연구하고 주요 정책을 개발하였다.

① 속대전을 편찬하였다.
② 수원 화성에 설치되었다.
③ 대동법의 실시로 만들어졌다.
④ 검서관에 서얼이 임용되었다.
⑤ 세도 가문의 권력 기반이 되었다.

10 밑줄 친 '왕'이 추진한 정책으로 옳지 <u>않은</u> 것은?

> 왕 13년 기유년에 사도 세자의 무덤을 수원 화산으로 옮기고 이름을 현륭원으로 바꾼 다음 화성을 크게 쌓았다. …… 19년 을묘년에는 대비를 모시고 현륭원에 배알한 후 화성 행궁으로 돌아와 술잔을 올려 장수를 빌고 하교하기를, "일찍 아버지를 여읜 나로서 이곳에서 이 예를 거행하고 나니 지극한 소원이 대강 풀린 셈이다."라고 하였다.

① 규장각을 건립하였다.
② 장용영을 창설하였다.
③ 탕평책을 시행하였다.
④ 동의보감을 편찬하였다.
⑤ 초계문신제를 실시하였다.

11 다음 문화유산에 대한 설명으로 옳은 것은?

> 군사적 방어 기능과 상업적 기능이 함께 고려되어 축조되었다. 건축 양식의 독창성을 인정받아 1997년 유네스코 세계 유산으로 등재되었다.

① 임진왜란 때 모두 소실되었다.
② 후금의 침략에 대비하여 쌓았다.
③ 사림 세력이 강화되는 기반이 되었다.
④ 병자호란 때 조선 조정의 피란처였다.
⑤ 정조가 개혁 정치의 중심지로 만들고자 건설하였다.

12 다음 설명에 해당하는 책으로 옳은 것은?

> 정조 때 편찬한 법전으로 『경국대전』과 『속대전』 및 그 후의 법령을 통합하여 재정리하였다.

① 경제육전
② 대전통편
③ 대전회통
④ 조선경국전
⑤ 국조오례의

정답과 해설 | 35쪽

13 다음 조치가 내려진 시기를 연표에서 옳게 고른 것은?

> 평시서로 하여금 30년 이내에 새로 설립된 시전을 모두 없애고 형조와 한성부로 하여금 육의전 이외에는 난전을 금할 수 없게 할 뿐만 아니라 이를 어기는 자는 벌주도록 해야 한다.

	1680		1750		1776		1800	
(가)		(나)		(다)		(라)		(마)
	경신 환국		균역법 실시		정조 즉위		순조 즉위	

① (가)　　　② (나)　　　③ (다)
④ (라)　　　⑤ (마)

14 다음 인물에 대한 설명으로 옳은 것은?

> 딸이 순조의 비가 되자 훈련대장, 호위대장, 금위대장 등을 거치면서 군권을 장악하였다.

① 북벌을 주장하였다.
② 성학십도를 저술하였다.
③ 현량과 실시를 건의하였다.
④ 백운동 서원을 설립하였다.
⑤ 세도 정치의 기반을 마련하였다.

중요
15 다음 연표의 표시된 시기에 일어난 사실로 옳은 것은?

정조	순조	헌종	철종	고종

① 탕평책이 처음 제기되었다.
② 비변사의 권한이 축소되었다.
③ 서인과 남인이 연합하여 정국을 운영하였다.
④ 강력한 왕권 아래 붕당 간의 대립이 억제되었다.
⑤ 왕실과 혼인 관계를 맺은 일부 가문이 정권을 장악하였다.

서술형 · 논술형

논술형
01 인조반정 이후 전개된 붕당 정치의 전개 과정에 대해 400자 이내로 논술하시오.

서술형
02 다음 글을 읽고 탕평책이 시행된 배경을 서술하시오.

> 붕당의 폐해가 요즈음보다 심한 적이 없었다. 처음에는 학문의 문제에서 분쟁이 일어나더니, 이제는 한쪽 사람을 모두 역적으로 몰아붙이고 있다. …… 근래에 들어 인재를 등용할 때 같은 붕당의 사람들만 등용하고자 한다. …… 피차가 서로를 공격하여 공평무사한 언론을 막고 역적으로 지목하면 옥석이 구분되지 않을 것이다. …… 이러면 나라가 장차 어떻게 되겠는가? …… 관리 임용을 담당하는 부서로 하여금 탕평으로 거두어 쓰게 하도록 하라.

---

02 사회 변화와 농민의 봉기

+ 모내기법

모판에 모를 미리 키운 뒤 물을 댄 논에 옮겨 심는 방법이다.

1 조선 후기 경제·사회적 변화

(1) 상품 화폐 경제의 발달

① 농업의 발달
- 모내기법 확산: 노동력 절감, 수확량 증대, 벼와 보리의 이모작 가능
- 농업 경영의 변화: 1인당 경작지 규모 확대, 상품 작물(인삼, 담배, 목화, 채소 등) 재배

② 상업의 발달
- 배경: 농업 생산력 증대, 도시 인구 증가, 공인 등장 등 ┈▶ 대동법의 실시로 등장한 상인으로, 궁궐이나 관청에서 필요로 하는 물품을 대량으로 구입하여 납부하였다.
- 장시의 발달: 조선 후기 전국 곳곳에 개설, 보부상의 활동 ┈▶ 봇짐장수와 등짐장수로 여러 장시를 옮겨 다니며 물건을 사고팔았다.
- 사상의 성장: 자유로운 상업 활동 보장 → 대상인으로 성장 ┈▶ 독점적 도매상인인 도고가 출현하여 폐단이 나타나기도 하였다.

경강상인	한강 연안	서남부 지방의 쌀·어물·소금 등을 배로 한양에 수송·판매
만상	의주	청과의 무역 주도
송상	개성	인삼 판매, 청·일본 간 중계 무역
내상	동래	일본과의 무역 주도

- 화폐 유통: 상평통보 널리 통용
③ 수공업의 발달: 세금을 내는 대신 자유롭게 제품을 생산하는 민영 수공업 발달
④ 광업의 발달: 광물 수요 증가 → 민간인에게 광산 채굴 허용
┈▶ 양반의 수는 증가하고 상민과 천민의 수는 감소하였다.

(2) 신분제의 변동: 양반 중심의 신분 질서 동요

양반	일부 양반이 권력 독점 → 대다수는 향촌에서 위세를 유지하거나 몰락
중인	서얼과 기술직 중인의 신분 상승 운동
상민	납속책과 공명첩 이용, 족보 위조 등을 통해 신분 상승
천민	군공, 납속책, 도망 등으로 신분 상승, 순조 때 공노비 해방(1801)

┈▶ 정부가 재정을 보충하기 위해 돈이나 곡식을 받고, 그 대가로 성이나 관직을 주던 정책이다.

+ 조선 후기 상업과 대외 무역

조선 후기에는 청, 일본과의 무역이 활발해졌다. 또한 장시와 유통망이 발달하면서 대자본을 가진 상인들이 출현하고 자본 축적이 이루어졌다.

집중 탐구 『양반전』을 통해 본 조선 후기 신분제의 동요

정선 고을에 한 양반이 살고 있었다. …… 몹시 가난하여 환곡을 타 먹은 지 여러 해가 되어 천 섬의 빚을 지고 옥에 갇히게 되었다. …… 그 동네에 부자가 이 소문을 듣고 가족끼리 비밀회의를 열어 말하였다. "저 양반이 환곡을 갚을 길이 없어서 곤란한 모양이니 그 양반 자리를 더 유지할 수 없을 것이다. 이 기회에 내가 양반 신분을 사서 가지는 것이 어떨까?"
─박지원, 『양반전』─

박지원의 한문 소설인 『양반전』에는 가난한 양반의 모습과 그 양반의 신분을 사려는 부유한 상민의 모습이 잘 대비되어 있다. 조선 후기에 몰락한 양반과 부유한 상민의 뒤바뀐 처지를 보여 주는 부분이다. 또한 이 소설에는 체면에만 얽매인 양반들을 풍자하는 내용이 많이 담겨 있다.

+ 공명첩

정부가 재정 부족을 보충하기 위해 돈이나 곡식 등을 받고 주던 이름이 적히지 않은 관직 임명장이다.

2 농민 봉기

(1) 삼정의 문란

전정	정해진 전세 외에 여러 부가세 징수
군정	이웃 사람이나 친족에게 징수, 노인이나 어린아이에게도 징수
환곡	고리대로 변하여 삼정 중 가장 문란해짐

(2) 새로운 종교와 사상의 유행

① 예언 사상과 민간 신앙의 유행: 『정감록』, 미륵 신앙, 무속 신앙 등

② 천주교의 수용과 확산

- 수용: 17세기 중국을 왕래한 사신들을 통해 서학의 일부로 도입 → 18세기 후반 남인 계열 학자들에 의해 신앙으로 받아들여짐
- 확산: 중인, 상민, 부녀자층으로 확산 → 정부가 천주교 금지 → 평등사상과 내세 사상을 바탕으로 교세 확장

> └→ 천주교가 국왕의 권위를 무시하고 제사 의식을 거부한다는 이유로 금지하였다.

③ 동학의 성립과 확산

- 창시: 경주의 몰락 양반 최제우가 유교·도교·불교·민간 신앙 융합(1860)
- 확산: 인내천('사람이 곧 하늘'), 사회 개혁 등을 내세워 몰락 양반과 농민층에 확산 → 정부의 최제우 처형 → 2대 교주 최시형이 교단과 교리 정리(『동경대전』, 『용담유사』)

(3) 농민 봉기

① 농민의 저항: 벽서, 세금 및 소작료 납부 거부 → 농민 의식 성장

② 홍경래의 난(1811)

- 배경: 서북 지방민에 대한 차별, 세도 정권의 수탈
- 과정: 몰락 양반과 신흥 상공업자 주도, 농민·광산 노동자·품팔이꾼 등이 참여 → 청천강 이북 지역 장악 → 정주성 싸움에서 패하여 진압

Q&A   홍경래는 왜 봉기하였나요?

> 평서 대원수는 급히 격문을 띄우노니, …… 조정에서는 서쪽 땅을 더러운 흙처럼 버렸다. 심지어 권세 있는 가문의 노비들조차 서쪽 땅 사람들을 보면 평안도 놈이라 일컫는다. 지금 임금이 나이가 어린 까닭으로 권세 있는 간신배가 그 세를 날로 떨치고, 김조순, 박종경의 무리가 국가 권력을 마음대로 갖고 노니 어진 하늘이 재앙을 내린다. 　　　　　　　　　　　　　　－『패림』－

19세기 세도 정권은 평안도의 농민을 비롯한 상공업자들을 가혹하게 수탈하였고, 지역 차별 또한 여전하였다. 이에 홍경래 등은 서북 지방 차별과 세도 정권의 수탈에 저항하여 대규모 봉기를 일으켰다.

(4) 임술 농민 봉기(1862)

① 배경: 삼정의 문란, 탐관오리의 착취

② 과정: 경상 우병사 백낙신의 부정부패 → 몰락 양반인 유계춘을 중심으로 진주 지방 농민들이 봉기(진주 농민 봉기) → 전국으로 확산(임술 농민 봉기)

③ 정부의 대책: 관리 파견, 삼정이정청 설치 → 성과를 거두지 못함

> └→ 사태의 수습을 위해 박규수를 안핵사로 파견하기도 하였다.

📋 더 알아보기 ▶ 진주 농민 봉기

> 임술년 2월 19일, 진주민 수만 명이 머리에 흰 수건을 두르고 손에는 나무 몽둥이를 들고 무리를 지어 진주 읍내에 모여 서리들의 가옥 수십 호를 불태우고 부수었다. …… 병사가 해산하고자 장시에 나가니 백성이 그를 둘러싸고 재물을 횡령한 조목, 아전들이 세금을 강제로 징수한 일들을 문책하였다. 　　　　　　　　　　　　　　－『임술록』－

당시 진주에서는 관리들의 부정으로 부족해진 환곡을 집집마다 분배하여 농민은 물론 양반층 또한 불만이 많았다. 이에 농민들은 몰락 양반인 유계춘을 중심으로 봉기하였다.

✚ 정감록

이씨 왕조의 멸망과 정씨 왕조의 개창을 예언하여 조선 시대 민간에 널리 유포된 대표적인 예언서로, 농민의 저항 의식 확대에 큰 영향을 끼쳤다.

✚ 동경대전과 용담유사

동학의 2대 교주 최시형이 펴낸 것으로, 『동경대전』은 최제우의 한문 저술을 묶었고, 『용담유사』는 포교를 위해 지은 한글 가사집이다.

✚ 벽서

주로 특정 인물이나 사회를 원망하거나 저주하는 내용으로 장시, 포구, 관아 등 사람이 많이 다니는 곳에 익명으로 붙었다.

✚ 삼정이정청

농민 봉기의 원인이 된 삼정의 문란을 시정하기 위해 박규수의 건의로 세운 기구이나, 봉기가 진압된 이후 해체되었다.

✚ 19세기 농민 봉기

- 임술 농민 봉기 지역
- 1863~1893년간의 농민 봉기

백두산 / 용천 박천 / 선천 정주 / 홍경래의 난 (1811) / 한성 / 동해 / 황해 / 단성 농민 봉기 (1862) / 단성 / 진주 농민 봉기 (1862)

개념 다지기

01 다음 그림을 보고 ㉠, ㉡에 들어갈 말을 쓰시오.

조선 후기 전국적으로 보급 된 (㉠)이/가 묘사되어 있다.	전국 곳곳에 열린 (㉡) 을/를 돌아다닌 보부상을 그 린 것이다.

02 다음 설명에 해당하는 용어를 쓰시오.

(1) 숙종 때 주조된 이후 조선 후기에 널리 유통된 화폐
    ··· ( )

(2) 정부가 재정을 보충하기 위해 돈이나 곡식 등을 받고 발행한 이름이 적히지 않은 관직 임명장 ······ ( )

(3) 정부가 재정을 보충하기 위해 돈이나 곡식을 받고 그 대가로 성이나 관직을 주는 정책 ················· ( )

03 조선 후기 활동한 상인과 그 특징을 연결하시오.

(1) 공인 •
(2) 내상 •
(3) 만상 •
(4) 송상 •
(5) 보부상 •

• ㉠ 의주에서 청과의 무역 주도
• ㉡ 동래에서 일본과의 무역 주도
• ㉢ 궁궐과 관청에서 필요로 하는 물품 공급
• ㉣ 봇짐장수와 등짐장수로 여러 장 시를 돌아다님
• ㉤ 개성에서 인삼 거래 등을 주도 하고 청·일 중계 무역에도 종사

04 다음에서 맞는 내용에 ○표 하시오.

(1) 조선 후기에는 (관영, 민영) 수공업이 발달하였다.

(2) 조선 후기에 양반의 수는 (증가, 감소)하고, 상민과 노비의 수는 (증가, 감소)하였다.

(3) (『정감록』, 『임술록』)은 조선 후기 민간에 널리 퍼진 대표적인 예언서이다.

(4) 18세기 후반 (서인, 남인) 계열의 학자들이 천주교를 신앙으로 믿기 시작하였다.

(5) 홍경래의 난은 (진주성, 정주성)에서 관군에게 패배 하여 끝이 났다.

(6) 임술 농민 봉기를 수습하기 위해 정부는 (삼정이정청, 군국기무처)을/를 설치하였다.

05 다음 글의 빈칸에 공통으로 들어갈 말을 쓰시오.

> 정선 고을에 한 양반이 살고 있었다. 그는 어질고 글 읽 기를 매우 좋아하였다. …… 몹시 가난하여 ( ) 을/를 타 먹은 지 여러 해가 되어 천 섬의 빚을 지고 옥 에 갇히게 되었다. …… 그 동네에 부자가 이 소문을 듣고 가족끼리 비밀회의를 열어 말하였다. "저 양반이 ( )을/를 갚을 길이 없어서 곤란한 모양이니 그 양반 자리를 더 유지할 수 없을 것이다. 이 기회에 내가 양반 신분을 사서 가지는 것이 어떨까?"
>
> — 박지원, 『양반전』 —

06 다음 설명이 맞으면 ○표, 틀리면 ×표를 하시오.

(1) 조선 후기 전정, 군정, 환곡의 삼정이 문란해져 백성의 고통이 커졌다. ································· ( )

(2) 천주교는 17세기에 중국을 다녀온 사신들을 통해 들어 왔다. ······································· ( )

(3) 동학은 평등사상을 강조하고, 서학의 수용에 적극적이 었다. ······································· ( )

(4) 1811년 평안도에서 일어난 홍경래의 난은 전국적으로 확산되었다. ····························· ( )

07 인물과 활동을 옳게 연결하시오.

(1) 유계춘 •
(2) 최제우 •

(3) 홍경래 •

• ㉠ 경주에서 동학을 창시
• ㉡ 백낙신의 수탈에 맞서 진주 지방 농민들의 봉기 주도
• ㉢ 평안도 가산에서 서북 지역 차별 등에 반발하여 봉기

중단원 실력 쌓기

01 (가)에 들어갈 농법에 대한 설명으로 옳은 것은? 〔중요〕

> [(가)] 을/를 하는 것은 세 가지 이유가 있다. 김매기의 노력을 더는 것이 첫째요, 두 땅의 힘으로 하나의 모를 기르는 것이 둘째요, 좋지 않은 것은 솎아 내고 튼튼한 것을 고를 수 있는 것이 셋째이다.
> — 서유구, 『임원경제지』 —

① 대동법의 시행으로 생겨났다.
② 향약집성방에 소개되어 있다.
③ 조선 후기 전국에 보급되었다.
④ 일본에 파견된 통신사가 들여왔다.
⑤ 농업 생산량이 감소하는 결과를 가져왔다.

02 다음 글이 쓰인 시기에 볼 수 있던 모습으로 적절하지 <u>않은</u> 것은?

> 도회지 주변의 파밭, 마늘밭, 배추밭, 오이밭 등에서는 4마지기 밭에서 많은 수입을 올린다. 특히 서도 지방의 담배밭, 북도 지방의 삼밭, 한산의 모시밭, 전주의 생강밭, 강진의 고구마밭, 황주의 지황밭에서의 수확은 모두 상상등전(上上等田)의 논에서 나는 수확보다 그 이익이 10배에 이른다.
> — 정약용, 『경세유표』 —

① 인삼을 재배하는 농민
② 장시에 찾아온 보부상
③ 관청에 물건을 납품하는 공인
④ 벽란도를 왕래하는 송나라 상인
⑤ 물건을 만들어 판매하는 수공업자

03 다음 설명에 해당하는 화폐로 옳은 것은?

> 조선 시대의 화폐로 동전 또는 엽전이라 불렸다. 인조 때 처음 발행되었으나 널리 통용되지 못하였다가, 숙종 때 다시 주조되어 조선 말까지 사용되었다. 물품 구입이나 세금 납부에 사용되었으며, 재산 축적 수단으로 이용되기도 하였다.

① 건원중보
② 상평통보
③ 삼한통보
④ 조선통보
⑤ 해동통보

04 (가), (나) 상인에 대한 설명으로 옳은 것은?

〈조선 후기 상업 활동과 대외 무역〉

① (가) – 한강을 중심으로 운송업에 종사하였다.
② (가) – 관청에서 필요로 하는 물품을 납품하였다.
③ (나) – 시전에서 물품을 판매하였다.
④ (나) – 청 · 일 간 중계 무역을 주도하였다.
⑤ (가), (나) – 사상의 자유로운 상업 활동을 억압하였다.

05 다음 문서가 조선 사회에 미친 영향으로 적절한 것은? 〔중요〕

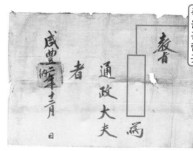

즉석에서 이름을 써 주기 위해 관직을 받는 사람의 이름 쓰는 곳을 비워 둠

① 군역의 폐단이 줄어들었다.
② 토지의 소유권이 명확해졌다.
③ 재정 부족 문제가 심각해졌다.
④ 상품 화폐 경제가 발달하였다.
⑤ 양반 중심의 신분제가 흔들렸다.

06 다음 설명에 해당하는 책으로 옳은 것은?

> 조선 후기 민간에 널리 퍼진 대표적인 예언서로, 정씨 성을 가진 사람이 왕이 된다고 하였다.

① 정감록
② 택리지
③ 동경대전
④ 용담유사
⑤ 천주실의

07 (가)에 대한 설명으로 옳은 것을 〈보기〉에서 고른 것은?

> (가) 은/는 양반의 자손이지만, 첩의 자식이라 하여 차별을 받아 양반 계층에 들지 못하고, 중간 지배층인 중인과 비슷한 신분으로 대우받았다.

| 보기 |
ㄱ. 조선 후기 신분 상승 운동을 벌였다.
ㄴ. 규장각 검서관으로 등용되기도 하였다.
ㄷ. 향약을 기반으로 향촌 사회를 규율하였다.
ㄹ. 도망하여 신분에서 벗어나는 경우가 많았다.

① ㄱ, ㄴ   ② ㄱ, ㄷ   ③ ㄴ, ㄷ
④ ㄴ, ㄹ   ⑤ ㄷ, ㄹ

08 다음 조치가 내려진 시기를 연표에서 옳게 고른 것은?

> 내수사 및 각 궁방, 중앙 관서의 노비안을 소각하여 공노비 6만여 명을 양민으로 삼도록 한다.

1680	1750	1776	1800
(가)	(나)	(다)	(라)	(마)
경신 환국	균역법 실시	정조 즉위	순조 즉위

① (가)   ② (나)   ③ (다)   ④ (라)   ⑤ (마)

중요

09 다음 자료에 나타난 조선 후기의 사회 모습으로 옳은 것은?

> 봄철에 좀먹은 쌀 한 말 받고서
> 가을엔 온전한 쌀 두 말 바치고
> 게다가 좀먹은 쌀값 돈으로 내라 하니
> 온전한 쌀 판 돈을 바칠 수밖에
> ⋮
> 큰 가마, 작은 솥 모두 다 가져가고
> 자식은 팔려가고 송아지마저 끌려가네
>   – 정약용, 「여름날에 술을 마시며」–

① 매점매석하는 도고들이 증가하였다.
② 환곡의 폐단으로 백성의 고통이 컸다.
③ 시전 상인의 횡포로 사상의 피해가 컸다.
④ 한 사람이 여러 사람의 군포 부담을 졌다.
⑤ 일부 상민들이 족보를 위조하여 양반으로 행세하였다.

10 ㉠~㉤ 중 사실과 맞지 않는 것은?

> 천주교는 ㉠ 17세기 중국에 다녀온 사신들을 통해 들어왔다. ㉡ 처음에는 서양 학문의 하나로 연구되다가 18세기 후반 ㉢ 노론 계열의 학자들이 신앙으로 믿기 시작하면서 중인, 상민, 부녀자들에게 확산되었다. ㉣ 정부는 천주교를 금지하였지만, 많은 사람들이 ㉤ 평등사상과 내세 사상에 호응하면서 널리 퍼졌다.

① ㉠   ② ㉡   ③ ㉢   ④ ㉣   ⑤ ㉤

11 (가) 인물에 대한 설명으로 옳은 것은?

왼쪽 사진은 몰락 양반 출신인 (가) 이/가 동학을 창시한 곳이다. 그는 경주 일대를 중심으로 동학을 전파하다가 1864년에 처형되었다.

① 인내천을 주장하였다.
② 진주 농민 봉기를 일으켰다.
③ 동학 농민 운동을 주도하였다.
④ 서학을 적극적으로 받아들였다.
⑤ 조상에 대한 제사를 거부하였다.

12 다음 퀴즈의 정답으로 옳은 것은?

> 동학의 교리를 정리한 책으로 2대 교주 최시형이 펴냈습니다. 『용담유사』와 더불어 동학의 기본 경전입니다. 이 책은 무엇일까요?

① 동경대전   ② 반계수록   ③ 성호사설
④ 주자가례   ⑤ 천주실의

정답과 해설 | 36쪽

13 (가)~(다)를 일어난 순서대로 옳게 나열한 것은?

> (가) 가산 다복동에서 난이 일어나 정주성이 점령되었다.
> (나) 진주 지방의 농민들이 유계춘을 중심으로 봉기하였다.
> (다) 유교, 불교, 도교를 바탕으로 민간 신앙을 융합한 동학이 창시되었다.

① (가) - (나) - (다) ② (가) - (다) - (나)
③ (나) - (가) - (다) ④ (나) - (다) - (가)
⑤ (다) - (나) - (가)

중요

14 지도의 빗금 친 지역에서 19세기 초에 일어난 농민 봉기에 대한 설명으로 옳은 것은?

① 진주성에서 항전하였다.
② 전봉준 등이 주도하였다.
③ 백낙신의 수탈에 저항하였다.
④ 전국적인 농민 봉기로 확산되었다.
⑤ 서북 지역민에 대한 차별에 반발하여 일어났다.

15 다음 사건들의 공통점으로 옳은 것은?

> • 홍경래의 난   • 진주 농민 봉기

① 조선 전기에 발생하였다.
② 일본군에 의해 진압되었다.
③ 천주교 탄압에 반발하였다.
④ 동학의 영향을 받아 일어났다.
⑤ 세도 정권의 수탈에 저항하였다.

서술형·논술형

서술형

01 다음 글을 바탕으로 조선 후기의 신분제 변화 내용에 대해 서술하시오.

> 정선 고을에 한 양반이 살고 있었다. 그는 어질고 글 읽기를 매우 좋아하였다. …… 몹시 가난하여 환곡을 타 먹은 지 여러 해가 되어 천 섬의 빚을 지고 옥에 갇히게 되었다. …… 그 동네에 부자가 이 소문을 듣고 가족끼리 비밀회의를 열어 말하였다. "저 양반이 환곡을 갚을 길이 없어서 곤란한 모양이니 그 양반 자리를 더 유지할 수 없을 것이다. 이 기회에 내가 양반 신분을 사서 가지는 것이 어떨까?"
> ─ 박지원, 『양반전』 ─

논술형

02 다음 사건이 발생한 원인과 이 사건이 조선 사회에 미친 영향에 대하여 150자 이내로 논술하시오.

> 임술년 2월 19일, 진주민 수만 명이 머리에 흰 수건을 두르고 손에는 나무 몽둥이를 들고 무리를 지어 진주 읍내에 모여 서리들의 가옥 수십 호를 불태우고 부수었다. …… 병사가 해산하고자 장시에 나가니 백성이 그를 둘러싸고 재물을 횡령한 조목, 아전들이 세금을 강제로 징수한 일들을 문책하였다.
> ─『임술록』─

03 학문과 예술의 새로운 경향

＋에도 막부

임진왜란 중 도요토미 히데요시가 죽은 뒤 도쿠가와 이에야스가 최고 실권자인 쇼군이 되어 에도 막부를 열었다.

＋곤여만국전도

1602년 마테오 리치와 명 학자 이지조가 만든 세계 지도로, 이듬해 조선에 들어와 조선인의 세계관 확대에 기여하였다.

＋벨테브레이와 하멜

벨테브레이(박연)는 서양식 대포의 제조법과 조작법을 조선군에게 가르쳤고, 하멜 일행은 네덜란드로 돌아간 뒤 『하멜표류기』를 발표하여 조선을 유럽에 소개하였다.

＋시헌력

선교사 아담 샬 등이 만든 서양식 역법으로 효종 때 채택된 이후 1895년 을미개혁으로 태양력이 채택될 때까지 사용되었다.

＋다산 초당

정약용은 정조 사후 강진으로 유배되어 다산 초당에서 11년 동안 머물렀다. 유배지에서도 학문 연구에 몰두하여 실학을 집대성하고 수많은 저서를 남겼다.

❶ 통신사와 연행사의 파견

(1) 통신사의 파견(일본)

① 배경: 임진왜란 이후 일본과 국교 회복 후 다시 파견

② 파견 └→ 19세기 초까지 200여 년간 12차례 파견되었으며, 조선의 문화를 일본에 전파하여 일본 문화 발전에 큰 영향을 끼쳤다.

구성	책임자인 정사가 약 300~500명 인솔
시기	주로 에도 막부의 쇼군(장군)이 바뀔 때 일본의 요구로 파견
업무	국서 전달, 외교나 무역 업무 처리, 국정 탐색 등

③ 의의: 조선과 일본의 문화적·경제적 교류

(2) 연행사의 파견(청)

① 배경: 병자호란 이후 청이 중국 전역 장악 → 조선과 청의 관계 안정화

② 활동: 중국 측 관료나 학자들과 교류, 몽골·류큐·서양의 여러 나라들에 대한 정보 수집

③ 의의: 청과 서양 문물 수용, 무역 활동 전개

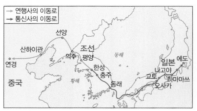

▲ 연행사와 통신사의 행로

▲「통신사 행렬도」

▲「연행도」

❷ 서학의 수용과 실학의 발달

(1) 서학의 수용

① 17세기 초부터 중국을 다녀온 사신들이 세계 지도(「곤여만국전도」 등)·화포·천리경·자명종 등 도입

② 벨테브레이, 하멜 등의 표류인들이 서양 문물을 전해 줌

(2) 과학 기술의 발달

└→ 사람의 체질을 태양인, 태음인, 소양인, 소음인으로 나누어 각각의 체질에 맞게 처방을 달리해야 한다는 이론이다.

역법	김육 등의 건의로 시헌력 도입
천문학	홍대용이 혼천의 제작, 지전설을 논리적으로 설명
의학	허준의 『동의보감』, 이제마가 사상 의학 확립 등
농학	신속의 『농가집성』, 서유구의 『임원경제지』 등

└→ 허준이 중국과 우리나라의 의학 서적을 하나로 모아 광해군 시기에 간행하였다. 각 병마다 처방을 풀이한 서적으로, 2009년에 유네스코 세계 기록 유산으로 등재되었다.

(3) 실학의 발달

① 배경: 양 난 이후 현실 사회의 여러 모순이 쌓임

② 특징: 실용적·실증적 학문

③ 농업 중심의 개혁론: 농촌 문제를 해결하기 위해 토지 제도 개혁 주장

유형원	『반계수록』 저술, 신분에 따라 일정한 토지 지급 주장
이익	『성호사설』 저술, 영업전을 정하고 그 매매를 금지할 것을 주장 └→ 한 집안의 생계를 유지하기 위해 반드시 필요한 토지를 말한다.
정약용	『목민심서』 저술, 토지 공동 소유 및 공동 경작, 일한 날짜에 따른 생산물 분배 주장

④ **상공업 중심의 개혁론:** 상공업 진흥, 기술 혁신, 청의 선진 문물 수용 주장(북학파)

유수원	『우서』 저술, 사농공상의 직업적 평등 주장
홍대용	『의산문답』 저술, 기술 혁신과 지전설 주장
박지원	『열하일기』 저술, 수레와 선박의 이용 및 화폐 유통 강조, 양반 사회 비판
박제가	『북학의』 저술, 소비 자극을 통한 생산 증진, 대외 무역 확대 주장

집중 탐구 실학자들의 개혁론

• 국가는 마땅히 한집의 생활에 맞추어 재산을 계산해서 토지 몇 부를 한집의 영업전으로 하여 …… 땅이 많은 자는 빼앗아 줄이지 않고 못 미치는 자도 더 주지 않으며, 돈이 있어 사고자 하는 자는 비록 천백 결이라도 허락해 준다. — 이익, 『곽우록』 —

• 재물은 샘과 같다. 퍼내면 차고 버려두면 말라 버린다. 비단옷을 입지 않아 나라에 비단 짜는 사람이 없어지면 여공(女紅: 길쌈질)이 쇠퇴하며, …… 기술을 숭상하지 않고 농사가 황폐해지면 선비나 농민, 수공업자, 상인 모두가 가난해져 서로 구할 수 없게 된다. — 박제가, 『북학의』 —

이익은 농민 생활 안정을 위해 **최소한의 생계를 유지할 수 있는 면적의 토지는 매매를 금지**해야 한다고 하였다. 박제가는 상공업 진흥을 위한 기술 개발을 강조하고 **청과 서양 문물의 수용**을 주장하였다.

⑷ **국학의 발달:** 우리 민족의 전통과 현실에 대한 관심 증대를 배경

역사	• 안정복: 『동사강목』(우리 역사의 독자적인 정통론 확립) • 유득공: 『발해고』(발해에 대한 관심을 높임)
지리	• 이중환: 『택리지』(각 지방의 산천, 인물, 풍속, 산물 등을 기록) • 정상기의 「동국지도」, 김정호의 「대동여지도」 등 → 최초로 100리 척을 사용한 지도이다.
국어	신경준의 『훈민정음운해』, 유희의 『언문지』 등

더 알아보기 ▶ 실학자들의 역사 인식

정통은 단군, 기자, 마한, 신라 문무왕(9년 이후), 고려 태조(19년 이후)이다. 신라는 고구려에 대해 합병한 예에 따랐으므로 통일한 이듬해에 정통을 이은 것이다. 고려는 견훤에 대해 도적을 평정한 예에 따랐으므로 통합한 해에 정통을 이은 것이다. — 안정복, 『동사강목』 —

부여씨가 망하고 고씨가 망한 다음, 김씨가 남방을 차지하고 대씨가 북방을 차지하고는 발해라 했으니, 이것을 남북국이라 한다. 남북국에는 남북국의 사서가 있었을 텐데, 고려가 편찬하지 않은 것은 잘못이다. — 유득공, 『발해고』 —

실학자들은 종래의 중국 중심적인 역사 파악에서 벗어나 우리 민족의 독자적인 역사를 실증적으로 연구하였다. 특히 유득공은 신라와 발해를 처음으로 **남북국**으로 지칭하였다.

❸ 조선 후기 예술의 발달

한문학	박지원의 『양반전』·『허생전』 등(양반층의 허위의식 고발), 중인층이 시사(詩社)를 조직하여 창작 활동
회화	• 진경산수화 유행: 우리의 자연을 직접 보고 사실에 가깝게 표현(정선의 「금강전도」, 「인왕제색도」 등) • 서양 화법 도입: 명암법, 원근법 등(강세황의 「영통동구도」)
글씨·공예	• 글씨: 김정희의 추사체 → 우리나라와 중국의 다양한 필체를 종합적으로 연구하여 고안한 독창적인 서체이다. • 공예: 청화 백자 유행(흰 바탕에 푸른 빛깔로 무늬를 넣음)
건축	보은 법주사 팔상전 등 불교 건축물, 수원 화성

➕ 열하일기

박지원이 청에 다녀온 후 저술한 책으로 수레와 선박 이용의 활성화 및 상공업 진흥을 주장하고, 양반층의 허위의식을 고발하였다.

➕ 대동여지도

10리마다 점을 찍어 거리를 표시하였고, 기호표를 사용하여 알아보기 쉽게 하였다.

➕ 금강전도

금강산을 하늘에서 내려다본 듯한 위치에서 그렸다.

➕ 보은 법주사 팔상전

우리나라에 남아 있는 유일한 목조탑이다.

개념 다지기

01 빈칸에 알맞은 말을 쓰시오.

(1) 조선은 일본과 국교를 회복한 이후에도 막부의 요청에 따라 (   )을/를 파견하였다.
(2) 병자호란 이후 조선은 청에 (   )(이)라고 불리는 사절단을 파견하였다.
(3) 실학은 크게 (   ) 중심의 개혁론과 (   ) 중심의 개혁론으로 발전하였다.
(4) (   )은/는 『양반전』, 『허생전』 등의 한문 소설에서 양반 계층의 위선과 무능을 풍자하였다.
(5) 조선 후기 공예에서는 흰 바탕에 푸른 색깔로 무늬를 넣은 (   )이/가 유행하였다.

02 다음 설명에 해당하는 책의 명칭을 쓰시오.

(1) 광해군 때 허준이 완성한 의학 서적 ·········· (   )
(2) 안정복이 고조선부터 고려에 이르는 역사를 체계적으로 정리한 역사서 ······················ (   )
(3) 이중환이 각 지방의 자연환경과 인물, 풍속, 산물 등을 소개한 지리서 ······················ (   )
(4) 신속이 모내기법과 같은 농법을 소개한 농서
··· (   )

03 실학자의 이름과 주요 주장을 연결하시오.

(1) 이익 •
(2) 박제가 •
(3) 유형원 •
(4) 정약용 •
(5) 홍대용 •

• ㉠ 지전설
• ㉡ 영업전 매매 금지
• ㉢ 소비 촉진을 통한 생산 증대
• ㉣ 신분에 따른 토지 차등 지급
• ㉤ 토지의 공동 소유, 공동 노동, 일한 날짜에 따른 생산물 분배

04 〈보기〉에서 조선 후기에 도입된 서학과 관련된 것을 고르시오.

┤ 보기 ├
ㄱ. 시헌력   ㄴ. 천리경   ㄷ. 천주교
ㄹ. 『칠정산』   ㅁ. 「곤여만국전도」
ㅂ. 「혼일강리역대국도지도」

05 (가), (나)에 알맞은 말을 쓰시오.

(가)	(나)

김정호가 만든 지도로, 22첩으로 나뉘어져 있다.	김정희가 고안한 독창적인 서체이다.

06 다음 내용을 담고 있는 역사서의 명칭과 저술한 인물의 이름을 쓰시오.

> 백제와 고구려가 망한 후 김씨가 남방을 차지하고 대씨가 북방을 차지하고는 발해라 하였으니 이것을 남북국이라고 한다. …… 저 대씨가 어떤 사람인가? 바로 고구려 사람이다. 그들이 차지한 땅은 어떤 땅인가? 바로 고구려 땅이다.

07 다음 설명이 맞으면 ○표, 틀리면 ×표를 하시오.

(1) 통신사는 조선과 일본 간에 문화적·경제적 교류를 촉진하였다. ································· (   )
(2) 연행사를 통해 청과 서양의 문물이 조선에 들어왔다.
································· (   )
(3) 다산 초당은 유형원이 유배 기간 동안 머물던 곳이다.
································· (   )
(4) 상공업 중심의 개혁론을 펼친 실학자들을 북벌파라고 부른다. ································· (   )

08 ㉠～㉢에 알맞은 말을 쓰시오.

위 작품은 (㉠)의 그림으로 왼쪽은 『금강전도』, 오른쪽은 (㉡)(이)다. (㉠)은/는 우리의 산천을 직접 보고 사실에 가깝게 묘사한 (㉢)을/를 많이 그렸다.

중단원 실력 쌓기

중요

01 지도와 같은 경로로 파견된 사절단에 대한 설명으로 옳은 것은?

① 매년 정기적으로 파견되었다.
② 에도 막부의 요청으로 파견되었다.
③ 왕래한 경험을 연행록으로 남겼다.
④ 천주교 등 서양의 문물을 처음 들여왔다.
⑤ 황제의 생일이나 정월, 동지에 파견되었다.

02 밑줄 친 '사절단'이 처음 파견된 시기를 연표에서 옳게 고른 것은?

조선의 사절단이 연경(베이징)의 조양문에 도착하는 모습으로, 이들은 청의 발달된 문물을 살피고 서양 문물을 들여오기도 하였다.

1592	1636	1724	1776
(가)	(나)	(다)	(라)	(마)
임진왜란	병자호란	영조 즉위	정조 즉위

① (가)　② (나)　③ (다)　④ (라)　⑤ (마)

03 다음 인물들의 공통점으로 옳은 것은?

> • 벨테브레이　　　• 하멜

① 병자호란에 참가하였다.
② 시헌력 도입에 크게 기여하였다.
③ 소현 세자에게 서양 문물을 전해 주었다.
④ 연경에 있는 천주당의 선교사로 활동하였다.
⑤ 표류하여 조선에 와 무기 제조 기술 등을 전하였다.

04 (가)에 들어갈 책의 명칭으로 옳은 것은?

문화유산 카드

(가)

• 작자: 박지원
• 주요 내용: 수레와 선박 이용의 활성화, 화폐 유통 확대, 상공업 진흥을 주장하고, 양반층의 허위의식을 고발하였다.

① 목민심서　② 반계수록　③ 성호사설
④ 열하일기　⑤ 의산문답

05 다음 주장을 펼친 인물로 옳은 것은?

> 대저 땅덩이는 하루 동안 한 바퀴를 도는데, 땅 둘레는 9만 리이고 하루는 12시이다. 9만 리 넓은 둘레를 12시간에 도니 천둥, 번개나 포탄보다 더 빠른 셈이다. …… 서양 어떤 지역은 지혜와 기술이 정밀하고 소상하여 측량에 있어서 해박하고 자세하니, 지구가 둥글다는 설은 다시 의심할 여지도 없다.

① 이이　　　　② 김육
③ 장영실　　　④ 유수원
⑤ 홍대용

06 다음 설명에 해당하는 인물로 옳은 것을 〈보기〉에서 모두 고른 것은?

> 양 난 이후 조선 사회에 여러 문제가 발생하자, 농민 생활과 농촌 문제에 관심을 둔 학자들이 농업 중심의 개혁론을 내세웠다.

보기

ㄱ. 이익　　　　　　ㄴ. 유형원
ㄷ. 정약용　　　　　ㄹ. 송시열

① ㄱ, ㄷ　　　② ㄴ, ㄹ　　　③ ㄷ, ㄹ
④ ㄱ, ㄴ, ㄷ　　⑤ ㄴ, ㄷ, ㄹ

07 (가), (나)에 대한 설명으로 옳은 것은?

(가)

▲ 『발해고』

(나)

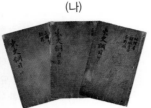

▲ 『동사강목』

① (가) – 유형원이 저술하였다.
② (가) – 처음으로 남북국이라는 용어를 사용하였다.
③ (나) – 이익이 저술하였다.
④ (나) – 조선 역대 왕의 역사를 정리하였다.
⑤ (가), (나) – 왕명에 따라 기전체로 서술되었다.

08 중요 (가)에 들어갈 내용으로 옳은 것은?

> **주제: 조선 후기 국학 연구**
>
> 1. 배경
>   • 중국 중심의 세계관 탈피 추구
>   • 우리의 전통과 현실에 대한 관심 확대
> 2. 내용
>   • 국어 – 신경준의 『훈민정음운해』
>   • _____ (가) _____

① 농학 – 유수원의 우서
② 의학 – 허준의 동의보감
③ 지도 – 이중환의 택리지
④ 역사 – 유형원의 반계수록
⑤ 지리서 – 서유구의 임원경제지

09 (가)에 들어갈 명칭으로 옳은 것은?

> 유수원, 홍대용, 박지원, 박제가 등은 청의 선진 문물을 배우자고 하여 ___(가)___ 라고 불린다.

① 개화파　　② 북학파　　③ 주화파
④ 척사파　　⑤ 척화파

10 (가) 인물에 대한 설명으로 옳은 것은?

▲ 다산 초당

___(가)___ 이/가 전남 강진에 유배되었을 때, 11년간 생활하였던 곳이다. 그는 유배 중에도 다양한 분야를 연구하여 실학을 집대성하였다는 평가를 받는다.

① 사상 의학을 확립하였다.
② 모내기법을 소개한 농가집성을 지었다.
③ 양반전, 허생전 등의 한문 소설을 지었다.
④ 통신사로 파견되어 일본 문화 발전에 기여하였다.
⑤ 공동으로 토지를 소유하고 경작한 뒤 분배할 것을 주장하였다.

11 다음 지도에 대한 설명으로 옳은 것은?

① 정상기가 제작하였다.
② 10리마다 점을 찍어 거리를 나타냈다.
③ 최초로 100리 척을 사용하여 제작되었다.
④ 17세기 초 중국을 다녀온 사신이 들여왔다.
⑤ 각 지방의 산천, 인물, 풍속 등이 자세히 나타나 있다.

12 다음 자료에 해당하는 인물로 옳은 것은?

재물은 대체로 우물과 같다. 퍼내면 차고, 버려두면 말라 버린다. 비단옷을 입지 않으므로 나라 안에 비단 짜는 사람이 없는 것이다.
　　　　　　　　　　　　　 –『북학의』–

① 박지원　　② 박제가　　③ 김정희
④ 강세황　　⑤ 이제마

중요

13 다음 전시회에서 볼 수 있는 작품으로 옳은 것을 〈보기〉에서 고른 것은?

┌─────────────────────────────┐
│ **진경산수화 특별전** │
│ │
│ 우리 미술관은 조선 후기 우리나라의 자연을 사실│
│ 에 가깝게 표현하고자 노력한 겸재의 대표작들을 │
│ 관람할 수 있는 특별전을 마련하였습니다. │
│ │
│ • 기간: ○○○○년 ○○월 ○○일 ~ ○○월 ○○일 │
│ • 장소: △△ 박물관 특별 전시실 │
└─────────────────────────────┘

┤ 보기 ├

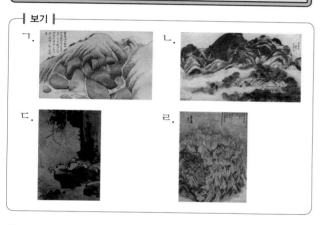

① ㄱ, ㄴ   ② ㄱ, ㄷ   ③ ㄴ, ㄷ
④ ㄴ, ㄹ   ⑤ ㄷ, ㄹ

14 다음 자료에서 설명하는 문화유산으로 옳은 것은?

 우리나라에 남아 있는 유일한 목조탑으로 임진왜란 이후 다시 건립하였다. 현재 국보 제55호로 지정되어 있다.

① 금산사 미륵전   ② 불국사 대웅전
③ 화엄사 각황전   ④ 법주사 팔상전
⑤ 부석사 무량수전

서술형·논술형

서술형

01 다음 지도가 조선 후기 지식인들에게 미친 영향에 대해 서술하시오.

▲ 「곤여만국전도」

_____
_____
_____
_____
_____

논술형

02 밑줄 친 ㉠, ㉡에 대해 주요 학자와 주장을 중심으로 쓰고, 자신이 당시 조선의 지식인이라면 어떤 개혁안을 지지하였을지 400자 이내로 논술하시오.

┌─────────────────────────────┐
│ 양 난 이후 일부 학자들이 성리학에 기반하면서도 실용│
│ 적이고 실증적인 방법으로 학문을 연구하는 과정에서 │
│ 실학이 등장하였다. 실학은 크게 ㉠ 농업 중심의 개혁론│
│ 과 ㉡ 상공업 중심의 개혁론으로 발전하였다. 실학자들│
│ 의 주장과 학문 연구는 후대의 학문 활동에 영향을 주었│
│ 고, 특히 상공업 중심의 개혁론은 개화사상에 영향을 미│
│ 쳤다. │
└─────────────────────────────┘

_____
_____
_____
_____

04 생활과 문화의 새로운 양상

＋ 장옷 입은 여인

조선 후기 양반 신분의 여성은 외출할 때에는 반드시 장옷 등으로 얼굴을 가려야 했다.

❶ 조선 후기 생활의 변화

(1) 가족 제도와 풍속의 변화

① 배경: 향촌 사회에 성리학적 생활 규범 확산

② 변화 내용 → 부계 친족 사회가 확립되었다.

조선 전기	조선 후기
• 혼례 후 남자가 상당 기간 여자 집에서 거주 • 남녀 균분 상속 • 남녀 형제가 돌아가며 제사 주관	• 혼례 후 곧바로 여자가 남자 집에서 생활 • 큰아들 우대 상속 • 큰아들이 제사 주관 • 아들이 없는 경우 양자 입양

『가례』에서는 남자 집에서 혼례를 올린 후 남자 집에서 사는 친영제를 혼인의 형태로 규정하였지만, 조선에서는 여자 집에서 혼례를 올린 후 남자 집으로 가는 반친영제가 이루어졌다.

Q&A 조선 후기 가족 제도는 어떻게 변화하였나요?

• 아비와 자식 사이의 정이라는 면에서 본다면 아들과 딸 사이에 차별이 있어서는 안되겠지만 생전에 봉양할 방법이 없고 사후에 제사의 예마저 차리지 않는데 어찌 유독 재산만은 남자 형제와 균등하게 나누어 가질 수 있겠는가. 그러므로 딸들은 재산의 3분의 1만 나누어 갖도록 해라. ─「부안 김씨 우반 고문서」─

• 제가 본처와 첩에게서 모두 아들을 얻지 못하였습니다. 그래서 동성 8촌 아우 태우의 둘째 아들 홍득으로 대를 잇고자 하여, 허가를 받고자 합니다. ─「예조 입안 문서」─

조선 후기로 들어서면서 혼례 후 곧바로 여자가 남자 집으로 들어가는 풍습이 정착되었고, 재산 상속에서도 큰아들이 우대받았다. 아들딸이 돌아가면서 지내던 제사도 큰아들이 주관하게 되었고, 아들이 없는 경우에는 양자를 들이는 일이 흔해졌다.

③ 여성의 생활 변화: 양반 신분의 여성 외출 제한, 과부의 재혼 제한, 가옥의 구조 변화(사랑채와 안채로 구분)

＋ 경주 양동 마을

조선 후기에는 동족 마을이 많이 생겨났다. 양동 마을은 여주 이씨와 경주 손씨의 일가들을 중심으로 마을이 확대되었다.

(2) 향촌 사회의 변화

① 배경: 정치적·경제적 변화에 따른 신분제 변동

② 양반의 변화 → 이들은 우세한 경제력을 바탕으로 지방관과 결탁하여 향촌 사회에서 영향력을 확대해 나갔다.

• 권위 약화: 새로 성장한 부농층이 기존 양반 계층과 주도권 다툼, 수령 권한 강화

• 지위 유지 노력: 동족 마을 확산, 문중의 결속 강화, 사우나 서원 건립, 족보 간행 활발

③ 농민층의 변화: 모내기법의 확산으로 두레 활성화(공동으로 농사짓는 풍습) → 유대감과 자율성 증대

→ 선조 또는 가문의 훌륭한 인물의 영정이나 신주를 모셔 두고 제사를 지내던 곳이다.

❷ 서민 문화의 발달

(1) 배경: 서민의 사회·경제적 지위 상승, 서당 보급

(2) 한글 소설과 사설시조

① 한글 소설 → 한글 소설이 인기를 얻으면서 도시에는 돈을 받고 책을 빌려주는 책방이 생겨났고, 전문적으로 책을 읽어 주거나 이야기를 들려주는 이야기꾼인 전기수가 등장하기도 하였다.

• 특징: 평범한 인물이 주인공, 사회의 모순과 비리를 비판하거나 서민들의 감정을 그대로 표현

• 대표 작품: 『홍길동전』, 『춘향전』, 『심청전』 등

② 사설시조: 일정한 형식에서 벗어나 서민들의 감정을 솔직하게 표현

＋ 서당

그림은 김홍도의 풍속화인 「서당」이다. 서당은 사설 초등 교육 기관으로 조선 후기 전국에 보급되어 서민 의식 향상에 기여하였다.

더 알아보기 ▶ 한글 소설에 나타난 조선 후기 사회 모습

- 어떤 사람 팔자 좋아 장손으로 태어나서 돌아가신 조상의 제사 모신다고 호의호식 잘사는데, 누구는 버둥대도 이리 살기 어려울까. 차라리 나가서 콱 죽고 싶소.   −「흥부전」−
- 소신은 본래 천한 노비의 몸에서 났으므로 아비를 아비라 부르지 못하고 형을 형이라 부르지 못하니 평생의 한이 되었기에 집을 버리고 도적의 무리에 참여했으나, 백성은 조금도 해치지 않고 각 고을의 수령이 백성의 고혈을 짜내어 빼돌린 재물만을 갈취했지만 …….   − 허균, 「홍길동전」−

조선 후기 유행한 한글 소설에는 당시 사회 모습과 양반 사회에 대한 비판 등이 담겨 있다. 『흥부전』에는 큰아들 우대로 변화한 상속 제도가 나타나 있고, 『홍길동전』은 서얼에 대한 차별을 지적하고 탐관오리를 응징하여 이상 사회를 건설하는 내용을 담고 있다.

(3) **판소리와 탈춤**   → 19세기에 신재효가 판소리 이론과 대본을 정리하여 12마당을 6마당으로 정리하였으나, 현재는 「춘향가」, 「심청가」 등 다섯 마당만 전하고 있다.

① **판소리**: 고수의 장단에 맞춰 창과 아니리(사설)로 이야기를 풀어냄 → 양반, 서민 등 다양한 계층으로부터 환영받음

② **탈춤**: 탈을 쓰고 연기하며 양반의 위선이나 사회 모순을 해학적으로 표현

더 알아보기 ▶ 탈춤

- 말뚝이: "쉬이!", "양반들 나오신다아! 양반이라고 하니까 노론, 소론, 호조, 옥당을 다 지내고 삼정승, 육판서를 다 지낸 퇴로 재상으로 계신 양반인 줄 알지 마시오. 개잘량이라는 '양'자에 개다리소반이라는 '반'자 쓰시는 양반들이 나오신단 말이오."
- 양반들: "야야, 이놈, 뭐야아!"   −봉산 탈춤 중−

양반들에 대한 비판은 탈춤에서 더욱 두드러졌다. 광대들은 탈을 쓰고 양반들의 허세를 비웃으며 승려 등 특정 인물의 부패한 생활상을 해학과 풍자로 고발하였다. 여러 지역 탈춤에서 주인공으로 나오는 말뚝이는 양반집 하인으로 양반한테 당하기만 하는 서민들을 대신해 양반을 비판하고 골려 준다.

(4) **풍속화와 민화**

① **풍속화**: 김홍도(서민들의 일상생활 표현), 신윤복(양반의 풍류와 부녀자들의 생활 표현)

② **민화**: 서민의 정서 표현, 생활 공간 장식

더 알아보기 ▶ 풍속화

▲ 「서당」(김홍도)   ▲ 「씨름」(김홍도)   ▲ 「뱃놀이」(신윤복)   ▲ 「단오풍정」(신윤복)

18세기 들어 서민들의 일상적이고 세속적인 삶의 모습을 그린 풍속화가 발달하였다. 김홍도는 간결하고 소박한 필치로 서민들의 생활을 정감 넘치게 묘사하였고, 신윤복은 섬세하고 세련된 필치로 도회지 양반과 기생의 풍류, 남녀 간의 애정을 표현한 그림을 많이 그렸다.

✦ 판소리

「평양도」의 일부로, 명창 모흥갑이 판소리를 벌이고 있는 모습이다.

✦ 민화(까치와 호랑이)

민화의 소재는 호랑이, 소나무, 학, 게, 잉어, 원앙 등 다양하였고, 글자의 의미와 관련된 소재를 같이 그려 넣는 「문자도」도 유행하였다.

01 ㉠~㉣에 들어갈 말을 쓰시오.

구분	조선 전기	조선 후기
재산 상속	형제가 평등하게 상속함	(㉠) 위주의 상속이 이루어짐
혼인 풍속	혼인 후 남자가 여자 집에 사는 일이 많음	혼인 후 곧바로 (㉡)가 (㉢) 집에 사는 일이 많아짐
가계 계승	아들이 없으면 딸이 재산과 제사를 이어받음	같은 성씨의 친족 중에서 (㉣)을/를 들이는 경우가 많아짐

02 다음 설명이 맞으면 ○표, 틀리면 ×표를 하시오.

(1) 조선 후기 성리학적 생활 규범이 정착되면서 모계 친족 집단이 형성되었다. ·····················( )

(2) 조선 후기 과부의 재혼은 제한되고 여성의 정절이 강조되었다. ··························( )

(3) 새롭게 양반이 된 계층이 생겨나면서 양반의 지배력과 권위가 점차 약해졌다. ··············( )

(4) 조선 후기 동족 마을이 사라지고 사우가 철폐되었다. ····································( )

03 다음 글을 읽고 ㉠, ㉡에 들어갈 말을 쓰시오.

> "평생 서럽기를 아버지를 아버지라고 부르지 못하고, 형을 형이라고 못하여 모두가 천하게 보고, 친척도 아무개의 천한 소생이라 이르오니 이런 원통한 일이 어디에 있습니까?" …… 이후로 길동은 무리의 호칭을 활빈당이라 하고, 수령이 불의의 재물이 있으면 탈취하고, 가난하고 의지할 데 없는 자를 구제하며, 나라의 것은 손대지 않았다.

> 위 글은 (㉠)이/가 지은 『홍길동전』으로, 조선 시대 (㉡)을/를 차별했던 문제를 고발하고, 탐관오리들의 부정부패를 비판하였다.

04 다음 설명에 해당하는 용어를 쓰시오.

(1) 조선 시대 양반 여성들이 외출할 때 얼굴을 가리기 위해 쓴 가리개 ··························( )

(2) 농민들이 공동으로 농사를 짓기 위해 만든 조직으로 모내기법이 확산되면서 활성화됨 ··········( )

(3) 형식에 구애받지 않고 서민들의 솔직하고 소박한 감정을 자유롭게 표현한 시조 ···············( )

(4) 주로 이름이 알려지지 않은 작가가 그린 것으로 생활 공간을 장식하는 데 이용한 그림 ···········( )

05 다음 용어와 관련된 설명을 옳게 연결하시오.

(1) 사우 •

(2) 서당 •

(3) 판소리 •

• ㉠ 조선 후기 널리 세워진 사설 초등 교육 기관

• ㉡ 소리꾼이 북장단에 맞추어 노래와 말로 이야기를 풀어 가는 음악

• ㉢ 선조 또는 가문의 훌륭한 인물의 영정이나 신주를 모셔 두고 제사를 지내던 곳

06 조선 후기 발달한 서민 문화와 관련 있는 것을 〈보기〉에서 모두 고르시오.

┤보기├
ㄱ. 향도   ㄴ. 민화   ㄷ. 분청사기
ㄹ. 판소리   ㅁ. 탈춤   ㅂ. 서원
ㅅ. 한글 소설 ㅇ. 추사체   ㅈ. 서당

07 다음 그림을 작가별로 구분하시오.

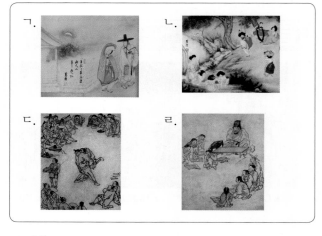

ㄱ.   ㄴ.
ㄷ.   ㄹ.

(1) 김홍도: _____

(2) 신윤복: _____

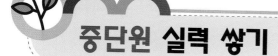
중단원 실력 쌓기

정답과 해설 | 40쪽

중요

01 다음과 같은 변화가 일어난 배경으로 적절한 것은?

> • 혼례 후 곧바로 남자 집에서 생활하는 경우가 많아졌다.
> • 아들이 없을 경우 같은 성을 쓰는 친족 중에서 양자를 들이는 일이 흔해졌다.

① 서민 의식이 성장하였다.
② 예언 사상과 무속 신앙이 유행하였다.
③ 향촌 사회에 성리학적 윤리가 정착되었다.
④ 세도 정치로 인해 삼정의 문란이 심해졌다.
⑤ 우리나라 연해에 이양선이 자주 출몰하였다.

02 밑줄 친 '제약'에 대한 사례로 적절한 것을 〈보기〉에서 고른 것은?

> 조선 후기 남녀유별을 강조하는 유교 윤리가 확산되면서 여성의 생활은 이전보다 많은 제약을 받았다.

┤ 보기 ├
ㄱ. 한글 소설을 읽었다.
ㄴ. 사랑채에 거주하였다.
ㄷ. 장옷을 쓰고 외출하였다.
ㄹ. 과부의 재혼이 제한되었다.

① ㄱ, ㄴ   ② ㄱ, ㄷ   ③ ㄴ, ㄷ
④ ㄴ, ㄹ   ⑤ ㄷ, ㄹ

03 조선 후기 향촌 사회에 대한 설명으로 옳지 <u>않은</u> 것은?

① 족보 간행이 활발해졌다.
② 수령과 향리의 권한이 약해졌다.
③ 같은 성씨끼리 모여 사는 동족 마을이 형성되었다.
④ 문중의 결속을 다지기 위해 사우나 서원을 세웠다.
⑤ 새로 성장한 부농층과 기존 양반들 간에 다툼이 일어났다.

04 (가)에 들어갈 조직으로 옳은 것은?

> 조선 후기 모내기법이 널리 퍼지면서 공동으로 농사를 짓는 [(가)]이/가 활성화되었다. 농민들은 [(가)]을/를 통해 함께 농사지으며 유대감을 높일 수 있었다.

① 두레   ② 서원   ③ 비변사
④ 속오군   ⑤ 유향소

중요

05 다음 사례들을 종합하여 (가)에 들어갈 제목으로 가장 적절한 것은?

> 제목: _____(가)_____
>
> • 조선 후기 사회적·경제적 변화 속에서 서민의 경제력과 사회적 지위가 높아졌다.
> • 전국 곳곳에 서당이 세워지고 한글 사용도 늘어났다.

① 서양 과학 기술의 수용
② 서민 문화 발달의 배경
③ 상품 화폐 경제의 발달
④ 양반 중심의 신분제 성립
⑤ 불교의 억압과 유교의 진흥

06 다음 작품이 쓰인 시기에 볼 수 있던 모습으로 적절한 것은?

> 춘향이 이방에게 말하였다. "열녀에도 양반, 상놈이 있더이까? …… 진주 기생 논개는 충신으로 충렬문에 모셔졌고, 평양 기생 월선이도 충렬문에 들어 있소. 기생이라도 더 이상 무시하지 마오." 춘향이 사또를 향해 아뢰었다. "사또는 양반이니 예절을 아실 것 아니오? 수절하는 아녀자를 수청 들라 하시면 삼강오륜의 도리에 어긋나는 것이오."

① 명에 파견되는 사신
② 건원중보를 주조하는 장인
③ 문중의 족보를 정리하는 양반
④ 벽란도에서 교역하는 아라비아 상인
⑤ 화백 회의에서 국가 중대사를 논의하는 귀족

07 다음 글에 대한 설명으로 옳은 것은?

> "평생 서럽기를 아버지를 아버지라고 부르지 못하고, 형을 형이라고 못하여 모두가 천하게 보고, 친척도 아무개의 천한 소생이라 이르오니 이런 원통한 일이 어디에 있습니까?" …… 이후로 길동은 무리의 호칭을 활빈당이라 하고, 수령이 불의의 재물이 있으면 탈취하고, 가난하고 의지할 데 없는 자를 구제하며, 나라의 것은 손대지 않았다.

① 박지원이 저술하였다.
② 연행사가 소개하였다.
③ 대표적인 한문 소설이다.
④ 일본에 전해져 큰 영향을 끼쳤다.
⑤ 서얼에 대한 차별 문제를 고발하였다.

08 (가)에 들어갈 내용으로 옳지 <u>않은</u> 것은?

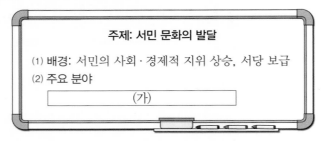

> **주제: 서민 문화의 발달**
>
> (1) 배경: 서민의 사회 · 경제적 지위 상승, 서당 보급
> (2) 주요 분야
>
> (가)

① 민화   ② 탈춤   ③ 분청사기
④ 사설시조   ⑤ 한글 소설

09 밑줄 친 '공연'에 대한 설명으로 옳은 것은?

 이 그림은 명창 모흥갑이 평양에서 공연하는 모습을 담고 있다. 북장단에 맞추어 노래와 말로 이야기를 풀어내고 있다.

① 고려 시대부터 시작되었다.
② 통신사를 통해 도입되었다.
③ 다양한 계층으로부터 호응을 얻었다.
④ 광대들이 얼굴에 탈을 쓰고 연기하였다.
⑤ 사회 개혁을 주장하여 정부가 금지하였다.

10 다음 공연이 유행하였던 때의 문화에 대한 설명으로 옳은 것은?

> 쉬이!. 양반들 나오신다아! 양반이라고 하니까 노론, 소론, 호조, 옥당을 다 지내고 삼정승, 육판서를 다 지낸 퇴로 재상으로 계신 양반인줄 알지 마시오. 개잘량이라는 '양'자에 개다리소반이라는 '반'자 쓰시는 양반들이 나오신단 말이오.
>
> 야야, 이놈, 뭐야아!

① 갑인자가 처음 주조되었다.
② 서거정이 동문선을 편찬하였다.
③ 형식에 구애받지 않는 사설시조가 유행하였다.
④ 정철이 관동별곡, 사미인곡 등의 작품을 지었다.
⑤ 청자에 백토의 분을 칠한 분청사기가 많이 만들어졌다.

11 다음 인물이 그린 작품으로 옳은 것은?

> 자(字)는 사능이요, 호(號)는 단원이다. …… 산수, 인물, 꽃과 나무, 새와 짐승을 그려 신묘한 경지에 이르지 않은 것이 없었는데, 신선을 그린 것이 가장 뛰어났다. …… 도화서 화원으로 있었는데 매양 한 폭씩 올릴 때마다 왕의 마음에 들었다.

①
▲ 「지붕이기」

②
▲ 「대쾌도」

③
▲ 「인왕제색도」

④
▲ 「뱃놀이」

⑤
▲ 「세한도」

12 다음 그림들의 공통점으로 옳은 것은?

① 양반 중심 문화를 대표한다.
② 조선 전기에 크게 유행하였다.
③ 서양 회화 기법이 도입되었다.
④ 생활 공간을 장식하는 데 이용되었다.
⑤ 주로 양반이나 도화서의 화원들이 그렸다.

13 (가)에 들어갈 그림으로 옳은 것은?

특별 전시

혜원 특별전

우리 미술관에서는 조선 후기 활동했던 혜원의 풍속화를 모아 특별전을 마련하였습니다. 관심 있는 분들의 많은 관람 바랍니다.

(가)

• 기간: ○○○○년 ○○월 ○○일~○○일
• 장소: △△ 미술관

①
②
③
④
⑤

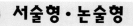서술형·논술형

서술형

01 다음 자료에 나타난 조선 후기 제사 풍속과 상속 제도의 변화 내용을 서술하시오.

• 예(禮)에 지자(支子, 맏이가 아닌 자식)는 제사를 지내지 않는다. 형은 종자(宗子)이므로 신주를 세워 제사를 주관하지만, 아우는 지자이므로 제사를 주관하지 못하고 다만 제사에 참여하거나 제사를 도울 뿐이다.
• 부모 자식 간의 정과 도리는 아들이나 딸이나 차이가 없지만 딸은 부모가 살아 있을 때에 봉양하는 도리가 없고 죽은 뒤에도 제사를 지내는 예가 없으니 어찌 재산을 아들과 동등하게 나누어 주겠는가. 딸에게는 3분의 1만 주어도 정과 도리에 비추어 볼 때 조금도 잘못된 일이 아니다.

논술형

02 조선 후기 서민 문화가 발달한 배경을 쓰고, 당시 발달한 서민 문화에 대해 세 가지 사례를 들어 200자 이내로 논술하시오.

01 (가)에 들어갈 내용으로 옳은 것은?

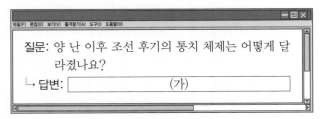

질문: 양 난 이후 조선 후기의 통치 체제는 어떻게 달라졌나요?
답변: (가)

① 소격서가 폐지되었어요.
② 5군영 체제가 갖춰졌어요.
③ 국경 지역에 양계를 두었어요.
④ 임시 기구로 비변사가 설치되었어요.
⑤ 지방군으로 주진군이 조직되었어요.

02 다음 논쟁이 일어난 시기를 연표에서 옳게 고른 것은?

효종께서는 적장자가 아니시니 사대부의 예를 따라야 합니다.

효종께서는 왕위를 계승한 이 나라의 국왕이십니다. 일반 사대부의 예를 취하는 것은 당치 않습니다.

서인   남인

1592		1623		1636		1680	
(가)		(나)		(다)		(라)		(마)
임진왜란		인조반정		병자호란		경신환국	

① (가) ② (나) ③ (다) ④ (라) ⑤ (마)

03 세도 정치에 대한 설명으로 옳지 않은 것은?

① 왕권이 약해지는 배경이 되었다.
② 북인이 정권을 장악하면서 시작되었다.
③ 과거제가 문란해지는 결과를 초래하였다.
④ 순조, 헌종, 철종의 3대 60여 년 동안 이어졌다.
⑤ 왕실과 혼인 관계를 맺은 일부 가문이 정권을 장악하였다.

서술형
04 다음 문화유산을 건립한 왕의 이름을 쓰고, 그 왕이 추진한 개혁 정책에 대해 세 가지 사례를 포함하여 서술하시오.

▲ 팔달문   ▲ 서북 공심돈

05 다음 글이 쓰인 시기의 경제 상황으로 옳은 것은?

허생은 안성의 한 주막에 자리 잡고서 밤, 대추, 감, 배, 귤 등의 과일을 모두 사들였다. 허생이 독점해 버림에 따라 온 나라가 잔치나 제사를 치르지 못할 지경에 이르렀다. 따라서 과일 값은 크게 폭등하였다. 허생은 이에 10배의 값으로 과일을 되팔았다.
－『허생전』－

① 건원중보가 주조되었다.
② 모내기법이 금지되었다.
③ 관영 수공업이 발달하였다.
④ 일본과의 대외 무역이 중단되었다.
⑤ 인삼, 담배 등의 상품 작물이 재배되었다.

06 (가)에 들어갈 신분에 대한 설명으로 옳은 것은?

무릇 (가) 을/를 매매할 때는 관청에 신고하여야 하며 사사로이 합의하여 매매한 경우에는 관청에서 (가) 와/과 대가로 받은 물건을 모두 몰수한다. 나이 16세 이상 50세 이하는 가격이 저화 4천 장, 15세 이하 51세 이상은 3천 장이다.
－『경국대전』－

① 조세, 공납, 역의 의무가 있었다.
② 시사를 결성하여 문학 활동을 하였다.
③ 잡과에 응시하여 기술관에 채용되었다.
④ 상소를 올려 과거 응시 자격을 얻었다.
⑤ 순조 때 일부가 해방되어 양인이 되었다.

07 다음 사건이 일어날 당시의 상황으로 옳은 것은?

> 평서 대원수는 급히 격문을 띄우노니, …… 조정에서는
> 서쪽 땅을 더러운 흙처럼 버렸다. 심지어 권세 있는 가
> 문의 노비들조차 서쪽 땅 사람들을 보면 평안도 놈이라
> 일컫는다. 지금 임금이 나이가 어린 까닭으로 권세 있는
> 간신배가 그 세를 날로 떨치고, 김조순, 박종경의 무리
> 가 국가 권력을 마음대로 갖고 놀아 어진 하늘이 재앙을
> 내린다.

① 동학이 창시되어 전파되었다.
② 예언서인 정감록이 널리 읽혔다.
③ 성곽을 수리하는 등 북벌을 준비하였다.
④ 사화가 일어나 많은 사람이 피해를 입었다.
⑤ 왕이 의주로 피란하고 명에 지원군을 요청하였다.

08 (가)에 들어갈 내용으로 옳은 것은?

이 탑은 경상 우병사 백낙신의 부정
부패에 항거하였던 농민 봉기를 기념
하기 위해 세운 것이다. 당시 정부는
봉기를 수습하기 위해 ____(가)____

① 연행사를 파견하였다.　② 균역법을 실시하였다.
③ 천주교를 탄압하였다.　④ 훈련도감을 창설하였다.
⑤ 삼정이정청을 설치하였다.

09 다음 경로를 따라 이동한 사절단에 대한 설명으로 옳은 것을 〈보기〉에서 고른 것은?

> 한성 → 충주 → 대구 → 부산 → 이즈하라 → 가쓰모토
> → 시모노세키 → 오카야마 → 오사카 → 나고야 → 에도

┤ 보기 ├
ㄱ. 귀국한 뒤 『연행록』을 남겼다.
ㄴ. 막부의 요청으로 파견되었다.
ㄷ. 「곤여만국전도」 등의 세계 지도를 들여왔다.
ㄹ. 한·일 간 문화적·경제적 교류에 기여하였다.

① ㄱ, ㄴ　② ㄱ, ㄷ　③ ㄴ, ㄷ　④ ㄴ, ㄹ　⑤ ㄷ, ㄹ

서술형

10 (가), (나)를 쓴 인물과 주장하는 바를 각각 한 문장으로 요약하여 서술하시오.

> (가) 국가는 마땅히 한 집의 생활에 맞추어 재산을 계산
> 　　해서 토지 몇 부를 한 집의 영업전으로 하여 당의
> 　　제도처럼 한다. 땅이 많은 자는 빼앗아 줄이지 않고
> 　　모자라는 자도 더 주지 않는다. 돈이 있어 사고자
> 　　하는 자는 비록 천백 결이라도 허락해 준다. ……
> 　　오직 영업전 몇 부 안에서 사고파는 것만을 철저히
> 　　살핀다.
> (나) 재물은 비유하자면 샘과 같은 것이다. 우물물은 퍼
> 　　내면 차고 버려두면 말라 버린다. 그러므로 비단옷
> 　　을 입지 않아서 나라에 비단 짜는 사람이 없게 되면
> 　　여공이 쇠퇴하며, …… 수공업자가 기술을 익히지
> 　　않으면 기예가 사라진다.

11 다음 그림이 그려진 시기에 볼 수 있던 모습으로 옳은 것은?

① 명에 파견되는 사신
② 승과를 준비하는 승려
③ 집현전에서 일하는 관리
④ 한글 소설을 읽고 있는 부녀자
⑤ 평양성에서 일본군과 싸우는 군인

12 조선 후기의 생활 모습으로 옳지 않은 것은?

① 재산 상속에서 큰아들이 우대를 받았다.
② 양반 신분의 여성은 외출할 때 장옷을 입었다.
③ 재산 상속은 대부분 남녀 균분으로 이루어졌다.
④ 같은 성씨끼리 모여 사는 동족 마을이 확산되었다.
⑤ 혼례 후 곧바로 여자가 남자 집에서 생활하는 경우가
많아졌다.

수행 평가 미리보기

19세기 농민 봉기를 주제로 대본 작성하기

V단원에서는 조선 후기 여러 방면에서 나타난 사회 변화와 세도 정치 시기 농민 봉기에 대해 학습하였습니다. 19세기에 일어난 농민 봉기의 원인과 과정, 의의 등을 연극 대본 쓰기를 통해 심층적으로 파악할 수 있습니다. 홍경래의 난과 임술 농민 봉기의 주도 인물이나 참여한 여러 계층의 사람들에 대한 자료를 찾아본 뒤, 그 당시 사람들이 어떤 문제 때문에 봉기를 일으켰는지 분석해 보고 자료에 기초하여 대본을 작성하는 과정은 역사적 상상력을 발휘하며 역사를 구성하는 방법을 배우는 계기가 될 수 있습니다.

수행 평가 문제

19세기에 발생한 농민 봉기를 주제로 대본을 작성해 보자.

A) 활동 계획 세우기

1 19세기에 발생한 농민 봉기 가운데 하나의 사건을 선택하고, 발발 배경과 과정, 결과 및 의의를 파악한다.

2 모둠 내 토의를 통해 역사적 자료에 기초하여 상황에 맞는 대사를 구성한다.

B) 활동 단계

1단계 연극에서 다룰 농민 봉기에 대한 자료를 조사한다.

2단계 등장 인물과 캐릭터를 설정한다.

3단계 장면이 전개될 상황과 장소를 설정한다.

4단계 연극의 한 장면을 대본으로 작성한다.

C) 활동하기

1 19세기에 일어난 농민 봉기 가운데 하나를 선택하고 자료를 조사한다.

[예시]

홍경래의 난

주요 인물	**총참모 우군칙** 홍삼 밀무역, 광산 채굴, 고리대금업 등으로 경제력을 쌓음. 풍수도사로 자처하였는데, 상인 이희저 아버지의 묘를 잡아 주면서 그를 봉기에 끌어들임	**부원수 김사용** 신분은 향리에 속하나 매우 가난해 가문의 친척들로부터도 소외되어 살았다고 함. 홍경래가 남진군을 이끌고 김사용이 북진군을 이끎	**모사 김창시** 진사 출신으로 유학자 집안에서 성장함. 봉기군 지휘자들 중 가장 높은 신분임. 거병일 홍경래가 낭독한 격문을 작성하였다 함
	선봉장 홍총각 친척들이 함께 봉기에 참가함. 상업 활동으로 생계를 꾸려갔으나 가난하였음. 힘이 장사인데다가 말타기, 활쏘기 등에 특출하여 홍경래의 신임을 받았음	**선봉장 이제초** 가난하여 결혼도 못하였다고 함. 남하하던 중 관군에게 체포되어 심한 고문을 받음. 그러나 말과 행동이 변하지 않았다고 전함	**후방 사령 이희저** 역졸 출신으로 무과에 급제함. 상업으로 크게 성공하여 평안도의 실력가들과 널리 관계를 맺어 봉기 조직에 큰 역할을 담당함. 봉기군 기지를 마련하는 등 재정적으로 크게 기여함

격문 내용	평서 대원수는 급히 격문을 띄우노니 관서 사람들은 모두 이 격문을 들으라. …… 조정에서는 서쪽 땅을 더러운 흙처럼 버렸다. 심지어 권세 있는 가문의 노비들조차 서쪽 땅 사람들을 보면 반드시 평안도 놈이라 일컫는다. 지금 임금이 나이가 어린 까닭으로 권세 있는 간신배가 그 세를 날로 떨치고, 김조순, 박종경의 무리가 국가 권력을 마음대로 갖고 놀아 어진 하늘이 재앙을 내린다.
전개 과정	1811년 12월 가산 다복동에서 봉기 → 농민군을 남진군과 북진군으로 나누어 전투 개시 → 가산·곽산·정주·선천·철산 등 청천강 이북 10여 개 지역 점령 → 박천·송림·곽산·사송야 전투에서 패배 → 정주성 후퇴, 공방전 전개 → 정주성 폭파로 진압

2 장면을 설정하고, 등장 인물의 캐릭터에 맞는 대사를 작성한다.

[예시]

S#5. 1811년 늦가을 저녁, 평안도 가산 비밀회의 장소

홍총각: 조정의 지나친 세금 수탈로 서북 지방 민심이 들끓고 있습니다. 또 계속된 자연재해로 많은 사람이 굶어 죽는 상황이라 모두들 세상이 바뀌기만을 바랍니다.

우군칙: 금광을 연다고 소문을 내서 사람들을 모으고, 군사 훈련을 시켜 거사를 일으킵시다.

이희저: 이미 몇몇 세력가들이 거사를 돕겠다고 넌지시 뜻을 알려왔습니다.

김창시: 우리가 봉기하는 이유를 명백히 밝힐 필요가 있습니다. 전투를 개시하기 전에 낭독할 격문을 작성해 보겠습니다.

홍경래: 드디어 거사를 도모할 때가 임박했군요. 끝까지 기밀 유지에 힘써 우리의 거사를 꼭 성사시킵시다. 세도 정권을 타도하고 새로운 사회를 만들어 봅시다!!

✏️ **채점 기준**

평가 영역	채점 기준	배점
역사적 증거의 활용	주제에 알맞은 역사적 자료를 활용하였는가?	20
	인물의 선정과 활동이 시대상에 부합하였는가?	20
역사적 상상력과 표현의 적절성	대본을 역사적 오류 없이 작성하였는가?	20
	자료를 바탕으로 역사적 상상력을 발휘하여 독창성 있는 대본을 작성하였는가?	20
모둠 내 역할 분담의 적절성	모둠 내 역할 분담을 적절히 하였는가?	10
	모둠 내 협동이 잘 이루어졌는가?	10

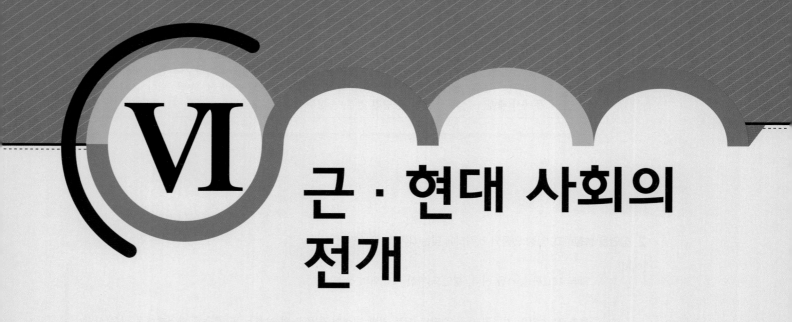

VI 근·현대 사회의 전개

01 국민 국가의 수립

+ 병인양요와 신미양요

병인양요	천주교 신자 처형을 구실로 프랑스군이 강화도 침입, 외규장각 도서 약탈
신미양요	제너럴 셔먼호 사건을 구실로 미군이 강화도 침입, 어재연의 광성보 항전

+ 영사 재판권

외국인이 거주하고 있는 국가의 법 적용을 받지 않을 수 있는 권리이다(치외 법권).

+ 삼국 간섭

청일 전쟁에서 승리한 일본에 러시아, 프랑스, 독일이 랴오둥반도 반환 압력을 넣은 사건이다.

+ 환구단

고종이 황제로 즉위한 곳이었으나 일제에 의해 헐렸다.

+ 대한국 국제(1899)

대한 제국의 헌법과 같은 것으로 전제 황권 강화 내용이 담겨 있다.

+ 만민 공동회

독립 협회가 개최한 근대적 대중 집회로, 열강의 이권 침탈을 비판하고 민중을 계몽하는 역할을 하였다.

+ 헤이그 특사

고종은 을사늑약의 부당성을 알리고자 1907년 네덜란드 헤이그에서 열린 만국 평화 회의에 비밀리에 특사를 파견하였다. 고종이 이준에게 직접 지시하였고, 연해주에서 이상설, 상트페테르부르크에서 이위종이 합류하였다. 이들은 헤이그에 도착하였지만 일본과 영국의 방해로 회의에 참석하지 못하고, 여러 나라 기자들 앞에서 이위종이 성명서를 발표하는 데 그치고 말았다.

❶ 문호 개방과 근대적 개혁의 추진

(1) 문호 개방과 개화 정책

① 흥선 대원군의 통상 수교 거부 정책: 병인양요, 신미양요, 척화비 건립
② 강화도 조약(1876): 운요호 사건이 계기, 부산·원산·인천 개항, 영사 재판권, 해안 측량권
③ 임오군란(1882): 개화 정책 불만, 구식 군인과 도시 빈민들의 봉기, 청군에 의해 진압
④ 갑신정변(1884): 김옥균 등 급진 개화파가 우정총국에서 정변, 근대 국가 수립 추진 시도

(2) 근대적 개혁의 추진

동학 농민 운동 (1894)	전개	전봉준 주도로 농민군이 전라도에서 제1차 봉기 → 전주성 점령과 전주 화약 체결 → 집강소를 통한 개혁 추진 → 제2차 봉기 → 우금치 전투
	주장	신분제 개혁 등 정치·사회 개혁, 외세 배척
갑오·을미개혁 (1894~1895)	배경	청일 전쟁, 일본의 내정 간섭, 군국기무처 설치
	내용	신분제 폐지, 사법권 독립, 봉건적 악습 폐지, 단발령 실시, 태양력 사용

└→ 동학 농민 운동을 진압하기 위해 출병한 청군을 일본군이 공격하면서 시작되었다.

(3) 일본과 러시아의 침탈

① 을미사변(1895): 청일 전쟁 이후 삼국 간섭, 조선의 친러 정책 → 일본의 명성 황후 시해
② 아관 파천(1896): 고종이 러시아 공사관으로 처소를 옮김 → 러시아의 내정 간섭 심화

❷ 국민 국가 수립을 위한 노력

(1) 대한 제국 수립(1897): '광무' 연호 제정, 고종이 환구단에서 황제 즉위, 대한국 국제 반포(전제 황권 강화), 광무개혁(구본신참, 산업과 실업 교육 장려)

(2) 독립 협회의 설립과 활동

① 설립: 서재필 주도로 독립신문 창간 → 이후 독립 협회 설립, 독립문 건립(자주 의식 고취)
② 활동: 자주독립과 자유 민권 강조, 민중 계몽 활동, 만민 공동회 개최
└→ 갑신정변 실패 후 일본을 거쳐 미국으로 망명하였다가 귀국하였다.

(3) 일제의 국권 침탈과 국권 수호 노력

① 을사늑약(1905): 러일 전쟁에서 일본 승리 후 강제 체결, 한국의 외교권 강탈, 통감부 설치
② 독도 강탈: 일제가 시마네현 고시를 내세워 독도 강탈

Q&A

독도가 우리 땅임을 주장할 수 있는 근거는 무엇인가요?

▲ 일본 태정관 지령

▲ 대한 제국 칙령 제41호

1877년 일본 정부의 최고 행정 기관인 태정관에서 일본 내무성에 보낸 공문서에는 '울릉도와 그 외 한 섬(독도)은 일본과 관계없다.'라는 내용이 기재되어 있다. 또한 1900년의 대한 제국 칙령 제41호에는 독도를 '울릉도 군청에서 직접 관할하라.'라는 내용이 담겨 있다. 이는 '독도는 주인이 없는 땅으로 일본이 먼저 점유한 일본의 영토이다.'라는 1905년 일본의 시마네현 고시가 틀렸음을 알려 주는 것이다.

③ 국권 수호 노력: 헤이그 특사 파견(1907), 안중근의 이토 히로부미 사살, 언론과 각종 단체의 애국 계몽 활동(신민회 등), 항일 의병 운동(최익현·신돌석 등, 서울 진공 작전)
④ 일제의 국권 강탈: 고종 강제 퇴위, 대한 제국 군대 해산, 강제 병합(1910)

❸ 3 · 1 운동과 대한민국 임시 정부 수립

(1) **일제의 무단 통치**: 조선 총독부 설치, 헌병 경찰에 의한 무단 통치, 조선 태형령

(2) **3 · 1 운동(1919)**

배경	일제의 무단 통치, 민족 자결주의, 고종 독살설 확산
발생	종교계 · 학생 중심 준비, 학생과 시민들의 탑골 공원 시위가 전국으로 확산
의의	대한민국 임시 정부 수립, 일제 식민 통치 방식이 이른바 문화 통치로 바뀜

└─▶ 상하이에서 수립되었으며, 우리나라 최초의 민주 공화제 정부로 삼권 분립과 국민 주권을 내세웠다.

❹ 민족 운동의 전개

(1) **1930년대 이후 일제의 민족 말살 정책(황국 신민화 정책)**: 신사 참배 및 황국 신민 서사 암송 강요, 일본식 성명 사용 강요, 우리말 · 역사 교육 금지

(2) **민족 운동의 전개와 독립을 위한 노력** '1천만이 1원씩'이라는 구호를 내세워
오금 운동을 전개하였다.
① **실력 양성 운동**: 물산 장려 운동, 민립 대학 설립 운동, 브나로드 운동 → 학생들의 농촌 계몽 운동이다.
② **노동자 · 농민 운동**: 사회주의 사상 확산, 계급 의식 고취, 소작 쟁의 · 노동 쟁의 등
③ **신간회**: 민족 협동 전선 단체(비타협적 민족주의 계열과 사회주의 계열 연대, 타협적 민
족 운동 비판), 강령(정치 · 경제적 각성, 단결, 기회주의 배격) 완전 독립이 아닌 일부 참정권
이라도 획득하자는 타협적 운동
을 기회주의로 단정하였다.
④ **항일 학생 운동**: 6 · 10 만세 운동, 광주 학생 항일 운동(한 · 일 학생 간 충돌이 계기)
⑤ **항일 무장 투쟁**: 만주와 연해주 중심, 봉오동 전투, 청산리 전투, 한국광복군(대한민국 임
순종의 장례식을 계기로 일어났다.
시 정부 산하 부대, 국내 진공 작전 준비)

더 알아보기 ▶ 청산리 전투와 봉오동 전투

봉오동 전투(1920. 6.)
대한 독립군(홍범도),
군무 도독부(최진동) 등 연합

청산리 대첩(1920. 10.)
북로 군정서(김좌진),
대한 독립군(홍범도) 등 연합

■ 한인 다수 분포 지역
■ 주요 독립군 조직
★ 주요 전투지

대한 독립군
봉오동 ●왕칭
청산리 ● 옌지 ● 훈춘 블라디보스토크
류허 백두산 북로 군정서
흥경 동해
단둥

3 · 1 운동 이듬해인 1920년부터 만주와 연해주에서 항일 무장 독립 전쟁이 활발하게 일어났다. **홍범도의 대한 독립군이 중심이 된 독립군 연합 부대는 일본군을 봉오동에서 물리쳤다.** 이 전투에 대한 보복 차원에서 일본은 대규모 병력을 이 지역으로 보냈다. 이에 **김좌진이 이끄는 북로 군정서와 홍범도의 대한 독립군 등 독립군 연합 부대는 일본군을 청산리 지역으로 유인하여 며칠 동안 전투를 벌인 끝에 일본군을 크게 격파하였다(1920. 10.).**

⑥ **의열 활동**: 의열단(김원봉이 조직, 신채호의 「조선 혁명 선언」을 활동 지침으로 삼음, 나
석주의 의거 등), 한인 애국단(김구가 조직, 윤봉길의 상하이 훙커우 공원 의거 등)
⑦ **민족 문화 수호 운동**: 조선어 학회(한글 연구, 『우리말 큰사전』 편찬 노력) 등
윤봉길의 의거를 통해 중국 국민당 정부가 대한민국 임시
정부를 지원함으로써 임시 정부 활동에 활로가 생겼다.

❺ 8 · 15 광복과 대한민국 정부의 수립

(1) **8 · 15 광복**: 일본의 패망, 미군과 소련군 주둔(북위 38도선 분할)
┌─▶ 미국, 영국, 소련의 외무 장관들이 모스크바에 모인 회의이다.
(2) **모스크바 3국 외상 회의**: 임시 민주 정부 수립, 미소 공동 위원회 설치, 한반도 신탁 통치 결정
좌익과 우익 세력의 갈등 속에 이승만이 전라북도 정읍에서
(3) **분단 가능성 대두**: 이승만의 정읍 발언, 유엔에서 남한만의 단독 선거 결정 남쪽만의 단독 정부 수립도
가능하다고 발언하였다.
(4) **통일 정부 수립을 위한 노력**: 좌우 합작 운동(여운형 등이 추진), 남북 협상(김구 등이 평양
방문, 남한 단독 선거 반대), 좌우익 세력의 갈등(제주 4 · 3 사건으로 많은 주민 인명 피해)
(5) **대한민국 정부 수립**: 5 · 10 총선거(제헌 국회 구성, 제헌 헌법 제정) → 대한민국 정부 수립
(민주 공화정, 초대 대통령 이승만)

✚ 조선 총독부

일제의 식민 통치 기구로, 군인 출신의 조선 총독이 입법, 행정, 사법권을 장악하고 강압적으로 통치하였다.

✚ 황국 신민 서사

1. 우리들은 대일본 제국의 신민입니다.
2. 우리들은 마음을 합하여 천황 폐하에게 충의를 다하겠습니다.
3. 우리들은 인고단련하여 훌륭하고 강한 국민이 되겠습니다.

일제가 만들어 일상에서 암송을 강요하였다.

✚ 물산 장려 운동

1920년대 일본 기업의 진출에 맞서 토산품 애용, 자급자족 등을 통해 민족 기업 육성을 추진한 경제적 민족 운동이다.

✚ 브나로드 운동 포스터

✚ 조선 혁명 선언

의열단원의 행동 지침이자 강령 차원에서 신채호가 작성한 문서로 민중 폭동에 의한 독립을 주장하였다.

✚ 제주 4 · 3 사건

남한 단독 선거에 반대한 제주도민을 우익 세력과 미군, 이승만 정부가 무력 진압하는 과정에서 무고한 사람들이 많이 희생되었다.

개념 다지기

01 빈칸에 들어갈 말을 쓰시오.

(1) 조선은 (   ) 조약을 통해 일본에 개항하였다.

(2) (   ) 농민 운동은 신분제 폐지, 외세 배척 등을 주장하며 낡은 체제를 바꾸려 하였다.

(3) 1894~1895년 조선은 신분제 폐지, 과거제 폐지, 사법권 독립 등을 내용으로 하는 (   )을/를 단행하였다.

(4) 고종은 1897년 (   ) 수립을 선포하고 각종 개혁을 추진하였다.

(5) 일제는 1905년 러일 전쟁 승리 후 (   ) 체결을 강요하여 우리나라의 외교권을 빼앗아 갔다.

(6) '가자 인민 속으로'라는 구호를 내세운 (   ) 운동은 학생들의 농촌 계몽 운동이다.

(7) (   )은/는 한글 연구를 진행하고 『우리말 큰사전』을 편찬하려 했던 단체이다.

(8) 38도선으로 분단된 이후 (   ) 3국 외상 회의에서 한반도 신탁 통치안이 결정되었다.

(9) 제주도 지역에서 남한 단독 선거에 반대하여 (   ) 사건이 일어났고, 이를 무력으로 진압하는 과정에서 많은 사람들이 희생되었다.

(10) (   )와/과 김규식은 분단을 막고 통일 정부를 수립하기 위해 평양을 방문하여 남북 협상을 전개하였다.

02 인물과 활동을 관계 있는 것끼리 연결하시오.

(1) 서재필   •   • ㉠ 의열단 조직

(2) 전봉준   •   • ㉡ 척화비 건립

(3) 여운형   •   • ㉢ 독립 협회 설립

(4) 김원봉   •   • ㉣ 동학 농민 운동

(5) 안중근   •   • ㉤ 좌우 합작 운동

(6) 윤봉길   •   • ㉥ 홍커우 공원 의거

(7) 흥선 대원군 •   • ㉦ 이토 히로부미 암살

03 다음 사건을 발생한 순서대로 나열하시오.

(1)

ㄱ. 을미사변	ㄴ. 삼국 간섭
ㄷ. 청일 전쟁	ㄹ. 동학 농민 운동 발발

(2)

ㄱ. 고종 강제 퇴위	ㄴ. 러일 전쟁 발발
ㄷ. 헤이그 특사 파견	ㄹ. 을사늑약 체결

04 각 설명에 해당하는 단체를 〈보기〉에서 고르시오.

(1) 동학 농민 운동 당시 농민군이 전라도 각 지역에 설치한 개혁 기구 ······························· (   )

(2) 대한민국 임시 정부의 김구가 조직한 의열 단체 ··· (   )

(3) 나석주 등의 의거를 일으켰던 단체 ········· (   )

(4) 1920년대 후반 기회주의 배격을 내세우며 설립된 민족 협동 전선 단체 ····························· (   )

┤ 보기 ├
ㄱ. 신간회	ㄴ. 집강소
ㄷ. 의열단	ㄹ. 한인 애국단

05 다음 설명이 맞으면 ○표, 틀리면 ×표를 하시오.

(1) 별기군이 봉기하여 임오군란이 일어났다.
··· (   )

(2) 김옥균 등의 급진 개화파는 우정총국에서 정변을 일으켜 근대적 개혁을 추진하려 하였다. ············· (   )

(3) 고종은 신변의 안전을 위해 청나라 공사관으로 처소를 옮겼다. ······························· (   )

(4) 1919년 우리 민족은 3·1 운동을 통해 일제의 이른바 문화 통치에 저항하였다. ····················· (   )

(5) 순종의 장례식을 계기로 광주 학생 항일 운동이 일어났다. ······························· (   )

06 다음 물음에 알맞은 답을 쓰시오.

(1) 흥선 대원군이 통상 수교 거부 정책을 알리기 위해 전국 각지에 세운 비석은? ····················· (   )

(2) 고종이 황제 즉위식을 거행한 곳은? ········· (   )

(3) 독립 협회가 주도하여 개최한 근대적 대중 집회는?
··· (   )

(4) 일제가 1910년 한국의 국권을 강탈하고 세운 최고 식민 통치 기구는? ····························· (   )

(5) 1920년대 '토산품 애용' 등을 주장하며 전개된 경제적 민족 운동은? ································· (   )

(6) 모스크바 3국 외상 회의에서 한반도 문제 해결을 위해 설치하기로 한 기구는? ····················· (   )

(7) 우리 역사상 최초의 민주적인 보통 선거로 제헌 국회를 구성하였던 총선거는? ····················· (   )

중단원 실력 쌓기

01 다음 비석이 세워질 당시의 상황으로 옳은 것은?

> 서양 오랑캐가 쳐들어오는데 싸우지 않으면 화친하자는 것이고, 화친을 주장함은 나라를 파는 것이다.

① 왕실 외척의 주도로 세도 정치가 전개되었다.
② 개화 정책에 반대하는 구식 군인들이 봉기하였다.
③ 부산, 원산, 인천에서 개항장 무역이 진행되었다.
④ 흥선 대원군이 통상 수교 거부 정책을 추진하였다.
⑤ 대한 제국이 수립되어 식산흥업 정책을 실시하였다.

02 다음 내용을 담은 조약에 대한 설명으로 옳은 것은?

제7관	조선국 연해의 도서와 암초는 이제까지 조사를 하지 않아 지극히 위험하다. 일본국 항해자가 자유로이 해안을 측량하도록 허가한다.
제10관	일본국 인민이 조선국 지정의 각 항구에 머무는 동안에 죄를 범한 것이 조선국 인민에 관계되는 사건일 때에는 모두 일본국 관원이 심판한다.

① 외교권이 강탈되었다.
② 청일 전쟁 직후에 맺어졌다.
③ 운요호 사건이 계기가 되었다.
④ 조선 총독부가 설치되는 근거가 되었다.
⑤ 러일 전쟁에서 승리한 일본의 강요로 체결되었다.

03 밑줄 친 ㉠ 사건에 대한 설명으로 옳은 것은?

> ㉠ 개화당의 실패는 우리에게 매우 애석한 일이다. …… 우리의 청년 수재들이 일본의 신풍조에 물들어 청나라의 예속으로부터 벗어나고자 한다는 것을 알게 되었다. 일본이 이를 이용하여 청으로부터 독립을 권하고 원조까지 약속했지만, 사실은 조선과 청의 악감정을 도발하여 그 속에서 이익을 얻으려는 속셈이었다.

① 전라도를 중심으로 전개되었다.
② 김옥균, 박영효 등이 주도하였다.
③ 러시아의 내정 간섭을 야기하였다.
④ 구본신참의 방향 속에 추진되었다.
⑤ 구식 군인과 민중들이 봉기하였다.

중요

04 다음 사건들을 발생한 순서대로 옳게 나열한 것은?

> (가) 청과 일본이 전쟁을 벌였다.
> (나) 고종이 러시아 공사관으로 처소를 옮겼다.
> (다) 전봉준이 이끄는 농민군이 전주성을 점령하였다.
> (라) 러시아, 독일, 프랑스에 의해 삼국 간섭이 일어났다.

① (가) - (나) - (다) - (라) ② (나) - (가) - (라) - (다)
③ (다) - (가) - (라) - (나) ④ (라) - (가) - (나) - (다)
⑤ (라) - (다) - (나) - (가)

05 밑줄 친 ㉠의 사례로 제시할 수 있는 사실로 옳은 것은?

> 서재필은 서구 민주주의를 직접 체험하고 귀국하였다. 그는 자주독립, 자강 개혁을 이루기 위해 무엇보다 국민을 계몽하여 근대 의식을 일깨워야 한다고 생각하였다. 그의 이러한 생각을 바탕으로 독립신문과 독립 협회가 만들어졌고, ㉠ 구국 운동을 위한 민중 계몽 활동이 전개되었다.

① 단발령이 제정되었다.
② 신간회가 활동하였다.
③ 만민 공동회가 개최되었다.
④ 항일 의병 운동이 전개되었다.
⑤ 민립 대학 설립 운동이 추진되었다.

06 다음 주장이 제기된 배경으로 적절한 것은?

> 우리들은 삼가 황제의 뜻을 받들고 귀국 총통과 대표에게 눈물로써 고하나니 …… 한국은 자주국인데 어째서 일본이 한국의 국제 교섭에 간여하여 우리나라 황제의 명을 받든 사절단이 이 회의에 참석하지 못하는가? 귀국 총통 및 대표는 위기에 빠진 약소국을 돕고 조력을 베풀어 우리 사절단을 만국 평화 회의에 참석시키고 모든 호소를 허용하기를 간절히 바란다.

① 을사늑약이 체결되었다.
② 고종이 강제로 퇴위당하였다.
③ 일제가 한국을 강제 병합하였다.
④ 일제가 무단 통치를 전개하였다.
⑤ 일제가 태평양 전쟁을 일으켰다.

07 (가) 민족 운동에 대한 설명으로 옳은 것은?

> (가) 은/는 고종의 죽음을 계기로 조선 민족이 단결하여 자유와 독립을 찾으려고 수없이 죽어 가고, 일본 경찰에게 잡혀가서 모진 고문을 당하면서 굴하지 않았던 숭고한 독립운동이었다. 그들은 이러한 이상을 위해 희생하고 순국하였다. 일본인에게 억압당한 조선 민족의 역사는 실로 쓰라린 암흑의 시대였다. 조선에서 학생의 신분으로 곧장 대학을 나온 젊은 여성과 소녀가 투쟁에 중요한 역할을 했다는 것을 듣는다면 너도 틀림없이 깊은 감동을 받을 것이다.
>
> ─ 네루가 자신의 딸에게 쓴 편지 중에서 ─

① 대한매일신보가 적극 지원하였다.
② 사회주의 계열의 인사들이 주도하였다.
③ 학생들이 주도한 농촌 계몽 운동이었다.
④ 광주 지역에서 시작되어 전국으로 확산되었다.
⑤ 일제가 이른바 문화 통치를 실시하는 계기가 되었다.

중요

08 (가), (나)와 관련된 민족 운동에 대한 설명으로 옳은 것을 〈보기〉에서 고른 것은?

(가)   (나)

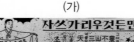

> **보기**
> ㄱ. (가) ─ 토산품 애용을 내세웠다.
> ㄴ. (가) ─ 국민의 성금을 모으는 방법으로 전개되었다.
> ㄷ. (나) ─ 학생들의 농촌 계몽 운동이었다.
> ㄹ. (나) ─ 사회주의 계열 인사들이 주도하였다.

① ㄱ, ㄴ   ② ㄱ, ㄷ   ③ ㄴ, ㄷ
④ ㄴ, ㄹ   ⑤ ㄷ, ㄹ

09 다음 법령이 적용된 시기의 사실로 적절한 것은?

> 제1조   3개월 이하의 징역 또는 구류에 처하여야 할 자는 그 정상에 따라 태형에 처할 수 있다.
> 제11조   태형은 감옥 또는 즉결 관서에서 비밀리에 행한다.
> 제13조   본령은 조선인에 한하여 적용한다.

① 만민 공동회가 개최되었다.
② 헌병 경찰 통치가 시행되었다.
③ 황국 신민 서사 암송이 강요되었다.
④ 침략 전쟁에 우리 민족을 동원하였다.
⑤ 징병과 징용령이 제정되어 시행되었다.

10 다음 주장이 제기된 결과로 적절한 것은?

> • 민족주의 세력에 대해서도 그것이 타락한 형태로 나타나지 않는 한 적극적으로 제휴하여, 대중의 개량적 이익을 위해서도 종래의 소극적 태도를 버리고 떨쳐 일어나 싸워야 할 것이다. ─ 정우회 선언(1926) ─
> • 타락을 의미하는 기회주의와 우경적인 타협 운동(자치론)이 대중의 목적의식을 마비케 하고 투쟁력을 약화시키며 …… 비타협적인 민족주의 좌익 전선을 형성함이 꼭 필요한 까닭이다. ─ 조선일보(1927) ─

① 신간회가 설립되었다.
② 3·1 운동이 일어났다.
③ 만민 공동회가 개최되었다.
④ 애국 계몽 운동이 전개되었다.
⑤ 대한민국 임시 정부가 수립되었다.

11 (가) 단체에 대한 설명으로 옳은 것은?

> 당시 정세로 말하면 …… 무슨 새로운 국면을 타개할 필요가 있었다. 그래서 우리 임시 정부에서 회의한 결과 (가) 을/를 조직하여 암살과 파괴 공작을 하되, 돈이나 사람이나 내가 전담하고 다만 그 결과를 정부에 보고하라는 전권을 위임받았다.
> ─ 김구, 『백범일지』─

① 나석주의 의거를 일으켰다.
② 사회주의자들이 주도하였다.
③ 민족 협동 전선 단체로 조직되었다.
④ 조선 혁명 선언을 강령으로 삼았다.
⑤ 상하이 홍커우 공원 의거를 일으켰다.

12 밑줄 친 '이 단체'에 대한 설명으로 옳은 것은?

> 일제는 이 단체의 활동이 장래 조선 독립을 목적으로 하는 것이 아니냐 혹은 일본 말을 사용하는 시대에 한글을 연구·보급하는 것은 조선 문화의 향상과 민중에게 민족 의식을 높여 조선 독립을 꾀하는 것이 아니냐며 억지로 죄를 씌어 회원들을 체포하였다.

① 김원봉의 주도로 조직되었다.
② 우리말 큰사전 편찬을 시도하였다.
③ 민립 대학 설립 운동을 주도하였다.
④ 노동자, 농민의 계급 투쟁을 강조하였다.
⑤ 윤봉길, 이봉창 등이 회원으로 활동하였다.

13 (가) 회의에 대한 설명으로 옳은 것은?

> • 카이로, 포츠담 선언과 국제 헌장으로 세계에 공약한 한국 독립 여부는 금번 (가) 의 신탁 관리 결의로써 수포로 돌아갔으니 …… 3천만의 총역량을 발휘하여 신탁 관리제를 배격하는 민족 운동을 전개하여 …….
> • (가) 의 결정을 신중히 검토한 결과, …… 임시적 조선 민주주의 정부를 조직한다 …… 국제적 결정은 금일 조선을 위하여 가장 정당한 것이다.

① 일본의 무조건 항복을 요구하였다.
② 미소 공동 위원회 설치를 결정하였다.
③ 연합국이 한국의 독립을 최초로 약속하였다.
④ 북위 38도선을 경계로 한반도 분할을 결정하였다.
⑤ 한반도에서 인구 비례에 의한 총선거를 결의하였다.

14 (가) 사건에 대한 설명으로 옳은 것은?

> 제2조(정의) 이 법에서 사용하는 용어의 정의는 다음과 같다.
> ① (가) (이)라 함은 1947년 3월 1일을 기점으로 하여 1948년 4월 3일 발생한 소요 사태 및 1954년 9월 21일까지 제주도에서 발생한 무력 충돌과 진압 과정에서 주민들이 희생당한 사건을 말한다.

① 6·25 전쟁을 계기로 발생하였다.
② 북한군의 기습 남침으로 시작되었다.
③ 김구, 김규식 등의 주도로 전개되었다.
④ 남한 단독 선거에 반대하여 일어났다.
⑤ 신탁 통치 문제를 둘러싼 갈등이 계기가 되어 일어났다.

서술형·논술형

서술형

01 다음 상황이 보여 주는 조약의 명칭을 쓰고, 조약의 주요 내용을 서술하시오.

일본이 한국 황제를 위협하여 조약을 강제로 체결하는 모습을 그렸다. '오적'이라는 글자, '왜적'이라는 글자 등이 보인다.

논술형

02 제시된 표를 참고하여 독립 협회의 근대 국민 국가 수립을 위한 노력과 대한 제국이 추구했던 개혁의 방향 및 내용을 각각 서술하고, 그 차이점을 평가하여 논하시오.

독립 협회	대한 제국
• 만민 공동회 • 자유 민권 강조	• 대한국 국제 • 구본신참

02 자본주의와 사회 변화

VI. 근·현대 사회의 전개

❶ 개항과 근대 경제 체제 수립을 위한 노력

(1) 개항 이후 경제 상황

① 강화도 조약: 부산, 원산, 인천 개항 → 개항 초기에는 항구에서 사방 10리 이내에서만 외국 상인이 무역할 수 있었다.
② 개항장 무역: 쌀과 콩 유출(국내 곡물 가격 급등), 면직물 유입(국내 수공업 타격)
③ 청·일본 상인의 내륙 진출: 국내 상권 침탈 및 경쟁, 청일 전쟁 이후 일본 상인 우위
④ 아관 파천 이후 열강의 이권 침탈: 철도·광산·삼림 등 이권 침탈
⑤ 화폐 정리 사업: 일본이 화폐 발행권 차지, 정부 재정 예속화, 국내 상공인 타격

(2) 경제적 구국 운동

① 열강의 이권 침탈 저지 운동(독립 협회), 상권 수호 운동, 회사 설립 운동 등
② 보안회: 일본의 황무지 개간을 구실로 한 국유지 강탈 시도 저지
③ 대한 제국의 식산흥업 정책: 산업 육성, 실업 교육, 양전 사업으로 지계 발급
④ 국채 보상 운동(1907): 정부가 일본에 진 빚 증가 → 대구에서 금연 등을 통한 모금 운동 시작, 언론 기관 지원으로 전국 확산 → 통감부의 방해와 탄압으로 중단

📋 **더 알아보기 ▶ 국채 보상 운동**

> 국채 1,300만 원은 바로 우리 대한의 존망에 직결된 것이라. …… 2천만 민중이 3개월 동안 담배를 끊고 그 대금으로 1인당 매달 20전씩 징수하면 1,300만 원이 될 수 있다.
> – 대한매일신보, 1907. 2. 21. –

일제는 한반도 지배에 필요한 시설이나 사업을 위해 대한 제국에 막대한 차관을 도입하도록 강요하였다. 이에 대한 제국이 일제에 많은 빚을 지게 되자 국민의 성금을 모아 나랏빚을 갚자는 국채 보상 운동이 대구에서 시작되었다.

---

❷ 식민지 경제 체제로의 재편

(1) 1910～1920년대 일제의 식민지 경제 정책

① 토지 조사 사업: 토지 소유자의 기한 내 신고 원칙, 국유지와 미신고 토지 등 많은 토지가 조선 총독부 소유가 됨, 동양 척식 주식회사 성장
② 회사령: 조선 총독의 허가에 의한 기업 설립, 한국인의 기업 설립 억제
③ 산미 증식 계획: 일본의 쌀 부족 문제 해결 목적, 쌀 생산량 증대 시도, 일본으로 쌀 유출량 증대, 한국인의 쌀 소비량 감소, 만주에서 잡곡 수입 → 밭을 논으로 바꾸고 화학 비료 사용 강요, 수리 시설 축조 등을 통해 쌀 생산량을 늘리려 하였다.

(2) 1930년대 이후 일제의 식민지 경제 정책

병참 기지화 정책	침략 전쟁을 위한 군수 물자 보급 목적으로 식민지 공업화, 북부 지방에 금속·기계·화학 등 군수 공장 설립, 철·석탄 등 지하자원 생산 증대, 발전소 등 설립
남면북양 정책	대공황 이후 일본 기업의 부족한 공산품 원료 확보 목적, 남부 지방에 면화 재배·북부 지방에 양 사육 강요
전시 수탈 정책	저임금, 노동·농민 운동 억압, 징용·지원병·징병·일본군 '위안부' 등 인적 수탈, 국가 총동원법 제정(1938), 쌀과 고철·놋그릇 등 금속류 공출

＋ 개항 이후 열강의 이권 침탈

＋ 화폐 정리 사업
대한 제국 내에 유통되던 백동화, 엽전 등을 모두 회수하고 일본 제일 은행권 화폐만을 통용하게 한 정책으로 한국의 금융, 소상공인에게 많은 피해를 주었다.

＋ 지계
대한 제국 정부가 양전 사업을 통해 토지를 조사하여, 지주에게 토지 소유권을 증명해 주기 위해 발행한 문서이다.

＋ 동양 척식 주식회사
1908년 일제가 일본인의 한반도 이주와 산업의 발전이라는 명분으로 세운 회사이다. 실제로는 토지와 자원을 빼앗는 수탈 기구 역할을 하였다.

❸ 국가 주도의 경제 성장

(1) 6·25 전쟁 전후 경제 상황과 원조 경제

① **광복 직후:** 경공업 중심의 남한 경제 위축, 실업자 속출, 재정 적자와 물가 폭등

② **농지 개혁:** 농지 소유 제한, 많은 농민이 토지를 소유하게 됨

③ **미국의 경제 원조:** 밀·면화·원당(설탕 원료) 등 원조, 삼백 산업 발달, 식량난 해소에 도움, 농산물 가격 하락, 제분·제당·면방직 <u>공업 등의 소비재 산업</u> 발전
  → 밀, 면화, 원당 세가지 원료가 모두 흰색이어서 붙여진 명칭이다.

(2) 박정희 정부 시기의 경제 성장: 정부 주도, 풍부한 노동력을 기반으로 한 수출 중심의 성장 정책(→ 수출 증가, 국민 소득 증대, '한강의 기적'), 새마을 운동 전개

(3) 1980년대 이후: 3저 호황으로 고도 성장, 반도체·자동차 등 산업 발전

(4) 경제 성장의 문제점: 산업 부문 개발 불균형, 시장의 해외 의존도 심화, 정부의 지나친 개입, 농민과 노동자의 희생

❹ 신자유주의 경제 정책 추진

신자유주의	무역 장벽 철폐, 농·축·수산물 시장 및 자본 시장 개방 요구
자유 무역	우루과이 라운드 타결, 세계 무역 기구(WTO) 출범
1990년대 후반 외환 위기	• 전개: 환율 상승, 기업 도산, 실업자 증가, 국제 통화 기금(IMF)의 금융 지원 • 극복 노력: 범국민적 금 모으기 운동 전개, 기업과 금융 개혁 및 구조 조정 • 결과: 외환 위기 극복, 실업자와 비정규직 노동자 증가, 빈부 격차 심화
2000년대	칠레·미국 등과 자유 무역 협정 체결 등

→ 1907년 전개된 국채 보상 운동과 견주어 제2의 국채 보상 운동이라고도 불렸다.

❺ 경제 성장에 따른 사회 변화

(1) 사회 변화 모습: 농업에서 공업 중심 산업 구조로 변화, 인구의 도시 집중(주택·교통·공해 등의 문제), 노동 문제 대두, 사회적 양극화로 계층 갈등 심화

(2) 노동 문제

1960년대	낮은 임금, 장시간 노동, 열악한 노동 조건
1970년대	전태일이 노동 문제를 제기하며 분신, 노동 운동의 본격화
1980년대	6월 민주 항쟁 이후 노동 운동 활성화, 많은 기업에 노동조합 결성
1990년대 이후	청년 고용 문제, 비정규직 문제, 외국인 노동자 인권 문제

💡 집중 탐구 노동 운동의 주춧돌을 놓은 전태일

서울 동대문 평화 시장 재단사로 일하던 **전태일**은 근로 기준법이 지켜지지 않는 노동 현실 속에 노동 실태를 고발하고 이를 개선하기 위한 많은 노력을 기울였다. 그러나 이러한 노력이 외면당하자, 1970년 11월 13일 "나의 죽음을 헛되이 하지 마라."라며 **분신하여 노동자의 권리**를 요구하였다.

❻ 대중문화의 발달
→ 경제 성장과 교육 기회 확대 등으로 대중이 문화의 중심으로 성장하였으며, 이들이 쉽게 접하고 즐길 수 있는 대중문화가 발달하게 되었다.

대중문화의 형성	가요, 영화, 소설, 잡지, 라디오, 텔레비전
대중가요의 성장	트로트부터 발라드와 댄스, 대형 기획사 등장, 케이 팝(K-POP)
프로 스포츠의 확산	1960년대 레슬링·권투 등, 1980년대 이후 야구·축구·씨름 등
국제 대회 유치	서울 아시안 게임(1986), 서울 올림픽(1988), 한일 월드컵(2002) 등

➕ 농지 개혁

농지 소유를 가구당 3정보 이내로 제한하고, 이를 초과하는 농지를 정부가 유상으로 매입하여 농민에게 유상으로 분배하였다.

➕ 새마을 운동

도시와 농촌의 생활 격차가 커지자 농촌 소득 증대와 환경 개선 등을 내세우며 박정희 정부가 실시한 것으로, 정부 주도의 의식 개혁 운동 차원까지 추진되었다.

➕ 경제 개발 5개년 계획

제1, 2차 경제 개발 5개년 계획 (1960년대)	• 섬유·식품 등 경공업 육성 • 저임금 노동에 기반한 수출 정책
제3, 4차 경제 개발 5개년 계획 (1970년대)	• 경부 고속 국도 건설, 포항 제철 설립, 수출 자유 지역 조성 • 중화학 공업 발전: 철강, 기계, 조선, 자동차, 화학 등

➕ 3저 호황

1980년대 중반 저달러, 저유가, 저금리에 따른 경제적 호황 상황을 말한다.

➕ 우루과이 라운드

1986년 남미 우루과이에서 개최되어 1993년 타결된 무역 협상이다. 보호 무역 추세를 완화하여 세계의 자유 무역을 실현하고자 하였다.

개념 다지기

정답과 해설 | 44쪽

01 다음 설명이 맞으면 ○표, 틀리면 ×표를 하시오.

(1) 강화도 조약으로 부산, 원산, 인천에 개항장이 설치되었다. ····················· (   )

(2) 국민들은 대한 제국 정부가 일본에 진 빚을 갚기 위해 상권 수호 운동을 벌였다. ····················· (   )

(3) 일제는 국가 총동원법을 통해 한국인의 기업 설립을 억제하였다. ····················· (   )

(4) 일제의 산미 증식 계획으로 한국인 1인당 쌀 소비량은 크게 증가하였다. ····················· (   )

(5) 일제는 한반도에서 남면북양 정책을 실시하여 자국의 공산품 원료를 확보하려 하였다. ············· (   )

(6) 일제는 토지 조사 사업을 통해 한반도를 군수 물자를 보급하는 기지로 만들고자 하였다. ·········· (   )

(7) 김대중 정부는 새마을 운동을 추진해 농촌 소득 증대를 꾀하였다. ····················· (   )

(8) 6월 민주 항쟁 이후 많은 기업에 노동조합이 결성되었다. ····················· (   )

(9) 우리나라는 2002년에 서울 올림픽을 개최하였다.
····················· (   )

02 해당 시기에 적절한 상황을 찾아 연결하시오.

(1) 1950년대 •   • ㉠ 외환 위기 대두

(2) 1960년대 •   • ㉡ 미국의 경제 원조

(3) 1970년대 •   • ㉢ 섬유·식품 등 경공업 발전

(4) 1980년대 •   • ㉣ 3저 호황으로 고도 성장

(5) 1990년대 •   • ㉤ 철강, 조선, 화학 등 중화학 공업 발전

03 다음을 나타난 순서대로 나열하시오.

(1)

┌─────────────────────────────┐
│ ㄱ. 토지 조사 사업   ㄴ. 산미 증식 계획 │
│ ㄷ. 화폐 정리 사업   ㄹ. 국가 총동원법 제정 │
└─────────────────────────────┘

(2)

┌─────────────────────────────┐
│ ㄱ. 농지 개혁   ㄴ. 외환 위기 │
│ ㄷ. 새마을 운동   ㄹ. 칠레와 자유 무역 협정 체결 │
└─────────────────────────────┘

04 빈칸에 알맞은 말을 쓰시오.

(1) 일제는 (   ) 사업으로 대한 제국의 화폐 발행권을 차지하고 재정을 예속화하였다.

(2) 이승만 정부 시기에 시행된 (   )(으)로 농지 소유가 제한되면서 많은 농민이 토지를 소유하게 되었다.

(3) 1910년 일제는 (   )을/를 제정하여 기업 설립 시 조선 총독의 허가를 받도록 하였다.

(4) 토지 조사 사업 이후 많은 토지를 소유하게 된 (   )은/는 일제 강점기 최대의 지주로서 한국의 농민을 수탈하였다.

(5) 1980년대 세계 경제의 (   ) 상황을 배경으로 우리나라는 고도 성장을 지속하였다.

(6) 1970년 (   )은/는 노동 문제를 제기하며 분신하여 노동 운동이 본격화되는 계기를 마련하였다.

05 각 설명에 해당하는 일제의 식민지 경제 정책을 〈보기〉에서 고르시오.

(1) 대공황 이후 일본 섬유 기업의 원료 확보 정책
····················· (   )

(2) 대륙 침략을 위해 한반도를 군수 물자 보급 기지로 만들기 위한 정책 ····················· (   )

(3) 일본의 쌀 공급 부족 문제를 해결하기 위해 한반도를 식량 공급 기지로 만들려 한 정책 ············· (   )

(4) 침략 전쟁 수행을 위해 한반도의 인적, 물적 자원을 수탈하려는 정책 ····················· (   )

┤ 보기 ├──────────────────────
ㄱ. 남면북양 정책   ㄴ. 산미 증식 계획
ㄷ. 병참 기지화 정책   ㄹ. 국가 총동원법 제정
─────────────────────────────

06 다음 물음에 알맞은 답을 쓰시오.

(1) 대한 제국 시기에 일본에 진 빚을 갚기 위해 전개된 전 국민적 모금 운동은? ····················· (   )

(2) 1950년대 미국의 경제 원조로 발전했던, 밀, 면화, 원당을 원료로 하는 산업을 부르는 명칭은? ···· (   )

(3) 신자유주의가 대두되면서 전 세계적인 자유 무역을 위해 1995년 설립된 국제기구는? ················· (   )

(4) 우리나라가 2002년 유치한 축구 경기 대회로 전 국민적 응원이 세계에 널리 알려지게 된 국제 대회는?
····················· (   )

중단원 실력 쌓기

01 다음 상황이 원인이 되어 나타난 사실로 적절한 것은?

> 임오군란 이후 청나라 상인들이 국내에 대거 진출하였다. 이러한 상황에서 일본 상인도 내륙에 진출하였다. 이에 따라 청·일 상인들은 서울 도성 안에 상설 점포를 개설하고 치열한 경쟁을 벌였다. 이들이 내륙과 농촌 시장에도 침투하자 수입 상품의 내륙 판매를 담당하던 조선 상인들은 큰 타격을 받았다.

① 회사령이 제정되었다.
② 방곡령이 선포되었다.
③ 개항장 무역이 시작되었다.
④ 상권 수호 운동이 일어났다.
⑤ 대한 제국의 양전 사업이 진행되었다.

중요

02 다음 가상 대화의 소재가 된 민족 운동에 대한 설명으로 옳은 것은?

 나는 담배를 끊어 돈을 모았고, 우리 어머니는 반지를 내놓았어.

 이게 대구에서만 할 일인가? 일본이 방해해도 모두가 나서서 모금에 동참해야지.

① 보안회의 주도로 전개되었다.
② 조선 총독부의 방해로 실패하였다.
③ 나랏빚을 갚기 위한 목적으로 시작되었다.
④ 일제의 전시 수탈 정책에 맞서 전개되었다.
⑤ 외환 위기를 극복하려는 의도로 추진되었다.

03 (가)에 들어갈 내용으로 가장 적절한 것은?

> 갑: 앞으로 백동화나 엽전은 사용하지 못한다는군.
> 을: 재정 고문으로 온 메가타가 벌이는 사업이라지?
> 병: _____(가)_____
> 정: 조선 상인들의 불만이 계속 커지고 있는 것 같아.

① 조선 총독부 소유 재산이 늘어나겠군.
② 독립 협회가 반대 운동을 벌인다고 하네.
③ 일본이 발행한 화폐만을 사용해야 한다네.
④ 전 국민이 합심해서 모금 운동을 벌인다는군.
⑤ 대한 제국의 식산흥업 정책이 이제 성과를 거두는군.

04 다음 회사에 대한 설명으로 옳은 것은?

> 대영 제국의 동인도 회사를 본떠 일제가 만든 회사이다. 식민지로부터의 경제적 이익을 얻기 위해 토지와 금융을 장악하고, 일본인들의 이주 및 식민지 개척 활동을 돕는 역할을 수행하였다. 일제 식민 통치 시기 최대의 지주로서 한국인 농민들을 수탈하는 역할을 하였다.

① 회사령으로 활동의 제약을 받았다.
② 일제의 토지 조사 사업을 거치며 성장하였다.
③ 아관 파천 당시 일본의 이권 침탈에 이용되었다.
④ 일제의 병참 기지화 정책을 배경으로 설립되었다.
⑤ 행정, 사법, 경찰권을 가지고 무단 통치를 실시하였다.

중요

05 (가) 정책에 대한 설명으로 옳은 것은?

> (가) 은/는 농토를 개간하고 수리 시설을 확충하는 한편, 종자를 개량하고 비료 사용을 확대하여 쌀 생산을 늘리겠다는 일제의 정책이었다. 그러나 사업이 진행되면서 한국의 쌀 사정이 악화되고 농민 1인당 쌀 소비량은 줄어들었다.

① 1910년대 무단 통치 시기에 진행되었다.
② 전쟁을 수행하기 위해 쌀 공출제를 시행하였다.
③ 기한 내 신고에 따라 토지 소유권을 인정해 주었다.
④ 세계 대공황이라는 경제 상황을 배경으로 시작되었다.
⑤ 일본의 쌀 부족 문제를 해결하기 위한 의도로 추진되었다.

06 다음 주장이 제기된 배경으로 가장 적절한 것은?

> 적의 장기 항전에 대비한 군수품 확충은 더욱 간절하다. 조선은 대륙의 일부로서 지리적으로 만주국, 화북과 접하여 전시는 물론 평시에도 각종 기계류 등의 수요에 대응해야 한다.

① 일본이 청일 전쟁을 일으켰다.
② 일본과 러시아가 전쟁을 벌였다.
③ 대한민국 임시 정부가 수립되었다.
④ 일제가 대륙 침략 전쟁을 일으켰다.
⑤ 독립군이 청산리 전투에서 승리하였다.

07 다음 법령이 시행된 결과로 옳은 것은?

> 제1조 회사의 설립은 조선 총독의 허가를 받아야 한다.
> 제2조 조선 외에서 설립한 회사가 조선에 본점이나 또는 지점을 설립하고자 할 때는 조선 총독의 허가를 받아야 한다.

① 물산 장려 운동이 위축되었다.
② 한국인의 기업 설립이 억제되었다.
③ 양전 사업을 통해 지계가 발급되었다.
④ 청과 일본 상인의 상권 경쟁이 치열해졌다.
⑤ 한반도 북부에 많은 군수 공장이 세워졌다.

08 다음 사실이 나타난 시기의 상황으로 옳은 것은?

> 반도인 노무자는 대체로 2년간 계약을 맺고 정신대라는 이름으로 집단적으로 탄광에 왔다. 계속된 전쟁으로 석탄 증식이 필요하여 계약을 1년간 연장한다는 명령을 받고 도망자가 속출하고 있다. 도망하는 주요 원인은 식량 부족, 갱내 작업 기피와 외부 유혹 등이다.

① 삼백 산업이 발전하였다.
② 개항장 무역이 전개되었다.
③ 국가 총동원법이 시행되었다.
④ 물산 장려 운동이 추진되었다.
⑤ 토지 조사 사업이 진행되었다.

09 다음 자료와 관련된 일제의 수탈 정책이 전개되던 시기에 볼 수 있던 모습으로 적절하지 <u>않은</u> 것은?

▲ 학도병으로 나가는 학생 　　▲ 일본군 '위안부'

① 금속류 공출에 동원된 관리
② 황국 신민 서사를 암송하는 학생
③ 경부선 철도 부설을 위해 부역에 동원된 농민
④ 본래 성명 대신 일본식 성명을 사용하는 기업가
⑤ 징용령에 의해 동원되어 광산에서 일하는 노동자

중요
10 (가) 운동이 전개될 당시 볼 수 있던 모습으로 적절한 것은?

> 농촌 소득 증대와 환경 개선을 내세우며 정부 주도로 시작된 ⌞(가)⌟ 노래입니다.

> 새벽종이 울렸네 새 아침이 밝았네
> 너도 나도 일어나 새마을을 가꾸세
> 살기 좋은 내 마을 우리 힘으로 만드세

① 경부 고속 국도를 보수하고 있는 노동자
② 물산 장려 운동을 홍보하고 있는 기업가
③ 국회의 농지 개혁법 제정에 반발하는 지주
④ 열강의 이권 침탈 저지를 외치는 독립 협회 회원
⑤ 미국의 무상 경제 원조 물품을 받기 위해 줄을 선 학생

정답과 해설 | 44쪽

11 (가) 시기의 상황으로 옳은 것은?

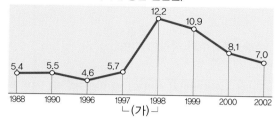

〈역대 청년 실업률〉

(그래프: 1988년 5.4, 1990년 5.5, 1996년 4.6, 1997년 5.7, 1998년 12.2, 1999년 10.9, 2000년 8.1, 2002년 7.0 / └(가)┘)

① 전 세계적인 금융 위기가 일어났다.
② 범국민적 금 모으기 운동이 전개되었다.
③ 전태일이 노동 문제를 제기하며 분신하였다.
④ 전염병의 확산으로 전 세계 경기가 침체되었다.
⑤ 미국의 무상 경제 원조 중단으로 어려움을 겪었다.

12 다음 글이 쓰인 시기의 상황으로 옳은 것은?

> 존경하는 대통령 각하
> 옥체 안녕하시옵니까? 저는 제품(의류) 계통에 종사하는 재단사입니다. …… 저희들은 근로 기준법의 혜택을 조금도 못 받으며 더구나 2만여 명이 넘는 종업원의 90% 이상이 평균 연령 18세의 여성입니다. 기준법이 없다고 하더라도 인간으로서 어떻게 여자에게 하루 15시간의 작업을 강요합니까?　　 － 전태일의 탄원서 －

① 반도체, 자동차 등의 산업이 발전하였다.
② 미국의 무상 경제 원조로 삼백 산업이 발달하였다.
③ 여러 나라들과 자유 무역 협정(FTA)이 체결되었다.
④ 저임금을 기반으로 한 수출 주도형 경제 정책이 추진되었다.
⑤ 비정규직 노동자와 외국인 노동자 문제가 사회 문제로 대두되었다.

13 우리나라의 시기별 대중문화 발전 모습으로 적절하지 않은 것은?

① 1960년대 – 라디오, 영화가 대중문화를 이끌었다.
② 1970년대 – 케이팝(K–POP) 등의 한류가 전 세계에 퍼졌다.
③ 1980년대 – 대형 국제 스포츠 행사가 국내에 유치되었다.
④ 1990년대 – 청소년을 대상으로 한 대중가요가 유행하였다.
⑤ 2000년대 – SNS를 이용한 사회적 소통이 확대되었다.

서술형·논술형

서술형

01 다음 주장이 제기된 배경과 이를 통해 추진된 민족 운동의 내용 및 결과를 서술하시오.

> 우리는 한국의 여자로 학문에 종사치 못하고 다만 옷감 짜기에 골몰하고 반찬에 분주하여 사람의 의무를 알지 못하옵더니 근일에 들리는 말이 국채 1,300만 원에 전국 흥망이 갚고 못 갚는 데 있다고 떠드는 말을 듣고 …… 대저 2천만 중 여자가 1천만이요, 1천만 중에 반지 있는 이가 반은 넘을 터이오니 지환 매 쌍에 2천 원씩만 셈하고 보면 1천만 원이 여인 수중에 있다 할 수 있습니다. …… 이렇듯 국채를 갚고 보면 국권만 회복할 뿐 아니라 우리 여자의 힘이 세상에 전파하여 남녀 동등권을 찾을 터이니 ……

논술형

02 다음 자료를 참고하여 박정희 정부가 실시한 경제 성장 정책의 특징을 서술하고, 이에 대한 자신의 생각을 쓰시오.

강력한 리더십으로 국가가 주도하여 훌륭한 경제 성장을 이룰 수 있었습니다.

노동 문제, 정경 유착 문제 등 경제 성장 과정에서 문제점도 많았습니다.

03 민주주의의 발전

✚ 대동단결 선언
1917년 임시 정부 수립을 위해 신규식·박은식·신채호 등이 작성한 선언문이다. 대동단결의 필요성, 국내 어려운 상황, 해외 동지의 역할 등의 내용과 국민 주권설을 주장하였다.

❶ 제헌 헌법

(1) 대한민국 임시 정부 헌법의 공포

① 대동단결 선언(1917): 국민 주권설 주장, 공화주의 정착에 기여

② 대한민국 임시 정부 헌법(1919. 9. 11.)

내용	주권 재민, 국민 평등, 삼권 분립 – 입법권(임시 의정원), 행정권(국무원), 사법권(법원)
의의	민주 공화정 천명, 3·1 운동의 정신 계승

(2) 제헌 헌법의 공포(1948. 7. 17.)

전문	3·1 운동과 대한민국 임시 정부의 독립 정신을 계승
내용	대통령 중심제에 기반한 민주 공화정 채택, 주권 재민의 원칙, 사회적 기본권과 참정권 보장
의의	대한민국 임시 정부의 법통을 계승한 민주 공화정

❷ 4·19 혁명

✚ 진보당과 조봉암
평화 통일을 주장한 조봉암은 1956년 제3대 대통령 선거에서 선전하며 활약하고 진보당을 건설하였다. 이에 이승만 정부가 진보당 간부들을 국가 변란과 간첩죄 혐의로 체포하여 진보당을 해산시키고 조봉암의 사형을 집행(1959)하였다.

(1) 이승만 정부의 장기 집권과 독재

① 발췌 개헌(1952) → 대통령 직선제를 골자로 하는 정부안과, 내각 책임제를 골자로 하는 국회안을 절충하고 발췌해서 만들었다고 하여 붙여진 이름이다.

배경	제2대 국회의원 선거 결과 이승만 지지 세력 약화, 국회 간접 선거가 이승만에게 불리
의도	대통령 직선제 개헌으로 이승만의 당선을 유리하게 만듦
과정	6·25 전쟁 중 계엄 선포, 개헌안을 강압적으로 통과시킴
결과	이승만이 제2대 대통령으로 당선

② 사사오입 개헌(1954) → 개헌안의 부칙에 '이 헌법 개정 시행 당시의 대통령은 연임 제한 조항의 적용을 받지 않는다.'라는 조항을 끼워 넣었다.

배경	대통령 중임 제한 조항으로 이승만의 대통령 출마 불가
의도	초대 대통령에 한해 중임 제한을 없애는 내용의 개헌 시도
과정	개헌안이 통과될 수 있는 찬성표 부족 → 사사오입의 논리를 내세워 통과 선포
결과	이승만이 제3대 대통령으로 당선(1956)

③ 이승만 정부의 독재: 진보당 조봉암 사형, 국가 보안법 개정, 정부 비판적 언론 탄압
→ 이승만 정부는 정부에 비판적인 경향신문을 강제 폐간시켰다.

✚ 허정 과도 정부
이승만 정부가 붕괴된 후 임시로 성립되어 제2 공화국 장면 정부 성립까지의 과도기에 내각제 개헌과 선거 관리를 담당하였다.

> **Q&A** 사사오입 개헌이 무엇인가요?
>
> 당시 헌법에 의하면 이승만은 세 번째 대통령 선거에 출마할 수 없었다. 하지만 자유당의 이승만 정부는 이승만이 다시 대통령에 출마할 수 있도록 개헌을 시도하였다. 개헌안에 찬성한 국회의원은 135명으로, 재적 의원 203명의 2/3인 135.3333…을 넘지 못해 개헌안은 부결되었다. 그런데 자유당은 사람을 정수가 아닌 소수점 이하까지 나눌 수 없으므로 사사오입(4는 버리고 5는 넣는 반올림)이라는 수학적 원리에 의해 135명이 개헌안 통과 정족수라고 우겨 개헌안을 통과시켰다.

✚ 장면 내각
4·19 혁명으로 이승만 정부가 붕괴된 후 1961년 5·16 군사 정변 때까지 이어진 대한민국의 두 번째 정부로, 집권당은 민주당이었다. 의원 내각제 헌법으로 구성된 민의원·참의원 합동 회의에서 대통령에 윤보선이 선출되고, 장면이 총리로 지명됨에 따라 내각이 구성되었다.

(2) 4·19 혁명(1960)
→ 이승만 대통령 후보와 함께 자유당의 부통령 후보로 출마하였다.

① 계기: 이승만 정부와 자유당의 3·15 부정 선거(부통령 후보 이기붕 당선 의도)

② 전개: 3·15 부정 선거 규탄 시위 → 시위 중 실종된 김주열 학생 시신 발견 → 시위의 전국 확산 → 경찰이 시위대에 발포하여 사상자 발생 → 비상계엄 선포 → 대학교수단의 시국 선언문 발표 → 이승만 대통령의 하야 성명 → 허정 과도 정부 수립

③ 결과: 내각 책임제 개헌, 민주당 집권(장면 내각 수립)

❸ 민주주의의 시련

(1) 5·16 군사 정변과 박정희 정부

① 5·16 군사 정변(1961): 박정희 등 군부 세력의 정변, 국회 해산, 국가 재건 최고 회의 설치

② 박정희 집권: 대통령 중심제 개헌, 민주 공화당을 만들어 박정희 대통령 당선(1963)

③ 박정희 정부의 주요 정책: 한일 협정 체결, 베트남 파병

④ 3선 개헌: 국가 안보와 경제 성장을 구실로 대통령 3선 연임을 허용하는 개헌 실시

(2) 유신 체제

┌→ 미국과 중국의 화해가 모색되고 주한 미군 감축이 결정된 상황에서 박정희 정부의 위기감이 고조되고 있었다.

① 배경: 냉전 체제 완화, 경제 침체에 따른 불만 고조

② 과정: 국가 비상사태 선포, 국회 해산 → 유신 헌법 공포(1972)

③ 유신 헌법: 통일 주체 국민 회의에서 임기 6년의 대통령 선출, 대통령에게 긴급 조치권·국회 해산권·국회의원 1/3 추천권 부여

└→ 중임 제한 규정 없는 대통령 간선제로 사실상 박정희의 영구 집권을 보장하려는 의도였다.

④ 붕괴: 유신 반대 운동 → 부·마 민주 항쟁(1979) → 박정희 피살(10·26 사태)

(3) 신군부의 등장과 5·18 민주화 운동

① 12·12 사태(1979): 전두환 등의 신군부 세력이 정권 장악

② 5·18 민주화 운동(1980): 광주에서 신군부 퇴진과 비상계엄 해제 요구 시위 → 계엄군의 총격과 폭력적 진압 → 학생과 시민이 시민군 조직 → 계엄군이 시민군 무력 진압 → 전두환 대통령 취임 → 개헌(7년 단임의 대통령을 간접 선거로 선출) → 전두환 대통령 선출

└→ 통일 주체 국민 회의에서 간접 선거로 당선되었다.

❹ 민주주의의 성장

(1) 6월 민주 항쟁

① 전두환 정부: 언론사 통폐합, 야간 통행금지 해제, 학생 교복 및 두발 자율화 등의 유화 정책, 민주주의 억압, 국민 인권 침해

② 6월 민주 항쟁(1987)

• 배경: 국민의 대통령 직선제와 민주화 요구 확산

당시 대통령이었던 전두환이 국민들의 요구였던 →
대통령 직선제 개헌을 거부했던 조치이다.

• 전개: 박종철 고문치사 사건 → 진상 규명 및 대통령 직선제 개헌 요구 확산 → 4·13 호헌 조치 → 전국적 시위 확산 → 이한열 학생이 최루탄에 맞아 쓰러짐 → 시위 격화 → 노태우가 6·29 민주화 선언 발표(대통령 직선제 개헌 수용)

> **⚡ 집중 탐구 6월 민주 항쟁의 두 인물, 박종철과 이한열**
>
>
> ▲ 최루탄에 맞아 쓰러지는 이한열
>
> 1987년 1월 대학생 박종철이 서울 용산구 남영동 치안 본부 대공분실에서 경찰의 물고문으로 사망하였다. 경찰이 이를 축소·은폐하려다 발각되면서 전두환 정부의 독재와 인권 침해에 대한 국민의 분노는 더욱 커졌다. 이어 6월 9일 연세대 앞에서 대학생 이한열이 시위 도중 최루탄에 맞아 쓰러져 혼수상태에 빠졌다. 이한열은 한 달이 안 되어 사망하였다. 두 학생의 희생은 6월 민주 항쟁의 기폭제가 되었다.

(2) 직선제 개헌 이후의 정부

→ 1988년 총선 결과 당시 집권당이던 노태우 정부의 민주 정의당보다
야당의 의석수가 더 많았던 상황을 일컫는다.

노태우 정부	여소야대 정국, 서울 올림픽 개최, 북방 외교 추진
김영삼 정부	지방 자치제 전면 실시, 금융 실명제 실시, 전두환·노태우 구속
김대중 정부	최초 여야 간 평화적 정권 교체, 외환 위기 극복
노무현 정부	정경 유착 단절 및 권위주의 청산 노력
이명박 정부	4대강 살리기 사업, G20 정상 회의 개최

✛ 한일 협정

1965년 한국과 일본이 수교한 사실을 말한다. 일본의 식민 지배 사과와 공식적 피해 배상 없이 추진되어 당시 많은 시민과 학생의 반대 시위가 격화되었으나 박정희 정부는 이를 진압하고 추진하였다.

✛ 베트남 파병

미국 정부의 요청에 의해 박정희 정부는 우리 국군을 베트남 전쟁에 1964년부터 1973년까지 파병하였다. 베트남 전쟁 특수로 경제적 이익을 얻었지만, 전쟁에 파견된 많은 군인이 희생되었다.

✛ 긴급 조치권

유신 헌법 제53조에 규정되어 있던 대통령의 권한으로, 천재지변 또는 국가의 안전 보장 또는 공공의 안녕질서가 중대한 위협을 받거나 받을 우려가 있을 때 대통령 행정 명령으로 헌법상에 보장된 국민의 자유와 권리를 잠정적으로 정지할 수 있는 권한이다. 사실상 유신 체제에 반대하는 민주화 운동을 탄압하는 도구로 이용되었다.

✛ 부·마 민주 항쟁

1979년 10월, 부산과 마산 등지에서 일어난 민주화 운동이다. 박정희 유신 독재 체제에 대한 불만이 폭발한 사건으로 유신 체제를 무너뜨린 결정적 계기가 된 사건이다.

✛ 금융 실명제

금융 거래를 할 때에는 실제 이름으로 해야 하며 가명이나 무기명 거래를 인정하지 않는다는 것이 주요 내용으로, 금융 거래의 투명성과 경제 민주화를 위해 도입되었다.

✛ 전두환·노태우 구속

김영삼 정부의 '역사 바로 세우기' 운동 차원에서 12·12 군사 반란과 5·18 내란을 일으킨 전두환, 노태우 두 전직 대통령이 구속되었다.

개념 다지기

01 다음 설명이 맞으면 ○표, 틀리면 ×표를 하시오.

(1) 1919년 3·1 운동을 계기로 대한민국 임시 정부가 상하이에서 수립되었다. ······················· (   )

(2) 대한민국 임시 정부는 내각 책임제와 양원제 헌법을 채택하였다. ································· (   )

(3) 1948년 5·10 총선거 결과 제헌 국회가 구성되었다. ··· (   )

(4) 장면 정부는 5·16 군사 정변으로 붕괴되었다. ··· (   )

(5) 4·19 혁명으로 민주당 정부가 무너지고 자유당 정부가 집권하였다. ································ (   )

(6) 박정희 정부는 대통령의 3선 연임을 위해 사사오입 개헌을 단행하였다. ························· (   )

(7) 유신 헌법은 대통령에게 국회 해산권을 부여하였다. ··· (   )

(8) 부·마 민주 항쟁을 계기로 대통령 직선제 개헌이 이루어졌다. ··································· (   )

(9) 박종철 고문치사 사건을 계기로 5·18 민주화 운동이 일어났다. ································ (   )

02 관련된 내용을 옳게 연결하시오.

(1) 유신 체제 •   • ㉠ 이승만 정부
(2) 북방 외교 •   • ㉡ 박정희 정부
(3) 조봉암 사형 •   • ㉢ 전두환 정부
(4) 4대강 살리기 •   • ㉣ 노태우 정부
(5) 금융 실명제 실시 •   • ㉤ 김영삼 정부
(6) 교복·두발 자율화 •   • ㉥ 김대중 정부
(7) 최초 평화적 여야 •   • ㉦ 이명박 정부
　　정권 교체

03 다음 사실을 발생한 순서대로 나열하시오.

(1)

| ㄱ. 3선 개헌 | ㄴ. 발췌 개헌 |
| ㄷ. 사사오입 개헌 | ㄹ. 유신 헌법 제정 |

(2)

| ㄱ. 4·19 혁명 | ㄴ. 6월 민주 항쟁 |
| ㄷ. 부·마 민주 항쟁 | ㄹ. 5·18 민주화 운동 |

04 빈칸에 알맞은 말을 쓰시오.

(1) 1917년 발표된 (   ) 선언은 국민 주권설을 주장하여 공화주의 정착에 영향을 주었다.

(2) 제헌 헌법은 3·1 운동을 계기로 설립된 (   )의 독립 정신을 계승한다고 명시하였다.

(3) 이승만 정부는 6·25 전쟁 중에 (   ) 개헌을 통해 대통령 직선제 개헌을 단행하였다.

(4) 이승만 정부는 자유당의 (   )을/를 부통령으로 당선시키기 위하여 3·15 부정 선거를 자행하였다.

(5) 4·19 혁명 결과 민주당이 집권하여 (   ) 내각이 수립되었다.

(6) 박정희 정부는 미국의 요청에 따라 (   )에 군대를 파병하였다.

(7) 유신 헌법은 (   )에서 대통령을 선출하도록 하였다.

(8) (   ) 정부는 야간 통행금지 해제 등의 유화 정책을 폈다.

05 각 설명에 해당하는 사건을 〈보기〉에서 고르시오.

(1) 전두환 중심의 신군부 세력이 군사권 장악 ·· (   )
(2) 중앙정보부장 김재규에 의해 박정희 피살 ·· (   )
(3) 광주에서 일어난 민주화 운동을 계엄군이 무력 진압 ································· (   )
(4) 유신 체제에 반대하여 일어난 부산과 마산 지역의 민주화 운동 ································· (   )

보기	
ㄱ. 12·12 사태	ㄴ. 부·마 민주 항쟁
ㄷ. 10·26 사태	ㄹ. 5·18 민주화 운동

06 다음 물음에 알맞은 답을 쓰시오.

(1) 한일 협정을 체결하여 일본과 국교를 재개한 정부는? ································· (   )

(2) 유신 헌법이 대통령에게 부여한 권한으로 대통령 명령에 의해 국민들의 기본권을 제한할 수 있는 것은? ································· (   )

(3) 국민들의 직선제 개헌 요구를 당시 대통령이었던 전두환이 거부한 조치는? ································· (   )

(4) 6월 민주 항쟁에 굴복하여 노태우가 발표한 민주화 선언은? ································· (   )

중단원 실력 쌓기

01 다음 헌법을 공포한 정부에 대한 설명으로 옳은 것은?

> 제1조 대한민국은 대한 인민으로 조직한다.
> 제2조 대한민국의 주권은 대한 인민 전체에 있다.
> 제4조 대한민국 인민은 일체 평등하다.
> 제5조 대한민국의 입법권은 의정원이, 행정권은 국무원이, 사법권은 법원이 행사한다.

① 제헌 국회에서 대통령을 선출하였다.
② 5 · 16 군사 정변을 계기로 성립되었다.
③ 내각 책임제 헌법하에 총리가 선출되었다.
④ 3 · 1 운동을 계기로 상하이에서 수립되었다.
⑤ 국민들의 직접 선거에 의해 대통령이 선출되었다.

02 다음 선언에 대한 설명으로 옳은 것을 〈보기〉에서 고른 것은?

> 융희 황제가 삼보(토지, 인민, 정치)를 포기한 8월 29일은 바로 우리 동지가 삼보를 계승한 8월 29일이니, 그 간에 한순간도 멈춘 적이 없음이라. 우리 동지는 완전한 상속자니 저 황제권이 소멸한 때가 곧 민권이 발생한 때이요, 구한국 최후의 날은 곧 신한국 최초의 날이다. 경술년 융희 황제의 주권 포기는 곧 우리 국민 동지에 대한 묵시적 선위니, 우리 동지는 당연히 삼보를 계승하여 통치할 특권이 있고 대통을 상속할 의무가 있다.

> **┤ 보기 ├**
> ㄱ. 국민 주권설을 주장하였다.
> ㄴ. 공화주의 확산에 기여하였다.
> ㄷ. 입헌 군주정의 시행을 주장하였다.
> ㄹ. 김옥균, 박영효 등에 의해 제시되었다.

① ㄱ, ㄴ   ② ㄱ, ㄷ   ③ ㄴ, ㄷ
④ ㄴ, ㄹ   ⑤ ㄷ, ㄹ

중요
03 다음 대화의 배경이 된 개헌안에 대한 설명으로 옳은 것은?

> • 갑: 재적 의원 203명의 2/3는 정확하게 135.3333…인데 자연인을 정수가 아닌 소수점 이하까지 나눌 수 없으니, 수학적 원리에 의해 가장 근사치 정수인 135명임이 의심할 바 없으므로 개헌안은 가결된 것이오.
> • 을: 그런 억지 논리가 어디 있소.

① 발췌 개헌안이라 불린다.
② 제헌 국회에서 통과되었다.
③ 박정희 정부에 의해 만들어졌다.
④ 내각 책임제 정부 형태를 제시하고 있다.
⑤ 당시 대통령의 중임 제한 규정 적용을 없앴다.

04 밑줄 친 '새로운 정부'에 대한 설명으로 옳은 것은?

이 사진은 대통령 윤보선, 총리 장면의 새로운 정부가 출범하는 행사의 모습입니다.

① 자유당이 집권당이었다.
② 한일 협정을 체결하였다.
③ 3 · 15 부정 선거를 주도하였다.
④ 5 · 16 군사 정변으로 붕괴되었다.
⑤ 국민 직접 선거로 대통령이 선출되었다.

05 다음 자료가 발표된 민주화 운동에 대한 설명으로 옳은 것은?

> 1. 마산, 서울 기타 각지의 데모는 주권을 빼앗긴 국민의 울분을 대신해 궐기한 학생들의 순수한 정의감의 발로이며 불의에 언제나 항거하는 민족정기의 표현이다.
> 5. 3 · 15 선거는 부정 선거이다. 공명선거에 의하여 정 · 부통령을 재선거하라.

① 이승만 정부 붕괴의 계기가 되었다.
② 계엄군이 시민군을 무력 진압하였다.
③ 대통령 직선제 개헌이라는 결과를 가져왔다.
④ 단독 선거 문제로 제주도 지역에서 발생하였다.
⑤ 국민들이 촛불을 들고 평화적으로 시위를 벌였다.

06 밑줄 친 '현 정부' 시기에 볼 수 있던 모습으로 적절한 것은?

> 현 정부는 헌법 절차에 따라 국회의 승인을 얻는 대로 1개 연대의 전투 부대를 4월에, 1개 사단 병력을 7월에 각각 도착시키도록 하는 방식으로 베트남 정부에 원조를 제공하기로 결정하였다.

① 진보당 조봉암에게 사형 판결을 내리는 판사
② 일본과의 수교를 반대하는 시위에 참가한 학생
③ 4대강 살리기 사업에 반대하는 환경 단체 회원
④ 서울 시장을 뽑기 위해 투표소로 향하는 일반 시민
⑤ 서울 올림픽 경기에 참가하기 위해 입국한 외국 선수

07 〔중요〕 다음 내용이 담긴 헌법에 대한 설명으로 옳은 것은?

> 제39조 ① 대통령은 통일 주체 국민 회의에서 토론 없이 무기명 투표로 선거한다.
> 제59조 ① 대통령은 국회를 해산할 수 있다.

① 6·25 전쟁 중에 만들어졌다.
② 국민들의 민주화 열망을 반영하였다.
③ 당시 대통령의 장기 집권 의도에 따라 제정되었다.
④ 대통령의 3선 연임을 허용하는 내용이 담겨져 있다.
⑤ 사사오입이라는 수학 논리에 따라 국회에서 통과되었다.

08 다음 자료를 발표한 사람들이 외쳤을 구호로 가장 적절한 것은?

> 긴급 조치 등 불의의 날조와 악의 표본에 의연히 투쟁함으로써 역사 발전의 장도에 나설 것인가? …… 학우여! 동지여! 독재자의 논리를 박차고 일어서서 모여 대열을 짓고 나서자! 꺼지지 않는 자유의 햇불을 들고 자유 민주주의의 노래를 외치면서.
> 1979년 10월 15일 오전 10시 도서관 앞
○○대학교 민주 학생 일동

① 유신 헌법 철폐하라!
② 단독 선거에 반대한다!
③ 전두환 정부는 물러나라!
④ 3·15 부정 선거를 규탄한다!
⑤ 농축산물 수입 개방 반대한다!

09 밑줄 친 '현 정권'에 대한 설명으로 옳은 것은?

> 국가의 미래요 소망인 꽃다운 젊은이를 야만적인 고문으로 죽여 놓고 그것도 모자라 뻔뻔스럽게 국민을 속이려 했던 현 정권에게 국민의 분노가 무엇인지를 분명히 보여 주고, 국민적 여망인 개헌을 일방적으로 파기한 4·13 폭거를 철회시키기 위한 민주 장정을 시작한다.

① 발췌 개헌과 사사오입 개헌을 단행하였다.
② 12·12 사태를 계기로 집권하여 성립되었다.
③ 국회의 여소야대 상황에서 정국을 운영하였다.
④ 시민들의 촛불 시위를 배경으로 대통령이 탄핵되었다.
⑤ 4·19 혁명 직후 실시된 총선 결과에 따라 집권하였다.

10 〔중요〕 (가), (나) 민주화 운동에 대한 설명으로 옳지 않은 것은?

(가)	(나)

▲ 광주 금남로에서 시위를 벌이는 모습	▲ 이한열의 국민장 때 서울 시청 앞 모습

① (가) - 계엄군에 의해 많은 시민들이 희생되었다.
② (가) - 시민들이 정부의 비상계엄 해제를 요구하였다.
③ (나) - 박종철 고문치사 사건이 영향을 주었다.
④ (나) - 민주주의에 대한 국민적 열망이 표출되었다.
⑤ (가), (나) - 민주화 운동 세력이 정권을 잡았다.

11 다음 선언의 계기가 된 민주화 운동에 대한 설명으로 가장 적절한 것은?

> 첫째, 여야 합의하에 조속히 대통령 직선제 개헌을 하고 새 헌법에 의한 대통령 선거를 통해 88년 2월 평화적 정부 이양을 실현토록 해야 하겠습니다. …… 오늘의 이 시점에서 저는, 사회적 혼란을 극복하고 국민적 화해를 이룩하기 위하여 대통령 직선제를 택하지 않을 수 없다는 결론에 이르게 되었습니다.

① 여야 간 정권 교체를 이루었다.
② 김주열의 죽음이 시위를 격화시켰다.
③ 당시 대통령이 하야하는 결과를 가져왔다.
④ 계엄군이 투입되어 무력으로 시위를 진압하였다.
⑤ 이한열이 최루탄에 맞아 쓰러진 사건이 기폭제가 되었다.

12 다음 자료가 발표된 민주화 운동에 대한 설명으로 옳은 것은?

> 정부 당국에서는 17일 야간에 계엄을 확대 선포하고 일부 학생과 민주 인사, 정치인을 도무지 믿을 수 없는 구실로 불법 연행했습니다. 이에 우리 시민 모두는 의아해 했습니다. 또한 18일 아침에 각 학교에 공수 부대를 투입하고 이에 반발하는 학생들에게 대검을 꽂고 '돌격, 앞으로'를 감행하였고, 이에 우리 학생들은 다시 거리로 뛰쳐나와 정부 당국의 불법 처사를 규탄하였던 것입니다.

① 대통령의 탄핵을 요구하였다.
② 신군부 세력의 집권에 반대하였다.
③ 정부가 획책한 부정 선거를 규탄하였다.
④ 미국산 쇠고기 수입 반대를 구호로 내세웠다.
⑤ 미군 장갑차에 치여 사망한 여중생을 추모하였다.

13 각 정부에서 있었던 사실의 연결이 옳지 <u>않은</u> 것은?

① 노태우 정부 – 서울 올림픽 개최
② 김영삼 정부 – 전직 대통령 구속
③ 김대중 정부 – 외환 위기 극복 노력
④ 노무현 정부 – 지방 자치제 전면 실시 시작
⑤ 이명박 정부 – 4대강 살리기 사업

서술형 · 논술형

서술형

01 다음 자료와 관련된 민주화 운동의 배경과 결과를 서술하시오.

> 끝까지 부정 선거 데모로 싸우겠습니다. 지금 저와 저의 모든 친구들 그리고 대한민국 모든 학생들은 우리나라 민주주의를 위하여 피를 흘립니다.
> – 한성여중 진영숙이 어머니께 남긴 편지(1960) –

논술형

02 다음 조치가 내려진 배경을 쓰고 이 조치의 내용을 비판하시오.

> **긴급 조치 9호**
> • 다음 각 호의 행위를 금한다.
> – 유언비어를 날조, 유포하거나 왜곡하여 전파하는 행위
> – 집회 또는 신문, 방송 등 공중 전파 수단이나 문서, 음반 등 표현물에 의하여 대한민국 헌법을 부정 – 반대 · 왜곡 또는 비방하거나 그 개정 또는 폐지를 주장 · 청원 · 선동 또는 선전하는 행위
>
> 이 조치에 위반한 자는 영장 없이 체포 · 구속 · 압수 · 수색할 수 있다.

VI. 근·현대 사회의 전개

04 평화 통일을 위한 노력

✚ 애치슨 선언(라인)

1950년 1월 미국 국무 장관 애치슨이 발표한 미국의 극동 방위선이다. 소련과 중국의 팽창을 저지하기 위하여 미국의 태평양 지역 방위선을 알류산 열도-일본-오키나와-필리핀을 연결하는 선으로 정한다고 선언하였다. 이에 한국과 타이완이 방위선 밖에 있게 되면서, 북한이 6·25 전쟁을 일으키는 한 요인이 되었다는 비판을 받기도 하였다.

✚ 비무장 지대(DMZ)

휴전선에서 남북으로 각각 2km씩의 구간에 설정된 지대로, 남북한은 이곳에 군대나 무기, 군사 시설을 설치하지 않기로 하였다.

✚ 이산가족

남북 분단과 전쟁 등의 이유로 헤어진 가족을 말한다.

✚ 1983년 이산가족 찾기 특별 생방송의 모습

1983년 6월 30일부터 11월 14일까지 무려 138일에 걸쳐 453시간 45분 동안 진행된 특별 생방송으로, 이 덕분에 10,189명의 이산가족이 만났다.

❶ 냉전 체제와 남북 분단

(1) 냉전과 남북 분단
① 제2차 세계 대전 종식: 일본의 항복, 연합국의 승리
② 냉전 체제 형성: 미국 중심의 자본주의와 소련 중심의 공산주의 국가 간의 대립
③ 38도선 설정: 38도선 이남에는 미군·이북에는 소련군 주둔, 남북에 각각 다른 정부가 수립되는 분단선이 됨

(2) 남·북한 정부의 수립
① 대한민국 정부 수립(1948): 5·10 총선거로 제헌 국회 구성, 국호 '대한민국' → 7월 17일에 헌법 공포 → 이승만과 이시영을 초대 대통령과 부통령으로 선출 → 8월 15일 정부 수립 선포
② 북한 정권 성립: 최고 인민 회의 _{→ 북한의 최고 입법 기관으로 대한민국의 국회에 해당한다.} 구성(1948. 8.)과 헌법 제정, 김일성을 수상으로 하는 조선 민주주의 인민 공화국 수립 선포(1948. 9.)

❷ 6·25 전쟁

(1) 6·25 전쟁의 발발
① 전쟁 직전 상황: 남북의 이념 대립 심화, 국지적 군사 충돌, 소련과 북한의 비밀 군사 협정, 중국 인민 해방군 내 조선인 부대의 북한 인민군 편입, 미국의 애치슨 선언
② 전개(1950~1953): 북한군의 기습 남침 → 서울 함락 → 국군, 낙동강 방어선까지 후퇴 → 국군·유엔군의 인천 상륙 작전 → 서울 수복 → 압록강까지 진격, 중국군 개입 → 1·4 후퇴 → 38도선 부근에서 치열한 공방전 → 정전 회담 진행(포로 교환과 휴전선 설정으로 어려움)
③ 정전 협정: 휴전선 및 비무장 지대 설정 _{→ 이승만 정부는 정전 협정에 반대하고 북진 통일을 주장하였다.}

> ☀ **집중 탐구** 6·25 전쟁의 전개 과정
>
>
>
> 북한군의 남침과 낙동강 전선까지 후퇴 / 인천 상륙 작전과 국군과 유엔군의 반격 / 중국군의 개입과 흥남 철수 전개 / 전쟁의 고착화와 정전 협정, 휴전선의 설정

(2) 6·25 전쟁의 피해와 영향
① 피해
• 인적 피해: 군인과 민간인 사상자 발생, 이산가족 발생
• 물적 피해: 국토 황폐화, 산업 시설 파괴

② 영향
- 남북이 분단 상황을 이용해 독재 체제 강화
- 서로에 대한 적대감 확산, 분단의 고착화

❸ 평화 통일을 위한 노력

(1) 정부의 통일 노력

박정희 정부	• 국내외 정세: 닉슨 독트린(냉전 체제 완화), 주한 미군 감축 • 7·4 남북 공동 성명(1972): 자주, 평화, 민족적 대단결의 통일 원칙 합의
전두환 정부	남북한 이산가족 고향 방문 및 예술 공연단 교환
노태우 정부	• 국제 정세: 독일 통일, 소련 해체 등 동서 냉전의 종식 • 북방 외교: 공산권 국가와 수교(소련, 중국, 베트남 등) • 서울과 평양에서 남북 고위급 회담 개최 • 남북한 국제 연합(UN) 동시 가입(1991) • 남북 기본 합의서(남북 사이의 화해와 불가침 및 교류·협력에 관한 합의서) 채택(1991) • 한반도 비핵화 공동 선언(1991)
김대중 정부	• 대북 화해 협력 정책(햇볕 정책) ┐ 강경책이 아닌 유화 정책으로 북한을 개방으로 유도할 수 있다 • 소 떼 방북, 금강산 관광 사업 시작 └ 는 김대중 정부의 대북 정책이다. 나그네의 옷을 벗길 수 있는 • 제1차 남북 정상 회담(2000): 분단 이후 최초로 평양에서 남북 정상 회담 개최, 것은 강한 바람이 아니라 햇볕이라는 비유 속에서 나온 말이다. 6·15 남북 공동 선언 발표 • 이산가족 상봉, 서신 교환, 남북 협력 사업(남북 철도 연결 및 개성 공단 조성 추진), 사회·문화·체육 분야 교류
노무현 정부	제2차 남북 정상 회담(2007): 남북 관계 발전과 평화 번영을 위한 선언(10·4 남북 공동 선언) 채택
문재인 정부	제3차 남북 정상 회담(2018): 한반도의 평화와 번영, 통일을 위한 판문점 선언(4·27 판문점 선언)

(2) **남북 관계 경색**: 북한의 핵 개발과 장거리 미사일 발사, 금강산 관광객 피살 사건, 천안함 사건, 연평도 포격 사건, 개성 공단 폐쇄 등

(3) 화해와 협력을 위한 교류와 협력

① 경제 협력: 개성 공단 건설(남한 자본과 기술, 북한의 노동력 결합)
② 스포츠 및 대중문화 교류: 예술 공연단 남북한 공연, 남북 스포츠 단일팀 구성
1991년 세계 탁구 선수권 대회, 2018년 평창 동계 올림픽 여자 아이스하키와
세계 탁구 선수권 대회 여자 탁구 단일팀 등이 대표적이다.
③ 이산가족 상봉 등

🔍 집중 탐구 남북 정상들의 만남

(가)	(나)	(다)

(가) 2000년 평양에서 김대중 대통령과 김정일 국방 위원장이 분단 이후 처음으로 남북 정상 회담을 개최하고 여기서 6·15 남북 공동 선언을 발표하였다.
(나) 2007년 노무현 대통령과 김정일 국방 위원장이 평양에서 제2차 남북 정상 회담을 갖고 10·4 남북 공동 선언을 채택하였다.
(다) 2018년 문재인 대통령과 김정은 국무 위원장이 판문점에서 만나 4·27 판문점 선언을 발표하였다.

➕ 닉슨 독트린

1969년 미국의 닉슨 대통령이 발표한 대외 정책의 하나로, '아시아의 방위는 아시아인의 힘으로 한다.'라는 내용을 담고 있다. 미국은 베트남전의 개입 실패로 가능한 국제적 분쟁에 개입하지 않고, 미국의 군사적 부담을 경감하고자 하였다. 이후 닉슨 대통령이 중국을 방문하며 냉전 체제가 완화되었다.

➕ 남북 기본 합의서(1991)

- 남과 북은 서로 상대방의 체제를 인정하고 존중한다.
- 남과 북은 상대방에 대하여 무력을 사용하지 않으며, 상대방을 무력으로 침략하지 않는다.
- 다각적인 교류·협력을 실현하여 민족 공동의 이익과 번영을 도모하며, 쌍방 사이의 관계가 나라와 나라 사이의 관계가 아닌 통일을 지향하는 과정에서 잠정적으로 형성되는 특수 관계라는 것을 인정하고 …….

남북한이 상대방의 실체를 인정하고, 무력 침략을 포기하며, 상호 교류·협력을 통해 민족 공동 발전과 점진적·단계적 통일을 실현할 수 있는 기틀을 마련하고자 한 데 의의가 있다.

➕ 소 떼 방북

1998년 정주영 현대 그룹 명예 회장이 소 떼 1,001마리를 이끌고 휴전선을 넘어 북한을 방문한 사건이다.

개념 다지기

01 다음 설명이 맞으면 ○표, 틀리면 ×표를 하시오.

(1) 북위 38도선은 미국과 소련이 일본군의 무장 해제를 위해 임시로 그은 군사 분계선이다. ·············· (　　　)

(2) 대한민국 최초의 부통령은 장면이다. ·········· (　　　)

(3) 북위 38도선 이북의 북한 지역에서는 조선 민주주의 인민 공화국 수립이 선포되었다. ················ (　　　)

(4) 6·25 전쟁은 북한군의 기습 남침으로 시작되었다.
··· (　　　)

(5) 6·25 전쟁에서 국군과 유엔군은 인천 상륙 작전에 성공하여 전세를 역전시켰다. ················ (　　　)

(6) 김영삼 정부 시기에 금강산 관광이 시작되었다.
··· (　　　)

(7) 남북 기본 합의서 채택을 통해 남과 북이 최초로 통일 원칙에 합의하였다. ·················· (　　　)

(8) 7·4 남북 공동 성명을 통해 남과 북은 상호 불가침에 합의하였다. ··································· (　　　)

(9) 남북 최초의 정상 회담은 2007년 노무현 정부 때 성사되었다. ·· (　　　)

(10) 김대중 정부는 북한과의 평화적 교류를 위해 '햇볕 정책'이라 불리는 대북 화해 협력 정책을 추진하였다.
··· (　　　)

02 주요 사건과 해당 정부를 옳게 연결하시오.

(1) 남북 기본 합의서 ・ ・㉠ 박정희 정부
(2) 4·27 판문점 선언 ・ ・㉡ 노태우 정부
(3) 7·4 남북 공동 성명 ・ ・㉢ 김대중 정부
(4) 6·15 남북 공동 선언 ・ ・㉣ 문재인 정부

03 다음 사실들을 발생한 순서대로 나열하시오.

(1)

| ㄱ. 중국군 개입 | ㄴ. 인천 상륙 작전 |
| ㄷ. 정전 협정 체결 | ㄹ. 애치슨 선언 발표 |

(2)

ㄱ. 소 떼 방북
ㄴ. 남북한 유엔 동시 가입
ㄷ. 남북 정상 판문점 회담
ㄹ. 최초 남북 이산가족 고향 방문

04 빈칸에 알맞은 말을 쓰시오.

(1) 6·25 전쟁 당시 압록강 유역까지 진출한 국군과 유엔군은 (　　　)군의 개입으로 다시 후퇴할 수밖에 없었다.

(2) 6·25 전쟁의 정전 협정에 따라 휴전선과 (　　　) 지대가 설정되었다.

(3) 김대중 정부 당시 소 떼 방북 이후 (　　　) 관광이 시작되었다.

(4) 남한의 자본과 기술, 북한의 노동력이 결합하여 남북 경제 협력의 상징으로 (　　　) 공단이 조성되었다.

(5) 북한의 천안함 사건, (　　　) 포격 사건으로 남북 관계가 경색되었다.

(6) 6·25 전쟁 이후 각 정부는 꾸준히 남북 (　　　) 상봉을 추진하였다.

05 각 설명에 해당하는 사실을 〈보기〉에서 고르시오.

(1) 남북한 동시 유엔 가입 직후에 채택 ············· (　　　)

(2) 평양에서 남북한 정상 회담을 통해 채택 ······ (　　　)

(3) 문재인 대통령과 김정은 국무 위원장의 회담을 통해 채택 ··· (　　　)

(4) 자주, 평화, 민족적 대단결의 통일 원칙에 합의
··· (　　　)

| 보기 |
| ㄱ. 남북 기본 합의서 |
| ㄴ. 4·27 판문점 선언 |
| ㄷ. 7·4 남북 공동 성명 |
| ㄹ. 6·15 남북 공동 선언 |

06 다음 물음에 알맞은 답을 쓰시오.

(1) 제2차 세계 대전이 끝난 후 미국 중심의 자본주의 진영과 소련 중심의 공산주의 진영 간의 대립을 부르는 말은? ··· (　　　)

(2) 1950년 미국이 자국의 태평양 지역 방위선에서 한국을 제외한 선언은? ······························· (　　　)

(3) 38도선 이북에 세워진 북한 정권의 초대 수상은?
··· (　　　)

중요
01 다음 사건들을 발생한 순서대로 옳게 나열한 것은?

> (가) 대한민국 정부 수립
> (나) 대한민국 제헌 헌법 공포
> (다) 북한 최고 인민 회의 구성
> (라) 조선 민주주의 인민 공화국 수립 선포

① (가) – (나) – (다) – (라) ② (나) – (가) – (다) – (라)
③ (다) – (나) – (가) – (라) ④ (라) – (가) – (나) – (다)
⑤ (라) – (다) – (나) – (가)

02 (가), (나)에 대한 설명으로 옳은 것을 〈보기〉에서 고른 것은?

> (가) 일본 항복 직후 미군과 소련군이 주둔하여 한반도
>   에 있는 일본군의 무장 해제를 위해 설정한 임시 군
>   사 분계선
> (나) 미국 국무 장관 애치슨이 발표한 미국의 태평양 지
>   역 방위선

┤ 보기 ├
ㄱ. (가) – 북위 38도선에 해당한다.
ㄴ. (가) – 비무장 지대를 설정하였다.
ㄷ. (나) – 타이완과 한국이 제외되었다.
ㄹ. (나) – 6·25 전쟁을 계기로 설정되었다.

① ㄱ, ㄴ   ② ㄱ, ㄷ   ③ ㄴ, ㄷ
④ ㄴ, ㄹ   ⑤ ㄷ, ㄹ

03 6·25 전쟁이 끼친 영향으로 옳지 <u>않은</u> 것은?

① 남과 북의 적대감을 고조시켰다.
② 남과 북의 분단을 고착화하였다.
③ 세계적인 냉전 체제를 심화시켰다.
④ 남과 북의 민주주의 발전에 기여하였다.
⑤ 많은 전쟁고아와 이산가족을 발생시켰다.

04 (가), (나) 시기 사이에 있었던 사실로 옳은 것은?

▲ 6·25 전쟁 중 전선의 변화

① 정전 협정이 체결되었다.
② 유엔군의 파병이 결정되었다.
③ 낙동강 방어선이 구축되었다.
④ 중국군이 전쟁에 개입하였다.
⑤ 인천 상륙 작전이 전개되었다.

중요
05 밑줄 친 '협정'에 대한 설명으로 옳은 것은?

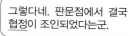

> 3년 만에 드디어 전쟁이 중단되는군.

> 그렇다네. 판문점에서 결국 협정이 조인되었다는군.

① 남과 북의 정상이 만나 성사되었다.
② 비무장 지대와 휴전선을 설정하였다.
③ 한반도 비핵화를 위한 노력에 합의하였다.
④ 남북 상호 불가침과 교류 협력에 합의하였다.
⑤ 이승만 정부는 협정 조인에 적극 찬성하였다.

06 다음 자료에 대한 설명으로 옳은 것을 〈보기〉에서 고른 것은?

> 첫째, 통일은 외세에 의존하거나 외세의 간섭을 받음이 없이 자주적으로 해결하여야 한다. 둘째, 통일은 서로 상대방을 반대하는 무력행사에 의거하지 않고 평화적 방법으로 실현하여야 한다. 셋째, 사상과 이념, 제도의 차이를 초월하여 우선 하나의 민족으로서 민족적 대단결을 도모하여야 한다.

┤ 보기 ├
ㄱ. 김영삼 정부 시기에 발표되었다.
ㄴ. 남북 정상 회담의 결과 발표되었다.
ㄷ. 남북한이 최초로 통일 방안에 합의하였다.
ㄹ. 냉전 체제가 완화되는 정세 속에 발표되었다.

① ㄱ, ㄴ   ② ㄱ, ㄷ   ③ ㄴ, ㄷ
④ ㄴ, ㄹ   ⑤ ㄷ, ㄹ

07 다음 선언에 따른 결과로 옳은 것은?

> 1. 남과 북은 나라의 통일 문제를 서로 힘을 합쳐 자주적으로 해결해 나가기로 하였다.
> 2. 남과 북은 나라의 통일을 위한 남측의 연합제 안과 북측의 낮은 단계의 연방제 안이 서로 공통성이 있다고 인정하고, 앞으로 이 방향에서 통일을 지향해 나가기로 하였다.

① 정전 협정이 이루어졌다.
② 경의선 복구 사업이 추진되었다.
③ 한반도 비핵화 공동 선언이 이루어졌다.
④ 남북 적십자 회담이 최초로 개최되었다.
⑤ 남북이 유엔(국제 연합)에 동시 가입하였다.

08 (가) 시기에 있었던 사실로 옳은 것은?

(가)
남북한   한반도 비핵화
유엔 동시 가입   공동 선언 합의

① 소 떼 방북
② 천안함 사건 발발
③ 남북 기본 합의서 채택
④ 7 · 4 남북 공동 성명 발표
⑤ 제2차 남북 정상 회담 개최

09 다음 대화의 소재가 된 합의서가 채택될 당시 상황으로 적절한 것은?

이 합의서는 7 · 4 남북 공동 성명에서 천명한 조국 통일 3대 원칙 재확인, 민족 화해, 무력 침략과 충돌 방지, 교류 협력 등을 규정하고 있습니다.

남북한이 상대방의 실체를 인정하고, 군사적 침략이나 파괴 · 전복 행위를 하지 않겠다고 합의하였다는 점에서 큰 의의가 있습니다.

① 냉전 체제가 종식되었다.
② 닉슨 독트린이 발표되었다.
③ 북진 통일론이 대두되었다.
④ 이른바 햇볕 정책이 전개되었다.
⑤ 남북 철도 연결 사업이 추진되었다.

10 (가), (나) 정부에 대한 설명으로 옳은 것을 〈보기〉에서 고른 것은?

정부	주요 사건
(가)	• 남북한 유엔 동시 가입 • 한반도 비핵화 공동 선언
(나)	• 금강산 관광 시작 • 개성 공단 설치 합의

┤ 보기 ├
ㄱ. (가) – 최초로 남북 이산가족의 집단 상봉을 성사시켰다.
ㄴ. (가) – 북방 외교를 통해 여러 공산권 국가와 수교하였다.
ㄷ. (나) – 판문점에서 남북 정상이 회담을 개최하였다.
ㄹ. (나) – 대북 화해와 협력 정책으로 북한과 교류를 확대하였다.

① ㄱ, ㄴ   ② ㄱ, ㄷ   ③ ㄴ, ㄷ
④ ㄴ, ㄹ   ⑤ ㄷ, ㄹ

11 다음 기사가 보도될 당시의 상황으로 옳은 것은?

> 11월 18일 오후 5시 43분. 관광객 826명 등 모두 1,400
> 여 명을 태운 금강산 관광선이 분단 이래 처음으로 강원
> 도 동해항에서 북한 장전항으로 향했다. 관광객들은 19
> 일 아침 6시계 장전항에 도착. 9시 30분부터 꿈에도 그
> 리던 금강산 땅을 밟았다.   − ○○○○ 뉴스 −

① 남북 기본 합의서가 채택되었다.
② 정부가 북진 통일 정책을 지속하였다.
③ 대북 화해와 협력 정책이 추진되었다.
④ 남북이 판문점에서 정상 회담을 개최하였다.
⑤ 연평도 포격 사건으로 남북 관계가 경색되었다.

12 다음 만남이 이루어질 당시의 상황으로 적절한 것은?

① 금강산 관광이 시행되었다.
② 개성 공단 건설이 추진되었다.
③ 6·25 전쟁 중에 정전 회담이 진행되었다.
④ 핵 실험 문제로 북한과 미국의 갈등이 고조되었다.
⑤ 냉전 체제가 성립되어 한반도 긴장이 고조되었다.

13 2000년대 이후 남북 관계를 경색시킨 사건으로 보기 <u>어려운</u>
것은?

① 천안함 사건
② 개성 공단 폐쇄
③ 연평도 포격 사건
④ 소련과 북한의 비밀 군사 협정
⑤ 북한의 장거리 탄도 미사일 개발

서술형·논술형

[서술형]

01 다음 정전 협정이 조인된 전쟁의 결과와 끼친 영향을 서술
하시오.

> 판문점에서 조인된 정전 협정에서는 휴전선을 확정하
> 고, 비무장 지대 설치, 군사 정전 위원회와 중립국 감시
> 위원단 설치 등을 규정하였다.

────────────────────────────
────────────────────────────
────────────────────────────
────────────────────────────
────────────────────────────

[논술형]

02 다음 자료를 참고하여 한반도 평화와 번영, 통일을 위해 어
떠한 노력이 전개되어야 할지 200자 이내로 논술하시오.

> **한반도의 평화와 번영, 통일을 위한
> 판문점 선언(2018. 4. 27.)**
>
> • 10·4 선언에서 합의한 사업들을 적극 추진해 나가며 1
>   차적으로 동해선 및 경의선 철도와 도로들을 연결하고
>   활용하기 위한 대책을 취해 나가기로 하였다.
> • 불가침 합의를 재확인하고 엄격히 준수하기로 하였다.
> • 올해 종전을 선언하고, 평화 체제 구축을 위한 남·
>   북·미 또는 남·북·미·중 회담을 적극 추진하기로 하
>   였다.
> • 완전한 비핵화를 통해 핵 없는 한반도를 실현한다는
>   공동의 목표를 재확인하였다.

────────────────────────────
────────────────────────────
────────────────────────────
────────────────────────────
────────────────────────────
────────────────────────────
────────────────────────────

대단원 마무리

01 다음 자료와 관련된 개혁에 대한 설명으로 옳은 것은?

> 제1조 대한국은 만국이 공인한 자주독립 제국이다.
> 제2조 대한 제국의 정치는 만세불변의 전제 정치이다.
> 제3조 대한국 대황제는 무한한 군권을 누린다.

① 정변을 통해 실시하고자 하였다.
② 신분제 폐지, 태양력 사용 등을 추진하였다.
③ 노비 문서 소각, 외세 배척 등을 주장하였다.
④ 구본신참을 내세워 식산흥업 정책을 추진하였다.
⑤ 만민 공동회를 통해 민중 계몽 활동을 전개하였다.

02 밑줄 친 '이 운동'에 대한 설명으로 옳은 것을 〈보기〉에서 고른 것은?

> • 이 운동은 평화적 만세 시위가 농촌으로 확산되면서 무력 투쟁으로 발전하였다.
> • 이 운동 때 일본군은 경기도 화성 제암리에서 사람들을 교회에 모이게 하여, 밖에서 문을 잠그고 무차별 사격을 가한 후 교회에 불을 지르는 만행을 저질렀다.

> ┤ 보기 ├
> ㄱ. 순종의 장례식을 계기로 벌어졌다.
> ㄴ. 민족 자결주의의 영향을 받았다.
> ㄷ. 신간회의 지원으로 전국에 확산되었다.
> ㄹ. 대한민국 임시 정부 수립의 계기가 되었다.

① ㄱ, ㄴ ② ㄱ, ㄷ ③ ㄴ, ㄷ ④ ㄴ, ㄹ ⑤ ㄷ, ㄹ

03 다음 편지가 쓰인 시기에 시행된 일제의 정책으로 옳지 <u>않은</u> 것은?

> 어머니, 여기는 낯선 밀림의 방공호 안입니다. 강제로 군대에 끌려가는 저를 바라보며 오열하시던 마지막 모습이 떠오릅니다. …… 일본군은 미군에게 밀려 계속 퇴각하고 있습니다. 밤마다 전쟁터에서 언제 죽을지 모른다는 공포감과 어머니에 대한 그리움으로 잠을 이루지 못하고 있습니다.

① 조선 태형령을 시행하였다.
② 쌀과 금속류를 공출하였다.
③ 국가 총동원법을 시행하였다.
④ 일본식 성명 사용을 강요하였다.
⑤ 황국 신민 서사 암송을 강요하였다.

04 다음 주장을 바탕으로 전개된 민족 운동에서 제기된 구호로 적절한 것은?

> 우리의 운명을 어떻게 개척할까? …… 교육이 아니면 불능하도다. …… 유감스러운 것은 우리에게 아직도 대학이 없는 일이다. 관립 대학도 머지않아 개교될 터인즉 대학이 전무한 것은 아니나, 반도 문운의 장래는 결코 1개 대학으로 만족할 바 아니요, 또한 그처럼 중대한 사업을 우리 민중이 직접 영위하는 것은 차라리 우리의 의무라 할 수 있도다.

① 1천만이 1원씩!
② 가자 인민 속으로!
③ 조선 사람 조선 것!
④ 기회주의를 배격한다!
⑤ 공장 노동자는 파업하라!

서술형

05 다음 발표가 계기가 되어 나타난 국내 상황을 서술하시오.

> 1. 조선 임시 민주주의 정부를 수립한다.
> 2. 남조선 미국 점령군과 북조선 소련 점령군의 대표자들로 공동 위원회를 설치한다.
> 3. 공동 위원회는 최고 5년 기한의 4개국 신탁 통치안을 조선 임시 정부와 협의하여 제출한다.

06 다음 자료의 총선거에 대한 설명으로 옳지 <u>않은</u> 것은?

이 포스터는 우리 민족 최초로 실시된 총선거를 기념하여 제작되었다. 이 총선거는 만 21세 이상 모든 국민에게 동등한 투표권이 부여된 보통 선거였다.

① 초대 대통령을 선출하였다.
② 제헌 국회의원을 선출하였다.
③ 유엔의 결정에 따라 시행되었다.
④ 좌익 세력의 반대에도 시행되었다.
⑤ 38도선 이북에서는 실시되지 않았다.

07 (가), (나) 시기 사이에 있었던 사실로 옳은 것은?

> (가) 교수들이 부정 선거를 규탄하고 학생들의 행동을 지지하는 시위에 나섰다.
> (나) 국회에서 윤보선을 대통령으로 선출하고 장면이 총리로 지명되었다.

① 사사오입 개헌이 단행되었다.
② 김주열의 시신이 발견되었다.
③ 허정 과도 정부가 수립되었다.
④ 부·마 민주 항쟁이 일어났다.
⑤ 국가 재건 최고 회의가 설치되었다.

08 다음 자료의 민주화 운동에 대한 설명으로 옳은 것은?

사진은 이한열 학생의 영결식 모습입니다. 이한열이 최루탄에 맞아 쓰러진 사건은 당시 전두환 정부의 독재에 항거한 민주화 운동의 기폭제가 되었어요.

① 계엄군이 시위를 진압하였다.
② 굴욕적 대일 외교를 비판하였다.
③ 대통령 직선제 개헌을 요구하였다.
④ 자유당의 부정 선거에 항의하였다.
⑤ 현직 대통령의 탄핵으로 이어졌다.

09 다음 정책이 실시된 정부에서 있었던 사실로 옳은 것은?

> • '금융 실명 거래 및 비밀 보장에 관한 긴급 명령'을 발표하여 금융 거래 질서의 투명화 기반을 마련하였다.
> • '역사 바로 세우기' 운동으로 일제의 잔재를 청산하고 민족정기를 확립하기 위해 경복궁 앞에 있던 조선 총독부 건물을 철거하였다.

① 진보당 사건이 일어났다.
② 베트남 파병이 결정되었다.
③ 남북 정상 회담이 개최되었다.
④ 내각 책임제 정부가 구성되었다.
⑤ 전두환·노태우 두 전직 대통령이 구속되었다.

서술형
10 다음 자료와 관련된 민족 운동의 내용과 의도를 서술하시오.

11 다음 시설물이 만들어진 정부 시기에 볼 수 있던 모습으로 적절한 것은?

▲ 경부 고속 국도

① 새마을 운동을 홍보하는 공무원
② 외환 위기로 금 모으기 운동에 참여한 회사원
③ 세계 무역 기구(WTO) 출범 소식을 전하는 기자
④ 농지 개혁법 제정을 위해 회의에 참여한 국회의원
⑤ 자유 무역 협정(FTA) 체결 반대 시위를 벌이는 학생

12 (가)~(다) 사건에 대한 학생들의 설명으로 옳지 않은 것은?

(가)   (나)   (다)

▲ 6·15 남북 공동 선언 발표   ▲ 7·4 남북 공동 성명 발표   ▲ 남북 기본 합의서 채택

① (가)는 최초의 남북 정상 회담 결과 이루어졌어.
② (나)에서 남북한이 최초로 통일 원칙에 합의하였대.
③ (다)에서 남북한이 상호 불가침에 합의하였지.
④ (가), (나), (다)의 순서로 이루어졌지.
⑤ 모두 남북의 평화 통일을 위한 노력이라 할 수 있어.

수행 평가 미리보기

Ⅵ단원에서는 근대 국민 국가 수립을 위한 노력, 자본주의 사회의 변화, 민주주의 발전, 평화 통일을 위한 노력을 학습하였어요. 이는 우리나라가 근·현대, 일제 강점기를 거치며 대한민국이 수립되어 발전하는 과정에서 반드시 분야별로 정리해야 하는 내용입니다. 역사가 단지 지나온 과거를 공부하는 것만이 아니라 현재 우리에게 주어진 과제를 해결해 나가는 데 중요한 학문임을 알 수 있는 부분이기도 하지요. 분야별로 중요했던 역사적 사실의 개념, 그 사실이 끼친 영향, 그 속에서 우리가 현실에서 추구해야 할 방향을 염두에 두고 단원의 핵심 내용을 정리하도록 합시다.

수행 평가 문제

1876년 개항 이후부터 1910년 일제의 한국 강제 병합 시기까지 전개된 근대 국민 국가 수립을 위한 노력을 마인드맵으로 정리해 보자.

A) 활동 계획 세우기

1 근대 국민 국가 수립을 위한 노력에 해당하는 소주제를 정한다.

2 소주제에 해당하는 사건들을 분류하고 자료를 검색하여 그 특징들을 찾아 정리한다.

3 주요 사건과 개념들을 마인드맵으로 그려 본다.

B) 활동 단계

1단계 1876년부터 1910년까지 근대 국민 국가 수립을 위한 개혁 운동을 큰 주제로 나눠 본다.

2단계 각 주제별로 해당되는 사건들을 찾아 배치한다.

3단계 해당 사건들의 세부적인 특징(개념, 사실, 의미 등)을 검색하고 찾아 정리한다.

4단계 분류된 내용을 마인드맵으로 그려 본다.

5단계 마인드맵을 확인하고 수정할 부분을 수정하여 완성한다.

C) 활동하기

1 1876년부터 1910년까지 근대 국민 국가 수립을 위한 개혁 운동을 주제별로 나누어 사건 배치하기

[예시]

대주제	소주제(분류)	주요 사건
근대 국민 국가 수립 노력	개화 지식인들의 근대 문물 수용 노력	갑신정변, 독립 협회
	정부 주도의 근대적 개혁	갑오·을미개혁, 광무개혁
	자주 국권 수호 노력	애국 계몽 운동, 항일 의병 운동, 헤이그 특사

2 주요 사건의 특징 정리하기

[예시]

소주제	주요 사건	주요 특징(개념, 사실, 의미 등)
개화 지식인들의 근대 문물 수용 노력	갑신정변	급진 개화파, 우정총국, 김옥균, 문벌 폐지 등의 개혁 정강 발표, 청에 의해 진압 등
	독립 협회	서재필, 독립문, 독립신문, 만민 공동회 등
정부 주도의 근대적 개혁	갑오·을미개혁	군국기무처, 신분제 폐지, 과거제 폐지, 단발령 등
	광무개혁	대한 제국, 대한국 국제, 구본신참, 양전 사업, 식산흥업 등
자주 국권 수호 노력	애국 계몽 운동	교육, 산업, 신민회, 역사, 대한매일신보 등
	항일 의병 운동	최익현, 신돌석, 서울 진공 작전 등
	헤이그 특사	을사늑약, 이상설, 만국 평화 회의, 고종 강제 퇴위 등

3 마인드맵으로 그리기

[예시]

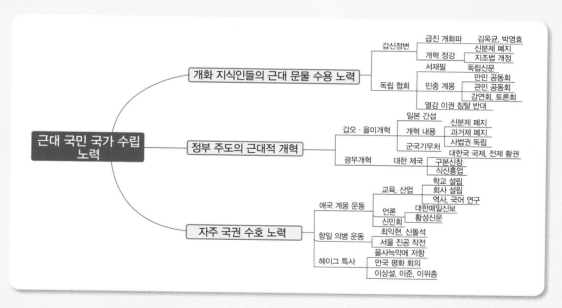

채점 기준

평가 영역	채점 기준	배점
개념과 사실의 정확성	제시된 사실과 개념이 정확하고 이해의 깊이가 있음	25
	제시된 사실과 개념에 오류가 있고 이해가 다소 미흡함	10
자료의 풍부함과 내용의 다양성	다양한 자료를 검색하고 찾아 내용이 풍부하고 많음	25
	자료 검색의 양이 미흡하고 내용이 다소 부족함	10
형식의 참신함과 성실성, 참여도	성실한 태도로 참여하며 참신한 형식을 갖춰 구성함	25
	참신함이 미흡하고 다소 성의가 부족함	5

인용 사진 출처

〈개념책〉

문화재청 8쪽, 11쪽, 12쪽(주먹도끼) / 8쪽, 12쪽, 17쪽, 32쪽(고인돌) / 12쪽(움집) / 12쪽(청동 방울) / 20쪽, 31쪽(석촌동 고분) / 21쪽(충주 고구려비) / 26쪽(익산 미륵사지 석탑) / 26쪽, 30쪽(경주 분황사 모전 석탑) / 27쪽, 30쪽(백제 금동 대향로) / 30쪽, 42쪽, 54쪽(부여 정림사지 5층 석탑) / 30쪽(첨성대) / 30쪽(백제 산수무늬 벽돌) / 44쪽(경주 감은사지) / 48쪽(화순 쌍봉사 철감선사탑) / 50쪽, 54쪽(경주 불국사 3층 석탑) / 53쪽(경주 불국사) / 53쪽, 54쪽(경주 석굴암) / 55쪽(경주 원성왕릉 무인상) / 56쪽(문무왕릉) / 100쪽(소수 서원 현판) / 110쪽(청자 상감 운학문 매병) / 110쪽(백자 끈무늬 병) / 119쪽(앙부일구) / 121쪽(이이 묘) / 121쪽(양천 향교) / 121쪽(충렬 서원) / 136쪽, 140쪽(다산 초당) / 137쪽, 141쪽(보은 법주사 팔상전) / 142쪽, 143쪽, 144쪽(서당) / 143쪽, 144쪽, 147쪽, 149쪽(씨름) / 146쪽(탈춤) / 146쪽(세한도) / 146쪽(지붕이기) / 148쪽(서북 공심돈) / 157쪽(척화비)

국립중앙박물관 8쪽, 12쪽, 32쪽(빗살무늬 토기) / 9쪽, 12쪽(명도전) / 11쪽(슴베찌르개) / 11쪽, 12쪽(가락바퀴) / 11쪽, 32쪽(갈돌과 갈판) / 12쪽(반달 돌칼) / 12쪽(민무늬 토기) / 12쪽, 17쪽, 32쪽(비파형 동검) / 14쪽, 17쪽(세형 동검) / 25쪽(판갑옷) / 51쪽(발해 기와와 고구려 기와) / 54쪽(금동 연가 7년명 여래 입상) / 92쪽, 98쪽, 120쪽(도성도) / 92쪽(호패) / 106쪽, 111쪽(삼강행실도) / 107쪽(향약집성방 표지) / 107쪽(향약집성방 내지) / 109쪽(가례) / 110쪽, 141쪽(고사관수도) / 130쪽, 132쪽(누숙경작도) / 140쪽(동사강목) / 141쪽, 147쪽(영통동구도) / 142쪽(장옷 입은 여인) / 146쪽(대쾌도)

아카이브코리아/게티이미지코리아 12쪽(뼈 작살)

백오의 여행천하 20쪽, 31쪽(환도산성 아래의 돌무지무덤)

삼성리움미술관 25쪽(가야 금관)

국립공주박물관 27쪽, 31쪽(백제 무덤에서 발견된 금박 구슬)

국립경주박물관 27쪽(신라 무덤에서 나온 서역 유리 제품) / 27, 31쪽(금제 장식 보검) / 55쪽(사자 공작무늬 돌)

동북아역사재단 27쪽, 31쪽(우즈베키스탄 사마르칸트 아프라시아브 궁전 벽화) / 154쪽(태정관 지령)

연합뉴스 9쪽, 27쪽, 31쪽(각저총) / 27, 31쪽(금동 미륵보살 반가 사유상) / 27쪽(일본 목조 미륵보살 반가 사유상) / 44쪽(경주 감은사지 동탑에서 발견된 사리 장엄구) / 138쪽(대흥사 무량수각 김정희 현판) / 142쪽(양동 마을) / 149쪽(진주 농민 항쟁 기념탑) / 170쪽(이한열의 국민장 때 서울 시청 앞 모습) / 170쪽(광주 금남로에서 시위를 벌이는 모습) / 172쪽(이산가족 찾기 특별 생방송) / 173쪽, 179쪽(제1차 남북 정상 회담) / 173쪽(제2차 남북 정상 회담) / 173쪽, 177쪽(제3차 남북 정상 회담) / 173쪽(소 떼 방북) / 179쪽(이한열 학생 영결식) / 179쪽(7 · 4 남북 공동 성명 발표) / 179쪽(남북 기본 합의서 채택)

Heritage Image Partnership Ltd / Alamy Stock Photo / booknfoto 31쪽(수산리 고분 벽화)

서울대학교 규장각 한국학연구원 107쪽(천상열차분야지도) / 107쪽(혼일강리역대국도지도) / 107쪽(농사직설 표지) / 107쪽(농사직설 내지) / 111쪽(삼강행실도 중 누백포호) / 154쪽(대한 제국 칙령)

국립진주박물관 112쪽(천자총통)

국립민속박물관 119쪽(일성정시의) / 140쪽(발해고) / 178쪽(5 · 10 총선거 기념 포스터)

ⓒJocelyndurrey / wikimedia CC BY-SA 4.0 119쪽(간의)

국토개발부 120쪽(안동 위성 사진)

호남권 한국학자료센터 130쪽, 133쪽(공명첩)

간송미술문화재단 132쪽(보부상)

천도교자료실 134쪽(용담정)

국사편찬위원회 136쪽(통신사 행렬도)

숭실대학교 한국기독교박물관 136쪽, 139쪽(연행도)

한국학중앙연구원 137쪽(열하일기)

서울대학교박물관 143쪽, 146쪽(평양도)

독립기념관 159쪽(을사늑약 풍자화)

서문당 164쪽(학도병으로 나가는 학생)

서울기록원 164쪽(일본군 '위안부')

네이선 밴 촬영, (사)이한열기념사업회 제공 167쪽(최루탄에 맞아 쓰러지는 이한열)

e영상역사관 169쪽(윤보선 정부 출범)

국가기록원 179쪽(경부 고속 국도)

〈실전책〉

문화재청 5쪽(백제 금동 대향로) / 5쪽(백제 산수무늬 벽돌) / 6쪽, 9쪽(주먹도끼) / 8쪽(서산 용현리 마애 여래 삼존상) / 8쪽(경주 배동 석조 여래 삼존 입상) / 8쪽(단양 적성비) / 8쪽(충추 고구려비) / 14쪽(경주 불국사 다보탑) / 14쪽(경주 불국사 3층 석탑) / 14쪽(화순 쌍봉사 철감 선사탑) / 31쪽(자리짜기) / 32쪽(씨름)

국립중앙박물관 6쪽(가락바퀴) / 6쪽, 9쪽(빗살무늬 토기) / 6쪽(반달 돌칼) / 6쪽(명도전) / 6쪽(비파형 동검) / 6쪽(잔무늬 거울) / 6쪽(세형 동검) / 8쪽(금동 연가 7년명 여래 입상) / 9쪽(슴베찌르개) / 9쪽(갈돌과 갈판) / 24쪽(호패) / 25쪽(홍패)

연합뉴스 8쪽(금동 미륵보살 반가 사유상) / 38쪽(6월 민주 항쟁) / 38쪽(제1차 남북 정상 회담) / 38쪽(제2차 남북 정상 회담) / 39쪽(금 모으기 운동)

Mark Davidson / Alamy Stock Photo / booknfoto 8쪽(호류사 관음 보살상)

Imaginechina Limited / Alamy Stock Photo / booknfoto 8쪽(장군 총)

국립민속박물관 31쪽(수계도권)

독립기념관 37쪽(한국광복군)

백범김구선생기념사업협회 39쪽(38도선을 넘는 김구)

〈미니북〉

문화재청 11쪽(논산 관촉사 석조 미륵보살 입상) / 11쪽(평창 월정사 8각 9층 석탑) / 14쪽(자격루) / 14쪽(앙부일구)

국립민속박물관 14쪽(일성정시의)

memo

EBS 중학

뉴런

| 역사 ② |

실전책

| 기획 및 개발 |

박영민 이은희

| 집필 및 검토 |

박상필(화곡고) 송치중(불암고) 안선미(신구중) 이수정(위례한빛고) 이은영(성서중) 이종대(잠실고)

| 감수 |

강석화(경인교대) 오영찬(이화여대) 이익주(서울시립대) 최병택(공주교대) 황병주(국사편찬위원회)

| 검토 |

권승만 김경미 김상훈 류재현 서세원 오정현 이지은 정흥태 한준희

교재 정답지, 정오표 서비스 및 내용 문의 EBS 중학사이트 → 교재학습자료 → 교재 메뉴

필독

중학 국어로 수능 잡기

✦ **필독** 중학 국어로 수능 잡기 시리즈

| 문학 | 비문학 독해 | 문법 | 교과서 시 | 교과서 소설 |

EBS 중학

뉴런

| 역사 ② |

실전책

Application 이 책의 효과적인 활용법

'뉴런 개념책'으로 학교 진도에 따라 공부를 마쳤나요?
그렇다면 이제 '뉴런 실전책'으로 실력을 다질 차례입니다.

• 뉴런 실전책으로 공부하는 마무리 3단계 •

1단계 대단원 개념 채우기
대단원별 핵심이 정리된 표의 빈칸을 채우면서 중요한 개념은 꼭 암기까지 완료하세요.

2단계 대단원 종합 문제
앞서 공부한 핵심 개념을 바탕으로 대단원 종합 문제를 풀어 보면서 단원별 핵심 문제를 완벽히 대비해 보세요.

3단계 대단원 서술형·논술형 문제
중학교 시험에서 비중이 높은 서술형·논술형 문제는 연습이 필수! 서술형·논술형 문제 만큼은 확실히 다질 수 있도록 개념책에 이어 실전책에도 구성하였으니 활용해 보세요.

■ 문제가 어렵게 느껴지거나 자신 없는 부분이 있다면?
  '뉴런 개념책'으로 돌아가 해당 부분은 다시 공부하기로 해요.

■ 혼자 공부했는데도 잘 모르는 부분이 있다면?
  뉴런 강의가 있으니 걱정 마세요. EBS 중학 사이트에는 언제든지 만날 수 있는 강의가 준비되어 있습니다.

EBS 중학 홈페이지 **mid.ebs.co.kr**

Contents 이 책의 차례

실전책

• 교재 및 강의 내용에 대한 문의는 EBS 중학 홈페이지(mid.ebs.co.kr)의 Q&A 서비스를 활용하시기 바랍니다.

대단원 개념 채우기

01 선사 문화와 고조선

❶ 우리나라의 선사 문화

구분	구석기 시대	신석기 시대
시기	약 70만 년 전	약 1만 년 전
도구	❶□□□(예 주먹도끼, 슴베찌르개 등)	간석기, 토기(예 ❷□□□□토기), 가락바퀴, 뼈바늘 등
생활	• ❸□□과 채집, 물고기잡이 등으로 식량 마련 → 무리 지어 이동 생활 • 동굴, 바위 그늘, 막집에서 생활 • 평등한 공동체 사회 형성 • 조각상을 만들어 풍요·다산 기원	• ❹□□과 목축 시작 • 정착 생활 → 움집 거주, 마을 형성 • 평등한 공동체 생활
유적	상원 검은모루 동굴, 연천 전곡리, 공주 석장리 등	서울 암사동, 부산 동삼동, 양양 오산리 유적 등

❷ 우리나라의 청동기 문화

시기	기원전 2000년경부터 기원전 1500년경 보급
도구	청동기(예 ❺□□□ 동검), 간석기(예 ❻□□ 돌칼), 민무늬 토기 등 사용
생활	• 농경 발전 → 잉여 생산물과 빈부 격차 발생, ❼□□ 발생 • 군장(족장)이 중심이 된 지배 계급의 청동기 독점, 정복 전쟁 활발 → 국가 형성 • 군장이 부족을 이끌면서 제사장 역할까지 담당 → 무덤으로 거대한 규모의 ❽□□□ 제작

❸ 고조선의 건국과 변화

건국	• ❾□□□: 청동기 문화 기반, 우리 역사상 최초의 국가 • 고조선의 문화 범위: 요동 지방, 한반도 서북 지방(❿□□□ 고인돌, 비파형 동검 등의 출토 범위) • 단군 건국 이야기를 통해 알 수 있는 사실: 건국 당시 고조선이 농경 사회였음, 환웅 부족과 곰 토템 부족의 연합
발전	• 위만의 등장: 중국의 한 건국 이후에 위만이 고조선으로 이주해 왕이 됨(기원전 194) → 철기 문화 본격 확산 • 철제 무기를 기반으로 영토 확장, 세력 확대 • 중국 한과 한반도 남부 사이에서 중계 무역으로 경제적 이익을 얻음 • ⓫□□□ 실시: 엄격한 법률을 통해 사회 질서 유지 → 노동력과 사유 재산 중시, 계급 사회
멸망	• 멸망 과정: 한 무제의 고조선 침공 → 1년간 항쟁, 왕검성이 함락되며 고조선 멸망(기원전 108) • 한의 지배: 일부 지역에 군현을 세워 지배 → 고조선 유민의 저항으로 약화, 소멸 • 많은 수의 고조선 유민은 한반도 남쪽으로 이주

02 여러 나라의 성장

❶ 철기의 보급

시기	기원전 5~4세기경 고조선이 발전하는 과정에서 보급 → 만주와 한반도 북부에서 차츰 남쪽까지 전파	
도구	철기	• 철은 흔하고 단단해서 다양한 용도로 사용 • 철제 농기구: 개간 활발, 농업 생산력 향상 • 철제 무기: 전투력 상승 → 정복 전쟁 활발 → 기존 국가 확장, 새로운 국가 형성(부여, 고구려, 옥저, 동예, 삼한 등)
	청동기	주로 제사용으로 사용, ⓬□□ 동검 제작
생활	• 무덤: 널무덤, 독무덤 • 중국과의 교류 활발: 명도전 출토	

❷ 부여, 고구려

	부여	고구려
위치	만주 쑹화강 유역 평야 지대 → 농업과 목축업 발달, 빠른 정치적 성장 가능	졸본 지역(산간 지역) → 농경 불리, 주변국 정벌을 통해 평야로 진출 도모
정치	5개의 집단이 연맹(왕이 다스리는 지역 + 마가, 우가, 저가, 구가가 다스리는 별도의 지역) → 왕권이 약함	• 5개의 집단이 연맹 • 왕과 대가가 국가 운영 • 제가 회의를 통해 국가 중대사 결정
제천행사	⓭□□(12월)	⓮□□(10월)
풍속	1책 12법, 순장	서옥제

❸ 옥저, 동예, 삼한

	옥저·동예		삼한	
위치	함경도와 강원도 동해안(한반도 동북부에 치우침) → 정치적 발전이 더딤		한반도 남부 비옥한 평야 지대 → 벼농사 발달	
정치	• 왕이 없음 • 읍군·삼로(군장)가 다스림		소국 연맹체, 제정 분리	
			정치	신지·읍차(군장)가 소국을 다스림
			종교	천군(제사장)이 제사 주관, 소도를 다스림
제천행사	무천(10월, 동예)		5월제, 10월제	
풍속	옥저	민며느리제, 가족 공동 무덤	⓯□□(신성한 지역으로 여겨짐, 군장의 힘이 미치지 못함)	
	동예	족외혼, 책화		

정답 ❶ 뗀석기 ❷ 빗살무늬 ❸ 사냥 ❹ 농경 ❺ 비파형 ❻ 반달 ❼ 계급 ❽ 고인돌 ❾ 고조선 ❿ 탁자식 ⓫ 8조법 ⓬ 세형 ⓭ 영고 ⓮ 동맹 ⓯ 소도

❶ 고구려의 성장 및 발전

소수림왕	• ❶□□ 수용: 중국의 전진으로부터 수용 • 태학 설립, 율령 반포
❷□□□ 대왕	• 백제 공격, 신라 침입 왜군 격퇴, 가야 공격(400) • 후연 격퇴, 동부여 병합, 거란에 영향력 행사 • 연호 사용(영락): 중국과 대등하다는 자신감 표현
❸□□왕	• 평양 천도(427), 남진 정책 추진 → 백제 한성 함락, 한강 유역 전역 확보 • 중국 남북조 및 유연 등과 외교 관계 수립

❷ 백제의 성립과 발전

성립	• 고구려 이주 세력과 한강 유역 토착 세력 연합 • 마한의 소국 중 하나
❹□□왕	관등·관복 정비
❺□□□왕	• 마한 전체 통합, 고구려를 공격해 황해도 진출 • 동진, 왜 등과 우호적 외교 관계 형성
❻□□왕	동진으로부터 불교 수용 → 사상 통합 도모
위기	한성 함락 이후 웅진 천도(475)
무령왕	• 22담로에 왕족 파견(지방 통제 강화) • 중국 남조와 교류
성왕	• ❼□□ 천도(538), 중앙 및 지방 통치 제도 정비 • 한강 유역 일시 회복 → 신라의 배신으로 상실 → 신라 공격 → 관산성 전투(554)에서 전사

❸ 신라의 성립과 발전

성립	진한의 소국(사로국)에서 출발
내물왕	• 김씨의 왕위 독점, 왕호로 ❽□□□(대군장) 사용 • 영토 확장: 진한 지역 대부분 병합
❾□□왕	• 국호 확정(신라), 왕호 확정(마립간 → 왕) • 우경 장려, 우산국(울릉도) 복속
❿□□왕	율령 반포, 관등제 정비, 불교 공인, 금관가야 병합
⓫□□왕	• 불교 장려, 인재 양성(화랑도를 국가 조직으로 개편) • 정복 전쟁: 한강 유역 전역 차지, 대가야 정복

❹ 가야의 발전과 멸망

전기 가야 연맹	금관가야 중심 → 광개토 대왕이 보낸 고구려군의 공격으로 큰 타격을 받음
후기 가야 연맹	대가야 중심으로 후기 가야 연맹 형성
멸망	• 6세기 이후 백제와 신라의 압박으로 세력 약화 • 멸망: 금관가야가 신라에 병합(532) → 대가야가 신라에 멸망(562)

04 삼국의 문화와 대외 교류

❶ 의식주 생활과 고분 문화

의식주 생활	• 신분에 따라 구분 • 의복: 귀족 – 비단옷/ 평민 – 삼베옷 • 음식: 귀족 – 쌀 섭취/ 평민 – 잡곡 섭취 • 주거: 귀족 – 기와집/ 평민 – 초가집	
고분 문화	• 고분 벽화: 초기에는 생활 풍속, 무덤 주인의 초상화 → 후기에는 도교의 영향을 받은 사신도 증가 • 고분 양식	
	고구려	돌무지무덤 → ⓬□□ □□무덤
	백제	계단식 돌무지무덤 → 굴식 돌방무덤, ⓭□□무덤(중국 남조의 영향을 받음)
	신라	돌무지덧널무덤 → 굴식 돌방무덤
	가야	구덩식 돌덧널무덤 → 굴식 돌방무덤

❷ 불교문화와 사상

불교 문화	고구려	금동 연가 7년명 여래 입상 등
	백제	서산 용현리 마애 여래 삼존상, 부여 정림사지 5층 석탑, 익산 ⓮□□□□ 석탑
	신라	경주 배동 석조 여래 삼존 입상, 황룡사 9층 목탑, 경주 분황사 모전 석탑
도교	• 불로장생을 추구하는 신선 사상과 산천 숭배 등이 결합 • 영향: 사신도, 산수무늬 벽돌, 백제 금동 대향로 등 ◀ 백제 금동 대향로　　◀ 산수무늬 벽돌	
학문, 기술	• 교육: 태학(고구려), 오경박사(백제), 화랑도(신라) • 천문학: 천체 관측 중시 → 고구려의 천문도, 신라의 첨성대	

❸ 삼국의 대외 교류

중국과의 교류	유교, 불교, 한자, 과학 기술 등 수용
⓯□□과의 교류	• 초원길과 비단길을 따라 교류 • 교역 사례: 아프라시아브 궁전 벽화 속 사신, 고구려 각저총 벽화 속의 서역인, 유리그릇과 금제 장식 보검 등
일본과의 교류	각종 선진 문물(불교, 한문, 제지술, 조선술, 토기 등) 전파 → ⓰□□□ 문화 형성에 기여

정답 ❶ 불교 ❷ 광개토 ❸ 장수 ❹ 고이 ❺ 근초고 ❻ 침류 ❼ 사비 ❽ 마립간 ❾ 지증 ❿ 법흥 ⓫ 진흥 ⓬ 굴식 돌방 ⓭ 벽돌 ⓮ 미륵사지 ⓯ 서역 ⓰ 아스카

[01~02] 다음 자료를 보고 물음에 답하시오.

• 탐구 활동 주제: 신석기 시대 만주와 한반도 지역
의 사람들은 어떻게 살았을까?
• 탐구 활동을 위해 조사할 유물: ⓐ ㄱ
• 탐구 활동 결과: 신석기 시대 만주와 한반도 지역
의 사람들은 _____ ⓒ

01 ⓐ에 해당하는 유물로 옳은 것을 <보기>에서 고른 것은?

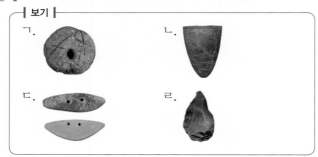

┤ 보기 ├

ㄱ.

ㄴ.

ㄷ.

ㄹ.

① ㄱ, ㄴ ② ㄱ, ㄷ ③ ㄴ, ㄷ ④ ㄴ, ㄹ ⑤ ㄷ, ㄹ

02 ⓒ에 들어갈 내용으로 옳은 것은?

① 무리 지어 이동 생활을 하였다.
② 농경과 목축을 하기 시작하였다.
③ 동굴이나 바위 그늘, 막집에서 거주하였다.
④ 군장이 죽으면 고인돌 등을 만들어 매장하였다.
⑤ 하나의 큼직한 뗀석기를 이용하여 사냥, 채집을 하였다.

03 청동기 시대의 생활상을 주제로 나눈 대화에서 옳은 내용을 말한 학생을 고른 것은?

윤서: 청동은 무기나 제사용 도구, 장신구로 사용되었어.
청아: 농경 등 일상생활에서는 여전히 간석기를 사용했지만, 농사 기술이 발달해 생산량이 늘었어.
지훈: 먹고도 남는 식량이 생기자, 군장의 주도 아래 이를 평등하게 나눠 가졌지.
시우: 조개껍데기 가면이나 흙으로 빚은 얼굴 모양 등을 통해 당시 청동기인의 예술 감각을 엿볼 수 있어.

① 윤서, 청아 ② 윤서, 지훈 ③ 청아, 지훈
④ 청아, 시우 ⑤ 지훈, 시우

04 다음과 같은 법이 있었던 나라에 대한 설명으로 옳지 않은 것은?

• 사람을 죽인 자는 즉시 죽인다.
• 남에게 상처를 입힌 자는 곡식으로 갚는다.
• 도둑질한 자는 노비로 삼는다. 용서를 받으려면 50만 전을 내야 한다.

① 노비가 존재하는 계급 사회였다.
② 노동력과 사유 재산을 중요하게 생각하였다.
③ 위만의 집권 이후 철기 문화를 바탕으로 세력을 넓혀 나갔다.
④ 5개의 부족이 연맹하여 건국하였으며 왕의 권력이 약하였다.
⑤ 한과 한반도 남부 소국 사이의 무역로를 독점하며 중계 무역을 하였다.

05 밑줄 친 부분에 해당하는 유물로 옳은 것을 <보기>에서 고른 것은?

철기가 활발히 보급되던 시점에도 여전히 청동기가 생산되었다. 하지만 철기가 실생활에서 다양한 용도로 쓰인 것에 비해 청동기는 주로 제사용으로만 사용되었다. 철기 시대의 청동기는 기존의 청동기 문화를 계승하여 더욱 독자적인 형태로 발전하였다.

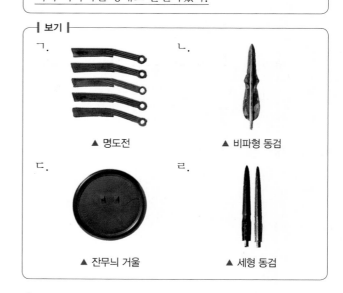

┤ 보기 ├

ㄱ.

▲ 명도전

ㄴ.

▲ 비파형 동검

ㄷ.

▲ 잔무늬 거울

ㄹ.

▲ 세형 동검

① ㄱ, ㄴ ② ㄱ, ㄷ ③ ㄴ, ㄷ
④ ㄴ, ㄹ ⑤ ㄷ, ㄹ

06 ㉠~㉢에 들어갈 나라로 옳게 짝지어진 것은?

> 철기를 바탕으로 만주와 한반도에 세워진 여러 나라들은 저마다 제천 행사를 국가적인 규모로 행하였다. ㉠ (이)나 동예의 경우 1년에 한 번 10월에 제천 행사를 실시하였는데, 이는 추수 감사의 의미를 가지고 있다. ㉡ 은/는 10월뿐 아니라 5월에도 하늘에 제사를 지냈는데 이는 씨를 뿌린 이후 농사가 잘되기를 기원한 것이었다. 이처럼 제천 행사는 대체로 농경과 관련이 있으나, 12월에 '영고'라는 제천 행사를 치렀던 ㉢ 의 경우 수렵 사회의 전통이 남아 있던 것으로 해석되기도 한다.

	㉠	㉡	㉢
①	옥저	부여	고구려
②	삼한	부여	고구려
③	부여	삼한	옥저
④	고구려	삼한	옥저
⑤	고구려	삼한	부여

07 다음 스무고개의 정답으로 옳은 것은?

> 첫째 고개: 철기 문화를 바탕으로 세워진 나라였어요.
>
> 둘째 고개: 여러 개의 소국이 모여서 연맹체를 이루었어요.
>
> 셋째 고개: 신지, 읍차 같은 군장이 각각의 소국을 다스렸어요.
>
> 넷째 고개: 제사장인 천군이 있어 '소도'에서 제사 의식을 주관했어요.
>
> 다섯째 고개: 비옥한 평야 지대에 위치해 농사가 발달했어요.

① 부여   ② 고구려   ③ 옥저   ④ 동예   ⑤ 삼한

08 중앙 집권 국가로 성장하기 위한 삼국의 체제 정비 과정에 해당되지 않는 것은?

① 불교를 수용하여 사상적 통합을 꾀하였다.
② 왕 아래 관리의 등급을 일렬로 정비하였다.
③ 지방 제도를 정비하고 지방관을 파견하였다.
④ 율령을 반포하여 전국을 동일한 법률로 다스렸다.
⑤ 중앙은 왕이 다스리고 주변 지역은 소국의 지배자들이 별도로 다스렸다.

09 다음 풍습이 있던 나라에 대한 설명으로 옳은 것은?

> 혼인이 정해지면, 여자의 집 뒤편에 작은 별채를 짓는데, 그 집을 '서옥'이라 부른다. …… 아들을 낳아서 장성하면 남편은 아내를 데리고 자기 집으로 돌아간다.

① 주몽이 졸본에 건국하였다.
② 무천이라는 제천 행사를 열었다.
③ 한 무제의 침공을 받아 멸망하였다.
④ 족외혼과 책화라는 독특한 풍속이 있었다.
⑤ 왕이 없었으며, 읍군이나 삼로라고 불리는 군장이 각 지역을 다스렸다.

10 다음 가상 인터뷰의 밑줄 친 ㉠~㉢에서 옳지 않은 내용이 포함된 것은?

> 기자: 폐하께서는 활발한 정복 전쟁을 통해 신라의 영토를 한층 넓히셨는데요, 구체적으로 어떤 지역을 점령하셨는지 궁금합니다!
>
> 진흥왕: ㉠ 김해 지역의 금관가야를 정복했어요. 그리고 ㉡ 백제가 가졌던 한강 하류 지역을 기습 공격하여 점령에 성공했습니다. ㉢ 넓어진 영토 곳곳에 순수비도 세웠지요.
>
> 기자: 그렇군요. 유능한 인재를 양성하는 데도 힘쓰셨다고요?
>
> 진흥왕: 맞습니다. ㉣ 화랑도를 국가 조직으로 개편해 훌륭한 인재를 길렀지요. 이들이 정복 전쟁을 승리로 이끈 주역들입니다.
>
> 기자: 교육에 힘써 나라의 기틀을 잡아 주셨군요. 그 밖에 또 중앙 집권 국가로 나아가기 위한 다양한 노력을 기울이셨다고 알고 있는데, 어떤 것이 있었나요?
>
> 진흥왕: ㉤ 앞서 공인되었던 불교를 장려하여 중앙 집권 국가로 한걸음 더 나아가고자 하였습니다.

① ㉠   ② ㉡   ③ ㉢   ④ ㉣   ⑤ ㉤

11 지도의 영역을 확보한 고구려 왕의 업적으로 옳은 것은?

① 관등과 관복을 마련하였다.
② 태학을 설립하여 유교 경전을 가르쳤다.
③ 불교를 수용해 사상적 통합을 도모하였다.
④ 백제의 한성을 함락시키고 한강 유역을 차지하였다.
⑤ 부족적 성격의 5부를 행정적인 성격으로 개편하였다.

12 다음은 백제 왕의 인물 카드를 모은 것이다. ㉠～㉢에 들어 갈 내용으로 옳은 것은?

이름: ㉠	이름: ㉡	이름: ㉢
업적: 관등제 정비, 한강 유역 장악	업적: 백제 전성기, 왜·동진과 외교 관계	업적: 사비 천도, 한강 유역 일시 회복

	㉠	㉡	㉢
①	성왕	무령왕	근초고왕
②	고이왕	근초고왕	성왕
③	고이왕	근초고왕	무령왕
④	침류왕	고이왕	근초고왕
⑤	근초고왕	고이왕	성왕

13 삼국의 문화와 그에 대한 설명이 옳게 연결된 것은?

① 고구려 – 오경박사를 두어 유교 경전을 가르쳤다.
② 고구려 – 삼국 중 유일하게 돌무지덧널무덤을 만들었다.
③ 백제 – 도교의 영향을 받은 산수무늬 벽돌을 만들었다.
④ 백제 – 돌을 벽돌 모양으로 다듬어 쌓은 분황사 모전 석탑을 남겼다.
⑤ 신라 – 중국 남조의 영향을 받은 벽돌무덤을 만들었다.

14 다음에서 설명하는 유물 또는 유적으로 옳은 것은?

이것은 신라의 영역에서 발견되어 신라의 불상이라고 생각되었으나, 뒷면에 고구려와 관련된 글이 새겨져 있어 고구려의 것으로 확정되었습니다. 전반적으로 중국 북조의 영향을 받았습니다.

①
②
③
④
⑤

15 다음 내용에 대해 발표하고자 할 때 추가할 자료로 가장 적절한 것은?

〈신라와 고구려의 밀접한 관계〉

• 계기: 신라 내물왕 때, 신라에 침입한 왜의 세력을 고구려 광개토 대왕의 도움을 받아 물리침
• 결과: 신라에 대한 고구려의 간섭 심화, 신라는 고구려를 통해 중국 문물 수용

①
②
③
④
⑤

대단원 서술형·논술형 문제

정답과 해설 | 53쪽

서술형
01 다음을 보고 물음에 답하시오.

(가)

(나)

⑴ (가)와 같은 도구를 사용했던 시기와 (나)와 같은 도구를 사용했던 시기를 각각 쓰시오.

⑵ (가) 시기와 비교하였을 때 (나) 시기 생활 모습의 변화를 두 가지 이상 서술하시오.

서술형
02 다음 구조도에 해당하는 무덤 양식의 이름을 쓰고, 이러한 무덤 양식에서 많은 껴묻거리가 발굴된 까닭을 무덤의 구조와 연관 지어 서술하시오.

흙
돌무지
껴묻거리 상자
나무널
나무덧널

논술형
03 고구려, 백제, 신라가 중앙 집권 국가로 성장하는 과정에서 공통적으로 보였던 특징을 각 나라별로 구체적인 사례를 들어 세 가지 이상 논술하시오.

대단원 개념 채우기

01 신라의 삼국 통일과 발해의 건국

❶ 중국의 침략을 물리친 고구려

수의 침입	문제의 침입	• 고구려가 요서 지역 선제공격 • 수 문제가 군대를 동원해 고구려 침공 → 홍수 등으로 실패
	양제의 침입	수 양제가 대군을 이끌고 침입 → 요동성 함락 실패 → 별동대를 편성하여 평양성 공격 → 퇴각하려는 수의 군대를 ❶□□□□이 살수(청천강)에서 크게 격파(살수 대첩, 612)
당의 침입	연개소문의 집권	당 태종의 압박 → 고구려는 요동 지역에 천리장성을 쌓아 당의 침략에 대비 → 천리장성의 축조 책임자였던 ❷□□□□이 정변을 일으켜 권력 장악 → 보장왕을 세우고 대막리지가 됨
	당의 침입	연개소문의 정변을 구실로 당 태종이 침입 → 요동성, 백암성 등을 차례로 격파 → ❸□□□ 전투(645)에서 당의 침략을 막아 냄

❷ 삼국 통일 전쟁

신라와 당의 동맹	백제의 신라 공격 → 신라의 ❹□□□가 고구려에 군사적 도움 요청 → 고구려가 신라에 뺏긴 죽령 이북의 땅을 돌려줄 것을 요구하여 결렬 → 김춘추는 당에 건너가 신라와 당의 군사 동맹 요청 → 나당 동맹 체결
백제의 멸망	나당 연합군의 백제 공격 → 김유신이 이끄는 신라군이 ❺□□□에서 계백이 이끄는 결사대를 물리침(황산벌 전투) → 백제 멸망(660)
고구려의 멸망	나당 연합군의 고구려 공격 → 연개소문 사후 아들들 사이에서 권력 다툼 발생 → 평양성 함락, 고구려 멸망(668)
백제와 고구려의 부흥 운동	• 백제: 흑치상지(임존성), 복신·도침(주류성), 백강 전투(왜의 지원군) • 고구려: 고연무(오골성), 검모잠(한성)

❸ 남북국 시대의 성립

삼국 통일	• 전개: 당의 한반도 전체 지배 야욕 → 신라는 백제와 고구려 유민 포섭, 당의 부대 선제공격 → 당이 신라 공격 → 매소성·기벌포 전투에서 당의 군대 격파 • 의의: 민족 문화 발전의 기틀 마련 • 한계: 외세 이용, 대동강 이남만 차지
발해의 건국	당의 요서 지역 통제 약화 → ❻□□□이 고구려 유민과 말갈인 집단을 이끌고 건국

④ 발해의 고구려 계승

주민 구성	• 지배층(고구려 유민이 다수, 말갈인도 일부 포함), 피지배층(고구려 유민과 다수의 말갈인) • 발해인 중에는 대씨뿐만 아니라 고구려 왕족 출신인 고씨도 많았음
고구려 계승	발해의 왕이 일본에 보낸 외교 문서에 스스로 '고려' 또는 '고려 국왕'이라 표현, 일본도 발해를 '고려'라고 부름

02 남북국의 발전과 변화

❶ 통일 신라의 발전

왕권 강화	❼□□□	• 진골 출신으로 처음 왕위에 오름 • 이후 직계 자손들이 왕위를 이어 나감
	문무왕	• 고구려 멸망, 나당 전쟁 승리 → 삼국 통일 • 옛 백제인과 고구려인에게 관직 수여 → 삼국의 백성 통합, 왕권 강화
	신문왕	• 김흠돌의 난 진압: 진골 귀족 숙청 • ❽□□ 설치: 유학 교육 → 왕권을 뒷받침할 인재 양성 • 관료전 지급, 녹읍 폐지
통치 제도	중앙 정치 조직	❾□□□와 장관인 시중(중시)의 권한 강화: 국정 총괄, 왕명 수행 → 화백 회의의 기능과 상대등 권한 축소
	지방 행정 조직	• 전국을 9주로 편성: 주 아래 군·현 설치, 지방관 파견 • ❿□□□ 설치: 수도 금성이 동남쪽에 치우쳐 있는 단점 보완, 지방 세력의 성장 억제
	군사 제도	• 중앙군: ⓫□□□ → 신라인뿐만 아니라 고구려인, 백제인, 말갈인까지 포함 • 지방군: 10정 → 1주에 1정씩 배치, 국경 지방인 한주에 2정 배치

❷ 발해의 발전

발해의 성장과 멸망	• 무왕: 만주 북부 지역까지 영토 확장 → 돌궐 및 일본과 친선 관계를 맺어 당과 신라 견제, 장문휴를 앞세워 당의 산둥 지방 공격 • 문왕: 수도를 중경에서 상경으로 옮김, 당과 친선 관계, 신라와 교통로 개설 • 선왕: 옛 고구려 영토 대부분 차지 → 중국으로부터 ⓬□□□□이라 불림 • 멸망: 지배층의 내분으로 국력 약화 → 거란의 침략으로 멸망
통치 제도	• 중앙 정치 조직: ⓭□□ □□제 → 당의 영향을 받았지만, 발해의 실정에 맞게 독자적으로 운영 • 지방 행정 조직: 5경 15부 62주 • 군사 제도: 중앙군인 10위, 지방군

❸ 신라 말의 사회 동요와 후삼국의 성립

신라 말의 사회 동요	• 소수의 진골 귀족에게 권력 집중 → 왕권 약화, 귀족들의 분열 • 혜공왕 피살 → 무열왕계 왕위 단절, 150여 년 동안 20여 명의 왕이 교체됨 • 지방에서의 반란: 김헌창의 난, 장보고의 난 • 정치적 혼란, 녹읍 부활로 귀족의 대토지 소유 증가, 왕실과 귀족의 사치로 국가 재정 악화 → 세금 독촉, 흉년 및 자연재해 증가 → ❶□□과 □□의 난, 적고적의 난 등 농민 봉기 발생
새로운 사상의 유행	• ❷□□: 경전의 이론보다 마음속의 깨달음 추구 • 풍수지리설: 자연이 인간의 삶에 영향을 끼침 → 경주 중심의 지리 인식 극복
❸□□의 등장	• 중앙의 통제력 약화, 농민 봉기 → 지방 세력 성장 • 독자적 군사 보유, 스스로 성주 혹은 장군을 칭함 • 대부분 촌주 출신, 중앙에서 내려간 귀족, 군진 세력, 해상 세력 등
후삼국의 성립	• 후백제: ❹□□이 완산주(전주)를 도읍으로 건국 • 후고구려: ❺□□가 송악(개성)을 도읍으로 건국 → 철원 천도, 마진 → 태봉으로 국호 변경 • 신라: 경상도 일대로 영토 축소

03 남북국의 문화와 대외 관계

❶ 남북국의 문화

통일 신라	불교의 발달	• ❻□□: 일심 사상, 화쟁 사상 → 불교계의 사상적 대립 해결 노력, 아미타 신앙 전파 • 의상: 당에 유학한 후 ❼□□□ 개창, 부석사 등 사찰 건립, 관음 신앙 전파 • 혜초: 『왕오천축국전』을 남김
	화려한 불교문화	• 경주 불국사: 부처가 사는 이상 세계 표현 → 불국사 3층 석탑, 다보탑 • 경주 석굴암: 비례를 추구한 본존불상 • 성덕 대왕 신종: 비천상 무늬 • 승탑: 승려의 사리를 보관
	유학의 발달	• 강수: 외교 문서 작성에 능통 • 설총: 이두를 정리하여 유교 경전을 우리말로 풀이 • 김대문: 『화랑세기』, 『고승전』 등 저술 • 국학 설치 → ❽□□□□□를 실시하여 국학 학생들의 유교 경전 이해 수준 평가

발해	유학과 불교	• 유학: 중앙 정치 기구 중 6부의 명칭을 유교 덕목으로 사용, ❾□□□ 설치(유교 경전에 대한 교육), 정혜 공주 무덤과 정효 공주 무덤의 묘지석(유교 경전 내용 언급) • 불교: 수도의 절터 유적에서 불상·석등·기와 등 많은 유물 출토, '금륜'·'성법'이라는 불교식 왕명 사용, 이불병좌상 등
	융합적인 문화	• 고구려 문화: 정혜 공주 무덤의 모줄임천장 양식, 온돌과 기와 등 • 당의 문화: 수도 상경성의 구조, 정효 공주 무덤의 벽돌무덤 양식 • 말갈 문화: 흙무덤, 토기 등

❷ 남북국의 대외 관계

통일 신라	당	• 8세기 들어 친선 관계 회복, 활발하게 교류 → 사신·유학생·승려 파견, 유학생이 당의 빈공과에 합격(김운경, 최치원 등) • 신라방(신라인 마을), 신라소(감독관청), 신라관(신라인의 숙박 시설), 신라원(신라인이 지은 절) 형성 • 장보고: 완도에 ❿□□□ 건설 → 동아시아 국제 무역 주도
	일본	• 통일 신라에 사신단 파견·선진 문물 수용 → 나중에는 사무역이 주를 이룸 • 생활용품과 수공업 제품을 일본에 수출, 당·동남아시아·서아시아 등지에서 들어온 물품을 일본에 중계 무역 • 의상의 화엄 사상과 원효 등이 일본 불교계에 영향을 줌
	무역항	• ⓫□□□: 아라비아 상인의 왕래, 중앙아시아·서아시아 지역의 물품이 들어옴
발해	당	• 문왕 때 관계가 회복되면서 교류 → 유학생과 승려 등을 파견 → 발해 사신의 숙소인 ⓬□□□ 설치 • 담비 가죽·말·약재 등 수출, 비단과 공예품 등 수입
	신라	• 발해의 동경 용원부에서 신라 국경까지 가는 길에 말을 갈아탈 수 있는 역이 설치됨 • ⓭□□□를 통해 물자가 오가면서 교류가 활발해짐
	일본	• 당과 신라를 견제하기 위해 건국 초부터 일본과 정치적 목적의 사신 왕래 → 점차 교류가 확대되면서 많은 상인과 물품이 오감

❶ 원종, 애노 ❷ 선종 ❸ 호족 ❹ 견훤 ❺ 궁예 ❻ 원효 ❼ 화엄종 ❽ 독서삼품과 ❾ 주자감 ❿ 청해진 ⓫ 울산항 ⓬ 발해관 ⓭ 신라도

01 (가), (나) 시기 사이에 있었던 사실로 옳은 것은?

> (가) 을지문덕이 우문술의 군사가 굶주린 기색이 있음을 보고 이들을 피곤하게 만들려고 매번 싸울 때마다 달아났다.
> (나) 세적이 드디어 안시성을 공격하는데 성 안 사람들이 황제의 깃발과 일산을 보고 문득 성에 올라가 북을 치고 소리를 질렀다.

① 발해가 건국되었다.
② 고구려가 멸망하였다.
③ 웅진도독부가 설치되었다.
④ 연개소문이 정변을 일으켰다.
⑤ 고구려가 한강 유역을 장악하였다.

02 (가), (나) 시기 사이에 있었던 사실로 옳은 것은?

> (가) 이찬 김춘추와 그의 아들 문왕을 당에 보내 조공하였다. …… 태종이 매우 옳다고 여겨서 군사의 출동을 허락하였다.
> (나) 당의 군사와 합하여 평양을 포위하였다. 고구려 왕은 먼저 연남산 등을 보내 항복을 요청하였다.

① 대가야가 멸망하였다.
② 황산벌 전투가 일어났다.
③ 백제가 사비로 천도하였다.
④ 신라와 백제가 동맹을 체결하였다.
⑤ 고구려가 살수에서 수의 군대를 격파하였다.

03 (가)에 들어갈 내용으로 옳은 것은?

> 〈고구려의 부흥 운동〉
> 1. 검모잠이 안승을 왕으로 받들고 당군과 싸움
> 2. _____(가)_____

① 고연무가 요동에서 싸움
② 흑치상지가 임존성에서 저항함
③ 성왕이 관산성 전투에서 사망함
④ 복신과 도침이 주류성에서 활약함
⑤ 계백이 황산벌에서 신라군에 맞섬

04 다음 상황이 나타난 직접적 계기가 된 사실로 옳은 것은?

> 소정방은 늙은 왕을 가두고 병사를 풀어 크게 약탈하였다. 흑치상지는 이를 두려워하여 주위의 추장 10여 인과 함께 달아났고, 도망친 이들을 불러 모아 임존산에 의거하여 스스로 굳게 지켰다. 열흘이 되지 않아 (도망쳐) 돌아온 자가 3만이 되었다.

① 백제가 멸망하였다.
② 삼국이 통일되었다.
③ 발해가 멸망하였다.
④ 나당 동맹이 체결되었다.
⑤ 고구려가 평양으로 천도하였다.

05 (가) 국가에 대한 설명으로 옳은 것은?

> 개원 21년 봄 정월 …… 당 현종이 대문예를 유주로 보내 군사를 일으켜 (가) 왕 대무예(무왕)를 토벌하게 하였다. 경신에 태복 원외경 김사란을 신라에 사신으로 보내 군사를 일으켜 (가) 의 남쪽을 공격하게 하였다.

① 해동성국이라 불렸다.
② 불국사를 건립하였다.
③ 평양으로 천도하였다.
④ 국호를 남부여로 바꾸었다.
⑤ 성덕 대왕 신종을 제작하였다.

06 (가)에 들어갈 내용으로 옳은 것은?

선왕이신 문무왕께서는 삼국을 통일하셨습니다. 왕께서는 어떤 정책을 실시하셨나요?

우선 (가)

① 웅진에서 사비로 천도하였습니다.
② 신라에 침입한 왜를 격퇴하였습니다.
③ 전국을 5경 15부 62주로 나누었습니다.
④ 중국 남조와 활발한 교류를 하였습니다.
⑤ 국학을 설치하여 인재를 등용하였습니다.

07 다음 자료의 정책을 실시한 국가에 대한 설명으로 옳은 것은?

신라의 옛 땅에 상주, 양주, 강주의 3주를, 백제의 옛 땅에 웅주, 전주, 무주의 3주를, 고구려의 옛 땅에 한주, 삭주, 명주의 3주를 설치한다고 선언하였다.

① 오경박사를 두었다.
② 태학을 설립하였다.
③ 주자감을 설치하였다.
④ 웅진으로 천도하였다.
⑤ 중앙군으로 9서당을 두었다.

08 (가) 국가에 대한 설명으로 옳은 것은?

〈 (가) 의 중앙 정치 조직〉

왕

중정대(어사대) 관리 비리 감찰
문적원(비서성) 서적과 외교 문서 담당
주자감(국자감) 최고 교육 기관

중대성(중서성) 정당성(상서성) 선조성(문하성)

좌사정 우사정

충부(이부) 인부(호부) 의부(예부) 지부(병부) 예부(형부) 신부(공부)

* ( ) 안은 당의 관제

① 천리장성을 쌓았다.
② 국학을 설치하였다.
③ 무령왕릉을 제작하였다.
④ 중앙군으로 10위를 두었다.
⑤ 완도에 청해진을 건설하였다.

09 밑줄 친 '이 시기'에 있었던 사실로 옳은 것을 〈보기〉에서 고른 것은?

어린 나이에 왕위에 오른 혜공왕이 반란군에 의해 피살된 이후, 진골 귀족들의 왕위 쟁탈전이 극심해졌다. 이 시기에 중앙의 통제력이 약화되자, 지방에서 유력자의 대토지 소유와 수탈이 늘어나면서 농민의 생활은 더욱 곤궁해졌다.

┤ 보기 ├
ㄱ. 원종과 애노가 봉기하였다.
ㄴ. 지방에서 호족이 성장하였다.
ㄷ. 귀족들의 녹읍이 폐지되었다.
ㄹ. 매소성과 기벌포 전투가 일어났다.

① ㄱ, ㄴ   ② ㄱ, ㄷ   ③ ㄴ, ㄷ
④ ㄴ, ㄹ   ⑤ ㄷ, ㄹ

10 (가) 국가에 대한 설명으로 옳은 것은?

① 지방에 5소경을 두었다.
② 견훤에 의해 건국되었다.
③ 독서삼품과를 실시하였다.
④ 국호를 태봉으로 바꾸었다.
⑤ 당의 산둥 지방을 공격하였다.

11 밑줄 친 '그'에 대한 설명으로 옳은 것은?

> 그는 계를 어겨 설총을 낳은 후에는 세속의 옷으로 바꿔 입고 자신을 스스로 소성 거사라고 하였다. …… 가난한 사람들과 산골에 사는 무지몽매한 자들까지도 모두 다 부처의 이름을 알게 되었고 모두 '나무아미타불'을 부르게 되었으니 그의 교화는 위대하다 할 것이다.
> ―『삼국유사』―

① 화엄종을 개창하였다.
② 부석사를 건립하였다.
③ 일심 사상을 제시하였다.
④ 왕오천축국전을 남겼다.
⑤ 순교를 통해 불교 공인에 기여하였다.

12 다음 사상에 대한 설명으로 옳은 것은?

> 도선 등 선종 승려들에 의해 널리 보급되었다. 도성, 주택, 무덤 등을 만들 때 자연의 형세를 관찰하여 좋은 조건의 땅을 구하기 위한 사상이다.

① 호족의 사상적 기반이 되었다.
② 경전에 대한 이해를 강조하였다.
③ 독서삼품과의 실시와 관련이 깊다.
④ 산천 숭배와 불로장생을 추구하였다.
⑤ 마음속에 내재된 깨달음을 중시하였다.

13 (가) 국가에 대한 설명으로 옳은 것은?

> (가) 은/는 고구려 문화를 기반으로 당의 문화를 받아들이고, 말갈의 문화를 융합하며 독자적인 문화를 이루었다. 정효 공주 무덤은 당의 영향을 받아 벽돌무덤으로 만들었지만, 내부의 천장은 고구려의 양식을 계승하였다.

① 독서삼품과를 실시하였다.
② 감은사지 3층 석탑이 유명하다.
③ 벽돌로 무령왕릉을 제작하였다.
④ 장안성을 모방하여 상경성을 건설하였다.
⑤ 수학 지식을 이용하여 석굴 사원을 건축하였다.

14 다음 설명에 해당하는 문화유산으로 옳은 것은?

> 이중 기단 위에 3층을 쌓은 것으로, 통일 신라의 전형적인 석탑이다. 내부에서 두루마리 형식의 무구정광대다라니경이 발견되었다.

①
②
③
④
⑤

15 (가) 국가에서 볼 수 있던 모습으로 적절한 것은?

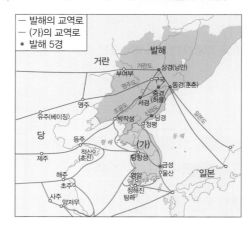

① 발해관에 머물고 있는 사신
② 주자감에서 공부하고 있는 학생
③ 무령왕릉을 축조하고 있는 기술자
④ 울산항에서 거래하는 아라비아 상인
⑤ 충주 고구려비에 글자를 새기고 있는 석공

서술형

01 밑줄 친 '과인'에 해당하는 왕을 쓰고, 그의 업적을 두 가지 서술하시오.

> 과인이 위로 천지의 보살핌에 힘입고 아래로 종묘의 영험을 받아서인지 김흠돌 등의 악이 쌓이고 죄가 가득 차자 그들이 도모하던 역모가 세상에 드러났다. 이는 바로 사람과 신이 함께 버리고, 하늘과 땅이 용납하지 않음을 증명하는 것이다. 의리를 범하고 풍속을 해침에 이보다 심한 것이 없다. 그러므로 병사들을 추가로 모아 은혜를 잊고 의리를 저버린 나쁜 무리들을 없애고자 하였다.

서술형

02 밑줄 친 내용을 통해 알 수 있는 발해의 성격에 대해 서술하시오.

> 공주는 대흥 56년 여름에 사망하였는데 나이는 36세였다. 이에 시호를 정효 공주라고 하였다. …… 황상은 조회마저 금지하고 비통해 하시며 침식을 잊고 노래와 춤추는 것도 중지시켰다. —정효 공주 묘비문—

논술형

03 다음 자료를 참고하여 신라 말 유행하였던 사상 두 가지를 그 특징과 의미를 중심으로 400자 이내로 논술하시오.

왼쪽 지도는 신라 말의 대표적인 9개의 사원을 나타낸 것이다. 이것들은 호족의 근거지와 가까운 곳에 위치해 있었다.

대단원 개념 채우기

01 고려의 건국과 정치 변화

❶ 후삼국 통일과 체제 정비

후삼국 통일	후삼국 시대	궁예의 후고구려, ❶□□의 후백제, 신라로 나뉨
	통일 과정	궁예의 실정(미륵불 자처) → 왕건의 ❷□□ 건국 → 신라가 고려에 항복 → 고려의 후백제군 격파 → 후삼국 통일
태조의 정책	북진 정책	• 고구려 계승의 의미로 국호를 '고려'라 함 • 평양을 서경으로 삼아 중시
	민족 통합	• 옛 신라인과 후백제인 포용 • ❸□□ 유민을 적극 받아들임
	호족 정책	• 혼인 정책, 사성 정책 • 사심관 임명, 기인 제도
	민심 안정	• 불교 숭상: 연등회, 팔관회 • 백성의 세금 감면, 빈민 구제
광종 · 성종	광종	• ❹□□□□□: 호족의 경제적 기반 약화 • 과거제 실시(쌍기), 관리의 공복 제정 → 정책에 반대하는 호족 숙청(왕권 강화)
	성종	최승로의 「시무 28조」 수용 → 유교를 통치 이념으로 삼음 → 지방의 주요 거점에 12목 설치, 지방관 파견 → 중앙과 지방에 학교 설립(유학 교육 실시)

❷ 통치 체제의 정비

중앙 정치 조직	중서 문하성	문하시중을 중심으로 국정 총괄
	❻□□□	군사 기밀과 왕명 출납
	상서성	중추원으로부터 받은 왕명을 6부에서 나누어 집행
	어사대	관리 감찰
	삼사	국가 재정의 출납, 회계
	도병마사, 식목도감	고위 관료들이 국방 문제와 법 제정 등 중요한 정책 결정
	❼□□	• 정치의 잘잘못을 논하거나 관리의 비리를 감찰하고 사회 풍속을 감시하는 관리 • 중서문하성의 일부 관리 + 어사대의 관원
지방 행정 조직 · 군사 제도	구분	5도, 양계, 경기로 나누어 통치
	3경	개경, 서경, 동경(→ 남경)
	❽□□	군현의 실질적인 행정을 직접 담당
	향·부곡·소	특수 행정 구역, 주로 농업에 종사(소의 주민은 수공업에 종사)
	2군 6위	• 2군: 궁궐과 왕실 호위 • 6위: 개경과 국경 지역 방어
	지방군	주현군(5도), 주진군(양계)

교육 · 관리 등용	❾□□	문과: 문장을 짓는 능력과 유교 경전에 대한 이해를 기준으로 관리 선발
		잡과: 법률, 의학 등 각 분야의 인재 선발
		승과: 승려를 대상, 합격 시 품계 부여
	음서	왕족, 공신, 고위 관료의 자손 등에게 시험 없이 관직에 오를 수 있는 자격을 주는 제도
	천거	학식과 덕행이 뛰어난 인재를 추천하여 임명

❸ 문벌 사회의 동요와 무신 정권의 수립

문벌의 형성	문벌 세력	가문을 중심으로 과거와 음서, 혼인을 통해 권력 독점
	이자겸의 난	인종의 외할아버지이자 장인인 이자겸이 난을 일으킴 → 진압
묘청의 서경 천도 운동	배경	• 이자겸의 난 후 정지상 등이 서경 천도 주장 • 묘청 등이 금나라 정벌과 서경 천도 주장 ↔ 김부식 등의 반대
	묘청의 난	묘청 등이 서경에서 반란(1135) → 김부식이 이끄는 관군에 의해 진압
❿□□ □□	배경	• 문신 중심의 정치 운영과 무신에 대한 차별 • 의종 때 측근 문신 세력과 친위 부대의 무신 사이 다툼
	결과	정중부 등 무신 세력이 권력 장악, 의종 폐위
	무신 정권	• 무신이 중방을 중심으로 권력 장악 • 최고 권력자의 잦은 교체: 이의방 → 정중부 → 경대승 → 이의민
최씨 무신 정권		• 최충헌: 최씨 무신 정권 시작, 교정도감 설치 • ⓫□□: 정방 설치, 강화도로 천도하여 대몽 항쟁 • 도방과 ⓬□□□: 최씨 무신 정권의 군사적 기반 • 불법적 대농장 소유, 하층민의 봉기를 철저히 진압
하층민의 봉기	농민	망이·망소이의 난, 김사미와 효심의 난
	천민	전주 관노비의 난, ⓭□□의 봉기 계획

02 고려의 대외 관계

❶ 다원적 국제 질서의 성립

10세기 동아시아 정세	중국	다원적 국제 질서 형성: 거란(발해를 멸망시키며 제국 건설), 송(중국 통일), 서하·대월 등도 황제국 자칭
	고려	다원적 국제 질서 속에 외왕내제 칭함
거란과의 관계	거란의 1차 침입	⓮□□의 외교 담판 → 거란과 외교 관계 수립, 강동 6주 확보
	거란의 3차 침입	고려가 송과 외교 관계 유지 → 거란, 고려 침입 → 강감찬, 귀주에서 거란군 격파

정답 ❶ 견훤 ❷ 고려 ❸ 발해 ❹ 노비안검법 ❺ 유교 ❻ 중추원 ❼ 대간 ❽ 향리 ❾ 과거제 ❿ 무신 정변 ⓫ 최우 ⓬ 삼별초 ⓭ 만적 ⓮ 서희

여진과의 관계	고려 초	여러 여진 부족이 고려를 부모의 나라로 섬김
	예종	윤관이 ❶□□□을 이끌고 여진 정벌, 동북 9성 개척 → 여진의 계속된 요구로 반환
	인종	금을 세운 여진이 거란(요) 정복, 고려에 군신 관계 요구 → 이자겸이 금의 요구 수용
대외 교류		• 송과 활발한 교류, 선진 문물 수입 • 거란, 여진 및 일본과 필요할 때마다 교류 • 이슬람 상인이 고려의 이름을 세계에 알림

❷ 몽골의 침입과 고려의 항쟁

몽골의 침입	몽골 제국	13세기 칭기즈 칸이 몽골족 통일 → 동서양에 이르는 대제국 건설
	고려와 몽골의 만남	몽골군에 쫓긴 거란군이 고려 영토 내로 들어옴 → 고려가 몽골군과 함께 이를 제압하고 외교 관계 수립
	몽골의 침입	고려를 다녀간 몽골 사신 피살 사건 발생 → 이를 구실로 몽골이 고려 침입
고려의 저항	천도	최우가 ❷□□□로 천도하고 몽골군에 저항
	백성의 저항	• 귀주성(박서), 충주성(하층민의 항쟁) • 처인성: ❸□□□가 처인 부곡민을 이끌고 살리타 사살(이후 충주성에서도 활약)
	무신 정권	• 대몽 항쟁의 명분을 내세우기 위해 ❹□□□□□ 제작 • 사치를 일삼고 과도한 세금 징수 → 민심을 잃어가며 붕괴
개경 환도	환도	• 무신 정권의 내분 속에 몽골과 강화, 환도 • 삼별초: 개경 환도에 반대하며 항전 지속
	문화재 소실	초조대장경 판목 및 황룡사 9층 목탑 소실

03 몽골의 간섭과 고려의 개혁

❶ 원의 간섭과 권문세족의 횡포

원의 간섭	원의 내정 간섭	• 고려에 관리를 파견하여 내정 간섭 • 영토 침략(쌍성총관부, 동녕부 등 설치) • 고려 국왕이 원의 공주와 혼인 → 왕실 용어 격하
	❺□□□□	원이 일본 원정을 위해 설치 → 두 차례 일본 원정 실패 이후에도 유지되어 고려의 내정 간섭
	원과의 교류	원에 금·은, 인삼, 자기, 매 등 특산물과 공녀를 바침, 몽골풍과 고려양
권문 세족	형성	• 국왕의 측근 세력으로 원과의 관계 속에 성장 • 몽골어에 능통하거나 원에서 과거에 합격한 이들 중에서 출세
	횡포	관직 독점 및 관직 매매, 대규모의 불법적 농장 운영, 불교 사원과 결탁하여 불법 자행

❷ 공민왕의 개혁 정치

공민왕의 개혁	배경	14세기 중반 원·명 교체기의 중국 정세
	개혁 내용	• 몽골식 변발·의복 금지, 격하된 관제 복구 • 정방 폐지, ❻□□ 등 친원 세력 숙청 • 정동행성의 권한 대폭 축소 • 쌍성총관부를 공격하여 철령 이북의 땅 수복
	전민 변정 도감	• ❼□□을 등용하여 설치 • 권문세족이 뺏은 토지를 원래 주인에게 반환, 불법으로 노비가 된 이들을 양인으로 해방 • 신진 사대부 세력의 적극 동참 　→ 권문세족의 반발로 실패
신진 사대부의 성장	체제 정비	공민왕 때 성균관 재정비 → 신진 사대부의 관직 진출 기반
	특징	❽□□□□을 개혁의 사상적 기반으로 삼음 → 권문세족 비판
홍건적과 왜구의 침입	홍건적	14세기 후반 한족 농민 반란군, 두 차례 고려에 침입 → 이방실, 최영 등이 격퇴
	❾□□	고려의 해안 일대를 자주 약탈 → 최영·이성계 등의 토벌, 최무선이 화포로 왜선 격퇴

04 고려의 생활과 문화

신분제 사회	양인	관료, 향리 등 지배층과 대다수가 농민인 백정으로 구성
	천인	대다수는 노비로 매매·증여·상속의 대상
혼인과 가족 제도	혼인	일부일처제, 처가살이가 일반적
	가족 제도	• 부모 봉양, 제사의 의무 등이 자녀 균등 • 성별, 나이와 무관하게 재산 균분 상속
불교	발달	국가의 보호와 지원 속에 교세 확대
	의천	❿□□□ 개창, 교종 중심의 선종 통합
	⓫□□	정혜결사(후일 수선사) 조직, 불교 개혁 운동
인쇄 문화	목판 인쇄	초조대장경, 팔만대장경, 『교장』 등 간행
	⓬□□ 활자	『상정고금예문』, 『직지심체요절』
유학과 성리학	성종	유교를 정치 이념으로 삼음
	성리학의 수용	• 안향에 의해 고려에 소개 • 원의 만권당(충선왕)에서 교류 • 과거 시험 과목에 성리학 반영 　→ 신진 사대부의 관직 진출
역사서		『삼국사기』, 『동명왕편』, 『삼국유사』, 『제왕운기』 등
사원 건축		봉정사 극락전, 부석사 무량수전, 수덕사 대웅전 등

정답 ❶ 별무반 ❷ 강화도 ❸ 김윤후 ❹ 팔만대장경 ❺ 정동행성 ❻ 기철 ❼ 신돈 ❽ 성리학 ❾ 왜구 ❿ 천태종 ⓫ 지눌 ⓬ 금속

01 (가), (나) 시기 사이에 들어갈 사건으로 옳은 것을 〈보기〉에서 고른 것은?

> (가) 왕으로 추대된 왕건은 국호를 고려라 정하였다.
> (나) 고려는 왕위 계승 문제로 혼란에 빠진 후백제를 격파하고 후삼국을 통일하였다.

┤ 보기 ├
ㄱ. 견훤이 후백제를 건국하였다.
ㄴ. 신라의 경순왕이 고려에 항복하였다.
ㄷ. 궁예가 미륵불을 자처하며 민심을 잃었다.
ㄹ. 고려군이 고창 전투에서 후백제군에 승리하였다.

① ㄱ, ㄴ   ② ㄱ, ㄷ   ③ ㄴ, ㄷ
④ ㄴ, ㄹ   ⑤ ㄷ, ㄹ

02 밑줄 친 '나'에 해당하는 고려의 왕으로 옳은 것은?

> 나는 고구려를 계승한 국가임을 내세우고 건국 초부터 북진 정책을 펼쳤으며, 고구려의 수도였던 평양을 서경으로 삼고 북쪽으로 영토를 넓혔다. 또한 지방의 유력 호족과 혼인 관계를 맺어 이들을 포섭하려 하였다.

① 태조   ② 광종   ③ 성종
④ 숙종   ⑤ 의종

03 (가)에 들어갈 내용으로 적절한 것은?

> 993년 거란이 침입해 오자, 왕은 서희를 중군사에 임명하여 대비하였다. …… 서희가 말하기를 "우리가 바로 고구려의 후계자이다. 그러므로   (가)   "라고 하였다.

① 몽골의 침입에 맞서 강화도로 천도한 것이다.
② 명의 요구에 맞서 요동을 정벌하려 한 것이다.
③ 여진족을 물리치고 동북 9성을 확보한 것이다.
④ 나라 이름을 고려라 부르고 평양을 수도로 한 것이다.
⑤ 서경으로 수도를 옮기고 왕을 황제라고 칭할 것을 주장한 것이다.

[04~05] 다음 글을 읽고 물음에 답하시오.

> 태조 왕건이 죽은 뒤 외척과 공신들의 권력 다툼 속에 태조의 아들들이 연이어 즉위하였다. 불안정한 정국에서 혜종, 정종에 이어 왕위에 오른   (가)   은/는 ㉠ 왕권을 강화하기 위한 정책을 적극 추진하였다.

04 (가)에 들어갈 왕으로 옳은 것은?

① 광종   ② 문종   ③ 성종
④ 숙종   ⑤ 의종

05 밑줄 친 ㉠에 해당하는 정책으로 옳은 것을 〈보기〉에서 고른 것은?

┤ 보기 ├
ㄱ. 노비안검법을 실시하였다.
ㄴ. 12목에 지방관을 파견하였다.
ㄷ. 능력 중심의 과거제를 실시하였다.
ㄹ. 3성 6부제를 수용하여 통치 체제를 정비하였다.

① ㄱ, ㄴ   ② ㄱ, ㄷ   ③ ㄴ, ㄷ
④ ㄴ, ㄹ   ⑤ ㄷ, ㄹ

06 (가)에 대한 설명으로 옳은 것은?

>   (가)   의 일부 관리와 어사대의 관원은 대간이라 불렸는데, 이들은 국왕 이하 정치의 잘잘못을 논하기도 하고 관리의 비리를 감찰하며 사회 풍속을 감시하였다.

① 군사 기밀과 왕명 출납을 담당하였다.
② 실무 행정을 6부로 나누어 집행하였다.
③ 문하시중을 중심으로 국정을 총괄하였다.
④ 국가 재정의 출납과 회계 업무를 담당하였다.
⑤ 최씨 무신 정권을 호위하는 군사적 기반이었다.

07 (가)에 들어갈 용어로 옳은 것은?

> (가) 은/는 왕족이나 공신, 고위 관료의 자손 등에게 시험 없이 관직에 오를 수 있는 자격을 준 제도로, 혜택의 범위는 시기마다 조금씩 달랐지만 대개 아들과 사위, 친손과 외손 등까지 누릴 수 있었다.

① 과거   ② 천거   ③ 음서
④ 사심관   ⑤ 국자감

08 (가) 인물에 대한 설명으로 옳은 것을 〈보기〉에서 고른 것은?

> 인종 때 금의 군신 관계 요구에 척준경과 왕의 외척이던 (가) 이/가 말하였다. "금이 급격하게 세력을 일으켜 요와 송을 멸망시켰고 병력도 강성하여 나날이 강대해지고 있습니다. 또 우리와 서로 국경이 맞닿아 있어서 섬기지 않을 수 없는 상황입니다."

┤ 보기 ├
ㄱ. 개경에서 난을 일으켰다.
ㄴ. 서경으로 천도할 것을 주장하였다.
ㄷ. 왕실과 거듭된 혼인 관계를 맺었다.
ㄹ. 김부식이 이끄는 관군에 의해 진압되었다.

① ㄱ, ㄴ   ② ㄱ, ㄷ   ③ ㄴ, ㄷ
④ ㄴ, ㄹ   ⑤ ㄷ, ㄹ

09 다음 상황 이후 벌어진 일로 적절한 것은?

> 왕이 …… 무신들을 위로하기 위해 오병수박희를 열었다. 한뢰는 무신들이 왕의 총애를 얻을까 두려워하며 시기심을 품었다. 대장군 이소응이 수박희에서 패하자, 한뢰가 갑자기 앞으로 나서며 이소응의 뺨을 때리니 계단 아래로 떨어졌다. 왕과 여러 신하가 손뼉을 치면서 크게 웃었다.
> ─『고려사』─

① 윤관이 동북 9성을 개척하였다.
② 묘청이 서경에서 난을 일으켰다.
③ 강감찬이 귀주에서 거란군을 무찔렀다.
④ 서희가 외교 담판을 벌여 강동 6주를 확보하였다.
⑤ 정중부 등 무신들이 정변을 일으켜 많은 문신을 죽였다.

[10~11] 다음 자료를 보고 물음에 답하시오.

> 주제: (가)
> ─ 최충헌이 이의민을 제거하고 권력을 잡았다.
> ─ 최충헌은 교정도감을 설치하여 반대 세력을 감시하고, 국가의 중요 정책을 결정하였다.
> ─ 최우는 자기 집에 ㉠ ○○을/를 설치하여 인사 행정을 장악하였다.
> ─ 4대 60여 년 동안 불법적으로 많은 농장을 소유하며 권력을 휘둘렀다.

10 (가)에 들어갈 주제로 적절한 것은?

① 반원 개혁
② 북진 정책
③ 최씨 무신 정권
④ 원의 내정 간섭
⑤ 고려인의 대몽 항쟁

11 밑줄 친 ㉠에 해당하는 기구로 옳은 것은?

① 중방   ② 도방   ③ 정방
④ 삼사   ⑤ 흑창

12 고려 시대 승려들의 행적으로 옳은 것을 〈보기〉에서 고른 것은?

┤ 보기 ├
ㄱ. 의천은 천태종을 개창하였다.
ㄴ. 묘청은 서경 천도 운동을 벌였다.
ㄷ. 의상은 당에서 화엄학을 유학하였다.
ㄹ. 원효는 불교 대중화를 위해 노력하였다.

① ㄱ, ㄴ   ② ㄱ, ㄷ   ③ ㄴ, ㄷ
④ ㄴ, ㄹ   ⑤ ㄷ, ㄹ

[13~14] 다음 자료를 읽고 물음에 답하시오.

> ⊙ 무신 정변 이래로 천한 무리에서 높은 관직에 오르는 경우가 많았으니, 장군과 재상이 어찌 처음부터 종자가 따로 있으랴? 때가 오면 누구나 할 수 있을 것이다.
>
> -『고려사』-

13 ⊙에 해당하는 인물로 적절한 것은?

① 윤관　　　② 서희　　　③ 이의민
④ 김부식　　⑤ 최승로

14 위의 발언을 한 사람이 모의한 사건에 대한 설명으로 옳은 것을 〈보기〉에서 고른 것은?

> ┤ 보기 ├
> ㄱ. 신분적 차별을 극복하고자 하였다.
> ㄴ. 공주 명학소에서 일어난 봉기였다.
> ㄷ. 개경의 사노비 만적이 계획하였다.
> ㄹ. 조세를 부담하던 농민들이 일으킨 봉기였다.

① ㄱ, ㄴ　　　② ㄱ, ㄷ　　　③ ㄴ, ㄷ
④ ㄴ, ㄹ　　　⑤ ㄷ, ㄹ

15 밑줄 친 '권세가'에 대한 설명으로 옳은 것은?

> 신돈이 전민변정도감 두기를 청하고 …… "백성이 농사를 지어 온 땅을 권세가들에게 거의 다 빼앗겼다. 돌려주라고 판결한 것도 그대로 가지며 ……… 돌려주지 않으면 엄히 다스릴 것이다."라고 하였다. 이 명령이 나오자 권세가들이 빼앗은 땅을 주인에게 돌려주니 안팎이 기뻐하였다.
>
> -『고려사』-

① 무신 정변을 통해 권력을 독점하였다.
② 홍건적과 왜구를 격퇴하며 성장하였다.
③ 공민왕을 도와 반원 개혁을 주도하였다.
④ 과거제를 통해 문벌 세력으로 성장하였다.
⑤ 원과 밀접한 관계를 통해 지배층이 되었다.

16 다음 상황 이후에 벌어진 사건으로 옳은 것을 〈보기〉에서 고른 것은?

> 몽골군이 쳐들어오자 최씨 무신 정권은 항전의 의지를 밝히며 몽골군을 막기에 유리한 강화도로 도읍을 옮겼다.

> ┤ 보기 ├
> ㄱ. 고려에 왔던 몽골의 사신이 돌아가던 길에 피살되었다.
> ㄴ. 고려와 몽골이 함께 고려 영토 내의 거란군을 격파하였다.
> ㄷ. 충주성에서 김윤후가 군민을 이끌고 몽골군을 크게 무찔렀다.
> ㄹ. 대몽 항쟁의 명분을 내세우기 위해 고려 정부가 팔만대장경을 제작하였다.

① ㄱ, ㄴ　　　② ㄱ, ㄷ　　　③ ㄴ, ㄷ
④ ㄴ, ㄹ　　　⑤ ㄷ, ㄹ

17 (가)에 들어갈 역사서의 이름으로 옳은 것은?

> **○○○의 일생**
> • 출생~사망: 1075~1151
> • 경주 지방 향리의 자손으로 과거에 합격하여 중앙 정계에 진출
> • 묘청의 난이 일어나자 관군을 이끌고 서경에서 난을 진압
> • 말년에 관직에서 물러난 뒤, 인종의 명을 받아 유교적 사관에 입각하여 ☐(가)☐ 을/를 편찬

① 사략　　　　　　② 동명왕편
③ 제왕운기　　　　④ 삼국사기
⑤ 삼국유사

대단원 서술형·논술형 문제

정답과 해설 | 57쪽

서술형

01 (가), (나) 정치 세력의 명칭과 두 세력의 공통점을 서술하고, 대표적인 인물 한 명씩을 쓰시오.

> • (가) 세력: 고려 말 성리학을 개혁의 사상적 기반으로 삼아 관직에 진출하여 공민왕의 개혁에 동참하였다.
> • (나) 세력: 홍건적과 왜구의 침입을 격퇴하는 과정에서 백성의 신망을 얻어 성장하였다.

서술형

02 다음 자료의 담판 이후 고려와 거란(요)이 얻게 된 이익에 대해 각각 서술하시오.

> • 소손녕: 너희 나라는 옛 신라 땅에서 건국하였고 고구려의 옛 땅은 우리 나라에 소속되어 있다. 또 너희들은 우리 나라(요)와 가까운데 바다를 건너 송을 섬기고 있는 까닭에 이번에 정벌하러 온 것이다. 만일 우리에게 땅을 떼어 바치고 국교를 회복한다면 무사하리라.
> • 서희: 우리(고려)가 바로 고구려의 후계자이다. 그러므로 나라 이름을 고려라고 부르고 평양을 수도로 정하였다. …… 국교가 통하지 못함은 여진의 탓이다. 만일 여진을 몰아내고 우리의 옛 땅을 회복하여 거기에 성을 쌓고 길을 통하게 된다면 어찌 요(거란)와 국교를 맺지 않겠는가?

논술형

03 다음은 태조가 후세에 남긴 「훈요 10조」의 일부이다. 이를 참고하여 '고려는 불교의 나라이다'라는 주제에 대해 300자 내외로 논술하시오.

> 제1조 불교의 힘으로 나라를 세웠으므로, 사찰을 세우고 주지를 파견하여 불도를 닦도록 할 것
> 제2조 도선의 풍수 사상에 따라 사찰을 세울 것
> 제6조 연등회와 팔관회를 성대히 할 것

IV. 조선의 성립과 발전

대단원 개념 채우기

01 통치 체제와 대외 관계

❶ 조선의 성립

❶□□□ □□(1388)	이성계가 정치·군사적 실권 장악
❷□□□ 실시(1391)	신진 관리의 경제적 기반 마련
조선 건국(1392)	❸□□□을 계승하여 '조선'이라 칭함
❹□□ 천도(1394)	한반도의 중앙에 위치, 교통 편리, 방어 유리

❷ 국가 기틀의 마련

태종	사병 혁파, 6조 직계제 실시, ❺□□□ 실시
세종	집현전 설치, 경연 실시, 4군 6진 지역 개척, 훈민정음 창제
세조	집현전·경연 폐지, 의정부 권한 약화
성종	홍문관 설치, 경연 재개, ❻『□□□□』완성

❸ 유교 이념에 따른 통치 체제 정비

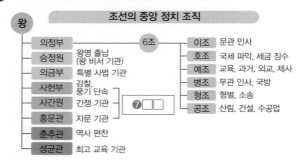

조선의 중앙 정치 조직

지방 행정	수령(행정권·사법권·군사권), 향리(수령 보좌, 행정 실무), 유향소(수령 보좌, 향리 감찰, 백성 교화)
군사 제도	• 군역: 16세 이상 60세 미만 모든 양인 남성 • 중앙군(5위), 지방(병영, 수영)
교통·통신	봉수제, 역참제, 조운제
관리 등용	❽□□(문과·무과·잡과), 음서, 천거
교육 제도	서당 → 4부 학당(중앙), 향교(지방) → 성균관

❹ 조선 전기의 대외 관계

사대 관계	• 명과 초기에 대립 관계 → 태종 이후 사대 관계 • 실리 외교: 정치적으로 왕권 안정과 조공 무역에 따른 문화적·경제적 이익 추구
❾□□ 관계	• 여진 ┌ 강경책: 세종(4군 6진 지역 개척) └ 회유책: 무역소 설치, 토지·관직 하사 • 일본 ┌ 강경책: 세종(쓰시마섬 토벌) └ 회유책: 3포 개항

02 사림 세력과 정치 변화

❶ 사림 세력의 등장

훈구 세력	• 세조 즉위를 도운 공신으로 중앙 관직 독점 • 대토지 및 많은 노비와 재산 소유, 왕실과 혼인 관계
❿□□ 세력	• 성종 때 훈구 세력 견제를 위해 등용 • 왕도 정치, 향촌 자치, 공론 정치 추구 → 훈구 세력의 권력 독점과 비리 비판 → 갈등 심화

❷ 사화의 발생

무오사화(연산군)	김종직이 쓴 ⓫「□□□□」이 발단
갑자사화(연산군)	연산군의 어머니인 폐비 윤씨 사건이 발단
⓬□□사화(중종)	조광조의 개혁 정치(현량과 실시·소격서 폐지·위훈 삭제 주장)에 대한 반발 → 조광조를 비롯한 사림 세력 제거
을사사화(명종)	외척 세력 간의 정치적 대립

❸ 서원과 향약

⓭□□	• 덕망 높은 유학자 제사 + 지방 양반 자제 교육 • 최초의 서원: 백운동 서원 → 소수 서원(사액 서원) • 향촌 여론(공론) 형성, 향촌에 성리학 보급, 지방 문화 성장에 기여, 성리학 발전과 학파 형성
⓮□□	• 상부상조 전통 + 성리학적 유교 윤리 • 조광조가 『여씨 향약』 번역 → 이이와 이황이 우리 실정에 맞게 향촌에 널리 보급 • 사림 세력의 지방민 통제력 강화, 향촌 지배력 강화

❹ 붕당의 형성

사림 성장 배경	서원과 향약을 기반으로 성장 → 선조 때 중앙 정계 다시 진출
붕당 형성	이조 전랑의 임명 문제를 둘러싼 대립 → ⓯□□과 서인으로 나뉘어 붕당 형성

〈사림의 형성과 분화〉

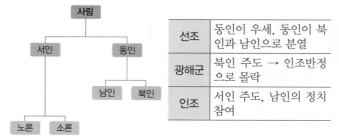

선조	동인이 우세, 동인이 북인과 남인으로 분열
광해군	북인 주도 → 인조반정으로 몰락
인조	서인 주도, 남인의 정치 참여

정답 ❶ 위화도 회군 ❷ 과전법 ❸ 고조선 ❹ 한양 ❺ 호패법 ❻ 경국대전 ❼ 3사 ❽ 과거 ❾ 교린 ❿ 사림 ⓫ 조의제문 ⓬ 기묘 ⓭ 서원 ⓮ 향약 ⓯ 동인

22 • EBS 중학 뉴런 **역사 ②**

03 문화의 발달과 사회 변화

❶ 유교 윤리 확산을 위한 노력

국가적 노력	• 목적: 성리학적 유교 사회 질서 확립 • 『국조오례의』, ❶`□□□□□` 간행, 종묘 제례 실시
양반의 노력	• 명분론 중시 → 신분제 강화 • 『소학』과 『(주자)❷□□』 보급, 가묘(사당) 설립, 향약 보급, 족보 편찬

❷ 국가 주도의 서적 편찬

법전	『경국대전』
역사서	『고려사』, 『동국통감』, 『조선왕조실록』
지리서	『동국여지승람』
음악서	『악학궤범』
문학서	『동문선』

❸ 양반 중심 문화 발전

문학	김시습의 『금오신화』, 정철의 「관동별곡」
회화	강희안의 「고사관수도」, 안견의 ❸「`□□□□□`」, 사군자
공예	분청사기, 백자
건축	서원 건축 활발, 정원과 정자 건축

❹ ❹`□□□□` 창제

배경	백성들이 한자를 몰라 일상생활에서 어려움을 겪음
우수성	우리말을 그대로 읽고 쓰기에 편리, 과학적·독창적 문자
활용	왕실 권위 높임, 유교 윤리와 실용 지식 보급, 하급 관리 선발에 사용
의의	국문학 발전의 계기, 민족 문화 발전에 바탕

❺ 과학 기술의 발달

천문학	• 「천상열차분야지도」, 혼천의, 간의, 『칠정산』(역법서) • 시간 측정 기구: 앙부일구, 자격루, 일성정시의
지리학	「팔도도」, 「혼일강리역대국도지도」, 『동국여지승람』
금속 활자	계미자(태종), 갑인자(세종)
무기	신기전, 화차 등
농업	❺『`□□□□`』 간행(농법서), ❻`□□□`(강우량 측정)
의학	『향약집성방』, 『의방유취』

04 왜란·호란의 발발과 영향

❶ 임진왜란의 발발과 극복

전쟁 전의 상황	• 조선: 붕당 간 정세 인식 차와 국론 분열, 군역 제도 문란으로 국방력 약화 • 일본: 도요토미 히데요시가 전국 시대 통일 → 대륙 침략을 구실로 조선 침략 • 명: 환관들의 횡포 심화, 몽골과 왜구의 침략
전개	조총으로 무장한 일본군 침략 → 부산진·동래성 함락 → 충주 방어선 붕괴 → 한양 점령 → 선조의 의주 피란과 명에 지원군 요청
전세의 역전	• 수군의 승리: 서남해 제해권 장악, 전라도 곡창 지대 수호, 일본군의 보급로 차단 • ❼`□□`의 활약: 익숙한 향토 지리를 활용하여 적은 병력으로 일본군에게 타격을 줌 • 조·명 연합군(평양성 탈환), 김시민(진주 대첩), 권율(행주 대첩)
정유재란	일본의 휴전 요청 → 결렬 → 명량 해전 → 도요토미 히데요시 사망, 일본군 철수 → ❽`□□` 해전
동아시아 정세 변화	• 조선: 국토 황폐화, 인구 감소(신분제 동요), 문화유산 소실과 약탈, 많은 백성이 포로가 됨 • 일본: ❾`□□` 막부 성립, 도자기·인쇄술 발달, 성리학 발전 • 중국 대륙: 명 쇠퇴, ❿`□□` 성장 → 후금 건국 • 일본과 관계 회복: 기유약조, 통신사 파견

❷ 광해군의 정책과 인조반정

전후 복구 노력	토지 개간, 토지 대장·호적 정리, 성곽과 무기 수리, 군사 훈련 실시, 허준의 『동의보감』 편찬
⓫`□□` 외교	후금의 성장, 명의 쇠퇴 → 명이 조선에 지원병 요청 → 강홍립 파견 → 후금과의 충돌을 피함(실리적), 서인 세력의 비판
⓬`□□□□`	광해군이 영창 대군 살해, 인목 대비 폐위 → 서인 세력이 광해군을 폐위하고 인조를 왕으로 추대

❸ 정묘호란과 병자호란

정묘호란	인조반정 이후 후금이 광해군을 위해 보복한다는 명분으로 침략 → 의병, 관군의 항전 → 후금이 형제의 관계를 맺는 화의 제의·체결
⓭`□□□□`	후금의 태종이 청으로 국호를 바꾸고 군신 관계 강요 → 주화론과 주전론 대립 → 주전론 우세 → 청 태종 침략 → 인조, 남한산성 피신 → 삼전도 굴욕 → 세자, 신하, 백성이 인질로 끌려감
⓮`□□` 운동	병자호란 후 청에 대한 반감 증가 → 효종과 송시열을 중심으로 추진 → ⓯`□□` 사망으로 좌절
북학 운동	청의 발달된 문물을 받아들이자는 움직임

정답 ❶ 국조오례의 ❷ 가례 ❸ 몽유도원도 ❹ 훈민정음 ❺ 농사직설 ❻ 측우기 ❼ 의병 ❽ 노량 ❾ 에도 ❿ 여진 ⓫ 중립 ⓬ 인조반정 ⓭ 병자호란 ⓮ 북벌 ⓯ 효종

대단원 종합 문제

IV. 조선의 성립과 발전

01 (가) 시기에 일어난 사실로 옳은 것을 〈보기〉에서 고른 것은?

```
        1388            1394
 ┌─────────┬─────────┬─────────┐
 │         │  (가)   │         │
 └─────────┴─────────┴─────────┘
     위화도 회군        한양 천도
```

┤ 보기 ├
ㄱ. 과전법을 실시하였다.
ㄴ. 4군 6진 지역을 개척하였다.
ㄷ. 이성계가 조선을 건국하였다.
ㄹ. 왕자의 난으로 정도전이 제거되었다.

① ㄱ, ㄴ   ② ㄱ, ㄷ   ③ ㄴ, ㄷ
④ ㄴ, ㄹ   ⑤ ㄷ, ㄹ

02 다음 자료에 대한 설명으로 옳은 것을 〈보기〉에서 고른 것은?

┤ 보기 ├
ㄱ. 훈민정음을 창제한 왕 때 처음 만들어졌다.
ㄴ. 인구 파악과 군역 부과의 기초 자료가 되었다.
ㄷ. 16세 이상의 남성이 가지고 다니던 신분증이다.
ㄹ. 국경 지대의 위급 상황을 중앙에 전달하는 데 사용되었다.

① ㄱ, ㄴ   ② ㄱ, ㄷ   ③ ㄴ, ㄷ
④ ㄴ, ㄹ   ⑤ ㄷ, ㄹ

03 다음 업적과 관련된 조선의 왕으로 옳은 것은?

• 『경국대전』을 완성하였다.
• 집현전을 계승한 홍문관을 설치하였다.
• 경연을 다시 열고 의정부의 권한을 강화하였다.

① 태종   ② 세종   ③ 세조   ④ 성종   ⑤ 선조

04 다음 내용이 담긴 조선 전기의 법전에 대한 설명으로 옳은 것을 〈보기〉에서 고른 것은?

• 반란죄를 제외하고는 자식이 부모의 죄를 고발할 경우 자식을 처벌한다.
• 여름에 왕실 가족, 퇴직 관료, 활인서의 환자, 의금부의 죄수에게 얼음을 내준다.

┤ 보기 ├
ㄱ. 불교 교리가 반영되어 있다.
ㄴ. 세조 때 편찬하기 시작하였다.
ㄷ. 세종이 집현전 학자들과 함께 완성하였다.
ㄹ. 이·호·예·병·형·공의 6전 체제로 구성되었다.

① ㄱ, ㄴ   ② ㄱ, ㄷ   ③ ㄴ, ㄷ
④ ㄴ, ㄹ   ⑤ ㄷ, ㄹ

05 조선 시대 (가), (나) 중앙 정치 기구의 명칭을 옳게 연결한 것은?

(가) 이들은 모든 관리를 감찰하며 신하가 법을 어기면 왕에게 상소하여 잘못을 논한다.
(나) 이들은 임금에게 바른 말을 하고, 정치의 잘잘못을 따져 지적하는 일을 맡는다.

	(가)	(나)
①	사헌부	사간원
②	홍문관	춘추관
③	사간원	홍문관
④	사헌부	홍문관
⑤	춘추관	사간원

06 밑줄 친 ㉠에 해당하는 기구로 옳게 묶인 것은?

조선은 언론을 담당하는 3사를 두어 권력의 독점과 부정을 방지하는 한편 ㉠왕권을 뒷받침하는 기구도 두었다.

① 승정원, 의금부   ② 승정원, 한성부
③ 의금부, 성균관   ④ 한성부, 의정부
⑤ 성균관, 의정부

07 다음 자료에 나타난 조선의 관리 등용 제도에 대한 설명으로 옳은 것을 〈보기〉에서 고른 것은?

▲ 합격 증서(홍패)

▲ 김홍도, 「삼일유가」

┌─ 보기 ┐
ㄱ. 추천을 통해 관리가 되었다.
ㄴ. 문과, 무과, 잡과가 시행되었다.
ㄷ. 3년마다 정기적으로 시험이 치러졌다.
ㄹ. 대상이 2품 이상 고위 관료의 자제로 제한되었다.
└──────┘

① ㄱ, ㄴ   ② ㄱ, ㄷ   ③ ㄴ, ㄷ
④ ㄴ, ㄹ   ⑤ ㄷ, ㄹ

08 (가), (나) 인물에 대한 설명으로 옳은 것을 〈보기〉에서 고른 것은?

무오사화	(가) 의 「조의제문」이 발단이 됨

⇩

갑자사화	폐비 윤씨 사건이 발단이 됨

⇩

기묘사화	(나) 의 개혁 정치에 대한 반발로 일어남

⇩

을사사화	외척인 윤원형과 윤임의 대립으로 발생

┌─ 보기 ┐
ㄱ. (가) – 성종이 훈구 세력을 견제하기 위해 등용하였다.
ㄴ. (가) – 세조가 왕위에 오르는 데 도움을 준 공신이었다.
ㄷ. (나) – 도교 행사를 주관하던 소격서 폐지를 주장하였다.
ㄹ. (나) – 대토지와 노비를 소유하고 왕실과 혼인 관계를 맺었다.
└──────┘

① ㄱ, ㄴ   ② ㄱ, ㄷ   ③ ㄴ, ㄷ
④ ㄴ, ㄹ   ⑤ ㄷ, ㄹ

09 (가)에 들어갈 내용으로 옳은 것은?

① 왜란과 호란이 연이어서 일어났기
② 연산군을 쫓아내고 중종반정을 주도하였기
③ 세조 즉위를 도와 중앙의 관직을 독차지하였기
④ 이조 전랑의 임명 문제를 둘러싸고 대립하였기
⑤ 향약을 통해 향촌 사회의 주도권을 강화해 나갔기

10 (가)에 들어갈 서적으로 옳은 것은?

┌─────────────────────────────┐
│ (가) 은/는 사초를 기반으로 기록되었다. 사초는 국
│ 왕의 행동과 말, 정치 운영, 주변 인물 등에 관한 내용
│ 등을 사관이 자세히 기록한 것이다. 비록 국왕이라 하여
│ 도 사초의 내용을 마음대로 고칠 수 없었다.
└─────────────────────────────┘

① 경국대전   ② 동국통감
③ 악학궤범   ④ 국조오례의
⑤ 조선왕조실록

11 다음 자료의 내용을 배경으로 제작된 문화유산으로 옳은 것은?

┌─────────────────────────────┐
│ 조선에서는 국왕이 하늘의 명을 받들어 올바른 정치를
│ 이끄는 존재라고 인식하였고, 천문 현상은 농업에 큰 영
│ 향을 끼친다고 보았다. 이 때문에 조선 건국 초부터 천
│ 문학은 매우 중요한 학문이 되었다.
└─────────────────────────────┘

① 갑인자   ② 신기전
③ 동국여지승람   ④ 천상열차분야지도
⑤ 혼일강리역대국도지도

12 밑줄 친 ㉠에 해당하는 서적에 대한 설명으로 옳은 것을 〈보기〉에서 고른 것은?

> 백성들이 임금과 신하, 어버이와 자식, 부부 사이의 큰 인륜을 모르고, 인색하다. …… ㉠ 내가 특별히 뛰어난 것을 뽑아서 그림과 글을 만들어 중앙과 지방에 나누어 주니, 남녀 모두 쉽게 보고 느끼기를 바란다. 그렇게 하면 백성을 교화하여 풍속을 이루게 될 것이다.

┤ 보기 ├
ㄱ. 우리나라와 중국의 효자, 충신, 열녀 등의 이야기를 수록하였다.
ㄴ. 각 지역의 역사, 산천, 토지, 교통, 인물, 풍속을 정리하여 편찬하였다.
ㄷ. 성종은 백성의 이해를 돕기 위해 훈민정음으로 번역한 내용을 추가하였다.
ㄹ. 왕실의 관혼상제와 군대 의식, 사신 접대 등의 내용을 유교 예법에 따라 규정하였다.

① ㄱ, ㄴ   ② ㄱ, ㄷ   ③ ㄴ, ㄷ
④ ㄴ, ㄹ   ⑤ ㄷ, ㄹ

13 (가)에 들어갈 내용으로 적절하지 않은 것은?

> 〈역사 탐구 보고서〉
> 주제: 사림 세력의 성리학 확산을 위한 노력
> 탐구 방법
> • 가묘(사당)의 설치 양상을 조사한다.
> • 명분론의 강조에 따른 신분제 강화 내용을 분석한다.
> • _____(가)_____

① 소학의 보급 배경을 조사한다.
② 향촌에 설립된 서원의 기능과 영향을 분석한다.
③ 각 지역에서 만들어진 향약의 덕목을 비교한다.
④ 가례의 보급으로 나타난 일상생활 변화를 조사한다.
⑤ 세조 즉위를 도운 공신들의 권력 독점 과정을 파악한다.

14 다음 사실이 있었던 시기를 연표에서 옳게 고른 것은?

> 전세가 불리해진 일본은 조선과 명에 휴전을 요청하였다. 조선은 휴전 회담 기간 동안 훈련도감을 설치하여 군사 제도를 정비하였다.

(가)	(나)	(다)	(라)	(마)
임진왜란 발발	정유재란 발발	정묘호란 발발	병자호란 발발	

① (가)   ② (나)   ③ (다)   ④ (라)   ⑤ (마)

15 밑줄 친 '전쟁'으로 옳은 것은?

> 전쟁이 끝난 후 수십만 명의 조선인 포로가 청으로 끌려갔다. 이 과정에서 많은 백성이 배고픔과 추위로 죽기도 하였다. 이후 청으로 끌려간 포로들은 심양성 밖의 포로 시장에서 몸값을 내고 풀려날 수 있었으나, 그 비용을 마련하지 못한 백성들은 결국 고국으로 돌아오지 못하였다.

① 임진왜란   ② 정유재란
③ 정묘호란   ④ 병자호란
⑤ 3포 왜란

16 (가), (나)에 해당하는 국가를 옳게 연결한 것은?

> • 근래에 국운이 불길하여 (가) 섬 오랑캐가 불시에 침입하였다. …… 아! 우리 여러 고장의 수령, 각 지역의 선비와 백성들아! 충성이 어찌 임금을 잊을 것이며, 의리상 마땅히 나라를 위해 죽을 것이니, …… 혹은 쟁기를 던지고 밭두둑에서 일어나라.   – 고경명, 『제봉집』–
> • 주상이 이르기를 "(나) 오랑캐의 사정은 내가 익히 알고 있소. …… 하늘의 때와 사람의 일에 좋은 기회가 언제 닥쳐올지 모르므로 정예화된 포병 10만을 길러 모두 용감한 병사로 만든 다음에 기회를 엿봐 저들이 예기치 못할 때 곧장 쳐들어갈 계획이오."라고 하셨다.   – 송시열, 『송서습유』–

	(가)	(나)			(가)	(나)
①	청	일본		②	명	일본
③	여진	명		④	일본	후금
⑤	일본	청				

대단원 서술형·논술형 문제

정답과 해설 | 59쪽

서술형

01 (가), (나)에 들어갈 말을 쓰고, 세종 때 (가), (나)를 만든 이유를 서술하시오.

> • 지방관이 고을의 나이 많은 농민을 방문하여 농사에서 이미 효과가 증명된 농사법을 정리·보고하게 하고, 이를 간추려 [(가)]을/를 편찬하였다.
> • 서운관에서 [(나)]을/를 제작하고, 이듬해 5월에 비의 양을 측정하는 것에 관한 제도를 새로 제정하여 서울과 각 도의 군현에 설치하였다.

서술형

02 (가)에 들어갈 인물을 쓰고, (가) 인물의 전후 복구 정책을 세 가지 서술하시오.

> 인목 대비가 교서를 내렸다. …… "[(가)]은/는 나의 부모를 죽이고, 품 안의 어린 자식을 빼앗아 죽였으며, 나를 유폐하여 곤욕을 주는 등 인륜의 도리라고는 다시 없었다. …… 그리고 민가 수천 채를 철거하고 두 채의 궁궐을 건설하는 등 토목 공사를 10년 동안 그치지 않았으며 …… 이에 폐위하고 적당한 데 살게 한다."
>
> － 『인조실록』 －

논술형

03 다음 대화를 읽고, 조선이 명과 펼친 외교 정책에 대한 나의 의견을 350자 이내로 논술하시오.

> 조선은 명에 대해 사대 외교 정책을 표방하였어요. 조선은 매년 사절단을 보내 조공 무역 형식을 통해 명으로부터 조공품보다 더 많은 비단, 약재, 서적 등을 가지고 왔어요.

> 도표와 같이 조선은 정기적인 사절 파견 외에도 명 황제의 즉위, 황후나 황태자 책봉, 외적 토벌 등을 축하하기 위해 임시로 축하 사절단을 파견하였지요. 특히 중종 때에는 명에 보내는 임시 사절단의 횟수가 크게 증가하였어요. 명에 축하 사절을 보내 왕권을 인정받고자 노력하였지요.

연평균 명에 임시로 파견한 축하 사절의 횟수

(횟수)

	세조	예종	성종	연산군	중종
	0.9	0.9	1	0	6

－ 계승범, 「중종의 시대, 조선의 유교화와 사림 운동」 －

대단원 개념 채우기

01 조선 후기의 정치 변동

❶ 제도의 개편과 붕당 정치의 전개

통치 체제의 정비	중앙 정치 기구	❶□□□가 국정 총괄	
	군사 제도	중앙군	❷□□□□을 비롯한 5군영 마련
		지방군	양반부터 노비까지 속오군으로 편성
조세 제도의 개편	영정법	풍흉에 관계없이 1결당 쌀 4~6두로 전세 고정	
	❸□□□	토지를 기준으로 쌀, 옷감, 동전 등으로 공납 징수(광해군 때 처음 실시)	
	균역법	군포 납부를 2필에서 1필로 줄임(영조 때 처음 실시)	
붕당 정치의 전개와 변질	붕당 정치의 전개	인조반정 이후 서인이 주도하고 남인이 참여 → 상호 비판과 견제가 이루어짐	
	❹□□	현종 때 대비의 상복 입는 기간을 둘러싸고 서인과 남인의 대립 격화	
	환국	숙종 때 집권 붕당을 급격히 교체함 → 노론의 권력 독점	

❷ 영조와 정조의 탕평 정치

영조	정치 개혁	탕평책 추진, 이조 전랑의 권한 약화, 서원 정리
	민생 안정	균역법 실시, ❺□□□ 부활, 청계천 정비
	편찬 사업	『속대전』, 『동국문헌비고』 등
정조	정치 개혁	탕평책 추진, ❻□□□ 설치, 장용영 창설, 수원 화성 축조
	민생 안정	서얼 등용, 노비에 대한 차별 완화, 시전 상인의 특권 폐지
	편찬 사업	『대전통편』, 『탁지지』 등

❸ 세도 정치의 전개

의미	왕실과 혼인 관계를 맺은 소수 가문이 권력 장악
전개	순조의 장인 ❼□□□의 권력 장악 → 순조, 헌종, 철종 3대 60여 년간 특정 가문의 권력 독점
폐단	과거제 운영의 문란, 관직 매매 성행 등

02 사회 변화와 농민의 봉기

❶ 조선 후기 경제·사회적 변화

상품 화폐 경제의 발달	농업	❽□□□□의 전국 확산, 상품 작물 재배
	상업	공인의 등장, 장시의 발달, 사상의 성장, 상평통보 유통
	수공업	민영 수공업 발달
	광업	민간인에게 광산 채굴 허용
신분제의 변동	양반	양반의 수 ❾□□, 향촌에서 위세를 유지하거나 몰락한 양반들이 늘어남
	중인	서얼과 기술직 중인의 신분 상승 운동
	상민	납속책과 공명첩 이용, 족보 위조 등을 통해 신분 상승
	천민	군공, 납속책, 도망 등으로 신분 상승, 순조 때 공노비 해방

❷ 새로운 종교와 사상의 유행

예언 사상과 민간 신앙	❿『□□□』: 이씨 왕조의 멸망과 정씨 왕조의 수립 예언	
	미륵 신앙, 무속 신앙 등 유행	
⓫□□□	17세기 중국을 왕래한 사신들을 통해 서학의 일부로 도입 → 정부의 탄압 → 평등과 내세 사상을 바탕으로 교세 확장	
동학	창시	경주의 몰락 양반 ⓬□□□가 유교, 도교, 불교, 민간 신앙을 융합하여 창시(1860)
	확산	사회 개혁과 인내천 사상을 바탕으로 확산 → 정부의 탄압 → 2대 교주 최시형의 노력으로 확산

❸ 19세기 농민 봉기

⓭□□□ 의 난	원인	서북 지방민에 대한 차별, 세도 정권의 수탈
	과정	홍경래 등 몰락 양반과 신흥 상공업자 주도, 농민층 참여 → 청천강 이북 지역 장악 → 정주성 싸움에서 패하여 진압
임술 농민 봉기	원인	삼정의 문란, 탐관오리의 착취
	과정	유계춘을 중심으로 ⓮□□ 지방 농민들 봉기 → 전국으로 확산
	정부의 대책	관리 파견, 삼정이정청 설치

정답 ❶ 비변사 ❷ 훈련도감 ❸ 대동법 ❹ 예송 ❺ 신문고 ❻ 규장각 ❼ 김조순 ❽ 모내기법 ❾ 증가 ❿ 정감록 ⓫ 천주교 ⓬ 최제우 ⓭ 홍경래 ⓮ 진주

03 학문과 예술의 새로운 경향

① 통신사와 연행사의 파견

통신사	임진왜란 이후 일본과 국교 회복 → 에도 막부의 요청으로 파견 → 조선과 일본의 문화적·경제적 교류에 기여
연행사	❶□의 연경(베이징)에 파견 → 중국 측 관료나 학자들과 교류, 서양 문물 도입

② 서학의 수용과 실학의 발달

서학의 수용		17세기 초부터 중국을 다녀온 사신들이 세계 지도·화포·천리경·자명종 등 도입
		벨테브레이·하멜 등의 표류인들이 서양 문물을 전해 줌
과학 기술의 발달	역법	김육 등의 건의로 ❷□□□ 도입
	천문학	홍대용이 지전설 설명
	의학	허준의『동의보감』등
	농학	신속의『농가집성』등
실학의 발달	특징	실용적·실증적인 학문
	농업 중심 개혁론	유형원, 이익, 정약용 등이 토지 제도 개혁 등을 주장
	상공업 중심 개혁론	유수원, 홍대용, 박지원, 박제가 등이 상공업 진흥과 기술 혁신, 청의 선진 문물 수용 등을 주장 (북학파)
국학의 발달	역사	안정복의『동사강목』, 유득공의 ❸『□□□』
	지리	이중환의『택리지』, 김정호의「대동여지도」
	국어	신경준의『훈민정음운해』, 유희의『언문지』

③ 조선 후기 예술의 발달

한문학		박지원의『양반전』,『허생전』등
		중인층이 시사(詩社)를 조직하여 창작 활동
회화	진경산수화	❹□□의「금강전도」,「인왕제색도」등
	서양 화법 도입	명암법, 원근법 등
글씨와 공예	글씨	김정희의 추사체
	공예	청화 백자 유행
건축		보은 법주사 팔상전 등 불교 건축물, 수원 화성

04 생활과 문화의 새로운 양상

① 조선 후기 생활의 변화

가족 제도와 풍속의 변화	배경	❺□□□적 생활 규범 확산
	혼인 풍속	혼례 후 곧바로 여자가 남자 집에서 생활하는 경우가 흔해짐
	제사와 상속	• 큰아들이 제사 주관 • 남녀 차별 상속, 큰아들 우대 상속 • 아들이 없는 경우 양자 입양
여성의 생활 변화		양반 신분의 여성 외출 제한, ❻□□을 입고 외출
		과부의 재혼 제한, 열녀 권장 풍속

② 향촌 사회의 변화

배경	정치적·경제적 변화에 따른 신분제 변동
양반층	새로 성장한 부농층이 기존 양반 계층과 주도권 다툼 → 양반의 권위 약화 → 문중의 결속 강화, ❼□□ 간행 활발
농민층	공동 노동 조직체인 두레를 통해 유대감과 자율성의 증대

③ 서민 문화의 발달

배경		서민의 사회·경제적 지위 상승, 서당 보급
문학	❽□□ □□	『홍길동전』,『춘향전』,『심청전』등
	사설시조	일정한 형식에서 벗어나 서민들의 감정을 솔직하게 표현
오락	❾□□□	고수의 장단에 맞춰 소리꾼이 창과 아니리(사설)로 이야기를 풀어냄 → 다양한 계층으로부터 호응을 얻음
	탈춤	탈을 쓰고 연기하며 양반의 위선이나 사회 모순을 해학적으로 표현함
회화	❿□□□	• 김홍도: 서민들의 일상생활 표현 • 신윤복: 양반의 풍류와 부녀자들의 생활 모습 표현
	민화	대개 이름이 알려지지 않은 작가의 그림, 생활 공간 장식에 이용

정답 ❶ 청 ❷ 시헌력 ❸ 발해고 ❹ 정선 ❺ 유교 ❻ 장옷 ❼ 족보 ❽ 한글 소설 ❾ 판소리 ❿ 풍속화

01 (가) 붕당에 대한 설명으로 옳은 것을 〈보기〉에서 고른 것은?

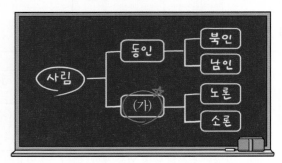

┤ 보기 ├
ㄱ. 인조반정을 주도하였다.
ㄴ. 1차 예송 때 1년 설을 주장하였다.
ㄷ. 이황과 조식의 학통을 계승하였다.
ㄹ. 광해군의 외교 정책을 지지하였다.

① ㄱ, ㄴ   ② ㄱ, ㄷ   ③ ㄴ, ㄷ
④ ㄴ, ㄹ   ⑤ ㄷ, ㄹ

02 (가), (나) 부대의 명칭을 옳게 짝지은 것은?

(가) 임진왜란 중에 포수, 사수, 살수의 삼수병으로 편성하여 창설되었다.
(나) 정조가 국왕의 친위 부대로 설치하였고, 수원 화성에 외영이 있었다.

	(가)	(나)
①	어영청	금위영
②	어영청	장용영
③	총융청	장용영
④	훈련도감	금위영
⑤	훈련도감	장용영

03 다음 설명에 해당하는 제도로 옳은 것은?

1781년에 인재 양성을 위해 마련된 제도로, 37세 이하의 유능한 관리를 뽑아 규장각에서 연구와 교육에 전념하게 하였다.

① 과거제   ② 음서제
③ 현량과   ④ 독서삼품과
⑤ 초계문신제

04 다음 비석을 건립한 왕의 정책으로 옳은 것은?

남과 두루 친하되 편당 짓지 않는 것은 군자의 공정한 마음이고, 편당만 짓고 남과 두루 친하지 못하는 것은 소인의 사사로운 생각이다.

① 균역법을 실시하였다.
② 대전통편을 편찬하였다.
③ 수원 화성을 축조하였다.
④ 호패법을 처음 시행하였다.
⑤ 사림을 등용하여 훈구를 견제하였다.

05 (가) 시기의 사회 모습으로 옳지 <u>않은</u> 것은?

▲ [(가)] 시기 가문별 비변사 당상(고위직) 역임자 수

① 삼정이 문란하였다.
② 과거제가 문란해졌다.
③ 매관매직이 성행하였다.
④ 환국으로 정치 불안이 심화되었다.
⑤ 세도 가문이 주요 관직을 차지하였다.

06 다음 변화의 공통된 원인으로 가장 적절한 것은?

〈조선 후기 농업 경제의 변화〉
• 농업 생산량 증대
• 일인당 경작지 확대
• 벼와 보리의 이모작 가능

① 상품 작물이 재배되었다.
② 화폐 유통이 활발해졌다.
③ 민영 수공업이 발달하였다.
④ 시전 상인의 특권이 폐지되었다.
⑤ 모내기법이 전국적으로 확산되었다.

07 상인의 명칭과 설명이 옳게 연결된 것은?

① 공인 – 청, 일본과의 중계 무역 주도
② 보부상 – 장시를 돌아다니며 물건 매매
③ 송상 – 의주를 근거지로 청과의 무역 주도
④ 만상 – 한강을 중심으로 곡식, 소금 등 거래
⑤ 내상 – 대동법 시행으로 등장하여 관청 수요품 조달

08 다음 그림을 통해 알 수 있는 조선 후기 사회 변화로 가장 적절한 것은?

① 노비의 수가 늘어났다.
② 수령의 권한이 강해졌다.
③ 각지에 사우가 건립되었다.
④ 양반 중심의 신분제가 동요하였다.
⑤ 서얼에 대한 제도적 차별이 점차 사라졌다.

09 (가) 신분에 대한 설명으로 옳은 것은?

그림은 조선의 중간 지배 계층인 ⌈(가)⌋ 들이 1853년 에 시 문학 모임인 시사를 개최하는 장면을 그린 풍속화 이다.

① 순조 때 일부가 해방되었다.
② 관료의 신분으로 정책 입안을 주로 하였다.
③ 관청에 소속되어 필요한 물품을 생산하였다.
④ 붕당 정치가 변질되면서 다수가 몰락하였다.
⑤ 조선 후기 신분 상승을 위해 상소 운동을 벌였다.

10 다음 자료의 종교에 대한 설명으로 옳은 것을 〈보기〉에서 고른 것은?

> 땅이 동과 서로 구분되어 있으니, 서쪽이 어찌 동쪽이 되고 동쪽이 어찌 서쪽이 될 수 있겠는가? …… 우리 도 는 이 땅에서 받았으니 이 땅에서 먼저 펴 나가면 자연 히 온 세계로 퍼져 나갈 것이니, 어찌 이것을 서학의 이 름으로 말할 수 있겠는가? — 『동경대전』 —

┤ 보기 ├
ㄱ. 경주의 몰락 양반인 최제우가 창시하였다.
ㄴ. 인내천 사상을 바탕으로 평등을 강조하였다.
ㄷ. 순조가 즉위하면서 대대적인 탄압을 받았다.
ㄹ. 청에 다녀온 사신들에 의해 국내에 소개되었다.

① ㄱ, ㄴ   ② ㄱ, ㄷ   ③ ㄴ, ㄷ
④ ㄴ, ㄹ   ⑤ ㄷ, ㄹ

11 다음 지도에 나타난 농민 봉기에 대한 설명으로 옳은 것은?

① 정주성에서 패배하여 진압되었다.
② 김조순의 권력 장악에 저항하였다.
③ 탕평책이 추진되는 배경이 되었다.
④ 비변사가 폐지되는 결과를 낳았다.
⑤ 삼정이정청이 설치되는 계기가 되었다.

12 다음 사절단에 대한 설명으로 옳은 것은?

> 조선 후기 청의 수도인 연경(베이징)에 파견된 사절단으로 대개 청 황제의 생일, 동지, 정월 초하루에 맞추어 파견되었다.

① 성리학을 처음 들여왔다.
② 막부의 요청으로 파견되었다.
③ 천주교를 비롯한 서학을 들여왔다.
④ 임진왜란이 일어나면서 중단되었다.
⑤ 임진왜란 이후 200여 년간 12차례 파견되었다.

13 (가), (나)를 쓴 인물들에 대한 설명으로 옳은 것은?

> (가) 여(閭)에는 여장을 두고, 1여의 전지는 1여의 사람들로 하여금 다 함께 그 전지의 일을 다스리되, 피차의 경계가 없이 하고 오직 여장의 명령만을 따르도록 한다.
> (나) 재물은 비유하자면 샘과 같은 것이다. 우물물은 퍼내면 차고, 버려두면 말라 버린다.

① (가) – 실학을 집대성하였다고 평가받는다.
② (가) – 서얼 출신으로 규장각 검서관에 등용되었다.
③ (나) – 청에 다녀온 뒤 열하일기를 저술하였다.
④ (나) – 영업전의 매매를 금지할 것을 주장하였다.
⑤ (가), (나) – 통신사로 파견되어 일본 문화에 많은 영향을 끼쳤다.

14 다음 내용을 담고 있는 책으로 옳은 것은?

> 우리나라에서 가장 비옥한 곳은 전라도의 남원, 구례 그리고 경상도의 성주, 진주 등이다. 이들 지역에서는 벼한 말을 심어서 100말에서 140말을 추수할 수 있고, 적다하더라도 최소한 80말을 추수할 수 있다.

① 정감록
② 택리지
③ 동의보감
④ 동사강목
⑤ 대동여지도

15 밑줄 친 '변화'에 해당하는 내용으로 옳지 않은 것은?

> 조선 후기에는 성리학적 윤리가 향촌 사회에까지 확산되면서 가족 제도와 사회 풍속에 많은 변화가 나타났다.

① 부계 중심의 가족 제도가 강화되었다.
② 양반의 가옥은 사랑채와 안채로 구분되었다.
③ 큰아들이 제사를 주관하는 것이 일반화되었다.
④ 혼인 후 곧바로 여자가 남자 집에서 생활하는 경우가 흔해졌다.
⑤ 자녀에게 재산을 균등하게 나누어 주는 상속 제도로 바뀌었다.

16 (가)에 들어갈 내용으로 옳은 것은?

> **〈조선 후기 양반의 변화〉**
> 1. 배경: 정치적·경제적 변화에 따른 신분제 변동
> 2. 권위 약화: 새로 성장한 부농층과 기존 양반 계층의 다툼
> 3. 지위 유지 노력: _____(가)_____

① 서원 철폐
② 족보 간행
③ 두레 결성
④ 문중 해체
⑤ 판소리 보급

17 다음 그림이 그려진 시기의 문화에 대한 설명으로 옳지 않은 것은?

① 민화가 많이 그려졌다.
② 진경산수화가 유행하였다.
③ 분청사기가 많이 제작되었다.
④ 한글 소설의 인기가 높아졌다.
⑤ 포구나 장시에서 탈춤이 공연되었다.

서술형

01 다음과 같은 폐단을 개혁하기 위해 실시된 조세 제도의 명칭을 쓰고, 그 수취 방식에 대해 서술하시오.

> 각 고을에서 진상하는 공물이 각급 관청의 방납인에 의해 중간에서 막혀 한 물건의 값이 3, 4배 혹은 수십, 수백 배까지 되어 그 폐해가 극심하고 특히 경기 지방은 더욱 그러합니다.
> ─『광해군일기』─

서술형

02 다음 격문을 발표하면서 일어난 농민 봉기의 원인을 서술하시오.

> 평서 대원수는 급히 격문을 띄우노니, …… 조정에서는 서쪽 땅을 더러운 흙처럼 버렸다. 심지어 권세 있는 가문의 노비들조차 서쪽 땅 사람들을 보면 평안도 놈이라 일컫는다. 지금 임금이 나이가 어린 까닭으로 권세 있는 간신배가 그 세를 날로 떨치고, 김조순, 박종경의 무리가 국가 권력을 마음대로 갖고 놀아 어진 하늘이 재앙을 내린다.

서술형

03 조선 후기 국학이 발달한 배경과 주요 분야의 성과를 서술하시오.

논술형

04 조선 후기 가족 제도와 사회 풍속의 변화상을 조선 전기와 비교하여 논술하시오.

대단원 개념 채우기

01 국민 국가의 수립

❶ 문호 개방과 근대적 개혁의 추진

흥선 대원군	• 통상 수교 거부 정책, ❶□□□ 건립 • 병인양요(프), 신미양요(미)
강화도 조약 (1876)	운요호 사건, 3개 항구 개항, 영사 재판권, 해안 측량권
임오군란(1882)	개화 정책 반대, 구식 군인의 봉기
❷□□ (1884)	김옥균 등 급진 개화파의 정변, 근대 국가 수립 시도
동학 농민 운동 (1894)	• 전봉준 주도 • 신분제 및 낡은 악습 개혁, 외세 배척 주장 • 전주성 점령, ❸□□□ 설치 • 청일 전쟁 발발 배경
갑오·을미개혁 (1894~1895)	• 군국기무처 설치, 일본의 간섭 • 신분제·과거제 폐지, 사법권 독립 • 단발령 실시, 태양력 사용
을미사변(1895)	• 삼국 간섭에 따른 조선의 친러 정책 추진이 배경 • 일본의 명성 황후 시해
아관 파천(1896)	• 고종이 러시아 공사관으로 처소를 옮김 • 러시아의 내정 간섭, 열강의 이권 침탈 심화

❷ 국민 국가 수립을 위한 노력

대한 제국(1897)	• 고종이 환구단에서 황제 즉위 • 국호(대한 제국), 연호(광무) • 대한국 국제: 전제 황권 강화 • 광무개혁: 구본신참, 식산흥업 정책
❹□□ □□ (1896)	• 서재필 주도 • 독립신문 발행, 독립문 건립 • 만민 공동회와 관민 공동회 개최 • 자주독립 및 자유 민권 강조
❺□□□□ (1905)	대한 제국의 외교권 강탈, 통감부 설치
애국 계몽 운동	교육과 산업 진흥, 언론 활동, 신민회
❻□□□ 특사 (1907)	• 이상설, 이준, 이위종 • 을사늑약의 부당성 호소
항일 의병 운동	• 최익현, 신돌석 등 • 서울 진공 작전 전개

❸ 3·1 운동과 대한민국 임시 정부 수립

일제 무단 통치	조선 총독부 설치, 헌병 경찰 통치, 조선 태형령 시행
3·1 운동	• 배경: 일제의 무단 통치, 민족 자결주의, 고종 독살설 • 종교계와 학생 주도 • 영향: 대한민국 임시 정부 수립 계기, 이른바 문화 통치로 전환 계기
일제의 민족 말살 정책	신사 참배·황국 신민 서사 암송·일본식 성명 사용 강요
❼□□ □□ 운동	토산품 애용, 민족 기업 육성 시도
민립 대학 설립 운동	• 국민 성금으로 대학 설립 목적 • '1천만이 1원씩' 구호
❽□□□□ 운동	• 학생들의 농촌 계몽 운동 • '가자, 인민 속으로' 구호
❾□□□	좌우익 연합의 민족 협동 전선, 타협적 자치론 배격
6·10 만세 운동	• 순종의 장례식 계기 • 학생들의 만세 시위
광주 학생 항일 운동	• 한·일 학생 간 충돌이 계기 • 신간회의 지원으로 전국 확산
항일 무장 투쟁	• 청산리 전투, 봉오동 전투 • ❿□□□□□(대한민국 임시 정부 산하 부대, 국내 진공 작전 준비)
의열 활동	• ⓫□□□: 김원봉이 조직, 나석주 의거 등 • 한인 애국단: 김구가 조직, 대한민국 임시 정부의 활로 모색, 윤봉길의 상하이 훙커우 공원 의거 등
민족 문화 수호 운동	• 국어와 국사 연구 • ⓬□□□ 학회: 『우리말 큰사전』 편찬 노력

❹ 8·15 광복과 대한민국 정부 수립

모스크바 3국 외상 회의	• 한반도 ⓭□□ 통치 결정, 미소 공동 위원회 설치 • 좌익과 우익 세력 대립 격화
좌우 합작 운동	여운형, 김규식 등이 추진
남북 협상	통일 정부 수립을 위해 김구 등이 평양 방문
제주 4·3 사건	제주도에서 단독 선거에 반대하는 무장봉기 발생, 진압 과정에서 많은 주민 희생
대한민국 정부 수립	• 5·10 총선거로 제헌 국회 성립 • 이승만이 초대 대통령으로 선출, 민주 공화제 정부 수립

정답 ❶ 경복궁 ❷ 갑신정변 ❸ 집강소 ❹ 독립 협회 ❺ 을사늑약 ❻ 헤이그 ❼ 물산 장려 ❽ 브나로드 ❾ 신간회 ❿ 한국광복군 ⓫ 의열단 ⓬ 조선어 ⓭ 신탁

02 자본주의와 사회 변화

❶ 개항과 근대 경제 체제 수립을 위한 노력

❶□□□ 조약	• 부산, 원산, 인천 개항 • 개항장 무역(곡물 유출, 면제품 유입)
화폐 정리 사업	• 일본이 화폐 발행권 차지 • 금융 및 소상공업자 피해
❷□□ □□ 운동	• 전 국민적 모금으로 국채 상환 노력 • 경제적 구국 운동

❷ 식민지 경제 체제로의 재편

토지 조사 사업	• 토지 소유자의 기한 내 신고 원칙 • 일제의 토지 수탈 정책 • 동양 척식 주식회사 성장
❸□□□	회사 설립 허가제 → 한국인 기업 설립 위축
산미 증식 계획	일본으로 쌀 유출
병참 기지화 정책	대륙 침략 전쟁을 위한 군수 물자 보급
남면북양 정책	일본의 공산품 원료 확보
전시 수탈 정책	• 국가 총동원법 제정(1938) • 징용, 징병, 공출, 일본군 '위안부'

❸ 국가 주도의 경제 성장과 신자유주의 경제 정책

농지 개혁	농지 소유 제한, 많은 농민이 토지를 소유하게 됨
미국 경제 원조	밀 · 면화 · 원당, ❹□□ 산업 발달
박정희 정부의 경제 정책	• 국가 주도의 수출 중심 • '한강의 기적', 새마을 운동 추진
1960년대	식품 · 섬유 등의 경공업 중심
1970년대	중화학 공업 중심, 경부 고속 국도 건설
1980년대	❺□□ 호황, 자동차 · 반도체 산업
1990년대 이후	신자유주의, 시장 개방, 자유 무역 – 우루과이 라운드, 세계 무역 기구(WTO) 가입
외환 위기	국제 통화 기금(IMF)의 긴급 구제 금융 지원 → 금 모으기 운동 전개, 기업과 금융 개혁 및 구조 조정
노동 운동	❻□□□ 분신(1970)

03 민주주의의 발전

❶ 제헌 헌법

대동단결 선언	국민 주권설 주장
대한민국 임시 정부 헌법	주권 재민, 민주 공화제
제헌 헌법	대한민국 임시 정부 독립 정신 계승

❷ 민주주의의 발전

이승만 정부의 장기 집권	• 발췌 개헌: 대통령 직선제 • ❼□□□□ 개헌: 개헌 당시 대통령에 한해 중임 제한 조항 삭제 • 진보당 사건
4 · 19 혁명	• 3 · 15 부정 선거에 저항 • 이승만 하야, 내각 책임제 개헌 → ❽□□ 내각 성립 → 5 · 16 군사 정변으로 붕괴
박정희 정부의 독재와 장기 집권	• 3선 개헌: 대통령 3선 허용 • 유신 헌법: 대통령 간선제, 긴급 조치권, 국회 해산권 → 10 · 26 사태로 유신 체제 붕괴
12 · 12 사태	전두환 중심의 신군부 세력이 일으킨 쿠데타
5 · 18 민주화 운동	광주에서 민주화 요구 시위 전개 → 계엄군의 폭력적 진압
6월 민주 항쟁	• ❾□□□ 고문치사 사건과 이한열의 희생 • 4 · 13 호헌 조치에 저항: 대통령 직선제 개헌과 민주화 요구 • 6 · 29 민주화 선언: 대통령 직선제 수용
노태우 정부	여소야대 정국, 북방 외교
김영삼 정부	❿□□ 실명제, 전두환 · 노태우 구속
김대중 정부	최초의 여야 간 평화적 정권 교체

04 평화 통일을 위한 노력

❶ 남북 분단과 6 · 25 전쟁

⑪□□□ 선언	미국의 태평양 방위선에서 한반도 제외
6 · 25 전쟁	• 북한의 남침, 인천 상륙 작전 • 중국군 개입, 국군과 유엔군 후퇴(흥남 철수, 1 · 4 후퇴), 전선 고착화 • 정전 협정: 휴전선, 비무장 지대 설정 • 남북한 독재 체제 강화, 분단 고착화

❷ 평화 통일을 위한 노력

박정희 정부	7 · 4 남북 공동 성명: 남북한이 통일 원칙(자주, 평화, 민족적 대단결)에 최초로 합의
⑫□□□ 정부	남북한 동시 유엔 가입, 남북 기본 합의서(상호 불가침 및 남북한 체제 상호 인정) 채택, 한반도 비핵화 공동 선언
김대중 정부	• ⑬□□ 정책: 대북 화해와 협력 정책 • 평양에서 최초 남북 정상 회담 개최(6 · 15 남북 공동 선언 발표), 금강산 관광, 개성 공단
노무현 정부	남북 정상 회담 개최, 10 · 4 남북 공동 선언 발표
문재인 정부	4 · 27 판문점 선언

정답 ❶ 강화도 ❷ 국채 보상 ❸ 회사령 ❹ 삼백 ❺ 3저 ❻ 전태일 ❼ 사사오입 ❽ 장면 ❾ 박종철 ❿ 금융 ⑪ 애치슨 ⑫ 노태우 ⑬ 햇볕

대단원 종합 문제

01 다음 자료에서 설명하고 있는 사건의 결과로 옳은 것은?

> 운요호와 강화 포대의 교전에서는 강화 포대의 사정거리가 짧아서 그 포탄이 운요호에 도달하지 않았다. 당한 것은 강화도와 영종도이며, 일본 측은 거의 손해가 없었다. 뿐만 아니라 강화도처럼 수도와 가까운 요새에 국교가 없는 나라의 선박이 예고 없이 진입한 것이 잘못이다.

① 병인양요가 일어났다.
② 삼국 간섭이 일어났다.
③ 중일 전쟁이 발발하였다.
④ 러일 전쟁이 발발하였다.
⑤ 강화도 조약이 체결되었다.

02 다음 가상 대화의 소재가 된 사실로 적절한 것은?

농민군이 전주성을 점령했다고 하는군.

청나라 군대와 일본 군대가 들어왔다는 소식 들었나?

① 임오군란이 일어났다.
② 청산리 전투가 벌어졌다.
③ 동학 농민 운동이 일어났다.
④ 강화도에 미군이 침입하였다.
⑤ 의병들이 서울 진공 작전을 펼쳤다.

03 (가)에 들어갈 내용으로 적절한 것은?

〈○○ ○○의 설립과 활동〉

|---|---|
1896년 1월	서재필 귀국
1896년 4월	독립신문 창간
1897년 11월	독립문 준공
⋮	
1898년 10월	(가)
1898년 11월	이상재 등 지도부 체포

① 집강소 설치
② 척화비 건립
③ 관민 공동회 개최
④ 구식 군인과 함께 봉기
⑤ 우리말 큰사전 편찬 추진

04 다음 자료를 통해 알 수 있는 사건에 대한 설명으로 옳은 것을 〈보기〉에서 고른 것은?

> 우정국에서 낙성식 연회를 가졌는데 연회가 끝나갈 무렵에 담장 밖에서 불길이 일어나는 것이 보였다. …… 사람들이 모두 놀라서 흩어지자 김옥균이 궐내로 들어가 변고에 대하여 왕에게 급히 아뢰고 피할 것을 청하였다.

보기
ㄱ. 청나라 군대에 의해 진압되었다.
ㄴ. 우금치 전투 패배로 실패하였다.
ㄷ. 일본의 지원을 받아 정변을 일으켰다.
ㄹ. 군국기무처를 설치하여 개혁을 추진하였다.

① ㄱ, ㄴ ② ㄱ, ㄷ ③ ㄴ, ㄷ ④ ㄴ, ㄹ ⑤ ㄷ, ㄹ

05 다음 사건의 결과 나타난 사실로 가장 적절한 것은?

> 건양 원년 2월 11일 새벽에 조선의 국왕과 왕세자가 궁궐을 몰래 빠져 나와서 정동에 있는 외국 공사관으로 들어갔다. 이 비밀 행차는 동아시아 각국의 권력 판도와 정세를 일시에 바꿔 버린 대사건이 되었다. 이 공사관에서 고종은 약 1년간을 지냈다.

① 을미사변이 일어났다.
② 을사늑약이 체결되었다.
③ 청일 전쟁이 발발하였다.
④ 고종이 강제 퇴위되었다.
⑤ 러시아의 내정 간섭이 심해졌다.

06 (가) 단체에 대한 설명으로 옳은 것을 〈보기〉에서 고른 것은?

1927년에 설립된 (가) 의 강령입니다.

• 정치적·경제적 각성 촉구
• 민족 단결을 공고히 함
• 기회주의 일체 부인

보기
ㄱ. 최익현 등이 주도하였다.
ㄴ. 타협적인 자치론을 비판하였다.
ㄷ. 민족 협동 전선 차원에서 조직되었다.
ㄹ. 조선 혁명 선언을 행동 지침으로 삼았다.

① ㄱ, ㄴ ② ㄱ, ㄷ ③ ㄴ, ㄷ ④ ㄴ, ㄹ ⑤ ㄷ, ㄹ

07 (가), (나) 지역에서 있었던 사실로 옳은 것을 〈보기〉에서 고른 것은?

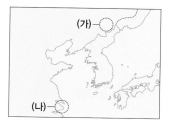

| 보기 |
ㄱ. (가) – 청산리 전투에서 독립군이 승리하였다.
ㄴ. (가) – 윤봉길의 훙커우 공원 의거가 일어났다.
ㄷ. (나) – 대한민국 임시 정부가 수립되었다.
ㄹ. (나) – 안중근이 이토 히로부미를 사살하였다.

① ㄱ, ㄴ ② ㄱ, ㄷ ③ ㄴ, ㄷ ④ ㄴ, ㄹ ⑤ ㄷ, ㄹ

08 밑줄 친 '이 섬'에 대한 학생들의 대화 내용으로 적절한 것은?

대한 제국은 1900년 칙령 제41호를 공포하여 이 섬이 우리의 고유 영토임을 확인하였다. 이는 러일 전쟁 중 불법적으로 이 섬을 강탈한 일본의 주장이 잘못되었다는 사실을 보여 준다.

① 세종 때 조선 수군이 정벌에 나서기도 하였지.
② 천주교 박해를 구실로 프랑스군이 침입하였어.
③ 19세기 말 일본 태정관이 조선의 영토임을 인정했어.
④ 임진왜란 당시 이순신이 왜군을 크게 물리쳤던 곳이지.
⑤ 광복 직후 단독 선거에 반대하는 세력이 무장봉기했어.

09 밑줄 친 '독립군'에 대한 설명으로 옳은 것은?

사진은 대한민국 임시 정부 산하의 독립군 부대이다. 이 부대는 미얀마 등지에 파견되어 연합군과 함께 항일전을 벌였다. 또한 미국 전략 정보국(OSS)의 지원 아래 훈련을 받기도 하였다.

① 김원봉의 주도로 설립되었다.
② 봉오동 전투에서 승리하였다.
③ 국내 진공 작전을 추진하였다.
④ 사회주의자들 위주로 구성되었다.
⑤ 만주 지역에서 조직되어 활동하였다.

10 (가) 정책에 대한 설명으로 옳은 것은?

제1차 세계 대전을 계기로 일본은 공업화가 진전되고 도시 인구가 크게 늘어났다. 그러나 쌀값이 크게 올라 일본 각지에서 쌀 폭동이 일어나는 등 식량 위기가 발생하였다. 이에 일제는 한국에서 (가) 을/를 실시하여 식량 부족 문제를 해결하려 하였다.

① 동양 척식 주식회사가 설립되는 배경이 되었다.
② 만주에서 많은 잡곡이 유입되는 결과를 가져왔다.
③ 국유지나 미신고 토지를 조선 총독부 소유로 만들었다.
④ 일본이 한국의 화폐 발행권을 차지하는 원인이 되었다.
⑤ 일본이 부족한 공산품 원료를 확보하고자 실시하였다.

11 다음 자료에 나타난 시기의 상황으로 옳은 것은?

나는 스무 살 때 일본 규슈에 위치한 탄광으로 강제 징용되었다. 기차를 타고 부산을 거쳐 시모노세키로 가는 배를 탄 후 탄광으로 끌려가 하루 12시간씩 탄광에서 일을 하였다. 식사라고 받은 것은 비료로 쓰려 했던 콩비지나 깻묵으로, 사람이 먹을 수 있는 음식이 아니었다.

① 전시 수탈 정책이 시행되었다.
② 산미 증식 계획이 시작되었다.
③ 물산 장려 운동이 추진되었다.
④ 토지 조사 사업이 추진되었다.
⑤ 국채 보상 운동이 전개되었다.

12 (가) 운동에 대한 설명으로 옳은 것은?

희망을 잃은 농민들은 너나없이 무작정 고향을 떠났다. 1960~1970년 사이에 도시의 인구는 급속히 늘어났다. 각종 의료 시설을 비롯한 사회·문화·복지 시설도 도시에만 몰려 있었다. 이에 도시와 농촌 간 심각한 격차를 줄이기 위해 당시 정부는 (가) 을/를 벌였다.

① 곡물의 유출 금지를 표방하였다.
② 농지 소유를 제한하고자 하였다.
③ 근면, 자조, 협동을 구호로 내세웠다.
④ 면화 생산량 증대가 주된 목적이었다.
⑤ 농축산물 수입 저지를 목표로 추진되었다.

13 다음 자료가 발표되었던 민주화 운동에 대한 설명으로 옳은 것은?

> 우리 다 같이 애도합시다. …… 계엄 당국과 협상 중이니 시민군을 믿고 적극 협조합시다. 시민군은 우리 시민의 안전을 위해 불철주야로 고생하고 있습니다. …… 매일 오후 3시 도청 앞 광장에서 민주 수호 범시민 총궐기 대회를 개최합니다.

① 자유당 정부의 부정 선거를 비판하였다.
② 전두환 중심의 신군부 세력 집권에 저항하였다.
③ 시민들이 촛불을 들고 평화적 시위를 전개하였다.
④ 대학생 박종철과 이한열의 희생이 기폭제가 되었다.
⑤ 유신 체제에 저항하여 부산과 마산 일대에서 발생하였다.

14 다음 자료의 민주화 운동이 가져온 결과로 옳은 것은?

호헌 철폐! 독재 타도!
고문 살인 정권 물러가라!
직선제 쟁취

① 자유당 정부가 무너졌다.
② 현직 대통령이 탄핵되었다.
③ 전직 대통령이 구속되었다.
④ 10·26 사태가 발생하였다.
⑤ 6·29 민주화 선언이 발표되었다.

15 다음 자료의 사건이 일어난 시기를 연표에서 옳게 고른 것은?

> 한미 해병대는 작전 개시 2시간 만에 월미도에 상륙하여 섬을 점령하였다. 이어 한국 해병 4개 대대, 미국 제7 보병 사단, 제1 해병 사단이 전격 공격을 감행하여 인천을 점령하고 김포 비행장과 수원을 확보하였다.

(가)	(나)	(다)	(라)	(마)
6·25 전쟁 발발	낙동강 전선 구축	서울 탈환	흥남 철수 작전	정전 회담 시작	정전 협정 체결

① (가)   ② (나)   ③ (다)   ④ (라)   ⑤ (마)

16 (가)~(라) 정부에서 있었던 사실로 옳은 것을 〈보기〉에서 고른 것은?

(가) 정부
전후 복구 사업과 미국 경제 원조 의존

(나) 정부
제1~4차 경제 개발 5개년 계획 추진

(다) 정부
3저 호황으로 무역 흑자 기록

(라) 정부
금융 실명제 전격 도입

> **보기**
> ㄱ. (가) – 농지 개혁이 시행되었다.
> ㄴ. (나) – 경부 고속 국도가 건설되었다.
> ㄷ. (다) – 삼백 산업이 발달하였다.
> ㄹ. (라) – 외환 위기를 극복하였다.

① ㄱ, ㄴ   ② ㄱ, ㄷ   ③ ㄴ, ㄷ
④ ㄴ, ㄹ   ⑤ ㄷ, ㄹ

17 (가), (나) 정상 회담에 대한 설명으로 옳지 <u>않은</u> 것은?

(가)    (나)

① (가) – 남북 최초의 정상 회담이었다.
② (가) – 6·15 남북 공동 선언 발표의 계기가 되었다.
③ (나) – 남북 교류 협력 활성화를 논의하였다.
④ (나) – 한반도 비핵화 공동 선언이 발표되었다.
⑤ (가), (나) – 평양에서 이루어졌다.

대단원 서술형·논술형 문제

정답과 해설 | 64쪽

서술형

01 교사의 질문에 대한 적절한 답을 서술하시오.

사진 속 인물은 대한민국 임시 정부의 주석이었던 김구 선생입니다. 광복 직후 그는 "나는 38도선을 베고 쓰러질지언정 단독 정부를 세우는 데는 협력하지 않겠다."라고 주장하였습니다. 이 주장을 하게 된 당시 정치적 상황을 설명해 보세요.

서술형

02 다음 자료의 운동이 추진될 당시의 경제적 상황을 서술하시오.

1998년 우리 국민은 '제2의 국채 보상 운동'이라 불리는 '금 모으기 운동'을 벌였다. 이 운동에는 1월부터 4개월 동안 350여만 명이 참여하여 200톤이 넘는 금을 모아 전 세계의 이목을 집중시켰다.

논술형

03 (가), (나) 발표문을 비교하여 그 차이점을 설명하고, 이와 같은 인식의 차이가 나온 배경을 350자 내외로 논술하시오.

(가) 친애하는 광주 시민 여러분! 일부 고정 간첩과 불순 분자들이 여러분의 대열에 끼어 폭도화하고 있으므로 부득이 소탕전을 실시하지 않을 수 없으며 따라서 아래와 같이 경고합니다.
― 계엄 사령관 육군 대장 이희성(1980) ―

(나) 우리는 오늘 5·18 광장에서 여전히 식지 않은 오월 영령들의 뜨거운 가슴과 만납니다. 언제나 나눔과 연대, 공동체 정신으로 되살아나는 오월 영령들을 기리며, 그들의 정신을 민주주의의 약속으로 지켜 온 유공자, 유가족들께 깊은 위로와 존경의 마음을 바칩니다.
― 대통령 문재인(2020) ―

----

memo

EBS 중학

뉴런

| 역사 ② |

정답과 해설

I. 선사 문화와 고대 국가의 형성

01 선사 문화와 고조선

개념 다지기
본문 10쪽

01 (1) 뗀석기 (2) 구석기 (3) 토기 (4) 가락바퀴 (5) 8조법
02 (1) × (2) ○ (3) ○ (4) × (5) × **03** (1) ㄴ (2) ㄱ (3) ㄷ
04 (1) 간석기 (2) 애니미즘 (3) 제정일치 (4) 철기 문화 **05** (1) ㉠
(2) ㉢ (3) ㉡ **06** (1) × (2) ○ (3) ○ **07** ㄴ, ㄷ, ㄹ
08 고인돌

중단원 실력 쌓기
본문 11~13쪽

01 ④　　**02** ①　　**03** ①　　**04** ②　　**05** ②
06 ⑤　　**07** ②　　**08** ①, ③　**09** ⑤　　**10** ②
11 ②　　**12** ②　　**13** ①

01 구석기인의 가상 일기에는 구석기인의 생활상이 반영되어야 한다. 구석기 시대 사람들은 무리 지어 다니며 서로 협동하여 식량을 구했고, 주변에 먹을 것이 떨어지면 다른 곳으로 이동하였다. 구석기인들은 주먹도끼와 같은 뗀석기를 사용하여 사냥과 채집을 통해 식량을 구하였다. ㉣에서 농사가 시작된 시기는 신석기 시대이므로 구석기 시대 사람이 쓴 가상 일기의 내용으로 들어가기에는 적합하지 않다.

02 만주와 한반도 지역의 구석기 시대에는 주먹도끼와 슴베찌르개 같은 뗀석기가 사용되었다. 특히 경기 연천 전곡리에서 발견된 주먹도끼는 서양의 주먹도끼와 유사한 형태를 보여, 서양을 주먹도끼 문화권으로, 아시아를 찍개 문화권으로 구분하던 기존의 학설이 틀렸음을 증명하였다. 슴베찌르개는 슴베 부분을 자루에 연결하여 창처럼 사용하였다.
오답피하기 ㄷ. 가락바퀴는 실을 뽑는 데 사용된 도구로 신석기 시대에 처음 사용되었다.
ㄹ. 갈돌과 갈판은 신석기 시대부터 사용된 간석기로, 나무 열매나 곡물의 껍질을 벗기거나 가루로 만드는 데 사용되었다.

03 신석기 시대에는 농경이 시작되어 돌괭이나 돌낫 같은

간석기로 조, 피 등을 재배하였다. 그리고 뼈바늘과 가락바퀴를 이용해 옷과 그물을 만들었다.
오답피하기 ㄷ. 동검을 이용한 부족 간의 정복 전쟁이 일어나기 시작한 시기는 청동기 시대에 해당한다.
ㄹ. 생산물을 힘있는 사람이 독점, 관리하면서 그렇지 못한 사람과의 빈부 격차가 발생했던 시기는 청동기 시대 이후이다.

04 평남 상원 검은모루 동굴과 경기 연천 전곡리는 구석기 시대의 대표적인 유적지로, (가) 시대는 구석기 시대이다. 구석기인은 뗀석기를 사용하였으며, 구석기 시대 유적에서 화덕이 발견되는 것을 보아 불을 이용해 음식을 익혀 먹고 추위를 피했음을 알 수 있다.
오답피하기 ㄴ, ㄹ. 움집에서 거주하거나 돼지나 염소 등 가축을 길렀던 시기는 신석기 시대 이후이다.

05 청동기 시대를 배경으로 한 연극 대본에는 청동기 시대 사람들의 생활상이 반영되어야 한다. ② 주먹도끼를 이용해 짐승의 가죽을 가공하거나 사냥했던 시대는 구석기 시대이다.
오답피하기 ① 고인돌은 청동기 시대의 대표적인 무덤으로, 이를 제작하기 위해 많은 사람들이 동원되었다.
③ 청동기 시대의 군장은 제사장의 역할도 아울러 담당하였다.
④ 청동기 시대에는 민무늬 토기를 주로 제작하였다.
⑤ 공동체를 이끄는 군장은 청동기를 독점하고, 주변의 약한 집단을 정복하며 세력을 넓혀 나갔다.

06 청동기 시대 군장의 권위를 상징하는 것은 ⑤ 거대한 고인돌이다. 고인돌 제작에는 많게는 수백에서 수천 명까지 동원된 것으로 보이며, 이를 통해 많은 인원을 동원할 수 있던 군장의 권위를 짐작할 수 있다.
오답피하기 ① 주먹도끼는 구석기 시대에 쓰였던 대표적인 뗀석기였다.
② 반달 돌칼은 청동기 시대에 쓰였던 간석기였으며 수확에 사용되었다.
③ 뼈작살은 자루를 연결해 물고기를 찔러서 잡는 도구였다.
④ 움집은 신석기 시대의 주거지였다.

07 제시된 지도는 신석기 시대 유적지를 표시한 것으로, (가) 시대는 신석기 시대이다. 신석기 시대에는 일부 지역에서 간석기를 사용해 농사를 지었으며(지윤), 사냥이나 물고기잡이 등을 대체할 만큼 농사가 발달하지는 않아 여전히 사냥, 물고기잡이, 채집 등이 중요하게 이루

어졌다(승준).

[오답피하기] 반달 돌칼은 청동기 시대에 사용된 간석기이며(유나), 막집을 짓거나 동굴에서 거주한 것은 구석기 시대의 일이다(민호).

08 신석기 시대의 유물로는 ① 실을 뽑을 때 사용한 도구인 가락바퀴, ③ 이 시대의 대표적 토기인 빗살무늬 토기가 있다.

[오답피하기] ② 명도전은 중국 전국 시대에 사용된 화폐로, 우리나라 철기 유적에서 발견되기도 하였다.
④ 청동 방울과 ⑤ 민무늬 토기는 모두 청동기 시대의 유물에 해당한다.

09 청동기 시대에 한반도 남부 지역에서는 벼농사가 실시되었다.

[오답피하기] ① 마을을 이루어 정착 생활을 한 것은 신석기 시대 이후이다.
② 애니미즘이 생겨난 시기는 신석기 시대이다.
③ 계급이 발생하고 불평등한 사회 구조가 형성된 시기는 청동기 시대이다.
④ 먹을 것을 찾아 무리 지어 이동 생활을 하던 시기는 구석기 시대이다.

10 비파형 동검(ㄱ), 탁자식 고인돌(ㄷ)이 출토되는 지역을 통해 고조선의 문화 범위를 추측해 볼 수 있다.

[오답피하기] ㄴ. 주먹도끼는 구석기 시대의 대표적인 뗀석기로, 고조선과는 관련이 없다.
ㄹ. 빗살무늬 토기는 신석기 시대의 대표적인 토기로, 고조선과는 관련이 없다.

11 자료는 일연의 『삼국유사』에 실린 단군의 건국 이야기로, 날씨를 주관하는 신인 풍백, 우사, 운사를 데려왔다는 내용을 통해 당시 고조선이 날씨를 중요하게 여기는 농경 사회였음을 짐작할 수 있다.

12 '단군왕검'의 '단군'은 제사장, '왕검'은 정치적 지배자라는 의미이다. 두 칭호가 합쳐져서 한 사람을 가리키는 것은 고조선이 제사장과 정치적 지배자를 겸하는 제정일치 사회였음을 뜻한다.

13 (가) 한 건국 직후의 혼란을 틈타 연나라에서 위만이 고조선으로 이주해 와, 준왕을 몰아내고 스스로 왕이 되었다(기원전 194). (라) 이후 철기 문화를 바탕으로 고조선은 더욱 세력을 넓혔으며, 강해진 국력을 바탕으로

한과 한반도 남부 사이에서 중계 무역을 하며 경제적인 이득을 취하기도 하였다. (다) 고조선이 중계 무역을 하며 무역로를 독점하자 한과 갈등이 일어났고, 강성해지는 고조선이 흉노와 연결될 것을 두려워한 한은 결국 고조선을 침공하였다(기원전 109). (나) 고조선은 약 1년간 한에 맞서 싸웠지만 결국 왕검성이 함락되면서 멸망하였다(기원전 108). ① 이를 순서대로 나열하면 (가) – (라) – (다) – (나)의 순이다.

서술형·논술형

본문 13쪽

01 | 예시 답안 | (1) 신석기 시대
(2) 신석기 시대부터 농경과 목축이 시작되었는데, 이 그림에서 농사를 짓고 있는 모습과 가축을 울타리 안에 넣어 기르고 있는 모습이 보이므로 신석기 시대의 상상화이다.
(또는) 신석기 시대부터 움집을 짓고 마을을 이루어 정착하였는데, 이 그림에서 움집 여러 개가 마을을 이룬 듯한 모습이 보이므로 신석기 시대의 상상화이다.
(또는) 신석기 시대에는 갈돌과 갈판, 돌괭이 같은 간석기를 사용하였는데, 이 그림에서 간석기를 사용하는 모습을 볼 수 있으므로 신석기 시대의 상상화이다.
(또는) 신석기 시대에는 빗살무늬 토기를 이용하여 곡식을 저장하거나 음식을 조리하였는데, 이 그림에서 빗살무늬 토기를 사용하는 모습을 볼 수 있으므로 신석기 시대의 상상화이다.
| 필수 키워드 | 농경, 목축, 움집, 간석기, 빗살무늬 토기
| 평가 기준 |

상	필수 키워드 중 두 가지 이상을 명확히 제시하여 신석기 시대의 상상화임을 조리 있게 서술한 경우
중	필수 키워드 중 한 가지를 명확히 제시하여 신석기 시대의 상상화임을 조리 있게 서술한 경우
하	필수 키워드 중 한 가지를 넣어 신석기 시대의 상상화임을 서술하였으나 내용이 명료하지 못한 경우

02 | 예시 답안 | 고조선의 8조법을 통해 당시 고조선 사회의 모습을 짐작할 수 있다. 첫 번째 조항인 '사람을 죽인 자는 즉시 죽인다.'라는 내용을 통해 당시 고조선이 살인이라는 백성 사이의 극단적인 갈등을 법적으로 해결해 주는 국가 체제를 갖추고 있었음을 알 수 있다.
두 번째 '남에게 상처를 입힌 자는 곡식으로 갚는다.'라는 조항은 상처를 입은 경우 노동력이 그만큼 손실되기

때문에 그에 대한 배상 기준을 제시한 것으로, 당시 고조선 사회가 농경을 기반으로 한 만큼 노동력이 중시되었던 것을 추측할 수 있다. 또 개인의 소유인 곡식이 있다는 것을 통해 사유 재산이 인정되는 사회였음을 파악할 수 있다. 이와 같은 맥락에서 세 번째 조항의 '50만 전'을 통해서도 개인 소유의 재산이 있었음을 알 수 있다.

세 번째 조항에서 '노비'가 언급되는 것으로 보아 당시 고조선이 계급 사회였음을 유추할 수 있다.

| 평가 기준 |

평가 항목	평가 내용
평가 충실도	정해진 분량 기준을 충족시킴(단, 제시된 질문과 상관없는 내용으로 답변했을 시에는 분량 기준을 충족시키지 못한 것으로 간주함)
고차적 인지 능력	8조법의 내용을 명확하게 분석할 수 있음
글의 타당성	자신의 주장과 그에 대한 근거가 타당하게 연결되어 있음
글의 논리성	전체적인 글의 구성과 짜임새가 매끄러우며, 주장과 근거의 연결이 자연스러움

02 여러 나라의 성장

개념 다지기
본문 16쪽

01 (1) 철기 (2) 세형 (3) 독무덤 (4) 민며느리제 (5) 소도 **02** (1) ○ (2) × (3) × (4) ○ **03** (1) ㉡ (2) ㉢ (3) ㉠ **04** ㄴ, ㄷ, ㄹ **05** (1) × (2) ○ (3) ○ (4) × **06** (1) 읍군, 삼로 (2) 동예 **07** (1) ㄴ (2) ㄱ (3) ㄷ (4) ㅁ (5) ㄹ **08** 서옥제

중단원 실력 쌓기
본문 17~19쪽

01 ⑤ **02** ③ **03** ① **04** ④ **05** ④
06 ① **07** ③ **08** ⑤ **09** ① **10** ③
11 ② **12** ② **13** ④ **14** ⑤

01 철기 문화의 보급 이후, 철은 매장량이 풍부해 구하기 쉽고 단단하였기 때문에 일상생활에서 다양한 용도로 사용되었다. 철제 무기를 이용해 세력을 확장하여 국가를 형성하는 집단이 생겨났으며, 철제 농기구의 사용으로

농사의 효율을 높여 농업 생산력이 향상되기도 하였다. ⑤ 철기가 활발히 보급되던 시점에도 청동기는 여전히 제사용 도구로 사용되었으며, 오히려 중국과는 다른 독자적인 형태로 발전하였다.

02 ㄴ. 철기 시대에 제작되었던 대표적인 청동기 유물로 세형 동검을 들 수 있다. 세형 동검은 비파형 동검을 계승한 형태로, 비파형 동검보다는 가늘지만 별도의 손잡이를 만들어 끼우도록 한 점이 닮았다. ㄷ. 독무덤은 철기 시대의 대표적인 무덤이다.

오답피하기 ㄱ. 비파형 동검과 ㄹ. 고인돌은 청동기 시대의 대표적인 유물과 유적이다.

03 제시된 지도는 철기 문화를 바탕으로 세워진 여러 나라의 위치를 나타낸 것이다. (가)는 만주 쑹화강 유역에 위치하였던 부여, (나)는 졸본 지역에서 성립하였던 고구려, (다)는 함경도 동해안 지역의 옥저, (라)는 강원도 동해안 지역의 동예, (마)는 한반도 남부에 위치했던 삼한을 가리킨다. ① 영고라는 제천 행사를 열었고 여러 나라 중 가장 먼저 등장하였으며, 넓은 평야에 위치해 농업과 목축이 유리하여 정치적으로 빠르게 발전했으나, 3세기 선비족의 침입으로 세력이 약해져 결국 고구려에 병합된 나라는 (가) 부여이다.

04 제시된 사료는 동예에 대한 것으로, 산천을 중요시하여 산과 내마다 구분이 있어 함부로 들어가지 않는다는 책화의 풍속과 단궁, 반어피, 과하마 같은 특산물에 대해 소개하고 있다.

05 동예의 경우 같은 씨족끼리는 결혼하지 않는 족외혼이라는 혼인 풍속이 있었다.

오답피하기 ① 부여는 중앙은 왕이 다스리고 주변 지역은 마가, 우가, 저가, 구가의 가들이 다스리는 5부족 연맹 국가였다. ② 다른 부족의 경계를 침범하면 노비나 소, 말로 보상하는 책화라는 풍속이 있던 나라는 동예이다. ③ 5개의 부족이 연맹한 나라는 부여와 고구려이다. ⑤ 삼한은 정치적 지배자인 군장이 각각의 소국을 지배하고 제사장인 천군이 소도에서 제사를 주관하는 제정 분리 사회였다.

06 (가)는 여자의 나이가 열 살이 되기 전에 혼인을 약속해 신랑 집에서 기른다는 것을 보아 옥저의 민며느리제, (나)는 결혼을 약속한 신랑이 서옥에서 지낸다는 것을 보아 고구려의 서옥제에 대한 사료임을 알 수 있다.

07 (가)는 옥저, (나)는 고구려이다. ③ 옥저에서는 가족이 죽으면 시신을 임시로 매장해 두었다가 나중에 그 뼈를 추려서 가족 공동 무덤에 매장하는 풍습이 있었다.

오답피하기 ① 부여에 관한 설명이다.

② 고구려에 관한 설명이다.

④ 옥저, 동예에 관한 설명으로, 고구려는 토지가 척박하여 정복 활동을 통해 평야 지대로 진출하고자 하였다.

⑤ 삼한에 관한 설명이다.

08 철기를 바탕으로 한 여러 나라에서는 제천 행사를 성대하게 개최하였다. 이는 노래와 춤을 추며 즐기는 축제와 같은 성격을 띠었으며, 이를 통해 구성원들의 화합을 도모하기도 하였다. 제천 행사는 고구려의 동맹, 동예의 무천, 삼한의 10월제 등 대부분 10월에 많이 열렸는데 이는 추수 감사제의 의미를 담고 있다. 부여의 경우 12월에 영고라는 제천 행사를 열었는데 이는 수렵 사회의 전통과도 연관이 있다. 삼한의 경우 10월뿐만 아니라 씨를 뿌린 이후인 5월에 농사가 잘되기를 기원하는 제천 행사를 지냈던 것으로 알려져 있다.

09 5부족 연맹체, 왕과 마가, 우가, 저가, 구가의 존재, 여러 가가 별도의 영역을 다스리는 정치 체제 등을 통해 제시된 자료의 밑줄 친 '이 나라'는 부여임을 알 수 있다.

10 부여의 풍속은 매우 엄격하여 도둑질한 사람이 훔친 물건의 12배를 배상하는 1책 12법이 있었다고 전해진다.

오답피하기 ① 족외혼에 대한 설명으로 동예의 결혼 풍속이다.

② 변한에 대한 설명이다.

④ 책화에 대한 설명으로, 동예의 풍속이다.

⑤ 고구려에 대한 설명이다.

11 삼한의 연맹체 중 하나로, 철이 많이 생산되어 이를 화폐처럼 쓰기도 하고 낙랑이나 일본 등 주변 국가에 수출하기도 하였으며, 이후 가야로 발전한 (가) 나라는 변한이다.

오답피하기 ③ 진한 역시 철이 많이 생산되었다고 알려지나, 진한은 신라로 발전하였다.

12 철기를 바탕으로 형성된 여러 나라에서는 저마다 하늘에 제사 지내는 행사인 제천 행사를 성대하게 개최하였다. ② 고구려에서는 10월에 동맹이라는 제천 행사를 개최하였다.

오답피하기 ① 부여에서는 12월에 영고라는 제천 행사를 개최하였다. 이 기간 동안은 죄지은 자를 처벌하지 않고, 죄수들도 풀어 주었다.

③ 옥저는 제천 행사에 대한 기록이 따로 전해지지 않는다.

④ 동예는 10월에 무천이라는 제천 행사를 지냈다.

⑤ 삼한은 5월에 씨뿌리기를 마친 후와 10월에 농사일을 마친 후에 제천 행사를 열었다.

13 자료에서 '소도'에 대한 언급이 있는 것으로 보아 밑줄 친 '이곳'은 삼한임을 알 수 있다. ㄴ. 삼한은 마한, 진한, 변한을 가리키는 것으로, 마한의 세력이 가장 커 목지국의 지배자가 삼한을 대표하였다. ㄹ. 각각의 소국은 신지, 읍차와 같은 군장이 지배하였으며, 천군이라고 불리는 제사장이 따로 있어 군장이 제사장을 겸하지는 않았다.

오답피하기 ㄱ. 옥저에 대한 설명이다.

ㄷ. 고조선에 대한 설명이다.

14 소도에서 유래한 솟대나, 삼한의 고분에서 출토된 오리 모양 토기, 변한의 덩이쇠 등을 통해 제시된 자료는 공통적으로 삼한과 관련됨을 알 수 있다. 따라서 (가)에 들어갈 나라는 삼한이다.

서술형 · 논술형 본문 19쪽

01 | 예시 답안 | (가)는 동예, (나)는 고구려이다. 여러 나라에서 제천 행사를 개최한 까닭은 농사의 풍요를 기원하고 수확에 감사하기 위함이었으며, 동시에 사회 구성원 간의 단결을 이끌어 내려는 목적도 있었다.

| 필수 키워드 | 동예, 고구려, 농사의 풍요 기원, 수확 감사, 사회 구성원 단결

| 평가 기준 |

상	(가), (나)에 해당하는 나라를 정확히 쓰고, 제천 행사 개최 이유에 대해 필수 키워드를 모두 포함하여 조리 있게 서술한 경우
중	(가), (나)에 해당하는 나라를 정확히 썼으나 제천 행사를 개최한 이유를 일부 필수 키워드만 포함하여 서술한 경우
하	(가), (나)에 해당하는 나라를 정확히 쓰지 못하였고, 제천 행사를 개최한 이유를 일부 필수 키워드만 포함하여 서술한 경우

02 | 예시 답안 | 고구려와 옥저의 결혼 풍속에서 공통된 점은 신랑이나 신부 중 한 사람이 상대방의 집에서 일정 기간 머물렀으며, 신랑 측에서 신부 집에 일정한 대가를

지불했다는 점이다. 고구려의 경우는 신랑이 될 사람이 신부의 집에 별채를 마련하여 머무르는 동안 노동력과 돈을 제공하였으며, 옥저의 경우는 어린 여자아이를 신랑 집에서 데려다 키우다가 이후 친정으로 돌아간 신부를 돈을 지불하고 데려오는 방식이었다.

이런 결혼 풍속이 있었던 이유는 당시 고구려와 옥저가 노동력이 중시되던 농경 사회였기 때문이다. 혼인 이후 신부가 신랑의 집으로 가게 되면 신부 측에서는 농사를 지을 그만큼의 노동력이 상실되기 때문에 불리할 수밖에 없었다. 따라서 신랑이 일정 기간 신부 집안에 노동력을 제공하거나, 또는 신부를 대신 양육한다거나, 혼인이 성사된 이후 신부 측에 돈을 주는 등의 방식으로 노동력 상실에 대한 배상을 했던 것으로 해석된다.

| 평가 기준 |

평가 항목	평가 내용
평가 충실도	정해진 분량 기준을 충족시킴(단, 제시된 질문과 상관없는 내용으로 답변했을 시에는 분량 기준을 충족시키지 못한 것으로 간주함)
고차적 인지 능력	고구려와 옥저의 결혼 풍속과 농경 사회 내 노동력의 중요성을 연관시킬 수 있음
글의 타당성	자신의 주장과 그에 대한 근거가 타당하게 연결되어 있음
글의 논리성	전체적인 글의 구성과 짜임새가 매끄러우며, 주장과 근거의 연결이 자연스러움

03 삼국의 성립과 발전

개념 다지기
본문 22쪽

01 (1) 국내성 (2) 태학 (3) 한강 (4) 진한 (5) 내물 (6) 금관가야 **02** (1) ○ (2) × (3) ○ (4) × **03** (1) ㉡ (2) ㉢ (3) ㉠ **04** ㉠-ㄷ, ㉡-ㄱ **05** (1) 광개토 대왕 (2) 침류왕 (3) 금관가야 **06** (나) - (가) - (다) **07** (1) ○ (2) × (3) × (4) ○ (5) × **08** ㉠ 진흥왕, ㉡ 지증왕

중단원 실력 쌓기
본문 23~25쪽

01 ①	**02** ⑤	**03** ④	**04** ②	**05** ⑤
06 ⑤	**07** ④	**08** ③	**09** ②	**10** ④
11 ③	**12** ②	**13** ④		

01 『삼국사기』에 따르면 고구려는 부여에서 내려온 주몽이 기원전 37년 졸본 지역에 건국하였다고 전해진다. 이후 고구려는 졸본에서 압록강 근처 국내성으로 수도를 옮기면서 나라의 기틀을 마련하고 영토를 확장하였다.

오답피하기 혜진-고구려가 낙랑군을 점령한 시기는 태조왕이 아니라 미천왕 때이다.

다훈-본래 부족적 성격이었던 5부가 왕권이 강화되면서 행정적인 성격으로 재편되었다.

02 제시된 지도는 백제의 전성기를 맞이했던 근초고왕 때의 영토 확장을 표시한 것이다. ㄷ. 근초고왕은 고구려를 공격하여 고국원왕을 전사시키고 황해도의 일부를 차지하였다. 또한 ㄹ. 중국의 동진과 왜를 잇는 해상 교역을 전개하고 가야 지역으로 진출해 영향력을 행사하였다.

오답피하기 ㄱ. 관등제를 정비한 왕은 고이왕이다.

ㄴ. 중국의 동진으로부터 불교를 수용한 왕은 침류왕이다.

03 제시된 가상 인터뷰의 내용 중 전연과 백제의 침략으로 위기에 빠졌던 고구려를 구해 냈으며, 태학을 설립하여 인재를 양성한 것 등을 통해 (가)에 들어갈 왕은 소수림왕임을 알 수 있다. 소수림왕은 백제의 공격으로 전사한 고국원왕의 뒤를 이어 즉위하여 고구려의 국가 체제를 정비해 국가적인 위기를 극복하는 데 성공하였다.

04 ㄱ. 소수림왕은 중국의 전진으로부터 불교를 받아들여 사상적 통합을 꾀하였다. 또한 ㄷ. 율령을 반포하여 통치 조직을 정비하고 나라 전체를 같은 법률하에 지배하였다.

오답피하기 ㄴ. 계루부 고씨의 왕위 세습이 확립된 시기는 태조왕 때이다.

ㄹ. 광개토 대왕은 '영락'이라는 독자적인 연호를 사용하였다.

05 고구려의 소수림왕, 백제의 침류왕, 신라의 법흥왕의 공통점은 모두 불교를 받아들여 보편적인 사상으로 백성을 통합하려고 했다는 점이다. 소수림왕은 전진, 침류왕은 동진에서 불교를 받아들였으며, 고구려에서 불교를 받아들였던 신라는 법흥왕 때 이를 공인하였다.

오답피하기 ① 소수림왕에 해당하는 사실이다.

② 법흥왕은 금관가야를 공격하여 병합하였다.

③ 왕위의 부자 상속을 확립한 왕은 고구려는 고국천왕, 백제는 근초고왕, 신라는 눌지왕으로 추정된다.

④ 고구려 장수왕에 해당하는 사실이다.

06 제시된 자료는 고구려의 장수왕을 주제로 한 프레젠테이션 계획안으로, (가)에는 장수왕의 업적이 들어가야 한다. 장수왕은 남진 정책의 추진을 위해 수도를 국내성에서 평양으로 옮겼으며, 국내성에 기반을 둔 귀족 세력의 약화를 도모하였다.

오답피하기 ①, ② 광개토 대왕, ③ 소수림왕, ④ 태조왕에 대한 설명이다.

07 광개토 대왕릉비는 광개토 대왕 사후 장수왕이 아버지인 광개토 대왕의 업적을 기리기 위해 세운 비석으로, 고구려 왕이 하늘의 자손이며 주변 국가들을 고구려가 이끌어야 한다는 고구려 중심 천하관이 잘 드러나 있다. 따라서 ㉠은 고구려이다. 칠지도는 백제가 제작하여 왜에 보내 준 칼로, 현재 일본 덴리시 이소노카미 신궁에 소장되어 있다. 이는 백제와 왜가 교류했음을 보여 주는 증거이다. 따라서 ㉡은 백제, ㉢은 왜이다.

08 자료에서 관산성을 습격하고자 하였으나, 적군에게 해를 입어 죽었다는 내용을 통해 밑줄 친 '왕'이 백제의 성왕임을 알 수 있다. 성왕은 수도를 평야 지대인 사비로 옮기고 국호를 한때 남부여로 변경하여 부여 계승 의식을 표방하였다.

오답피하기 ① 근초고왕, ② 개로왕, ④ 비유왕, ⑤ 무령왕에 대한 설명이다.

09 대군장을 뜻하는 '마립간'으로 왕호를 정하여 강한 왕권을 과시했던 왕은 내물왕이다. ㄱ. 신라는 내물왕 때부터 김씨가 왕위를 세습하였으며, ㄷ. 낙동강 동쪽 진한 지역 대부분을 차지하는 데 성공하였다.

오답피하기 ㄴ. 눌지왕에 대한 설명이다.
ㄹ. 법흥왕에 대한 설명이다.

10 신라에서 '왕'이라는 중국식 호칭을 처음으로 사용한 왕은 지증왕이다. 지증왕은 농사에 소를 이용하는 우경을 장려하여 농업 생산 기반을 확충하였다.

오답피하기 ① 대가야 정복은 진흥왕 때의 일이다.
② 한강 유역 차지는 진흥왕 때의 일이다.
③ 불교 공인은 법흥왕 때의 일이다.
⑤ 율령 반포는 법흥왕 때의 일이다.

11 불교를 장려하고 화랑도를 국가 조직으로 개편했다는 점, 황룡사를 건립했다는 점, 단양 적성비와 4개의 순수비를 세웠다는 점을 통해 스무고개의 정답이 진흥왕임

을 알 수 있다. 진흥왕은 불교를 장려하고자 국가적인 차원에서 대형 사찰인 황룡사를 건립하였으며, 화랑도를 개편해 인재를 양성하여 신라의 국력을 신장시켰다. 또 재위 초기에는 단양 적성비를 세웠는데, 이를 통해 신라의 국가 체제가 이전보다 발달했음을 확인할 수 있다. 진흥왕은 활발한 정복 활동을 펼쳤으며, 정복한 지역에 4개의 순수비를 세웠다.

12 제시된 유물은 가야의 금관, 덩이쇠, 철제 판갑옷과 투구이다. 가야는 낙동강 하류 변한 지역에서 성립한 여러 소국의 연맹체였으며, 풍부한 철과 우수한 제철 기술을 바탕으로 낙랑군과 왜를 잇는 해상 교역을 통해 성장하였다. 그러나 백제와 신라의 압박이 계속되면서 점차 그 세력이 약해져 결국 중앙 집권 국가로 발전하지 못하고 연맹 왕국 단계에서 멸망하였다. ②는 신라에 대한 설명이다.

13 가장 먼저 가야 연맹을 이끈 것은 김해 지역의 ㉠ 금관가야였다. 금관가야는 전기 가야 연맹을 이끌었으나, 광개토 대왕이 신라에 쳐들어온 왜를 격퇴하는 과정에서 함께 공격당해 세력이 약화되었다. 이후 고령 지역의 ㉡ 대가야가 후기 가야 연맹을 이끄는 새로운 맹주가 되었으나, 백제와 신라의 압박이 계속되며 가야 연맹은 점차 쇠퇴하였다. 금관가야는 ㉢ 법흥왕 때, 대가야는 ㉣ 진흥왕 때 신라에 병합되어 가야는 완전히 멸망하였다.

서술형·논술형
본문 25쪽

01 | 예시 답안 | (1) 한강

(2) 한강 유역은 이전부터 토지가 비옥하여 농경이 발달하였으며, 한반도의 중심에 위치하여 황해로 연결되고 남북으로 뻗어 있어 교통이 편리하였다. 따라서 외래 문물 수용에 유리하였다. 이처럼 한강 유역은 경제적, 지리적 중심지 역할을 하였으므로 삼국이 이를 두고 치열하게 경쟁하였다.

| 필수 키워드 | 농경 발달, 교통 발달, 외래 문물 수용에 유리

| 평가 기준 |

상	필수 키워드를 모두 포함하여 한강 유역의 이점을 명확하게 서술한 경우

중	필수 키워드 중 두 가지 내용만을 포함하여 한강 유역의 이점을 서술한 경우
하	필수 키워드 중 한 가지를 포함하여 한강 유역의 이점을 서술한 경우

02 | 예시 답안 | 고구려인은 스스로를 천하의 중심으로 여겼으며, 하늘의 자손으로 생각하였다. 이는 (가)에서 고구려를 세운 주몽의 성스러운 출신을 강조한 것, (나)에서 신라를 동쪽의 오랑캐로 표현하여 고구려 스스로를 천하의 중심으로 여긴 것 등을 통해 확인할 수 있다. 이와 같은 천하관이 나타난 것은 당시 고구려가 적극적인 정복 활동을 통해 북으로는 요동 지역을 확보하고 거란과 동부여를 굴복시켰으며, 남으로는 한강 유역을 확보하여 광대한 영역을 차지하였기 때문이다. 또한 중국의 남북조와 몽골 초원의 유연 사이에서 대등하고 유연한 외교를 펼쳐 다원적인 국제 관계 속에서 독자적인 세력권을 구축하고 있었기 때문에 가능한 것이었다.

| 평가 기준 |

평가 항목	평가 내용
평가 충실도	정해진 분량 기준을 충족시킴(단, 제시된 질문과 상관없는 내용으로 답변했을 시에는 분량 기준을 충족시키지 못한 것으로 간주함)
고차적 인지 능력	(가), (나)에서 당시 고구려의 천하관을 파악해 낼 수 있음
글의 타당성	자신의 주장과 그에 대한 근거가 타당하게 연결되어 있음
글의 논리성	전체적인 글의 구성과 짜임새가 매끄러우며, 주장과 근거의 연결이 자연스러움

04 삼국의 문화와 대외 교류

개념 다지기 본문 28쪽

01 (1) 골품제 (2) 돌무지 (3) 굴식 돌방무덤 (4) 벽돌무덤　　**02** (1) ○ (2) × (3) × (4) ○　　**03** (1) ㄴ (2) ㄱ (3) ㄷ　　**04** (1) ㉢ (2) ㉠ (3) ㉡　　**05** (1) 불교 (2) 고구려　　**06** (1) ○ (2) ○ (3) × (4) ○　　**07** ㉠ 임신서기석 ㉡ 첨성대 ㉢ 아스카　　**08** (1) ㄷ (2) ㄴ (3) ㄱ

중단원 실력 쌓기 본문 29~31쪽

01 ⑤	**02** ⑤	**03** ⑤	**04** ⑤	**05** ④
06 ④	**07** ②	**08** ②	**09** ②	**10** ④
11 ⑤	**12** ④	**13** ③		

01 삼국은 엄격한 신분제 사회였기 때문에 신분에 따라 의식주 생활이 달랐다. 여자의 경우 잔주름을 넣은 치마를 덧입긴 하였지만, 남녀 모두 저고리와 바지를 기본으로 하였고, 신분에 따라 옷감의 차이가 있어 귀족은 값비싼 비단옷을 입었으며, 평민은 삼베옷을 입었다. 평민은 조, 보리, 기장 등의 잡곡을 먹었으며 도토리 가루를 쪄먹기도 하였다. 쌀은 귀한 곡물이었기 때문에 귀족 등 지배층만 먹을 수 있었다. 지금의 김치 대신 소금이나 장에 절인 장아찌 같은 음식을 먹기도 하였다. ⑤ 신분별로 사는 집도 구분되었는데, 귀족의 경우 기와를 얹은 집에서 살았으나 평민은 초가집이나 귀틀집에서 살았다.

02 제시된 고분 양식은 내부에 나무덧널이 있고 그 위에 많은 양의 돌이 쌓여 있으며, 또 다시 흙이 덮여 있는 구조로 보아 돌무지덧널무덤임을 알 수 있다. 돌무지덧널무덤은 신라 초기에 유행했던 무덤 양식으로 천마총, 황남대총 등이 대표적이다.

03 돌무지덧널무덤은 나무덧널 위에 돌을 쌓고 그 위에 흙을 덮는 복잡한 구조로 되어 있으며, 입구가 노출되지 않아 도굴이 어려웠다. 따라서 내부에서 금관을 비롯한 많은 유물이 출토되었다.
오답피하기 ①, ②, ③ 굴식 돌방무덤에 대한 설명이다.
④ 벽돌무덤에 대한 설명이다.

04 무령왕릉은 중국 남조의 영향을 받은 백제의 벽돌무덤으로, 무령왕의 이름이 적힌 지석이 출토되어 무덤의 주인을 확정할 수 있었다. 이곳에서는 무덤을 지키는 동물인 석수와 금제 관장식 등 다양한 유물이 발견되었다. ⑤ 벽화가 발견되지는 않았다.

05 삼국 시대 사람들은 죽어서도 영혼과 삶이 계속된다고 생각했으며, 사후에도 현재의 삶을 누릴 수 있도록 물건을 껴묻거리로 묻거나 시종을 함께 순장하기도 했다. 굴식 돌방무덤의 경우 돌방의 벽에 벽화를 그렸는데 이를 통해 당시 사람들의 모습을 짐작할 수 있다. 초창기에는 생활 풍속을 묘사한 경우가 많았으나, 후기로 갈수록 도

교의 영향을 받아 사신도가 많이 그려졌다. 신분제 사회를 반영하여 신분이 높은 사람은 크게, 낮은 사람은 작게 그리기도 하였다.

06 제시된 문화유산 중 백제의 것은 ㄱ. 부여 정림사지 5층 석탑, ㄷ. 백제 금동 대향로, ㄹ. 익산 미륵사지 석탑이다. 정림사지 5층 석탑은 목탑의 구조를 석탑으로 반영해 낸 탑으로, 백제 탑의 전형이라고 할 수 있다. 부여의 정림사 터에 위치하고 있다. 백제 금동 대향로는 백제의 뛰어난 금속 공예 기술을 확인할 수 있는 유물로, 도교와 불교 사상이 반영되어 있다. 미륵사지 석탑 역시 목탑의 양식을 간직한 석탑으로, 정림사지 5층 석탑과 함께 백제의 석탑이 목탑의 양식을 그대로 석탑에 가져왔음을 보여 주는 증거이다. 이 탑은 크게 훼손되었지만 최근 복원에 성공하였다.
[오답피하기] ㄴ, ㅁ. 모두 신라의 문화유산이다.

07 선덕 여왕 때 만들어져 현존하는 신라의 석탑 중 가장 오래되었다고 알려져 있으며, 원래는 9층이었다고 전해지나 현재는 3층까지만 남아 있고, 돌을 벽돌 모양으로 다듬어서 쌓아 올린 석탑은 ㄴ. 경주 분황사 모전 석탑이다.

08 제시된 퀴즈의 정답은 금동 연가 7년명 여래 입상이다. 금동 연가 7년명 여래 입상은 중국 북위 시대 불상의 영향을 받아 중국식 옷을 입고 있으며 옷의 두께가 두껍다. 광배 뒷면에 새겨진 글자를 통해 이 불상이 신라의 영역에서 발견되었지만, 고구려에서 온 것임을 알 수 있다.
[오답피하기] ① 무령왕릉 석수는 무령왕릉 내부에서 발견된 동물의 석상으로, 무덤을 수호하는 목적으로 무덤 내에 두었던 것으로 추정된다.
③ 금동 미륵보살 반가 사유상은 백제와 신라에서 활발히 만들어졌으며, 일본에도 영향을 주었다.
④ 백제의 불상으로 부드러운 미소를 띠어 '백제의 미소'라고도 불린다.
⑤ 신라의 불상으로 동그란 뺨과 눈두덩이가 마치 아기의 얼굴 같은 모습을 하고 있다.

09 제시된 유물은 백제 금동 대향로와 산수무늬 벽돌로, 공통적으로 신선 세계를 묘사하고 있는 부분이 있어 도교의 영향을 받았음을 알 수 있다. ㄱ. 삼국에서 도교는 귀족 사회에서 유행하였으며, 도교의 영향을 받아 사방을 지킨다고 알려진 사신도가 고분 벽화에 많이 그려졌다.

ㄷ. 도교는 산천 숭배 신앙이나 신선 사상 등이 결합한 종교였다.
[오답피하기] ㄴ, ㄹ. 불교에 대한 설명이다.

10 삼국과 가야는 중국의 문화를 받아들여 이를 독자적으로 발전시킨 후 다시 일본에 전해 주었다. 일본과 가장 교류가 활발했던 백제는 한문과 논어, 천자문을 일본에 전해 주었으며 성왕 때 노리사치계가 불교를 전해 주기도 하였다. 고구려의 담징은 종이와 먹, 벼루 만드는 기술을 가르쳐 주었다. 신라는 배 만드는 기술과 제방 쌓는 기술을 일본에 전하였으며, 가야의 토기는 일본의 스에키에 큰 영향을 주었다.

11 삼국 시대에는 중국에서 한자를 들여와 널리 사용하였고, 동시에 유학이 발달하였다. 삼국은 저마다 유학 등 학문을 가르치는 교육 기관을 세웠다. 고구려는 수도에 태학을 두어 유교 경전을 가르쳤고 지방에는 경당을 두어 학문과 무예를 가르쳤다. 백제는 오경박사를 두어 유교를 가르쳤다. 신라 역시 임신서기석에 유교 경전을 공부하였던 것으로 추정되는 내용이 담겨져 있다.

12 삼국 시대에는 중국에서 유학과 불교 등을 받아들여 이를 독자적으로 발전시킨 후 다시 일본에 전파하였다.
[오답피하기] ① 삼국은 일본에 다양한 문화를 전해 주었는데 특히 백제는 한문과 불교를 전하였다.
② 서역은 중국 서쪽에 있는 나라들을 통틀어 부르는 용어이다. 이들과 교역하기 위해 중국 북쪽의 초원에서 흑해 연안까지 이어지는 초원길이나 중국을 관통하는 사막길(비단길)을 거쳤다.
③ 삼국은 중국에서 유교, 불교, 한자, 율령 등을 받아들여 같은 동아시아 문화권에 속할 수 있었다.
⑤ 신라는 서역에서 다양한 물건을 수입해 왔는데, 경주 황남대총에서 출토된 유리그릇, 경주 계림로 14호분에서 출토된 금제 장식 보검이 대표적이다.

13 삼국과 서역이 교역했음을 보여 주는 것으로는 ㄴ의 각저총 「씨름도」를 들 수 있는데, 왼쪽의 사람 얼굴이 눈과 코가 큰 이국적인 서역인의 모습을 하고 있다는 점을 통해 이를 알 수 있다. 또한 ㄷ의 우즈베키스탄에 있는 아프라시아브 궁전 벽화에서 새 깃털을 단 관을 쓰고 있는 인물은 고구려의 사신으로 보인다. 이를 통해 당시 고구려인이 직접 서역의 국가와 교류하였음을 알 수 있다.
[오답피하기] ㄱ, ㄹ. 일본에 영향을 준 삼국의 문화유산이다.

서술형 · 논술형
본문 31쪽

01 | **예시 답안** | 고구려와 백제의 무덤 모두 돌을 쌓아서 계단처럼 만들었다는 특징을 가지고 있다(계단식 돌무지무덤의 특징을 보인다.). 이는 백제의 건국 세력이 고구려의 지배 세력과 계통이 같기 때문이다.

| **필수 키워드** | 계단식 돌무지무덤, 백제, 고구려, 계통이 같음

| **평가 기준** |

상	고구려와 백제 무덤의 공통점을 명확히 설명하고, 그 이유를 필수 키워드를 모두 포함하여 조리 있게 서술한 경우
중	고구려와 백제 무덤의 공통점과 그 이유 중 한 가지는 필수 키워드를 포함하여 명료하게 서술하였으나, 다른 한 가지는 키워드가 모두 포함되지 않았거나 서술이 부정확한 경우
하	고구려와 백제 무덤의 공통점과 그 이유를 일부 키워드만 사용하여 부정확하게 서술한 경우

02 | **예시 답안** | 제시된 세 가지 자료를 통해 공통적으로 유추할 수 있는 역사적 사실은 삼국 모두 서역과 활발히 교류하였다는 점이다. 먼저 첫 번째 자료는 우즈베키스탄 사마르칸트의 아프라시아브 궁전 벽화로, 가장 오른쪽에 있는 사람들이 깃털을 꽂고 고구려의 칼을 차고 있는 것으로 보아 고구려인임을 확인할 수 있다. 이 벽화는 각국에서 온 외교 사신을 그린 것으로 이를 통해 고구려 역시 서역에 사신을 보내 교류하였음을 알 수 있다. 두 번째 자료는 백제 무령왕릉에서 발견된 금박 구슬로, 이러한 금박 구슬은 기원전 3세기경부터 알렉산드리아에서 기원하여 시리아와 중앙아시아 지역 등에 널리 퍼졌다. 이 구슬이 무령왕릉에서 출토된 것은 백제와 서역 간에 교류가 있었음을 뜻하는 것이다.
세 번째 자료는 경주 계림로에서 출토된 금제 장식 보검이다. 이는 그리스, 로마, 이집트, 서아시아 등지에서 유행한 보검 양식으로, 서역의 물건이 신라까지 유입되었음을 보여 주는 증거이다.

| **평가 기준** |

평가 항목	평가 내용
평가 충실도	정해진 분량 기준을 충족시킴(단, 제시된 질문과 상관없는 내용으로 답변했을 시에는 분량 기준을 충족시키지 못한 것으로 간주함)
고차적 인지 능력	세 가지 자료에서 서역과의 연관성을 찾아내어 정확하게 서술함
글의 타당성	자신의 주장과 그에 대한 근거가 타당하게 연결되어 있음
글의 논리성	전체적인 글의 구성과 짜임새가 매끄러우며, 주장과 근거의 연결이 자연스러움

대단원 마무리
본문 32~33쪽

01 ③	02 ②	03 해설 참조	04 ②	05 ①
06 ③	07 ①	08 ③	09 ⑤	

10 (1) ㉠ 소수림왕, ㉡ 침류왕, ㉢ 법흥왕 (2) 해설 참조
11 ① 　　　　12 ①

01 구석기 시대에는 뗀석기를 이용하여 무리 지어 사냥을 하거나 채집을 통해 식량을 구했고, 먹을 것이 떨어지면 다른 곳으로 이동하였다. 동굴이나 막집에서 거주하였으며, 사냥감이 풍부해지길 기원하며 고래나 물고기를 돌이나 짐승의 뼈에 새기기도 하였다. 당시의 유적으로 불을 지폈던 화덕이 발견되는데, 이를 통해 구석기 시대 사람들이 불을 이용해 음식을 익혀 먹고 추위를 피하며 맹수의 위협을 이겨냈음을 알 수 있다. ③ 울타리를 치고 그 안에 가축을 기르는 것은 목축으로, 신석기 시대에 시작되었다.

02 제시된 도구는 빗살무늬 토기와 갈돌, 갈판으로 신석기 시대부터 사용되었다. 신석기 시대에는 원시적인 농경과 목축이 시작되어, 돌괭이 등 간석기를 이용해 조, 피와 같은 잡곡을 재배하였고 돼지나 염소 등을 가축으로 길렀다. 또 강가나 바닷가에 움집을 짓고 마을을 이루어 한곳에 정착하여 살았다.

오답피하기 ㄴ, ㄹ. 청동기 시대에 대한 설명이다.

03 | **예시 답안** | 곰을 숭배하는 부족과 하늘의 자손임을 주장하는 환웅 부족이 연맹하여 고조선을 세웠다. 당시 고조선의 왕은 정치적 지배자이면서 동시에 제사장의 권위를 갖고 있었다.

| **필수 키워드** | 곰을 숭배하는 부족, 하늘의 자손임을 주장하는 부족(환웅 부족), 연맹, 정치적 지배자, 제사장

| **평가 기준** |

상	곰 부족과 환웅 부족의 연맹 관계와 단군왕검의 제정일치적 성격을 필수 키워드를 모두 포함하여 빠짐없이 서술한 경우
중	곰 부족과 환웅 부족의 연맹 관계와 단군왕검의 제정일치적 성격 중 한 가지는 필수 키워드를 포함하여 명료하게 서술하였으나, 다른 한 가지는 키워드가 모두 포함되지 않았거나 서술이 부정확한 경우
하	곰 부족과 환웅 부족의 연맹 관계와 단군왕검의 제정일치적 성격을 모두 부정확하게 서술한 경우

04 탁자식 고인돌, 비파형 동검 등을 통해 문화 범위를 추정할 수 있는 나라는 고조선이다. 고조선은 ㄱ. 우리 역

사상 최초의 국가이며, ㄷ. 연에서 온 위만의 집권 이후 철기 문화가 더욱 확산되어 세력을 넓혀 나갔다.

오답피하기 ㄴ, ㄹ. 모두 부여에 대한 설명이다.

05 10월에 하늘에 제사 지내는 큰 행사(제천 행사)인 동맹을 열었다는 점을 통해 자료에 나타난 나라는 고구려임을 알 수 있다. 고구려에는 서옥제라는 풍속이 있어, 신랑이 신부의 집에서 아이를 낳고 살다가 자식이 자라면 아내와 자식을 데리고 자기 집으로 돌아갔다.

오답피하기 ② 삼한에 대한 설명이다.
③ 삼한 중 변한에 대한 설명이다.
④ 옥저와 동예에 대한 설명이다.
⑤ 부여에 대한 설명이다.

06 옥저는 함경도 동해안에 위치하고 있었던 나라이다. 한반도 동북부에 치우쳐 있어 선진 문물 수용이 어려웠으므로 정치적 발전이 다소 더뎠다. 옥저에는 어린 여자아이를 데려다가 키워서 며느리로 삼는 민며느리제라는 혼인 풍속이 있었다.

오답피하기 ① 삼한에 대한 설명이다.
② 동예의 책화에 대한 설명이다.
④ 고구려에 대한 설명이다.
⑤ 부여에 대한 설명이다.

07 자료는 백제의 건국 설화이다. 비류와 온조는 고구려를 세운 주몽의 아들이었다고 전해진다. 이들은 주몽이 부여를 떠나기 전 얻었던 장남인 유리가 왕이 되자 고구려를 떠나 남쪽으로 내려가 비류는 인천 미추홀에, 온조는 서울 위례성에 각각 나라를 건국하였다고 한다. 백제는 온조가 건국한 나라로, 초창기 백제와 고구려의 무덤 양식이 비슷하다는 점 등을 통해 백제 건국 설화에서 언급된 대로 백제 건국 세력이 고구려 계통이었음을 확인할 수 있다.

08 (가)는 신라의 진흥왕이 백제가 차지하고 있던 한성 지역을 기습 점령한 사건을 다룬 역사 신문 기사의 제목으로, 553년의 일이다. (나)는 백제의 근초고왕이 평양성을 공격하여 고국원왕을 전사시키며 백제의 강성함을 과시했던 사건으로, 371년에 일어났다. (다)는 고구려의 광개토 대왕이 신라에 침입한 왜군을 물리치며 금관가야까지 공격했던 사건을 다룬 것으로, 400년의 일이다. 이를 순서대로 나열하면 (나) – (다) – (가)가 된다.

09 (가)는 신라 진흥왕 때의 일이다. 이에 맞서 백제의 성왕이 진흥왕을 기습 공격하였으나 관산성 전투에서 전사하였다. 진흥왕은 한강 유역을 안정적으로 확보하며 신라가 더욱 발전하는 계기를 마련하였다. (나)는 백제 근초고왕 때의 일이다. 근초고왕은 고구려를 공격하여 고국원왕을 전사시키고 황해도 일부 지역까지 영토를 넓혔다. 또한 동진, 왜와 활발히 교류하며 한반도의 주도권을 장악하였다. (다)는 고구려 광개토 대왕 때의 일이다. 광개토 대왕은 군대를 보내 신라에 침입한 왜군을 물리쳐 신라에 대한 영향력을 확대시켰다. 금관가야는 이때 광개토 대왕의 공격을 받은 이후 세력이 급격히 약해져 가야 연맹의 맹주 자리를 잃게 되었다.

10 | 예시 답안 | (1) ㉠ – 소수림왕, ㉡ – 침류왕, ㉢ – 법흥왕
(2) 중앙 집권을 강화하기 위해서 불교와 같이 모두가 보편적으로 믿을 수 있는 사상을 필요로 했기 때문이다.
| 필수 키워드 | 중앙 집권 강화, 보편적인 사상
| 평가 기준 |

상	필수 키워드를 모두 포함하여 명확히 서술한 경우
중	필수 키워드 중 일부만 포함하여 서술한 경우
하	제대로 서술하지 못한 경우

11 ㄱ. 굴식 돌방무덤은 돌을 쌓아 방을 조성하였기 때문에 천장과 벽에 벽화를 그려 넣을 수 있었다. ㄴ. 초창기 삼국은 서로 다른 형태의 고분을 조성하였으나 후기에는 공통적으로 굴식 돌방무덤을 축조하였다.

오답피하기 ㄷ. 신라의 돌무지덧널무덤에 대한 설명이다.
ㄹ. 계단식 돌무지무덤에 대한 설명이다.

12 현재 남아 있는 백제의 석탑으로 익산 미륵사지 석탑이 유명하다. 이는 백제 무왕 때 만들어졌으며 목탑에서 석탑으로 이행하는 과정을 보여 주는 석탑이다. 또한 남아 있는 우리나라 석탑 중 그 규모가 가장 크다. 오랜 세월을 지나며 크게 파손되었으나 2001년부터 해체, 수리 작업을 진행하여 2019년에 복원이 완료되었다. 백제 금동 대향로는 부여 능산리 절터에서 발견된 높이 64cm의 향로로, 백제의 뛰어난 금속 공예 기술을 보여 주는 걸작이다. 향로의 뚜껑 부분에 신선이 산다는 이상향을 표현하였으며, 뚜껑 꼭대기에 상서로운 동물인 봉황을 표현하였다.

II. 남북국 시대의 전개

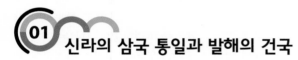
01 신라의 삼국 통일과 발해의 건국

개념 다지기
본문 40쪽

01 (1) 을지문덕 (2) 천리장성 (3) 안시성 (4) 김춘추 (5) 황산벌 (6) 백강 (7) 대조영 (8) 고구려, 고 **02** (1) × (2) ○ (3) × **03** 매소성, 기벌포 **04** (1) 고구려 (2) 백제 (3) 신라 **05** (1) ㉠ (2) ㉢ (3) ㉢ **06** (1) ○ (2) × (3) ○ **07** ㄴ, ㄷ, ㅂ **08** (1) 동모산(지린성 근처) (2) 고구려 (3) 대동강 **09** ㄱ, ㄴ, ㄹ

중단원 실력 쌓기
본문 41~43쪽

01 ③ **02** ③ **03** ③ **04** ② **05** ③
06 ① **07** ⑤ **08** ⑤ **09** ③ **10** ①
11 ③ **12** ① **13** ⑤

01 자료의 시를 지은 인물은 을지문덕이다. 수 양제는 고구려를 침략한 후 우중문에게 별동대를 이끌고 평양성을 공격하도록 하였다. 그러나 을지문덕이 이끄는 고구려군이 수의 군대를 살수에서 크게 격파하였다.

02 지도는 고구려와 당의 전쟁을 나타낸 것이다. 당 태종은 요동 지역의 고구려 성 몇 개를 함락하고 안시성을 공격하였다. 안시성의 고구려군과 백성들은 몇 달에 걸친 당의 공격을 막아 냈다.

03 (가)는 수의 군대가 고구려를 침략하는 상황, (나)는 안시성 전투의 상황을 나타낸 것이다. 수가 고구려 침략 실패와 무리한 토목 공사 등으로 멸망하자 당이 중국을 통일하였다. 이에 고구려는 요동 지역에 천리장성을 쌓아 당의 침략에 대비하였다.

04 자료는 백제 멸망에 대한 것이다. 김유신이 이끄는 신라군은 황산벌에서 계백이 이끄는 백제의 결사대를 물리치고, 금강 하구에 상륙한 당군과 함께 백제의 수도인 사비성을 함락시켰다.

05 (가)는 김춘추이다. 백제의 공격으로 위기에 처한 신라는 김춘추를 고구려에 보내 군사적 도움을 요청하였으

나 거절당하였다. 이에 김춘추는 당에 건너가 군사 동맹을 요청하였다. 고구려 침략에 실패한 당 태종은 김춘추의 제안을 받아들였다.
오답피하기 ① 문무왕, ② 대조영, ④ 을지문덕, ⑤ 진흥왕에 대한 설명이다.

06 백제를 멸망시키고 사비를 점령한 당군은 백제 정림사지 5층 석탑의 아랫부분에 총사령관 소정방의 업적을 기리는 글을 새겨 넣었다. 부여 정림사지 5층 석탑은 그 글의 제목을 따 '당평백제국비'라고 불리기도 하였다.

07 백제가 멸망한 후 각지에서 백제 부흥 운동이 일어났다. 복신과 도침 등은 왕자 부여풍을 왕으로 추대하면서 부흥 운동을 주도하였고, 임존성에서는 흑치상지 등이 군사를 일으켰다.
오답피하기 ㄱ, ㄴ. 고구려 부흥 운동과 관련이 있다.

08 신라와 당은 김춘추의 활약으로 동맹을 체결하였다. 나당 연합군은 먼저 백제를 공격하여 멸망시킨 후 고구려를 공격하였다. 고구려는 중국과의 전쟁으로 약해져 있었고, 연개소문이 죽은 뒤 아들들이 권력을 다투어 정치가 혼란하였다. 나당 연합군은 이를 틈타 수도 평양성을 함락하여 고구려를 멸망시켰다.

09 지도는 고구려의 부흥 운동과 관련이 있다. 고연무는 요동 지방에서 당군과 싸웠다. 검모잠은 보장왕의 아들 안승을 왕으로 받들어 한성에서 고구려 부흥 운동을 전개하였다.
오답피하기 ① 백제 부흥 운동과 관련이 있다.

10 자료는 백강 전투에 대한 것이다. 660년에 백제가 나당 연합군에 의해 멸망하자 왜는 백제 부흥 운동 세력의 요청에 따라 백제를 지원하기 위해 대규모 군대를 파병하였다. 663년 백제 부흥군과 왜의 지원군이 연합하여 백강(금강) 하구에서 나당 연합군을 여러 차례 공격하였으나 크게 패하였다.
오답피하기 ② 안시성 전투, ③ 살수 대첩, ④ 고구려 부흥 운동, ⑤ 매소성 및 기벌포 전투와 관련이 있다.

11 백제와 고구려가 멸망한 후, 당은 한반도에 도호부 등 군사 통치 기구를 설치하고 신라마저 당의 영역에 편입하려 하였다. 이에 신라는 당군을 한반도에서 몰아내기 위한 전쟁을 시작하였다. 매소성에서 당의 육군을, 기벌

포에서 당의 수군을 크게 격파한 신라는 당군을 한반도에서 완전히 몰아냈다.

12 (가)는 대조영이다. 옛 고구려 장수 출신으로 당의 영주 지방에 머물던 대조영은 거란인의 반란으로 이 일대에 대해 당의 통제력이 약화되자 고구려 유민과 말갈 집단을 이끌고 동쪽으로 이동하였다. 대조영은 추격해 오던 당군을 천문령에서 격파하고 동모산에서 발해를 건국하였다.

[오답피하기] ② 문무왕, ③ 김춘추, ④ 계백, ⑤ 연개소문에 대한 설명이다.

13 고구려가 멸망한 뒤 지배층 다수가 당으로 끌려갔다. 그 가운데 일부는 요서 지방의 영주에 머물고 있었다. 당의 통제력이 약화된 틈을 타, 대조영이 무리를 이끌고 동쪽으로 이동하였다. 이들은 추격하는 당군을 천문령에서 격파한 뒤 동모산에 도읍을 정하고 발해를 건국하였다.

서술형·논술형

본문 43쪽

01 | **예시 답안** | (가)에 해당하는 나라는 발해이다. 발해의 왕은 일본에 보낸 외교 문서에 스스로 '고(구)려' 또는 '고(구)려 국왕'이라 표현하였다. 일본도 발해를 '고(구)려'라고 부르기도 하였다. 또한 발해의 지배층에는 대씨와 고씨 등 고구려 유민이 많았다.
| **필수 키워드** | 발해, 일본에 보낸 외교 문서, 스스로 '고(구)려'라고 표현, 지배층에 고구려 유민이 많음
| **평가 기준** |

상	(가)에 해당하는 국가를 명확히 쓰고, 발해가 고구려를 계승한 근거를 두 가지 모두 서술한 경우
중	(가)에 해당하는 국가를 명확히 쓰고, 발해가 고구려를 계승한 근거를 한 가지만 서술한 경우
하	(가)에 해당하는 국가만을 명확히 쓴 경우

02 | **예시 답안** | 당이 한반도 전체를 지배하려 하자 신라는 고구려 유민, 백제 유민과 힘을 합쳐 당의 침략을 물리쳤다. 신라의 삼국 통일은 우리 민족 최초의 통일이었으며, 삼국의 문화가 융합하여 민족 문화가 발전하는 토대가 되었다.
그러나 신라는 삼국 통일 과정에서 당의 세력을 끌어들였다. 또한 고구려 영토였던 요동과 만주 지역을 잃고 대동강 이남만 차지하였다.

| **평가 기준** |

평가 항목	평가 내용
평가 충실도	정해진 분량 기준을 충족시킴(단, 제시된 질문과 상관없는 내용으로 답변했을 시에는 분량 기준을 충족시키지 못한 것으로 간주함)
고차적 인지 능력	제시된 상황에 나타난 삼국 통일의 의의 및 한계를 명확하게 확인할 수 있음
글의 타당성	자신의 주장과 그에 대한 근거가 타당하게 연결되어 있음
글의 논리성	전체적인 글의 구성과 짜임새가 매끄러우며, 주장과 근거의 연결이 자연스러움

(02) 남북국의 발전과 변화

개념 다지기

본문 46쪽

01 (1) 진골 (2) 감은사, 신문왕 (3) 김흠돌 (4) 장문휴 (5) 해동성국 (6) 호족 (7) 풍수지리설 (8) 견훤 **02** (1) ○ (2) ○ (3) × **03** 집사부 **04** (1) 통일 신라 (2) 발해 **05** (1) ⓒ (2) ⓛ (3) ⓚ **06** (1) ○ (2) × (3) × **07** ㄹ, ㅂ **08** (1) 9서당 (2) 거란 (3) 6두품 **09** ㄱ, ㄴ, ㄷ

중단원 실력 쌓기

본문 47~49쪽

01 ②	**02** ④	**03** ③	**04** ⑤	**05** ⑤
06 ④	**07** ①	**08** ③	**09** ④	**10** ④
11 ③	**12** ③	**13** ①		

01 밑줄 친 '왕'은 신문왕이다. 신문왕은 관리에게 관료전을 지급하고, 귀족의 중요한 경제 기반이던 녹읍을 폐지하였다. 또한 국학을 설치하여 유학을 보급하고 이곳에서 왕권을 뒷받침할 인재를 양성하였다.

[오답피하기] ① 문무왕, ③ 법흥왕, ④ 진흥왕, ⑤ 김춘추에 대한 설명이다.

02 지도는 통일 신라의 지방 행정 조직을 나타낸 것이다. 통일 신라는 지방을 9주로 나누고, 지방의 중요 거점에 5소경을 두었다. 또한 군사 조직으로 중앙에 9서당, 지방에 10정을 설치하였다.

[오답피하기] ① 고구려 등, ② 발해, ③ 고구려, ⑤ 백제에 대한 설명이다.

03 7세기 중엽 진골 출신인 김춘추는 김유신의 도움을 받아 왕위에 올랐다. 무열왕과 그 뒤를 이은 문무왕은 통일 전쟁에서 승리하여 삼국을 통일하였다. 이후 신문왕은 김흠돌의 난을 진압하여 귀족 세력을 약화시켰다.

04 밑줄 친 '나라'는 발해이다. 발해는 9세기 서쪽으로는 요동, 동쪽으로는 연해주에 이르는 지역까지 영역을 확대하였다. 당시 당에서는 발해를 '바다 동쪽의 융성한 나라'라는 뜻으로 '해동성국'이라 불렀다.
오답피하기 ① 백제, ②, ④ 통일 신라, ③ 고구려와 관련된 설명이다.

05 자료는 발해의 무왕에 대한 내용이다. 무왕 때 발해의 세력이 커지자, 당은 흑수 말갈과 신라를 이용하여 발해를 압박하였다. 이에 무왕은 장문휴를 보내 당의 산둥 지방을 공격하였다.
오답피하기 ① 통일 신라의 장보고에 대한 설명이다.
② 고구려 등에서 있었던 사실이다.
③ 대조영, ④ 발해의 문왕 등에 대한 설명이다.

06 자료는 신라 말의 왕위 계보도이다. 8세기 후반에 접어들면서 신라에서는 왕권이 약해지고 정치적 혼란과 사회적 동요가 심해졌다. 어린 나이로 왕위에 오른 혜공왕이 피살된 이후 진골 귀족의 왕위 쟁탈전이 더욱 심해져 150여 년 동안 20명의 왕이 교체되는 등 혼란한 상황이 이어졌다.

07 자료는 신라 말의 상황을 나타낸 것이다. ㄱ. 웅주 도독 김헌창이 아버지 김주원이 왕이 되지 못한 것에 불만을 품고 난을 일으켰다. 또한, ㄴ. 해상 활동으로 세력을 키운 장보고도 중앙의 왕위 다툼에 관여하여 반란을 일으켰다.
오답피하기 ㄷ. 고구려 부흥 운동과 관련이 있다.
ㄹ. 천리장성의 축조 책임자였던 연개소문은 정변을 통해 권력을 장악하였다.

08 자료는 신라 말의 혼란한 상황을 나타낸 것이다. 이 시기 중앙의 통제력이 약화된 틈을 타 지방에서는 호족이 성장하였다. 이들은 독자적으로 군사를 보유하고 스스로를 성주 또는 장군이라 칭하였다.

09 (가) 세력은 호족에 해당한다. 신라 말 호족들은 자신의 지역과 농민을 보호한다는 명분 아래 성을 쌓고 스스로 성주나 장군이라 칭하였다. 또 독자적인 정치 기구를 두어 지방을 다스리며 세력을 확대하였다.

10 (가)는 선종이다. 신라 말 선종이 유행하면서 승려의 사리를 보관하는 승탑이 유행하였다. 선종은 일상의 있는 그대로의 마음이 곧 도이고 그 마음이 부처임을 내세워 신라 말에 널리 확산되었다. 호족들은 선종을 후원함으로써 자신들의 독립을 사상적으로 뒷받침하고자 하였다.
오답피하기 ㄱ은 교종, ㄷ은 도교에 대한 설명이다.

11 제시된 인물들은 모두 6두품 출신이다. 골품제 아래에서 차별을 받았던 6두품 지식인들은 골품제의 모순을 비판하면서 사회의 개혁을 요구하였다. 그러나 그들의 요구는 진골 귀족들의 반대에 부딪혀 받아들여지지 않았다. 이에 일부 6두품 세력은 호족과 손잡고 새로운 사회 건설을 도모하였다.
오답피하기 ①, ④, ⑤ 호족, ② 진골 귀족에 대한 설명이다.

12 밑줄 친 '그'는 궁예이다. 신라의 왕족 출신으로 알려진 궁예는 북원 지역의 호족인 양길의 부하로 있다가 자립하였다. 그리고 세력을 키워 고구려 부흥을 내세우며 송악에서 후고구려를 세웠다.
오답피하기 ① 문무왕, ② 신문왕 등, ④ 을지문덕, ⑤ 계백에 대한 설명이다.

13 지도는 후삼국의 상황을 나타낸 것으로 (가)는 후백제이다. 상주 출신인 견훤은 서남 해안을 지키는 군인이었으나, 전라도 지방에서 일어난 농민 봉기 세력을 흡수하며 성장해 나갔다. 이후 백제 부흥을 내세워 완산주를 도읍으로 하고 후백제를 건국하였다.
오답피하기 ② 백제, ③ 발해, ④ 통일 신라, ⑤ 후고구려에 대한 설명이다.

서술형·논술형
본문 49쪽

01 | 예시 답안 | 제시된 자료는 발해의 중앙 정치 조직이다. 발해는 당의 제도를 모방하여 3성 6부제로 중앙 정치 조직을 구성하였는데, 정당성을 중심으로 이원적으로 운영하였다. 또한, 각 부의 명칭으로 유교의 덕목을 사용하였다.
| 필수 키워드 | 발해, 3성 6부제, 정당성 중심, 이원적 운

영, 각 부 명칭에 유교의 덕목 사용

평가 기준	
상	발해를 명확히 쓰고, 당과 비교하여 중앙 정치 조직의 특징 두 가지를 모두 서술한 경우
중	발해를 명확히 쓰고, 당과 비교하여 중앙 정치 조직의 특징을 한 가지만 서술한 경우
하	발해만을 명확히 쓴 경우

02 | 예시 답안 | 신라 말 중앙에서는 극심한 왕위 쟁탈전이 벌어졌다. 게다가 신라 왕실은 사치와 향락에 빠졌다. 귀족은 왕의 통제에서 벗어나 대토지를 소유하였고, 농민의 생활은 더욱 피폐해졌다. 여기에 자연재해까지 겹치자 살기가 극히 힘들어진 농민들은 노비나 도적이 되었다.

진성 여왕이 즉위할 무렵 중앙 정부에 세금이 들어오지 않아 정부의 재정이 어려워졌다. 이에 신라 정부는 각 지방에 관리를 보내 세금 납부를 독촉하였다. 정부와 귀족의 수탈로 어려움을 겪던 농민들은 결국 억눌렸던 분노를 표출하여 봉기를 일으켰다.

평가 기준	
평가 항목	평가 내용
평가 충실도	정해진 〈조건〉의 기준을 충족시킴(단, 제시된 질문과 상관없는 내용으로 답변했을 시에는 분량 기준을 충족시키지 못한 것으로 간주함)
고차적 인지 능력	제시된 상황에 나타난 농민 봉기가 일어난 배경을 명확하게 확인할 수 있음
글의 타당성	자신의 주장과 그에 대한 근거가 타당하게 연결되어 있음
글의 논리성	전체적인 글의 구성과 짜임새가 매끄러우며, 주장과 근거의 연결이 자연스러움

03 남북국의 문화와 대외 관계

개념 다지기
본문 52쪽

01 (1) 아미타 (2) 의상 (3) 석굴암 (4) 주자감 (5) 상경성 (6) 청해진 (7) 발해관 (8) 신라방, 신라소 **02** (1) × (2) ○ (3) ○ **03** 『왕오천축국전』 **04** (1) 통일 신라 (2) 발해 **05** (1) ⓛ (2) ㉠ (3) ㉢ **06** (1) ○ (2) × (3) ○ **07** ㄱ, ㄴ, ㅁ, ㅂ **08** (1) 의상 (2) 울산항(당항성) (3) 신라도 **09** ㄹ, ㅁ, ㅂ

중단원 실력 쌓기
본문 53~55쪽

01 ②	02 ③	03 ⑤	04 ②	05 ②
06 ①	07 ④	08 ④	09 ①	10 ⑤
11 ②	12 ⑤	13 ⑤		

01 밑줄 친 '그'는 의상이다. 의상은 당에서 화엄학을 공부하고 돌아와 '하나가 전체요, 전체가 하나'라는 모든 존재의 연관성을 주장하였다. 의상은 지방으로 내려가 부석사를 세우고 천민도 제자로 받아들이는 등 신라 불교 문화의 폭을 넓혔다.

오답피하기 ① 신문왕, ③ 김대문, ④ 혜초, ⑤ 최치원 등에 대한 설명이다.

02 (가) 사찰은 불국사이다. 제시된 사진은 청운교와 백운교로, 불국사 대웅전으로 들어가는 자하문과 연결된 돌계단 다리이다. 절 마당에는 석가탑이라 불리는 불국사 3층 석탑과 다보탑이 있다.

오답피하기 ① 영주 부석사 등에 대한 설명이다.
② 선종은 신라 말에 유행하였다.
④ 상경성. ⑤ 경주 석굴암에 대한 설명이다.

03 자료는 독서삼품과에 대한 것이다. 통일 신라는 유학을 정치 이념으로 삼아 왕권을 강화하고자 하였다. 신문왕 때에는 교육 기관인 국학을 세워 유교 경전을 가르쳤다. 원성왕 때에는 국학 학생들을 대상으로 유교 경전의 이해 수준을 평가해 관리를 선발하는 독서삼품과를 마련하였다.

04 (가)는 경주 불국사 3층 석탑이다. 제시된 자료는 무구정광대다라니경으로, 불국사 3층 석탑에서 발견되었다. 불국사 3층 석탑은 이중 기단 위에 3층으로 되어 있으며, 이는 통일 신라 탑의 전형적인 양식이다.

오답피하기 ① 발해의 영광탑. ③ 화순 쌍봉사 철감선사탑 등. ④ 익산 미륵사지 석탑 등. ⑤ 경주 감은사지 3층 석탑에 대한 설명이다.

05 자료는 경주 석굴암이다. 석굴암은 수학적 계산을 적용하여 만든 인공 석굴 사원으로, 중앙의 본존불상을 중심으로 벽면에 새겨진 보살 등 여러 조각이 조화를 이루고 있다.

오답피하기 ① 황룡사. ③ 백제 금동 대향로 등에 대한 설명이다.
④ 석굴암은 통일 신라 시기에 건립된 것으로, 신라의 수도였던 경주(금성)에 건립되었다.

⑤ 경주 불국사에 대한 설명이다.

06 밑줄 친 '이 나라'는 발해이다. 발해는 유학을 중요시하여 통치 이념에 반영하였고, 교육 기관인 주자감을 설치하여 유학을 가르쳤다.

오답피하기 ②, ③, ④ 통일 신라, ⑤ 백제와 관련이 있다.

07 발해 초기의 문화에서는 고구려 문화의 요소가 강하게 나타난다. 이러한 특징은 특히 지배층의 무덤에서 볼 수 있는데, 정혜 공주 무덤은 고구려와 같은 굴식 돌방무덤 양식에 모줄임천장 구조를 하고 있다. 또한, 이불병좌상은 광배의 모양과 연꽃의 표현 방식이 고구려의 전통을 계승하였다.

오답피하기 ㄱ, ㄷ. 통일 신라와 관련이 있다.

08 신라와 당 사이에는 사절뿐만 아니라 유학생, 승려, 상인 등 많은 사람이 왕래하였다. 특히 무역이 활발해지면서 산둥반도와 창장강 하류 일대에는 신라인이 집단으로 거주하는 신라방이 생겨났다.

오답피하기 ①, ②, ⑤ 발해와 관련이 있다.
③ 웅진 도독부는 백제 멸망 후 당이 옛 백제 지역에 설치한 것이다.

09 (가)는 발해이다. 발해의 수도였던 상경성과 중경성 일대에는 다수의 절터가 남아 있다. 절터에서는 불상을 비롯하여 석등, 기와 등 많은 유물이 출토되었는데, 중국 헤이룽장성의 상경성 절터에 남아 있는 발해 석등은 높이가 6m에 이른다.

오답피하기 ② 경주 석굴암 본존불상(통일 신라), ③ 경주 불국사 3층 석탑(통일 신라), ④ 부여 정림사지 5층 석탑(백제), ⑤ 금동 연가 7년명 여래 입상(고구려)이다.

10 자료는 장보고에 대한 것이다. 장보고는 완도에 청해진을 세운 후 해적을 소탕하고 그곳을 거점으로 동아시아 국제 무역을 주도하며 명성을 떨쳤다.

11 (가)는 발해이다. 발해는 넓은 영토를 효율적으로 관리하고 주변 국가와 활발하게 교류하기 위해 5개의 교통로를 두었다. 그리고 이 교통로를 통해 당, 일본, 신라 등과 교류하였다.

오답피하기 ①, ④ 통일 신라, ③ 백제, ⑤ 삼국(고구려, 백제, 신라)과 가야에 대한 설명이다.

12 (가)는 통일 신라이다. 통일 신라는 당과 일본 사이에서

중계 무역을 통해 이득을 보았다. 이 시기에는 서해안의 당항성과 수도 금성 인근의 울산항이 국제 무역항으로 번성하였다. 울산항에는 아라비아 상인이 왕래하기도 하였다.

오답피하기 ①, ④ 발해, ② 백제, ③ 가야와 관련된 설명이다.

13 발해는 한때 신라와 대립하기도 하였으나, 점차 신라도를 통해 사신과 물자가 오가면서 교류가 활발해졌다. 발해의 동경 용천부에서 신라 국경까지 가는 길에 말을 갈아탈 수 있는 역이 설치되기도 하였다.

서술형·논술형　　　　　본문 55쪽

01 | 예시 답안 | 제시된 유물들에는 서역 문화의 특징이 나타나 있다. 통일 신라에서는 국제 무역이 활발해지면서 중앙아시아, 서아시아 지역의 물품도 울산항과 당항성을 통해 들어왔다. 울산항은 국제 무역항으로 번성하여 아라비아 상인까지 왕래하였다.
| 필수 키워드 | 서역 문화, 국제 무역 활발, 아라비아 상인
| 평가 기준 |

상	서역 문화를 쓰고, 배경을 모두 서술한 경우
중	서역 문화만 쓰거나 배경만 서술한 경우
하	서술이 명확하지 못한 경우

02 | 예시 답안 | 발해는 고구려 문화를 기반으로 당의 문화를 받아들여 독자적인 문화를 이룩하였다. 고구려의 영향을 받은 것으로는 온돌, 막새기와, 굴식 돌방무덤과 모줄임천장 구조를 하고 있는 정혜 공주 무덤 등이 있다. 또한 당의 문화를 받아들이기도 했는데, 상경성은 당의 수도 장안성을 모방하여 건설되었다. 정효 공주 무덤은 당의 영향을 받아 벽돌무덤으로 지어졌으나, 돌로 공간을 줄여 나가면서 천장을 쌓는 고구려 양식이 결합되어 있다.
| 평가 기준 |

평가 항목	평가 내용
평가 충실도	정해진 분량 기준을 충족시킴(단, 제시된 질문과 상관없는 내용으로 답변했을 시에는 분량 기준을 충족시키지 못한 것으로 간주함)
고차적 인지 능력	제시된 상황에 나타난 발해의 문화적 특징을 명확하게 확인할 수 있음
글의 타당성	자신의 주장과 그에 대한 근거가 타당하게 연결되어 있음
글의 논리성	전체적인 글의 구성과 짜임새가 매끄러우며, 주장과 근거의 연결이 자연스러움

대단원 마무리
본문 56~57쪽

01 ④	**02** ⑤	**03** ③	**04** 해설 참조	**05** ①
06 ①	**07** ④	**08** ⑤	**09** ⑤	**10** 해설 참조
11 ①	**12** ④			

01 지도는 고구려와 수의 전쟁을 나타낸 것이다. 고구려를 침략한 수의 양제는 요동성을 함락하지 못하자, 우중문에게 30만의 별동대를 이끌고 평양성을 공격하도록 하였다. 그러나 을지문덕이 이끄는 고구려군이 수의 군대를 살수에서 크게 무찔렀다.
오답피하기 ① 백제 부흥 운동에 대한 설명이다.
② 김유신이 지휘하는 신라군이 황산벌에서 백제 계백의 결사대를 물리쳤다.
③ 나당 전쟁, ⑤ 고구려와 당의 전쟁과 관련된 것이다.

02 (가) 인물은 김춘추이다. 김춘추는 당에 건너가 나당 동맹 체결에 큰 역할을 하였다. 김춘추는 김유신의 후원 등에 힙입어 진골 출신 최초로 왕위에 올랐다(무열왕).
오답피하기 ① 신문왕, ② 지증왕, ③ 법흥왕, ④ 진흥왕에 대한 설명이다.

03 자료는 나당 연합군이 백제를 공격하고 있는 상황을 나타낸 것이다. 김유신이 이끄는 신라군은 황산벌에서 계백이 이끈 결사대를 물리치고, 당군과 연합하였다. 나당 연합군이 사비성을 함락하고, 웅진성에 피신하여 항전하던 의자왕이 항복하면서 백제가 멸망하였다.

04 | **예시 답안** | 통일 신라는 주요 지역에 5소경을 설치하였다. 이는 수도 금성이 동남쪽에 치우쳐 있는 지리적 단점을 보완하고, 지방 세력의 성장을 억제하기 위해서였다.
| **필수 키워드** | 5소경, 지리적 단점 보완, 지방 세력 억제
| **평가 기준** |

상	지리적 단점 보완과 지방 세력 억제라는 두 가지 목적을 모두 명확히 서술한 경우
중	두 가지 목적 중 한 가지만을 명확히 쓴 경우
하	서술이 명확하지 못한 경우

05 밑줄 친 '나라'는 발해이다. 대조영은 고구려 유민과 말갈인을 이끌고 동쪽으로 이동하여 동모산에서 발해를 건국하였다. 발해는 9세기 선왕 이후 중국으로부터 '해동성국'이라 불렸다.
오답피하기 ② 신라, ③ 백제, ④ 통일 신라, ⑤ 고구려 등에 대

한 설명이다.

06 (가) 왕은 문무왕이다. 문무왕은 유언을 남겨 자신의 시신을 화장하여 유골을 동해에 묻으면, 용이 되어 국가를 평안하게 지키겠다고 하였다. 문무왕은 나당 전쟁을 승리로 이끌고 삼국 통일의 과업을 달성하면서 왕권을 크게 강화하였다.
오답피하기 ② 신문왕, ③ 법흥왕, ④ 진흥왕, ⑤ 내물왕에 대한 설명이다.

07 자료는 발해의 발전에 대한 것이다. 대조영의 뒤를 이어 즉위한 무왕은 영토 확장에 힘써 만주 북부 지역까지 장악하였다. 발해의 세력이 커지자 당은 흑수 말갈과 신라를 이용하여 발해를 견제하였다. 이에 대항하여 무왕은 장문휴를 앞세워 당의 산둥 지방을 공격하였다.

08 (가)는 혜공왕의 피살 사건, (나)는 궁예가 활약하고 있던 시기의 사실이다. 신라 말 혜공왕이 피살당한 이후, 신라에서는 극심한 왕위 쟁탈전이 전개되었다. 여기에 중앙 귀족이 대토지 소유를 확대하고, 중앙 정부가 세금을 독촉하자 농민들이 봉기하였다. 원종과 애노의 난, 적고적의 난 등이 대표적인 농민 봉기이다.

09 (가)는 원효, (나)는 의상이다. 원효는 아미타 신앙을, 의상은 관음 신앙을 널리 전파하였다. 통일 이후 신라에서는 불교 신앙이 일반 백성에게까지 널리 유포되었는데, 이는 원효와 의상 같은 승려들의 활약이 컸다.
오답피하기 ①, ② 의상, ③ 원효, ④ 혜초에 대한 설명이다.

10 | **예시 답안** | (가)는 선종이다. 신라 말 선종이 유행하면서 승려의 사리를 보관하는 승탑과 승려의 일대기를 기록한 탑비가 유행하였다.
| **필수 키워드** | 선종, 승탑, 탑비
| **평가 기준** |

상	선종을 명확히 쓰고, 승탑과 탑비의 유행을 서술한 경우
중	승탑과 탑비의 유행을 서술한 경우
하	선종만을 명확히 쓴 경우

11 자료는 발해의 이불병좌상과 영광탑이다. 발해는 주자감을 설치하여 유교 경전에 관한 교육을 강화하고, 유교적 소양을 갖춘 인재를 양성하였다.
오답피하기 ②, ④ 통일 신라, ③, ⑤ 백제와 관련된 사실이다.

12 (가)는 통일 신라이다. 통일 신라는 대외 무역이 활발해지면서 당항성과 울산항이 국제 무역항으로 번성하였다. 울산항에는 아라비아 상인까지 왕래하면서 신라가 아라비아 지역에 알려지게 되었다.

오답피하기 ①, ②, ⑤ 발해, ③ 가야와 관련된 사실이다.

Ⅲ. 고려의 성립과 변천

01 고려의 건국과 정치 변화

개념 다지기
본문 65쪽

01 (1) 고려, 후백제 (2) 서경 (3) 과거(제) (4) 중서문하성 (5) 음서 (6) 묘청 (7) 교정도감 **02** (1) ✕ (2) ◯ (3) ◯ **03** 무신정변 **04** (1) 광종 (2) 성종 (3) 성종 **05** (1) ㉠ (2) ㉡ (3) ㉢ **06** (1) ◯ (2) ✕ (3) ◯ **07** ㄱ, ㄴ, ㄹ, ㅂ **08** (1) 소 (2) 성종 (3) 천민(관노비) **09** ㉠ 중방 ㉡ 이의민

중단원 실력 쌓기
본문 66~69쪽

01 ⑤	**02** ③	**03** ②	**04** ③	**05** ④
06 ②	**07** ④	**08** ⑤	**09** ③	**10** ④
11 ①	**12** ④	**13** ③	**14** ②	**15** ③
16 ②	**17** ⑤	**18** ⑤	**19** ⑤	

01 후고구려에서는 궁예의 실정으로 왕건이 왕위에 오르고 고려를 건국하였다. 후백제에서는 왕위 계승 문제로 견훤이 아들 신검에 의해 금산사에 갇혔고, 견훤은 탈출 후 고려의 왕건에게 귀순하였다. 이후 신라의 경순왕이 고려에 스스로 항복해 왔고, 고려군은 후백제군을 격파하여 후삼국을 통일하였다. (가) 신라의 항복은 935년, (나) 고려의 후삼국 통일은 936년, (다) 고려의 건국은 918년이다. ⑤ 순서대로 나열하면 (다) - (가) - (나) 순이다.

02 태조 왕건은 호족을 통제하고 견제하기 위해 호족과 혼인 관계를 맺었으며, 기인 제도를 실시하였다.

오답피하기 ㄱ. 윤관을 시켜 동북 9성을 개척한 것은 예종 때의 일이다.
ㄹ. 공복을 새롭게 정하여 관복 색깔에 따른 상하 질서를 확립한 것은 광종 때의 일이다.

03 검색창에 들어가야 할 제도는 과거(제)이다. 광종은 이를 통해 유교적 학식을 가진 인재를 양성하고자 하였다.

04 밑줄 친 '폐하'는 고려의 제6대 국왕인 성종이다. 성종은 최승로의 「시무 28조」를 받아들여 지방의 주요 거점에 12목을 설치하고 지방관을 파견하였다.

오답피하기 ① 노비안검법 실시는 광종 때의 일이다.

② 「훈요 10조」는 태조가 남긴 것이다.
④ 서경에 궁궐을 짓고 천도를 계획한 것은 인종 때의 일이다.
⑤ 호족 세력을 회유하기 위해 거듭하여 지방 호족과 혼인 관계를 맺은 것은 태조 때이다.

05 고려에서 중추원은 군사 기밀과 왕명의 출납을 담당하였다.
오답피하기 ① 중서문하성, ② 상서성, ③ 중방 또는 교정도감, ⑤ 삼사에 대한 설명이다.

06 대간은 중서문하성의 일부 관리와 어사대의 관원으로 구성되었다.
오답피하기 ① 승선은 왕명 출납을 담당한 관직명이다.
④ 고려의 건국 세력인 지방 호족 중 지방에 남아 지방 행정 실무를 담당하던 계층이다.
⑤ 천인 중 국가 기관에 소속된 노비를 말한다.

07 제시된 도표는 고려의 중앙 정치 기구를 보여 주고 있다. ㉠은 도병마사, ㉡은 중서문하성, ㉢은 어사대, ㉣은 삼사이다. 이 가운데 관청과 역할이 바르게 연결된 것은 중서문하성과 삼사이다.
오답피하기 ㉠ 고려 시대 최고 교육 기관은 국자감이며, ㉢ 국방 문제 등 중요한 정책을 논의하던 곳은 도병마사이다.

08 고려의 지방 행정 제도는 5도 양계, 경기로 구성되었고, 각 군현에는 지방관이 파견된 곳도 있었으나, 파견되지 못한 곳이 더 많았다. 또한 일반 군현과 달리 거주민이 차별 대우를 받는 향·부곡·소 등 특수 행정 구역이 있었다.

09 자료에서 공통적으로 설명하는 지역은 서경(평양)이다.

10 자료에서 밑줄 친 '우리'는 향리를 말한다. 향리는 지방에서 조세나 공물의 징수 등 지방 행정을 담당하였다.
오답피하기 ①, ③은 특수 행정 구역 거주민, ② 노비와 관련 있는 내용이다.
⑤ 소의 주민에 해당된다.

11 김부식은 관군을 이끌고 묘청의 난을 진압하였으며 『삼국사기』의 편찬을 주관하였다.

12 제시된 도표의 ㉠에 들어갈 인물은 이자겸으로, 왕실과 거듭된 혼인을 통해 권력을 차지하였다.
오답피하기 ① ㉠에 들어갈 인물은 이자겸이다.
②, ③ 묘청 등에 대한 설명이다.

⑤ 노비안검법은 광종 때 시행된 제도이다.

13 자료는 의종의 보현원 행차 때 일어났던 사건을 묘사하고 있다. 이 상황 이후 정중부, 이의방 등이 무신 정변을 일으켜 수많은 문신들을 살해하였으며, 의종을 폐위하였다.
오답피하기 ㄱ. 광종은 고려의 제4대 왕으로, 무신 정변 이전인 고려 전기의 국왕이다.
ㄹ. 고려의 제6대 왕인 성종에 대한 설명으로, 역시 무신 정변 이전인 고려 전기의 국왕이다.

14 무신 정변 이후 하층민 출신 중에 최고 권력자가 된 이들 중 대표적인 인물은 이의민, 김준 등이다.

15 (가)에 들어갈 용어는 삼별초이다. 삼별초는 좌·우별초와 신의군을 합쳐 부르는 말로, 도방과 함께 최씨 무신 정권의 군사적 기반 역할을 수행하였다.
오답피하기 ①, ⑤ 삼별초는 최우 집권 시기에 조직되었다.
② 별무반, ④ 주진군에 대한 설명이다.

16 최우가 인사 행정을 장악하기 위해 자신의 집에 설치한 정치 기구는 정방이다.

17 자료의 역사적 사건은 망이·망소이의 난이다.

18 특수 행정 구역의 하나인 '소'에는 양인으로 분류되는 주민들이 거주하였으나, 일반 군현에 사는 양인들에 비해 차별을 받았으며, 국가에서 필요로 하는 특정 물품을 생산하였다.

19 고려 사회의 관리 선발 방식은 크게 과거, 음서, 천거 등이 있었다. 과거는 문과, 잡과, 승과로 나뉘었다. 문과는 다시 제술과와 명경과로 나누어 관리를 선발하였다.
오답피하기 ㄱ. 과거제는 광종 때부터 실시되었다.
ㄴ. 고려 시대에 과거는 문과, 잡과, 승과로 나뉘었다.

서술형·논술형
본문 69쪽

01 | 예시 답안 | (1) 만적
(2) 만적의 난은 신분 차별을 극복하고 정권의 탈취까지 계획했던 점에서 천민들의 의식이 성장하고 있음을 잘 보여 주는 역사적 사건이다.

| 필수 키워드 | 신분 차별 극복(신분 해방 운동), 천민의 의식 성장(하층민의 의식 성장)

| 평가 기준 |

상	필수 키워드 중 두 가지를 명확히 제시하여 역사적 의의를 서술한 경우
중	필수 키워드 중 한 가지를 명확히 제시하여 역사적 의의를 서술한 경우
하	필수 키워드의 내용을 제대로 제시하지 못한 경우

02 | 예시 답안 | (내가 성종이라면) 국왕 중심의 중앙 집권 체제를 강화하기 위해 지방에 행정 기구를 설치하고 관리를 파견하겠습니다. 또 불교는 종교의 영역으로 두고 유교를 국가의 통치 이념으로 삼겠습니다. 이를 위해 중앙과 지방에 학교를 세워 유학 교육을 장려하고 국왕에게 충성을 다하는 인재를 선발할 것입니다.

| 평가 기준 |

평가 항목	평가 내용
평가 충실도	정해진 분량 기준을 충족시킴(단, 제시된 질문과 상관없는 내용으로 답변했을 시에는 분량 기준을 충족시키지 못한 것으로 간주함)
역사적 맥락	고려 시대라는 역사적 상황을 벗어나지 않게 글을 전개함
글의 타당성	제시된 자료를 근거로 하여 글을 서술함
글의 논리성	전체적인 글의 구성과 짜임새가 매끄러우며, 주장과 근거의 연결이 자연스러움

02 **고려의 대외 관계**

개념 다지기
본문 72쪽

01 (1) 거란(요) (2) 강동 6주 (3) 별무반 (4) 벽란도 (5) 칭기즈 칸 (6) 강화도 (7) 박서 **02** (1) ○ (2) ○ (3) × (4) ○ (5) × **03** 귀주 대첩 **04** ㉠ 김윤후 ㉡ 최우 **05** (1) ㉢ (2) ㉡ (3) ㉠ **06** ㄷ, ㄹ, ㅁ **07** (1) 거란 (2) 윤관 (3) 제주도 **08** ㉠ 충주성 ㉡ 김윤후

중단원 실력 쌓기
본문 73~75쪽

01 ①	**02** ①	**03** ④	**04** ⑤	**05** ②
06 ③	**07** ②	**08** ④	**09** ③	**10** ⑤
11 ⑤	**12** ⑤	**13** ⑤	**14** ④	

01 (가)에 들어갈 나라는 거란(요)이다. 거란은 926년 발해를 멸망시키며 동아시아의 강자로 성장하였다. 이후 중국의 혼란기를 틈타 만리장성 이남의 연운 16주를 차지하는 등 중국을 압박하였다.
오답피하기 ② 송 등, ③, ④는 여진족, ⑤ 몽골에 해당하는 설명이다.

02 거란의 1차 침입 때 거란의 소손녕에 맞서 외교 담판을 벌였던 인물은 서희이다.

03 (가)에 들어가야 할 검색어는 별무반이다. 별무반은 숙종 때 윤관의 건의로 조직된 군대로 신기군, 신보군, 항마군으로 구성되었다. 예종 때에는 여진을 정벌하고 9성을 쌓는 데 큰 역할을 하였다.

04 (가)에 들어갈 왕은 고려 성종이다. 성종 때 중앙 제도의 정비가 이루어졌고, 지방에 12목을 설치하여 지방관을 파견하였다. 또 거란의 1차 침입을 막아 내기도 하였다.

05 (가), (나)는 고려에 대한 여진의 태도 변화를 보여 주고 있다. 고려의 윤관은 별무반을 이끌고 여진을 몰아낸 후 동북 9성을 쌓았으나, 고려는 방비의 어려움과 여진의 간청으로 1년여 만에 여진에 이를 돌려주었다. 그러나 이후 고려는 여진이 세운 금과 군신 관계를 맺었다.
오답피하기 ① 936년의 일로 (가) 이전의 일이고, ③ 묘청이 서경 천도 운동을 벌였던 것은 1135년의 일로 (나) 이후의 일이다. ④ 태조가 경주에 김부(신라 경순왕)를 사심관으로 삼은 것은 (가) 이전의 일이고, ⑤ 김부식이 『삼국사기』를 편찬하여 인종에게 바친 것은 1145년으로 (나) 이후의 일이다.

06 (가)~(다)의 사실이 일어난 순서는 (나) 거란의 침입 → (가) 동북 9성의 개척 → (다) 몽골군과 만남 순이다.

07 ㄱ. 고려는 송의 선진 문물을 적극 받아들여 문화적·경제적 실리를 추구하였다. ㄷ. 개경 인근의 항구인 벽란도에서는 국제 무역이 활발히 이루어졌다.
오답피하기 ㄴ, ㄹ. 고려는 일본, 거란, 여진 등과도 교역하였으며, 거란에서 들여온 대장경은 초조대장경 제작에 영향을 끼치기도 하였다.

08 고려의 국제 항구인 벽란도에 대한 설명이다.
오답피하기 ①, ② 울산항과 당항성은 통일 신라의 국제 무역항이고, ③ 청해진은 통일 신라 시대 장보고가 완도에 설치한 해상 무역 기지로, 그는 이곳을 중심으로 한때 당과 신라, 일본을 연결하는 해상 무역을 장악하였다.

09 자료에서 공통적으로 설명하는 민족은 거란이다.

10 (가)에 들어갈 민족은 몽골이다. 몽골은 막강한 군사력으로 동서양에 이르는 대제국을 건설하였다.
오답피하기 ①, ②, ③은 여진, ④는 거란에 대한 설명이다.

11 대몽 항쟁 때 고려의 임시 수도는 강화도였다. ㄷ. 강화도는 최우가 집권했을 때부터 임시 수도로 기능하였으며, ㄹ. 물살이 빠르고 암초가 많아 방어에 유리한 지형이었다. 최씨 무신 정권이 들어온 뒤 간척 사업을 벌여 농지를 늘려, 오랜 기간 몽골군과 항전하기에 이점이 있었다.
오답피하기 ㄱ. 진도는 삼별초가 개경 환도에 반대하여 강화도에서 근거지를 옮겨 저항한 곳이다.
ㄴ. 삼별초가 최종 진압된 장소는 제주도이다.

12 밑줄 친 '나'는 김윤후이다. 김윤후는 이후 충주성에서도 군민과 천민을 이끌고 몽골군을 물리쳤다.
오답피하기 ① 묘청은 서경 천도 운동을 벌이다가 뜻을 이루지 못하자 서경에서 난을 일으켰다.
② 일연은 고조선의 역사를 포함한 역사서인 『삼국유사』를 집필하였다.
③ 김부식은 관군을 이끌고 묘청의 난을 진압하였고, 관직에서 물러난 뒤 인종의 명을 받아 『삼국사기』를 편찬하였다.
④ 이의민은 하층민 출신으로 무신 정변 이후 최고 권력자가 되었던 인물이다.

13 제시된 문화재는 팔만대장경판이다. 팔만대장경은 불교 관련 문화재로 무신 정권이 강화도 천도 후 대몽 항쟁의 명분을 내세우고 백성들의 지지를 얻기 위해 제작하였다. 현재 합천 해인사 장경판전에 보관되어 있으며, 재조대장경이라고도 불린다.

14 ㄴ. 김윤후는 충주성에서 군민과 천민을 이끌고 몽골군을 물리쳤다. ㄹ. 최씨 무신 정권이 무너지자 고려 정부는 몽골과 강화를 맺고 이후 개경으로 환도하였다.
오답피하기 ㄱ. 대몽 항쟁 시 귀주성에서 몽골군에 맞서 싸운 인물은 박서이다.
ㄷ. 여진과 관련된 사실이다.

서술형·논술형
본문 75쪽

01 | 예시 답안 | 당시 세계 최강인 몽골군이 고려를 침략해 오자 고려의 하층민은 자신의 생활 터전을 지키기 위해 끝까지 맞서 싸웠다.
| 필수 키워드 | 하층민
| 채점 기준 |

상	필수 키워드를 포함하여 역사적 맥락에 적합하도록 조리 있게 서술한 경우
중	필수 키워드를 포함하여 서술한 경우
하	단순한 사실만 나열한 경우

02 | 예시 답안 | 몽골군이 침입하자 최우의 무신 정권은 강화도로 천도하여 항전을 준비하였고, 귀주성에서는 박서가 고려군을 이끌고 몽골군의 공격을 막아 내었다. 또 고려 정부는 대몽 항쟁의 명분을 내세우기 위해 팔만대장경을 제작하였다. 한편, 충주성에서는 천민들이 몽골군의 침입을 격퇴하였으며, 처인부곡에서는 김윤후가 부곡민을 이끌고 적장 살리타를 사살하고 몽골군을 격퇴하기도 하였다.
| 채점 기준 |

평가 항목	평가 내용
평가 충실도	정해진 분량 기준을 충족시킴(단, 제시된 질문과 상관없는 내용으로 답변했을 시에는 분량 기준을 충족시키지 못한 것으로 간주함)
역사적 사고력	제시된 사료를 분석하여 몽골 침입 시기임을 알고, 이에 대한 고려인의 항쟁을 지배층(무신 정권)과 피지배층(백성)으로 나누어 구체적 사례를 들어 서술함
글의 타당성	현재의 시점이 아닌 당시의 역사적 상황 속에서 사실에 근거한 예시를 들고, 그에 대한 근거가 타당하게 연결되어 있음
글의 논리성	전체적인 글의 구성과 짜임새가 매끄러우며, 주장과 근거의 연결이 자연스러움

03 몽골의 간섭과 고려의 개혁

개념 다지기
본문 78쪽

01 (1) 개경 (2) 쌍성총관부 (3) 원 (4) 정동행성 (5) 몽골풍 (6) 공민왕 (7) 신흥 무인 세력 **02** (1) × (2) ○ (3) × (4) × (5) ○ (6) ○ **03** 전민변정도감 **04** ㉠ 최무선, ㉡ 이성계 **05** (1) ㉠ (2) ㉡ **06** ㄴ, ㄹ, ㅁ, ㅂ **07** (1) 고려양 (2) 권문세족 (3) 신돈 **08** ㉠ 성균관, ㉡ 신진 사대부

중단원 실력 쌓기
본문 79~81쪽

01 ③	02 ③	03 ①	04 ④	05 ②
06 ②	07 ⑤	08 ⑤	09 ④	10 ④
11 ①	12 ⑤	13 ③		

01 (가)는 충렬왕 때의 일로 원 간섭기가 시작되던 무렵이며, (나)는 공민왕 때 몽골풍을 금지하는 내용이다. (가)와 (나) 사이의 시기는 원 간섭기이다.
오답피하기 ①, ② 원 간섭기 이전의 사건이다.
④ 박위가 왜구의 근거지인 쓰시마섬을 토벌한 것은 공민왕 이후인 창왕 때의 일이다.
⑤ 몽골군의 침략에 저항한 것으로 원 간섭기 이전의 사건이다.

02 원 간섭기에 고려 정부는 제도와 풍속을 인정받았지만, 왕실 용어가 격하되고 원의 내정 간섭을 받았다.
오답피하기 ㄱ. 교정도감을 중심으로 국정을 운영한 것은 최씨 무신 정권 때의 일이다.
ㄹ. 정방을 폐지한 것은 공민왕 때의 일이다.

03 ㉠은 쌍성총관부, ㉡은 동녕부이다. 원은 화주에 쌍성총관부를, 서경에 동녕부를 설치하여 고려의 영토 일부를 직접 지배하였다.

04 (가)에 들어갈 기구는 정동행성이다.
오답피하기 ① 중방은 무신들의 회의 기구이다.
② 정방은 최우 때 인사 행정을 장악하기 위해 설치한 기구이다.
③ 고려양은 몽골 황실에서 유행한 고려의 풍습을 말하는 것이다.
⑤ 다루가치는 원이 고려의 내정 간섭을 위해 파견한 관리이다.

05 (가)에 들어갈 정치 세력은 권문세족이다.
오답피하기 ① 호족은 신라 말에 성장하여 고려 건국을 주도한 세력이다.
③ 진골 귀족은 신라의 귀족 세력이다.
④ 문벌 세력은 고려 전기의 지배 세력이다.
⑤ 신진 사대부는 고려 후기 공민왕의 개혁을 기반으로 성장하여 조선 건국을 주도하였다.

06 자료에서 ○○왕은 공민왕이다. 공민왕은 친원 세력인 기철 일당을 숙청하였고, 쌍성총관부를 공격하여 영토를 수복하였다.
오답피하기 ㄴ은 광종 때, ㄹ은 인종 때의 일이다.

07 밑줄 친 인물이 속하는 정치 세력은 권문세족이다.
오답피하기 ㄱ에 해당하는 정치 세력은 신진 사대부와 신흥 무인 세력이고, ㄴ은 신진 사대부에 해당한다.

08 자료의 밑줄 친 '이들'은 권문세족이며, 이들을 비판하며 나타난 정치 세력은 신진 사대부이다.

09 (가) 기구는 전민변정도감으로 공민왕의 개혁에 중요한 역할을 하였다.
오답피하기 ① 중방. ② 도방 또는 삼별초. ③ 중서문하성. ⑤ 교정도감에 대한 설명이다.

10 자료의 밑줄 친 '이들'은 홍건적이다. 홍건적은 원나라 말기 한족 반란군으로, 고려를 두 차례 침입하여 공민왕이 안동으로 피신하기도 하였다.

11 (가)는 홍건적의 침입, (나)는 우왕 때 왜구의 침입을 격퇴한 사건이며, (다)는 창왕 때 쓰시마섬 토벌이므로 일어난 순서는 (가) – (나) – (다) 순이다.

12 자료에서 밑줄 친 '나'가 속한 정치 세력은 고려 말 신흥 무인 세력에 해당한다.
오답피하기 ① 신라 말 지방에 세력을 구축한 이들을 가리킨다.
② 고려의 중앙 지배층이 과거와 음서, 혼인을 통해 형성한 세력이다.
③ 원 간섭기 원과 밀접한 관계 속에 권력을 독점한 세력이다.
④ 성리학을 사상적 기반으로 권문세족의 횡포를 비판하고 공민왕의 개혁에 동참했던 세력이다.

13 신진 사대부의 사상적 기반은 성리학이다.
오답피하기 ① 무신. ② 호족. ④ 권문세족. ⑤ 신흥 무인 세력에 대한 설명이다.

서술형·논술형
본문 81쪽

01 | 예시 답안 | 신돈을 등용해 전민변정도감을 설치하여 권문세족이 빼앗은 토지를 원래 주인에게 돌려주고, 불법적으로 노비가 된 이들을 양인으로 해방시켰다.
| 필수 키워드 | 신돈 등용, 전민변정도감 설치, 빼앗은 토지 반환, 불법적 노비 해방

평가 기준	
상	필수 키워드의 내용을 세 가지 이상 포함하여 서술한 경우
중	필수 키워드의 내용 중 두 가지를 포함하여 서술한 경우
하	필수 키워드의 내용 중 한 가지만 포함하여 서술한 경우

02 | 예시 답안 | 원 간섭기 때 권력을 독점한 권문세족은 자신들의 권력을 마음대로 휘두르며 관직을 팔고, 백성의 토지를 빼앗아 대규모 농장을 운영하면서 백성들에게 극심한 고통을 주었다. 이제 공민왕께서 개혁을 추진하시니 부패한 권문세족이 벌였던 일들을 바로잡기 위해 우리 신진 사대부들이 힘을 보태야 할 것이다.

평가 기준	
평가 항목	평가 내용
평가 충실도	정해진 조건과 분량 기준을 충족시킴(단, 제시된 질문과 상관없는 내용으로 답변했을 시에는 분량 기준을 충족시키지 못한 것으로 간주함)
역사적 사고력	제시된 사료를 분석하여 (가)에 들어갈 정치 세력이 권문세족임을 알고, 원 간섭기 권문세족의 횡포와 함께 이를 개혁하려는 의지를 담아 서술함
글의 타당성	현재의 시점이 아닌 당시의 역사적 상황을 고려하여 신진 사대부의 입장에서 권문세족을 비판하는 글을 서술함
글의 논리성	전체적인 글의 구성과 짜임새가 매끄러우며, 주장과 근거의 연결이 자연스러움

04 고려의 생활과 문화

개념 다지기
본문 83쪽

01 (1) 양인 (2) 노비 (3) 일부일처제 (4) 재산 상속 (5) 의천 (6) 『직지심체요절』(『직지』) (7) 성리학   **02** (1) × (2) ○ (3) ○   **03** 『교장』   **04** ㉠ 의천 ㉡ 일연 ㉢ 신돈   **05** (1) ㉡ (2) ㉢ (3) ㉠   **06** (1) ○ (2) × (3) ○   **07** ㄱ, ㄴ, ㅁ, ㅂ   **08** (1) 『삼국유사』 (2) 안향 (3) 『직지심체요절』(『직지』)   **09** 만권당

중단원 실력 쌓기
본문 84~85쪽

01 ④   **02** ⑤   **03** ②   **04** ②   **05** ③
06 ①   **07** ⑤   **08** ①

01 고려 시대 대다수의 농민은 일반 군현에 거주하였으며, 국가에 세금, 특산물, 노동력을 바쳤다.
오답피하기 ㄱ은 신라의 귀족, ㄷ은 노비를 설명하고 있다.

02 고려 사회에서는 성별이나 나이에 상관없이 재산을 균분하게 상속하였다.
오답피하기 ㄱ. 옳은 설명이나 자료를 통해서는 알 수 없다.
ㄴ. 조선 중기 이후의 상황이다.

03 자료에서 밑줄 친 '나'는 대각국사 의천이다.
오답피하기 ① 원효는 통일 신라 때의 승려로 불교의 사상적 대립을 조화시키고 불교 대중화에 앞장섰다.
③ 신돈은 공민왕 때 전민변정도감의 책임자로서 공민왕의 개혁에 앞장섰던 승려이다.
④ 묘청은 서경 천도 운동을 주도했던 승려이다.
⑤ 지눌은 정혜결사를 조직하여 불교 본연의 수행을 강조하였다.

04 자료는 금속 활자를 설명하고 있다. 현재 남아 있는 금속 활자본 중 가장 오래된 것은 고려 후기에 인쇄된 『직지심체요절』이다.

05 (가)에 들어갈 역사서는 『삼국유사』와 『제왕운기』이다. 『삼국유사』는 일연, 『제왕운기』는 이승휴가 저술하였다.

06 순서는 (가) 의천 - (나) 묘청 - (다) 지눌 순이다. 의천이 『교장』을 간행한 것은 11세기 말이고, 묘청이 서경 천도 운동을 일으킨 시기는 12세기 전반이다. 지눌이 활약한 시기는 12세기 말이다.

07 고려 시대 대표적인 사원 건축물로는 안동 봉정사 극락전, 영주 부석사 무량수전, 예산 수덕사 대웅전 등이 있다.
오답피하기 ㄱ. 개성 첨성대는 천문 관측을 위한 것이고, ㄴ. 경주 불국사는 통일 신라 시대에 창건되었다.

08 신진 사대부의 사상적 기반은 성리학이다.
오답피하기 ② 성리학은 고려 후기 충렬왕 때 안향이 처음 전하였다고 알려져 있다.
③, ④ 불교에 대한 설명이다.
⑤ 풍수지리설에 대한 설명이다.

서술형·논술형
본문 85쪽

01 | **예시 답안** | 고려 시대에는 혼인 후 신랑이 신부의 집에서 신부의 부모와 함께 생활하는 경우가 많았고, 남녀 구분 없이 자신의 가계가 중심이 되었다. 여성에 대한 사회 활동 제약은 있었지만, 가정 내에서 남녀 간의 차이는 없었다.

| **필수 키워드** | 혼인 후 신랑이 신부의 집에서 생활, 가정 생활에서는 남녀 차이 없음

| **평가 기준** |

상	필수 키워드에 제시된 내용을 모두 포함하여 역사적 사실에 맞게 서술한 경우
중	필수 키워드의 내용 중 하나를 포함하여 역사적 사실에 맞게 서술한 경우
하	단순하게 남녀가 평등하였다라고 서술한 경우

02 | **예시 답안** | 자료에서 비판하고 있는 종교는 불교이다. 불교를 비판하는 근거가 된 사상은 성리학으로, 성리학은 신진 사대부의 사상적 기반이 되었다. 신진 사대부는 고려 말 공민왕의 개혁에 참여하여, 불교의 타락과 권력을 독점하고 있던 권문세족을 비판하며 고려 사회를 개혁하기 위해 노력하였다.

| **평가 기준** |

평가 항목	평가 내용
평가 충실도	정해진 분량 기준을 충족시킴(단, 제시된 질문과 상관없는 내용으로 답변했을 시에는 분량 기준을 충족시키지 못한 것으로 간주함)
역사적 사고력	비판의 대상이 된 종교가 불교이고, 비판의 근거가 된 사상이 성리학임을 추론하여, 이를 바탕으로 성리학을 기반으로 신진 사대부가 성장하였고, 이들이 고려 사회의 개혁을 위해 노력하였음을 서술함
글의 타당성	현재의 시점이 아닌 당시의 역사적 상황 속에서 고려 말 성리학의 영향을 서술함
글의 논리성	전체적인 글의 구성과 짜임새가 매끄러우며, 주장과 근거의 연결이 자연스러움

대단원 마무리
본문 86~87쪽

01 ①	**02** ②	**03** ⑤	**04** 해설 참조	
05 ⑤	**06** ③	**07** ⑤	**08** ④	**09** ⑤
10 해설 참조	**11** ②	**12** ②		

01 후고구려의 궁예가 민심을 잃고 왕위에서 쫓겨난 뒤 왕건이 왕으로 추대되었다. 왕건은 국호를 고려라 정하고 도읍을 송악으로 옮겼다. 이후 후백제에서 왕위 계승 문제로 견훤이 아들 신검에 의해 왕위에서 쫓겨났고, 견훤은 고려로 귀순하였다. 이후 고려가 후백제를 공격하여 후삼국 통일을 달성하였다.

02 태조 왕건의 북진 정책은 고구려의 옛 수도인 평양을 서경으로 삼아 중시하고, 북쪽으로 청천강~영흥만까지 영토를 확장한 것 등을 예로 들 수 있다.

03 (가)는 노비안검법으로 광종 때 시행되었다.
[오답피하기] ① 과거제는 광종 때 쌍기의 건의로 실시되었다.
② 음서제는 왕족이나 공신, 고위 관료의 자손에게 시험 없이 관직에 오를 수 있는 자격을 준 제도이다.
③ 기인 제도는 지방 호족의 자제를 수도에 머물도록 하는 제도로, 지방의 호족을 효과적으로 통제하는 데 이용되었다.
④ 사심관 제도는 중앙의 관리가 출신 지역의 일을 자문하고 일정한 책임을 지도록 한 제도이다.

04 | **예시 답안** | 지방의 중요 거점에 12목을 설치하여 지방관을 파견하였고, 유교를 통치 이념으로 받아들여 체제를 정비하였다.

| **필수 키워드** | 12목 설치, 유교를 통치 이념으로 삼아 체제 정비

| **평가 기준** |

상	12목 설치와 유교를 통치 이념으로 삼아 체제를 정비하였다는 내용을 모두 포함하여 조리 있게 서술한 경우
중	두 가지 내용 중 한 가지만 서술한 경우
하	단순하게 단어만 나열한 경우

05 고려의 중앙 정치 제도는 ㄷ. 성종 때 당의 3성 6부제를 받아들여 고려의 실정에 맞게 운영하였다. ㄹ. 도병마사와 식목도감에서는 고위 관료들이 국가의 중요한 정책을 합의하여 처리하였다.
[오답피하기] ㄱ. 중서문하성의 일부 관리와 어사대의 관원을 대간이라 불렀다.
ㄴ. 조선 시대의 3사에 대한 설명이다. 고려에서 삼사는 화폐와 곡식의 출납 및 회계를 담당하였다.

06 (가)에 들어갈 인물은 묘청이다.
[오답피하기] ① 쌍기는 후주에서 귀화한 인물로 광종에게 과거제의 실시를 건의하였다.
② 공민왕은 신돈을 등용하여 전민변정도감을 설치하고 개혁을

실시하였다.
④ 척준경은 이자겸의 부하였으나 인종의 회유로 이자겸을 살해하였다.
⑤ 최승로는 성종에게 「시무 28조」를 올렸다.

07 (가)에 들어갈 인물은 최우이다. 최우는 자신의 집에 정방을 설치하여 인사권을 장악하였다.

08 무신 집권기 농민들의 난은 공주 명학소의 망이·망소이의 난, 김사미와 효심의 난 등이 있다.
오답피하기 ㄱ과 ㄷ은 천민의 봉기이다.

09 (가)와 (나) 사이에 벌어진 사건은 거란의 3차 침입과 귀주 대첩, 윤관이 별무반을 이끌고 여진을 정벌한 후 동북 9성을 개척한 것 등이 있다.
오답피하기 ㄱ과 ㄴ은 (나) 이후의 사건이다.

10 | **예시 답안** | (가)에 들어갈 기구는 국자감이고, 과거는 유교적 소양(또는 지식)을 갖춘 능력 있는 인재를 선발하여, 국왕 중심의 국가 운영을 위해 실시하였다(유교적 지식과 학문 능력에 따라 관리를 선발하기 위해 실시하였다.).
| **필수 키워드** | 유교적 소양(또는 지식), 능력 있는 인재 선발, 국왕 중심의 국가 운영
| **평가 기준** |

상	국자감을 쓰고 과거를 실시한 목적을 명확히 서술한 경우
중	과거를 실시한 목적만을 명확히 서술한 경우
하	국자감만 쓴 경우

11 신진 사대부는 성리학을 개혁의 사상적 기반으로 삼아 공민왕의 개혁에 적극 참여하였다.
오답피하기 ㄴ은 무신, ㄹ은 권문세족에 대한 설명이다.

12 ㄱ. 고려는 강화도로 천도한 이후 대몽 항쟁의 명분을 내세우고 백성들의 지지를 얻기 위해 팔만대장경을 제작하였다. ㄷ. 의천은 천태종을 개창하였다.
오답피하기 ㄴ은 「삼국유사」 등, ㄹ은 「직지심체요절」(「직지」)에 대한 설명이다.

Ⅳ. 조선의 성립과 발전

01 통치 체제와 대외 관계

개념 다지기
본문 95쪽

01 (1) 위화도 (2) 과전법 (3) 조선 **02** (1) ○ (2) × (3) × **03** (1) ㉠ (2) ㉢ (3) ㉡ (4) ㉣ **04** (1) ㄱ (2) ㅁ (3) ㄷ **05** (1) 호패법 (2) 홍문관 **06** (1) ㅁ (2) ㄹ (3) ㄱ (4) ㄴ (5) ㄷ **07** (1) × (2) ○ (3) ○ (4) × **08** (1) 과거 (2) 성균관 (3) 잡과 **09** (1) ㄷ (2) ㄱ (3) ㄴ

중단원 실력 쌓기
본문 96~97쪽

01 ③ **02** ⑤ **03** ① **04** ④ **05** ①
06 ③ **07** ③ **08** ⑤ **09** ③ **10** ④
11 ②

01 지도는 위화도 회군을 나타낸 것이다. 이성계는 위화도에서 군대를 돌려 우왕과 최영을 몰아내고 정치·군사적 실권을 장악하였다.
오답피하기 ① 이성계는 4불가론을 내세워 요동 정벌을 반대하였다.
② 세조는 과전법을 개혁하여 직전법을 시행하였다.
④ 정도전 등 새 왕조 개창을 주장하던 세력이 정몽주 등 고려 왕조 유지를 주장하던 세력을 제거하고 조선을 건국하였다.
⑤ 이성계와 신진 사대부는 과전법을 시행하여 신진 관리의 경제적 기반을 마련하였다.

02 고려 말 명이 철령 이북 땅을 요구하자 우왕과 최영은 요동 정벌을 추진하였다. 정벌에 반대하던 (라) 이성계가 위화도 회군을 일으켜 군사적 실권을 장악하고 (1388), (가) 신진 사대부와 함께 과전법을 시행하였다 (1391). 이후 (나) 이성계는 반대파를 제거하고 조선을 건국하였고(1392), 나아가 (다) 수도를 개경에서 한양으로 옮겼다(1394). 순서대로 나열하면 (라)-(가)-(나)-(다) 순이다.

03 (가)에 들어갈 왕은 세종이다. 세종 때 최윤덕과 김종서를 파견하여 압록강과 두만강 유역의 4군과 6진 지역을 개척하였다. 또한 세종은 집현전을 설치하고 경연을 열

었으며, 훈민정음을 반포하였고, 과학 기술 발전에도 크게 기여하였다.

〔오답피하기〕 ② 태종 때 실시되었다.

③ 성종 때 설치되었다.

④ 태종, 세조 때 실시되었다.

⑤ 세조 때 편찬이 시작되었다.

04 정도전은 새 왕조 개창을 주장하고 이성계를 왕으로 추대하여 조선 건국에 큰 역할을 하였다. 그는 건국 직후 태조의 지지 속에 나라의 기틀을 구상하였다. 이후 정도전은 재상 중심 정치를 주장하다가 강력한 왕권을 중심으로 나라를 운영하려던 이방원과 정치 운영 방식을 둘러싸고 대립하였고, 왕자의 난으로 제거되었다.

05 자료는 『경국대전』의 일부이다. 『경국대전』은 6전 체제로 구성된 조선의 기본 법전이다. 성종 시기에 『경국대전』이 완성됨으로써 조선은 유교적 법치 국가로 나아갈 수 있었다.

〔오답피하기〕 ㄷ. 『경국대전』은 세조 때 편찬하기 시작하였다.

ㄹ. 『경국대전』은 유교적 기본 질서인 효와 충을 강조하고 민본 사상에 입각하여 만들어졌다.

06 (가)는 직전법이다. 세조는 전·현직 관리에게 수조권을 주던 과전법을 개혁하여 현직 관리에게만 수조권을 주는 직전법을 실시함으로써 국가 재정을 안정시켰다.

〔오답피하기〕 ① 고려 시대의 토지 제도이다.

② 전·현직 관리에게 수조권을 지급하던 토지 제도이다.

④ 태종 때 처음 실시된 제도로, 인구를 파악하여 세금 징수와 군역 부과의 기초 자료가 되었다.

⑤ 신라 신문왕 때 실시된 토지 제도이다.

07 (가)에 들어갈 기구는 의정부이다. 의정부는 영의정, 좌의정, 우의정 등이 합의하여 나라의 정책을 결정하거나 왕에게 보고하는 등 국정을 총괄하여 담당하였다.

〔오답피하기〕 ① 춘추관에 대한 설명이다.

② 6조에 대한 설명이다.

④ 승정원에 대한 설명이다.

⑤ 성균관에 대한 설명이다.

08 (가)는 수령이다. 조선 시대 수령은 군현에 파견되어 지방의 행정권뿐만 아니라 사법권, 군사권까지 가지고 군

현을 통치하였다.

〔오답피하기〕 ① 병마절도사에 대한 설명이다.

② 유향소에 대한 설명이다.

③ 관찰사에 대한 설명이다.

④ 향리에 대한 설명이다.

09 조선의 군역은 16세 이상 60세 미만의 모든 양인 남성을 대상으로 하였으며, 군사 조직은 중앙군과 지방군으로 나뉘었다. 또한 교통·통신 제도를 정비하여 봉수제, 역참제, 조운제를 실시하였다. 문무 양반 관리는 주로 과거를 통해 선발하고 문과, 무과, 잡과로 나누어 3년마다 정기적으로 과거를 시행하였다. 교육 제도는 유교적 능력을 갖춘 관리를 양성하기 위해 학교를 세우고 학문을 가르쳤다. 서당에서 초보적 유학 지식을 습득하고 4부 학당(한양)이나 향교(지방)에서 유교 경전을 배웠으며, 한양의 최고 학부인 성균관에서 수준 높은 유교 지식을 쌓았다. ③ 세금으로 거둔 곡식을 물길을 통해 운송하는 제도는 조운제이다.

10 조선은 사대교린의 원칙에 따라 주변국과 교류하였다. 조선은 명과는 사대 외교를 추진하여, 조공과 책봉의 형식을 빌려 명에 주기적으로 사절단을 파견하고 경제적, 문화적, 정치적 실리를 추구하였다. 여진, 일본과는 교린 정책을 추진하여 평화 시에는 교역을 허락하는 회유책을 쓰고, 국경을 침범하면 토벌하는 강경책을 병행하였다.

〔오답피하기〕 ㄱ. 조선은 건국 초기에 태조와 정도전 등이 요동 정벌을 추진하면서 명과 대립하였다.

ㄷ. 조선은 명과 사대 관계를 맺고 조공과 책봉 형식의 외교를 추진하여 실리를 추구하였다.

11 (가)는 여진(족), (나) 일본(왜)이다. 조선은 여진과 일본에 대해 교린 정책을 펼쳐 평화 시에는 교역을 허락하였다. 그러나 이들이 국경을 침범하면 군사를 동원해 본거지를 토벌하는 강경책을 펼쳤다. 여진이 국경을 침범하자 4군 6진을 설치하였고, 일본이 도적질을 일삼자 쓰시마섬을 토벌하였다.

〔오답피하기〕 ㄴ. 일본과의 대외 교류에 대한 설명이다. 조선은 3포를 개항하여 제한적 교역을 허락하였다.

ㄹ. 여진과의 대외 교류에 대한 설명이다. 조선은 4군 6진을 설치하고, 남부 지방의 백성을 이곳으로 이주시키는 사민 정책을 펼쳐 국경 지역의 안정을 도모하였다.

01 | 예시 답안 | (가)는 한양으로, 나라의 중앙에 위치하였으며, 한강이 흘러 교통이 편리하였고, 주변이 산으로 둘러싸여 있어 외적의 방어에 유리하였다.

| 필수 키워드 | 나라의 중앙, 한강, 교통 편리, 외적 방어에 유리

| 평가 기준 |

상	한양의 지리적 이점을 세 가지 모두 서술한 경우
중	한양의 지리적 이점을 두 가지 서술한 경우
하	한양의 지리적 이점을 한 가지 서술한 경우

02 | 예시 답안 | (가)는 유교이다. 유교에서 강조하는 좌묘우사의 배치 양식에 따라 경복궁을 중심으로 좌우에 종묘와 사직단을 설치하였다. 또한 한양을 둘러싼 성문의 명칭을 유교 덕목인 '인의예지'의 내용을 포함하여 흥인지문, 돈의문, 숭례문 등으로 지었다.

| 필수 키워드 | 유교, 종묘, 사직단, 유교 덕목

| 평가 기준 |

상	유교를 쓰고, 유교 이념을 반영하여 건축물을 배치하고 건축물의 이름을 지었다는 내용을 모두 구체적으로 서술한 경우
중	유교를 쓰고, 유교 이념을 반영하여 건축물을 배치하고 건축물의 이름을 지었다는 내용 중 한 가지만을 서술한 경우
하	유교만 쓴 경우

03 | 예시 답안 | 조선 시대에는 사헌부를 두어 관리의 비리를 감찰하게 하였고, 사간원을 두어 왕에게 간언하는 역할을 하게 하였으며, 홍문관을 두어 왕의 정치적 자문을 담당하게 하였다. 조선은 사헌부, 사간원, 홍문관의 3사를 설치하여 관리의 부정과 비리를 감시하고 국왕의 권력 독점을 막아 왕권과 신권의 조화를 꾀하고자 하였다.

| 평가 기준 |

평가 항목	평가 내용
역사적 사고력	권력 독점과 관리의 부정 방지, 왕권과 신권의 조화를 추론하여 서술할 수 있음
글의 타당성	사료의 내용 설명과 자신의 주장이 타당하게 연결되어 있음
글의 논리성	전체적인 글의 구성과 짜임새가 매끄러우며, 주장과 근거의 연결이 자연스러움

04 | 예시 답안 | (1) (가) 명, (나) 여진, (다) 일본
(2) 조선은 명에 사신을 파견해 조공품을 보내고 명에서

서적과 약재 등 조선에 필요한 물품을 받아옴으로써 경제적·문화적 실리를 추구하였고, 명으로부터 국왕의 지위를 국제적으로 인정받아 정치적 안정을 꾀하였다.

| 필수 키워드 | 경제적·문화적 실리, 정치적 안정

| 평가 기준 |

상	경제적·문화적 측면에서 조공 무역을 통한 실리 추구, 정치적 측면에서 왕권 안정을 꾀함을 각각 서술한 경우
중	경제적·문화적 측면에서 조공 무역을 통한 실리 추구, 정치적 측면에서 왕권 안정을 꾀함의 내용 중 하나만을 서술한 경우
하	서술이 명확하지 못한 경우

(02) 사림 세력과 정치 변화

개념 다지기   본문 102쪽

01 (1) 사 (2) 훈 (3) 훈 (4) 훈 (5) 사   **02** (1) × (2) ○ (3) ○   **03** (1) ㉠ (2) ㉣ (3) ㉢ (4) ㉡   **04** (1) ㄹ (2) ㅁ (3) ㅁ (4) ㄴ (5) ㄷ (6) ㄱ   **05** (1) 사림 (2) 조광조 (3) 서원 (4) 붕당 (5) 이조 전랑 (6) 향약   **06** (1) ㉠ (2) ㉢ (3) ㉣ (4) ㉡   **07** (1) ㄷ (2) ㄴ (3) ㄹ (4) ㄱ   **08** (1) 사액 서원 (2) 서원, 향약(또는 향약, 서원) (3) 붕당

중단원 실력 쌓기   본문 103~104쪽

01 ②	02 ③	03 ②	04 ③	05 ①
06 ①	07 ⑤	08 ②	09 ③	10 ③

01 (가)는 훈구, (나)는 사림 세력이다. 훈구 세력은 세조 즉위를 도운 공신들로, 중앙의 고위 관직을 차지하고 국가로부터 많은 토지와 노비를 받아 막대한 재산을 소유하였다. 이후 성종은 왕권 강화를 위해 김종직 등 영남 지역 출신의 사림을 대거 등용하여 훈구 세력을 견제하였다.

[오답피하기] ㄴ. 사림 세력에 대한 설명이다.
ㄹ. 훈구 세력에 대한 설명이다.

02 사화의 전개 과정은 무오사화 → 갑자사화 → (중종반정)

→ 기묘사화 → 을사사화 순이다. 첫 번째 자료는 갑자사화에 대한 설명이고, 마지막 자료는 중종반정 이후 중종이 사림 세력을 등용하여 훈구 세력을 견제하는 내용이다. 시기순으로 보았을 때 (가)에 들어갈 내용은 중종반정에 공을 세운 훈구 세력이 정국을 주도한 사실이다.

오답피하기 ①, ② 중종이 조광조를 등용한 이후에 일어난 사실이다.
④ 연산군 때 일어난 무오사화에 대한 설명이다.
⑤ 명종 때 일어난 사화이다.

03 조광조는 유교적 이상 정치를 실현하기 위하여 현량과를 실시하고 소격서를 폐지하며 위훈을 삭제하는 등 급진적 개혁 정책을 추진하였다. 이에 중종과 훈구 세력은 조광조의 급진적 개혁에 반발하여 기묘사화를 일으켰다.

04 제시된 도표는 사림의 계보도이다. 사림 세력은 정몽주, 길재 등 고려 말 조선 건국에 협력하지 않은 학자들의 학통을 계승하였다. 사림은 성종 때 김종직을 비롯한 여러 인물이 중앙 정계에 진출하면서 성장하였다.

05 사림 세력은 네 차례 사화로 중앙 정치에서 큰 피해를 입었다. 하지만 향촌에서 향약과 서원을 기반으로 학문적 입지와 영향력을 넓혀 선조 시기 다시 중앙 정계에 진출하여 정치의 주도권을 잡을 수 있었다.

오답피하기 ㄷ. 훈구 세력은 국가로부터 많은 토지를 받아 대농장을 형성하였다.
ㄹ. 한양에 설치된 최고 국립 교육 기관으로 유교 교육을 담당하였다.

06 붕당은 특정한 학문적·정치적 입장을 함께하는 양반들이 모여 만든 정치 집단이다. 공론 형성에 중요한 역할을 하던 이조 전랑의 임명 문제로 사림 간 갈등이 심화되면서 사림이 동인과 서인으로 나뉘어 붕당이 형성되었다.

오답피하기 ②, ④ 기묘사화의 배경이다.
③ 사화 발생의 배경이다.
⑤ 조선 건국 시기 신진 사대부의 분화 배경이다.

07 (가)는 향약이다. 향약은 조광조가 중국의 향약을 들여왔고, 이황과 이이에 의해 우리 실정에 맞게 만들어져 전국에 보급되었다. 사림 세력은 향약을 통해 향촌에 성

리학적 유교 윤리를 보급하고 향촌에 대한 지배력을 강화해 나갔다.

오답피하기 ①, ②, ③, ④ 서원과 관련된 설명이다.

08 (가)에 들어갈 인물은 이황이다. 이황은 이이와 함께 우리 실정에 맞는 향약을 향촌에 보급하는 데 힘썼으며, 『성학십도』를 저술하여 성리학의 개념을 그림과 함께 쉽게 이해할 수 있도록 제시하였다. 또한, 이황의 건의로 백운동 서원이 후에 사액 서원인 소수 서원이 되었다. 이후 이황과 조식의 제자를 중심으로 동인 세력이 형성되었다.

09 서원은 덕망 있는 유학자를 기리고 지방 양반 자제들을 교육하기 위해 만들어졌다. 서원이 설립되면서 향촌에 성리학이 보급되고 지방 문화가 성장하였다. 또한, 서원을 통해 향촌의 정치 여론이 형성되어 사림 세력의 정치적 결속을 다질 수 있었다. 이와 함께 서원을 통해 깊이 있는 성리학 연구가 이루어지고 학파가 형성되면서 붕당 형성의 한 요인이 되기도 하였다.

오답피하기 ㄱ, ㄹ. 향약에 대한 설명이다.

10 (가)는 서인, (나)는 동인, (다)는 북인이다. 서인은 주로 이이와 성혼의 학문을 따르는 기호 지방의 사림들이었고, 동인은 주로 이황과 조식의 학문을 따르는 영남 지방의 사림들이었다. 북인은 광해군 때 정치를 주도하였으나 인조반정으로 몰락하였다.

오답피하기 ㄱ. 북인에 대한 설명이다.
ㄹ. 이조 전랑의 임명 문제 등으로 분화되었다.

서술형·논술형
본문 105쪽

01 | 예시 답안 | (가)는 조광조로 현량과 실시, 소격서 폐지, 위훈 삭제를 주장하였다.
| 필수 키워드 | 현량과, 소격서 폐지, 위훈 삭제
| 평가 기준 |

상	조광조를 쓰고, 그의 개혁 정치를 세 가지 모두 서술한 경우
중	조광조를 쓰고, 그의 개혁 정치를 두 가지 서술한 경우
하	조광조를 쓰고, 그의 개혁 정치를 한 가지 서술한 경우

02 | 예시 답안 | 사림 세력은 상부상조의 전통과 성리학적 유교 윤리를 결합한 향약을 만들어 전국에 보급하였다. 예안 향약의 내용을 살펴보면, 예의와 풍속을 바로 세우기 위해 부모에 대한 효, 어른에 대한 공경, 형제 간 우애, 이웃 간 화합 등 성리학적 유교 윤리를 제시하고 있다. 사림 세력은 이와 같은 향약의 덕목을 강조하여 성리학적 유교 윤리를 향촌에 보급하고자 하였다. 또한 사림 세력은 향약의 보급을 통해 지방민을 교화하고 통제하여 향촌 지배력을 강화하고자 하였다.

| 평가 기준 |

평가 항목	평가 내용
평가 충실도	정해진 분량 기준을 충족시킴(단, 제시된 질문과 상관없는 내용으로 답변했을 시에는 분량 기준을 충족시키지 못한 것으로 간주함)
역사적 사고력	사림 세력이 향약을 통해 성리학적 유교 윤리를 보급하고 향촌 지배력을 강화해 나가고자 한 점을 추론하여 서술할 수 있음
글의 타당성	사료의 내용 설명과 자신의 주장이 타당하게 연결되어 있음
글의 논리성	전체적인 글의 구성과 짜임새가 매끄러우며, 주장과 근거의 연결이 자연스러움

03 | 예시 답안 | ㉠은 서원으로, 덕망 높은 유학자를 기리며 제사를 지내고 지방 양반 자제를 교육하기 위해 설립하였다.

| 필수 키워드 | 유학자 제사, 지방 양반 자제 교육
| 평가 기준 |

상	서원을 쓰고, 유학자를 기리는 제사 목적과 지방 양반 자제 교육 목적을 모두 서술한 경우
중	서원을 쓰고, 유학자를 기리는 제사 목적과 지방 양반 자제 교육 목적 중 한 가지만을 서술한 경우
하	서원만 쓴 경우

04 | 예시 답안 | (1) 이조 전랑
(2) 이조 전랑은 자신의 후임자를 추천할 수 있는 권리, 3사의 관리를 심사하고 추천하는 권리를 가졌다.

| 필수 키워드 | 후임자 추천, 3사 관리 심사·추천
| 평가 기준 |

상	자신의 후임자를 추천할 수 있는 권리, 3사의 관리를 심사하고 추천하는 권리를 모두 서술한 경우
중	자신의 후임자를 추천할 수 있는 권리, 3사의 관리를 심사하고 추천하는 권리 중 하나만을 서술한 경우
하	서술이 미흡한 경우

03 문화의 발달과 사회 변화

개념 다지기

01 (1) 유교 (2) 『삼강행실도』 (3) 『(주자)가례』 **02** ㄱ, ㄴ **03** (1) ⓒ (2) ⓔ (3) ⓜ (4) ⓒ (5) ㉠ **04** (1) ㄴ (2) ㄷ (3) ㅂ (4) ㄱ (5) ㅁ (6) ㄹ **05** (1) ○ (2) ○ (3) × (4) ○ **06** (1) 천상열차분야지도 (2) 앙부일구 (3) 혼일강리역대국도지도 (4) 측우기 (5) 백자 **07** ㄴ, ㅁ, ㅂ **08** (1) ㄷ (2) ㄴ (3) ㄱ

중단원 실력 쌓기
본문 109~110쪽

01 ⑤ **02** ① **03** ③ **04** ④ **05** ② **06** ③ **07** ② **08** ④ **09** ⑤

01 조선 정부는 유교적 사회 질서를 확립하기 위하여 국가 차원에서 각종 의례서와 유교 윤리서를 간행하였다. 의례서인 『국조오례의』를 편찬하여 왕실과 국가의 의식을 유교 예법에 따라 규정하였고, 유교 윤리서인 『삼강행실도』를 간행하여 백성들이 쉽게 유교 윤리를 이해하도록 보급하였다.
오답피하기 ㄱ. 양반들은 족보를 만들어 내부 결속을 강화하였다. ㄴ. 양반들은 집 안에 가묘를 설치하여 유교식 제사를 지냈다.

02 조선에서는 양반들을 중심으로 『주자가례』가 보급되면서 점차 유교식 예법에 따라 관례, 혼례, 상례, 제례 등을 치렀다. 관례에서는 성인이 되는 의식을 통해 남자는 상투를 틀고 어른 옷으로 갈아입었고, 상례에서는 유교식 매장 풍습이 유행하고 부모님이 돌아가시면 3년상을 치르는 것이 일반화되었다. 혼례에서는 점차 신랑이 신부 집에서 혼례를 올린 후 신랑 집으로 가서 생활하는 경우가 늘었으며, 제례에서는 유교적 예법에 따라 제사를 지내는 것이 효의 기본이 되었다. ① 불교식 화장 풍습은 고려 시대에 유행하였다.

03 『조선왕조실록』은 조선 태조부터 철종까지 25대 왕 472년간의 역사를 연, 월, 일에 따라 기록한 역사책이다. 국왕이라도 함부로 실록을 보거나 수정할 수 없어서 객관적 기록이 가능하였고, 그 가치를 인정받아 1997년에 유네스코 세계 기록 유산으로 등재되었다.
오답피하기 ㄱ. 『동국통감』에 대한 설명이다. ㄹ. 『용비어천가』에 대한 설명이다.

04 세종은 이전까지 사용되던 이두나 한자를 몰라 어려움을 겪는 백성들을 위해 훈민정음을 창제하였다. 훈민정음은 누구나 쉽게 배워 백성이 스스로 뜻을 표현할 수 있게 하며, 국가의 통치 이념을 글로 쉽게 전달하고 이해시키기 위한 목적으로 만들어졌다.

〔오답피하기〕 ㄱ. 3사의 설치 목적이다.
ㄷ. 측우기의 설치 목적이다.

05 조선은 백성의 생활을 안정시키고자 농업을 중시하였다. 각 지방의 농민들로부터 농사짓는 방법을 직접 듣고 간추려 『농사직설』을 편찬하였으며, 측우기를 만들어 전국의 강우량을 파악하여 풍흉에 대비하도록 하였다.

〔오답피하기〕 ㄴ. 세종 때 여진족 토벌에 활용한 로켓형 화기이다.
ㄹ. 한방 의학서를 종류별로 모아 당시 의학을 집대성한 의학서이다.

06 조선 시대에는 금속 활자를 만들어 많은 책을 찍어 냈다. 세종 때 만들어진 갑인자는 아름다운 글씨체로 유명하다. 조선 정부가 유교 이념을 알리고자 성리학적 유교 윤리서를 편찬하는 데 인쇄술의 발달이 크게 기여하였다.

〔오답피하기〕 ① 간의는 행성과 별의 위치, 시간, 고도, 방위를 측정할 수 있는 천체 관측 기구이다.
② 자격루는 자동으로 시간을 알려 주는 기능을 가진 물시계로 조선의 표준 시계로 사용되었다.
④ 앙부일구는 솥과 같은 모양을 한 해시계이다.
⑤ 혼천의는 천체의 운행과 위치를 측정하여 천문 시계 구실을 하였다. 낮에는 해시계, 밤에는 별시계의 기능을 갖춰 낮과 밤에 모두 시간을 측정할 수 있는 것은 일성정시의이다.

07 자료는 안견의 『몽유도원도』에 대한 설명이다. 도화서 출신인 안견은 현실 세계와 이상 세계가 공존하는 낙원을 표현한 『몽유도원도』를 그렸다.

〔오답피하기〕 ① 이정의 『묵죽도』는 대나무 그림이다.
③ 강희안은 자연 속에서 선비의 여유로운 모습을 담은 『고사관수도』를 그렸다.
④ 태조 때 제작된 천문도이다.
⑤ 태종 때 만들어진 동양에서 현존하는 가장 오래된 세계 지도이다.

08 (가)는 태조 때 만들어진 『천상열차분야지도』이다. (나)는 『혼일강리역대국도지도』이다. 조선은 건국 초기부터 천문학과 지리학에 관심을 가져 태조 때에는 고구려의 천문도를 수정한 『천상열차분야지도』를 제작하였고, 태종 때 세계 지도인 『혼일강리역대국도지도』를 만들었다.

〔오답피하기〕 『팔도도』는 조선 전기에 제작된 전국 지도이다. 『동국여지승람』은 각 지방의 연혁, 인물, 풍속 등을 정리한 지리서이다.

09 조선 전기에는 고려청자에 비해 소박하고 검소한 백자가 유행하였으며, 강희안의 『고사관수도』, 안견의 『몽유도원도』 등이 그려졌다.

〔오답피하기〕 ㄱ. 상감 기법으로 표면에 다양한 무늬를 새긴 고려 시대의 상감 청자이다.
ㄴ. 고려 시대에 그려진 『수월관음도』는 아름다운 관음의 우아한 자태를 절제된 색감과 치밀한 묘사로 표현한 그림이다.

서술형·논술형
본문 111쪽

01 | 예시 답안 | (가)는 『삼강행실도』로, 백성들에게 성리학적 유교 윤리를 쉽게 보급하여 유교적 사회 질서를 확립하기 위해 편찬하였다.
| 필수 키워드 | 유교 윤리 쉽게 보급, 유교적 사회 질서 확립
| 평가 기준 |

상	『삼강행실도』를 쓰고, 성리학적 유교 윤리를 쉽게 보급하여 유교적 사회 질서를 확립하기 위함을 서술한 경우
중	성리학적 유교 윤리를 쉽게 보급하여 유교적 사회 질서를 확립하고자 하였음을 서술한 경우
하	『삼강행실도』만 쓴 경우

02 | 예시 답안 | (1) (가) 『농사직설』, (나) 『향약집성방』
(2) 기존의 중국 중심 서적 내용에서 벗어나 우리나라(조선)의 실정에 맞는 방법을 찾아 내용을 기록하였다.
| 필수 키워드 | 우리나라 실정에 맞는 방법
| 평가 기준 |

상	중국 중심의 서적 내용에서 벗어나 우리나라(조선)의 실정에 맞는 방법을 찾으려 하였음을 서술한 경우
중	우리나라(조선)가 중심이 된 내용을 기록하였음을 서술한 경우
하	내용이 미흡하거나 제대로 서술하지 못한 경우

03 | 예시 답안 | (가)의 입장을 지지한다. 조선은 성리학을 국가 통치 이념으로 채택하였다. 성리학적 유교 윤리의 기본은 백성을 근본이라 생각하는 민본 사상이다. 백성들이 한자를 몰라 겪는 일상생활의 어려움을 본다면 누

구나 쉽게 읽고 쓸 수 있는 훈민정음을 만드는 것은 당연한 일이다. 훈민정음의 창제로 백성들이 스스로 뜻을 표현할 수 있는 것이 백성을 위하는 일이므로 훈민정음의 창제를 지지한다.
(또는)
(나)의 입장을 지지한다. 조선은 성리학 이념을 바탕으로 세워진 나라이다. 성리학은 중국과 큰 나라의 문화를 받드는 것이 기본이다. 성리학적 이념에서 볼 때 중국의 문화를 버리고 오랑캐의 나라처럼 글자를 만드는 것은 조선의 소중화 의식을 버리는 것이며 중국 문화와 동떨어져서 우리 문화의 수준을 떨어뜨리는 것이므로 훈민정음 창제를 반대한다.

| 평가 기준 |

평가 항목	평가 내용
평가 충실도	정해진 분량 기준을 충족시킴(단, 제시된 질문과 상관없는 내용으로 답변했을 시에는 분량 기준을 충족시키지 못한 것으로 간주함)
역사적 사고력	제시된 사료의 훈민정음 창제에 대한 입장과 성리학적 유교 이념에 대한 이해를 명확하게 확인할 수 있음
글의 타당성	현재의 시점이 아닌 당시의 시대 상황 속에서 입장을 정하고 자신의 주장과 그에 대한 근거가 타당하게 연결되어 있음
글의 논리성	전체적인 글의 구성과 짜임새가 매끄러우며, 주장과 근거의 연결이 자연스러움

04 왜란 · 호란의 발발과 영향

개념 다지기
본문 114쪽

01 (1) ㄷ (2) ㄱ (3) ㄴ　**02** (1) ○ (2) × (3) × (4) ○　**03** (1) ㉡ (2) ㉢ (3) ㉠　**04** 훈련도감　**05** (1) 에도 (2) 조선 (3) 명　**06** (1) 북인 (2) 인조반정 (3) 정묘호란 (4) 군신　**07** (1) ㄱ (2) ㄹ (3) ㄷ (4) ㄱ (5) ㄴ (6) ㄹ　**08** (1) 정묘호란 (2) 주전론 (3) 주화론 (4) 북벌

중단원 실력 쌓기
본문 115~116쪽

01 ⑤　**02** ①　**03** ①　**04** ⑤　**05** ③
06 ⑤　**07** ④　**08** ②　**09** ①　**10** ①

01 임진왜란 이전 조선은 붕당 간의 정세 인식 차이로 국론이 분열되고 군역 제도의 문란으로 국방력과 군사력이 약화되었다. 일본은 도요토미 히데요시가 전국 시대를 통일하고 대륙 침략을 구실로 조선 침략의 계획을 세웠다. 명은 환관들의 횡포가 심화되고 몽골과 왜구의 침입으로 사회 불안이 확산되었다.

오답피하기 ① 정묘호란 이후 후금이 더욱 강성해져 국호를 청으로 바꾸었다.
② 병자호란 이후에 일어난 사실이다.
③. ④ 임진왜란 이후에 일어난 사실이다.

02 자료는 조 · 명 연합군의 평양성 탈환에 대한 설명이다. 임진왜란이 발발하자 선조는 의주로 피란하여 명에 지원군을 요청하였다. 명의 지원군이 도착하면서 전세가 역전되었고, 조 · 명 연합군은 평양성을 탈환하였다. 전세가 불리해지자 일본은 조선과 명에 휴전을 요청하였으나, 휴전 회담이 결렬되자 조선을 다시 침략하였다(정유재란).

03 임진왜란 당시 이순신이 이끄는 조선 수군의 승리로 조선은 서남해의 제해권을 지킬 수 있었다. 이로 인해 전라도의 곡창 지대를 지킬 수 있었고, 일본군의 보급로를 차단할 수 있었다.

오답피하기 ㄷ. 조선의 도자기 기술자들이 일본으로 끌려가 임진왜란 이후 일본의 도자기 문화가 발전하였다.
ㄹ. 사명 대사가 일본으로 건너가 조선인 포로를 데려오고, 이후 일본과의 국교가 정식으로 재개되었다.

04 임진왜란 당시 조선 수군은 거북선, 판옥선과 같은 우수한 군선을 가지고 있었으며, 천자총통과 같은 우수한 화약 무기를 가지고 있었다. 또한, 학의 날개를 편 듯한 학익진 전술 등 우수한 전술을 사용하여 일본군에게 승리하였다.

오답피하기 ㄱ. 일본군은 서양식 무기인 조총을 앞세워 조선을 침략하였다.
ㄴ. 일본의 군선인 세키부네는 크기가 작고 배의 밑바닥이 뾰족한 구조로 되어 있어 기동력이 우수하였다. 그리하여 일본 내 전투에는 강하였지만 조선 바다와 같이 빠른 물살 속에서는 균형을 잡기 어려웠다.

05 제시된 사료는 임진왜란 당시 고경명이 의병을 모으기 위해 발표한 격문이다. 밑줄 친 ㉠에서 '섬 오랑캐'는 일본을 의미하며 이와 관련된 전쟁은 임진왜란이다. 임진

왜란의 결과 일본에서는 도쿠가와 이에야스가 에도 막부를 세웠다. 또, 조선에서 약탈한 문화재와 포로로 데려간 기술자, 유학자의 영향으로 도자기 문화와 인쇄 문화가 발전하였고, 성리학이 발달하였다.

오답피하기 ㄱ. 임진왜란 이후 조선의 변화 내용이다.

ㄹ. 임진왜란이 일어나기 이전 일본의 상황이다.

06 (가)에 들어갈 인물은 이순신이다. 그는 임진왜란 당시 조선 수군을 이끌고 옥포, 사천, 당포, 한산도, 명량, 노량에서 일본군을 무찌르는 데 큰 공을 세웠다.

오답피하기 ① 사명 대사 유정은 임진왜란 당시 승병으로 싸웠으며, 임진왜란이 끝난 후 일본에 파견되어 포로를 데려왔다.

② 서산 대사 휴정은 임진왜란 당시의 승병이다.

③ 권율은 행주산성에서 일본군을 격파하였다.

④ 김시민은 진주성에서 일본군을 무찔렀다.

07 선조의 뒤를 이어 즉위한 광해군은 전후 복구 사업에 노력을 기울였다. 토지 개간을 장려하고 토지 대장과 호적을 정비하여 국가 재정을 확충하려 하였으며, 성곽과 무기 수리, 군사 훈련을 실시하여 국방력을 강화하였다. 또한 허준으로 하여금 선조 때부터 편찬하기 시작한 『동의보감』을 완성하게 하여 민생을 돌보려 하였다. ④ 병자호란 이후 효종이 추진한 북벌 운동에 대한 설명이다.

08 (가)에 들어갈 사건은 인조반정이다. 광해군이 영창 대군을 죽이고 인목 대비를 폐위하자 서인 정권은 광해군의 비도덕적 행위를 구실 삼아 광해군을 폐위하고 인조를 왕으로 추대하였다. 이후 후금은 명과 조선의 관계를 단절하고자 광해군의 원수를 갚는다는 구실로 조선을 침략하였다.

오답피하기 ① 도요토미 히데요시가 조선을 침략한 전쟁이다.

③ 청 태종이 군신 관계를 요구하며 조선을 침략한 전쟁이다.

④ 임진왜란 시기 휴전 회담이 결렬되자 일본이 다시 침략한 전쟁이다.

⑤ 연산군이 폭정을 일삼자 연산군을 몰아내고 중종이 즉위한 사건이다.

09 왜란과 호란을 거치면서 다양한 인적·물적 교류가 이루어졌다. 임진왜란 당시 수많은 도공들이 일본으로 끌려갔다. 그중 이삼평은 일본 아리타 지역에서 도자기의 시조로 불리며 추앙받고 있다. 또, 성리학자 강항은 정유재란 때 의병으로 활약하다 일본에 포로로 끌려가 일본 승려들에게 성리학을 가르쳤다. 훗날 그의 제자인 후지

와라 세이카가 일본 성리학의 시조가 되었다. 병자호란으로 청에 인질로 끌려간 소현 세자는 예수회 신부인 아담 샬과 인연을 맺어 천문학, 신학, 천주교 서적 등을 가지고 조선으로 왔다. 임진왜란 당시 무기의 중요성을 인식한 명은 네덜란드로부터 홍이포('얼굴이 붉은 오랑캐' 즉, 네덜란드인의 대표)를 들여왔는데, 홍이포는 정묘호란 이후 조선에도 전래되었다. ① 고려 충렬왕 때 안향이 성리학을 처음 소개하였다.

10 자료는 북벌 운동에 대해 송시열이 쓴 글이다. 북벌 운동은 병자호란 이후 청에 대한 반감으로 일어났다. 효종과 송시열이 중심이 되어 군대 양성, 성곽 수리, 군사력 강화를 추진하였다.

오답피하기 ㄷ. 북학 운동에 대한 설명이다.

ㄹ. 광해군의 중립 외교에 대한 설명이다.

서술형·논술형
본문 117쪽

01 | 예시 답안 | 임진왜란으로 조선은 국토가 황폐화되고 인구가 감소하여 신분 질서가 동요하였다. 또한, 많은 문화유산이 소실되고 일본으로 유출되었다.

일본에서는 도쿠가와 이에야스가 에도 막부를 수립하였고, 조선에서 약탈한 문화재와 포로로 데려간 기술자, 유학자들의 영향으로 문화가 발전하였다.

중국 대륙에서는 조선에 지원군을 파견한 명의 세력이 약화되었으며, 여진족은 세력을 통합하고 후금을 건국하여 세력을 확장하였다.

| 필수 키워드 | 조선(국토 황폐화, 인구 감소, 문화유산 소실), 일본(에도 막부 수립, 문화 발전), 중국 대륙(명 쇠퇴, 후금 성장)

| 평가 기준 |

상	조선, 일본, 중국 대륙의 변화를 모두 서술한 경우
중	조선, 일본, 중국 대륙의 변화 중 두 가지만 서술한 경우
하	조선, 일본, 중국 대륙의 변화 중 한 가지만 서술한 경우

02 | 예시 답안 | (1) 중립 외교

(2) 중국 대륙에서 명이 쇠약해진 틈을 타 여진족의 누르하치가 후금을 세워 세력을 확장하였다. 광해군은 강성해진 후금과 쇠퇴하던 명 사이에 중립 외교를 펼쳐 후금과의 충돌을 피하려 하였다.

| 필수 키워드 | 명 쇠퇴, 후금 성장, 중립 외교

평가 기준	
상	명이 쇠퇴하고 여진(후금)이 성장하는 상황에서 중립 외교를 추진하여 후금과의 충돌을 피하려 하였음을 서술한 경우
중	명이 쇠퇴하고 여진(후금)이 성장한 중국 대륙의 상황만을 서술한 경우
하	중국 대륙의 정세에 대한 서술 없이 후금과의 충돌을 피하려 하였다고 서술한 경우

03 | **예시 답안** | (가)의 입장을 지지한다. 조선은 성리학을 국가의 통치 이념으로 채택하였고, 성리학적 입장에서 본다면 의리와 명분은 매우 중요하다. (가)의 주장처럼 임진왜란 당시 명의 지원군이 없었다면 조선은 전쟁을 승리로 이끌 수 없었을 것이다. 명이 도와준 의리를 생각한다면 명을 무너뜨린 오랑캐 청과 화의를 하는 것은 명분을 저버리는 일이므로 옳지 않다.

(또는)

(나)의 입장을 지지한다. 조선은 성리학 이념을 바탕으로 세워진 나라로, 백성을 근본으로 여긴 민본 사상을 중요시하였다. 명에 대한 의리도 중요하지만 현재 조선은 계속된 전쟁으로 백성들의 삶이 피폐해진 상태이다. 이러한 상황에서 또다시 전쟁이 일어난다면 승리할 수 없을 것이며 그렇게 된다면 종묘와 사직 또한 지킬 수 없게 된다. 그러므로 강성해진 청과 일단 화의를 맺고 부국강병의 길을 도모해야 한다.

평가 기준	
평가 항목	**평가 내용**
평가 충실도	정해진 분량 기준을 충족시킴(단, 제시된 질문과 상관없는 내용으로 답변했을 시에는 분량 기준을 충족시키지 못한 것으로 간주함)
역사적 사고력	제시된 사료를 분석하여 청을 바라보는 시각, 성리학적 이념 차이, 청에 대한 대응 방식의 차이 등을 명확하게 파악하였는지를 확인할 수 있음
글의 타당성	현재의 시점이 아닌 당시의 시대 상황 속에서 입장을 정하고 자신의 주장과 그에 대한 근거가 타당하게 연결되어 있음
글의 논리성	전체적인 글의 구성과 짜임새가 매끄러우며, 주장과 근거의 연결이 자연스러움

대단원 마무리
본문 118~119쪽

01 ④	**02** 해설 참조	**03** ④	**04** ①
05 ④	**06** ①	**07** ①	**08** ①	**09** ③
10 해설 참조			

01 명이 철령 이북 땅을 요구하자 우왕과 최영은 요동 정벌을 추진하였고, 이를 반대하던 이성계는 위화도에서 회군하여 정치·군사적 실권을 장악하였다. 이후 이성계와 신진 사대부 세력은 과전법을 실시하여 신진 관리의 경제적 기반을 마련하였다. 이어 새 왕조 개창에 반대하는 세력을 제거하고 이성계를 왕으로 추대하여 조선을 건국하였다.

오답피하기 ㄱ. 성종 때 홍문관이 설치되었다.
ㄷ. 조선 건국 후의 사실이다.

02 (가)는 4군, (나)는 6진 지역이다. 4군 6진 지역의 개척은 세종의 업적으로, ⊙에 들어갈 왕은 세종이다.
| **예시 답안** | 4군 6진 지역을 개척하였다. 훈민정음을 반포하였다. 집현전을 설치하였다. 경연을 실시하였다. 앙부일구, 자격루, 측우기 등을 제작하여 과학 기술을 발전시켰다.
| **필수 키워드** | 4군 6진, 훈민정음, 집현전 설치, 경연 실시, 과학 기술 발전

평가 기준	
상	세종의 업적을 세 가지 이상 서술한 경우
중	세종의 업적을 두 가지 서술한 경우
하	세종의 업적을 한 가지 서술한 경우

03 태종은 6조 직계제를 실시하여 6조의 일을 국왕에게 직접 보고하게 하였다. 또한 호패법을 실시하여 인구를 파악하고 세금 징수와 군역 부과의 기초 자료를 마련하였다.

오답피하기 ㄱ. 세종 때 집현전이 설치되었다.
ㄷ. 성종 때 『경국대전』이 완성되었다.

04 지방 양반들의 향촌 자치 기구인 유향소는 수령을 돕고 향리의 비리를 감찰하였으며, 백성을 교화하고 유교 질서를 보급하는 역할을 하였다.

오답피하기 ㄷ. 향리에 대한 설명이다.
ㄹ. 수령에 대한 설명이다.

05 제시문은 김종직의 「조의제문」에 대한 비판의 글이다. 「조의제문」은 김종직이 신하였던 항우에게 죽임을 당한 초나라 의제를 애도하며 쓴 글이다. 이 글은 단종을 쫓아내고 세조가 왕위에 오른 것을 빗대어 비판한 글이라는 주장이 제기되어 연산군 재위 시기에 무오사화가 발생하는 원인이 되었다.

06 제시문에서 (가)는 조광조이다. 조광조는 현명한 인재를 추천하여 관리로 등용하는 현량과의 실시, 도교 행사를 주관하던 소격서의 폐지, 거짓으로 공훈을 받은 자의 위훈 삭제 등을 주장하였다. 조광조의 급진적 개혁 정치에 반감을 느낀 중종과 훈구 세력에 의해 기묘사화가 발생하였다.

오답피하기 ② 세종 때 이종무와 관련된 내용이다.
③ 광해군과 관련된 내용이다.
④ 주세붕과 관련된 내용이다.
⑤ 도요토미 히데요시와 관련된 내용이다.

07 밑줄 친 '이 책'은 『칠정산』이다. 세종은 지금까지 사용해 오던 중국의 역법이 위도와 경도의 차이로 여러 가지 오차가 발생하자, 한양을 기준으로 한 역법서인 『칠정산』을 편찬하였다.

오답피하기 ② 훈민정음으로 『용비어천가』를 지어 조선 건국의 정당성을 강조하였다.
③ 『향약집성방』에 대한 설명이다.
④ 『농사직설』에 대한 설명이다.
⑤ 『삼강행실도』에 대한 설명이다.

08 제시문은 병자호란 당시 고립된 남한산성의 생활을 기록한 내용이다. 청 태종은 조선에 군신 관계를 맺을 것을 강요하고, 조선에서 주전론이 우세해지는 가운데 조선을 침략하였다. 인조가 한겨울에 급히 남한산성으로 피란하였을 때 식량이 50일 치밖에 없는 형편이었다고 전한다. 인조는 남한산성에서 45일간 항전하다 결국 청에 항복하여 삼전도에서 굴욕적 화의를 맺었다.

오답피하기 ㄷ. 임진왜란에 대한 설명이다.
ㄹ. 정묘호란에 대한 설명이다.

09 (가)에 들어갈 문화유산은 측우기이다. 측우기는 주철로 된 원통형의 그릇으로 강우량을 측정하여 각 지역의 풍흉을 가늠할 수 있어 농사에 도움을 주었다. 측우기는 세계 최초로 만든 강우량 측정 기구로 서울과 각 지방에 설치되었다.

오답피하기 ① 해시계인 앙부일구이다.
② 천체를 관측하는 간의이다.
④ 낮에는 해를, 밤에는 별을 보고 시간을 측정하는 일성정시의이다.
⑤ 그림자의 길이를 재서 방위, 시간, 절기를 측정하는 규표이다.

10 | **예시 답안** | 임진왜란, 임진왜란의 결과 일본에서는 도쿠가와 이에야스가 에도 막부를 수립하였고, 전쟁 중에 조선에서 빼앗아 간 문화재와 포로로 데려간 기술자, 유학자 등으로 인해 문화가 크게 발전하였다.

| **필수 키워드** | 임진왜란, 에도 막부 수립, 문화가 크게 발전

| **평가 기준** |

상	임진왜란을 정확히 쓰고 에도 막부 수립, 일본 문화 발전의 내용을 모두 서술한 경우
중	임진왜란을 정확히 쓰고 에도 막부 수립, 일본 문화 발전의 내용 중 한 가지만 서술한 경우
하	임진왜란만 정확하게 쓴 경우

V. 조선 사회의 변동

01 조선 후기의 정치 변동

개념 다지기
본문 126쪽

01 비변사 **02** (1) ㉠ (2) ㉢ (3) ㉡ **03** ㉠ 북인 ㉡ 서인 ㉢ 서원 **04** ㄷ-ㄱ-ㄴ-ㄹ **05** ㉠ 영조, 정조 ㉡ 세도 정치 **06** (1) × (2) × (3) ○ (4) ○ **07** (1) 환국 (2) 속오군 (3) 탕평책 (4) 초계문신제 **08** (1) ㄱ, ㄴ, ㄹ, ㅂ, ㅅ (2) ㄷ, ㅁ, ㅇ, ㅈ, ㅊ **09** 붕당 정치 → 세도 정치, 수신사 → 암행어사

중단원 실력 쌓기
본문 127~129쪽

01 ①	**02** ⑤	**03** ③	**04** ⑤	**05** ②
06 ①	**07** ①	**08** ③	**09** ④	**10** ④
11 ⑤	**12** ②	**13** ④	**14** ⑤	**15** ⑤

01 포수, 사수, 살수의 삼수병으로 구성되고 상비군의 성격을 갖는 (가) 부대는 훈련도감이다. 훈련도감은 임진왜란 중 유성룡의 건의로 만들어졌다.
오답피하기 ② 고려 시대 윤관의 건의로 별무반이 만들어졌다.

02 밑줄 친 '왕'은 영조이다. 영조는 붕당 정치의 폐단을 개혁하기 위해 붕당의 이익을 대변하던 이조 전랑의 후임자 추천권과 3사 관리 선발 관행을 폐지하였다.
오답피하기 ① 명종, ② 인조, ③ 숙종, ④ 정조에 해당한다.

03 영조 때 군역의 폐단을 줄이기 위해 2필을 거두던 군포를 줄여 1필로 거두는 균역법을 실시하였다.

04 광해군 때 경기도에서 처음 시행되어 전국적으로 실시되는 데 약 100년이 걸린 조세 제도는 대동법이다. 대동법은 현물로 내던 공납의 폐단을 없애기 위하여 토지 결수를 기준으로 쌀, 옷감, 동전 등으로 거두었다. 대동법이 실시되면서 왕실이나 관청은 공인을 통해 필요한 물품을 구입하였다.
오답피하기 ㄴ. 균역법 실시로 인한 세입 부족분을 보충하기 위해 토지 1결당 쌀 2두의 결작을 부과하였다.

05 (가)는 북인이다. 북인은 광해군을 도와 임진왜란 이후 복구 사업을 추진하였다. 그러나 서인이 주도한 인조반정으로 몰락하였다.
오답피하기 ①, ⑤는 서인, ③, ④는 훈구에 해당한다.

06 현종 때 발생한 예송은 효종과 효종비가 죽은 후, 인조의 계비이자 효종의 어머니(계모)인 자의 대비가 얼마 동안 상복을 입어야 하는가를 둘러싸고 두 차례에 걸쳐 일어났다.

07 (가)는 현종 때 발생한 1차 예송(1659)이고, (나)에서 탕평비는 영조 때 건립(1742)되었다. 숙종 때 발생한 경신환국(1680) 이후 서인은 남인을 처리하는 문제를 두고 노론과 소론으로 나뉘었다.
오답피하기 ② 중종, ④ 정조, ⑤ 태조 때의 일이다.

08 ㉡ 광해군 때 서인이 정변을 일으켜 인조를 왕으로 추대하였다(1623). → ㉠ 숙종 즉위 초에 남인을 몰아내고 서인 중심의 정권을 세웠다(경신환국, 1680). → ㉢ 영조가 균역법을 제정하였다. → ㉣ 정조가 장용영을 창설하였다. 즉, ㉡ → ㉠ → ㉢ → ㉣의 순서이다.

09 정조는 즉위 초 왕실 도서관이자 학문 및 정책 연구 기관인 규장각을 설치하였다. 또한 검서관으로 서얼 출신인 유득공, 박제가 등을 등용하였다.
오답피하기 ⑤ 세도 가문은 비변사의 주요 관직을 차지하고, 여러 군영의 지휘권을 장악하였다.

10 수원 화성을 축조한 밑줄 친 '왕'은 정조이다. 정조는 신진 인물이나 중하급 관리 중에서 유능한 인물을 규장각에 소속시켜 재교육하는 초계문신제를 운영하였다. 장용영은 정조가 창설한 국왕의 친위 부대이다. ④ 『동의보감』은 광해군 때 허준이 완성한 의학서이다.

11 제시된 자료는 수원 화성에 대한 것이다. 정조는 수원 화성에 정치적 기능을 부여하고 장용영을 배치하여 군사적 기능까지 더하였다. 또한 상공인을 유치하고 수리 시설을 축조하는 등 경제적 기반을 강화하려 하였다.
오답피하기 ④ 병자호란 당시 인조와 일부 신하들은 남한산성으로 피란하여 청에 항전하였다.

12 『대전통편』은 정조 때 편찬된 법전이다. 조선의 법전으로 『경국대전』이 있었으나 이후 영조가 『속대전』을, 흥선대원군이 『대전회통』을 편찬하였다.
오답피하기 ① 태조 때 조준이, ④ 태조 때 정도전이 편찬하였다.

개념책

13 자료는 정조 때 시전 상인이 난전을 금하던 권리를 폐지한다는 내용이다(1791). 이로 인해 육의전을 제외한 시전 상인의 금난전권이 폐지되어 자유로운 상업 활동이 가능해졌다.

14 김조순은 그의 딸(순원 왕후)을 순조의 비로 들여보내 안동 김씨 세도의 길을 열었다. 그는 국왕의 후견자라는 명분으로 자신의 일족과 측근 세력을 비변사에 포진시키고, 이를 중심으로 정치를 운영하였다.
오답피하기 ① 송시열, ② 이황, ③ 조광조, ④ 주세붕에 대한 설명이다.

15 왕실과 혼인 관계를 맺은 소수 가문이 정권을 장악하는 세도 정치는 순조, 헌종, 철종의 3대 60여 년간 지속되었다.
오답피하기 ① 탕평책은 숙종 때 처음 제기되었다.
② 비변사는 흥선 대원군이 축소·폐지하였다.
③ 인조 이후 현종 때까지 서인과 남인이 연합하여 정국을 운영하였다.
④ 영조와 정조 때에 해당한다.

서술형·논술형
본문 129쪽

01 | **예시 답안** | 서인이 주도한 인조반정으로 광해군 때 정권을 장악한 북인이 몰락하였다. 이후 붕당 정치는 권력을 잡은 서인이 남인과 연합하는 형태로 운영되었다. 서인과 남인은 상호 비판하며 공존하였고, 언론 기관인 3사와 향촌의 서원을 통해 정책에 관한 여론을 모으고 공론을 형성하였다. 그러나 현종 때 왕실의 의례 문제를 둘러싸고 두 차례 예송이 일어나면서 서인과 남인 사이의 대립이 격화되었다.
붕당 정치는 숙종이 집권 붕당을 급격히 교체하는 환국을 여러 차례 실시하면서 크게 변질되었다. 서인과 남인이 번갈아 집권하면서 상대 붕당에 보복과 탄압을 가하였다. 이 과정에서 권력을 장악한 서인은 남인의 처리 문제를 두고 노론과 소론으로 나뉘었다. 세 차례에 걸친 환국의 결과 노론이 정권을 독점하면서 폐단이 커졌고, 왕권도 약해졌다.
| **평가 기준** |

평가 항목	평가 내용
평가 충실도	정해진 분량 기준을 충족시킴(단, 제시된 질문과 상관없는 내용으로 답변했을 시에는 분량 기준을 충족시키지 못한 것으로 간주함)

고차적 인지 능력	붕당 정치의 전개 과정에 대해 명확하게 확인할 수 있음
글의 논리성	전체적인 글의 구성과 짜임새가 매끄러우며, 주장과 근거의 연결이 자연스러움

02 | **예시 답안** | 붕당 정치의 변질로 인해 정치가 문란해지고 왕권이 약해지는 등의 여러 가지 폐해가 나타났기 때문이다.
| **필수 키워드** | 붕당 정치 변질, 정치 문란, 왕권 약화
| **평가 기준** |

상	붕당 정치의 변질로 인한 정치 기강의 문란과 왕권의 약화를 모두 명확하게 서술한 경우
중	붕당 정치의 변질로 인한 정치 기강의 문란과 왕권의 약화 중 한 가지를 명확하게 서술한 경우
하	붕당 정치가 변질되었다라고만 서술한 경우

02 사회 변화와 농민의 봉기

개념 다지기
본문 132쪽

01 ㉠ 모내기법(이앙법) ㉡ 장시 　**02** (1) 상평통보 (2) 공명첩 (3) 납속책 　**03** (1) ㉢ (2) ㉣ (3) ㉠ (4) ㉤ (5) ㉡ 　**04** (1) 민영 (2) 증가, 감소 (3) 『정감록』 (4) 남인 (5) 정주성 (6) 삼정이정청 　**05** 환곡 　**06** (1) ○ (2) ○ (3) × (4) × 　**07** (1) ㉡ (2) ㉠ (3) ㉢

중단원 실력 쌓기
본문 133~135쪽

01 ③	02 ④	03 ②	04 ④	05 ⑤
06 ①	07 ①	08 ⑤	09 ②	10 ③
11 ①	12 ①	13 ②	14 ⑤	15 ⑤

01 조선 후기 모내기법의 보급으로 잡초를 제거하는 일손을 덜게 되고, 벼와 보리의 이모작이 가능해져 농업 생산량이 크게 증가하였다.
오답피하기 ② 『향약집성방』은 조선 전기에 편찬된 의학서로, 우리 풍토에 알맞은 약재와 치료 방법 등이 종합적으로 정리되어 있다.

02 제시된 글에는 조선 후기 상품 작물 재배 모습이 나타나 있다. 조선 후기에는 인삼, 면화, 담배, 고추, 채소 등의 상품 작물 재배가 확대되었다. ④ 고려 시대에 해당한다.

03 숙종 때 다시 주조된 상평통보는 조선 후기에 전국적으로 유통되었다.
오답피하기 ①, ③, ⑤ 고려 시대, ④ 조선 세종과 인조 때 주조되었다.

04 (가) 의주의 만상은 청과의 사무역을 통해 성장하였다. (나) 개성의 송상은 인삼 거래를 통해 큰 이익을 얻었고, 청·일 간의 중계 무역에도 종사하여 부를 축적하였다.
오답피하기 ⑤ 한성의 시전 상인이 난전을 금하는 권리를 행사하였으나, 정조 때 육의전을 제외하고 폐지되었다.

05 공명첩은 정부가 재정을 보충하기 위해 돈이나 곡식 등을 받고 발행한 관직 임명장으로, 이름 쓰는 부분이 비어 있다. 경제 활동으로 부유해진 일부 농민이나 상인들은 공명첩을 사들여 양반 신분을 얻었다.

06 『정감록』은 이씨 조선이 망하고 정씨 왕조가 계룡산에 도읍을 정하여 새로운 세계가 도래한다는 예언서이다. 조선 정부는 『정감록』을 금서로 취급하였다.
오답피하기 ② 이중환이 지은 지리서이다.
③, ④는 동학의 경전이고, ⑤ 천주교 교리서이다.

07 (가)는 서얼로 조선 시대 재산 상속과 가계 계승에서 차별받았고, 문과 응시도 금지되어 있었다. 그러나 몇몇 서얼 출신 인물들이 정조 때 규장각 검서관으로 등용되었고, 조선 후기 신분 상승 운동을 벌여 점차 차별 대우를 없애 나갔다.
오답피하기 ㄷ. 사림 세력, ㄹ. 노비에 대한 설명이다.

08 자료는 순조 때의 공노비 해방에 관한 것이다. 양 난 이후 양반의 수가 증가하고 상민의 수가 줄어들자, 정부는 공노비를 해방하여 상민의 수를 늘리고자 하였다.

09 자료는 정약용이 환곡의 폐단으로 고통받는 백성들의 삶을 노래한 시이다. 조선 후기 환곡이 고리대화하고, 관청의 경비로도 사용되면서 그 폐단이 커졌다.

10 천주교는 17세기 중국에 다녀온 사신들을 통해 서학의 일부로 조선에 들어왔다. 학문적으로만 연구되던 천주교는 남인 계열의 일부 학자들이 신앙으로 받아들이면서 점차 확산되었다. 그러나 정부는 천주교가 국왕의 권위를 무시하고 제사를 거부한다는 이유를 들어 금지하였다.

11 최제우는 1860년 경주 용담정에서 동학을 창시하였다. 동학의 핵심 사상은 인내천으로 '사람이 곧 하늘'이라는 평등사상이다.
오답피하기 ④ 동학은 서학에 반대한다는 의미에서 이름 붙여졌다.

12 동학의 교리를 담은 경전은 『동경대전』으로 2대 교주 최시형이 펴냈다. 『용담유사』는 한글 가사집이다.
오답피하기 ② 유형원, ③ 이익이 쓴 책이다.

13 (가) 홍경래의 난(1811) → (다) 동학 창시(1860) → (나) 진주 농민 봉기(1862)의 순서이다.

14 평안도 가산 다복동에서 봉기하여 청천강 이북 일대를 차지하였던 농민 봉기는 홍경래의 난이다. 홍경래 등은 서북 지역민에 대한 차별과 세도 정권의 수탈에 저항하여 봉기하였다.
오답피하기 ①, ③, ④는 진주 농민 봉기, ② 동학 농민 운동에 해당한다.

15 19세기에 일어난 대표적 농민 봉기인 홍경래의 난과 진주 농민 봉기는 모두 세도 정권의 수탈에 저항하여 일어났다는 공통점이 있다.
오답피하기 ④ 홍경래의 난은 동학 창시 이전에 일어났다.

서술형·논술형

본문 135쪽

01 **| 예시 답안 |** 붕당 정치의 변질과 세도 정치로 인해 권력이 일부 양반에게 집중되면서 권력 다툼에서 밀려난 양반들의 사회적·경제적 지위는 일반 농민과 다를 바 없었다. 이러한 양반들은 농민이나 상인이 되어 생계를 유지하거나 농민 봉기의 지도층이 되기도 하였다. 한편, 부를 축적한 상인이나 농민들은 납속책이나 공명첩을 이용해 양반 신분을 얻었고, 호적을 고치거나 족보를 위조하여 양반으로 행세하기도 하였다.

| 필수 키워드 | 권력이 일부 양반에게 집중, 권력에서 밀려난 양반들은 농민이나 상인이 되어 생계 유지, 부를 축적한 상인이나 농민들의 양반 신분 획득

| 평가 기준 |

상	양반의 분화와 상민들의 신분 상승에 대해 모두 옳게 서술한 경우
중	양반의 분화와 상민들의 신분 상승 가운데 한 가지를 옳게 서술한 경우
하	신분제가 크게 흔들렸다라고 서술한 경우

02 | 예시 답안 | 진주 농민 봉기는 경상 우병사 백낙신의 수탈을 견디지 못한 진주 농민들이 몰락 양반 유계춘을 중심으로 봉기한 사건이다. 이후 농민 봉기는 곧 이웃 마을로 퍼져 전국적으로 확산되었다. 진주 농민 봉기를 비롯한 임술 농민 봉기는 농민의 사회의식이 성장하는 계기가 되었다.

| 평가 기준 |

평가 항목	평가 내용
평가 충실도	정해진 분량 기준을 충족시킴(단, 제시된 질문과 상관없는 내용으로 답변했을 시에는 분량 기준을 충족시키지 못한 것으로 간주함)
고차적 인지 능력	임술 농민 봉기의 발생 원인과 영향에 대해 명확하게 확인할 수 있음
글의 타당성	자신의 주장과 그에 대한 근거가 타당하게 연결되어 있음
글의 논리성	전체적인 글의 구성과 짜임새가 매끄러우며, 주장과 근거의 연결이 자연스러움

03 학문과 예술의 새로운 경향

개념 다지기
본문 138쪽

01 (1) 통신사 (2) 연행사 (3) 농업, 상공업 (4) 박지원 (5) 청화 백자 **02** (1) 『동의보감』 (2) 『동사강목』 (3) 『택리지』 (4) 『농가집성』 **03** (1) ⓒ (2) ⓔ (3) ⓓ (4) ⓑ (5) ⓐ **04** ㄱ, ㄴ, ㄷ, ㅁ **05** (가) 「대동여지도」 (나) 추사체 **06** 『발해고』, 유득공 **07** (1) ○ (2) ○ (3) × (4) × **08** ㉠ 정선 ㉡ 「인왕제색도」 ㉢ 진경산수화

중단원 실력 쌓기
본문 139~141쪽

01 ②	02 ③	03 ⑤	04 ④	05 ⑤
06 ④	07 ②	08 ②	09 ②	10 ⑤
11 ②	12 ②	13 ④	14 ④	

01 지도는 일본에 파견된 통신사의 이동로이다. 조선 후기에 통신사는 에도 막부의 요청으로 200여 년간 12회 파견되었다.

02 청의 수도인 연경에 보낸 사절단을 연행사라고 한다. 조선은 병자호란 이후 청과 강화를 맺으면서 정기적으로 사신을 보냈다.

03 벨테브레이와 하멜은 모두 조선에 표류하여 온 네덜란드인이다. 벨테브레이는 훈련도감에 소속되어 조선인에게 서양식 대포의 제조법과 사용법을 가르쳐 주었고, 하멜 일행이 표류해 오자 조선의 풍속을 가르쳐 주었다.
오답피하기 ① 벨테브레이만 해당한다.
② 효종 때 김육이 시헌력 도입을 적극 건의하였다.

04 『열하일기』는 박지원이 연행사의 수행원으로 청에 갔다가 돌아와서 그 경험을 바탕으로 저술한 책이다. 이 책은 중국 여행기를 넘어서 당시 사회의 여러 문제를 박지원 특유의 해학과 풍자로 풀어낸 작품이다.
오답피하기 ① 정약용, ② 유형원, ③ 이익, ⑤ 홍대용이 쓴 책이다.

05 지전설을 논리적으로 설명한 인물은 홍대용이다. 홍대용은 연행사의 일원으로 청에 가서 천주교 선교사와 교류하며 서양 과학 기술을 접하였다. 귀국 후 천체의 운행을 관측하는 혼천의를 만들었다.

06 농업 중심의 개혁론을 펼친 대표적인 실학자는 이익, 유형원, 정약용 등이다.
오답피하기 ㄹ. 송시열은 서인을 대표하는 조선 후기 성리학자이다.

07 (가)는 유득공의 『발해고』, (나)는 안정복의 『동사강목』이다. 유득공은 『발해고』에서 통일 신라와 발해를 남북

국으로 지칭하였다. 안정복은 『동사강목』에서 고조선부터 고려에 이르는 역사를 체계적으로 정리하였다.

08 조선 후기에는 우리 전통과 현실에 대한 관심이 확대되어 우리의 역사, 지리, 언어를 연구하는 국학이 발달하였다. 허준은 광해군 때 전통 한의학을 정리한 『동의보감』을 편찬하였다.

오답피하기 ① 『우서』는 유수원이 사회 개혁안을 저술한 정치 서적이다.
③ 『택리지』는 지리서이다.
④ 『반계수록』은 유형원이 통치 제도에 관한 개혁안을 중심으로 저술한 책이다.
⑤ 『임원경제지』는 농서이다.

09 상공업 중심의 개혁론을 펼친 실학자들은 청의 선진 문물 도입을 적극 주장하였기에 북학파라고 불린다.

10 실학을 집대성하였다는 평가를 받는 (가) 인물은 정약용이다. 정약용은 정조의 개혁 정치를 도운 학자로 순조 즉위 초 유배되었다. 그는 마을에서 공동으로 토지를 소유하고 공동으로 경작한 뒤 일한 날짜에 따라 생산물을 분배할 것을 주장하였다.

오답피하기 ① 이제마, ② 신속, ③ 박지원에 해당한다.

11 제시된 지도는 김정호가 만든 「대동여지도」이다. 「대동여지도」는 10리마다 점을 찍어 거리를 나타냈고, 역참, 마을, 도로 등을 기호로 표시하였다. 총 22첩으로 되어 있는데, 각 첩을 접으면 책 한 권 크기로 줄어들어 휴대하고 다닐 수 있었다.

오답피하기 ③ 정상기가 제작한 「동국지도」에 대한 설명이다.
⑤ 이중환의 『택리지』에 대한 설명이다.

12 박제가는 『북학의』에서 재물을 우물에 비유하여 소비를 촉진해야 생산을 증대시키고 기술을 개발할 수 있음을 주장하였다.

13 조선 후기 진경산수화를 대표하는 화가인 겸재 정선의 작품으로는 ㄴ. 비온 뒤의 인왕산 풍경을 그린 「인왕제색도」와 ㄹ. 금강산의 풍경을 그린 「금강전도」 등이 있다.

오답피하기 ㄱ. 강세황의 「영통동구도」이다.
ㄷ. 강희안의 「고사관수도」이다.

14 충북 보은에 소재한 법주사 팔상전은 우리나라에 남아 있는 유일한 5층 목조탑으로, 벽면에 부처의 일생을 8개 장면으로 그린 「팔상도」가 있어 팔상전이라고 불린다.

서술형·논술형
본문 141쪽

01 | 예시 답안 | 「곤여만국전도」와 같은 세계 지도의 유입으로 조선의 지식인들이 중국 중심의 세계관을 극복하고 세계관과 우주관을 확대할 수 있었다.
| 필수 키워드 | 중국 중심의 세계관 극복
| 평가 기준 |

상	중국 중심의 세계관을 극복한 내용을 서술한 경우
중	세계관과 우주관 확대에 영향을 주었음을 서술한 경우
하	세계를 더 넓게 보았다라고 서술한 경우

02 | 예시 답안 | ㉠을 펼친 대표적인 실학자는 유형원, 이익, 정약용 등이다. 유형원은 신분에 따라 토지를 차등 지급하여 자영농을 육성할 것을 주장하였고, 이익은 영업전을 정하고 그 매매를 금지하자고 하였다. 정약용은 토지를 공동으로 소유하고 경작한 뒤 일한 날짜에 따라 생산물을 분배하자고 하였다.
㉡을 펼친 대표적인 실학자는 유수원, 홍대용, 박지원, 박제가 등이다. 이들은 상공업 진흥과 청의 문물 수용, 기술 개발 등을 주장하였는데, 특히 박제가는 소비를 통해 생산을 늘려야 한다고 강조하였다.
당시 조선 사람들은 대부분 농민이고, 이들이 국방, 재정 등을 부담하고 있었다. 따라서 농촌 사회를 안정시키는 것이 급선무이기에 자영농을 육성하는 토지 개혁을 단행하는 것이 더 중요하다고 판단한다.
| 평가 기준 |

평가 항목	평가 내용
평가 충실도	정해진 분량 기준을 충족시킴(단, 제시된 질문과 상관없는 내용으로 답변했을 시에는 분량 기준을 충족시키지 못한 것으로 간주함)
고차적 인지 능력	농업 중심의 개혁론과 상공업 중심의 개혁론을 펼친 인물과 그 주장을 옳게 정리하고, 본인의 생각을 명확하게 확인할 수 있음
글의 타당성	자신의 주장과 그에 대한 근거가 타당하게 연결되어 있음
글의 논리성	전체적인 글의 구성과 짜임새가 매끄러우며, 주장과 근거의 연결이 자연스러움

04 생활과 문화의 새로운 양상

개념 다지기
본문 144쪽

01 ㉠ 큰아들 ㉡ 여자 ㉢ 남자 ㉣ 양자 **02** (1) × (2) ○ (3) ○ (4) × **03** ㉠ 허균 ㉡ 서얼 **04** (1) 장옷 (2) 두레 (3) 사설시조 (4) 민화 **05** (1) ㉢ (2) ㉠ (3) ㉡ **06** ㄴ, ㄹ, ㅁ, ㅅ, ㅈ **07** (1) ㄷ, ㄹ (2) ㄱ, ㄴ

중단원 실력 쌓기
본문 145~147쪽

01 ③ **02** ⑤ **03** ② **04** ① **05** ②
06 ③ **07** ⑤ **08** ③ **09** ③ **10** ③
11 ① **12** ④ **13** ②

01 조선 후기 향촌 사회에 성리학적 윤리가 정착되면서 부계 친족 사회가 확립되었다. 혼인 풍습도 혼인 후 여자가 바로 남자 집에서 생활하는 경우가 정착되었고, 재산 상속과 제사는 큰아들 위주로 이루어졌다.

02 조선 후기 남녀유별이 강조되면서 양반 여성들은 외출이 자유롭지 못했고, 외출할 때에도 장옷을 입어 얼굴을 가려야 했다. 또 과부의 재혼도 금지되었다.
오답피하기 ㄴ. 조선 후기에는 양반 가옥의 남녀 공간 구조가 나뉘어져 남자는 사랑채, 여자는 안채에 거주하였다.

03 조선 후기 향촌 사회에서 양반의 권위가 하락하자 양반층은 문중을 통해 결속을 강화하고자 하였다. 이에 동족 마을을 형성하고, 사우나 서원을 건립하였으며 족보 간행을 활발히 하였다. ② 기존의 양반층과 새로 성장한 부농층 간에 다툼이 격화되면서 수령과 향리의 권한이 강해졌다.

04 모내기법이 확산되면서 함께 농사지을 필요성이 증대되어 활성화된 농민 조직은 두레이다.
오답피하기 ② 서원은 덕망 있는 유학자를 기리고 지방 양반 자제들을 교육하기 위해 만들어졌다.

05 조선 후기 서민의 경제력과 사회적 지위가 높아지면서 서민들의 사회 의식이 높아졌다.

06 『춘향전』은 조선 후기에 쓰인 대표적인 한글 소설이다. 이 시기에는 양반 중심의 신분제가 흔들려 기존의 양반층이 자신들의 결속을 강화하기 위해 족보를 활발히 간행하였다.
오답피하기 ①은 고려 말과 조선 전기, ②, ④는 고려 시대에 볼 수 있는 모습에 해당한다.
⑤ 화백 회의는 신라의 귀족 회의이다.

07 자료는 허균이 지은 한글 소설인 『홍길동전』이다. 『홍길동전』은 서얼에 대한 차별 문제, 탐관오리의 부정부패 등 사회 부조리를 고발하였다.

08 조선 후기에는 한글 소설, 사설시조, 판소리, 탈춤, 민화 등 서민들의 감정이 잘 나타나 있고 서민들이 쉽게 즐길 수 있는 문화가 발달하였다. ③ 분청사기는 조선 전기에 유행한 자기로, 조선 후기에는 거의 사라졌다.

09 제시된 그림은 판소리를 하는 장면이다. 판소리는 왕실에서부터 백성들에 이르기까지 폭넓은 계층으로부터 호응을 얻었다.
오답피하기 ④ 광대들이 탈을 쓰고 연기하는 공연은 탈춤이다.

10 제시된 자료는 황해도 봉산 탈춤의 장면이다. 해학과 풍자를 통해 양반 사회를 비판하는 탈춤은 조선 후기에 크게 유행하였다.
오답피하기 ①, ②, ④, ⑤ 조선 전기에 해당한다.

11 단원 김홍도는 산수, 인물 등 다양한 분야에 뛰어났을 뿐 아니라 서민의 일상생활을 익살스럽게 표현한 풍속화도 많이 그렸다.
오답피하기 ② 유숙, ③ 정선, ④ 신윤복, ⑤ 김정희의 작품이다.

12 「까치와 호랑이」와 「문자도」는 민화를 대표하는 그림이다. 주로 이름이 알려지지 않은 작가들이 그린 민화는 서민들의 소박한 소망을 담고 있는 그림으로, 생활 공간을 장식하는 데 이용되었다.

13 혜원 신윤복은 주로 양반층의 풍류와 부녀자들의 생활 모습을 그렸다. ② 신윤복의 「단오풍정」이다.
오답피하기 ①, ④는 김득신, ③ 강세황, ⑤ 김홍도의 그림이다.

서술형·논술형
본문 147쪽

01 | 예시 답안 | 조선 후기에는 향촌 사회에까지 성리학적 생활 윤리가 확산되면서 생활 모습이 크게 달라졌다. 자녀가 돌아가며 주관하던 제사는 큰아들이 지내는 것으로 바뀌었고, 재산 상속도 딸을 차별하고 큰아들을 우대하는 형태로 바뀌었다.

| 필수 키워드 | 큰아들(적장자) 우대

| 평가 기준 |

상	큰아들 중심의 제사 풍속과 상속 제도의 변화를 모두 서술한 경우
중	큰아들 중심의 제사 풍속과 상속 제도의 변화 중 한 가지를 서술한 경우
하	아들과 딸을 차별했다고 서술한 경우

02 | 예시 답안 | 조선 후기에는 사회적·경제적 변화 속에서 서민의 경제력과 사회적 지위가 높아졌다. 또한 서당이 널리 보급되고 한글 사용이 늘어나면서 서민 의식도 성장하였다. 그 결과 서민들의 생각과 감정을 솔직하게 표현하는 서민 문화가 발달하였다. 대표적인 서민 문화로는 한글 소설과 사설시조, 판소리, 탈춤, 민화 등이 있다.

| 평가 기준 |

평가 항목	평가 내용
평가 충실도	정해진 분량 기준을 충족시킴(단, 제시된 질문과 상관없는 내용으로 답변했을 시에는 분량 기준을 충족시키지 못한 것으로 간주함)
고차적 인지 능력	서민 문화의 발달 배경과 사례를 정확하게 확인할 수 있음
글의 논리성	전체적인 글의 구성과 짜임새가 매끄러우며, 주장과 근거의 연결이 자연스러움

대단원 마무리
본문 148~149쪽

01 ②	02 ④	03 ②	04 해설 참조	05 ⑤
06 ⑤	07 ②	08 ⑤	09 ④	10 해설 참조
11 ④	12 ③			

01 임진왜란 중 훈련도감이 설치된 이후 어영청, 총융청, 수어청, 금위영이 마련되어 5군영 체제가 갖추어졌다.
오답피하기 ③, ⑤ 양계는 고려의 군사 행정 구역이고, 주진군은 양계에 주둔하여 국경을 방어하던 군대이다.
④ 양 난을 거치며 비변사가 국정 최고 기구가 되었다.

02 제시된 자료는 현종 때 대비의 상복을 입는 기간을 둘러싸고 일어난 예송이다. 1659년에 일어난 1차 예송은 서인의 의견을 따랐고, 1674년에 일어난 2차 예송은 남인의 의견이 받아들여졌다.

03 정조 사후 순조가 어린 나이에 즉위하면서 시작된 세도 정치는 헌종, 철종 때까지 이어졌다. 이 기간에는 정치 기강이 문란해지고 부정부패가 심해졌다. ② 북인은 인조반정으로 광해군이 폐위되면서 몰락하였고, 세도 정치는 순조의 장인인 김조순의 집권에서 비롯되었다.

04 | 예시 답안 | 수원 화성을 건립한 국왕은 정조이다. 정조는 영조의 탕평책을 계승하여 왕권을 강화하고 민본 정치를 실현하고자 하였다. 규장각을 통해 많은 문화 사업을 이루었고, 사회, 경제, 군사 면에서도 개혁을 시행하였다. 시전 상인들의 특권을 없애 자유로운 상업 활동이 가능하게 하였고, 법전을 모아 『대전통편』을 편찬하였다. 장용영을 설치하여 병력을 강화하였고, 수원에 화성을 건설하였으며, 서얼들을 규장각 검서관으로 등용하였다.

| 필수 키워드 | 정조, 탕평책, 규장각, 장용영, 『대전통편』, 수원 화성 건설, 서얼 등용

| 평가 기준 |

상	정조의 개혁 정책을 세 가지 이상 서술한 경우
중	정조의 개혁 정책 두 가지를 서술한 경우
하	정조의 개혁 정책 한 가지를 서술한 경우

05 『허생전』은 조선 후기의 실학자 박지원이 쓴 한문 소설이다. 조선 후기에는 모내기법이 확산되어 농업 생산량이 증대하였고, 인삼, 담배 등의 상품 작물이 재배되었다.
오답피하기 ① 고려 성종 때 제작된 철전이다.
③ 조선 후기에는 민영 수공업이 발달하였다.

06 (가)는 노비이다. 천민이었던 노비는 매매의 대상이었으나 조선 후기 납속책, 군공 등을 통해 신분을 상승하기도 하였고, 도망하여 신분의 굴레에서 벗어나는 경우도 많았다. 순조 때에는 공노비 중 수만 명을 양인으로 해방하였다.
오답피하기 ①은 상민, ②와 ③은 중인, ④는 서얼과 관련된 설명이다.

07 제시문은 홍경래 등이 평안도에서 난을 일으키며 작성한 격문이다. 19세기에는 사회 불안이 심각해져 『정감록』 등

의 예언 사상과 무속 신앙 등이 크게 유행하였다.

오답피하기 ① 동학은 1860년에 창시되었고, 홍경래 등은 1811년에 봉기하였다.

③ 북벌은 효종 때 준비하였다.

④ 사화는 조선 전기에 일어났다.

⑤ 임진왜란 당시의 상황이다.

08 경상 우병사 백낙신의 부정부패에 항거하여 일어난 사건은 진주 농민 봉기이다. 이후 전국으로 농민 봉기가 확산되자 정부는 관리를 보내 사건을 수습하고 삼정이정청을 설치하여 삼정의 문란상을 고치고자 하였다.

09 한성에서 출발하여 에도에 이른 사절단은 통신사이다. 임진왜란 이후 에도 막부의 요청으로 파견된 통신사는 약 200년 동안 조선과 일본 간 문화적·경제적 교류에 기여하였다.

오답피하기 ㄱ은 청에 파견된 연행사, ㄷ은 명에 파견된 조천사에 해당한다.

10 | 예시 답안 | (가)는 이익의 글로, 생계에 필요한 최소한의 토지를 영업전으로 하여 매매를 금지하자고 주장하였다. (나)는 박제가의 글로, 소비를 권장하여 생산을 촉진할 것을 주장하였다.

| 필수 키워드 | 이익, 영업전 매매 금지, 박제가, 소비를 권장하여 생산 촉진

| 평가 기준 |

상	(가), (나) 인물의 이름과 주장하는 바를 모두 명확하게 서술한 경우
중	(가), (나)에서 주장하는 바를 모두 명확하게 서술한 경우
하	(가), (나) 인물의 이름만 쓴 경우

11 조선 후기에는 풍속화가 유행하였는데, 대표적인 화가로는 김홍도와 신윤복이 있다. 왼쪽의 「씨름」은 김홍도, 오른쪽의 「단오풍정」은 신윤복의 작품이다. 조선 후기에는 풍속화 이외에 한글 소설, 사설시조, 판소리, 탈춤, 민화 등의 서민 문화가 발달하였다.

오답피하기 ①은 고려 말과 조선 전기, ②는 고려, ③, ⑤는 조선 전기에 해당한다.

12 조선 후기에는 큰아들 우대와 남녀 차별의 유교 윤리가 확산되었다. 이에 따라 제사와 재산 상속이 큰아들을 중심으로 이루어졌고, 양반 신분의 여성은 외출이 자유롭지 못했으며 장옷을 입고 나가야 했다. ③ 고려와 조선 전기에 해당한다.

VI. 근·현대 사회의 전개

01 국민 국가의 수립

개념 다지기
본문 156쪽

01 (1) 강화도 (2) 동학 (3) 갑오·을미개혁 (4) 대한 제국 (5) 을사늑약 (6) 브나로드 (7) 조선어 학회 (8) 모스크바 (9) 제주 4·3 (10) 김구 **02** (1) ⓒ (2) ⓔ (3) ⓓ (4) ⑦ (5) ⓐ (6) ⓑ (7) ⓛ **03** (1) ㄹ-ㄷ-ㄴ-ㄱ (2) ㄴ-ㄹ-ㄷ-ㄱ **04** (1) ㄴ (2) ㄹ (3) ㄷ (4) ㄱ **05** (1) × (2) ○ (3) × (4) × (5) × **06** (1) 척화비 (2) 환구단 (3) 만민 공동회 (4) 조선 총독부 (5) 물산 장려 운동 (6) 미소 공동 위원회 (7) 5·10 총선거

중단원 실력 쌓기
본문 157~159쪽

01 ④	**02** ③	**03** ②	**04** ③	**05** ③
06 ①	**07** ⑤	**08** ②	**09** ②	**10** ①
11 ⑤	**12** ②	**13** ②	**14** ④	

01 사진은 흥선 대원군의 통상 수교 거부 정책을 잘 보여 주는 척화비이다. 흥선 대원군은 병인양요와 신미양요에서 서양 군대를 물리친 후 통상 수교 거부 의지를 알리기 위해 전국 각지에 척화비를 세웠다. 척화비에는 '서양 오랑캐가 침범하는데 싸우지 않고 화친을 주장하는 것은 나라를 파는 것이다.'라는 내용이 적혀 있다.

02 자료는 강화도 조약의 일부 내용이다. 1875년 일본이 운요호 사건을 일으킨 것이 계기가 되어 강화도 조약이 체결되었다. 여기에는 일본에 해안 측량권과 영사 재판권을 부여하였다. 또한 조약에 따라 조선은 부산, 원산, 인천의 세 항구를 개항하였다.

오답피하기 ①, ⑤ 을사늑약(1905), ② 시모노세키 조약(1895), ④ 한국 병합 조약(1910)에 해당한다.

03 ㉠ 사건은 갑신정변이다. 갑신정변은 김옥균, 박영효 등의 급진 개화파가 정변을 일으켜 권력을 잡고 근대적 개혁을 추진하다가 청의 개입으로 실패한 사건이다.

오답피하기 ① 동학 농민 운동, ③ 아관 파천, ④ 광무개혁, ⑤ 임오군란에 해당한다.

04 (다)는 청일 전쟁 발발의 배경이 된 동학 농민 운동 (1894)이다. (가)는 1894년 발발한 청일 전쟁, (라)는 청일 전쟁에서 승리한 일본을 견제하기 위한 삼국 간섭 (1895), (나)는 아관 파천(1896)이다. 삼국 간섭 이후 조선이 친러 정책을 펴자, 일본이 명성 황후를 시해하는 을미사변을 일으켰다. 이에 고종은 러시아 공사관으로 처소를 옮기는 아관 파천을 단행하였다. 즉, (다) - (가) - (라) - (나)의 순서이다.

05 자료는 독립 협회의 활동과 관련된 내용이다. 갑신정변 실패로 미국에 망명하였던 서재필이 귀국하여 설립한 독립 협회는 만민 공동회 개최를 비롯한 각종 활동으로 민중 계몽을 추진하였다.

06 자료는 1907년 헤이그 특사가 네덜란드 헤이그에서 열린 만국 평화 회의에 참석하지 못하자 발표한 호소문이다. 러일 전쟁에서 승리한 일제가 을사늑약 체결을 강요하여 대한 제국의 외교권을 강탈하자, 고종은 이의 부당함을 각국에 알리고자 이상설, 이준, 이위종을 헤이그 특사로 파견하였다.

07 (가) 운동은 1919년에 일어난 3·1 운동이다. 3·1 운동은 일제의 무단 통치에 저항하여 전 민족이 항거한 만세 운동이었다. 이는 인도를 비롯한 아시아 약소국의 민족 운동에 영향을 주었다. 특히 3·1 운동을 계기로 일제는 식민 통치 방식을 기만적인 민족 분열 정책이라 할 수 있는 이른바 문화 통치로 바꾸었다.
오답피하기 ① 국채 보상 운동. ② 노동 쟁의, 소작 쟁의 등. ③ 브나로드 운동. ④ 광주 학생 항일 운동에 해당하는 설명이다.

08 (가)는 물산 장려 운동, (나)는 브나로드 운동을 보여 주는 자료이다. 물산 장려 운동은 일본 기업의 한반도 진출이 본격화되자 이에 위기의식을 느낀 민족 기업가 등이 추진한 경제적 민족 운동으로, 일본 상품 배격과 토산품 애용 등을 내세웠다. 브나로드 운동은 동아일보사가 주도한 학생들의 농촌 계몽 운동이다.

09 자료는 1910년대 일제의 무단 통치 모습을 잘 보여 주는 조선 태형령이다. 이는 한국인에 한해 형벌로 태형을 가할 수 있도록 한 법령이다. 이 시기에 일제는 헌병 경찰을 통해 한국인을 가혹하게 통치하였다.
오답피하기 ① 1890년대. ③과 ④는 1930년대 이후. ⑤ 1940년대의 모습이다.

10 자료는 1920년대 후반 분열되었던 민족 운동의 연대를 주장하는 내용이다. 정우회 선언은 사회주의자들이 비타협적인 민족주의자들과의 연대를 주장한 것이다. 두 번째 자료는 타협적인 민족 운동을 비판하면서 비타협적인 민족 운동의 협동 전선을 제창하는 내용이다. 이러한 주장이 계기가 되어 민족 협동 전선 단체로 신간회가 설립되었다(1927).

11 자료는 대한민국 임시 정부 침체기에 임시 정부를 이끌던 김구의 주장이다. 김구는 임시 정부의 침체를 극복하기 위해 의열 단체로 한인 애국단을 조직하였다. 한인 애국단의 단원 윤봉길이 상하이 홍커우 공원 의거를 일으킨 후 대한민국 임시 정부는 중국 국민당 정부의 지원을 이끌어 내면서 다시 활로를 모색하게 되었다.
오답피하기 ①, ④ 의열단에 대한 설명이다.
② 한인 애국단은 민족주의 계열 인사들이 주도하였다.
③ 신간회 등에 해당한다.

12 밑줄 친 '이 단체'는 조선어 학회이다. 조선어 학회(전신은 조선어 연구회)는 한글 연구를 통해 민족 문화를 지키고자 설립되었으며, 한글 맞춤법 통일안과 표준어를 제정하고 한글날(가갸날)을 만들기도 하였다. 그러나 일제가 조선어 학회 사건을 일으켜 회원들을 구속·탄압하여 결국 해산되었다.

13 (가) 회의는 1945년 12월에 미국, 영국, 소련의 외무 장관이 참가한 모스크바 3국 외상 회의이다. 이 회의에서는 한국에 임시 민주 정부 수립을 위한 미소 공동 위원회 설치, 미·영·중·소 4개국의 신탁 통치 실시 등이 결의되었다.
오답피하기 ① 포츠담 선언. ③ 카이로 회담. ④ 미국과 소련. ⑤ 유엔(국제 연합)에 해당한다.

14 (가)는 제주 4·3 사건이다. 유엔(국제 연합)에서 38도선 이남 지역에서의 총선거 실시가 결정되자, 제주도에서 남한만의 단독 선거 실시에 반대하는 무장봉기가 일어났다. 이를 진압하는 과정에서 무고한 주민들이 많이 희생되었다.
오답피하기 ① 제주 4·3 사건은 6·25 전쟁 발발 이전에 일어났다.
② 6·25 전쟁에 해당한다.
③ 남북 협상에 대한 설명이다.
⑤ 제주 4·3 사건이 일어났을 때 이미 신탁 통치 실시 문제는 폐기된 상태였다.

서술형·논술형

본문 159쪽

01 | **예시 답안** | 자료는 1905년 을사늑약의 체결 모습을 보여 준다. 러일 전쟁에서 승리한 일제는 을사늑약을 강요하여 한국의 외교권을 강탈하였다. 또한 외교를 관리하기 위해 통감부를 설치하여, 초대 통감으로 이토 히로부미가 부임하였다. 통감은 외교뿐 아니라 사실상의 내정에 간섭하였다.

| **필수 키워드** | 을사늑약, 외교권, 통감부

| **평가 기준** |

상	을사늑약의 명칭과 조약의 주요 내용을 모두 명확하게 서술한 경우
중	을사늑약의 명칭과 조약의 주요 내용 중에서 어느 한 가지를 제대로 서술하지 못한 경우
하	을사늑약의 명칭과 조약의 주요 내용 중 어느 것도 명확하게 서술하지 못한 경우

02 | **예시 답안** | 독립 협회는 개화 지식인을 중심으로 근대적 자유 민권을 강조하며 민중 계몽 활동을 통해 근대 국민 국가를 수립하고자 하였다. 이를 위해 각종 강연회, 토론회 등을 개최하고 언론 활동을 전개하였다. 특히 만민 공동회와 같은 근대적 대중 집회를 열어, 민중을 기반으로 사회 전반의 근대화 운동을 전개하였다.
대한 제국은 전제 황권을 강화시켜 상공업 진흥과 실업 학교 설립 등을 추진하였다. 구본신참을 내세워 전통적 법과 제도를 유지하려 하였고, 황제의 권한만을 강조하고 국민의 근대적 기본권을 제시하지 않았다.

| **평가 기준** |

평가 항목	평가 내용
내용의 충실성	주어진 문제에 대해 충분한 내용을 서술하여 누락된 내용이 없음
사실의 타당성	서술된 내용에 역사적 오류가 없으며, 사실을 정확하게 이해하고 있음
내용의 논리성	서술된 주장이나 내용이 논리적으로 타당하며, 주장과 근거가 맞게 연결되어 있음
문장의 형식성	글의 형식이 매끄럽고 맞춤법 오류나 비문이 포함되지 않음

(02) 자본주의와 사회 변화

개념 다지기

본문 162쪽

01 (1) ○ (2) × (3) × (4) × (5) ○ (6) × (7) × (8) ○ (9) × **02** (1) ㉠ (2) ㉢ (3) ㉤ (4) ㉣ (5) ㉡ **03** (1) ㄷ-ㄱ-ㄴ-ㄹ (2) ㄱ-ㄷ-ㄴ-ㄹ **04** (1) 화폐 정리 (2) 농지 개혁 (3) 회사령 (4) 동양 척식 주식회사 (5) 3저 호황 (6) 전태일 **05** (1) ㄱ (2) ㄷ (3) ㄴ (4) ㄹ **06** (1) 국채 보상 운동 (2) 삼백 산업 (3) 세계 무역 기구 (WTO) (4) 한일 월드컵

중단원 실력 쌓기

본문 163~165쪽

01 ④	**02** ③	**03** ③	**04** ②	**05** ⑤
06 ④	**07** ②	**08** ③	**09** ③	**10** ①
11 ②	**12** ④	**13** ②		

01 개항 직후 외국 상인의 상업 활동은 개항장 일대로 한정되었다. 그러나 임오군란 이후 청과 일본 상인들이 내륙으로 진출하기 시작하였다. 이들의 진출은 국내 상인들의 활동에 타격을 주었다. 이에 따라 조선 상인들은 상권을 지키기 위한 운동을 전개하였다.

02 자료는 1907년 전개된 국채 보상 운동과 관련된 가상 대화이다. 일제가 강요한 차관으로 대한 제국 정부가 많은 빚을 지게 되자, 대구에서 서상돈 등의 주장으로 국채를 갚기 위한 민족 운동이 시작되었다. 금연, 금주 등으로 성금을 모으고, 여자들은 반지나 비녀 등을 내놓았다. 국채 보상 운동은 대구에서 시작되어 전국으로 확산되었으나, 통감부의 방해로 실패하였다.

03 자료는 화폐 정리 사업을 나타낸다. 일제가 파견한 재정 고문으로 부임한 메가타는 대한 제국의 화폐 발행권을 빼앗고, 일본 제일 은행권만 사용하게 하는 화폐 정리 사업을 진행하였다. 이를 통해 기존에 사용되던 백동화 등을 가지고 있던 한국인 상인들이나 금융인들이 많은 피해를 입었다.

04 자료는 동양 척식 주식회사에 대한 설명이다. 1910년대 일제의 토지 조사 사업으로 많은 국유지와 미신고 토지가 조선 총독부 소유가 되었다. 조선 총독부는 이러한

토지를 헐값에 동양 척식 주식회사에 매각하였고, 동양 척식 주식회사는 일제 식민 통치 시기 최대 지주로서 한국인 농민들을 수탈하였다.

05 (가)는 일제가 1920년대부터 전개한 산미 증식 계획이다. 일본의 급속한 공업화로 쌀 공급이 부족해지자, 일본은 한반도에서 쌀 생산량을 늘려 일본으로 가져가고자 하였다. 이를 위해 밭을 논으로 바꾸게 하였으며, 화학 비료 사용을 강요하였고, 각종 수리 조합이 설립되었다. 실제 쌀 생산은 늘었지만, 일본으로의 유출량이 많아져 한국인의 1인당 쌀 소비량은 줄어들었다.
오답피하기 ① 산미 증식 계획은 1920년대에 시작되었다.
② 1940년대의 사실이다.
③ 토지 조사 사업에 해당한다.
④ 세계 대공황은 1929년에 일어났다.

06 자료는 일제의 병참 기지화 정책을 보여 준다. 일제는 1931년에 만주 사변, 1937년에 중일 전쟁을 일으켜 대륙을 침략하였다. 이를 위해 한반도를 군수 물자 보급을 위한 병참 기지로 만들고자 하였다. 이로써 북부 지방에서 지하자원이 개발되고 금속, 화학 공장들이 세워졌으며 발전소 등이 건설되었다.

07 자료는 1910년대 일제가 시행한 회사령으로, 회사 설립을 조선 총독의 허가에 의해 가능하게 한 법령이다. 이로써 한국인의 회사 설립이 위축되고 민족 자본의 형성과 축적이 어렵게 되었다.
오답피하기 ① 물산 장려 운동은 회사령 폐지에 따른 일본 기업 진출에 위기의식을 느낀 민족 기업가들이 1920년대에 추진하였다.
③ 대한 제국이 실시한 정책이다.
④ 개항 이후 조선 사회의 모습이다.
⑤ 1930년대 이후 일제의 병참 기지화 정책에 해당한다.

08 자료는 징용에 의해 끌려가 일하는 한국인 노동자들의 모습을 보여 주고 있다. 일제는 침략 전쟁을 일으킨 후 우리 민족을 침략 전쟁에 동원하기 위해 1938년 국가 총동원법을 제정하여, 이를 근거로 징용, 징병제 등을 실시하였다.

09 일제는 1930년대부터 침략 전쟁에 우리 민족을 동원하였다. 지원병, 징병, 징용제 등을 시행하였고, 정신대

로 여성 노동력까지 수탈하였다. 특히 여성들을 일본군 '위안부'로 끌고 가 성 노예로 삼았다. 이 시기에 인적·물적 수탈이 더욱 심해져 금속류와 쌀을 강제 공출하기도 하였다. 또한 민족 말살 정책을 실시하여 황국 신민 서사 암송, 신사 참배, 일본식 성명 사용 등을 강요하였다. ③ 경부선 철도는 1905년에 개통되었다.

10 (가) 운동은 1970년부터 박정희 정부가 추진한 새마을 운동이다. 1960년대 공업화 정책으로 농촌 인구가 줄어들고 도시와의 소득 격차가 벌어지자, 박정희 정부는 농촌 소득 증대, 환경 개선, 의식 개선 등을 내세워 새마을 운동을 추진하였다. ① 경부 고속 국도는 1970년에 완공되었다.
오답피하기 ② 1920년대. ③ 1940년대 말. ④ 1890년대. ⑤ 1950년대에 볼 수 있는 모습이다.

11 그래프의 (가) 시기는 우리나라가 외환 위기를 겪고 있던 때이다. 환율이 급등하면서 진행된 외환 위기로 대기업이 도산하고 실업자가 속출하면서 국민 생활이 어려워졌다. 우리 국민들은 이를 극복하기 위하여 당시 범국민적 금 모으기 운동을 전개하였다.
오답피하기 ① 2008년의 사실이다.
③ 1970년, ④ 2020년에 해당한다.
⑤ 1950년대 후반 미국의 무상 경제 원조가 중단되었다.

12 자료는 1970년에 노동 현실을 고발하며 분신한 전태일이 대통령에게 보내려 했던 탄원서이다. 1960년대 수출 중심의 성장 위주 경제 정책은 저임금과 열악한 노동 조건에서 일하던 노동자들의 희생 속에 이루어졌다.
오답피하기 ① 1980년대 이후, ② 1950년대. ③, ⑤ 대략 2000년대 이후의 사실이다.

13 우리나라 대중문화는 1960년대에는 영화, 라디오 매체를 중심으로 성장하였다. 1970년대에는 포크송 등의 대중가요가 인기를 끌었다. 1980년대에는 1986년 아시안 게임, 1988년 서울 올림픽 대회 등 대형 국제 경기 행사를 개최하였다. 1990년대에는 청소년들이 대중문화의 주된 소비층으로 대두하였다. 2000년대 이후에는 소셜 네트워크 서비스(SNS)를 이용한 대중문화의 성장이 두드러지고 있다. ② 케이 팝(K-POP) 등 한류의 유행은 2000년대 이후의 사실이다.

서술형·논술형
본문 165쪽

01 | 예시 답안 | 대한 제국 말기에 정부는 화폐 정리 사업과 각종 시설 개선 사업으로 인해 일본에 많은 빚을 지게 되었다. 이에 1907년 대구에서 서상돈의 제창으로 국민들이 금연, 금주 등을 통해 성금을 모으는 방법으로 국채를 갚고자 한 국채 보상 운동이 전개되었다. 국채 보상 운동은 언론 기관의 지원으로 전 민족적 운동으로 확산되었으나 일제의 방해로 결국 실패하였다.

| 필수 키워드 | 국채, 국채 보상 운동

| 평가 기준 |

상	국채 보상 운동이 추진된 배경과 그 내용, 결과가 모두 충실히 서술된 경우
중	국채 보상 운동이 추진된 배경을 서술하였으나 그 내용과 결과의 서술이 미흡한 경우
하	국채 보상 운동의 배경, 내용, 결과가 모두 미흡하게 서술된 경우

02 | 예시 답안 | 박정희 정부는 국가 주도의 경제 성장 정책을 실시하였다. 정부가 주도하는 경제 개발 계획을 수립하여 적극적으로 해외 자본을 유치하고, 풍부한 노동력을 기반으로 하는 수출 중심의 성장 정책을 폈다. 그러나 수출 기업에 많은 특혜를 주기도 하였고 정경 유착의 문제점도 나타났다. 또한 수출 상품의 가격 경쟁력을 위해 저임금 정책을 추진하였고 노동 운동을 억압하기도 하였다.

| 평가 기준 |

평가 항목	평가 내용
내용의 충실성	주어진 문제에 대해 충분한 내용을 서술하여 누락된 내용이 없음
사실의 타당성	서술된 내용에 역사적 오류가 없으며, 사실을 정확하게 이해하고 있음
내용의 논리성	서술된 주장이나 내용이 논리적으로 타당하며, 주장과 근거가 맞게 연결되어 있음
문장의 형식성	글의 형식이 매끄럽고 맞춤법 오류나 비문이 포함되지 않음

03 민주주의의 발전

개념 다지기
본문 168쪽

01 (1) ○ (2) × (3) ○ (4) ○ (5) × (6) × (7) ○ (8) × (9) × **02** (1) ㉡ (2) ㉣ (3) ㉠ (4) ㉅ (5) ㉢ (6) ㉣ (7) ㉢ **03** (1) ㄴ-ㄷ-ㄱ-ㄹ (2) ㄱ-ㄷ-ㄹ-ㄴ **04** (1) 대동단결 (2) 대한민국 임시 정부 (3) 발췌 (4) 이기붕 (5) 장면 (6) 베트남 (7) 통일 주체 국민 회의 (8) 전두환 **05** (1) ㄱ (2) ㄷ (3) ㄹ (4) ㄴ **06** (1) 박정희 정부 (2) 긴급 조치권 (3) 4·13 호헌 조치 (4) 6·29 민주화 선언

중단원 실력 쌓기
본문 169~171쪽

01 ④	**02** ①	**03** ⑤	**04** ④	**05** ①
06 ②	**07** ③	**08** ①	**09** ②	**10** ⑤
11 ⑤	**12** ②	**13** ④		

01 자료는 1919년 제정된 대한민국 임시 정부 헌법으로, 국민 주권과 삼권 분립이 나타나 있다. 대한민국 임시 정부는 3·1 운동을 계기로 통일된 독립운동을 지도하기 위한 목적으로 상하이에서 수립되었다.

02 자료는 1917년 독립운동가들이 발표한 대동단결 선언이다. 대한 제국 황제의 주권을 국민들이 승계하였다는 내용으로, 국민 주권설을 제시하고 있다. 이를 통해 공화주의가 확산되었으며, 이는 대한민국 임시 정부에 영향을 주었다.

오답피하기 ㄷ. 대한민국 임시 정부는 공화정을 채택하였다. ㄹ. 김옥균, 박영효는 갑신정변을 일으킨 인물들이다.

03 자료는 이승만 정부 시기의 사사오입 개헌안을 소재로 하고 있다. 당시 헌법은 대통령을 중임으로 제한하여, 이후 이승만은 대통령 선거에 출마할 수 없었다. 결국 이승만과 자유당은 이승만의 대통령 선거 출마를 위해 당시 대통령의 중임 제한 규정을 없애는 개헌을 단행하였다. 이 개헌안은 재적 의원 2/3의 찬성을 얻지 못하여 부결되었으나, 자유당은 사사오입(반올림)이라는 억지 논리로 개헌안을 통과시켰다.

04 자료는 제2 공화국 장면 정부 출범 행사이다. 4·19 혁명으로 이승만 정부가 붕괴된 이후 내각 책임제 헌법이

채택되어 민주당 장면 내각이 출범하였다. 국회에서 윤보선이 대통령으로 선출되고, 장면이 국무총리로 지명되었다. 장면 정부는 이듬해인 1961년 박정희가 일으킨 5·16 군사 정변으로 붕괴되었다.

05 자료는 4·19 혁명 당시 대학교수들이 발표한 성명서이다. 자유당 이승만 정부의 3·15 부정 선거를 계기로 4·19 혁명이 일어나고 많은 학생들이 희생되자, 대학교수들도 시위에 나섰다. 이를 통해 이승만은 대통령직에서 물러나고 자유당 정부는 붕괴하였다.

오답피하기 ② 5·18 민주화 운동, ③ 6월 민주 항쟁, ④ 제주 4·3 사건, ⑤ 박근혜 정부 시기의 촛불 집회에 해당한다.

06 밑줄 친 '현 정부'는 박정희 정부이다. 박정희 정부는 미국의 요청에 따라 1964년부터 베트남에 국군을 파병하였다. 한편으로는 일본과의 수교를 추진하여, 식민 지배에 대한 사죄 없는 굴욕적 외교라는 시민들의 반대에도 불구하고 1965년 한일 협정을 체결하였다.

오답피하기 ① 이승만 정부, ③ 이명박 정부, ④ 장면 정부 시기와 김영삼 정부 이후, ⑤ 노태우 정부 시기에 해당한다.

07 자료는 1972년 제정된 유신 헌법의 일부 조항이다. 박정희의 장기 집권을 위해 제정된 유신 헌법에 따라 통일 주체 국민 회의에서 임기 6년의 대통령을 선출하였다. 대통령 중임에 대한 횟수 제한은 없었고, 대통령에게 국회 해산권, 긴급 조치권, 국회의원 1/3의 사실상 임명권 등이 부여되었다.

08 자료는 유신 체제에 저항하여 1979년 10월에 일어난 부·마 민주 항쟁 당시 부산 지역 대학교에서 발표된 것이다. 이를 계기로 박정희가 피살되는 10·26 사태가 일어나 유신 체제가 붕괴되었다.

09 자료는 6월 민주 항쟁 당시 발표된 문서로, 밑줄 친 '현 정권'은 전두환 정부이다. 신군부 세력이 1979년 12·12 사태를 통해 군사권을 장악하고 5·18 민주화 운동을 진압한 후 전두환 정부가 들어섰다. 전두환 정부 집권 말기 각종 부정과 비리 사건이 터지고 박종철 고문치사 사건이 일어났다. 박종철 고문치사 사건은 6월 민주 항쟁의 기폭제가 되었다.

오답피하기 ① 이승만 정부, ③ 노태우 정부, ④ 박근혜 정부,

⑤ 장면 정부에 해당한다.

10 (가)는 5·18 민주화 운동, (나)는 6월 민주 항쟁 관련 사진이다. 5·18 민주화 운동은 민주화를 요구하는 광주 시민들을 계엄군이 무력으로 진압한 사건이다. 6월 민주 항쟁은 전두환 정부의 독재에 맞서 독재 타도와 민주화를 요구하며 투쟁한 사건이다. ⑤ 두 사건 모두 민주화 운동 세력이 집권하지 못하였다. 5·18 민주화 운동 이후 전두환이 집권하였고, 6월 민주화 운동 이후에는 당시 집권당 후보였던 노태우가 대통령에 당선되었다.

11 자료는 6월 민주 항쟁의 결과 발표된 6·29 민주화 선언이다. 전두환 정부 시기 민주화를 열망했던 국민들은 대통령 직선제 개헌을 요구하였다. 그러나 전두환 정부는 4·13 호헌 조치로 개헌을 거부하며 국민들의 요구를 무시하였다. 이를 계기로 6월 민주 항쟁이 일어났다. 특히 경찰이 쏜 최루탄에 맞아 이한열이 쓰러진 사건은 6월 민주 항쟁의 기폭제가 되었다.

12 자료는 1980년 5·18 민주화 운동 당시의 자료이다. 5·18 민주화 운동은 전두환 중심의 신군부 세력이 12·12 사태로 군사권을 장악하고 비상계엄을 확대하자 이에 저항한 광주 지역의 민주화 시위를 계엄군이 강제로 진압한 사건이다.

13 노태우 정부는 1988년 서울 올림픽을 개최하였다. 김영삼 정부는 '역사 바로 세우기' 차원에서 전두환과 노태우 두 전직 대통령을 구속하였다. 김대중 정부는 김영삼 정부 시기 발생한 외환 위기를 극복하였다. 이명박 정부는 환경 단체의 반발에도 불구하고 '4대강 살리기' 사업을 추진하였다. ④ 지방 자치제를 전면 실시한 정부는 김영삼 정부이다.

서술형·논술형   본문 171쪽

01 | 예시 답안 | 자료는 1960년 일어난 4·19 혁명 당시에 쓰인 편지이다. 이승만 자유당 정부의 독재와 장기 집권을 위한 3·15 부정 선거에 맞서 학생들과 시민들이 시위를 벌였다. 이승만 정부의 무력 진압 과정에서 많은 시민들이 희생되었지만, 결국 4·19 혁명은 이승만 대

통령의 하야를 이끌어 냈고, 새로운 내각 책임제 헌법이 제정되었다. 그 결과 다음 총선에서 민주당이 집권하여 장면 정부가 출범하게 되었다.

| 필수 키워드 | 이승만, 3·15 부정 선거, 장면 정부

| 평가 기준 |

상	4·19 혁명의 배경과 결과를 정확하게 서술한 경우
중	4·19 혁명의 배경과 결과에 대해 서술하였지만 일부 누락된 내용이 있거나 내용상 충분치 않은 경우
하	4·19 혁명의 배경과 결과가 모두 미흡하게 서술된 경우

02 | 예시 답안 | 자료는 대통령의 긴급 조치 명령이다. 박정희 정부는 1972년 장기 집권을 위해 대통령 간선제를 핵심 내용으로 하는 유신 헌법을 제정하였다. 이는 또한 대통령 명령에 의해 국민의 기본권을 제한할 수 있는 긴급 조치권, 국회 해산권, 사실상 국회의원 1/3의 임명권을 대통령에게 부여한 권위주의적 독재를 가능하게 한 헌법이었다.

박정희 정부는 이러한 유신 체제에 저항하는 민주화 운동에 대해 긴급 조치를 통해 탄압하였다. 긴급 조치권은 정권의 안정과 독재 체제를 유지하기 위해 헌법에 보장된 국민의 생명권, 자유권을 억압하는 초헌법적이고 반헌법적인 권한이라 할 수 있다.

| 평가 기준 |

평가 항목	평가 내용
내용의 충실성	주어진 문제에 대해 충분한 내용을 서술하여 누락된 내용이 없음
사실의 타당성	서술된 내용에 역사적 오류가 없으며, 사실을 정확하게 이해하고 있음
내용의 논리성	서술된 주장이나 내용이 논리적으로 타당하며, 주장과 근거가 맞게 연결되어 있음
문장의 형식성	글의 형식이 매끄럽고 맞춤법 오류나 비문이 포함되지 않음

04 평화 통일을 위한 노력

개념 다지기
본문 174쪽

01 (1) ○ (2) × (3) ○ (4) ○ (5) ○ (6) × (7) × (8) × (9) × (10) ○ **02** (1) ㉢ (2) ㉣ (3) ㉠ (4) ㉡ **03** (1) ㄹ-ㄴ-ㄱ-ㄷ (2) ㄹ-ㄴ-ㄱ-ㄷ **04** (1) 중국 (2) 비무장 (3) 금강산 (4) 개성 (5) 연평도 (6) 이산가족 **05** (1) ㄱ (2) ㄹ (3) ㄴ (4) ㄷ **06** (1) 냉전 (2) 애치슨 선언 (3) 김일성

중단원 실력 쌓기
본문 175~177쪽

01 ②	**02** ②	**03** ④	**04** ④	**05** ②
06 ⑤	**07** ②	**08** ③	**09** ①	**10** ④
11 ③	**12** ④	**13** ④		

01 제헌 국회가 제정한 대한민국 제헌 헌법이 1948년 7월에 공포되고, 이를 바탕으로 이승만이 대통령으로 선출됨으로써 1948년 8월 15일에 대한민국 정부가 수립되었다. 북한 지역에서는 우리나라의 국회라 할 수 있는 최고 인민 회의가 1948년 8월에 구성되었고, 여기서 김일성을 수상으로 선출하여 그해 9월 9일 조선 민주주의 인민 공화국 수립이 선포되었다.

02 (가)는 6·25 전쟁 발발 이전까지 남과 북을 분단시켰던 북위 38도선이다. (나)는 미국 국무 장관 애치슨이 1950년 1월에 발표한 애치슨 라인으로 미국의 극동 방위선이다. 이 방위선에서 한국과 타이완을 제외함으로써 6·25 전쟁 발발의 한 요인이 되었다는 비판을 받기도 하였다.

오답피하기 ㄴ. 6·25 전쟁 정전 협정 체결 결과 만들어진 휴전선이다.
ㄹ. 애치슨 선언은 6·25 전쟁 직전인 1950년 1월에 발표되었다.

03 6·25 전쟁은 남과 북에 씻을 수 없는 상처를 남겼다. 사망, 부상, 이산가족과 같은 인적 피해, 산업 시설의 파괴에 따른 물적 피해가 발생하였다. 뿐만 아니라 남과 북의 적대감을 고조시켜 분단을 고착화시키고, 미국과 소련 중심의 냉전 체제를 심화시켰다. 특히 남한의 이승만 정부는 반공 정책을 강화하여 민주주의를 억압하였고, 북한의 김일성 역시 정적을 제거하면서 1인 독재 체제를 강화하였다.

04 (가)는 6·25 전쟁 과정에서 국군과 유엔군의 최고 북진선이다. (나)는 중국군 개입 이후 국군과 유엔군이 후퇴하여 다시 서울을 빼앗기고 전선이 고착화된 상황을 보여 주고 있다.

오답피하기 ① (나) 이후의 상황이다.
②, ③, ⑤ (가) 이전의 상황이다.

05 자료는 6·25 전쟁에서 정전 협정이 체결되는 상황을 가정한 것이다. 약 2년에 걸쳐 진행된 회담 결과 체결된 정전 협정으로 휴전선이 설정되고 남북으로 각각 2km씩, 폭 4km의 비무장 지대가 만들어졌다. 당시 이승만 정부는 정전 협정에 반대하였으나 결국 체결을 받아들였다.

06 자료는 1972년 발표된 7·4 남북 공동 성명이다. 남북한 상호 비밀 특사가 방문한 결과 서울과 평양에서 동시에 발표되었다. 7·4 남북 공동 성명은 남북이 최초로 자주, 평화, 민족적 대단결이라는 통일 원칙에 합의한 것이다. 당시 국제 정세는 닉슨 독트린이 발표되고 한반도 주한 미군 감축 문제가 제기되면서 냉전 체제가 완화되는 시기였다.

오답피하기 ㄱ. 박정희 정부 시기이다.
ㄴ. 남북 정상이 만난 것이 아니라 상호 비밀 특사 교환 결과 성사되었다.

07 자료는 2000년 남북 정상 회담 결과 발표된 6·15 남북 공동 선언으로, 평양에서 만난 김대중 대통령과 김정일 국방 위원장에 의해 성사되었다. 이를 계기로 경의선이 복구되고 개성 공단 조성이 추진되는 등 남북 경제 협력과 교류 사업이 크게 진척되었다.

오답피하기 ①은 1953년, ③과 ⑤는 1991년의 사실이다.
④ 남북 적십자 회담은 1971년에 처음 개최되었다.

08 냉전 체제가 해체되는 과정에서 1991년에 남북한은 유엔에 동시 가입하였다. 그리고 상호 체제를 인정하고 불가침, 교류 협력을 약속한 남북 기본 합의서를 채택하였다. 뒤이어 남과 북은 한반도 비핵화 공동 선언에 합의하였다.

오답피하기 ① 1998년, ② 2010년, ④ 1972년, ⑤ 2007년의 사실이다.

09 자료는 1991년 채택된 남북 기본 합의서와 관련된 내용이다. 냉전 체제가 해체되면서 당시 노태우 정부는 활발

한 북방 외교를 통해 공산권 국가와 수교하고 남북 관계 개선에도 나섰다. 그리고 상호 체제를 인정하고 불가침, 교류 협력을 약속한 남북 기본 합의서를 채택하였다.

10 (가)는 노태우 정부, (나)는 김대중 정부이다. 노태우 정부는 냉전 체제가 해체되면서 북방 외교를 추진하여 중국, 베트남 등의 공산권 국가와 수교하였다. 김대중 정부는 '햇볕 정책'이라 불리는 대북 화해 협력 정책을 통해 북한과 교류·협력을 확대하였다.

오답피하기 ㄱ. 전두환 정부, ㄷ. 문재인 정부에 해당한다.

11 자료는 김대중 정부 시기 추진된 금강산 해로 관광의 모습을 보여 준다. 김대중 정부는 '햇볕 정책'이라 불리는 대북 화해 협력 정책을 추진하여 최초로 남북 정상 회담을 성사시키고 각종 경제 협력, 교류 사업, 이산가족 방문단 고향 방문 등을 추진하였다.

12 2018년 문재인 정부는 북한의 핵 실험과 장거리 탄도 미사일 발사 문제로 미국과 북한이 갈등을 겪고 있는 상황에서 판문점에서 남북 정상 회담을 성사시켰다.

오답피하기 ①, ② 김대중, 노무현 정부, ③ 1951~1953년의 사실이다.
⑤ 냉전 체제는 1940년대 후반 성립되어 1990년대 초에 해체되었다.

13 2000년대 이후 남북의 긴장을 높였던 사건들로, 2010년 천안함이 피격되어 침몰하였고 북한의 연평도 포격 사건이 일어났다. 또한 관광객 피격 사건으로 금강산 관광이 중단되었으며, 북한의 핵 개발과 장거리 탄도 미사일 개발로 남과 북, 미국의 갈등이 커졌다. ④ 북한과 소련의 비밀 군사 협정은 6·25 전쟁 직전의 사실이다.

서술형·논술형 본문 177쪽

01 | 예시 답안 | 자료는 1953년 7월에 체결된 6·25 전쟁의 정전 협정이다. 6·25 전쟁 결과 많은 사상자와 이산가족, 산업 시설의 파괴 등의 인적·물적 피해가 생겨났다. 뿐만 아니라 남북 간 적대감이 고조되고 분단이 고착화되었다. 또한 남한과 북한의 정권은 분단을 자신들의 정적 제거, 독재 체제 유지와 민주주의 억압 등에 이

용하였다.

| 필수 키워드 | 6 · 25 전쟁, 남북 적대감, 독재 체제

| 평가 기준 |

상	6 · 25 전쟁의 피해, 남북한 사람들의 의식에 끼친 영향, 정치적 영향 등을 충실하게 잘 서술한 경우
중	6 · 25 전쟁의 피해, 남북한 사람들의 의식에 끼친 영향 등만을 언급하여 서술이 충분치 못한 경우
하	6 · 25 전쟁의 피해만을 서술하고 내용이 여러 부분에서 미흡한 경우

02 | 예시 답안 | 먼저 남북한의 군사적 긴장을 없애기 위한 조치를 시행하고, 이제까지 남북이 합의한 평화와 번영, 교류 · 협력을 위한 조치를 재합의하고 지속해야 한다. 인도적 차원에서 이산가족의 만남을 수시로 진행하고, 경제 협력을 위한 조치를 찾아 추진한다. 특히 적극적인 외교로 한반도 주변 국가들이 한반도 통일을 지원하도록 해야 한다.

| 평가 기준 |

평가 항목	평가 내용
내용의 충실성	정해진 분량 기준을 충족시킴(단, 제시된 질문과 상관없는 내용으로 답변했을 시에는 분량 기준을 충족시키지 못한 것으로 간주함)
사실의 타당성	서술된 내용에 역사적 오류가 없으며, 사실을 정확하게 이해하고 있음
내용의 논리성	서술된 주장이나 내용이 논리적으로 타당하며, 주장과 근거가 맞게 연결되어 있음
문장의 형식성	글의 형식이 매끄럽고 맞춤법 오류나 비문이 포함되지 않음

대단원 마무리
본문 178~179쪽

01 ④	**02** ④	**03** ①	**04** ①	**05** 해설 참조
06 ①	**07** ③	**08** ③	**09** ⑤	**10** 해설 참조
11 ①	**12** ④			

01 자료는 대한 제국의 전제 황권 강화를 보여 주는 대한국 국제이다. 황제로 즉위한 고종은 연호를 광무로 정하고 구본신참을 내세우며 식산흥업 정책을 추진하였다.
오답피하기 ① 갑신정변, ② 갑오 · 을미개혁, ③ 동학 농민 운동, ⑤ 독립 협회와 관련이 있다.

02 자료에서 밑줄 친 '이 운동'은 1919년에 일어난 3 · 1 운동이다. 국내에서 고종 독살설이 대두되고, 민족 자결주의가 고조되는 국제 정세 속에 일본의 무단 통치에 저항하여 전 민족적 만세 시위가 벌어졌다.
오답피하기 ㄱ. 6 · 10 만세 운동, ㄷ. 광주 학생 항일 운동에 해당한다.

03 자료는 일제가 태평양 전쟁(1941~1945)을 일으킨 후 징병으로 끌려가 전선에 투입된 한국인 학생의 편지이다. 1937년 중일 전쟁을 일으킨 일제는 우리 민족을 전쟁에 동원하기 위해 국가 총동원법을 제정(1938)하여 인적, 물적 자원을 수탈하였다. 그리하여 징병, 징용제를 실시하고 쌀과 금속류를 공출하였다. 또한 우리 민족 정신을 말살하기 위해 황국 신민 서사 암송과 신사 참배를 강요하고, 강제로 일본식 성명으로 바꾸게 하였다. ① 조선 태형령은 1910년대 시행된 일제의 정책이다.

04 자료는 1920년대 추진된 민립 대학 설립 운동 관련 자료이다. 일제의 식민지 교육 정책이 초보적인 실업 교육 차원에 국한되자, 민족 지도자들은 고등 교육의 중요성을 강조하며 국민 성금을 모아 대학을 설립하고자 하였다. 이들은 '1천만이 1원씩'이라는 구호를 통해 국민들의 참여를 이끌어 냈다.
오답피하기 ② 브나로드 운동, ③ 물산 장려 운동, ④ 신간회 강령, ⑤ 노동 운동 등에서 나온 구호이다.

05 | 예시 답안 | 자료는 1945년 8 · 15 광복 직후 개최된 모스크바 3국 외상 회의의 결정 사항이다. 이같은 결정 사항이 한반도에 알려지자 해당 내용 중 한반도 신탁 통치안이 문제가 되었다. 이에 대해 우익 세력은 식민 통치의 연장이라 여겨 반탁 운동을 벌였다. 반면에 좌익 세력은 회담 내용을 총체적으로 지지하였다. 이 때문에 좌익 세력과 우익 세력 간의 갈등이 격화되었다. 한편으로는 이를 극복하기 위해 좌우 합작 운동이 전개되기도 하였다. 그러나 좌우 대립은 점점 더 심해졌고 상호 적대감이 깊어지면서 한반도는 분단의 길로 치달았다.

| 필수 키워드 | 신탁 통치, 좌익, 우익, 분단

| 평가 기준 |

상	모스크바 3국 외상 회의를 명시하고 좌익과 우익 세력의 동향을 상세하게 서술한 경우
중	모스크바 3국 외상 회의를 명시하였으나 좌익과 우익 세력의 대립을 막연하게 서술한 경우
하	모스크바 3국 외상 회의나 당시 국내 동향에 대한 서술에 오류가 있거나 충분치 않은 경우

06 자료는 1948년에 실시된 우리나라 최초의 보통 선거인 5·10 총선거와 관련이 있다. 이 선거에서는 만 21세 이상 성인 남녀 모두에게 선거권을 부여하여 제헌 국회의원을 선출하였으며, 유엔의 결정에 따라 북위 38도선 이남 지역에서 실시되었다. 이에 통일 정부 수립을 지향한 민족 운동 세력과 좌익 세력이 선거 실시에 반대하였다. ① 초대 대통령 이승만은 제헌 국회에서 선출되었다.

07 (가)는 4·19 혁명(1960) 당시 이승만 하야의 결정적 계기가 되었던 대학교수단의 시위를 보여 준다. (나)는 4·19 혁명 결과 이승만 정부가 붕괴되고 내각 책임제 헌법에 따라 집권한 장면 정부 수립의 모습을 보여 준다. ③ 4·19 혁명의 결과 이승만 정부가 붕괴된 후, 허정 과도 정부가 수립되어 내각 책임제 헌법을 만들고 총선을 관리하였다. 그 결과 민주당이 집권하여 장면 정부가 수립되었다.

오답피하기 ① 1954년. ② 4·19 혁명의 전개 과정 중에서 (가) 직전의 사실이다.

④ 1979년의 사실이다.

⑤ 국가 재건 최고 회의는 박정희가 1961년 5·16 군사 정변을 일으키고 설치하였다.

08 자료는 1987년 6월 민주 항쟁과 관련된 것이다. 이를 통해 국민들은 전두환 정부의 독재에 맞서 민주주의를 요구하며 대통령 직선제 개헌을 주장하였다. 특히 박종철과 이한열의 희생이 항쟁의 기폭제가 되었다.

오답피하기 ① 5·18 민주화 운동. ② 1964년의 한일 협정 체결 반대 시위(6·3 시위). ④ 4·19 혁명. ⑤ 2016~2017년의 촛불 시위에 해당한다.

09 자료는 김영삼 정부의 금융 실명제 추진과 '역사 바로 세우기' 사업을 보여 주고 있다. 특히 '역사 바로 세우기' 차원에서 조선 총독부 건물이 해체되고, 전두환과 노태우 두 전직 대통령이 구속되었다.

오답피하기 ① 이승만 정부. ② 박정희 정부. ③ 김대중 정부 등. ④ 장면 정부에 해당한다.

10 | 예시 답안 | 자료는 1920년대에 전개된 물산 장려 운동과 관련 있는 상품 광고이다. 일제의 회사령이 폐지되면서 일본 기업의 한반도 진출이 본격화되자, 위기의식을 느낀 민족 기업가들이 중심이 되어 물산 장려 운동을 전개하였다. 물산 장려 운동은 일본 상품 배척, 토산품 애용, 자급자족 등을 내세우며 민족 기업을 육성하고 민족 자본을 축적하려는 경제적 민족 운동이었다.

| **필수 키워드** | 물산 장려 운동, 토산품 애용

| **평가 기준** |

상	물산 장려 운동의 배경, 과정, 의도를 정확하게 모두 서술한 경우
중	물산 장려 운동의 배경, 과정, 의도 중 일부를 누락하거나 미흡하게 서술한 경우
하	물산 장려 운동의 배경, 과정, 의도 서술에 오류가 있거나 내용이 미흡한 경우

11 경부 고속 국도는 박정희 정부 시기인 1970년에 완공되었다. 박정희 정부 시기인 1970년대에는 정부 주도로 농촌에서 새마을 운동이 적극 추진되었다.

오답피하기 ② 외환 위기는 1997년에 일어났다.

③ 세계 무역 기구(WTO)는 1995년에 출범하였다.

④ 농지 개혁법은 1949년에 제정되었다.

⑤ 우리나라는 2004년 칠레와 최초로 자유 무역 협정을 체결하였다.

12 (가)는 김대중 정부 시기인 2000년 분단 이후 최초의 남북 정상 회담으로 발표된 6·15 남북 공동 선언이다. (나)는 1972년 박정희 정부 시기 남북한이 최초로 통일 원칙에 합의한 7·4 남북 공동 성명이다. (다)는 노태우 정부 시기인 1991년 남북이 상호 체제 인정과 불가침, 교류 협력에 합의한 남북 기본 합의서이다.

I 선사 문화와 고대 국가의 형성

대단원 종합 문제
본문 6~8쪽

01 ①	02 ②	03 ①	04 ④	05 ⑤
06 ⑤	07 ⑤	08 ⑤	09 ①	10 ①
11 ④	12 ②	13 ③	14 ④	15 ⑤

01 신석기 시대 만주와 한반도 지역 사람들의 생활상을 알아보기 위해 조사할 유물을 고르는 문제이다. 가락바퀴(ㄱ)와 빗살무늬 토기(ㄴ)는 신석기 시대 유물이며, 이를 통해 당시 사람들의 생활상을 엿볼 수 있다.
오답피하기 ㄷ. 반달 돌칼은 청동기 시대에 사용했던 수확용 간석기이다.
ㄹ. 주먹도끼는 구석기 시대에 사용했던 대표적인 뗀석기이다.

02 신석기 시대 사람들의 생활상에 대한 설명을 고르는 것으로, 신석기 시대에는 농경과 목축이 시작되어 스스로 식량을 생산하기 시작하였다.
오답피하기 ①, ③, ⑤ 구석기 시대의 생활 모습이다.
④ 청동기 시대와 관련된 설명이다.

03 청동기 시대에는 청동기가 사용되기는 하였으나, 청동은 재료가 귀하고 만들기가 복잡하였으며 무른 금속이었기 때문에 제사용 도구나 무기, 장신구 등 제한적인 용도로만 사용되었다. 농경 등 일상생활에서는 여전히 반달 돌칼 같은 간석기가 사용되었으나, 벼농사를 짓는 등 농사 기술은 이전보다 발달하였다.
오답피하기 지훈-청동기 시대에는 잉여 생산물을 지배 계급이 독점, 관리하였다.
시우-조개껍데기 가면이나 흙으로 빚은 얼굴 모양은 신석기 시대의 예술품이다.

04 제시된 법은 8조법으로, 이를 시행한 나라는 고조선이다. 8조법에서 '노비'에 대한 언급을 통해 계급 사회임을 알 수 있으며, 남에게 상처를 입히거나 도둑질한 자를 벌하는 것으로 보아 고조선이 노동력과 사유 재산을 중요하게 여겼던 사회였음을 알 수 있다. 고조선은 위만이 집권한 이후 철기 문화가 더욱 발전하였다. 또한 지리적 이점을 이용하여 한과 한반도 남부 소국 사이의 무역로를 독점하며 중계 무역을 통해 경제적 이익을 얻었다. ④ 5개의 부족이 연맹하였으며, 왕권이 비교적 약하였던 나라는 부여와 건국 초기의 고구려이다.

05 밑줄 친 부분은 철기 시대에 사용되었던 청동기를 가리키는 것으로, 거친무늬 거울을 계승한 잔무늬 거울, 비파형 동검을 계승한 세형 동검이 이에 해당한다.
오답피하기 ㄱ. 명도전은 중국 전국 시대의 화폐로, 고조선과 중국의 활발한 교역 활동을 보여 주는 유물이다.
ㄴ. 비파형 동검은 청동기 시대에 사용된 동검이다.

06 자료는 철기를 바탕으로 세워진 여러 나라의 제천 행사에 대한 것이다. 선지에서 ㉠에 들어갈 수 있는 나라는 고구려(동맹)와 삼한(10월제)이다. 그러나 삼한은 10월뿐만 아니라 5월에도 제천 행사를 열었으므로 ㉡에 해당한다. 12월에 영고라는 제천 행사를 치렀던 나라는 ㉢ 부여이다.

07 철기 문화를 바탕으로 세워진 여러 나라 중 하나였으며, 소국 연맹체로서 신지, 읍차와 같은 군장이 각각의 소국을 다스리고 제사장인 천군이 있던 국가는 삼한이다. 삼한은 한반도 남부의 비옥한 평야 지대에 위치하고 있어 벼농사가 발달하였으며, 변한에서는 철이 다량으로 생산되어 주변국에 수출하기도 하였다.

08 중앙 집권 국가로 성장하기 위해서 삼국이 공통적으로 거쳤던 과정은 다음과 같다. 관등을 일렬로 정비하여 지배층을 왕 아래에 두었으며, 율령을 반포하여 모든 지역을 동일한 법률로 다스렸다. 불교를 수용하여 사람들의 사상 통합을 꾀하였으며, 지방 제도를 정비하고 지방관을 파견하여 왕의 명령이 지방까지 전달되도록 하였다. ⑤ 중앙은 왕이 다스리고 주변 지역은 소국의 지배자들이 별도로 다스린 것은 연맹 왕국 시기의 모습으로 왕권이 약하였음을 의미한다.

09 자료는 서옥제에 대한 사료로, 배경이 되는 나라는 고구려이다. 고구려는 부여 계통의 이주민인 주몽이 압록강 중류 산간 지대인 졸본에 건국한 나라였다. 토지가 척박하고 농사짓기 어려웠기 때문에, 평야 지대로 나아가고자 주변을 활발히 정복하였다.

오답피하기 ②, ④ 동예. ③ 고조선. ⑤ 옥저와 동예에 대한 설명이다.

10 제시된 가상 인터뷰는 진흥왕을 대상으로 진행된 것이다. 진흥왕은 나제 동맹을 깨고 백제가 차지하였던 한강 하류 지역을 기습 공격하여 점령에 성공하였으며, 대가야를 정복하고, 함경도 남부까지 진출하였다. 그는 넓어진 영토 곳곳에 이를 기념하는 순수비를 세웠다.

오답피하기 ① 김해 지역의 금관가야를 병합한 왕은 법흥왕이다.

11 제시된 지도는 5세기 고구려의 영역과 평양 천도를 표시한 것으로, 이 시기의 왕은 장수왕이다. 장수왕은 평양으로 수도를 옮기고 남진 정책을 추진하여 백제의 한성을 함락시킴으로써 한강 유역을 모두 차지하였다.

오답피하기 ① 고구려에서 관등과 관복을 마련한 왕은 정확히 알려져 있지 않다.

②, ③ 소수림왕에 대한 설명이다.

⑤ 고국천왕에 대한 설명이다.

12 ㉠ 고이왕은 관리의 등급을 정하여 지배층을 왕 아래 귀족으로 만들었으며, 관리의 등급에 따라 관복 색깔을 달리 정하였다. 또 이 시기에 한강 유역을 장악하여 백제가 마한을 대표하는 나라가 되었다. ㉡ 백제의 전성기를 이룬 왕은 근초고왕으로, 고구려를 공격하여 황해도 일부 지역까지 영토를 넓혔다. 또한 중국의 동진, 왜와 적극적으로 외교 관계를 맺어 주변국에 대한 영향력을 강화하였다. ㉢ 농업과 교통에 유리한 사비로 수도를 옮겨 백제의 중흥을 꾀하였던 왕은 성왕이다. 그는 신라와 연합하여 고구려를 공격해 한강 하류 유역을 되찾았으나, 신라의 배신으로 이를 빼앗기고 말았다.

13 삼국 시대에는 중국에서 도교가 전래되어 삼국의 문화에 영향을 끼쳤다. 신선 세계를 표현한 백제의 산수무늬 벽돌이나 백제 금동 대향로가 대표적이다.

오답피하기 ① 오경박사를 두어 유교 경전을 가르친 나라는 백제이다.

② 돌무지덧널무덤은 신라에서 만들어진 고분 양식이다.

④ 경주 분황사 모전 석탑은 현존하는 신라의 석탑 중 가장 오래된 것으로, 돌을 벽돌처럼 다듬어 쌓았다.

⑤ 삼국 중 중국 남조의 영향을 받은 벽돌무덤을 만든 나라는 백제이다.

14 신라의 영역에서 발견되었으나 불상 뒷면에 새겨진 명문에 고구려에서 만들어졌음이 명시되어 고구려의 불상임을 확인할 수 있었던 것은 ④ 금동 연가 7년명 여래 입상이다. 이 불상은 중국 북조의 영향을 받아 옷자락이 두껍고 긴 얼굴을 하고 있다.

오답피하기 ① 금동 미륵보살 반가 사유상으로 신라와 백제 중 어느 나라의 것인지는 확실히 알려져 있지 않다. 일본의 목조 미륵보살 반가 사유상과 그 모양이 거의 유사하다.

② 백제의 서산 용현리 마애 여래 삼존상이다.

③ 신라의 경주 배동 석조 여래 삼존 입상이다.

⑤ 일본 호류사에 있는 관음상으로, 백제인에 의해 만들어졌을 것으로 추정된다.

15 신라 내물왕 때 광개토 대왕의 도움을 받아 왜를 물리친 이후, 고구려와 신라가 밀접한 관계를 맺게 된 것을 보여 주는 증거는 ⑤ 호우명 그릇이다. 호우명 그릇은 신라 지역에서 발견되었으나 광개토 대왕의 공적을 기리기 위해 고구려에서 제작된 그릇이었다.

오답피하기 ① 고구려의 장군총으로, 초기 백제와 유사한 계단식 돌무지무덤 양식을 하고 있다.

② 단양 적성비로, 진흥왕이 고구려의 영토였던 적성 지역을 점령한 후에 세운 비석이다.

③ 칠지도로, 백제와 왜의 긴밀한 관계를 보여 주는 유물이다.

④ 충주 고구려비로, 5세기 고구려가 남한강 유역에 진출하였음을 보여 주는 비석이다.

대단원 서술형 · 논술형 문제 본문 9쪽

01 | **예시 답안** | (1) (가) – 구석기 시대, (나) – 신석기 시대

(2) 농경과 목축을 하기 시작하였다.

움집을 짓고 마을을 이루어 한곳에 정착하였다.

간석기와 토기를 사용하였다.

| **필수 키워드** | 농경과 목축, 움집, 정착 생활, 간석기, 토기 등

| **평가 기준** |

상	필수 키워드를 모두 사용하여 신석기 시대 생활 변화를 두 가지 이상 조리 있게 서술한 경우
중	필수 키워드 중 한 가지를 명확히 제시하여 신석기 시대 생활 변화를 조리 있게 서술한 경우
하	필수 키워드 중 한 가지를 넣어 신석기 시대 생활 변화를 서술하였으나 내용이 명료하지 못한 경우

02 | 예시 답안 | 이 무덤 양식은 돌무지덧널무덤이다. 나무 덧널 위에 많은 양의 돌을 쌓고 흙으로 덮는 복잡한 과정을 거쳐 만들어졌으며, 입구를 만들지 않았기 때문에 도굴이 어려워 많은 껴묻거리가 발굴되었다.

| 필수 키워드 | 돌무지덧널무덤, 복잡한 구조, 입구가 없음

| 평가 기준 |

상	돌무지덧널무덤임을 명확히 쓰고, 도굴이 어려운 이유를 필수 키워드를 모두 사용하여 정확히 서술한 경우
중	돌무지덧널무덤임을 명확히 쓰고, 도굴이 어려운 이유를 필수 키워드 중 일부를 사용하여 서술한 경우
하	돌무지덧널무덤만 쓴 경우

03 | 예시 답안 | 삼국은 중앙 집권 국가로 성장하는 과정에서 공통적으로 다음과 같은 특징을 보였다. 먼저 관리의 등급을 일렬로 정비하여 지배층을 왕 아래에 두었다. 백제의 경우 고이왕 때 16관등을 정비한 것으로 알려져 있으며, 신라는 법흥왕 때 17관등을 마련하였다. 고구려는 4세기 무렵 10여 개의 관등을 정비한 것으로 추정된다. 이를 통해 지역 세력들을 중앙 귀족으로 흡수하고, 국가의 관료로 서열화시켰다.

또 삼국은 율령을 반포하여 왕 중심의 통치 제도와 법령을 정비하였다. 고구려는 소수림왕 때, 백제는 고이왕 때, 신라는 법흥왕 때 율령을 정비하여 반포한 것으로 알려져 있다. 이를 통해 모든 지역에 같은 법률이 적용되도록 하여 왕을 중심으로 한 단일한 국가를 이루는 데 기여하였다.

고구려는 소수림왕 때 전진으로부터 불교를 받아들였으며, 백제는 침류왕 때 동진으로부터 불교를 수용하였다. 신라는 고구려로부터 불교를 받아들인 것으로 보이며 법흥왕 때 이를 공인하였다. 이를 통해 삼국은 지역에 따라 서로 다른 믿음을 가졌던 사람들을 보편적인 사상 안에 끌어들임으로써 사상적인 통합을 이루었다.

| 평가 기준 |

평가 항목	평가 내용
평가 충실도	정해진 기준을 충족시킴
고차적 인지 능력	중앙 집권 국가로 나아가기 위한 삼국의 공통적 특징을 인지할 수 있음
글의 타당성	중앙 집권 국가의 공통적 특징과 그에 해당하는 삼국의 구체적 사례가 타당하게 연결되어 있음
글의 논리성	전체적인 글의 구성과 짜임새가 매끄러우며, 주장과 근거의 연결이 자연스러움

II 남북국 시대의 전개

대단원 종합 문제   본문 12~14쪽

01 ④	02 ②	03 ①	04 ①	05 ①
06 ⑤	07 ⑤	08 ④	09 ①	10 ④
11 ③	12 ①	13 ④	14 ③	15 ④

01 (가)는 고구려와 수의 전쟁, (나)는 고구려와 당의 전쟁을 나타내는 자료이다. 수의 멸망 이후 당 태종이 팽창 정책을 실시하면서 고구려를 압박하자, 고구려는 당의 침입에 대비하여 천리장성을 쌓았다. 이 무렵 고구려에서는 천리장성의 축조 책임자였던 연개소문이 정변을 일으켜 정권을 잡았다. 연개소문이 당에 강경 정책을 펴자, 당은 연개소문의 정변을 구실로 고구려를 침입하였다.

02 (가)는 신라와 당이 동맹을 체결하는 상황, (나)는 고구려가 멸망하는 상황을 나타낸 것이다. 나당 연합군은 먼저 백제를 공격하였다. 황산벌에서 계백의 결사대를 물리친 김유신의 신라군은 기벌포에 상륙한 당군과 연합하여 사비성을 포위하여 함락시켰다. 이후 나당 연합군은 고구려를 공격하였다.

03 고구려 멸망 후 유민들은 부흥 운동을 일으켰다. 검모잠은 보장왕의 아들 안승을 왕으로 받들어 한성에서 부흥 운동을 벌였다. 고연무는 요동 지방에서 당군과 싸웠다.

오답피하기 ②, ④ 백제 부흥 운동과 관련이 있다.

04 자료는 흑치상지가 백제 부흥 운동을 전개하고 있는 상황이다. 나당 연합군이 백제를 멸망시키자 백제 부흥 운동이 전개되었다. 복신과 도침은 주류성에서 백제 부흥 운동을 주도하였고, 흑치상지 등도 임존성에서 이에 호응하였다.

05 자료에서 (가) 국가는 발해이다. 발해는 무왕 때 북만주 일대까지 세력을 확대해 나갔고, 독자적인 연호를 사용하였다. 이에 당은 신라와 흑수 말갈을 이용하여 발해를 압박하였다.

오답피하기 ②, ⑤ 통일 신라, ③ 고구려, ④ 백제에 대한 설명이다.

06 자료는 신문왕에 대한 것이다. 신문왕은 관리들에게 관료전을 지급하고, 귀족들의 경제적 기반인 녹읍을 폐지하여 귀족의 특권을 제한하려 하였다. 또 학식을 갖춘 6두품 이하 출신의 관료들을 양성하고 유학 교육 기관인 국학을 설치하였다.

07 자료는 통일 신라의 9주에 대한 것이다. 통일 신라는 전국을 9주로 나누고 옛 고구려, 백제와 신라 땅에 각각 3주씩 배치하여 민족 통합을 추구하였다. 또한 통일 신라는 중앙군으로 9서당을 설치하여, 신라인과 함께 고구려인·백제인·말갈인까지 포함시켰다.

오답피하기 ①, ④ 백제, ② 고구려, ③ 발해에 대한 설명이다.

08 자료는 발해의 중앙 정치 조직을 나타낸 것이다. 발해는 당의 제도를 본떠 3성 6부로 중앙 정치 기구를 조직하였는데, 자국의 실정에 맞게 바꾸어 독자적으로 운영하였다. 발해는 중앙군으로 10위를 두어 왕궁과 수도를 방어하게 하였다.

오답피하기 ① 고구려 등, ②, ⑤ 통일 신라, ③ 백제에 대한 설명이다.

09 자료는 신라 말의 상황을 나타낸 것이다. 이 시기에 정치적 혼란 속에서 귀족들의 수탈은 더욱 심해졌다. 그러던 중 진성 여왕이 관리를 보내 조세를 독촉하자 농민들의 분노가 폭발하였으며, 원종과 애노의 난을 시작으로 전국 각지에서 농민들이 봉기하였다. 한편, 중앙 정부의 통제력이 약화되자 지방에서는 호족이 성장하였다.

10 (가)는 후고구려이다. 궁예는 고구려 부흥을 내세우며 송악을 도읍으로 하여 후고구려를 세웠다. 이후 나라 이름을 마진으로 하였다가 도읍을 철원으로 옮긴 뒤 다시 태봉으로 바꾸었다.

오답피하기 ①, ③은 통일 신라, ② 후백제, ⑤ 발해에 대한 설명이다.

11 밑줄 친 '그'는 원효이다. 원효는 일심 사상을 제시하였으며, 이를 통해 당시 불교계 내 사상의 대립을 비롯한 여러 문제를 해결하려 하였다. 또 '나무아미타불'만 외우면 극락세계에 갈 수 있다는 아미타 신앙을 전파하여 불교의 대중화에 기여하였다.

12 자료는 풍수지리 사상에 대한 것이다. 이 사상은 기존의 금성(경주) 중심의 지리 인식에서 벗어나 지방의 중요성

을 강조하였기 때문에 지방 호족의 환영을 받았다.

오답피하기 ② 교종, ③ 유학, ④ 도교, ⑤ 선종과 관련이 있다.

13 (가)는 발해에 해당한다. 발해는 고구려 문화를 기반으로 당의 문화를 받아들이고 말갈의 토착 문화를 흡수하였다. 발해의 수도였던 상경성은 당의 장안성을 모방하여 건설한 계획도시로서 외성과 내성, 주작대로를 갖추었다.

오답피하기 ①, ②, ⑤ 통일 신라, ③ 백제에 대한 설명이다.

14 자료는 경주 불국사 3층 석탑에 대한 설명이다. 불국사 3층 석탑은 전형적인 통일 신라의 석탑으로, 석가탑이라 불리기도 한다.

오답피하기 ① 발해 석등, ② 경주 불국사 다보탑, ④ 화순 쌍봉사 철감선사탑(승탑), ⑤ 발해의 영광탑이다.

15 (가)는 통일 신라에 해당한다. 이 시기에 울산항은 국제 무역항으로 번성하였으며, 아라비아 상인이 왕래하기도 하였다.

오답피하기 ① 발해관은 당의 산둥반도에 설치된 발해 사신의 숙소이다.
② 발해, ③ 백제, ⑤ 고구려에서 볼 수 있는 모습이다.

대단원 서술형·논술형 문제 본문 15쪽

01 | 예시 답안 | 밑줄 친 '과인'은 신문왕이다. 신문왕은 김흠돌의 난을 진압하여 귀족 세력을 숙청하였다. 또한 인재 양성을 위해 국학을 설치하여 유교 이념을 강조하였으며, 관리에게 관료전을 지급하고 귀족의 경제적 기반인 녹읍을 폐지하였다.

| 필수 키워드 | 신문왕, 김흠돌의 난, 국학 설치, 관료전 지급, 녹읍 폐지

| 평가 기준 |

상	신문왕을 정확히 쓰고, 업적을 두 가지 이상 모두 사실에 맞게 서술한 경우
중	신문왕을 정확히 쓰고, 업적을 한 가지만 사실에 맞게 서술한 경우
하	신문왕만을 정확히 쓴 경우

02 | 예시 답안 | 발해는 '대흥'과 같이 독자적인 연호를 썼으며, '황상'에서 알 수 있듯이 황제의 칭호를 사용하였다.

이는 발해가 중국과 대등한 국가이며, 발해의 왕이 중국의 황제와 동등하다는 입장을 취하였음을 나타낸다.

| 필수 키워드 | 연호 사용, 황제 칭호 사용, 중국과 대등한 국가, 중국 황제와 동등하다는 입장

| 평가 기준 |

상	연호와 황제 칭호 사용을 정확히 쓰고, 중국과 대등한 입장을 취하였음을 서술한 경우
중	연호와 황제 칭호의 사용만을 정확히 쓴 경우
하	서술이 정확하지 않은 경우

03 | 예시 답안 | 신라 말에는 선종과 풍수지리설이 유행하는 등 사상 면에서도 변화가 나타났다. 경전 연구를 중시한 교종과 달리 선종은 일상의 있는 그대로의 마음이 곧 도이고 그 마음이 곧 부처임을 내세워 신라 말에 널리 확산되었다. 교종의 전통적 권위에 도전했던 선종의 가르침은 호족에게 큰 호응을 얻었으며, 호족의 후원으로 지방에 선종 사찰이 많이 세워졌다.

한편, 선종 승려 도선은 풍수지리 사상을 널리 보급하였다. 풍수지리 사상은 산이나 하천 등 땅의 기운이 인간의 길흉화복에 영향을 미친다는 이론이다. 이 사상은 기존의 금성(경주) 중심의 지리 인식에서 벗어나, 지방의 중요성을 강조하였기 때문에 지방 호족의 환영을 받았다. 선종과 풍수지리 사상은 호족이 진골 중심의 기존 체제를 해체하고 새로운 사회를 건설하는 사상적 기반이 되었다.

| 평가 기준 |

평가 항목	평가 내용
평가 충실도	정해진 분량 기준을 충족시킴(단, 제시된 질문과 상관없는 내용으로 답변했을 시에는 분량 기준을 충족시키지 못한 것으로 간주함)
고차적 인지 능력	제시된 상황에 나타난 선종과 풍수지리 사상의 의미를 명확하게 확인할 수 있음
글의 타당성	자신의 주장과 그에 대한 근거가 타당하게 연결되어 있음
글의 논리성	전체적인 글의 구성과 짜임새가 매끄러우며, 주장과 근거의 연결이 자연스러움

(III) 고려의 성립과 변천

대단원 종합 문제
본문 18~20쪽

01 ④	**02** ①	**03** ④	**04** ①	**05** ②
06 ③	**07** ③	**08** ②	**09** ⑤	**10** ③
11 ③	**12** ①	**13** ③	**14** ②	**15** ⑤
16 ⑤	**17** ④			

01 고려의 건국(918)에서 후삼국 통일(936) 사이에 있었던 일은 신라의 항복(935)과 고려군이 고창(경북 안동)에서 후백제군에 승리(930)한 일이다.

02 자료는 고려를 건국한 태조 왕건의 정책에 대해 설명하고 있다.

03 (가)에는 거란의 1차 침입 당시 거란 장수 소손녕과의 외교 담판에서 서희가 말한 내용이 들어가야 한다. 서희는 고려가 고구려의 후계자임을 주장하고, 거란의 요구를 수용하는 대신 강동 6주를 확보할 수 있었다.

오답피하기 ① 몽골의 침입 시 최씨 무신 정권에서 추진하였다.
② 고려 말 우왕, 최영과 관련된 사실이다.
③ 윤관은 별무반을 구성하여 여진족을 물리치고 동북 9성을 개척하였다.
⑤ 서경 천도 주장은 정지상, 묘청 등과 관련이 있다.

04 (가)에 들어갈 왕은 고려의 제4대 국왕인 광종이다.

05 광종은 호족들의 힘을 누르기 위해 노비안검법과 과거제를 실시하였고, 이에 따르지 않는 호족과 공신은 숙청하였다.

오답피하기 ㄴ, ㄹ은 성종 때의 일이다.

06 (가)는 중서문하성이다. 중서문하성의 장관인 문하시중이 국정을 총괄하였다.

오답피하기 ① 중추원, ② 상서성, ④ 삼사, ⑤ 도방 또는 삼별초에 대한 설명이다.

07 (가)에 들어갈 용어는 음서이다. 고려 시대 음서는 왕족이나 공신, 고위 관료의 자손 등에게 시험 없이 관직에 오를 수 있는 자격을 주는 제도였다.

오답피하기 ① 과거제는 귀화인 쌍기의 건의로 시행되었으며 일정한 학문적 능력을 시험 보아 관리로 선발하는 제도이다.
② 천거는 학식과 덕행이 뛰어났음에도 관직에 오르지 못한 인물을 추천하여 관리로 임명하는 제도이다.
④ 사심관 제도는 중앙의 관리가 출신 지역의 일을 자문하고 일정한 책임을 지도록 한 제도이다.
⑤ 국자감은 고려 시대 최고 교육 기관이다.

08 (가)에 들어갈 인물은 이자겸이다.
오답피하기 ㄴ, ㄹ. 묘청에 대한 설명이다.

09 자료는 무신 정변이 일어나기 직전의 상황이다.

10 자료는 최씨 무신 정권에 대한 설명이다. 최충헌이 집권한 이후 4대 60여 년간 최씨 무신 정권이 지속되었다.

11 ㉠에 들어갈 기구의 이름은 정방이다. 정방은 공민왕 때 폐지되었다.
오답피하기 ① 중방은 무신들의 회의 기구이다.
② 도방은 삼별초와 함께 최씨 무신 정권의 군사적 기반이었다.
④ 삼사는 고려 시대 국가 재정의 출납과 회계 업무를 처리하던 기구이다.
⑤ 흑창은 고려 초에 설치되어 빈민에게 곡식을 빌려주었던 기구이다.

12 의천, 묘청, 지눌, 신돈, 일연 등은 고려 시대의 승려이다. 의상과 원효는 통일 신라 시대의 승려이다.

13 ㉠에 해당하는 인물로 무신 정권 초기의 집권자인 이의민, 말기의 김준 등이 있다.

14 만적의 난은 개경의 사노비인 만적이 계획하였으며, 신분적 차별을 극복하고자 하였으나 실행에 옮기지 못하고 발각되었다.

15 밑줄 친 '권세가'는 권문세족을 가리키는 것이다. 이들은 원 간섭기 새로운 지배 세력으로 성장하였다.

16 강화도로 천도(1232)한 이후에 고려는 몽골군에 맞서 저항하였다.
오답피하기 ㄱ은 몽골 침입의 직접적 이유가 되는 사건이었다.
ㄴ은 고려와 몽골이 국교를 맺는 계기가 된 사건이다.

17 자료는 김부식의 일생을 정리한 것으로, (가)는 『삼국사기』이다. 『삼국사기』는 유교적 사관을 바탕으로 기전체로 서술되었다.

01 | 예시 답안 | (가)는 신진 사대부, (나)는 신흥 무인 세력이다. 이 두 정치 세력은 고려 말 고려의 현실을 개혁하는 데 노력하였다. 대표적인 인물로 신진 사대부에는 정도전, 정몽주 등이 있고, 신흥 무인 세력에는 이성계가 있다.
| 필수 키워드 | 신진 사대부, 신흥 무인 세력, 고려의 현실 개혁, 정도전, 정몽주, 이성계
| 평가 기준 |

상	(가), (나)를 쓰고, 필수 키워드를 모두 이용하여 역사적 맥락에 맞도록 서술한 경우
중	필수 키워드 중 일부를 이용하여 역사적 맥락에 맞도록 서술한 경우
하	(가), (나)만 쓴 경우

02 | 예시 답안 | 고려는 여진을 몰아내고 강동 6주의 땅을 확보하였으며, 거란은 고려와의 교류를 약속받았다. 양국 모두 실리에 기반한 외교를 통해 전력의 손실을 입지 않았다.
| 필수 키워드 | 강동 6주 확보, 고려와의 교류(고려와 송의 외교 단절)
| 평가 기준 |

상	각국이 얻게 된 이익을 명확히 쓰고, 양국 모두 실리에 의한 외교였음을 역사적 맥락에 맞게 서술한 경우
중	각국이 얻게 된 이익을 명확히 서술한 경우
하	각국이 얻게 된 이익 중 한 가지만 서술한 경우

03 | 예시 답안 | 고려는 태조가 남긴 「훈요 10조」의 내용에서도 알 수 있듯이 건국 초부터 불교를 숭상하였다. 과거에서도 승과 제도를 실시하였으며, 승려를 우대하는 정책인 왕사 및 국사 제도를 운영하기도 하였다. 또 팔만대장경, 『교장』, 불교 건축, 불상 등 수많은 불교 문화유산을 남기기도 하였다. 또한 고려를 대표하는 인물 가운데 의천, 묘청, 김윤후, 지눌, 신돈, 일연 등이 승려라는 사실은 고려가 불교의 나라임을 보여 주는 단적인 예라고 할 수 있다.
| 평가 기준 |

평가 항목	평가 내용
평가 충실도	정해진 분량 기준을 충족시킴(단, 제시된 질문과 상관없는 내용으로 답변했을 시에는 분량 기준을 충족시키지 못한 것으로 간주함)
역사적 사고력	제시된 사료를 분석하여 적절한 근거를 들어 서술함
글의 타당성	고려 시대의 불교 우대 정책을 역사적 맥락에 부합하게 서술함
글의 논리성	전체적인 글의 구성과 짜임새가 매끄러우며, 주장과 근거의 연결이 자연스러움

정답과 해설 • **57**

IV 조선의 성립과 발전

01 위화도 회군 이후 권력을 잡은 이성계와 신진 사대부들은 과전법을 실시(1391)하고 이성계를 왕으로 추대하여 조선을 건국하였다(1392). 이후 수도를 개경에서 한양으로 옮기고 나라의 기틀을 다졌다.

오답피하기 ㄴ. 세종 시기의 일이다.

ㄹ. 제1차 왕자의 난(1398)으로 이방원이 정도전을 제거하였다.

02 제시된 자료는 호패이다. 호패는 조선 시대 16세 이상의 모든 남자가 가지고 다니던 신분증으로, 신분에 따라 호패에 기록한 내용이 달랐다. 태종은 호패법을 실시하여 인구를 파악하고 세금 징수와 군역 부과의 기초 자료를 마련하였다.

오답피하기 ㄱ. 호패법은 태종 때 처음 실시되었다.

ㄹ. 봉수제와 관련된 설명이다.

03 성종은 집현전을 계승한 홍문관을 설치하고 경연을 다시 열었으며, 의정부의 권한을 강화하였다. 나아가 세조 때부터 편찬하기 시작한 『경국대전』을 완성하여 유교 중심의 국가 통치 질서를 확립하였다.

04 제시된 법전은 『경국대전』이다. 『경국대전』은 세조 때 편찬이 시작되어 성종 때 완성되었다. 이·호·예·병·형·공의 6전 체제로 구성되어 중앙 정치 기구인 6조와 연계되었다. 『경국대전』의 완성으로 조선은 유교적 법치 국가의 토대를 마련하였다.

오답피하기 ㄱ. 『경국대전』은 성리학적 유교 이념을 반영하여 만들어졌다.

ㄷ. 『경국대전』은 성종 때 완성되었다.

05 (가)는 사헌부로 관리의 비행을 감찰하고 풍속을 교정하는 기구였다. (나)는 사간원으로 왕이 올바른 정치를 할 수 있도록 바른 말로 일깨우는 역할을 하는 기구였다.

오답피하기 홍문관은 왕의 정책 자문과 경연을 담당한 기구이

며, 춘추관은 역사 편찬을 담당하던 기구이다.

06 조선은 왕의 비서 기관인 승정원과 나라의 큰 죄인을 다스리는 의금부를 두어 왕권을 뒷받침하였다.

오답피하기 한성부는 수도 한양의 행정과 치안을 담당하던 기구이다. 의정부는 영의정, 좌의정, 우의정 등의 합의 기구로 국정을 총괄하였다. 성균관은 최고 국립 교육 기관으로 유교 교육을 담당하였다.

07 자료는 과거 시험 중 문과 합격 증서인 홍패와 과거에 합격한 사람이 국왕이 내린 어사화를 머리에 꽂고 3일 동안 거리를 행진하며 축하하는 장면을 그린 김홍도의 작품이다. 조선의 과거는 문과, 무과, 잡과로 이루어졌으며, 3년마다 정기적으로 시험을 치렀고 특별 시험도 존재하였다. 조선은 음서보다 과거를 중시하여 고려보다 능력이 인정되는 사회였다.

오답피하기 ㄱ. 천거에 대한 설명이다.

ㄹ. 음서에 대한 설명이다.

08 (가)는 김종직, (나)는 조광조이다. 김종직과 조광조는 대표적 사림 세력이다. 성종은 왕권 강화를 위하여 김종직 등 영남 사림을 대거 등용하여 훈구 세력을 견제하고자 하였다. 조광조는 현량과 실시, 소격서 폐지, 위훈 삭제 등의 개혁을 통해 유교적 이상 국가를 건설하고자 하였다.

오답피하기 ㄴ, ㄹ. 훈구 세력에 대한 설명이다.

09 사림 세력은 네 차례의 사화로 큰 피해를 입었지만 서원과 향약을 기반으로 학문적 입지와 향촌 사회에서의 영향력을 넓힐 수 있었다. 사림은 지방에 서원을 설립하고 향촌의 여론을 형성하여 공론 정치를 뒷받침하였으며, 향약을 통해 성리학적 유교 윤리를 바탕으로 지방민을 교화·통제하면서 향촌 사회의 주도권을 강화해 나갔다. 이를 기반으로 선조 시기에 사림 세력은 중앙 정계에 진출하여 정치의 주도권을 잡았다.

10 (가)는 『조선왕조실록』이다. 『조선왕조실록』은 조선 태조부터 철종 때까지 25대 왕 472년간의 역사를 시간순으로 기록한 역사책이다. 국왕이 죽으면 실록청을 설치하고 사관이 기록한 사초와 각종 행정 기록, 개인 저술 등을 바탕으로 실록을 편찬하였다. 완성된 실록은 한양의 춘추관과 전국의 사고에 나누어 보관하였다. 실록은 국왕이라 할지라도 함부로 보거나 수정할 수 없어, 사관들

은 공정하고 객관적으로 기록할 수 있었다.

오답피하기 ① 조선의 법전이다.

② 고조선부터 고려 말까지의 역사를 정리한 역사서이다.

③ 조선 전기 음악적 성과를 정리한 음악서이다.

④ 왕실의 제례, 혼례, 군대 의식, 사신 접대 등 국가와 왕실의 의식을 유교적 예법에 따라 규정한 의례서이다.

11 조선은 천문 현상에 하늘의 뜻이 담겨 있다 여겨 하늘의 뜻을 잘 아는 자가 왕이 되어야 한다고 보았다. 천문학은 국왕의 권위 유지와 농사에 필요한 정보를 제공해 주는 학문으로 건국 초기부터 매우 중시되었다.

오답피하기 ① 세종 때 만들어진 금속 활자이다.

② 로켓형 화기로 세종 때 여진족을 토벌할 때 기여하였다.

③ 각 지방의 연혁과 인물, 풍속 등을 정리하였다.

⑤ 현존하는 동양에서 가장 오래된 세계 지도이다.

12 밑줄 친 ㉠에 해당하는 서적은 『삼강행실도』이다. 세종은 성리학적 통치 이념을 백성에게 쉽게 보급하기 위해 우리나라와 중국의 효자, 충신, 열녀 등의 이야기를 그림과 함께 수록하여 『삼강행실도』를 편찬하였다. 이후 성종은 훈민정음으로 번역한 내용을 추가하여 백성들이 더욱 쉽게 이해할 수 있도록 하였다.

오답피하기 ㄴ. 『동국여지승람』에 대한 설명이다.

ㄹ. 『국조오례의』에 대한 설명이다.

13 사림 세력은 유교적 사회 질서를 확립하기 위해 『소학』을 보급하여 아동에게 성리학적 유교 윤리를 가르쳤다. 또한 『가례』를 보급하여 가정에서도 유교 윤리를 따르게 함으로써 관혼상제가 점차 유교적 예법에 따라 치러지게 되었다. 이와 함께 서원을 세워 성리학을 깊이 있게 연구하였고, 향약을 보급하여 성리학적 유교 윤리를 지방민에게 확산시켜 향촌 지배력을 강화해 나갔다. ⑤ 훈구 세력에 대한 설명이다.

14 도요토미 히데요시는 대륙 침략을 구실로 조선을 침략하였다(임진왜란 발발). 조선은 초기에는 일본군의 침략을 막아 내지 못했지만 점차 수군과 의병, 조·명 연합군의 활약으로 전세를 역전시켰다. 전세가 불리해진 일본은 휴전 회담을 제의하였고, 조선은 이 시기에 훈련도감 설치, 무기 정비 등 군사력을 재정비하였다. 휴전 회담이 결렬되자 일본은 조선을 다시 침략하였다(정유재란 발발).

15 밑줄 친 '전쟁'은 병자호란이다. 조선은 청의 강력한 공

세에 못 이겨 남한산성 항전 45일 만에 항복하고 삼전도에서 청과 굴욕적 화의를 맺었다. 이에 따라 조선은 청과 군신 관계를 맺고 많은 조공을 바쳤으며, 소현 세자와 봉림 대군을 비롯한 왕족과 수많은 신하, 백성이 청에 인질로 끌려갔다. 이 과정에서 많은 수의 백성이 추위와 배고픔으로 죽기도 하였고 몸값을 지불하지 못해 고국으로 돌아오지 못하였다.

16 (가)의 '섬 오랑캐'는 일본이다. 첫 번째 사료는 고경명이 임진왜란 당시 의병을 모집하기 위해 쓴 격문이다. (나)의 '오랑캐'는 청이다. 효종과 송시열 등은 병자호란 당시 청에 당한 치욕을 씻기 위해 군대를 양성하고 성곽을 수리하는 등 북벌을 추진하였다.

대단원 서술형·논술형 문제
본문 27쪽

01 | 예시 답안 | (가)는 『농사직설』, (나)는 측우기이다. 세종은 백성의 삶을 안정시키고 농사를 돕기 위해 『농사직설』을 편찬하고 측우기를 만들었다.

| 필수 키워드 | 『농사직설』, 측우기, 백성의 삶 안정, 농사를 도움

| 평가 기준 |

상	(가), (나)의 단어를 명확히 쓰고 백성들의 농사를 돕기 위함을 서술한 경우
중	백성들의 농사를 돕기 위함이라고 서술한 경우
하	(가)와 (나)의 단어만을 명확히 쓴 경우

02 | 예시 답안 | (가)는 광해군이다. 광해군은 전쟁으로 황폐해진 토지의 개간을 장려하고 토지 대장과 호적을 정비하여 국가 재정을 확보하였다. 또한, 성곽과 무기 수리, 군사 훈련을 실시하여 국방력을 강화하였으며, 허준으로 하여금 『동의보감』을 완성하게 하여 이를 보급함으로써 민생 안정을 꾀하였다.

| 필수 키워드 | 광해군, 국가 재정 확보, 국방력 강화, 『동의보감』 보급, 민생 안정

| 평가 기준 |

상	(가)를 명확히 쓰고 광해군의 전후 복구 정책을 세 가지 이상 서술한 경우
중	(가)를 명확히 쓰고 광해군의 전후 복구 정책을 두 가지 서술한 경우
하	(가)를 명확히 쓰고 광해군의 전후 복구 정책을 한 가지 서술한 경우

03 | **예시 답안** | 조선은 큰 나라를 섬긴다는 성리학적 원칙에 따라 명에 사대 외교를 펼쳤다. 조선은 명의 황제와 황태자의 생일, 새해 축하 등을 목적으로 정기적으로 사절단을 파견하였다. 한편에서는 이를 굴욕적 외교 정책이라 비판하기도 하지만 조선은 사대 외교를 통해 당시 명 중심의 동아시아 국제 질서를 따름으로써 정치적으로 왕권을 인정받고, 조공 무역을 통해 서적, 비단, 도자기 등 중국의 선진 문화를 받아들임으로써 문화적·경제적 이익을 추구하였다. 그러므로 조선의 사대 외교 정책은 힘에 굴복한 굴욕적 외교이기보다는 국제적으로 왕권을 인정받아 국내 왕권 강화를 꾀하고, 선진 문물을 받아들여 문화 발전에 도움이 되는 실리적 외교였다.

| **평가 기준** |

평가 항목	평가 내용
평가 충실도	정해진 분량 기준을 충족시킴(단, 제시된 질문과 상관없는 내용으로 답변했을 시에는 분량 기준을 충족시키지 못한 것으로 간주함)
역사적 사고력	제시된 자료를 분석하여 사대 외교, 조공 무역, 왕권과의 관계를 파악하여 정치, 경제, 문화적인 측면에서 다각적으로 사대 외교의 개념을 이해함
글의 타당성	자신의 주장과 그에 대한 근거가 타당하게 연결되어 있음
글의 논리성	전체적인 글의 구성과 짜임새가 매끄러우며, 주장과 근거의 연결이 자연스러움

V 조선 사회의 변동

대단원 종합 문제				본문 30~32쪽
01 ①	**02** ⑤	**03** ⑤	**04** ①	**05** ④
06 ⑤	**07** ②	**08** ④	**09** ⑤	**10** ①
11 ⑤	**12** ③	**13** ①	**14** ②	**15** ⑤
16 ②	**17** ③			

01 (가)는 서인이다. 서인은 광해군을 폐위시키고 인조를 추대하여 정권을 장악한 이후 정국을 주도하였다. 현종 때에는 대비의 상복을 입는 기간을 두고 남인과 논쟁을 벌였는데, 1차 예송 때 1년 설, 2차 예송 때 9개월 설을 주장하였다.
[오답피하기] ㄷ. 동인, ㄹ. 북인에 대한 설명이다.

02 (가) 훈련도감의 군인은 삼수병으로 급료를 받는 상비병이었다. (나) 장용영은 정조가 창설한 국왕의 친위 부대로, 수원 화성을 축조한 이후 외영을 두었다.

03 정조는 즉위 직후 왕실 도서관이자 학문 및 정책 연구 기관인 규장각을 설립하였다. 그리고 37세 이하의 젊은 관리를 뽑아 연구와 교육에만 전념하게 하는 인재 양성 제도인 초계문신제를 운영하였다.

04 자료는 영조 때 건립된 탕평비이다. 붕당의 대립을 완화하고 왕권을 강화하기 위해 탕평책을 추진한 영조는 탕평의 뜻을 널리 알리기 위해 성균관 입구에 탕평비를 세웠다. 민생 안정을 위해 노력한 영조는 군역의 폐단을 시정하기 위해 군포 납부를 2필에서 1필로 줄이는 균역법을 실시하였다.

05 자료는 세도 정치 시기 정치 기강의 문란을 보여 준다. 순조, 헌종, 철종 대에는 왕실과 혼인 관계를 맺은 소수의 가문이 권력을 장악해 정치 기강이 문란해지고 삼정의 문란이 심화되었다. ④ 환국으로 정치 불안이 심화된 시기는 숙종 재위 시기이다.

06 조선 후기 모내기법이 전국적으로 확산되어 김매는 노동력이 줄어들게 되었다. 이에 1인당 경작할 수 있는 면적이 넓어졌고, 모내기를 하기 전 보리를 심을 수 있어 농업 생산량이 증대되었다.

07 조선 후기에는 상업이 크게 발달하여 다양한 상인들이 활동하였다. 대동법이 시행되면서 관청에 대규모로 물품을 조달하는 공인이 활약하였고, 대외 무역을 통해 부를 축적한 상인들도 나타났다. 의주의 만상은 청과 무역하였고, 개성의 송상은 인삼 거래 및 청·일본과 중계 무역을 하였으며, 동래의 내상은 일본과 무역하였다. 지방 곳곳에 확산된 장시에는 보부상들이 돌아다니며 물건을 매매하였다.

08 제시된 그림은 김홍도가 그린 「자리짜기」이다. 망건을 쓰고 자리를 짜는 인물이 그려져 있는데, 몰락 양반이거나 양반으로 신분을 상승한 상민으로 추정된다.
오답피하기 ① 조선 후기에 노비의 수는 줄어들었다.

09 조선 후기에는 중인들의 창작 활동이 활발해지면서 중인 시사(시 동호인 모임)가 많이 만들어졌다. 조선 후기 중인들은 전문적인 기술과 축적한 부를 바탕으로 신분 상승을 이루기 위해 상소 운동을 벌였다.
오답피하기 ① 공노비, ②, ④ 양반, ③ 공장(장인)에 해당한다.

10 『동경대전』은 동학의 경전이다. 동학은 경주의 몰락 양반인 최제우가 1860년에 서학에 맞서 창시한 종교이다. 유교, 불교, 도교를 바탕으로 민간 신앙을 융합하였으며 인내천 사상을 바탕으로 평등을 강조하였다.
오답피하기 ㄷ, ㄹ. 천주교에 해당한다.

11 지도와 같이 확산된 농민 봉기는 1862년에 일어난 임술 농민 봉기이다. 농민 봉기가 전국에 걸쳐 확산되자 정부는 관리를 보내 수습하려 하였고, 봉기의 원인이 된 삼정을 개선하기 위해 삼정이정청을 설치하였다.

12 청의 수도인 연경(베이징)에 파견된 사절단은 연행사이다. 연행사는 청의 관리와 지식인들과 교유하였을 뿐만 아니라, 서양 선교사를 만나 서학과 각종 과학 기기 등을 들여왔다.

13 (가)는 정약용의 주장으로 마을에서 공동으로 토지를 소유하고 함께 경작하여 일한 만큼 분배하자고 하였다. 정약용은 유배 기간 중 500여 권의 책을 저술하여 실학을 집대성하였다는 평가를 받는다. (나)는 박제가의 주장으로 소비를 촉진하여 생산을 자극하자고 하였다.
오답피하기 ③ 박지원. ④ 이익에 대한 설명이다.

14 이중환이 쓴 『택리지』는 각 지방의 산천, 인물, 풍속, 산물 등을 기록한 지리서이다.
오답피하기 ① 이씨 왕조의 멸망과 정씨 왕조의 수립을 예언하였다.
③ 허준이 쓴 의학 서적. ④ 안정복이 쓴 역사서. ⑤ 김정호가 제작한 지도이다.

15 조선 후기에는 부계 중심의 가족 제도가 확립되었다. 혼인 후 여자가 곧바로 남자 집에서 생활하는 경우가 흔해졌으며 큰아들이 제사를 주관하였다. 남녀 차별의 유교 윤리가 확산되어 양반 부녀자의 외출이 제한되었으며, 가옥 또한 남자가 생활하는 사랑채와 여자가 거주하는 안채로 구분되었다. ⑤ 고려와 조선 전기까지는 남녀 균분 상속이 대부분이었으나 조선 후기 들어 큰아들 위주의 상속이 이루어졌다.

16 조선 후기 향촌 사회에서 양반의 권위가 점차 하락하자 양반들은 친족 집단인 문중의 결속을 강화하고 족보 간행을 활발히 하여 그 지위를 지키고자 노력하였다.
오답피하기 ① 흥선 대원군의 정책이다.
③ 두레는 농민들의 공동 노동 조직이다.

17 왼쪽 그림은 신윤복의 「월하정인」, 오른쪽 그림은 김홍도의 「씨름」이다. 풍속화는 조선 후기에 유행하였는데, 이때에는 한글 소설, 사설시조, 판소리, 탈춤, 민화 등의 서민 문화가 발달하였다. ③ 분청사기는 조선 전기에 많이 제작되었다. 후기에는 분청사기의 제작이 거의 중단되고 청화 백자가 많이 만들어졌다.

대단원 서술형·논술형 문제
본문 33쪽

01 | 예시 답안 | 방납의 폐단을 개선하기 위해 실시된 조세 제도는 대동법이다. 대동법 실시로 현물로 거두던 공물을 토지 결수를 기준으로 쌀, 옷감, 동전 등으로 납부하게 하였다.
| 필수 키워드 | 대동법, 토지, 쌀·옷감·동전
| 평가 기준 |

상	대동법을 쓰고, 수취 방식을 옳게 서술한 경우
중	수취 방식을 옳게 서술한 경우
하	대동법을 쓴 경우

02 | 예시 답안 | 자료는 홍경래의 난 당시의 격문이다. 홍경래 등은 서북 지방민에 대한 차별과 세도 정권의 수탈에

맞서 봉기하였다.

| 필수 키워드 | 홍경래의 난, 서북 지방민 차별, 세도 정권의 수탈

| 평가 기준 |

상	서북 지방민에 대한 차별과 세도 정권의 수탈을 모두 서술한 경우
중	세도 정권의 수탈을 서술한 경우
하	서북 지방민 차별을 서술한 경우

03 | 예시 답안 | 조선 후기 우리 문화에 대한 자부심과 현실에 대한 관심이 높아짐에 따라 우리의 역사와 국토, 국어 등에 대한 연구가 활기를 띠었다. 역사 분야에서는 안정복이『동사강목』을 지어 고조선부터 고려 말까지의 역사를 체계적으로 정리하였고, 유득공은『발해고』를 저술하였다. 우리 국토에 대한 관심도 높아져 이중환은『택리지』라는 인문 지리서를 펴냈고, 김정호는「대동여지도」를 제작하였다. 우리의 언어, 즉 한글에 대한 학문적인 연구도 활발히 진행되었다. 신경준의『훈민정음운해』, 유희의『언문지』등이 대표적인 업적이다.

| 필수 키워드 | 우리 문화에 대한 자부심, 역사, 지리, 한글(국어) 연구 활발

| 평가 기준 |

상	국학 발달의 배경과 주요 분야의 성과를 모두 옳게 서술한 경우
중	주요 분야의 성과로 두 가지를 옳게 서술한 경우
하	주요 분야의 성과로 한 가지만 옳게 서술한 경우

04 | 예시 답안 | 조선 후기에는 향촌 사회에 성리학적 생활 규범이 정착되면서 생활 전반에 많은 변화가 나타났다. 조선 중기까지는 혼례 후 남자가 여자 집에서 생활하고, 아들과 딸이 부모의 재산을 똑같이 상속받는 경우가 많았으며, 제사는 남녀 형제가 돌아가며 주관하였다. 그러나 조선 후기에 들어오면서 혼례 후 곧바로 남자 집에서 생활하는 풍습이 정착되었고, 제사는 큰아들이 지내야 한다는 인식이 확산되었다. 재산 상속에서도 큰아들이 우대를 받았고, 아들이 없는 경우 같은 성을 쓰는 친족 중에서 양자를 들이는 일이 흔해졌다.

| 평가 기준 |

평가 항목	평가 내용
역사 사실 이해	조선 전기와 후기의 변화상을 정확하게 이해하고 있음
글의 논리성	전체적인 글의 구성과 짜임새가 매끄러우며, 주장과 근거의 연결이 자연스러움

VI 근 · 현대 사회의 전개

대단원 종합 문제	본문 36~38쪽

01 ⑤	02 ③	03 ③	04 ②	05 ⑤
06 ③	07 ②	08 ③	09 ③	10 ②
11 ①	12 ③	13 ②	14 ⑤	15 ②
16 ①	17 ④			

01 자료는 1875년 일본이 일으킨 운요호 사건에 관한 것이다. 이 사건을 계기로 강화도 조약이 체결(1876)되어, 조선이 일본에 문호를 개방하였다.

오답피하기 ① 1866년 프랑스의 침입 사건이다. ② 1895년 청일 전쟁이 끝난 직후의 사실이다. ③ 1937년, ④ 1904년의 사실이다.

02 자료는 동학 농민 운동을 소재로 한 가상 대화이다. 전라도 일대에서 봉기한 농민군이 전주성을 점령한 후, 청과 일본이 조선에 군대를 파견하였다. 이를 계기로 청일 전쟁이 일어났다(1894).

오답피하기 ① 1882년에 일어난 구식 군인의 봉기, ② 1920년 만주의 독립군 연합 부대가 일본군에 승리한 전투, ④ 1871년 신미양요, ⑤ 1908년 항일 의병 연합 부대의 항일 투쟁에 해당한다.

03 자료는 독립 협회에 관한 내용이다. 독립 협회는 서재필의 주도로 자주 국권, 자유 민권 등을 내세우며 민중 계몽 활동에 힘썼다. 특히 근대적 대중 집회라 할 수 있는 만민 공동회와 정부 대신까지 참여한 관민 공동회를 개최하여 근대 의식을 고취하고자 하였다.

오답피하기 ① 동학 농민 운동, ② 흥선 대원군의 통상 수교 거부 정책, ④ 임오군란, ⑤ 조선어 학회와 관련이 있다.

04 자료는 1884년에 일어난 갑신정변과 관련이 있다. 김옥균, 박영효 등의 급진 개화파 세력은 우정총국 개국 축하연을 이용해 정변을 일으켜 권력을 차지하고 근대적 개혁을 추진하려 하였으나, 청군에 의해 진압되어 실패하였다. 이들은 청에 대한 사대 폐지, 인민 평등권 제정 등을 내세웠다.

오답피하기 ㄴ. 동학 농민 운동에 해당한다. ㄹ. 군국기무처는 갑오 · 을미개혁 시기 한때 설치되었던 개혁 기구이다.

05 자료는 1896년 아관 파천에 해당하는 사실이다. 을미사변으로 일본에 의해 명성 황후가 시해된 후, 신변의 위협을 느낀 고종은 러시아 공사관으로 피신, 처소를 옮겼다. 이후 러시아의 내정 간섭이 심해지고, 러시아를 비롯한 열강의 이권 침탈이 심화되었다.

06 (가) 단체는 신간회이다. 1920년대 민족주의 계열에서 타협적인 자치론이 등장하고, 6·10 만세 운동 과정에서 일부 사회주의자들이 구속되면서 일제의 탄압을 받았다. 이를 극복하기 위하여 비타협적인 민족주의 계열 인사들과 일부 사회주의 계열 인사들이 민족 협동 전선 단체로 신간회를 조직하였다(1927).
[오답피하기] ㄱ. 최익현은 구한말 항일 의병 운동을 벌인 위정척사 사상가이다.
ㄹ. 김원봉이 조직한 의열단이 신채호가 작성한 「조선 혁명 선언」을 행동 지침으로 삼았다.

07 제시된 지도의 (가)는 간도 일대이다. 우리 동포가 많이 거주하던 지역으로 무장 독립 전쟁의 기지 역할을 했던 곳이다. 또한 1920년 청산리 전투가 벌어진 곳이기도 하다. (나)는 상하이로 대한민국 임시 정부가 설립되었던 곳이다.
[오답피하기] ㄴ. 상하이, ㄹ. 만주 하얼빈에 해당한다.

08 밑줄 친 '이 섬'은 독도이다. 독도는 19세기 말 당시 일본 최고 행정 기관인 태정관 지령에 의해 조선의 영토임이 확인되었다. 그리고 1900년 대한 제국 칙령 제41호에 의해 우리 영토로 관할되었다.
[오답피하기] ① 쓰시마섬, ② 강화도, ④ 한산도, ⑤ 제주도에 해당한다.

09 자료에서 밑줄 친 '독립군'은 대한민국 임시 정부 산하에 만들어진 독립군 부대인 한국광복군에 해당한다. 일제가 태평양 전쟁을 일으키자 한국광복군은 인도와 미얀마 전선에서 연합군과 함께 작전을 벌였으며, 미군의 지원을 받아 국내 진공 작전을 준비하였다.

10 (가)는 산미 증식 계획이다. 일본의 공업화로 도시 인구가 늘어나면서 식량 부족 상황이 나타났다. 일제는 한반도에서 쌀 생산량을 늘려 이를 해결하려 하였다. 그 결과 한반도에서 많은 쌀이 일본으로 유출되어 한국인의

쌀 소비량이 줄어들었다. 결국 일제는 만주에서 잡곡을 수입하여 이를 보충하려 하였다.

11 자료는 1940년대 일제의 전시 수탈 정책이다. 일제는 침략 전쟁을 일으킨 후 징용, 지원병, 징병 등을 통해 우리 민족을 침략 전쟁에 동원하였다. 또한 쌀과 금속류를 공출하고, 쌀 배급제를 실시하기도 하였다.

12 (가) 운동은 1960년대 경제 성장 과정에서 농촌과 도시의 소득 격차가 커지자 박정희 정부가 전개한 새마을 운동이다. 새마을 운동은 근면, 자조, 협동을 내세우며 의식 개혁 운동 차원까지 진행되었다. 그러나 유신 체제를 정당화하는 데 이용되었다는 비판을 받기도 하였다.

13 자료는 1980년 광주에서 일어난 5·18 민주화 운동과 관련이 있다. 5·18 민주화 운동은 전두환 중심의 신군부 세력의 집권에 저항하여 민주화를 요구하는 시위로 시작하였다. 시위대를 무차별 진압하던 계엄군에 맞서 시민들도 시민군을 조직하였으나, 결국 계엄군의 무력 앞에 진압되었다.

14 자료는 전두환 정부의 독재에 맞서 일어난 1987년의 6월 민주 항쟁이다. 당시 발생한 박종철 고문치사 사건은 국민들의 민주화 열망을 고조시켰다. 국민들은 전두환의 호헌 주장에 맞서 대통령 직선제 개헌을 주장하였으며, 결국 정부의 6·29 민주화 선언을 이끌어 내 개헌과 대대적인 민주화 조치가 이루어졌다.

15 자료는 인천 상륙 작전의 상황을 보여 주고 있다. 1950년 6·25 전쟁 발발 직후, 낙동강 전선까지 후퇴한 국군은 유엔군과 함께 인천 상륙 작전을 성공시킴으로써 전세를 역전시켰다. 작전 이후 서울을 탈환하고 38도선을 넘어 북진하여 압록강 일대까지 진격하였다. 그러나 중국군의 개입으로 다시 후퇴하였다.

16 (가)는 이승만 정부, (나)는 박정희 정부, (다)는 전두환 정부, (라)는 김영삼 정부이다. ㄱ. 농지 소유를 제한한 농지 개혁은 이승만 정부에서 시행되어 그 결과 많은 농민이 토지를 소유하게 되었다. ㄴ. 경부 고속 국도는 박정희 정부 시기인 1970년에 완공되었다.

ㄷ. 삼백 산업은 미국의 경제 원조를 배경으로 이승만 정부 시기에 성장하였다.

오답피하기 ㄷ. 삼백 산업은 미국의 경제 원조를 배경으로 이승만 정부 시기에 성장하였다.

ㄹ. 외환 위기는 김영삼 정부 말에 나타나, 김대중 정부 시기에 극복되었다.

17 (가)는 김대중 정부 시기인 2000년에 최초로 개최된 남북 정상 회담으로 평양에서 열렸다. 여기에서 6·15 남북 공동 선언이 발표되었다. (나)는 2007년 노무현 정부 시기에 역시 평양에서 개최된 두 번째 남북 정상 회담이다. 남북 교류 협력 확대를 담은 10·4 남북 공동 선언이 발표되었다. ④ 한반도 비핵화 공동 선언은 노태우 정부 시기인 1991년에 발표되었다.

대단원 서술형·논술형 문제   본문 39쪽

01 | **예시 답안** | 좌익과 우익 세력의 대립과 신탁 통치 문제를 둘러싼 갈등으로 유엔(국제 연합)은 모스크바 3국 외상 회의 결정 사항을 폐기하고, 인구 비례에 의한 한반도 총선거를 결정하였다. 그러나 총선거를 감시하기 위해 파견된 유엔 대표단은 38도선 이북 지역에서 소련의 반대로 입국이 거부되었다. 유엔은 결국 38도선 이남에서 단독 선거를 결의하였다. 이 때문에 한반도 분단이 가시화되자 김구는 김규식과 함께 통일 정부 수립을 위해 평양을 방문하여 북한의 지도자들과 남북 협상을 추진하였다.

| **필수 키워드** | 김구, 단독 선거, 남북 협상
| **평가 기준** |

상	당시 김구의 주장이 나오게 된 정치적 상황을 단독 선거와 남북 협상 내용을 제시하여 명확하게 서술한 경우
중	당시 김구의 주장이 나오게 된 정치적 상황을 구체적으로 제시하지 못한 채 서술한 경우
하	문제의 의도를 파악하지 못하여 서술이 미흡하거나 사실 오류가 있는 경우

02 | **예시 답안** | 김영삼 정부 시기 자본 시장 개방과 무역 적자, 일부 대기업의 과도한 부채 등으로 1997년 후반기 우리나라에 대한 국가 신뢰도가 하락하며 대기업이 도산하고 환율이 급격하게 상승하였다. 이른바 외환 위기가 나타나 국내 보유 달러가 급감하고, 대기업 부도에 따라 기업들이 연쇄 도산하였으며, 실업자가 급격하게 늘어나는 등 심각한 경제 위기가 나타났다. 결국 정부는 국제 통화 기금(IMF)에 긴급 구제 금융을 신청하였다.

이러한 상황에서 우리 국민들은 금 모으기 운동을 통해 경제적 어려움을 극복하고자 하였다.

| **필수 키워드** | 환율 폭등, 외환 위기, 국제 통화 기금(IMF)
| **평가 기준** |

상	1997년 외환 위기 당시의 경제 상황과 국제 통화 기금(IMF)의 긴급 구제 금융 지원 상황 등을 명확하게 서술한 경우
중	1997년 외환 위기 경제 상황을 막연하게 서술하여 내용이 충분치 않은 경우
하	외환 위기의 경제 상황 서술이 미흡하거나 사실에 오류가 있는 경우

03 | **예시 답안** | (가)는 5·18 민주화 운동을 진압하였던 당시 계엄 사령관의 발표문으로 민주화 운동을 억압하였던 신군부 세력의 입장을 보여 준다. 여기에서는 민주화를 요구하는 시민들의 시위를 폭도들의 폭동으로 간주하고 있다. 이는 당시 인권과 민주화 운동을 억압하고 쿠데타를 통해 정권을 장악하려는 전두환 중심의 신군부 세력의 입장을 나타내는 것이다.

(나)는 5·18 민주화 운동을 대한민국 민주주의 발전의 역사 속에 자리매김하고 당시 희생된 시민들을 민주 열사로 추모하려는 문재인 정부의 입장을 보여 주고 있다. 문재인 정부의 등장이 5·18 민주화 운동 정신을 계승하고 민주화 발전의 연장선상에 있음을 밝히려는 의도라 할 수 있다.

| **평가 기준** |

평가 항목	평가 내용
내용의 충실성	정해진 분량 기준을 충족시킴(단, 제시된 질문과 상관없는 내용으로 답변했을 시에는 분량 기준을 충족시키지 못한 것으로 간주함)
사실의 타당성	서술된 내용에 역사적 오류가 없으며, 사실을 정확하게 이해하고 있음
내용의 논리성	서술된 주장이나 내용이 논리적으로 타당하며, 주장과 근거가 맞게 연결되어 있음
문장의 형식성	글의 형식이 매끄럽고 맞춤법 오류나 비문이 포함되지 않음

EBS 중학

뉴런

| 역사 ② |

미니북

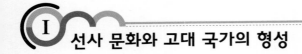

I 선사 문화와 고대 국가의 형성

01 선사 문화와 고조선

❶ 우리나라의 선사 문화

구분	구석기 시대	신석기 시대
도구	뗀석기 사용(예 주먹도끼 등)	간석기, 토기(예 빗살무늬 토기 등) 사용
생활	• 사냥과 채집, 물고기잡이 등으로 식량 얻음 → 무리 지어 이동 생활 • 동굴, 바위 그늘, 막집에서 머무름 • 평등한 공동체 생활	• 농경과 목축 시작 • 정착 생활 → 움집 거주, 마을 이룸 • 평등한 공동체 생활
유적	평남 상원 검은모루 동굴, 경기 연천 전곡리, 충남 공주 석장리 등	서울 암사동, 부산 동삼동, 강원 양양 오산리 등

❷ 우리나라의 청동기 문화

도구	청동기(비파형 동검), 간석기(반달 돌칼 등), 민무늬 토기 등 사용
생활	• 농경 발전 → 잉여 생산물 발생 → 빈부 격차 발생, 계급 발생 • 군장(족장)이 중심이 된 지배 계급의 청동기 독점, 정복 전쟁 활발 → 국가 형성 • 군장이 제사장 역할까지 담당, 고인돌 제작(군장 권위 상징)

❸ 고조선의 건국과 변화

(1) **건국**: 청동기 문화를 기반으로 건국(문화 범위 관련 유물·유적 – 탁자식 고인돌, 비파형 동검 등)

(2) **발전**
　① 위만의 집권(기원전 194) → 철기 문화 본격 확산
　② 철제 무기를 기반으로 영토 확장, 세력 확대 → 중계 무역으로 경제적 이익
　③ 8조법: 노동력과 사유 재산 중시, 계급 사회였음을 알 수 있음

(3) **멸망**: 한 무제의 침공으로 멸망 → 한이 일부 지역에 군현을 세워 고조선 지배 → 고조선 유민의 저항으로 약화, 소멸

02 여러 나라의 성장

❶ 철기의 보급

(1) **철제 농기구**: 개간 활발, 농업 생산력 향상

(2) **철제 무기**: 전투력 상승 → 정복 전쟁 활발 → 새로운 국가 형성

(3) **관련 유물·유적**: 세형 동검, 널무덤, 독무덤, 명도전 등

❷ 여러 나라의 성장

부여	고구려	옥저, 동예	삼한
• 5개 집단 연맹, 왕권 미약 • 풍속: 1책 12법, 영고(제천 행사)	• 산간 지대 위치 • 제가 회의 • 풍속: 서옥제, 동맹(제천 행사)	• 왕이 없고, 군장이 다스림 • 풍속: 민며느리제(옥저), 족외혼·책화(동예), 무천(동예의 제천 행사)	• 소국 연맹체 • 제정 분리 • 5월, 10월에 제천 행사 개최

03 삼국의 성립과 발전

❶ 고구려의 성장과 발전

소수림왕	전진으로부터 불교 수용, 태학 설립, 율령 반포
광개토 대왕	• 백제·가야 공격, 후연 격퇴, 동부여 병합, 거란에 영향력 행사 • 연호 사용(영락): 중국과 대등하다는 자신감 표현
장수왕	평양 천도(427), 남진 정책 추진 → 한강 유역 전역 확보

❷ 백제의 성장과 발전

고이왕	관리 등급 및 관복 정비
근초고왕	• 마한 전체 통합, 고구려를 공격해 황해도 진출 • 가야 지역에 영향력 행사, 동진, 왜 등과 우호적 외교 관계
침류왕	동진으로부터 불교 수용 → 사상 통합 도모
위기	한성 함락 이후 웅진 천도
무령왕	22담로에 왕족 파견(지방 통제 강화), 중국 남조와 교류
성왕	• 사비 천도, 중앙 및 지방 통치 제도 정비 • 한강 유역 일시 회복 → 신라의 배신으로 한강 유역 상실 → 백제의 신라 공격 → 관산성 전투에서 성왕 전사, 백제 패배

❸ 신라의 성장과 발전

내물왕	김씨의 왕위 독점, '마립간' 왕호 사용, 진한 지역 대부분 병합
지증왕	국호 확정(신라), 왕호 확정(마립간 → 왕), 우경 장려, 우산국 복속
법흥왕	율령 반포, 관등제 정비, 불교 공인, 금관가야 병합
진흥왕	• 불교 장려, 인재 양성(화랑도를 국가적 조직으로 개편) • 정복 전쟁: 한강 유역 전역 차지, 대가야 정복

❹ 가야의 발전과 멸망

전기 가야 연맹	금관가야 중심 → 광개토 대왕이 보낸 고구려군의 공격으로 쇠퇴
후기 가야 연맹	대가야 중심
멸망	• 6세기 이후 백제와 신라의 압박으로 세력 약화 • 멸망: 금관가야, 대가야가 차례로 신라에 병합되며 멸망

04 삼국의 문화와 대외 교류

❶ 의식주 생활과 고분 문화

(1) **의식주 생활**: 신분에 따라 차이가 있었음

(2) **고분 문화**

 ① 고분 벽화: 초기에는 생활 풍속, 무덤 주인의 초상화 → 후기에는 사신도 증가

 ② 고분 양식: 초기 삼국별로 다양 → 후기 공통적으로 굴식 돌방무덤 조성

❷ 불교문화와 사상

(1) **불교문화**: 중앙 집권화를 위해 국가 차원에서 불교 수용, 사찰·불상·탑 등을 남김

(2) **도교**: 신선 사상+산천 숭배, 귀족 사회를 중심으로 유행

❸ 삼국의 대외 교류

중국	유교, 불교, 한자, 과학 기술 등 수용
서역	• 초원길과 비단길을 따라 교류 • 사례: 아프라시아브 궁전 벽화 속 사신, 고구려 각저총 벽화 속의 서역인, 유리그릇과 금제 장식 보검 등
일본	각종 선진 문물(불교, 한문, 제지술, 조선술, 토기 등) 전파 → 일본 아스카 문화 형성에 기여

II 남북국 시대의 전개

01 신라의 삼국 통일과 발해의 건국

❶ 중국의 침략을 물리친 고구려

(1) **동아시아 국제 정세의 변화**: 수의 중국 통일 → 신라가 수에 고구려 정벌 요청

(2) **고구려와 수의 전쟁**

문제의 침입	고구려가 요서 지역 선제공격 → 수 문제가 고구려 침공 → 홍수 등으로 실패
양제의 침입	수 양제가 대군을 이끌고 침입 → 요동성 함락 실패 → 별동대를 편성하여 평양성 공격 → 퇴각하려는 수의 군대를 을지문덕이 살수(청천강)에서 크게 격파(살수 대첩, 612)

(3) **고구려와 당의 전쟁**: 연개소문의 정변을 구실로 당 태종 침입 → 요동성, 백암성 등 함락 → 안시성 전투(645)에서 몇 달에 걸친 당의 공격을 막아 냄

❷ 삼국 통일 전쟁

신라와 당의 동맹	김춘추의 활약으로 나당 동맹 체결
백제의 멸망	나당 연합군의 백제 공격 → 김유신이 이끄는 신라군이 황산벌에서 계백이 이끄는 결사대를 물리침(황산벌 전투) → 백제 멸망(660)
고구려의 멸망	나당 연합군의 고구려 공격 → 연개소문 사후 아들들 사이에서 권력 다툼 발생 → 평양성 함락으로 고구려 멸망(668)
백제와 고구려의 부흥 운동	• 백제: 흑치상지(임존성), 복신과 도침(주류성), 백강 전투 • 고구려: 고연무(오골성), 검모잠(한성)

❸ 남북국 시대의 전개

삼국 통일	• 과정: 당의 한반도 전체 지배 야욕 → 매소성·기벌포 전투에서 당군 격파 • 의의: 민족의 통합, 삼국의 문화 융합 → 민족 문화 발전의 기틀 마련 • 한계: 외세 이용, 대동강 이남만 차지하여 옛 고구려 영토 상실
발해의 건국	• 당의 요서 지역 통제 약화 → 대조영이 고구려 유민과 말갈 집단을 이끌고 건국 • 고구려 계승: 일본에 보낸 외교 문서, 일본도 발해를 '고려'라고 부름

02 남북국의 발전과 변화

❶ 통일 신라의 발전

왕권 강화	• 무열왕: 진골 출신으로 처음 왕위에 오름 • 문무왕: 삼국 통일 • 신문왕: 김흠돌의 난 진압, 국학 설치, 관료전 지급, 녹읍 폐지
통치 제도	• 중앙 정치 조직: 집사부와 장관인 시중(중시)의 권한 강화(국정 총괄, 왕명 수행) → 화백 회의의 기능과 상대등의 권한 축소 • 지방 행정 조직: 전국을 9주로 편성, 5소경 설치 • 군사 제도: 중앙군 – 9서당, 지방군 – 10정

❷ 발해의 발전

성장과 멸망	• 무왕: 만주 북부 지역까지 영토 확장 → 돌궐, 일본과 친선 관계를 맺어 당과 신라 견제, 장문휴를 앞세워 당의 산둥 지방 공격 • 문왕: 중경 → 상경 천도, 당·신라와 친선 관계 유지 • 선왕: 옛 고구려 영토 대부분 차지 → 중국으로부터 '해동성국'이라 불림 • 멸망: 지배층의 내분으로 국력 약화 → 거란의 침략으로 멸망
통치 제도	• 중앙 정치 조직: 3성 6부제(당의 영향, 독자적 운영) • 지방 행정 조직: 5경 15부 62주　　　　　• 군사 제도: 중앙군 – 10위, 지방군

❸ 신라 말의 사회 동요와 후삼국의 성립

신라 말의 사회 동요	• 왕권 약화, 귀족들의 분열 → 150여 년 동안 20여 명의 왕이 교체 • 정치 혼란, 녹읍 부활로 귀족의 대토지 소유 증가 → 세금 독촉, 흉년 및 자연재해 증가 → 농민 봉기(원종과 애노의 난, 적고적의 난 등)
새로운 사상의 유행	• 선종: 경전의 이론보다 마음속의 깨달음 추구 • 풍수지리설: 자연이 인간의 삶에 영향을 끼침 → 지방의 중요성 자각
호족의 등장	• 중앙의 통제력 약화, 농민 봉기 → 지방 세력의 성장 • 독자적으로 군사 보유, 스스로를 성주 혹은 장군이라 칭함 → 대부분은 촌주 출신, 중앙에서 내려간 귀족, 군진 세력, 해상 세력 등
후삼국의 성립	• 후백제: 견훤이 완산주(전주)를 도읍으로 건국 • 후고구려: 궁예가 송악(개성)을 도읍으로 건국 → 철원 천도 • 신라: 경상도 일대로 영토 축소

1 남북국의 문화

(1) **통일 신라의 문화**

불교의 대중화	원효(일심 사상, 화쟁 사상, 아미타 신앙 전파), 의상(당에 유학한 후 화엄종 개창, 관음 신앙 전파), 혜초(『왕오천축국전』을 남김)
불교문화	불국사, 석굴암, 성덕 대왕 신종 등, 승탑(승려의 사리를 보관)
유학의 발달	• 강수(외교 문서), 설총(이두 정리), 김대문(『화랑세기』, 『고승전』등) • 국학 설치 → 독서삼품과 실시

(2) **발해의 문화**

유학과 불교	• 유학: 중앙 정치 기구 중 6부의 명칭을 유교 덕목으로 사용, 주자감 설치 (유교 경전에 대한 교육), 정혜 공주 무덤과 정효 공주 무덤의 묘지석 • 불교: 수도의 절터 유적 → 불상, 석등, 기와 등 많은 유물 출토
융합적 문화	• 고구려 문화: 정혜 공주 무덤의 모줄임천장 양식, 온돌과 기와 등 • 당의 문화: 수도 상경성의 구조, 벽돌무덤인 정효 공주 무덤 • 말갈 문화: 흙무덤, 토기 등

2 남북국의 대외 관계

(1) **통일 신라**

당	• 8세기 들어 친선 관계 회복, 활발하게 교류 → 신라방, 신라소, 신라관, 신라원 등 형성 • 장보고: 완도에 청해진 건설 → 동아시아 국제 무역 주도
일본	생활용품과 수공업 제품을 일본에 수출, 당·동남아시아·서아시아 등지에서 들어온 물품을 일본에 중계 무역
무역항	당항성과 울산항 → 국제 무역항으로 번성

(2) **발해**: 5개의 무역로(거란도, 영주도, 조공도, 신라도, 일본도)를 통해 교류

당	문왕 때 관계가 회복되면서 교류 → 발해관 설치
신라	신라도를 통해 물자가 오가면서 교류가 활발해짐
일본	당과 신라를 견제하기 위해 건국 초부터 일본과 정치적 목적의 사신 왕래 → 점차 교류가 확대되면서 많은 상인과 물품이 오감

III 고려의 성립과 변천

01 고려의 건국과 정치 변화

❶ 후삼국 통일과 태조의 정책

(1) 후삼국 통일

① 후삼국 시대: 궁예의 후고구려, 견훤의 후백제, 신라로 나뉜 시대

② 통일 과정: 궁예의 실정(미륵불 자처) → 왕건, 고려 건국(918) → 후백제 견훤, 고려에 귀순 → 신라, 고려에 항복 → 고려, 후백제군 격파 → 후삼국 통일(936)

(2) 태조의 정책

북진 정책	국호 – '고려'(고구려 계승), 평양을 서경으로 삼음
민족 통합 정책	옛 신라인과 후백제인 포용, 발해 유민을 적극 받아들임
호족 관련 정책	• 건국과 통일에 공을 세운 호족 포상, 혼인 정책, 사성 정책 • 사심관 임명, 기인 제도
민심 안정책	• 불교 숭상(연등회, 팔관회 개최) • 백성의 세금 감면, 빈민 구제

❷ 통치 체제의 정비

(1) 광종과 성종의 체제 정비

광종	노비안검법 실시, 과거제 실시(쌍기의 건의), 관리의 공복 제정 → 정책에 반대하는 호족 숙청, 왕권 강화
성종	• 최승로의 「시무 28조」를 받아들여 유교를 통치 이념으로 삼음 • 지방에 12목 설치 · 지방관 파견, 중앙과 지방에 학교를 설립하여 유학 교육

(2) 중앙 정치 조직

중서문하성	문하시중을 중심으로 국정 총괄
중추원	군사 기밀과 왕명 출납
상서성	중추원으로부터 받은 왕명을 6부에서 나누어 집행
어사대	관리 감찰
삼사	국가 재정의 출납, 회계
도병마사, 식목도감	고위 관료들이 국방 문제와 법 제정 등 중요한 정책 결정

(3) 지방 행정 조직 및 각종 제도

행정 구분	5도, 양계, 경기로 나누어 통치
향·부곡·소	특수 행정 구역으로 향·부곡은 주로 농업, 소는 주로 수공업에 종사
2군 6위	2군(궁궐과 왕실 호위), 6위(개경과 국경 지역 방어)
과거제	문과, 잡과, 승과로 나누어 인재 선발
음서제	왕족, 공신, 고위 관료의 자손 등에게 시험 없이 관직에 오를 수 있는 자격을 준 제도

❸ 문벌 사회의 동요와 무신 정권의 수립

문벌 세력과 이자겸의 난	• 문벌 세력: 가문을 중심으로 과거와 음서, 혼인을 통해 권력 독점 • 인종의 외할아버지이자 장인인 이자겸이 난을 일으킴 → 진압
묘청의 서경 천도 운동	• 이자겸의 난 이후 정지상 등이 서경 천도 주장 • 묘청 등은 금 정벌과 서경 천도 등 주장(김부식 등의 반대) → 묘청이 서경에서 반란(1135) → 김부식이 이끄는 관군에 의해 진압
무신 정변	문신 중심의 정치 운영과 무신 차별 → 정중부 등 무신이 문신 살해·권력 장악, 의종 폐위 → 무신이 중방을 중심으로 권력 장악
최씨 무신 정권	• 최충헌(교정도감 설치), 최우(정방 설치) • 도방과 삼별초: 최씨 무신 정권의 군사적 기반 • 불법적으로 대농장 소유, 하층민의 봉기를 철저하게 진압
하층민의 봉기	농민(망이·망소이의 난, 김사미·효심의 난), 천민(만적의 난)

02 고려의 대외 관계

❶ 다원적 국제 질서의 성립

다원적 국제 질서	거란, 송, 서하, 대월 등이 황제국을 칭하며 독자적 세력권 구축 → 고려는 다원적 국제 질서 속에 외왕내제 체제 표방
고려와 거란의 충돌	• 1차 침입: 서희의 외교 담판, 거란과 외교 관계 수립, 강동 6주 확보 • 3차 침입: 강감찬이 귀주에서 거란군 격퇴
동북 9성 축조 및 금에 대한 사대	• 윤관이 별무반을 이끌고 여진 정벌, 동북 9성 축조 → 1년여 만에 반환 • 여진이 금을 세우고 거란(요)을 멸망시킨 뒤 고려에 군신 관계 요구 → 고려의 이자겸 등이 금의 요구 수용

III 고려의 성립과 변천

❷ 몽골의 침입과 고려의 항쟁

몽골의 침입	13세기 칭기즈 칸이 몽골족 통일, 대제국 건설 → 최우 정권 때 고려에 침입 → 고려의 강화도 천도, 장기 항전 준비
고려의 항쟁	• 귀주성: 박서의 항전 • 충주성(1231): 하층민 중심의 항전 • 김윤후의 활약: 처인 부곡(1232), 충주성(1253) • 최씨 무신 정권: 대몽 항쟁의 명분을 위해 팔만대장경 제작
개경 환도	• 무신 정권의 내분 속에 고려 정부와 몽골 강화 → 개경 환도 • 삼별초는 개경 환도에 반대하며 대몽 항쟁 지속 → 진압

03 몽골의 간섭과 고려의 개혁

❶ 원의 간섭과 권문세족의 횡포

원의 내정 간섭	• 원이 고려에 관리를 파견하여 내정 간섭 • 원의 영토 침략: 쌍성총관부, 동녕부, 탐라총관부 설치 • 고려의 국왕이 원의 공주와 혼인 → 관제와 왕실 용어의 격하 • 정동행성 설치: 원의 일본 원정을 위해 설치 → 고려 정치 간섭 • 고려는 금, 은, 인삼, 자기 등 특산품과 공녀를 바침
권문세족	• 형성: 국왕의 측근 세력으로 원과 밀접한 관계 속에 성장, 몽골어에 능통하거나 원에서 과거에 합격하여 출세 • 횡포: 관직 독점 및 매매, 대규모 불법적 농장 운영, 불교 사원과 결탁하여 불법 자행

❷ 공민왕의 반원 개혁 정치

공민왕의 개혁	• 몽골식 변발과 의복 금지, 격하된 관제 및 왕실 호칭 복구 • 기철 등 친원 세력 숙청, 정동행성의 권한 대폭 축소 • 정방 폐지, 쌍성총관부 공격(→ 철령 이북의 땅 수복) • 전민변정도감 설치: 신돈 등용 → 권문세족의 반발로 실패
새로운 세력의 성장	• 신진 사대부: 성리학을 개혁의 사상적 기반으로 삼음, 과거를 통해 관직에 진출하여 권문세족 비판 • 신흥 무인 세력: 홍건적과 왜구의 침입을 격퇴하며 성장, 신진 사대부와 함께 고려의 현실을 개혁하는 데 노력

04 고려의 생활과 문화

❶ 고려인의 생활

사회	신분제 사회(양인과 천인으로 구분)
혼인·상속	일부일처제 원칙, 처가살이가 일반적, 부모 봉양·제사 등에서 친가와 외가의 구분이 없음, 자녀 균분 상속
여성의 지위	사회 진출에는 차별이 있었으나 가정생활에서 남성과 동등, 태어난 순서대로 호적에 기록, 여성도 호주가 될 수 있음

❷ 고려의 문화

(1) **불교문화**: 국가의 후원 속에 발전

　① 불교 사상: 의천(천태종 개창, 교종 중심의 선종 통합 시도), 지눌(정혜결사 조직, 선종의 입장에서 교종 포용 노력)

　② 불교 예술

불상	대형 철불(하남 하사창동 철조 석가여래 좌상)과 석불(논산 관촉사 석조 미륵보살 입상) 제작
탑	• 석탑: 다각 다층탑 유행(평창 월정사 8각 9층 석탑, 개성 경천사지 10층 석탑) • 승탑: 여주 고달사지 승탑 등
사원 건축	안동 봉정사 극락전, 영주 부석사 무량수전, 예산 수덕사 대웅전

▲ 관촉사 석조 미륵보살 입상　　▲ 월정사 8각 9층 석탑　　▲ 경천사지 10층 석탑　　▲ 부석사 무량수전

(2) **인쇄 문화**: 목판 인쇄(팔만대장경), 금속 활자(『직지심체요절』)

(3) **성리학**: 안향에 의해 소개, 이제현 등이 만권당에서 원의 학자들과 교류

(4) **역사서**: 『삼국사기』, 『동명왕편』, 『삼국유사』, 『제왕운기』 등

(5) **공예**: 고려청자(순청자 → 12세기 이후 상감 청자 발달)

IV 조선의 성립과 발전

❶ 조선의 건국

위화도 회군(1388)	이성계가 정치·군사적 실권 장악
과전법 실시(1391)	국가 재정 확보, 신진 관리의 경제적 기반 마련
조선 건국(1392)	이성계가 고조선을 계승하여 나라 이름을 '조선'이라 칭함
한양 천도(1394)	• 지리적 이점: 한반도 중앙 위치, 교통 편리(한강), 방어 유리 • 종묘와 사직단 설치, 유교 덕목을 강조한 건축물 명칭 사용

❷ 국가 기틀의 마련

태종	사병 혁파, 6조 직계제, 호패법(인구 파악, 세금 징수, 군역 부과 기초)
세종	집현전 설치, 경연 실시, 4군 6진 지역 개척, 훈민정음 반포, 과학 기술 발전
세조	집현전·경연 폐지, 의정부 권한 약화, 직전법 실시, 『경국대전』 편찬 시작
성종	홍문관 설치, 경연 실시, 『경국대전』 완성(6전 체제, 유교적 법치 국가)

❸ 유교 이념에 따른 통치 체제 정비

중앙 정치	• 의정부와 6조 중심으로 운영 • 왕권 뒷받침 기구: 승정원, 의금부 • 3사: 권력 독점과 부정을 막음, 왕권과 신권의 조화와 균형 추구
지방 행정	• 수령(행정권·사법권·군사권으로 군현 통치), 향리(수령 보좌, 행정 실무) • 유향소: 양반들의 향촌 자치 조직, 수령 보좌, 향리 감찰, 백성 교화
군사 제도	군역(16세 이상 60세 미만 모든 양인 남성), 중앙군(5위)
교통·통신	봉수제, 역참제, 조운제
관리 등용	과거(문과·무과·잡과), 음서(2품 이상 고위 관료 자제 해당), 천거(추천)
교육 제도	서당 → 4부 학당(중앙), 향교(지방) → 성균관

❹ 조선 전기의 대외 관계

사대 (명)	• 초기 대립 관계 → 태종 이후 사대 관계 • 정치적으로 왕권 안정과 조공 무역에 따른 문화적·경제적 이익 추구
교린 (여진·일본)	• 여진: 강경책(4군 6진 지역 개척), 회유책(무역소 설치, 토지·관직 하사) • 일본: 강경책(쓰시마섬 토벌), 회유책(3포 개항)

02 사림 세력과 정치 변화

❶ 사림 세력의 등장

훈구 세력	세조 즉위를 도운 공신으로 중앙 관직 차지 → 대토지 및 많은 노비와 재산 소유, 왕실과 혼인 → 정치·경제적 권력 독점
사림 세력	성종 때 훈구 세력 견제를 위해 등용 → 왕도 정치·향촌 자치·공론 정치 추구, 훈구 세력의 권력 독점과 비리 비판

❷ 사화의 발생

무오사화(연산군)	김종직이 쓴 「조의제문」이 발단
갑자사화(연산군)	폐비 윤씨 사건이 발단
기묘사화(중종)	조광조의 개혁(현량과 실시, 소격서 폐지, 위훈 삭제)에 대한 반발
을사사화(명종)	외척 세력 간의 정치적 대립

❸ 사림의 성장 배경

서원	• 덕망 높은 유학자를 기려 제사를 지내고 지방 양반 자제 교육 • 향촌 여론(공론) 형성, 지방 문화 성장에 기여, 성리학 발전과 학파 형성
향약	• 상부상조의 전통과 성리학적 유교 윤리 결합 • 사림 세력의 지방민 통제력 강화, 향촌 지배력 강화

❹ 붕당의 형성

(1) **형성**: 이조 전랑의 임명 문제를 둘러싼 대립 → 동인과 서인으로 나뉨

(2) **붕당 정치**: 상대 붕당의 입장 존중, 학문적 차이 인정 → 건전한 비판과 상호 견제

(3) **전개**: 선조(동인이 북인과 남인으로 분열) → 광해군(북인 주도)·인조(서인 주도, 남인 참여)

IV 조선의 성립과 발전

03 문화의 발달과 사회 변화

❶ 유교 윤리 확산을 위한 노력

배경	성리학적 유교 사회 질서를 확립하고자 함
국가적 노력	『국조오례의』, 『삼강행실도』 간행, 종묘 제례 실시
사림 양반의 노력	명분론 중시(신분제 강화), 『소학』과 『(주자)가례』 보급, 가묘(사당) 설립, 향약 보급, 족보 편찬
국가 주도 서적 편찬	법전(『경국대전』), 역사서(『조선왕조실록』), 지리서(『동국여지승람』), 음악서(『악학궤범』), 문학서(『동문선』)
양반 문화 발전	강희안(「고사관수도」), 안견(「몽유도원도」), 사군자, 백자, 서원 건축

❷ 훈민정음 창제와 과학 기술 발달

(1) 훈민정음 창제
① 배경: 백성들이 한자를 몰라 일상생활에 어려움을 겪음
② 창제: 과학적·독창적 문자인 훈민정음 창제
③ 의의: 국문학 발전의 계기, 민족 문화 발전의 바탕

(2) 과학 기술의 발달

천문학	천문 관측(「천상열차분야지도」, 혼천의, 간의), 역법서(『칠정산』), 시간 측정 기구(앙부일구, 자격루, 일성정시의)
지리학	「팔도도」, 「혼일강리역대국도지도」, 『동국여지승람』
농업	농법서(『농사직설』), 측우기(강우량 측정 → 풍흉 가능)
의학	『향약집성방』(우리나라 약재 이용 치료법), 『의방유취』(의학 집대성)
기타	무기(신기전, 화차 등), 금속 활자(계미자, 갑인자)

▲ 자격루

▲ 일성정시의

▲ 앙부일구

❶ 임진왜란

전개	대륙 침략을 구실로 일본군 침략 → 부산진 · 동래성 함락 → 충주 방어선 붕괴 → 한양 점령 → 선조의 의주 피란과 명에 지원군 요청 → 수군과 의병, 승병 활약, 조 · 명 연합군의 활약으로 전세 역전
정유재란	일본 휴전 요청 → 결렬 → 명량 해전(이순신) → 도요토미 히데요시 사망, 일본군 철수 → 노량 해전(이순신)
동아시아 정세 변화	• 조선: 국토 황폐화, 인구 감소, 신분제 동요, 문화재 소실과 약탈 • 일본: 에도 막부 성립, 도자기 · 인쇄술 발달, 성리학 발전 • 중국 대륙: 명 쇠퇴, 여진 성장(→ 후금 건국)

❷ 광해군의 정책과 인조반정

광해군의 정책	전후 복구 노력(토지 개간, 토지 대장 · 호적 정리, 성곽과 무기 수리, 허준이 『동의보감』 편찬), 중립 외교(실리 외교, 후금과의 충돌 피함)
인조반정	영창 대군 살해, 인목 대비 폐위 → 서인이 광해군과 북인을 몰아내고 인조를 왕으로 추대

❸ 정묘호란과 병자호란

정묘호란	후금의 침략 → 의병과 관군의 항전 → 후금이 형제의 관계를 맺는 화의 제의 · 체결
병자호란	후금(청)이 군신 관계 요구 → 주화론과 주전론 대립 → 주전론 우세 → 청 태종 침략 → 인조의 남한산성 피신 → 삼전도 굴욕(군신 관계 맺음)

❹ 북벌 운동과 북학 운동

북벌 운동	• 병자호란으로 청에 당한 수치를 씻고 복수하기 위해 일어남 • 효종과 송시열 중심(군대 양성, 성곽 수리) → 효종 사망으로 좌절
북학 운동	청의 발달된 문물을 받아들이자는 움직임

V 조선 사회의 변동

01 조선 후기의 정치 변동

❶ 제도의 개편과 붕당 정치의 전개

(1) **통치 체제 정비**: 비변사가 국정 총괄, 훈련도감 등 5군영 체제 마련

(2) **조세 제도 개편**

구분	제도	내용
전세	영정법	풍흉에 관계없이 토지 1결당 쌀 4~6두로 고정
공납	대동법	집집마다 토산물 부과 → 토지를 기준으로 쌀, 옷감, 동전 등으로 징수
군역	균역법	군포 납부를 2필에서 1필로 줄임

(3) **붕당 정치의 전개와 변질**
 ① 인조반정 이후: 서인이 주도하고 남인이 참여, 상호 비판과 견제
 ② 예송: 현종 때 대비의 상복 입는 기간을 둘러싸고 두 차례 발생 → 서인과 남인의 대립 격화
 ③ 환국: 집권 붕당의 급격한 교체 → 서인 분화(노론, 소론) → 붕당의 대립 격화

❷ 영조와 정조의 탕평 정치

영조	• 정치 개혁: 탕평책(탕평파 육성), 이조 전랑의 권한 약화, 서원 정리 • 민생 안정: 균역법 실시, 신문고 부활, 청계천 정비 • 편찬 사업: 『속대전』, 『동국문헌비고』 등
정조	• 정치 개혁: 탕평책(외척 세력 제거, 남인과 소론 등용), 규장각 설치, 장용영 창설, 수원 화성 축조 • 민생 안정: 서얼 등용, 노비에 대한 차별 완화, 시전 상인의 특권 폐지 • 편찬 사업: 『대전통편』, 『탁지지』 등

❸ 세도 정치의 전개

(1) **세도 정치**: 순조, 헌종, 철종 3대 60여 년간 소수 가문이 권력 독점

(2) **폐단**: 과거제 운영의 문란, 관직 매매 성행, 삼정의 문란 등

02 사회 변화와 농민의 봉기

❶ 조선 후기 경제 · 사회적 변화

(1) 상품 화폐 경제의 발달

① 농업: 모내기법 확산(→ 수확량 증대, 이모작), 상품 작물(인삼, 담배 등) 재배

② 상업: 시전 상인 특권 폐지, 상평통보 널리 유통

공인	대동법 실시로 등장, 궁궐이나 관청에서 필요로 하는 물품 구입 · 납품
보부상	조선 후기 전국에 개설된 장시를 돌아다니며 물품 매매
만상	의주에서 청과의 무역 주도
송상	개성에서 인삼 판매와 청 · 일본 간 중계 무역 주도
내상	동래에서 일본과의 무역 주도

③ 수공업과 광업: 민영 수공업 발달, 민간인에게 광산 채굴 허용

(2) 신분제의 변동

양반	일부 양반의 권력 독점 → 대다수는 향촌에서 위세를 유지하거나 몰락
중인	서얼과 기술직 중인의 신분 상승 운동
상민	공명첩, 납속책, 호적이나 족보 위조 등을 통해 신분 상승
천민	군공 · 납속책 · 도망 등으로 신분 상승, 순조 때 공노비 해방(1801)

❷ 농민 봉기

(1) 삼정의 문란: 전정(정해진 전세 외에 여러 부가세 징수), 군정(이웃 사람이나 친족에게 징수, 노인이나 어린아이에게도 걸음), 환곡(고리대로 변하여 가장 문란)

(2) 새로운 종교와 사상의 유행

① 예언 사상과 민간 신앙의 유행: 『정감록』, 미륵 신앙, 무속 신앙 등

② 천주교: 17세기 청에 간 사신들을 통해 서학의 일부로 도입 → 일부 남인 학자들이 신앙으로 받아들임 → 중인, 상민, 부녀자층으로 확산 → 정부의 탄압 → 평등사상과 내세 사상을 바탕으로 교세 확장

③ 동학: 경주의 몰락 양반 최제우가 창시(유교 · 도교 · 불교 · 민간 신앙 융합) → 인내천(평등사상)을 바탕으로 농민층 확산 → 정부 탄압 → 최시형이 교단 · 교리 정리(『동경대전』, 『용담유사』)

(3) 농민 봉기

홍경래의 난 (1811)	• 원인: 서북 지방민에 대한 차별, 세도 정권의 수탈 • 전개: 몰락 양반과 신흥 상공업자 주도, 농민·광산 노동자·품팔이꾼 등 참여 → 청천강 이북 지역 장악 → 정주성 싸움에서 패하여 진압
임술 농민 봉기(1862)	• 원인: 삼정의 문란, 탐관오리의 착취 • 전개: 유계춘을 중심으로 진주 지방 농민들이 봉기 → 전국 확산 → 정부의 삼정이정청 설치

03 학문과 예술의 새로운 경향

❶ 통신사와 연행사 파견

통신사	임진왜란 이후 일본과 국교 회복 → 대개 에도 막부의 요청으로 파견 → 조선과 일본의 문화적·경제적 교류
연행사	청의 연경(베이징)에 파견 → 청과 서양의 문물 도입

❷ 서학의 수용과 실학 발달

(1) **서학의 수용**: 중국을 다녀온 사신들이 세계 지도와 천리경 등을 들여옴, 벨테브레이와 하멜 등의 표류인들이 서양 문물을 전해 줌

(2) **과학 기술의 발달**

역법	김육 등의 건의로 시헌력 도입
천문학	홍대용이 혼천의 제작, 지전설을 논리적으로 설명
의학	허준 『동의보감』, 이제마(사상 의학 확립)
농학	신속 『농가집성』, 서유구 『임원경제지』

(3) **실학의 발달**
 ① 실학의 특징: 실용적·실증적 학문
 ② 농업 중심 개혁론: 유형원, 이익, 정약용 등이 토지 제도 개혁 주장
 ③ 상공업 중심 개혁론: 유수원·홍대용·박지원(『열하일기』)·박제가(『북학의』, 소비 자극을 통한 생산 증진) 등이 상공업 진흥·기술 혁신·청의 선진 문물 수용 주장

(4) **국학의 발달**: 역사(안정복 『동사강목』, 유득공 『발해고』), 지리(이중환 『택리지』, 정상기 「동국지도」, 김정호 「대동여지도」), 국어(신경준 『훈민정음운해』, 유희 『언문지』)

❸ 조선 후기 예술의 발달

한문학	박지원의 한문 소설(『양반전』, 『허생전』 등), 중인층의 시사(詩社) 조직
회화	진경산수화 유행(정선의 「금강전도」, 「인왕제색도」 등), 서양 화법 도입
글씨와 공예	김정희의 추사체, 청화 백자 유행
건축	보은 법주사 팔상전, 수원 화성 등

---

04 생활과 문화의 새로운 양상

❶ 조선 후기 생활의 변화

(1) **가족 제도와 풍속의 변화**
  ① 배경: 향촌 사회에 성리학적 생활 규범 확산
  ② 변화 내용
    • 조선 전기: 혼례 후 남자가 상당 기간 여자 집에서 거주, 남녀 균분 상속, 남녀 형제가 돌아가며 제사 주관
    • 조선 후기: 혼례 후 곧바로 여자가 남자 집에서 생활, 큰아들 우대 상속, 큰아들 이 제사 주관, 아들이 없는 경우 양자 입양

(2) **여성의 생활 변화**: 외출 시 장옷 착용, 과부 재혼 제한, 가옥 구조 변화(사랑채와 안채)

(3) **향촌 사회 변화**: 양반 권위 약화, 수령 권한 강화 → 양반들이 문중 결속 강화, 족보 간행 등을 통해 지위 유지 노력

❷ 서민 문화의 발달

배경		서민의 사회·경제적 지위 상승, 서당 보급으로 의식 성장
문학	한글 소설	『홍길동전』, 『춘향전』, 『심청전』 등
	사설시조	일정한 형식에서 벗어나 서민들의 감정을 솔직하게 표현
오락	판소리	고수의 장단에 맞춰 창과 사설로 이야기를 풀어 냄
	탈춤	양반의 위선이나 사회 모순을 해학적으로 풀어 냄
회화	풍속화	• 김홍도: 서민들의 일상생활 표현 • 신윤복: 양반의 풍류와 부녀자들의 생활 표현
	민화	주로 생활 공간을 장식하는 데 이용

근·현대 사회의 전개

01 국민 국가의 수립

❶ 문호 개방과 근대적 개혁

강화도 조약 (1876)	운요호 사건, 영사 재판권과 해안 측량권 인정(불평등 조약)
갑신정변(1884)	김옥균, 박영효 등의 급진 개화파가 정변을 통해 근대적 개혁 시도
동학 농민 운동 (1894)	• 농민군이 전라도 일대 장악, 집강소를 설치하여 개혁 추진 • 신분제 및 낡은 악습 개혁, 탐관오리 처단, 외세 배척 주장
갑오·을미개혁 (1894~1895)	• 일본의 간섭과 청일 전쟁, 삼국 간섭, 을미사변이 있었던 시기에 시행 • 신분제와 과거제 개혁, 사법권 독립, 단발령 실시, 태양력 사용

❷ 근대 국민 국가 수립을 위한 노력

(1) **대한 제국과 광무개혁**: 환구단에서 고종 황제 즉위, 대한국 국제(전제 황권) 반포, 구본신참을 바탕으로 식산흥업 정책 추진

(2) **독립 협회**: 독립신문 발간, 독립문 건립, 자주 국권 수호와 자유 민권 의식 확산을 위한 민중 계몽 운동 전개, 만민 공동회와 관민 공동회 개최

❸ 일제의 국권 침탈과 민족적 저항

(1) **을사늑약(1905)**: 러일 전쟁 승리 후 일제의 강요, 외교권 강탈, 통감부 설치

(2) **국권 침탈에 대한 민족적 저항**

헤이그 특사 (1907)	고종이 만국 평화 회의에 이상설 등 파견
항일 의병 운동	항일 무력 투쟁, 최익현과 신돌석 등, 서울 진공 작전
애국 계몽 운동	교육·산업을 통한 실력 배양과 국권 수호, 신민회

❹ 3·1 운동과 대한민국 임시 정부 수립

(1) **3·1 운동(1919)**: 무단 통치에 저항, 이른바 문화 통치 실시 계기

(2) **대한민국 임시 정부 수립**: 3·1 운동을 계기로 상하이에 수립, 민족 운동 지도

(3) **민족 운동의 전개**

물산 장려 운동	토산품 애용, 민족 기업 육성 시도
브나로드 운동	학생들의 농촌 계몽 운동

6·10 만세 운동(1926)	순종 장례식 계기, 학생들의 만세 시위
신간회 설립(1927)	민족 협동 전선, 타협적 자치론 배격
광주 학생 항일 운동	한·일 학생 간 충돌이 계기, 신간회의 지원으로 전국 확산
의열 활동	의열단(김원봉, 나석주), 한인 애국단(김구, 윤봉길)
해외 항일 독립 전쟁	청산리 전투(김좌진), 한국광복군(국내 진공 작전 추진)

❺ 8·15 광복과 대한민국 정부 수립

(1) **모스크바 3국 외상 회의**: 한반도 신탁 통치 결정, 좌익과 우익의 대립 격화

(2) **통일 정부 수립 노력**: 여운형 등의 좌우 합작 운동, 김구 등의 남북 협상

(3) **대한민국 정부 수립**: 5·10 총선거로 제헌 국회 구성, 민주 공화정 헌법 제정

02 자본주의와 사회 변화

❶ 일본의 경제 침탈과 근대 경제 체제 수립을 위한 노력

(1) **화폐 정리 사업**: 일제가 한국의 화폐 발행권 강탈

(2) **국채 보상 운동(1907)**: 전 국민적 모금 운동을 통한 국채 상환 노력

❷ 식민지 경제 체제로 재편

(1) **토지 조사 사업**: 토지 소유자의 기한 내 신고 원칙, 일제의 토지 수탈 정책

(2) **회사령**: 회사 설립 허가제, 한국인 기업 설립 위축

(3) **산미 증식 계획**: 일본의 식량 부족 문제 해결 의도, 일본으로 쌀 유출

(4) **병참 기지화 정책**: 대륙 침략 전쟁을 위한 군수 물자 보급

(5) **전시 수탈 정책**: 국가 총동원법 제정, 징용, 징병, 공출, 일본군 '위안부'

❸ 국가 주도의 경제 성장과 신자유주의 경제 정책

이승만 정부	농지 개혁, 미국 경제 원조 의존, 삼백 산업 발달
박정희 정부	• 국가 주도, 수출 중심, 경제 개발 계획 수립, 새마을 운동 • 노동 운동 탄압(전태일 분신)
전두환 정부	1980년대 중반의 3저 호황, 자동차·반도체 산업 성장
김영삼 정부	금융 실명제, 경제 협력 개발 기구(OECD) 가입, 외환 위기
김대중 정부	기업과 산업 구조 조정, 외환 위기 극복

03 민주주의의 발전

❶ 민주주의의 시련과 발전

이승만 정부	발췌 개헌(대통령 직선제), 사사오입 개헌(이승만의 중임 제한 폐지), 진보당 사건
박정희 정부	• 3선 개헌: 박정희 3선 허용 • 유신 헌법: 통일 주체 국민 회의, 긴급 조치권, 국회 해산권 등
전두환 정부	• 12 · 12 사태와 5 · 18 민주화 운동으로 신군부 세력 집권 • 야간 통행금지 해제, 학생 교복 및 두발 자율화 등의 유화 정책, 언론 통폐합, 민주주의 억압
김영삼 정부	지방 자치제 전면 실시, '역사 바로 세우기'(전두환 · 노태우 구속)
김대중 정부	최초 여야 간 평화적 정권 교체

❷ 민주화 운동의 전개

4 · 19 혁명 (1960)	• 자유당의 3 · 15 부정 선거에 저항, 이승만 하야 • 내각 책임제 개헌으로 장면 내각 수립
5 · 18 민주화 운동 (1980)	• 전두환 중심의 신군부 세력 집권에 저항 • 광주에서 민주화 요구 시위 전개, 계엄군의 폭력적 진압
6월 민주 항쟁 (1987)	• 박종철, 이한열 희생, 전두환 정부의 독재에 항거 • 대통령 직선제 개헌과 민주화 요구, 6 · 29 민주화 선언

04 평화 통일을 위한 노력

7 · 4 남북 공동 성명 (1972)	• 냉전 체제 완화 정세 배경, 남북 비밀 특사 교환 • 자주, 평화, 민족적 대단결 통일 원칙에 최초 합의
남북 기본 합의서 (1991)	상호 불가침 및 남북한 체제 상호 인정, 남북 동시 유엔 가입 직후 체결, 한반도 비핵화 공동 선언으로 이어짐
6 · 15 남북 공동 선언 (2000)	평양에서 최초 정상 회담 개최, 대북 화해 협력 정책 추진, 철도 연결, 금강산 관광
4 · 27 판문점 선언 (2018)	문재인 대통령과 김정은 국무 위원장이 판문점에서 정상 회담 개최, 한반도 비핵화 노력

memo

memo